中国石化员工培训教材

炼化企业生产调度处(科)长培训教材

中国石化员工培训教材编审指导委员会　组织编写
本书主编　任家军　杨宇桐

中国石化出版社

内 容 提 要

《炼化企业生产调度处(科)长培训教材》为《中国石化员工培训教材》系列之一。本书采用传统教材模式，以案例为载体，兼顾知识与实务的有机结合，以提高生产调度管理人员的管理水平和解决实际问题能力为中心，具有较强的针对性和实用性。本书主要讲述中国石化炼化业务概况、调度管理、计划管理、工艺管理、设备管理、储运管理、公用工程管理、职业健康安全管理、环境保护管理、质量管理、生产优化和信息化建设应用等方面的知识。

本书是中国石化炼化企业生产调度处(科)长进行岗位技能培训的必备教材，也可供相关生产技术人员及各类管理人员参考学习。

图书在版编目(CIP)数据

炼化企业生产调度处(科)长培训教材 / 中国石化员工培训教材编审指导委员会组织编写 .—北京：中国石化出版社，2017.10
中国石化员工培训教材
ISBN 978-7-5114-4705-0

Ⅰ.①炼… Ⅱ.①中… Ⅲ.①石油炼制-工业企业管理-技术培训-教材 Ⅳ.①F407.22

中国版本图书馆 CIP 数据核字(2017)第 261966 号

中国石化出版社出版发行
地址：北京市朝阳区吉市口路 9 号
邮编：100020 电话：(010)59964500
发行部电话：(010)59964526
http://www.sinopec-press.com
E-mail:press@sinopec.com
北京富泰印刷有限责任公司印刷
*
787×1092 毫米 16 开本 32.25 印张 780 千字
2018 年 1 月第 1 版 2018 年 1 月第 1 次印刷
定价：98.00 元

中国石化员工培训教材
编审指导委员会

《炼化企业生产调度处(科)长培训教材》编委会

序

中国石化是上中下游一体化能源化工公司，经营规模大、业务链条长、员工数量多，在我国经济社会发展中具有举足轻重的作用。公司的发展，基础在队伍，关键在人才，根本在提高员工队伍整体素质。员工教育培训是建设高素质员工队伍的先导性、基础性、战略性工程，是加强人才队伍建设的重要途径。

当前，我们已开启了建设世界一流能源化工公司的新航程，加快转变发展方式的任务艰巨而繁重，这对进一步做好员工教育培训工作提出了新的更高要求。我们要以中国特色社会主义理论为指导，紧紧围绕企业改革发展、队伍建设和员工成长需要，以提高思想政治素质为根本，以能力建设为重点，积极构建符合中国石化实际的培训体系，加大重点和骨干人才培训力度，深入推进全员培训，不断提高教育培训的质量和效益，为打造世界一流提供有力的人才保证和智力支持。

培训教材是员工学习的工具。加强培训教材建设，能够有效反映和传递公司战略思想和企业文化，推动企业全员学习，促进学习型企业建设。中国石化员工培训教材编审指导委员会组织编写的这套系列教材，较好地反映了集团公司经营管理目标要求，总结了全体员工在实践中创造的好经验好做法，梳理了有关岗位工作职责和工作流程，分析研究了面临的新技术、新情况、新问题等，在此基础上进行了完善提升，具有很强的实践性、实用性和较高的理论性、思想性。这套系列培训教材的开发和出版，对推动全体员工进一步加强学习，进而提高全体员工的理论素养、知识水平和业务能力具有重要的意义。

学习的目的在于运用，希望全体员工大力弘扬理论联系实际的优良学风，紧密结合企业发展环境的新变化、新进展、新情况，学好用好培训教材，不断提高解决实际问题、做好本职工作的能力，真正做到学以致用、知行合一，把学习培训的成果切实转变为推进工作、促进改革创新的实际行动，为建设世界一流能源化工公司作出积极的贡献。

前　言

《炼化企业生产调度处(科)长培训教材》为炼化企业管理岗位培训类型的教材，编写时旨在完善企业生产调度管理人员的知识结构，提高胜任岗位工作必须具备的关键管理能力。教材内容的选取，以生产调度处(科)长岗位能力需求分析为依据，注重系统性、通用性和实用性，涵盖了岗位任职必备的知识和能力要求。教材的编排形式采用传统教材模式，以案例为载体，兼顾知识与实务的有机结合。该教材的主要特点是：以提高生产调度管理人员的管理水平和解决实际问题能力为中心，内容翔实、重点突出、语言精炼、结构清晰，具有较强的针对性和实用性。可供炼化企业生产调度管理人员学习，也可供相关生产技术人员及各类管理人员参考学习。

《炼化企业生产调度处(科)长培训教材》由中国石化股份有限公司炼油事业部和化工事业部负责组织编写，主编任家军(炼油事业部)、杨宇桐(化工事业部)，副主编杨勇、黄友生(炼油事业部)、王立东、时光(化工事业部)，参加编写的人员有余雷(炼油事业部)、张金萍(化工事业部)、曾金明、伍正英(荆门石化)、梅光伟、陆树新(镇海炼化)、于长江(海南炼化)、梁文雄、邱军(茂名石化)、陆磐谷(高桥石化)、马青山、洪亮、张剑富、李进水(齐鲁石化)、陈友安、张开华(化工销售有限公司)、郭志宏、胡统理(上海石化)、焦阳、赵四海(燕山石化)、马奎(石化盈科)。本教材已经中国石油化工集团公司人事部审定通过，主审杨勇刚(荆门石化)，审定工作得到了荆门石化的大力支持。中国石化出版社对教材的编写和出版工作给予了通力协作和配合，在此一并表示感谢。

由于本教材涵盖的内容较多，不同企业之间也存在着差别，编写难度较大，加之编写时间紧迫，不足之处在所难免，敬请各使用单位及个人对教材提出宝贵意见和建议，以便教材修订时补充更正。

目　录

第1章　绪　　论

1.1　中国石化炼化业务概况

1.1.1　炼油板块业务

炼油板块处于中国石化产业链中承上启下的中间环节，上保油田后路，下保化工原料和油品市场供应，为油田、化工和销售板块产生利润和增加价值创造条件、提供保障。

2016年中国石化炼油综合配套加工能力270Mt，位居世界第二，形成了14个千万吨级炼油加工基地、11个高硫原油加工基地、6个高酸原油加工基地。中国石化掌握了先进水平的炼油全流程技术，形成清洁油品生产系列技术，能够采用自主知识产权的技术设计、建设世界先进水平的千万吨级炼油厂。催化裂化技术处于世界领先水平，可处理石蜡基原油全减渣原料，并可以以重油为原料实现多产低碳烯烃或生产较高辛烷值、低烯烃含量的汽油调和组分。超低压连续重整成套技术的开发应用、世界首套逆流连续重整装置投入运行，使中国石化成为全球第三家拥有连续重整技术的公司。加氢裂化、渣油加氢和蜡油加氢技术达到国际同步水平。催化汽油吸附脱硫(S-Zorb)技术实现再创新，成为汽油质量升级的标志技术；自主开发的催化裂化汽油选择性加氢脱硫(RSDS-Ⅲ和OCT-M)技术达到世界先进水平。柴油超深度加氢脱硫(SRH柴油液相循环加氢、RTS柴油超深度加氢脱硫)技术处于世界同类技术先进水平，柴油深度脱硫催化剂及催化剂级配技术跨入世界领先水平。

炼油板块经历了市场复杂多变的严峻考验，承受了市场保供带来的巨大压力，也经历了从巨额亏损到打赢效益翻身仗的成功喜悦。炼油板块在安稳长运行、保供市场、做大总量以及节能减排等方面取得了良好的成绩，成本费用得到了较好控制，产品营销水平进一步提高，产品质量升级扎实推进，精细化管理水平不断提升，炼油竞争力明显增强。近年来，中国石化加快炼厂规模化、装置大型化、炼化一体化、输送管道化发展步伐，竞争能力稳步提升，巩固了国内领先地位，也具备了实现世界一流的基础和条件。

炼油板块的发展目标是："十三五"期间，国内炼油综合加工能力控制在275~290Mt/a左右，原油加工量260Mt/a左右；力争海外权益炼油能力15Mt/a。调整产品结构适应市场需求，力争到2020年柴汽比降至0.9以下，汽油产能73.5Mt/a、喷气燃料产能38.5Mt/a、柴油产能66.2Mt/a及化工轻油40.3Mt/a；成品油出口能力具备30Mt/a。到2020年，润滑油脂总量超过1.2Mt/a，高档产品量超过0.6Mt/a；生物质柴油和喷气燃料产能0.3Mt/a。

持续提升主要技经指标。"十三五"期间，炼油装置全面实现"四年一修"；到2020年，炼油轻油收率、综合商品率分别达到78%和94.75%，炼油单位能量因数能耗达到8.2kgEO/t·因数，加工损失降至0.4%。

引领油品质量标准，积极践行"质量永远领先一步"。按照"统筹规划，超前布局，及时实施”的原则，增上质量升级措施，在已经实现国Ⅴ车用汽柴油质量升级的基础上，按照国家和地方政府要求的时间节点，加快实施第Ⅵ阶段油品质量升级项目。

1.1.2 化工板块业务

化工板块主要生产有机化工、合成树脂、合成橡胶、合成纤维聚合物、合成纤维、合纤原料、化肥等产品。

截至2016年年底，中国石化集团公司乙烯生产能力10844kt/a；对二甲苯生产能力4839.1kt/a；合成树脂总生产能力16956.8kt/a；合成橡胶生产能力1570kt/a；合成纤维原料生产能力为8196.6kt/a；合成纤维聚合物生产能力3661.3kt/a；合成纤维生产能力1522.1kt/a；合成氨生产能力1575kt/a；尿素生产能力520kt/a；复合肥生产能力500kt/a；硫酸铵(实物量)生产能力1000.5kt/a。

1.2 炼化基础知识

1.2.1 炼油板块

1.2.1.1 原油资源

从国际能源发展的趋势来看，从现在到未来的10年甚至30年，石油、天然气、煤炭占全球能源的比例在85%~87%之间不会发生太大变化。因此，世界能源格局仍是化石能源占主导。石油占世界一次能源的40%左右，是现代工业的血液，尤其是在交通运输和国防领域中的不可替代性，决定了它在当今世界能源版图上具有重要的战略意义。

中东、中亚和俄罗斯占了全球能源储量和产量的80%左右，而它的能源消费是20%。发达经济体和新兴发展中国家的能源消费占全球80%，产量只占20%。目前世界三大经济板块即欧洲、北美和东亚板块的能源供给，美国能源供应主要来源于美洲，欧洲来源于俄罗斯和北非、中东，而亚洲主要集中在中东。目前来看，美洲已经开始独立，自成循环体系；欧洲和亚洲是重合的，不仅在中东地区重合，在俄罗斯和非洲也是重合的。从使用资源来看，目前欧洲进口了全球22.9%的资源，中国和日本等亚洲国家加起来是20%。

1.2.1.2 原油运输

原油运输的主要方式有：陆路运输和水路运输两大类。一般来说，水路运输的综合费用低于陆路运输，在有条件的情况下可优先采用水路运输。在陆路运输方式中包括管道、铁路、公路等，由于公路运输罐车规模小，综合费用较高，通常不作为大宗油品的运输手段。管道运输受气候及外界影响小、运输成本低、运输损耗少、安全性高等优势，尤其适合长距离运输，因此，逐渐成为石油、天然气运输中普遍采用的运输方式。国内原油绝大部分通过管道运输。

至2015年年底，我国已建成油气管道总长度约80800km，其中原油管道约20300km、天然气管道约40400km。目前，我国主力炼油厂基本上都与原油长输管道连接，原油进厂基本实现了管道化。我国进口原油将从三条陆上运输管道和海上运输方式进入国内原油运输管网。

1.2.1.3 炼油加工能力

目前我国已成为仅次于美国的全球第二大炼油国，其中，中国石化集团2015年的炼油一次加工能力为299Mt，当年加工原油238Mt，占全国总加工量的50.4%；中国石油集团为182Mt，当年原油加工量153Mt，占全国总加工量的41.8%；中国海油炼油一次加工能力为36.8Mt，当年原油加工量32.6Mt，占全国总加工量的9%。中国石化集团和中国石油集团合计炼油能力在国内占主导地位。

1.2.1.4 主要炼油技术

现有炼油技术多数都已有数十年的历史，虽已达到很高水平，但近年来为了适应原料油性质变化以及日益苛刻的环保要求，追使炼油技术发展的重点集中在重质/劣质原油的加工和改造，以及清洁燃料的生产与技术创新方面。

近期炼油技术的几个发展动向：①重质油转化技术，如沸腾床渣油加氢、浆态床渣油加氢、浆态床渣油加氢组合技术等。②国六汽油质量升级技术，如硫酸法烷基化、固体酸法烷基化、超强酸 C_5/C_6 异构化等。③炼油结构调整提质增效技术，如催化柴油转化、催化裂化多产烯烃技术等。④高附加值新产品生产技术。如高端润滑油及基础油、特种润滑油脂、高档溶剂油白油、环保橡胶填充油、高档针状焦、生物航煤/柴油生产技术等。⑤清洁环保节能减排技术。炼油厂恶臭和VOC综合治理、锅炉及催化裂化烟气脱硫脱硝除尘、污水超洁净排放技术等。

炼油技术也向整体优化方向发展。如炼油全流程综合优化，中国石化具有丰富的原油数据库、齐全的工艺装置机理模型、原油和油品调和模型、齐全的专业和专家团队等技术优势；工厂整体的能量优化与利用；炼油化工一体化优化整合。只有增强炼油装置的原油适应性，使炼油装置得到优化，才能够带动产品结构优化，从而提高高附加值产品的收率，降低消耗和能耗，提高经济效益。

1.2.1.5 产品质量升级

近年来，为降低汽车尾气排放对环境的影响，国家加快了油品质量升级的步伐，油品标准达到国际先进水平。

车用汽油从2010年1月1日起在全国范围内执行国Ⅲ标准；2014年1月1日起在全国范围内执行国Ⅳ标准；2016年1月1日起东部11省市全面执行国Ⅴ标准；2017年1月1日起全国范围内执行国Ⅴ标准；2016年12月23日，国家标准化委员会发布第Ⅵ阶段车用汽油国家标准，要求从2019年1月1日和2023年1月1日起，分别实施国ⅥA和国ⅥB标准。为切实改善京津冀及周边地区环境空气质量，国家环保部等四部委六省市发文，要求2017年9月底在京津冀及周边地区“2+26”个城市率先执行国Ⅵ油品质量标准。

车用柴油从2011年7月1日起在全国范围内执行国Ⅲ标准；2015年1月1日起在全国范围内执行国Ⅳ标准；2016年1月1日起东部11省市全面执行国Ⅴ标准；2017年1月1日起全国范围内执行国Ⅴ标准；2016年12月23日，国家标准化委员会发布第Ⅵ阶段车用柴油国家标准，要求2019年1月1日开始实施。为切实改善京津冀及周边地区环境空气质量，国家环保部等四部委六省市发文，要求2017年9月底在京津冀及周边地区“2+26”个城市率先执行国Ⅵ油品质量标准。

普通柴油从2013年7月1日起在全国范围内执行硫含量小于350mg/kg的标准要求，计划2017年7月1日和2018年1月1日起在全国范围内分别执行硫含量小于50mg/kg和

10mg/kg 的标准要求。

1.2.1.6 节能减排

炼化节能的指导原则一是了解用能的本质：不是用其数量，而是用其在一定温位的质量；二是从大系统角度、系统工程方法着眼全局；三是运用技术经济核算的方法，求得最优的匹配。只有这样才能做到"高热高用、低热低用、热阱温度对口、梯级利用"。

中国炼化行业的节能减排取得了巨大的进步。以炼油能耗为例，由原先的大于100kgEO/t 降至 70~80kgEO/t，再降至 50~60kgEO/t；乙烯裂解装置能耗也从原先的 900~1000kgEO/t 降至现在的 500~600kgEO/t。

在高油价时代，节能减排出现了新的特点，如资源和能源的协同优化，以及炼化企业与周围的经济园区内、周边企业产业群的能源循环经济集成优化。节能减排也不再局限于传统内涵的技术更新，而是扩展到更广阔的时间和空间范围的总体优化。优化的目标也变成了三个：一是提高能效，二是降低成本提高经济效益、三是减少 CO_2 排放。概括起来就是要以最高的能效、最低的成本、最少的碳排放为社会提供充足的燃料和化学品。

1.2.2 化工板块

1.2.2.1 乙烯专业

我国传统的乙烯生产以蒸汽裂解路线为主，裂解装置主要由裂解、急冷、压缩、分离冷区和分离热区等单元组成。裂解原料主要有：油田气(富乙烷气)、饱和液化气、轻烃、石脑油、加氢裂化尾油等。裂解的产品主要有：氢气、甲烷氢、乙烯、丙烯、混合 C_4、裂解汽油、裂解柴油、裂解燃料油等产品。

近几年来，乙烯生产逐步进入多种工艺路线并存、煤基甲醇制烯烃工艺路线快速发展的时代。随着新技术的出现，制取烯烃的工艺路线将逐渐趋向多样化，其中煤基甲醇制烯烃路线由于原料的易获得性、经济性，短期内将蓬勃发展。从我国富煤少油的资源特点来看，立足煤炭原料生产烯烃、乙二醇等化工原料，是满足我国石化市场需求、保证能源安全选择之一。与此同时，在原料获取便利或者完善产业链的条件下，乙烷脱氢制乙烯、丙烷脱氢制丙烯、重油催化热裂解、碳四催化裂解等制烯烃的工艺装置也将有一定发展。

截至 2017 年年底，我国共有 47 家乙烯生产企业，共计 53 套乙烯装置。

1.2.2.2 芳烃专业

芳烃是指分子中含有苯环结构的碳氢化合物，是和乙烯、丙烯及丁二烯具有同等地位的重要石油化工原料。与人们关系最为密切的芳烃有苯、甲苯和二甲苯。在二甲苯的异构体中，对二甲苯具有较大实用价值。

芳烃的主要生产手段有：①由重整油分离；②从裂解轻油中提取；③由歧化和脱烷基反应制取。目前我国芳烃的生产装置主要采用炼油厂的重整装置、石油化工厂的乙烯裂解轻油和芳烃生产联合装置以及焦化装置等。

我国纯苯主要来源于石油炼制中的铂重整和煤的炼焦副产。起初只是从煤焦油中提取，产量比较小，不能满足国内的需求。改革开放以来，我国石油化工有了较快的发展，石油苯的产量大幅增加，占据了主导地位。苯可以合成苯乙烯、环己烷、苯酚、苯胺及烷基苯等；甲苯不仅是有机合成中的优良溶剂，而且可以作为原料合成异氰酸酯、甲酚，还可以通过歧化和脱烷基制苯；二甲苯是涂料工业的优良溶剂；对二甲苯是涤纶和聚酯树脂的主要原料，邻二甲苯则是重要的增塑剂(如DOP、BOP等)的原料。

1.2.2.3 其他有机化工专业

基本有机化工是以石油、天然气、煤等为基础原料，生产各种有机原料的工业。它是发展各种有机化学品生产的基础，是现代工业结构中的主要组成部分。

基本有机化工的直接原料包括氢气、一氧化碳、甲烷、乙烯、乙炔、丙烯、C_4以上脂肪烃、苯、甲苯、二甲苯、乙苯等。从原油、石油馏分或低碳烷烃的裂解气和炼厂气，以及煤气，经过分离处理，可以制得用于不同目的的脂肪烃原料；从催化重整的重整汽油、烃类裂解的裂解汽油以及煤干馏的煤焦油中，可以分离出芳烃原料；适当的石油馏分也可直接用作某些产品的原料；由湿性天然气可以分离出甲烷以外的其他低碳烷烃；从煤气化和天然气、炼厂气、石油馏分的蒸汽转化或部分氧化可以制得合成气；由焦炭制得的碳化钙或由天然气、石脑油裂解均能制得乙炔。此外，还可以从农林副产获得原料。

基本有机化工产品也可按所用原料分类：①合成气系产品；②甲烷系产品；③乙烯系产品；④丙烯系产品；⑤C_4以上脂肪烃系产品；⑥乙炔系产品；⑦芳烃系产品。从以上每一类原料出发，都可制得一系列产品。

基本有机化工产品的用途可概括为三个主要方面：①生产合成橡胶、合成纤维、塑料和其他高分子化工产品的原料，即聚合反应的单体；②其他有机化学工业，包括精细化工产品的原料；③按产品所具性质用于某些直接消费，例如用作溶剂、冷冻剂、防冻剂、载热体、气体吸收剂，以及直接用于医药的麻醉剂、消毒剂等。

1.2.2.4 合成树脂专业

合成树脂是目前我国产量最高、消费量最大的合成材料，与国民经济的发展和消费水平的提高密切相关。合成树脂最重要的品种是聚乙烯(PE)、聚丙烯(PP)、聚氯乙烯(PVC)、聚苯乙烯(PS)、ABS等五大通用树脂，以及聚酰胺、聚甲醛、聚碳酸酯、PET等通用的工程塑料。

目前，国内合成树脂产品结构与需求结构的矛盾十分突出。五大通用树脂中，PE，PP，PVC的产量近90%以上，PS和ABS的产量仅占10.1%，而国内PS和ABS的消费量已超过23%，造成80%~90%的PS和ABS依靠进口。从产品的品种牌号来看，通用牌号树脂所占的比例高达95%以上。

针对我国合成树脂工业存在的结构性矛盾及市场需求情况，当前合成树脂结构调整应坚持装置大型化、产品系列化、结构均衡化、技术独特化、服务优质化的原则，在快速扩大总量的同时，重视品种牌号的开发，特别是提高合成树脂专用料的比例，缓解总量不足和结构性短缺的双重矛盾。

1.2.2.5 合成橡胶专业

目前国内生产的主要合成橡胶产品是：丁苯橡胶(SBR)、丁二烯橡胶(BR)、氯丁橡胶(CR)、丁腈橡胶(NBR)、乙丙橡胶(EPDM)和丁基橡胶(IIR)、低顺式聚丁二烯橡胶(LCPB)等基本合成橡胶，以及苯乙烯类热塑性丁苯橡胶(SBCS)，还生产多种合成胶乳及特种橡胶。

我国合成橡胶产业采用自主开发的技术实现了苯乙烯类共聚弹性体中的高档产品SEBS的产业化生产；采用国内整合技术建成了多套100kt/a丁苯橡胶装置和50kt/a丁腈橡胶装置，90kt/a卤化丁基橡胶产业化设计技术开发成功，稀土丁二烯橡胶工业化开发和异戊橡胶技术开发取得新进展，还采用引进技术建成数套技术先进的生产装置。在原料生产方面，实现了采用国内技术设计建设大型丁二烯装置，一大批年产100kt以上的丁二烯生产装置建成开车，乙烯副产裂解碳五全分离及综合利用的技术和产业规模取得好的进展。

1.2.2.6　合纤原料专业

我国合成纤维原料主要包括对苯二甲酸(PTA)、乙二醇(EG)、丙烯腈(AN)、对二甲苯(PX)以及己内酰胺(CPL)等。

合成纤维原料主要来自石化产品，受石油涨价的影响很大，我国是世界合成纤维生产大国，以PTA、MEG为原料的涤纶占合成纤维生产的85%，受原料价格波动的影响更加明显。中国合成纤维原料的对外依存度高也是一个特点。随着生物技术的进步，部分合成纤维原料将不再从石油制取，而可通过生物工程由谷物来制取，这些纤维不仅保留了合成纤维的优良性能，而且可降解再生使用，因而为人们所关注。聚对苯二甲酸1，3-丙二醇酯纤维(PTT纤维)和聚乳酸纤维(PLA纤维)是其代表品种。

1.2.2.7　合成纤维专业

合成纤维是用高分子化合物做原料而制得的化学纤维的统称。它是以小分子的有机化合物为原料，经加聚反应或缩聚反应合成的线型有机高分子化合物。合成纤维的生产有三大工序：合成聚合物制备、纺丝成型、后处理。

合成纤维的主要品种如下：①按主链结构可分碳链合成纤维，如聚丙烯纤维(丙纶)、聚丙烯腈纤维(腈纶)、聚乙烯醇缩甲醛纤维(维尼纶)；杂链合成纤维，如聚酰胺纤维(锦纶)、聚对苯二甲酸乙二醇酯(涤纶)等。②按性能功用可分耐高温纤维，如聚苯咪唑纤维；耐高温腐蚀纤维，如聚四氟乙烯；高强度纤维，如聚对苯二甲酰对苯二胺；耐辐射纤维，如聚酰亚胺纤维；还有阻燃纤维、高分子光导纤维等。

目前新型和功能性合成纤维主要有：超细纤维、复合纤维(海岛型和分割型)、吸湿排汗纤维、易染性涤纶纤维、聚乳酸纤维(PLA)、其他功能性涤纶。各种新纤维开发成功拓展了纺织新原料，开发纺织新品种给纺织印染企业带来了许多挑战和机遇。

合成纤维面临原油价格波动、原料国产能力严重不足、相对薄弱的研发能力、行业政策变化带来的风险、对外开放的冲击等问题，必须加强合成纤维产业规划、加大产业链的优化整合力度、实行差别化发展、提升产品的竞争力、建立和完善反倾销预警机制，促进合成纤维持续健康发展。

1.2.2.8　化肥及碳一化工专业

化肥主要由氮肥、磷肥、钾肥三大类组成。目前世界上氮肥生产的主要原料是天然气和煤炭，采用天然气生产合成氨占世界合成氨总产能的66%；采用煤炭和石油焦的合成氨产能占总产能的30%左右。磷矿和硫黄是生产磷肥的重要原料，世界磷肥的主要生产国家有中国、美国、俄罗斯和摩洛哥。世界钾资源总量达250Gt，绝大部分为地下固体钾盐，少部分为含钾卤水。钾资源主要分布在加拿大、俄罗斯、白俄罗斯、德国和约旦等国，其中加拿大、俄罗斯和白俄罗斯的储量占80%以上。在世界钾盐消费去向中，95%以上用作肥料，其余用于工业。

碳一化工是指从含有一个碳原子的化合物(如一氧化碳、甲醇、甲烷和二氧化碳等)出发，合成碳数为2个或2个以上化合物的化学工艺。当前全球基础有机原料工业的发展正面临石油资源短缺、环保法规日益严格这两大难题，因此发展碳一化工，生产合成燃料及基础有机原料，逐步替代石油资源已迫在眉睫。

碳一化工另一个重要的原料是合成气，从合成气出发的产品分布，主要集中在含氧化合物、含氮化合物、液体燃料及烯烃类这四类。含氧化合物产品主要有甲醛、甲酸、甲醇、二甲醚、乙醇、乙二醇、乙酸、酸酐、甲酸甲酯、低碳混合醇、碳酸二甲酯以及各种高级羰基合成醇等，这些产品的制备主要采用合成气或甲醇作为基础原料，通过羰基合成反应来实现。目前已工业化的碳一化工技术包括：合成气制合成氨，合成气制甲醇、制合成燃料，甲醇羰化制醋酸、醋酐、甲醇脱水制二甲醚、甲醇羰化制甲酸甲酯、甲醇羰化氧化制碳酸二甲酯等。

第2章 调度管理

2.1 调度管理概述

2.1.1 调度管理概念

调度管理是对企业日常生产活动的计划、组织和控制，是和原油采购、装置生产、产品调和、质量控制及产品出厂等密切相关的各项管理工作的总称。它是整个企业管理的重要组成部分。

调度管理的工作职能：组织执行生产计划，平衡各类物料和公用工程系统，紧急处理各类生产应急工况。

调度管理的工作方针：组织产供销、协调人财物、掌握诸平衡、信息通上下、指挥全天候、衔接各专业、调遣各工种、优化生产力、确保安稳长、共建双文明。

2.1.2 调度管理的中心功能

指挥中心：通过命令、指示及指导、说服等形式，使被管理者协调而积极地实现组织目标、同时监督各部门执行的单位。

信息中心：收集、汇总、整理大量生产实时信息，根据企业内部人员的分工，向特定人员或领导进行信息传递或汇报。特点是信息量大、信息多样化，更新及传递速度快。

2.1.3 调度工作主要内容

调原料：包括原(料)油和后续加工装置原料的调和，使其符合装置工艺控制指标要求。

调产品：制定调和方案，并根据装置馏出口的数据，及时调整调和方案，满足产品质量指标。

调平衡：主要是公用工程和各类物料的平衡。包括水、蒸汽、氢气、瓦斯等公用介质及油气系统的平衡，以及各类物料的平衡。

调关系：主要是协调企业内部的组织关系，有上下级的纵向关系和各部门间的横向关系。

2.1.4 调度管理的意义

石油化工企业的生产特点客观上要求有一个生产指挥中心，统领全局，组织生产全过程，进行科学的生产管理，保持生产过程的连续性和协调性。

调度运用少投入、多产出、快产出的原则，组织日常生产经营活动，统一协调，合理配置资源，优化原料互供，在确保安全、平稳生产前提下，实现经济效益的最佳化。即用最少的原料，最低的消耗，通过挖掘企业内部潜力，优化产品结构，获得最大的经济效益。

2.2 调度管理的主要任务

2.2.1 调度管理的日常任务

日常生产运行管理。跟踪检查装置、公用工程的运行状态，对日常生产活动进行统一的调度指挥，组织均衡有序的安全生产和经济运行，确保“安稳长满优”生产和生产经营计划的全面完成。

(1) 生产信息传递。及时传达上级机关和领导的指示和要求，及时反映生产单位的请求和意愿，及时收集各类生产信息，并做好相关部门的沟通工作。

(2) 生产经营计划执行。根据月度生产计划，编制周或旬生产计划、日生产计划，组织产、运、销，做好生产优化；编制“调度日报”、“生产日报”等，分析总结生产完成情况。

(3) 组织生产调度会。召集、主持生产调度会，通报生产计划和指标完成情况，解决生产问题，反馈信息，布置生产事项，检查调度会决议执行情况。

(4) 装置停开工管理。组织编制全厂生产装置的开停工程序和公用工程、各类物料运行方式，并指挥全厂生产装置、储运系统、公用工程完成开停工任务；参与新装置开工方案的审定。

(5) 生产应急指挥协调。在生产发生异常或紧急情况下，调动企业范围内的人力、物力、财力、器材、车辆等到生产现场解决问题，组织协调生产处置和恢复，参与事故处理；做好自然灾害的防范。

(6) 参与生产经营管理。参加讨论或会签年、季、月度生产经营计划；参加企业发展规划、设计的审定工作。

2.2.2 生产调度工作的基本原则

一是以计划为依据，着眼整体经济效益。

二是局部服从全局，下级服从上级。

三是突出重点；注重预见和预防，综合分析和应变能力。

四是以工艺技术规程、操作法、工艺卡片为依据，生产不忘安全、环保、质量；热情为生产服务，为基层排忧解难。

2.2.3 调度指令

调度指令是生产调度指挥生产的重要手段，有书面和口头两种下达形式。调度指令包括以下种类：

1. 调度通知

在生产指挥过程中，遇到涉及广，需要有关各方相互配合对各方均提出要求，由部门下达的指令，如生产装置负荷调整，生产方案变更及调度系统内部业务要求的指令。

2. 调度令

生产调度在下列情况时有权书面下达调度令：

(1) 当出现灾情时，根据防灾、抗灾工作的需要进行的紧急布置和工作安排。

(2) 当出现重大事故时进行的事故处理意见，要求和生产安排。

(3) 当生产指挥工作受到干扰，上级的决定受到抵制或生产活动处于紧急状态作出的决定。

(4) 上级领导部门下达的指令或根据公司领导授权而下达的命令。

调度指令是生产调度指挥生产的重要手段，下达有书面和口头两种下达形式。日常生产运行管理中以下达电话的调度通知为主；当调度的指挥受到干扰而贯彻不下去，上级的决定受到抵制或者生产处于紧急状态时，调度有权书面发布调度令，传真或直接送达受令单位。

调度令极为严肃，各级领导和调度部门对调度指令的管理要严格，应规定签发调度令的范围(如值班主任或副处长以上人员)及权限。调度令签发人对所签发调度令的执行后果负责。调度令接受者必须坚决执行，受令者对调度令有异议时应及时向指令下达者说明原因，经指令下达者确认后方可取消或修改指令，否则应坚决执行，并做好记录、向主管领导汇报，执行结果和措施要及时向发令部门汇报。对因拖延或拒不执行调度令而造成严重后果者，应严肃处理。

调度令是指示性文件，要求严格管理，专人负责，存档两年备查。指令除有内容外，还要有签发时间和签发人及编号。根据指令内容，可填写抄报、抄送单位，以利贯彻执行。

调度指令下达后因情况发生变化或其他原因需要变更时，必须撤消原指令，重新下达新指令。不允许保留某部分指令而变动另一部分指令。

2.2.4 调度管理的基本职能

石化企业调度管理过程，实际上就是按照客观规律的要求，对企业生产经营实践进行有效指导的过程。在现阶段石化生产调度的职能主要是通过“组织、指挥、协调、监控、服务”五个方面来保证生产任务的完成。

1. 组织职能

组织职能主要是为了实现企业的生产经营任务，按照阶段计划、目标，把企业各要素从时间、空间上合理地组织起来，形成一个有机整体，使系统处于正常的运行状态之中，同时对运作过程中出现的故障、不平衡现象及时采取有效措施，重新进行组织使其恢复正常运转。

2. 指挥职能

指挥是指依据决策和计划，根据当时当地的条件和情况，通过口头、书面或会议形式的带有权威性、强制命令性的行政职能手段，及时有效地处理生产经营活动中出现的各种矛盾。但指挥职能的实施必须拥有各级领导正式赋予的法定地位和法定权利(指挥权、奖惩权、激励权等)，如果没有这个权利，将直接影响其职能的实施。

3. 协调职能

协调职能就是通过疏通处理各部门、生产过程中纵向、横向、内外部的关系，及时克服生产中不平衡的情况，及时调整不相适应的生产环节，避免矛盾和脱节现象发生，使之统一步调，达到一致，确保生产经营顺利进行。协调是生产调度的重要组成部分，协调工作抓得早、有预见性，抓得细、无遗漏环节，就会大大促进生产进度和效益的增长。反之，则会贻误时机，甚至造成停工、停产和人力、物力、资金的损失或浪费。因此各级生产调度必须十分重视协调职能的实施，强化生产组织运行中的协调工作。

4. 监控职能

监控就是在及时了解掌握生产经营信息的前提下，按照既定的目标和标准，对生产经营活动进行监督、检查、衡量计划的完成情况，纠正执行中的偏差，使生产经营活动按既定的生产经营作业计划和标准进行，以确保企业目标的实现。

5. 服务职能

服务职能就是各级调度工作人员为确保生产经营计划的完成，为各生产环节、为各部门提供生产、工作和生活等方面的方便，创造有利条件。

2.3 调度管理制度及工作条例

2.3.1 调度管理规章制度

生产调度部门是生产活动的中枢，企业通过生产调度对生产各环节的平衡、衔接、协调、组织，在保证安全、环保、质量的前提下，尽量地少投入，多产出，快产出，高效益地完成计划。石油化工企业生产装置多，工艺复杂，高度的连续性贯穿于整个生产过程，任何一个系统、环节发生波动或故障都会对整个公司的正常运行造成影响，为了确保装置的“安、稳、长、满、优”运行，各级生产调度系统必须建立健全各项规章制度。

建立健全规章制度，有利于生产调度各司其职，各尽其责，充分调动工作积极性和创造性；有利于协作，统一步调，以适应现代企业社会化大生产的需要；有利于分清责任，明辨是非，协调单位与单位，上级与下级，组织与个人，个人与个人之间的关系，使企业生产管理系统正常运转；有利于国家政策法规、上级指示和条令的贯彻执行。

调度管理规章制度的制定应符合以下原则：

合法性原则：企业生产调度系统制定的各项规章制度，必须符合国家的法律、法规、政策和集团公司调度工作的方针、规定等，不能与之相抵触。

实事求是原则：制定制度要切合实际，深入调查研究，在广泛征求生产调度有关各部门和群众意见基础上，制定出既符合企业实际，又确有必要的规章制度，防止过多过滥。

实用性原则：制度要条款具体，便于操作，便于执行，不能含糊其辞，模棱两可。

石油化工企业生产调度系统规章制度，归纳起来，大致可以分为三类：

第一类是基本制度，这是各层次、各系统、各部门、各岗位都要共同遵守的，具有指导作用的最基本的制度。如民主管理制度等。

第二类是工作制度，工作制度是指企业生产调度系统有关生产经营活动的各种管理制度。它明确调度工作程序，与外部工作联系以及工作纪律，是调度工作优质高效的保证，如生产调度请示汇报制度、调度令制度等。

第三类是责任制度，这是规定调度内部各级组织各类人员的职责范围和相应的权力与利益等的责任制度，包括各类人员的岗位责任制，调度各职能系统领导和指挥责任制等。其中，劳动纪律，工艺纪律，操作纪律是岗位责任制的核心。如总调度室值班主任岗位责任制等。

2.3.2 生产调度工作条例

中国石化《炼化企业生产调度工作条例》是调度管理的日常指导性文件。工作条例规定了生产调度的职责、任务、机构设置、人员配备、培训、工作程序以及其他要求，具体见本章附录一。

2.4 调度管理组织形式

2.4.1 燃料型炼油企业的调度组织形式

典型的燃料型炼油企业的调度组织由以下几部分构成：

生产调度部门负责人：负责总调度室和生产运行、工艺技术、安全环保的统筹管理；负责生产事故(非计划停工和跑、冒、串事故等)的调查处理和统计、对口上报等工作。

生产调度科科长：组织学习和贯彻各项安全生产规章制度，组织制订装置停工事件、停水电汽风生产事件和气象灾害事件应急预案和演练；在生产过程中出现不安全因素、险情及事故时，果断正确处理，启动预案，防止事态扩大。

计划与执行岗位：负责原料、中间物料、装置运行、调度管理；产品调和、质量管理、出厂；码头运行等。

系统调度岗位：负责公用工程、油气管网等系统的运行、调度管理，制定各类系统事故处理预案。

值班调度长：在保证安全、环保、质量的前提下组织指挥当班的生产，执行工艺卡片，不违章指挥，及时处理生产过程中发生的各类事故及自然灾害，及时通报相关生产信息，并做好详细记录。

值班调度：在保证安全、环保、质量的前提下指挥当班的生产，执行工艺卡片，不违章指挥，及时处理生产过程中发生的各类事故及自然灾害，及时通报相关生产信息，并做好详细记录。

质量值班调度：在保证安全、环保、质量的前提下控制当班装置原料及产品质量等过程质量管理，执行工艺卡片，不违章指挥，并做好详细记录。

2.4.2 炼油化工一体化企业的调度组织形式

炼油化工一体化企业的调度组织形式基本与燃料型企业的类似。组织结构包括：

生产调度部门负责人：负责总调度室和生产运行、工艺技术、安全环保的统筹管理；负责生产事故(非计划停工和跑、冒、串事故等)的调查处理和统计、对口上报等工作。

生产调度科科长：组织学习和贯彻各项安全生产规章制度，组织制订装置停工事件、停水电汽风生产事件和气象灾害事件应急预案和演练；在生产过程中出现不安全因素、险情及事故时，果断正确处理，启动预案，防止事态扩大。

计划与执行岗位：负责原料、中间物料、装置运行、调度管理；产品调和、质量管理、出厂；公用工程、系统管网、码头运行等。

值班调度长：指挥当班调度完成炼油、化工、质量岗位各项生产任务。

炼油值班调度：在保证安全、环保的前提下组织指挥当班的炼油生产，执行工艺卡片，不违章指挥，及时处理炼油生产过程中发生的各类事故及自然灾害，并做好详细记录。

化工值班调度：在保证安全、环保的前提下组织指挥当班的化工装置生产，执行工艺卡片，不违章指挥，及时处理化工生产过程中发生的各类事故及自然灾害，并做好详细记录。

质量值班调度：在保证安全、环保的前提下组织控制当班装置原料及产品质量等过程质量管理，执行工艺卡片，不违章指挥，并做好详细记录。

2.5 调度管理人员素质

2.5.1 调度管理人员应具备的素质

1. 调度管理人员应具备的政治品质

(1) 具有一定的政治理论水平和政策解读能力，态度端正、立场坚定；

(2) 能自觉执行上级指示，顾全大局，处事公正，恪尽职守，廉洁自律；

(3) 研究新情况，解决新问题；

(4) 对事业的高度责任感。

2. 调度管理人员应具备的思想作风

(1) 具有良好的工作责任心和团队精神；

(2) 坚持实事求是的思想路线；

(3) 发扬艰苦奋斗的实干作风；

(4) 密切联系群众的作风；

(5) 认真地开展批评和自我批评。

3. 调度管理人员应具备的道德品质

(1) 忠于职守，热爱本职工作；

(2) 大公无私、不以权谋私；

(3) 勇于承担责任、不上推下卸；

(4) 遵守纪律，严守机密；

(5) 文明礼貌，平等待人。

4. 调度管理人员应具备的能力

(1) 全局能力：指领导者对企业生产经营活动进行分析、判断和概括的能力，要能在市场经济大潮中，运用系统原理，综观全局；能在众多矛盾中抓住主要矛盾，能运用逻辑思维，进行归纳、判断，找到解决问题方法。

(2) 决策能力：可以分解为调查研究能力、问题分析能力、预测能力和决断拍板能力等。

(3) 组织能力：在决策方案决定以后，为了落实方案所需要的组织、指挥、控制的能力，善于协调人力、物力、财力，有效组织和指挥生产；要对既有方案的实施实行有效的控制，又要对情况变化及时作出合理调整。

(4) 人际交往能力：即善于沟通、协调内部各种关系的能力。对上级，争取帮助和支持；对下级，调动积极性；对外，热情相互协作；对内，谦虚谨慎，约束自己。

（5）用人能力：能用人之长，充分发挥其智慧和才干，重视人员训练、培养，善于识别和发现人才，知人善任。

（6）创新能力：有不断探索、不断创新的能力，对正在进行的工作，能及时发现问题，认真总结，善于提出新方案，每年工作有新点子、新思路。

2.5.2 调度应该掌握的法律法规和制度

各级调度人员应熟知相关的国家法律法规、总部和企业各项有关规章制度。

（1）安全生产法律法规：

《中华人民共和国安全生产法》

《中华人民共和国突发事件应对法》

《中华人民共和国劳动法》

《中华人民共和国消防法》

《中华人民共和国职业病防治法》

《国务院关于特大安全事故行政责任追究的规定》

《危险化学品管理条例》

《安全生产许可证条例》

《生产安全事故报告和调查处理条例》

《工伤保险条例》

《中国石化重特大事件应急预案》

（2）环境保护法律法规、条例、标准：

《中华人民共和国环境保护法》

《中华人民共和国水污染防治法》

《中华人民共和国大气污染防治法》

《中华人民共和国环境噪声污染防治法》

《中华人民共和国固体废物污染环境防治法》

《中华人民共和国放射性污染防治法》

《中华人民共和国清洁生产促进法》

《中华人民共和国水污染防治法实施细则》

《环境空气质量标准》

《污水综合排放标准》

《大气污染物综合排放标准》

《工业企业厂界噪声标准》

《锅炉大气污染物排放标准》

《一般工业固体废物贮存、处置场污染控制标准》

（3）其他相关法规：

《中华人民共和国产品质量法》

《中华人民共和国防震减灾法》

《中华人民共和国防洪法》

《中华人民共和国计量法》

《中华人民共和国保密法》

(4) 调度工作基本原则和主要内容、生产调度工作条例和“三基”工作标准。

2.5.3 调度应该掌握的基础知识

掌握全公司生产装置、公用工程系统的基本情况、上下游装置物料关系，会处理物料平衡、系统平衡工作以及掌握各种事故处理原则。

熟悉码头的泊位规模、储存能力、输送能力及辅助系统。

掌握公司内的原料(油)罐区、中间罐区、成品罐区、酸碱罐区的储存能力、各罐的安全要求、输送方式、进出物料的流向、进出能力、各罐物料切换要求、品质要求等。

掌握公司各个原水水源的地理位置、相互关系、各水源地供水能力、公司所属各净化水场、化水装置、循环水场的生产能力、相互关系、主要用户以及水质的质量要求。

掌握公司所属各空压站的组成、机组的运行方式、各空压站净化风、非净化风的能力、相关关系、品质要求、各自的后备系统组成、供给的主要用户消耗情况。

掌握公司所属供氮设施的生产能力、高/低压氮气的主要用户、相互供给关系、后备系统、指标要求、掌握各等级氮气平衡原则，以减少氮气资源的浪费。

掌握公司所属各产氢、耗氢装置的生产能力，氢气平衡的原则、各等级氢气的控制方案、各产氢、耗氢装置所产(耗)氢与装置对应的加工处理量的关系。

掌握公司所属各电站的分布、各锅炉的产汽能力、各发电机的发电能力、公司各蒸汽等级主要用户(特别是大机组)的耗汽量、各电站相互间及各等级蒸汽管线间的互供关系、控制要求、蒸汽平衡的一般原则。

掌握公司瓦斯(包括燃料气、天然气)系统的各等级瓦斯气产出装置、耗用装置及其能力；瓦斯气的平衡原则。

根据公司的月、旬、日生产计划做好物料平衡。

全面了解公司电力系统的组成、运行方式、各变电所的分布、相互关系、其所辖用户及负荷、电负荷的平衡原则。

掌握公司各主要生产装置的生产原理、上下游生产装置物料关系、相关系统流程、主要工艺流程及规程、主要设备、主要工艺参数和控制指标、掌握原材料、成品、半成品的种类及性质、用途、质量标准；熟知开、停车步骤及安全事项，能进行异常情况的处理等。

掌握主要装置开停车主要步骤程序和开车备料、停车退料的要求，开停车过程中储运系统、公用系统工作要求。

掌握公司各环保装置的布局、工艺原理、处理能力、主要工艺流程及规程、控制指标；熟知环保装置的开、停车步骤及安全事项，能进行异常情况的处理及对环保的影响等。

掌握停电、风、水、汽的事故预案及氢气、氮气等公用系统的紧急预案的处理方法。会使用调度相关优化软件。

掌握公司产品出厂的方式、产品平衡和衔接；掌握产品的质量控制指标，在生产异常时，会进行不合格产品的切换和处置方法。

具备调查事故、异常原因，现场协调指挥的能力，并根据处理情况提出防范措施。

了解物耗、能耗、相关的财务指标意义和计算方法，以及公司相关指标要求。

了解生产运行中存在的生产瓶颈、设备隐患和相应对策与措施。

熟悉相关职能部门的业务分工和业务联系方式。

2.5.4　一名合格的调度应具备的基本要求

具备热爱调度事业的高度责任心，敏捷的思维和良好的记忆力；

具备大局观念，服从命令，善于指挥，团结协作的团队精神；具备上情下达、下情上报、沟通信息的技能；掌握现代化信息工具，实事求是做好领导参谋。

具备健康的身体和旺盛的精力，严谨作风，快速反应能力；风险决策能力。

2.6　调度主要装备

2.6.1　配置调度电话

设调度专线电话，供调度人员与装置岗位人员高效联系。

配备对讲机，供调度人员下现场时高效联系指挥使用。

2.6.2　配置调度车辆

设调度值班车，供生产加班人员或紧急情况时使用。

2.6.3　设置电视监控

调度室配备工业电视监控全厂主要生产装置、重点部位以及外部港区生产状况。

2.6.4　配置防护用品

配置安全带、硫化氢、CO、可燃气体、氯气等报警仪，配置手电筒、射线检测仪等工具。

2.6.5　总调度室的办公设施

配备生产装置实时数据系统，监控全厂所有装置和系统的运行工况。

配备录音电话系统，便于下达、记录全厂生产指令，同时反馈指令完成情况及生产装置信息。

配备电脑、打印机、传真机、网络等必需的办公系统，配备信息化管理系统，提升调度生产指挥及管理水平。配备 MES 信息系统，以便掌握全厂装置和油品的物料平衡。配备化验分析 LIMS 系统，掌控装置侧线馏出口及出厂油品质量数据。配备调度优化系统如 ORION 系统，准确将月度生产计划分解为每日生产工作计划书，进行精确的调度生产安排，从而完成计划、操作、市场与调度之间更好的配合任务。

2.7　调度管理主要方法

2.7.1　强化执行力，建立健全生产调度指挥系统

调度架构合理、职责分明，人员精良；

调度的定位合理(有职、有权、有待遇);

装备齐全,通信、计算机配置及辅助管理系统、车辆等后勤保障系统完善。

2.7.2 努力学习,树立良好的个人形象

个人业务素质好、工作能力强;
有良好人际关系、沟通协调能力强;
勇于承担、善于决断。

2.7.3 妥善处理,理顺工作关系

权利与责任是一对与生俱来的孪生兄弟;所谓权利一是靠领导赋予,二是靠自己实际中的运用;往往实施动用权利的同时,相应的责任也落在肩上。

从专业管理角度讲,调度具有领导职能,但同时调度不能单纯强调领导职能,也要注重发挥好服务职能。

调度的指挥职能是被企业各职能部门所接受的,但在日常工作中更多的是要通过沟通、协调达到指挥的目的。

2.7.4 强化沟通能力

调度是生产运行指挥中心、信息交流中心,及时有效的沟通是信息传递的桥梁,沟通有哪些作用、有哪些障碍,如何进行有效的沟通是我们这些从事调度管理的人应该关注的一个重要问题。

调度人员要提高沟通能力,要善于倾听,善于问,全面了解信息;勤于思考,善于加工处理信息,去伪存真去粗取精;要主动告知,主动反馈,主动汇报;要善用语言艺术,针对不同类型的人采用不同的方式方法,同时做到言简意赅,突出主题;要冷静谦和,切忌急躁。

2.7.5 工作中善抓重点,提高计划执行力

首先,调度人员将月度生产计划分解为周计划、日计划作业方案,并安排装置和系统人员执行。

处理问题要善于抓重点,分清主次,要有全局观,要善于处理日常工作和急、重、难等问题的关系,善于分配工作时间,提高办事效率。

日常工作(装置负荷变化、加工量变化、原油调配、进厂组织、产品调和出厂等)要程序化安排,急重(重要设备装置异常、出厂产品质量、领导安排的重要工作)要重点盯。

2.7.6 强化检查与考核来提高执行力

一个企业的执行力是否强,不仅需要一个高素质的团队,一套完善的管理制度和体系,更需要有人去监督、评价和考核,通过评价考核来促进执行力的提高,形成一个良性循环。

调度作为企业推动执行力的一个重要环节,只有正确有效行使监督、评价和考核权,才能促使调度管理效率的全面提升。

检查考核要把握宽严结合、批评与惩戒、奖与罚相结合的原则,考核有时要不惧当“恶

人”。考核内容和规则要合理，要能调动大家积极性。考核要公正公开、要及时将考核内容反馈给各单位、个人，达到教育大家的目的。

2.8 异常生产事件管理

作为一名调度人员，在日常生产指挥过程中，经常会遇到安全运行的异常情况。为了迅速准确处理异常生产事件，将损失降至最低，强化异常情况的管理尤为重要。

2.8.1 针对异常生产事件编制处理预案

编制公司总体生产事故预案，建立应急救援体系，界定各部门职责，规定工作程序。

专项预案主要包括：火灾爆炸事故、危险化学品泄漏事故、中毒事故、重大设备事故、环境污染事故、码头及海上事故、破坏性地震及自然灾害事故预案、油气管线泄漏预案、恐怖袭击预案、群体性预案、信息系统异常预案等。

全厂事故处理及恢复生产方案，如大面积停电预案、停风预案、停蒸汽预案、停氢气预案、停氮气预案、停循环水预案、停燃料预案等，以及重要装置停工事故处理预案。

2.8.2 定期安排全厂事故预案演练

全厂性专项预案由各职能部门牵头组织，每年至少组织演练 2 次以上。

装置级事故演练由生产单元组织，每季度一次以上。

定期安排相关人员进行预案演练及人员培训工作，提高员工事故处理能力，一旦出现异常问题，能够做到忙而不乱，按事故预案的要求迅速反应、正确处理，将局部问题对全厂生产运行的影响降低到最低。

对系统性预案要由专人负责编制，也可由值班调度员进行编制、全员讨论、主管进行确认的方式，在编制预案的过程中学习提高。同时要定期进行演练。

值班调度参与各部门组织的专项预案演练，提高调度员与各部门间的联动效果，熟悉各预案的处理过程及要点。

2.9 案例分析

2.9.1 案例分析一

今年防讯抗台形势严重，台风和暴雨严重影响了炼化企业的生产装置平稳运行及生产经营计划，请你针对本企业所遭遇到的台风和暴雨等恶劣天气时，简要论述所采取的应急预案及应对措施，协调各部门的处理过程及经验教训？

2.9.2 案例分析二

某炼油厂为了降低加工损失，决定从高低压火炬无序排放抓起，经过一段时间管理后，无序排放有所好转，但仍时有乱排现象。

分析：(1) 作为一名调度人员，高低压火炬无序排放原因是什么？

（2）如果你是一名调度长，你会如何抓这项工作？

2.9.3 案例分析三

全厂安全、平稳、长周期生产是确保效益最大化的基础，如何避免装置发生非计划停工事故，是调度日常管理工作主要内容。

(1) 请结合本企业的情况谈一下非计划停工管理制度，停工原因，经验教训，及整改措施。

(2) 请举例说明你所经历的晃电、停电(公用工程)事故应急处理案例。

(3) 全厂装置停电(公用工程中断)后，你是如何处理的，有什么经验及教训？

2.9.4 案例分析四

精细化管理是中国石化的好传统，目前各厂为了要效益、降指标，在精细化管理方面都下了不少功夫，向管理要效益、“干毛巾要拧出三滴水”便是这种精神的具体体现，领导在向调度室安排工作时也常将工作安排得很细，一日某领导安排调度室将一产品指标按××控制，某调度长接令后，感到很为难，因为如果严格按领导的指令执行，装置和整个产品的调和可能会出现问题。

如果你是调度长，你如何来安排这项工作？

附录一

中国石油化工股份有限公司炼化企业生产调度工作条例

第一章 总 则

第一条 为了加强炼化生产企业(含非上市炼化生产企业，下同)调度专业管理，规范调度工作，提升生产组织水平，提高企业经济效益，特制定本条例。

第二条 中国石化股份公司是上中下游一体化的能源化工公司，为了充分发挥联合优势，优化组织生产经营，有效应对市场变化，增强整体实力和市场竞争能力，提高整体经济效益，总部必须加强对直属炼化生产企业的生产管理，统一安排生产计划，合理配置资源，优化原料互供，实现经济效益的最佳化。生产企业必须以市场为导向，以效益中心，在总部的统一安排下组织好生产经营，完成总部下达的生产经营任务。

第三条 企业生产调度部门是日常生产经营的具体组织者，要坚决服从总部的统一指挥和本企业的具体安排，必须眼睛盯住市场，按市场需求组织生产，时刻关注国内外市场趋势和价格走向，及时调整产品结构，努力增产社会急需、市场短缺、附加值高的石化产品。同时，要功夫下在现场，充分挖掘内部潜力，优化生产要素，为企业创造最佳的效益。

第四条 作为企业日常生产经营的一线指挥部。生产调度部门必须一年365天，一天24小时不间断地关注生产经营动态，要积极主动地帮助基层解决实际问题，及时分析生产运行状况，做到上情下达，下情上报，为各级领导决策及时提供准确的依据。

第五条 各企业要充分发挥生产调度部门在生产经营中的指挥和协调作用，坚定不移地树立和维护生产调度部门在生产指挥方面的权威，为生产调度部门开展工作提供必要的条件。

第六条 为了加强调度工作，各企业都要加强生产调度部门的建设，建立和健全调度机构，设置专职调度人员，注重培养和提高调度人员的综合素质，提高调度人员的业务能力和水平。

第二章 生产调度的职责和任务

第七条 在上级调度部门和企业主管生产的经理(厂长)直接领导下，负责对本企业日常生产经营活动的统一调度指挥，优化组织生产经营，确保“安稳长”生产和生产经营计划的全面完成。在生产发生异常或重大问题时，有权代表经理(厂长)调动本企业范围内的人力、物资、器材等资源赶生产现场解决问题，同时向上级调度部门和主管领导报告，必要时发布调度命令，受令单位必须无条件执行。

第八条 参与讨论制订年度、季度、月度生产经营计划，负责编制作业计划；组织生产过程中厂际或车间之间物料、原料、燃料及水、电、汽、风等公用系统的平衡调度和产品储存、运输、出厂的衔接；组织编制企业年度大检修开停工总体进度安排；参与企业发展规划制定、设计审查、重大工艺试验、新装置开工等工作。

第九条 组织原油和原料的优化、互供的优化、生产方案的优化、公用工程运行的优化、销售和储运的优化、检修安排的优化等，做到少投入、多产出、快产出，努力降低生产成本，提高企业经济效益。

第十条 组织企业生产经营调度例会，传达、贯彻并执行上级部门和领导的指示和要求，通报情况，分析问题，提出对策，反馈信息，协调好各部门的关系，布置生产经营事项，检查调度会有关决定的落实情况。

第十一条 与有关单位一起组织、开展企业劳动竞赛活动，并对竞赛情况进行考核、评比。

第十二条 坚持两个文明一起抓。要巩固调度“三基”工作成果，落实调度管理“四化”要求；要加强政治思想工作，热情为基层服务；要深入基层，调查研究，发扬调度工作实事求是、雷厉风行的思想作风和工作作风；要在提高调度人员政治素质和技术业务素质上下功夫，把调度部门建设成为坚持正确的政治方向、适应市场经济发展、团结进取的战斗集体。

第三章 生产调度的机构设置和人员配备

第十三条 中国石化股份公司炼油事业部和化工事业部分别设置调度处，所属炼化生产企业均要设置生产调度指挥机构。生产调度指挥机构必须一年365天，一天24小时连续工作，以便自上而下形成完整的生产调度系统，统一指挥生产。

第十四条 生产调度系统是股份公司炼化生产经营信息传递的主渠道，各级调度部门必须配备先进可靠的调度台、直拨电话和电话传真，确保通讯畅通。各企业还应设置以计算机为主的现代化管理系统及其他通讯系统，时刻监视生产装置的运行情况，逐步实现股份公司和生产企业在数据、图像和语音三方面的联网。

第十五条 各级企业必须按劳动法规定的工时，为调度部门配备足够的定员。调度人员应是具有中专以上文化水平，并具有一定生产实践经验和组织指挥能力的年富力强的生产骨干。调度长应具备良好的组织能力、分析能力、预测能力、决策应变能力，熟悉企业生产经营情况。

第十六条 调度人员上岗前应进行必要的培训，全面了解本企业的装置分布、工艺流程、主要管线走向等，能做物料、动力、产销和检修等各种平衡，能组织生产装置和公用系统事故状况下的紧急处理，熟练使用计算机进行办公。企业要为调度人员的业务培训进修创造必要的条件，以不断提高调度人员的政治和业务水平。

第十七条 企业可根据本单位的情况和工作需要，为调度部门配置专用汽车或昼夜值班汽车，以便在紧急的情况下，能及时组织处理生产中出现的问题。

第四章 生产调度管理的基础工作

第十八条 各级调度机构和调度人员必须建立相应的职责条例和岗位责任制，明确职责和权力范围，既有分工又有协作，人员配备要精干，以提高调度的工作效率和工作质量。

第十九条 各级调度人员要模范执行汇报制度。直属企业应按股份公司所规定的时间和要求，指定专人向股份公司汇报。基层企业调度按规定每天向公司(总厂)总调度室汇报。发生重大事故，直属企业应在四小时内向股份公司炼油事业部、化工事业部调度处汇报。遇有紧急情况和重大问题，上级调度部门有权越级向基层调度了解情况，基层调度必须如实报告。

第二十条 调度例会制度是企业生产经营协调工作的重要手段，直属企业要定期召开调度例会，以便及时解决生产经营中出现的问题。调度例会应由主管生产的厂长(经理)主持并形成会议纪要，调度部门要检查落实其执行情况。各级调度室都要健全交接班制度，保持生产过程和信息的连续性。

第二十一条 巡回检查是调度人员深入现场、了解生产情况、及时发现安全隐患的一项重要工作，必须形成制度。巡回检查制度要规定具体的时间、线路和巡检内容。直属企业调度每天不得少于一次，基层生产企业每班不得少于一次。

第二十二条 生产调度的资料和档案是企业生产经营活动的重要记录，包括生产调度活动中形成的文档、规程、生产方案、生产计划、原始记录、报表、台帐、报告、分析总结等全部文件。各级调度机构必须设立相应的资料档案室，建立资料管理制度，指定专人管理，重要的资料档案要逐步由文字转入计算机磁盘保存，做到资料管理规范化。

第五章 附 则

第二十三条 本条例自颁布之日正式执行，原中国石化集团公司炼化生产调度工作条例同时作废。

第二十四条 本条例由中国石化股份公司炼油事业部、化工事业部负责解释。

附录二

中国石油化工股份有限公司炼油装置非计划停工管理办法

<table>
<tr><td rowspan="3">中国石化 SINOPEC</td><td>制度名称</td><td colspan="3">中国石油化工股份有限公司炼油装置非计划停工管理办法</td></tr>
<tr><td>制度编号</td><td>GZGSH-A020302-32-053-2015-1</td><td>制度文号</td><td></td></tr>
<tr><td>制度版本</td><td>3</td><td>主办部门</td><td>炼油事业部</td></tr>
<tr><td>所属业务类别</td><td colspan="2">炼油业务/生产运行/生产指挥（生产调度）</td><td>会签部门</td><td></td></tr>
<tr><td>下位制度制定者</td><td colspan="2">企业制定执行类制度</td><td>审核部门</td><td>法律部
信息化管理部
企业改革管理部</td></tr>
<tr><td>解释权归属</td><td colspan="2">炼油事业部</td><td>签发日期</td><td></td></tr>
<tr><td>废止说明</td><td colspan="2">原《中国石油化工股份有限公司炼油装置非计划停工管理办法》（石化股份炼〔2014〕111 号）同时废止</td><td>生效日期</td><td></td></tr>
<tr><td>制定目的</td><td colspan="4">加强炼油装置生产运行管理，减少非计划停工</td></tr>
<tr><td>制定依据</td><td colspan="4">炼油生产运行管理需要</td></tr>
<tr><td>适用范围</td><td colspan="4">各炼油企业</td></tr>
<tr><td>约束对象</td><td colspan="4">炼油装置的非计划停工</td></tr>
<tr><td rowspan="2">涉及的相关制度</td><td colspan="2" rowspan="2">/</td><td>业务类别</td><td>/</td></tr>
<tr><td>所属层级</td><td>/</td></tr>
</table>

1　基本要求

1.1　装置安稳运行是保证企业取得好的经济效益的前提和基础，各企业要高度重视，从严管理，减少、避免装置发生非计划停工。

1.2　保证装置安稳运行是个系统工程，企业需从设计质量、设备采购、检修维护和运行管理等各个环节从严把关，消除影响装置安稳运行的隐患。

1.3 保证装置安稳运行是企业各个层级、各个专业的共同责任，要完善制度，明确责任，严格考核，提高各个层级管理人员的责任心。

1.4 炼油装置非计划停工管理，采取总部指导、监督、考核，企业具体管控的方式。

1.5 本办法适用于炼油事业部所属和委托管理的主要炼油生产装置。

2 职责分工

2.1 炼油事业部职责

2.1.1 炼油事业部是炼油装置非计划停工管理工作的归口管理部门，负责指导、监督和考核企业非计划停工管理工作。

2.1.2 负责炼油装置非计划停工情况的统计、考核，并将有关情况及时通报企业。

2.1.3 帮助和指导企业做好非计划停工分析，对共性问题组织制定整改措施。

2.1.4 负责炼油装置非计划停工档案的管理。

2.2 企业职责

2.2.1 企业是炼油装置非计划停工管理工作的责任主体，负责制定本企业炼油装置非计划停工管理细则，并报炼油事业部备案。

2.2.2 成立以公司分管生产领导为组长、相关部门负责人参与的炼油装置非计划停工管理领导小组，建立和完善本企业炼油装置非计划停工管理体系。

2.2.3 明确归口管理部门，原则上指定生产调度部门为非计划停工归口管理部门。

2.2.4 负责本企业炼油装置非计划停工的统计、分析和考核等工作，一级、二级非计划停工要形成专题报告报炼油事业部。

2.2.5 负责本企业炼油装置非计划停工的档案管理。

3 非计划停工定义

3.1 A类装置非炼油事业部年度检修计划安排的装置停工和B类、C类装置非炼油事业部月度计划安排的装置停工，按照非计划停工统计、管理，以下情况除外：

3.1.1 炼油事业部安排的装置临时停工或企业提出、炼油事业部同意的装置停工待料。

3.1.2 装置检修恢复开工后24小时内发生的停工。

3.1.3 新建装置投产后6个月内发生的装置停工。

3.2 装置开停工时间界定

3.2.1 引原料进蒸馏设备、反应器等为开工时间。

3.2.2 原料停止进蒸馏设备、反应器等为停工时间。

3.3 炼油装置非计划停工实行分类管理，分A、B、C三类生产装置。

A类生产装置：常(减)压、催化裂化、延迟焦化、加氢裂化(含重油加氢)、催化重整装置。

B类生产装置：硫黄回收、制氢、S Zorb、催化汽油加氢、焦化汽油加氢、航煤加氢、柴油加氢、蜡油加氢。

C类生产装置：溶剂脱沥青、气分、烷基化、异构化、MTBE、润滑油加氢、溶剂脱蜡、溶剂精制。

3.4 炼油装置非计划停工管理实行分级管理，分为一级、二级和三级。

3.4.1 一级：A类生产装置停工15天及以上的非计划停工。

3.4.2 二级：A类生产装置连续停工时间24小时及以上、不足15天的非计划停工；B类生产装置连续停工时间24小时及以上的非计划停工。

3.4.3 三级：A类、B类生产装置连续停工时间不足24小时的非计划停工，C类生产装置发生的非计划停工。

4 汇报要求

4.1 企业发现炼油装置运行出现异常情况时，应及时向炼油事业部汇报。装置发生非计划停工时，企业应按照以下要求向炼油事业部调度处汇报有关情况：

4.1.1 A类、B类装置切断进料后1小时内电话汇报非计划停工简况，装置恢复进料后1小时内电话汇报生产恢复情况。

4.1.2 C类装置非计划停工如超过24小时，应及时汇报停工原因和抢修安排等有关情况。

4.1.3 一级、二级炼油装置非计划停工，应在装置停工后36小时内书面上报非计划停工快报。

4.1.4 一级、二级炼油装置停工抢修期间，每天16：00前向炼油事业部调度处汇报抢修情况，装置正常运行24小时后方可停止汇报。

4.1.5 一级、二级炼油装置非计划停工，企业应在装置恢复正常运行后2周内，上报正式的非计划停工报告。

4.1.6 三级炼油装置非计划停工有关情况，每月5日前通过炼油生产调度指挥系统在"炼油装置运行月报"中进行填报。

4.2 企业生产调度部门要安排专人负责填报炼油装置运行月报。

4.3 企业应按要求及时、如实上报炼油装置非计划停工情况。如出现迟报、漏报现象，将书面通报批评；如出现瞒报现象，将加重考核。

5 分析和考核

5.1 以下装置停工按照非计划停工进行统计和管理，但不纳入考核和约谈范围。

5.1.1 地震、极端天气等自然灾害导致的装置停工。

5.1.2 因其他装置停工，造成物料平衡困难导致的装置陪停。

5.1.3 非企业责任外部因素导致的停工。

5.2 企业要根据炼油装置非计划停工级别，召开非计划停工分析会，形成非计划停工专题报告。

5.2.1 一级非计划停工由企业主要领导组织召开专题分析会。

5.2.2 二级非计划停工由企业分管领导组织召开专题分析会。

5.2.3 三级非计划停工由企业专业管理部门组织召开专题分析会。

5.3 企业要严格按"四不放过"原则处理每一起非计划停工，要认真组织分析停工原因，举一反三制定整改措施，严肃处理责任人，深刻吸取教训。

5.3.1 非计划停工原因分析要彻底、全面，分清责任部门、责任人。

5.3.2 整改措施要举一反三，并明确整改内容、责任人、完成时间等，对整改工作要建立跟踪、检查机制。

5.3.3 责任追究要严格，对每一起非计划停工的责任单位和责任人都要进行经济责任制考核，情节严重的也应有行政处分。

5.3.4 处理结果要及时公布，使企业全体员工切实吸取教训，以提高工作责任心，防范同类非计划停工重复发生。

5.4 炼油事业部将加强非计划停工的指导、监督和考核。

5.4.1 视实际情况，组织专家赴发生炼油装置非计划停工的企业开展指导、服务工作，或安排企业到总部汇报。

5.4.2 事业部领导、相关处室赴企业调研时，要检查企业炼油装置非计划停工管理情况。

5.4.3 制定和完善炼油装置非计划停工考核细则，逐月进行考核。

5.5 根据非计划停工影响程度，总部将实行约谈制度。

5.5.1 A类装置年内累计发生纳入考核的一级、二级非计划停工2次(含2次)以上，或非计划停工对企业生产经营造成较大影响的，由事业部约谈企业分管领导。

5.5.2 A类装置年内累计发生纳入考核的一级、二级非计划停工4次(含4次)以上，或非计划停工对企业生产经营造成重大影响的，由党组领导约谈企业主要领导。

5.6 炼油事业部将加强炼油装置非计划停工的统计、考核和通报。

5.6.1 每月统计、分析炼油装置非计划停工情况，并进行通报。

5.6.2 每月对一级、二级炼油装置非计划停工进行考核，并通报考核结果。

5.6.3 对每一起一级、二级炼油装置非计划停工报告在炼油生产调度指挥系统上进行发布，供其他企业研究、借鉴，举一反三，完善防范措施。

6 附件

6.1 炼油装置非计划停工快报标准模板

6.2 炼油装置非计划停工报告标准模板

附件 6.1

××公司××装置非计划停工快报

一、企业名称

二、装置基本情况

三、停工及处理经过

1. 停工经过

2. 处理措施

四、检查情况

1. 设施损坏情况

2. 现场照片

3. 设备结构、工艺流程示意图

五、停工原因初步分析

六、抢修安排

七、对当月生产任务影响的预测

附件6.2

××公司××装置非计划停工报告

一、企业名称
二、装置名称
三、停工时间
四、装置情况
1. 基本情况
2. 近三年运行情况
五、开停工经过
1. 停工经过
2. 处理措施
3. 抢修过程
4. 开工过程
六、检查情况
1. 设施损坏情况
2. 现场照片
3. 设备结构、工艺流程示意图及DCS趋势图
七、停工原因分析
1. 直接原因
2. 间接原因
3. 深层次原因
八、教训及整改、防范措施(含对系统内同类炼油装置的防范措施建议)。
九、停工损失
1. 直接经济损失
2. 对生产任务的影响
十、责任追究

盖章

年　月　日

附录三

中国石油化工股份有限公司化工装置非计划停工管理办法

<table>
<tr><td rowspan="3">中国石化 SINOPEC</td><td>制度名称</td><td colspan="3">中国石油化工股份有限公司化工装置非计划停工管理办法</td></tr>
<tr><td>制度编号</td><td>GZGSH-A030202-32-133-2015-1</td><td>制度文号</td><td></td></tr>
<tr><td>制度版本</td><td>3</td><td>主办部门</td><td>化工事业部</td></tr>
<tr><td colspan="2">所属业务类别</td><td>化工生产与销售/生产运行/生产指挥（生产调度）</td><td>会签部门</td><td></td></tr>
<tr><td colspan="2">下位制度制定者</td><td>企业制定执行类制度</td><td>审核部门</td><td>信息部
法律部
企改部</td></tr>
<tr><td colspan="2">解释权归属</td><td>化工事业部</td><td>签发日期</td><td></td></tr>
<tr><td colspan="2">废止说明</td><td>原《中国石油化工股份有限公司化工装置非计划停工管理办法》(石化股份化[2014]88号)同时废止</td><td>生效日期</td><td></td></tr>
<tr><td colspan="2">制定目的</td><td colspan="3">加强化工装置非计划停工管理，提高装置运行水平，减少非计划停工造成的效益损失</td></tr>
<tr><td colspan="2">制定依据</td><td colspan="3">化工生产装置运行管理特点</td></tr>
<tr><td colspan="2">适用范围</td><td colspan="3">各分（子）公司、合资企业和化工事业部托管非上市企业</td></tr>
<tr><td colspan="2">约束对象</td><td colspan="3">化工装置非计划停工管理</td></tr>
<tr><td colspan="2" rowspan="2">涉及的相关制度</td><td rowspan="2">/</td><td>业务类别</td><td>/</td></tr>
<tr><td>所属层级</td><td>/</td></tr>
</table>

1　基本要求

1.1　装置安稳运行是保证企业取得好的经济效益的前提和基础，各企业应加强管理，力争避免装置发生非计划停工。

1.2 保证装置安稳运行是个系统工程，企业需从设计质量、设备采购、检修维护和运行管理等各个环节从严把关，消除影响装置安稳运行的隐患。

1.3 保证装置安稳运行是企业各个层级、各个专业的共同责任，要完善制度，明确责任，严格考核，提高各个层级管理人员的责任心。

1.4 化工装置非计划停工管理，采取总部指导、监督、考核，企业具体管控的方式。

1.5 本办法适用于各分(子)公司、合资企业和化工事业部托管非上市企业。

2 职责分工

2.1 化工事业部职责

2.1.1 化工事业部是化工装置非计划停工管理工作的归口管理部门，负责指导、监督和考核企业非计划停工管理工作。

2.1.2 负责一级和二级化工装置非计划停工的统计、考核。

2.1.3 帮助和指导企业做好化工装置非计划停工分析，组织查找和解决共性问题，并将有关情况及时通报企业。

2.1.4 负责一级、二级、三级化工装置非计划停工的档案建设。

2.2 企业职责

2.2.1 企业是化工装置非计划停工管理工作的责任主体，要依据本办法制定、细化本企业化工装置非计划停工管理细则，并报化工事业部备案。

2.2.2 成立以公司分管生产领导为组长、相关部门负责人参与的化工装置非计划停工管理领导小组，建立和完善本企业化工装置非计划停工管理体系。

2.2.3 明确归口管理部门，原则上指定生产调度部门为非计划停工归口管理部门。

2.2.4 统计、分析、考核本企业所有化工装置非计划停工，做好相关整改工作，按要求在“化工调度指挥系统非计划停工管理模块”填报一级、二级、三级化工装置非计划停工快报及报告。

2.2.5 负责本企业化工装置非计划停工的档案建设。

3 非计划停工定义

3.1 非化工事业部月度计划安排的化工装置停工，按照非计划停工进行统计、管理，以下情况除外。

3.1.1 由于市场、安全因素或政府明令要求，由化工事业部认可的临时停工。

3.1.2 新装置首次开工后6个月内的停工。

3.1.3 装置检修或长期停工复产后24小时内的停工。

3.2 化工装置开停工的界定

3.2.1 乙烯和MTO：乙烯合格进罐为开工，乙烯不合格或停止采出为停工，对于有多条可独立运行的平行生产线组成的乙烯装置，各生产线均作为独立装置考核。

3.2.2 芳烃：对二甲苯合格进罐为开工，对二甲苯不合格或停止采出为停工。

3.2.3 气化(含烃类转化)：气化炉投煤(或油类)、烃类转化炉投原料为开工，气化装置、烃类转化装置停止进料为停工。

3.2.4 高压聚乙烯、低压聚乙烯、线性聚乙烯、连续法聚丙烯、顺丁橡胶/稀土顺丁、丁苯橡胶、异戊橡胶、丁基橡胶/溴化丁基：投用催化剂(引发剂)为开工，停止投用催化剂(引发剂)为停工。

3.2.5　乙二醇：

3.2.5.1　乙烯制乙二醇：氧混合器开始进料为开工，氧混合器停止进料为停工；

3.2.5.2　合成气制乙二醇：偶联反应器进料为开工，偶联反应器停止进料为停工。

3.2.6　PTA：氧化反应器PX投料为开工，氧化反应器PX停止进料为停工。

3.2.7　苯乙烯：苯乙烯产品合格为开工，苯乙烯产品不合格为停工。

3.2.8　丙烯腈：反应器丙烯投料为开工，反应器丙烯停止进料为停工。

3.2.9　丁二烯：丁二烯产品合格为开工，丁二烯产品不合格为停工。

3.2.10　苯酚：烃化单元烯烃进料为开车，烃化单元烯烃停止进料为停工。

3.2.11　聚酯：酯化反应釜进料为开工，酯化反应釜停止进料为停工。

3.2.12　己内酰胺：

3.2.12.1　苯法装置：装置肟化反应器环己酮进料为开工，停止环己酮进料为停工；

3.2.12.2　甲苯法装置：装置氧化反应器甲苯进料为开工，停止甲苯进料为停工。

3.2.13　其他装置：各企业自行定义并报化工事业部备案。

3.3　化工装置非计划停工实行分级管理，分为一级、二级和三级。

3.3.1　一级

乙烯、MTO、芳烃、气化(含烃类转化)装置15天及以上的非计划停工。

3.3.2　二级

乙烯、MTO、芳烃装置不足15天的非计划停工；

气化(含烃类转化)装置3天及以上、不足15天的非计划停工；

乙二醇、PTA、丙烯腈、气相法聚乙烯装置3天及以上的非计划停工；

单套装置三级非计划停工年累计超过4次后，自第5次起升级为二级非计划停工。

3.3.3　三级

3.3.3.1　气化(含烃类转化)、乙二醇、PTA、丙烯腈、气相法聚乙烯装置不足3天的非计划停工。

3.3.3.2　高压聚乙烯、非气相法低压聚乙烯、连续法聚丙烯、苯乙烯、丁二烯、顺丁橡胶(含稀土顺丁)、丁苯橡胶、异戊橡胶、丁基橡胶/溴化丁基橡胶、聚酯、己内酰胺、苯酚装置的非计划停工。

4　汇报要求

4.1　企业发现化工装置运行出现异常情况时，应及时向化工事业部汇报。装置发生非计划停工时，应按以下要求向化工事业部调度处汇报有关情况：

4.1.1　当3.2涉及的装置发生非计划停工时，企业应在1小时内，电话将停工经过及有关情况报告化工调度(非正常工作时间同时报总部应急指挥中心)。

装置抢修及恢复开车期间，每日16：00前向化工调度汇报抢修情况，直至所有相关装置均正常运行24小时后方可停止汇报。

4.1.2　化工装置发生一级、二级、三级非计划停工后，企业应在24小时内将非计划停工快报上传到“化工调度指挥系统非计划停工管理模块”，在装置恢复正常运行后2周内，将正式报告上传到“化工调度指挥系统非计划停工管理模块”。

4.2　企业要指定专人(原则上负责非计划停工管理的人员)在“化工调度指挥系统非计划停工管理模块”填报非计划停工报告。

4.3 企业应按要求及时、如实上报化工装置非计划停工情况，不得出现瞒报、谎报现象。一经发现，除通报批评外，取消当年非计划停工考核奖励资格。

5 分析和考核

5.1 对于一段时间内多次发生非计划停工的企业，总部将实行约谈。

5.1.1 年内单套装置累计发生纳入考核的一级、二级非计划停工2次及以上，或非计划停工对企业生产经营造成较大影响的，由事业部约谈企业分管领导。

5.1.2 年内单套装置累计发生纳入考核的一级、二级非计划停工4次及以上，或非计划停工对企业生产经营造成重大影响的，由党组领导约谈企业主要领导。

5.2 以下装置停工按照非计划停工进行统计和管理，但不纳入考核和约谈范围，但如果企业处置不当，造成事故扩大或延误开工时间的仍要进行考核。

5.2.1 地震等自然灾害导致的装置停工。

5.2.2 因其他装置停工，造成物料平衡困难导致的装置陪停。

5.2.3 非企业责任的外部因素导致的停工。

5.3 企业要根据化工装置非计划停工级别，组织召开非计划停工分析会，形成非计划停工专题报告。

5.3.1 一级非计划停工由企业主要领导组织召开专题分析会。

5.3.2 二级非计划停工由企业分管领导组织召开专题分析会。

5.3.3 三级非计划停工由企业专业管理部门组织召开专题分析会。

5.4 企业要严格按照“四不放过”原则处理每一起非计划停工，要认真组织分析停工原因，制定整改措施，落实责任，深刻吸取事故教训。

5.4.1 各企业应本着客观、公正的原则分析非计划停工原因，准确反映非计划停工事故情况和处理过程。

5.4.2 整改措施要举一反三，对整改情况，建立跟踪、检查机制，对于当时不能立即整改的措施，每月通过邮件向化工事业部调度处汇报整改进度，直至整改措施完全落实，才能消项。

5.4.3 非计划停工原因及处理结果要及时公布，使企业全体员工切实吸取教训，提高工作责任心。

5.5 化工事业部将定期和不定期组织对化工企业非计划停工管理情况进行监督检查，对于停工原因分析不认真、整改措施落实不到位、不能按时在“化工调度指挥系统非计划停工管理模块”上填报非计划停工快报或报告，或报告质量不符合要求等情况，给予通报批评。

6 附件

6.1 非计划停工快报标准模板

6.2 非计划停工报告标准模板

附件 6.1

非计划停工快报标准模板

一、企业名称

二、装置名称

三、时间：　　　年　　月　　日　　　时至　　　年　　月　　日　　　时

四、停工原因分类(工艺、设备、电气、仪表、公用工程、其他)

五、详细停工及处理经过

1. 停工经过

2. 处理措施

3. 开工过程(如果已经开工要填写)

(一般按照时间先后顺序叙述，所涉及的设备既要有设备中文名称，又要有位号，关键时间点要尽量精确)

六、停工原因初步分析及抢修安排

1. 初步原因分析

2. 抢修安排

七、检查情况

1. 设施损坏情况

2. 现场照片

3. 设备结构、工艺流程示意图等

每张图片要有较详细的注释说明

附件6.2

非计划停工报告标准模板

一、企业名称

二、装置名称

三、时间：　年　月　日　时至　年　月　日　时

四、停工原因分类(工艺、设备、电气、仪表、公用工程、其他)

五、详细停工及处理经过

1. 停工经过

2. 处理措施

3. 抢修过程

4. 开工过程

(一般按照时间先后顺序叙述，所涉及的设备既要有设备中文名称，又要有位号，时间点要尽量精确)

六、停工原因分析

1. 直接原因(原因要分清主次，要有分析检测数据的支持)

2. 间接原因(同上)

3. 深层次原因分析(设计、设备质量、检修、管理上不足)

七、非计划停工影响

1. 直接经济损失

2. 对主产品产量的影响

有人员伤亡的还要填报有具体情况

八、预防及整改措施(要与原因分析对应)

1. 整改措施

2. 管理方面的改进

九、领导签字

十、检查情况

1. 设施损坏情况

2. 现场照片

3. 设备结构、工艺流程示意图及DCS趋势图等

每张图片要有较详细的注释说明

第3章　计划管理

计划管理是企业生产的全过程管理，实施计划管理是为了更好地完成企业生产任务，以达到追求更高利润的目标。

生产计划一般按照时间进行分类：年度生产计划、季度生产计划、月度生产计划以及短期生产计划。按照具体的控制要求，生产计划分为生产任务计划、生产实施计划。

计划编制的几大影响因素：资源平衡因素、产品产量平衡因素、产品质量平衡因素、产销衔接平衡因素、装置检修平衡因素以及公用工程平衡因素等。

计划编制的主要方法：时序控制、滚动控制、平衡控制、回归预测、优化比选。

计划调整是计划管理中的一个重要环节：根据生产情况的变化，对计划进行一定的调整以完成目标值，同时对生产计划的执行情况进行检查和分析，利于后续生产计划制定的准确性，并且对下一阶段的生产提供依据。

3.1　生产计划的分类

3.1.1　生产计划的划分

3.1.1.1　年度生产计划

年度计划是企业生产经营的纲领性文件，主要作用是安排框架性的原油资源、装置大修消缺停工待料计划、原油加工量计划、原料油互供计划、主要产品产量及出厂计划，以及需要各部门提前开展的工作。公司年度计划的主要作用是为各项其他计划目标的制定提供基础。

年度生产计划由于执行期较长，受各种内部和外部因素影响的变数较多，对于加工大量进口原油的企业来说，执行结果与计划往往有较大差异，这需要在季度计划和月度计划中进一步调整和细化。

以某企业的年度计划为例，年度计划主要包含以下几方面的内容：

1. 生产经营

资源计划：包括原油资源、原料油资源、外购燃料资源等，以及相应的控制指标。

生产计划：包括重点工作目标，各板块的物料平衡及产品，年度生产流程，年度装置停开工安排，生产优化目标，化工原材料计划，降本增效工作计划，统计管理。

销售计划：包括工作重点，年度产品销售计划，各控制指标等。

财务计划：包括工作重点，财务控制指标等。

设备工作：包括工作重点，装置检修计划修理费及安全生产费预算分解计划，以及各控制指标等。

计量工作：包括工作重点，计量专业各控制指标等。

质量工作：包括工作重点，质量管理各控制指标等。

安全环保工作：包括工作重点，安全环保控制指标等。

2. 建设与发展

包括固定资产投资计划和科技开发项目计划。主要目的是对公司的效益、质量、环保和节能减排等多方面进行整体优化或升级改造，同时为跨年度及更长时间的发展做好准备工作。

3. 企业管理

包括管理体制的目标以及企业管理工作要点，如体制机制、制度建设、法律事务管理、信息化管理建设等。

4. 人力资源

包括干部队伍建设、人才培养、用工管理、薪酬制度、教育培训等方面的内容。

5. 党群工作

主要包括领导班子建设和干部队伍建设、基层党组织和党员队伍建设、宣传思想工作、反腐倡廉建设等方面的内容。

3.1.1.2 季度生产计划

季度计划的主要作用是细化落实年度计划安排的原油资源、装置大修消缺停工待料计划、原油加工量计划、原料油互供计划及主要产品产量及出厂计划。季度生产计划安排的原油资源相对比较明朗。季度生产计划安排主要是起承前启后的作用，衔接公司的年度计划与月度计划。

季度生产计划一般包含以下几方面的内容：

(1) 原油资源分月安排，包括油种、数量等。

(2) 其他外购原料油的分月安排，如石脑油、蜡油、天然气等。

(3) 原油加工分月安排。

(4) 装置生产安排，包括单装置的加工负荷、高附加值产品产量要求、开停工计划。

(5) 产品产量计划。

(6) 销售和出厂计划。

(7) 各类技术指标，例如综合商品率、轻收、自用率、加工损失、高附加值产品收率等指标要求。

(8) 计划实施要点和工作重点。

3.1.1.3 月度生产计划

月度计划是执行计划，主要作用是指导企业各部门按计划要求实施生产计划，满足市场和效益需要。

月度生产计划对公司生产经营活动进行具体安排：各进厂原油品种和数量、经营方式及时间、原油加工安排、外购原料安排、装置运行安排(包括停工时间安排、原料供应、负荷、生产方案及产品产率)、产品产量安排、产品出厂及流向等安排。涉及配置产品的出厂，需不折不扣地执行，不能出现大的偏差。

以某企业的月度计划为例，月度生产计划主要包含以下几方面的内容：

(1) 原(料)油进厂计划：包括油种、数量、贸易方式、预期进厂时间，以及其他外购原料的数量等。

(2) 加工目标(原油加工量、乙烯产量)。

(3) 装置生产安排：包括单装置的加工负荷、高附加值产品产量要求、开停工计划。

(4) 产品产量以及出厂量安排。

(5) 燃料热电计划。

(6) 各类技术指标。例如综合商品率、轻收、自用率、加工损失、高附加值产品收率等指标要求。

(7) 计划实施要求和重点工作。

(8) 各类附表。

3.1.1.4 短期生产计划

炼化企业的短期生产计划一般有旬作业计划(或五日生产计划)、日作业计划等。短期生产计划的主要作用是分解和执行月度生产计划。由于月度生产格局的不均衡性，短期生产计划根据月度生产计划要求，以及阶段性的原油(原料油)进厂衔接、生产经营情况、装置生产现状、产品调和和出厂情况，来编制和安排阶段性的、可具体执行的生产安排。

短期生产计划面对的对象一般是具体操作层面，如具体的原油接卸、原油输转、原油加工、装置原料供应、负荷控制及生产方案，产品流向、产品调和、产品输转、产品出厂等动态安排，确保装置原料平稳供应、优化原料油加工安排、协调解决产销平衡矛盾，确保公司生产连续、稳定、有序地进行。

以某企业的日生产计划为例，一般包含以下几方面的内容：

(1) 本期工作重点，如加工量控制、热点和难度问题等。

(2) 原油接卸、长输线安排、原油罐周转。

(3) 原油加工，包括原油的具体调和安排、常减压负荷控制、原油罐安排、产品流向和馏出口质量控制方案。

(4) 炼油和化工各装置的生产安排，如负荷控制、原料供应和调和、产品流向、质量控制方案、开停工安排等。

(5) 产品调和以及周转安排。

(6) 公用工程安排，如瓦斯、氢气、蒸汽、水、氮气等系统的调整安排。

(7) 产品出厂，包括当天各产品的出厂数量、泊位安排、管输计划、公路计划、铁路计划等。

3.1.2 生产计划按控制要求划分

3.1.2.1 生产任务计划

生产计划必须包含一些要达到的具体目标值，这样公司内部各单位才有工作或奋斗的目标。炼油厂的生产计划中一般包含以下任务目标，如：加工原油的数量、各装置的加工负荷、高附加值产品收率、各成品产量、各产品出厂销售量、加工损失率、能耗、自用率、轻收、综合商品率等。

3.1.2.2 生产实施计划

生产实施计划相当于一些具体的预排工作，是生产任务计划的基石。只有生产实施计划科学、合理、经济，才能保证生产任务目标的实现。炼油厂的日常运作需要分解为具体的、繁杂的步骤，需要在生产实施计划中具体安排和体现。如每批次原油的接卸、原油(原料)输转、装置进料的调和和供应、流程切换、馏出口质量控制、中间物料流向、产品调和、产品出厂，乃至装置的停开工具体安排等。

3.2 计划编制的主要原则

3.2.1 计划编制依据

计划编制需要考虑的因素较多，可分为外部因素和内部因素。

外部因素一般有：原油(原料)供应情况、产品需求情况、原料和产品价格以及变化趋势、运输条件、国家政策因素等。另外，国际政治局势对以加工进口原油为主的企业影响较大，某些不稳定地区的政治局势对原油供应可能产生严重影响，计划编制中需要考虑合适的替代油种。

内部因素主要是考虑公司生产的特点和能力，如：加工流程、装置加工能力、装置实际工况、一二次加工装置能力匹配情况、库容情况、产品质量精制能力、公用工程能力、公路铁路水运出厂能力、装置检修停开工等。

3.2.2 计划编制程序

计划编制程序一般分几个阶段：第一阶段为生产经营数据或资料的收集阶段；第二阶段根据收集到的相关信息编制计划初稿；第三阶段征求各单位意见，对计划初稿进行修改和完善；第四阶段主管领导修改审批，并最终确定生产计划，然后下发各单位执行。具体的生产经营计划编制程序可参考图3-1。

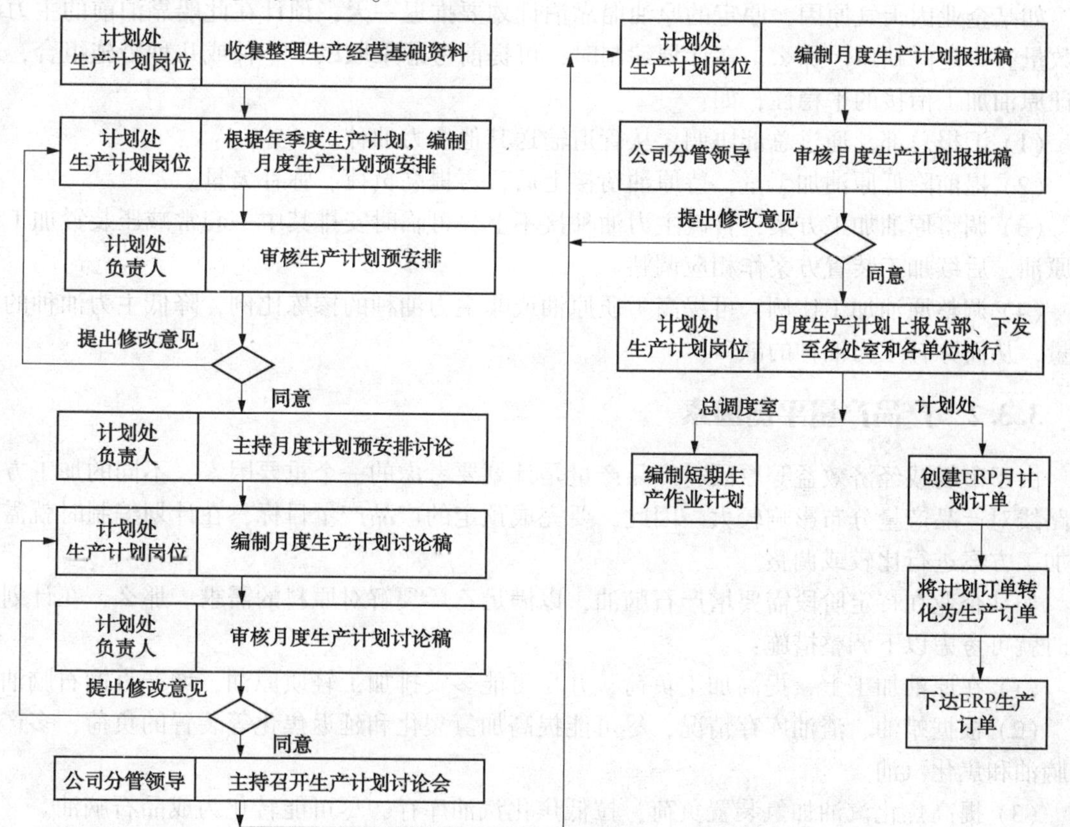

图3-1 某企业月度生产经营计划编制程序

3.2.3 计划编制内容

计划编制内容根据时间周期的不同而有所侧重，一般周期长的计划侧重于框架和宏观目标任务，周期短的计划一般侧重于具体的工作和安排。

计划编制内容一般有：原油资源安排、原油进厂及加工安排、外购原料资源安排、装置运行安排(包括装置开停工安排、原料调和和供应、负荷控制、生产方案及产品产率、馏出口质量控制、产品流向安排)、加工路线安排，产品调和安排、产品输转出厂安排、经济技术指标要求等。

3.3 计划编制影响因素

3.3.1 资源平衡因素

计划编制过程中，首先要考虑资源的衔接。原油是炼油厂最重要的资源，原油进厂一般是阶段性的，而原油加工是连续的，因此，要充分考虑原油资源平衡因素，除了资源总量外，还要考虑特定原油资源的衔接，如生产催化掺渣料的石蜡基原油、生产道路沥青的特定原油等。除了原油资源外，在计划编制时还要考虑其他物料的平衡，如乙烯裂解原料的平衡(石脑油、加裂尾油等)、蜡油和渣油等中间物料的平衡等。

如某企业因天气原因，原定的原油船靠泊计划要推迟一天，预计在此船靠泊前的主力油种数量有一定的缺口。那么，在计划编制时，可提前考虑采取以下一种或几种措施组合，来保证原油加工衔接的平稳性，如：

(1) 汇报总部，通过总部协调，从管道输送其他主力油种。

(2) 提前降低原油加工量，待原油衔接上后，再提高负荷、弥补欠量。

(3) 调整原油加工方案，含硫主力油种接不上，可临时安排其中一套常减压装置加工低硫原油，后续加工装置方案作相应调整。

(4) 调整原油加工比例，可提高劣质原油或非主力油种的掺炼比例，降低主力油种的消耗量，从而弥补主力油种的缺口。

3.3.2 产品产量平衡因素

由于市场或经济效益等原因，产品产量是计划要考虑的一个重要因素。不同的加工方案或路线对产品产量分布影响较大。因此，要完成预定的产品产量目标，在计划编制时就需要对加工方案进行比较或调整。

如某企业在特定阶段需要增产石脑油，以满足乙烯裂解对原料的需求。那么，在计划编制时就可考虑以下调整措施：

(1) 在原油加工上，提高加工负荷，并尽可能多安排加工轻质原油，增产直馏石脑油。

(2) 根据蜡油、渣油库存情况，尽可能提高加氢裂化和延迟焦化等装置的负荷，多产轻石脑油和焦化汽油。

(3) 提高焦化汽油加氢装置负荷，拉低焦化汽油库存，尽可能转化为成品石脑油。

(4) 调整直馏石脑油、加氢粗汽油、焦化汽油的 KK 指标。

（5）部分调和组分，如重整非芳烃、轻石脑油，停产汽油调和组分，改产石脑油。

（6）调整石脑油互供计划，适当外购，提高石脑油库存。

3.3.3 产品质量平衡因素

由于产品生产和出厂阶段性的特点，可能造成某些质量资源紧张，如柴油硫含量、汽油的辛烷值等。计划编制中要充分考虑以上因素，必要时要调整好产品调和方案，或对生产装置的加工负荷、精制深度进行控制，以确保满足出厂备料需求。

以某企业生产某一牌号的柴油为例，这种牌号柴油的生产难点一是柴油硫含量的控制，二是柴油的十六烷值。因此，计划人员在编制生产计划时，就必须考虑以上因素，并采取相应的措施：

（1）结合原油的加工：部分原油的柴油组分硫含量特别高，或者柴油组分的十六烷值比较低，因此，这种牌号柴油的生产要尽量避开此阶段，并协调好产品出厂时间。

（2）调整好催化柴油的流向：催化柴油的十六烷值特别低，一般在25左右，严重影响此牌号柴油的生产，因此，要考虑在此牌号柴油生产期间，安排催化柴油生产燃料油或者进其他的加氢装置。

（3）调整加氢精制柴油的质量控制指标。

（4）某套柴油加氢装置生产这种柴油后，可能对其他牌号柴油的生产有影响。要对其他的柴油加氢装置负荷和加氢深度进行调整，并调整其他牌号柴油的调和方案。

3.3.4 产销衔接平衡因素

在炼油厂实际运行中，产品组分的生产基本上是连续性的，而产品出厂一般为批次性或间歇性的。因此，生产和销售必须加强衔接，一方面产品销售总体上要基本与产量持平，不能产销脱节将生产装置的后路堵死；另一方面要满足出厂需求，特别是畅销产品或效益较好的产品，产品生产的最终目的还是为了销售、为了效益。产销衔接的关键是出厂时间和数量的控制，要充分利用产品或组分罐的库容作为缓冲余地，合理计划和调度，方可保证公司生产经营的连续性。

3.3.5 装置检修平衡因素

装置的停工检修是炼油厂生产格局变化最大的一个时期，计划编制时要充分考虑到装置停工所造成的各种影响，如对物料平衡的影响、对上下游装置的影响、对产品产量的影响、对产品质量控制的影响、对公用工程平衡的影响、对出厂的影响等，调整和采取有针对性的措施，比较平稳地渡过波折期。

以某公司的连续重整装置要停运检修为例，计划人员就要考虑以下相关的调整安排：

（1）燃料气系统的平衡：对天然气的外购数量预测和计划调整。

（2）对石脑油的平衡预测：可能要调整石脑油的进出厂计划、原油加工负荷和油种安排、石脑油组分馏出口质量控制指标调整、部分石脑油组分转产对汽油的影响等。

（3）对氢气系统的平衡：可能要考虑增开制氢装置、停运部分加氢装置、对加氢装置负荷进行调整等。

（4）对产品精制能力的评估：因重整装置停运氢气平衡直接影响加氢装置，可能对产品精制能力造成严重影响，可能需要对产品出厂牌号、数量进行计划调整。

(5) 对汽油生产的影响：对辛烷值资源进行平衡，对汽油的产量、汽油的牌号、调和方案进行相应的调整。

(6) 对下游芳烃生产装置的调整：需要调整下游的苯抽提、芳烃抽提、PX 等装置的负荷，并相应调整芳烃产品的产量和出厂计划。

3.3.6 公用工程平衡因素

公用工程是炼油厂运行的基础，其能力是装置生产运行的一个重要约束条件。在计划编制过程中，要考虑到这些约束条件，特别是阶段性的蒸汽平衡、氢气平衡、瓦斯平衡。公用工程系统如有大的变化，势必打破整个工厂的生产平衡，需要评估对生产装置运行的影响，在计划编制过程中就要考虑相关的因素，采取有针对性的调整措施。

如冬季气温低时，各装置加热炉燃料气用量普遍增加，可能出现燃料气平衡矛盾，这时，计划人员就应该提前考虑对接好天然气进厂计划、燃料气产耗装置负荷调整、燃料油或液化气的用量调整，以及燃料油、液化气出厂计划调整等。

3.4 计划编制的主要方法

3.4.1 时序控制

时间因素是计划编制过程中要考虑的一个基本因素。一般来说，执行某个过程可分为几个阶段，而每个阶段又分为若干步基本操作。因此，计划可分解为一个控制序列，计划执行的各步操作是有先后次序的，并且每个步骤也有严格的时间限制，这就需要引入时序要求对此进行定时控制：每步操作必须在规定的时间内完成，到达规定时间就执行后续的操作。

在炼油厂的实际生产过程中，有的事件是连续性的，如生产装置的运行；有的事件是间歇性的，如原油进厂、油罐切换、供料调整、产品出厂、装置停开工等。这些间歇性事件的计划安排要特别注意时序控制。如在安排某批次原油进厂时，要充分考虑到原油库存、加工方案衔接对时间的要求。

3.4.2 滚动控制

滚动控制就是把生产和经营活动的工作目标分解为阶段性执行目标，在分阶段的执行目标上，个别指标结果往往有超前或滞后，就要通过实施控制使其进度趋同。滚动控制形成的是累进目标。

炼油厂总体上看是一个连续性的流程作业企业，但这种连续性的流程作业不是一成不变的，而是有阶段性特点的。如炼油厂的原油加工量或单套装置的加工量，在某个局部时间段可能因为某些因素未达到计划进度要求，这就要求在计划编制时考虑目标滚动和目标累进，在下个时间段来弥补上个时间段的欠量或不足，从而完成一个总的目标计划。

3.4.3 平衡控制

现代企业面临日益复杂的外部环境和内部环境，平衡控制管理就是协调各种内外部关系和矛盾，充分利用各种资源，致力于将企业组成一个系统、一个整体，达到局部和总体的平衡。

炼油厂的计划编制过程中，要充分考虑各种矛盾因素的调和和平衡。以加氢装置负荷安排为例，一方面要考虑到加氢料的产出与消耗量的平衡，使加氢料的库存处于受控状态；另一方面，要考虑到全厂的氢气平衡，不能脱离氢气的产耗平衡来安排加氢装置负荷。其他在计划编制中需经常考虑的平衡还有：各类物料平衡，如原油、石脑油、蜡油、渣油等平衡控制；各类公用工程平衡，如氢气、瓦斯、蒸汽、全厂酸性气等平衡控制；质量资源平衡，如汽油辛烷值资源的平衡；产品产销平衡等。

3.4.4 回归预测

回归预测是指根据预测的相关性原则，找出影响预测目标的各因素，以及这些因素与预测目标之间的近似函数关系。回归预测的关键是数理统计分析处理，在此基础上建立回归分析预测模型。

炼油厂在实际生产过程中，有很多输入条件与输出结果有近似关系。如：加工原油的硫含量与全厂酸性气产量、全厂氢气消耗量有一定的比例关系；催化或焦化装置的原料硫含量与产品硫含量有一定的比例关系；特定原料与装置产品分布有大致比例关系等。以上对应关系均需要在实际生产过程中进行长期的数据积累。计划人员的编制计划过程中，要根据条件回归预测到某项热点，从而暴露矛盾、解决问题。

3.4.5 优化比选

现代炼油厂是一个复杂的系统，系统越复杂，可选择的加工路线或方案就越多，这就为计划编制人员提供了广阔的发挥舞台。要达到某个目标，可能有多个途径或方案。各种方案的执行难度、执行成本、所产生的效益各不相同，有的甚至差异较大，这就需要对各种方案进行优化比选，从中确定一条比较可行的、效益良好的方案。

以某企业为例，其蜡油加工流程有：A. 蜡油→加氢裂化生产尾油→乙烯路线；B. 蜡油→蜡油加氢→催化裂化路线。但该公司的蜡油产量总体不足，有一定的缺口，需要在这两条加工路线中寻求合适的负荷平衡点，以便使蜡油后续加工发挥最大的效益。模拟的两套蜡油加工方案为：方案① 加氢裂化装置处理量增加 10t/h，同步蜡油加氢装置处理量减少 10t/h，催化处理量随之变动；方案②加氢裂化装置处理量减少 10t/h，同步蜡油加氢装置处理量增加 10t/h，催化处理量随之变动。

经测算，方案① 蜡油进加裂主要能增产加裂尾油等乙烯裂解原料，同时芳烃产品也有一定增加，但汽、柴油减产较多，单从产品效益上来说，增加 10.8 万元/月；而方案② 蜡油进蜡油加氢后再进催化，可增产汽、柴油，同时增加一定量的丙烯，产品效益增加 92.3 万元/月。但如果综合考虑装置的现金操作费用，则方案①效益为 126.6 万元/月，方案②效益为-23.5 万元/月。因此，在计划的编制中，就优先考虑蜡油加工向进加氢裂化路线倾斜。两套对比方案的全厂物料变化以及相应的测算效益见表 3-1。

在计划编制过程中，考虑物料平衡因素能否实施、能否周转是生产计划的基础，更高层次的就要考虑市场因素和效益因素，以此来确定合适的加工方案或路线，从而使整个公司的效益最大化。

表 3-1 不同加工方案的全厂物料变化以及相应的测算效益

项目	方案①/(t/h)	方案②/(t/h)	不含税价/(元/t)	效益①/(万元/月)	效益②/(万元/月)
甲醇	-0.10	0.10	2668.00	18.60	-19.96
耗氢	0.08	-0.10	8323.00	-46.10	59.22
燃料气	0.27	-0.24	3530.00	68.42	-59.79
液化气	-0.73	0.84	5752.00	-300.39	348.75
93#汽油	-4.53	3.23	8009.00	-2610.39	1864.39
97#汽油	1.45	0.40	8462.00	882.67	241.37
0#柴油	-4.11	0.95	6812.00	-2014.41	466.95
喷气燃料	2.54	-1.72	6583.00	1203.48	-817.49
催化干气去裂解	-0.20	0.19	3342.00	-47.31	45.98
轻石脑油去裂解	-0.22	0.12	6137.00	-98.48	55.11
石脑油去裂解	1.11	-0.80	6137.00	488.45	-354.27
液化气裂解料	0.01	-0.02	5956.00	3.66	-8.61
加裂尾油	4.94	-3.80	6014.00	2139.48	-1645.31
石油焦	-0.44	0.45	856.00	-26.85	27.51
苯	0.10	-0.06	8362.00	60.21	-36.12
甲苯	0.46	-0.34	7925.00	262.65	-191.20
对二甲苯	0.61	-0.47	9477.00	417.96	-319.03
丙烷	-0.17	0.19	5851.00	-70.48	79.29
丙烯	-0.52	0.58	8564.00	-320.37	355.58
合计/(万元/月)				10.79	92.34

近年来，随着工厂加工规模扩大以及流程日益复杂化，用传统的人工方式对不同方案进行优化比选日益困难，需要用软件来辅助决策。在炼油厂应用较普遍的此类优化软件有PMIS、RSIM软件，其主要功能是优化装置结构和工艺路线、优化生产计划、加工路线和产品方案对比、优化生产过程。另外，应用于乙烯裂解装置的优化软件主要有SPYRO软件，其主要作用：一是对不同原料的收率进行模拟，并根据价格体系测算出每种物料的边际效益，从而指导原料的优化；二是在不同裂解条件下对同一原料的收率进行模拟，并结合价格体系，摸索最佳的操作条件。

3.5 计划管理

3.5.1 计划调整

计划调整是计划管理中的一个重要环节。在执行过程中，由于市场环境、客户需求、计划发生重大改变，导致计划执行的基础发生变化，就会导致许多事情不会按照我们预想的方向进展，对此必须有坦然的心态，必要时修正计划。计划可以有一定的允许偏差值，小于该偏差的可以不予调整，但是要加强监控；大于该偏差值的，势必要及时调整，否则计划将无法实施。

计划调整要谨慎、科学，同时计划调整必须经过必要的审核、审批等程序，避免随意性。

3.5.2 计划实施

一个计划再好，工作目标再远大，如不付诸行动而束之高阁，也会成为空中楼阁。各部门应根据总目标和子目标，制订出详细的落实措施，明确职责，有步骤地扎实推进工作，将计划落到实处，才能不断提升企业的管理水平，提高企业经济效益和社会效益，实现持续发展的目标。

炼化企业生产计划的具体实施，一般首先由计划人员将月度生产计划细化为可执行的短期作业计划，然后由调度部门执行短期作业计划。调度部门在计划执行中起了非常关键的作用，调度人员将作业任务、要求时间、具体要求分派给相关的岗位人员，岗位人员按此执行，并将执行结果反馈给调度人员、计划人员，以此形成一个闭环。通过短期计划结果的不断积累和修正，最终完成长期计划目标的完成。典型的生产计划实施程序可参考图3-2。

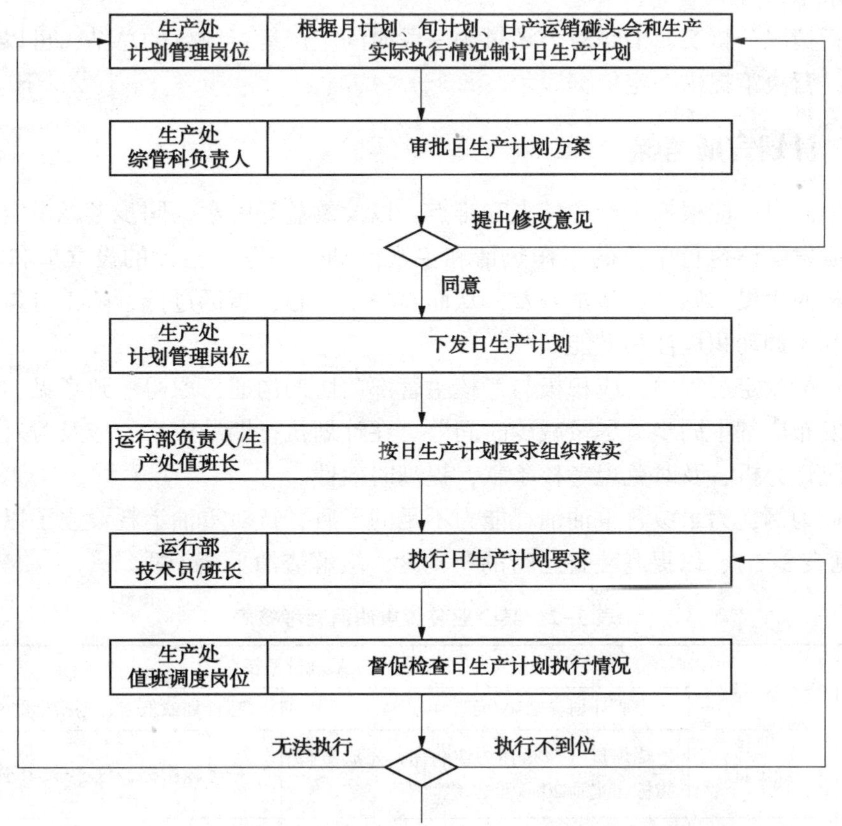

图3-2 某企业生产计划实施程序

3.5.3 计划执行检查

计划编制切忌只“计划”而不管结果。计划在执行的过程中，要不断地进行检查分析，除了事后检查对比外，事中对执行进度以及实际情况也要进行督促和检查。对偏离预期值的，要采取有效的措施不断进行修正，这样才能保证整个计划的执行结果在可接受的误差范围内。

在炼油厂实际生产中，除了计划制定者对计划的执行情况进行检查外，调度部门在计划执行检查环节中也起到非常重要的作用，可以对每天甚至每个班组的加工量完成情况、产品出厂计划完成情况、原油原料调和供应、产品物料流向等情况进行检查确认，有问题通报计划制定者。计划人员应该是执行状况信息的最终汇总点。

3.5.4 执行情况分析

计划执行期结束后，应及时对生产计划的执行情况进行总结和分析。执行情况分析一般可分为定性分析和定量分析，可以量化的内容尽量用定量分析，如加工量完成情况、产品完成情况、高附加值产品收率等，并将这些数据与计划量进行对比分析，找出差异原因，对完成较好的方面进行巩固完善，对不好的方面进行改进，以利于今后计划制定的准确性，提高计划人员的水平。

计划执行情况分析实质上是对公司过去一段时间生产运行绩效的总结，可以为公司下个阶段的生产经营决策提供一定依据。

3.5.5 计划完成考核

在计划编制时，应根据生产的特点和难点，以及效益等因素，同步考虑设定考核条款和目标值，以激发具体执行单位的工作热情和主观能动性。考核指标的设立应科学。指标过高，会使人望而生畏，感到可望不可及，从而丧失了信心；指标过低，唾手可得，又使人不求进取，不利于调动积极性和潜能。

在考核目标设定过程中，应积极与考核主管部门协调沟通，取得一致意见，考核方案与生产计划的发布应基本同步，尽量减少时间差。在计划执行期结束后，应及时对相关的考核目标值进行统计分析，及时兑现考核条款，提高时效性。

以某企业为例，为了缓解重油消耗能力不足的矛盾，特对重油消耗设立了以下专项月度考核指标(见表3-2)，以提高装置运行的苛刻度，缓解渣油平衡矛盾。

表3-2 某企业装置重油消耗考核表

装置名称	考核项目	某月份考核办法	
		完成计划奖励额/元	超计划或低于计划指标的98%加扣额度
Ⅰ催化	烧焦量	烧焦量考核指标为300t/d，完成考核指标，奖励2000元	按考核指标，每超/欠1t奖/扣2元
Ⅱ催化	烧焦量	烧焦量考核指标为470t/d，完成考核指标，奖励2000元	按考核指标，每超/欠1t奖/扣2元

续表

装置名称	考核项目	某月份考核办法	
		完成计划奖励额/元	超计划或低于计划指标的98%加扣额度
Ⅰ、Ⅱ焦化	油浆、DOA加工量完成	以当月焦化装置油浆、DOA应加工量为考核指标，完成考核指标奖励1000元	每超/欠1t分别奖/扣0.5元
Ⅰ、Ⅱ焦化	加工量完成计划	考核指标为10200t/d，处理量低于10200t/d的一次性扣3000元，低于10000t/d的每低1t再扣3元； 处理量达到10200t/d的一次性奖励5000元，每提高1t再奖励2元； 处理量达到10400t/d的一次性奖励10000元，每提高1t再奖励3元； 处理量达到10800t/d的一次性奖励15000元，每提高1t再奖励5元	

第4章 工艺管理

4.1 主要工艺介绍

4.1.1 石油化工加工过程概述

石油化工工艺过程是以石油或天然气为原料，首先对原料油进行蒸馏切割，得到不同馏程的中间产物，然后将中间产物进行直接裂解、催化裂解或者加氢裂解，生成以乙烯、丙烯、丁二烯、苯、甲苯、二甲苯为代表的基本化工原料，最后将基本化工原料按照合成模式生产多种有机化工原料(约200种)及合成材料（塑料、合成纤维、合成橡胶)。生产各种燃料油(汽油、煤油、柴油等)和润滑油以及液化石油气、石油焦炭、石蜡、沥青等加工过程通常被称为石油炼制，简称炼油。生产化肥、有机品、无机品、氯碱、精细与专用化学品、农药等基础化学工原料和塑料、合成纤维、橡胶、药剂、染料、化纤的工业等通常被称为化学加工工业，简称化工。

原油加工基本类型有以下几种：

1. 燃料型

图4-1所示是燃料型炼油厂的典型流程，这类加工方案的目的产品是汽油、煤油、柴油等轻质燃料，为了尽量提高轻质燃料产品的收率以及降低反应过程的能耗，燃料型蒸馏流程常常是采用常减压蒸馏流程，减压馏分油用作裂化原料供进一步的二次加工。例如通过催化裂化或加氢裂化等过程生产轻质燃料，这种流程中的减压塔是燃料型的。对于沥青质含量高的原油减压渣油往往也可生产沥青。

由于催化裂化技术的进展，某些金属含量较少的原油(例如大庆原油)，其常压重油可以直接作为催化裂化的原料，此时也可以考虑只有常压蒸馏的简单流程，如果常压重油不是全部用作裂化原料，则往往还需要有减压蒸馏。

2. 燃料-化工型

图4-2所示是燃料-化工型炼油厂流程，它的任务是除了轻、重质燃料以外，还提供石油化工原料。如果只要求取得直馏轻质油供裂解制取烯烃，那么拔头蒸馏可能是个合理的流程方案。如果所要求的石油化工原料比较广泛，并且也要求多产轻质燃料，例如大型石油化工联合企业中小的炼油厂蒸馏装置，通常采用常减压蒸馏流程方案。例如其产品方案可以是以常压60~140℃馏分作为重整原料制取芳烃，轻质油的一部分作轻质燃料，一部分裂解制烯烃，重质馏分油用作催化裂化原料以提高轻质燃料的产率，而裂化气又可以作有机合成的原料。

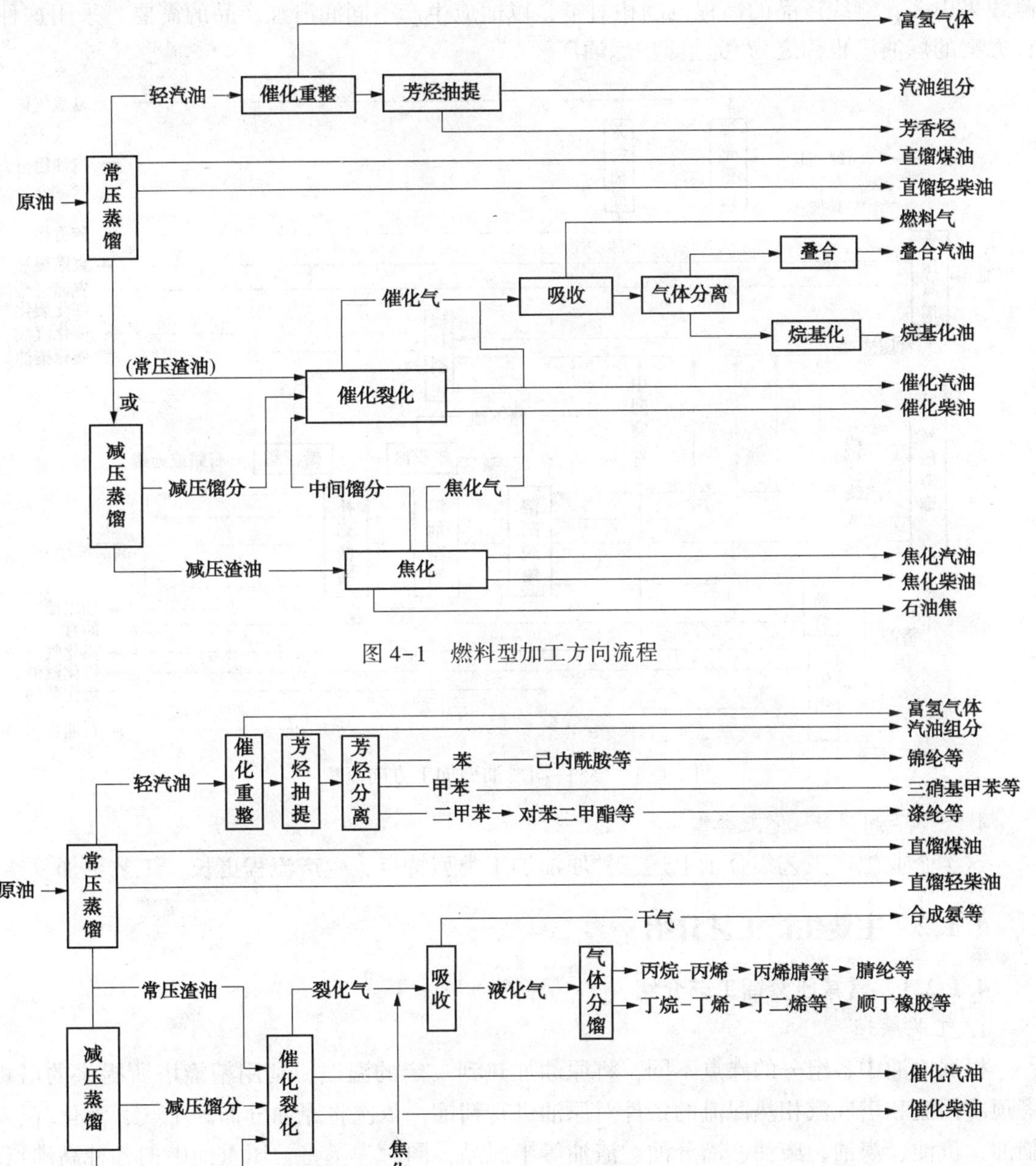

图 4–1　燃料型加工方向流程

图 4–2　燃料–化工型加工方向流程

3. 燃料–润滑油型

图 4–3 所示是燃料–润滑油型炼油厂流程，当原油的性质适于制取润滑油而且又有此必要时，产品方案可以是生产轻、重质燃料和各种品种的润滑油。这种加工方案所要求的蒸馏流程通常是常减压蒸馏流程。其附属的减压塔也必然是润滑油型减压塔，该减压塔的特点是

侧线采出多，侧线产品的馏程范围相对窄，以适应生产不同润滑油产品的需要，采用这种流程方案的炼油厂也称之为“完整型”炼油厂。

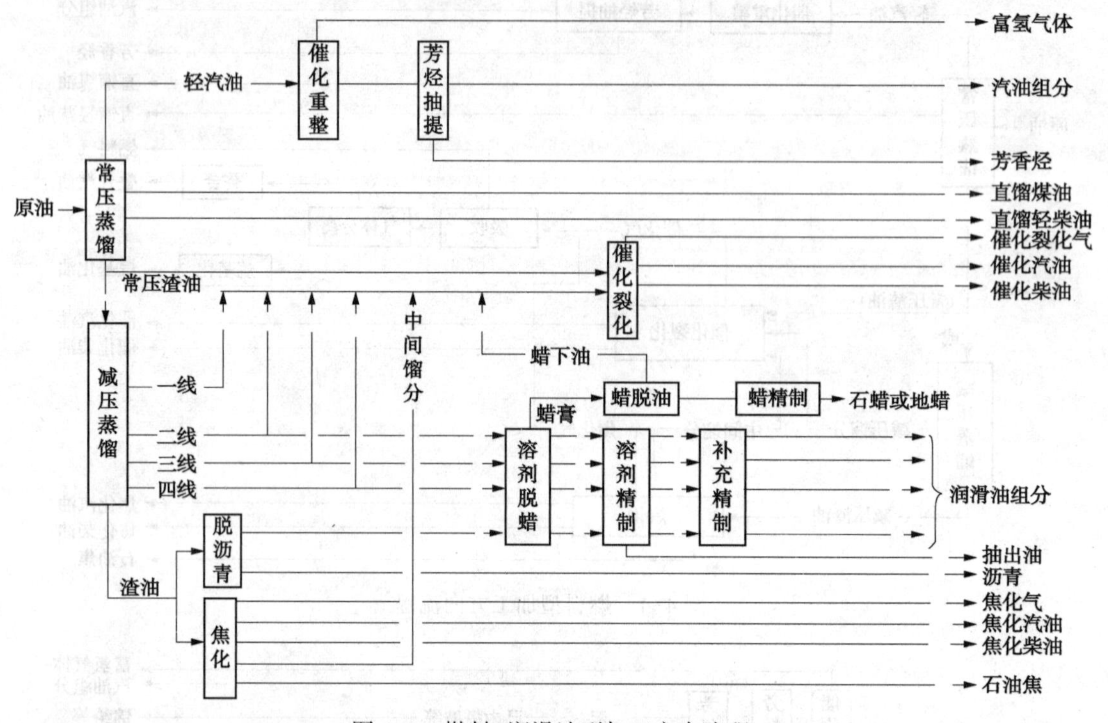

图 4-3　燃料-润滑油型加工方向流程

4. 燃料-润滑油-化工类型

这类企业生产工艺集合了上述三种原油加工类型特点，生产流程更长，工艺更加复杂。

4.1.2　主要生产工艺介绍

4.1.2.1　常减压蒸馏工艺介绍

1. 工艺原理

根据原油中各组分的沸点不同，将原油加热到一定的温度，利用精馏塔所提供的塔板、塔顶冷回流和塔底汽相热回流的条件对原油进行精馏，依次将原油分馏为干气、液化气、石脑油、汽油、煤油、柴油、馏分油、渣油等半成品，同时为了将常压重油中的各种高沸点的组分分离出来，采用减压塔在负压条件下进行精馏，从而使高沸点的组分在相对低的温度下依次馏出，以节约能耗和防止高温结焦。

2. 原则流程

原油在蒸馏前必须进行严格的脱盐、脱水，脱盐后原油换热到 230~240℃ 进入初馏塔（又称预汽化塔），塔顶出轻质汽油馏分或重整原料。对于砷含量不高的原油，也可不设初馏塔，设闪蒸塔即可。塔底拔头后的原油经常压炉加热至 360~370℃ 进入常压分馏塔，塔顶出汽油，侧线自上而下分别出煤油、柴油以及其他油料。常压部分相当于原油实沸点蒸馏温度约为 360℃ 的产品。它是装置的主塔，主要产品从这里得到，因此其质量和收率在生产控制上都应给予足够的重视。除了用增减回流量及各侧线馏出量来控制塔的各处温度外，通常各侧线还设有汽提塔，用吹入水蒸气或采用“热重沸”（加热油品使之汽化）的方法调节产品质量。常压部分拔出率高低不仅关系到该塔产品质量与收率，而且也将影响减压部分的负荷以及整个装置生产效率的提高。除塔顶冷回流外，常压塔通常常还设置2~3个中段循环回流。塔底用水蒸气汽提，塔底重油(或称常压渣油)用泵抽出，经减压炉加热到405~410℃送入减压塔。为了减少管路压力降和提高减压塔顶真空度，减压塔顶一般不出产品而直接与抽空设备联接，并采用顶循环回流方式。减压塔大都开有3~4个侧线，根据炼油厂的加工类型(燃料型或润滑油型)不同可生产催化裂化原料或润滑油原料。由于加工类型不同塔的结构及操作控制也不一样，润滑油型装置减压塔设有侧线汽提塔以调节馏出油质量。除顶回流外，减压塔也设有2~3个中段循环回流。燃料型装置则无需设侧线汽提塔。减压塔底渣油用泵抽出经换热冷却送出装置，也可以直接送至下道工序(如焦化、丙烷脱沥青等)，作为下游装置的热进料。

3. 原料和产品

（1）常减压蒸馏原料：原油、凝析油。

（2）常减压蒸馏产品：初、常瓦斯送轻烃回收装置经压缩后回收其中的液态烃，干气作燃料。

（3）初、常顶石脑油一般作重整原料或乙烯裂解原料。

（4）常一线油可出煤油(喷气燃料)或200#溶剂油，也可以作柴油。

（5）常二、常三线作为0#柴油调和组分，硫含量高时需经加氢精制，部分原油的常二、常三线有可作乙烯裂解原料。

（6）常四线一般用作催化裂化原料。

（7）减二、减三、减四线减压馏分油可用作加氢裂化原料、催化裂化原料、润滑油原料和渣油加氢蜡油。

（8）减压渣油可用作催化掺渣、焦化料、丙烷脱沥青料、渣油加氢料。

4. 生产调度重点关注的主要绩效指标

生产调度重点关注的主要绩效指标有：初、常顶温度，常压拔出率，蜡油组分95%馏程温度，减压渣油组分初馏点。通常对某种特定原料而言，初、常顶温度关系到燃料-化工型企业中对乙烯和重整装置绩效有重要影响的烷烃含量；常压拔出率越高，表示蜡油中柴油组分越少，柴油组分可以直接加氢出厂，减少了下游蜡油装置的加工负荷，节约了炼油综合能耗；蜡油组分95%馏程温度越高，说明减压渣油的收率相对越低；减压渣油组分初馏点温度越高，表示减压渣油中包含的蜡油组分越少，相对而言，加工蜡油的催化和加裂装置比加工减压渣油的焦化和沥青装置效益更好。

4.1.2.2 催化裂化工艺介绍

1. 工艺原理

催化裂化反应是指原料在催化剂的作用下发生热裂化反应，从而得到相对分子质量更小的汽柴油等产品的过程，催化裂化过程是高温的催化剂与原料油接触，使原料油迅速汽化，汽化的油气从主气流中扩散到催化剂表面，再沿催化剂微孔向催化剂的内部扩散，油气被催化剂表面吸附，被吸附的油气在催化剂表面上按正碳离子反应机理进行催化裂化反应，反应的产物从催化剂表面脱附，脱附的反应产物沿催化剂微孔向外扩散，反应产物扩散到主气流中。经过上面催化裂化主反应、热裂化等副反应及氢转移、缩合等二次反应生成混合油气及焦炭，混合油气经分馏、吸收稳定及产品精制分离为干气、液化气、汽油、柴油、油浆等产品，焦炭覆盖在催化剂表面造成催化剂失活，覆盖着焦炭的催化剂进入再生器与风混合燃烧，烧掉焦炭，恢复活性循环使用。

2. 原则流程

催化裂化装置一般由 3 个部分组成，即反应-再生系统、分馏系统以及吸收-稳定系统。在再生压力较高的装置中还设有烟气能量回收系统，现分述如下。

(1) 反应-再生系统：以高低并列式提升管催化裂化装置为例说明反应-再生系统的工艺流程，如图 4-4 所示。

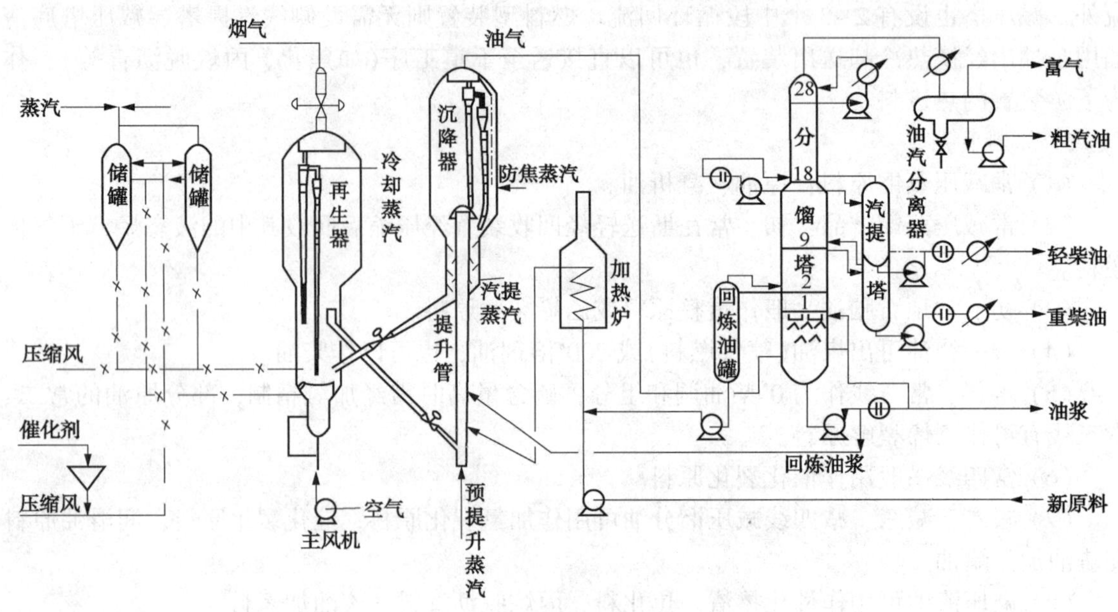

图 4-4　催化裂化工艺流程

新鲜原料(以馏分油为例)经换热后与回炼油混合经加热炉预热至 300~380℃，由喷嘴喷入提升管反应器底部(油浆不进加热炉直接进提升管)与高温再生催化剂相遇，立即汽化反应，油气与雾化蒸汽及预提升蒸汽一起以 7~8m/s 的入口线速携带催化剂沿提升管向上流动，在 470~510℃的反应温度下停留约 2~4s，以 13~20m/s 的高线速通过提升管出口，经快速分离器进入沉降器，携带少量催化剂的油气与蒸汽的混合气经两级旋风分离器，进入集气室，通过沉降器顶部出口进入分馏系统。

经快速分离器分出的催化剂，自沉降器下部进入汽提段，经旋风分离器回收的催化剂通过料腿也流入汽提段。进入汽提段的待生催化剂用水蒸气吹脱吸附的油气，经待生斜管，待生单动滑阀以切线方式进入再生器，在 650~690℃的温度下进行再生。再生器维持 0.15~0.25MPa(表)的顶部压力，床层线速约为 1~1.2m/s。含炭量降到 0.2%以下的再生催化剂经淹流管，再生斜管和再生单动滑阀进入提升管反应器，构成催化剂的循环。

烧焦产生的再生烟气，经再生器稀相段进入旋风分离器。经两级旋风分离除去携带的大部分催化剂，烟气通过集气室(或集气管)和双动滑阀排入烟囱(或去能量回收系统)，回收的催化剂经料腿返回床层。

再生烧焦所需空气由主风机供给，通过辅助燃烧室及分布板(或管)进入再生器。在生产过程中催化剂会有损失，为了维持系统内的催化剂藏量，需要定期地或经常地向系统补充新鲜催化剂。即使是催化剂损失很低的装置，由于催化剂老化减活或受重金属污染，也需要放出一些废催化剂，补充一些新鲜催化剂以维持系统内平衡催化剂的活性。为此装置内应设有两个催化剂储罐，一个是供加料用的新鲜催化剂储罐，另一个是供卸料用的热平衡催化剂储罐。

（2）分馏系统：催化裂化分馏系统的原则流程见图4-4。由沉降器顶部出来的反应产物油气进入分馏塔下部，经装有挡板的脱过热段后，油气自下而上通过分馏塔。经分馏后得到富气、粗汽油、轻柴油、重柴油（也可以不出重柴油）、回炼油及油浆。如在塔底设油浆澄清段，可脱除催化剂出澄清油，浓缩的稠油浆再用回炼油稀释送回反应器进行回炼并回收催化剂，如不回炼也可送出装置。轻柴油和重柴油分别经汽提塔汽提后再经换热、冷却然后出装置。轻柴油有一部分经冷却后送至再吸收塔，作为吸收剂然后返回分馏塔。为了取走分馏塔的过剩热量和使塔的负荷分布均匀，在塔的不同位置分别建立4个循环回流即：顶循环回流、一中段回流、二中段回流及油浆循环回流。

（3）吸收-稳定系统：吸收-稳定系统的作用是将富气和粗汽油重新分离成干气（$\leq C_2$组分）、液化气（C_3、C_4）和蒸汽压合格的稳定汽油。其原则流程见图4-5，从分馏塔顶油气分离器出来的富气中带有汽油组分，而粗汽油中又溶有C_3、C_4甚至有C_2组分。

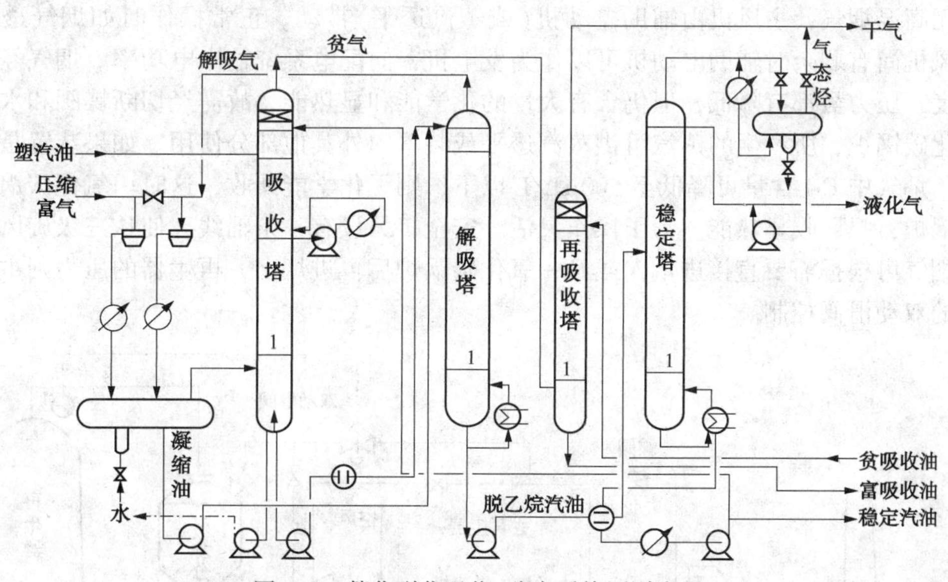

图4-5　催化裂化吸收-稳定系统原则流程

从油气分离器出来的富气经气压机压缩，然后冷却分出凝缩油后从底部进入吸收塔，稳定汽油和粗汽油作为吸收剂由塔顶部进入。吸收解吸系统维持1.0~2.0MPa的操作压力。因为吸收是放热过程，较低的操作温度对吸收有利，故在吸收塔设有1~2个中段循环回流。吸收剂吸收了C_3、C_4（同时也会吸收部分C_2）作为富吸收油由塔底抽出送至解吸塔顶，从吸收塔顶出来的贫气其中夹带有汽油，经再吸收塔用轻柴油作为吸收剂回收这部分汽油组分后返回分馏塔，再吸收塔顶出来的是干气，送至瓦斯管网。

解吸塔的任务是将富吸收油中的C_2解吸出来，从压缩富气中分出的凝缩油（为含有C_3、C_4的轻汽油组分）与富吸收油一起由顶部进入解吸塔，解吸出来的C_2从塔顶出来。由于其中还含有相当数量的C_3、C_4，所以经冷凝冷却后又返回压缩富气中间罐，重新平衡后气相混入压缩富气进吸收塔，液相混入凝缩油送入解吸塔。解吸塔底出来的为脱乙烷汽油是稳定塔的进料，脱乙烷汽油中的C_2量应严格控制，否则会恶化稳定塔顶冷凝冷却器工作效率并且会由于需要排出不凝气而损失C_3、C_4。

稳定塔实质上是一个从C_5以上的汽油中分出C_3、C_4的精馏塔，其操作压力一般为1.0~1.5MPa。为了控制稳定塔的压力，有时需要排出部分不凝气(或称气态烃)，主要是C_2，此外还带有C_3，C_4。脱乙烷汽油作为稳定塔的进料由塔的中部进入，塔底产品是饱和蒸汽压合格的稳定汽油，塔顶产品是液化气。液态烃是重要的化工原料和民用燃料，因此努力提高液态烃的产率也是催化裂化装置的任务之一。

有的催化裂化装置吸收塔和解吸塔合成一个整塔，上部为吸收段下部为解吸段，由于吸收和解吸是两个相反的过程，要求不同的操作条件，在同一塔内难以做到同时满足两个过程的需要，因此在这种流程中C_3、C_4的吸收效率较低或脱乙烷汽油中C_2的含量较高，但这种流程设备简单，比用两个塔时少用一台富吸收油泵，富气冷凝冷却器和中间罐也小一些。

(4) 烟气能量回收系统：其示意流程见图4-6，从再生器出来的高温烟气经高效三级旋风分离器分出其中的催化剂，使粉尘含量降低到0.2g/m^3烟气以下，然后通过调节蝶阀进入烟气透平膨胀作功，使再生烟气的动能转化为机械能，驱动主风机转动，供再生所需空气。开工时无高温烟气，主风机由辅助电动机(或蒸汽透平)带动。正常操作时如烟气透平功率带动主风机尚有剩余时辅助电动机可以作为发电机，向配电系统输出电功率。烟气经膨胀透平后温度、压力虽都有降低，但仍含有大量的化学能和显热能，故需经切断蝶阀和水封罐进入一氧化碳锅炉，所产生的蒸汽可供蒸汽透平或装置内外其他部分使用。如果装置是完全再生过程，烟气中CO含量可降低至500μL/L以下，则无化学能回收，这时一氧化碳锅炉可改为废热锅炉，只回收显热能。为了操作灵活、安全，另设有一条辅线，使从三级旋风分离器出来的烟气可根据需要直接进烟囱或经一氧化碳锅炉后再进烟囱，再生器的压力则主要由该线路上的双动滑阀控制。

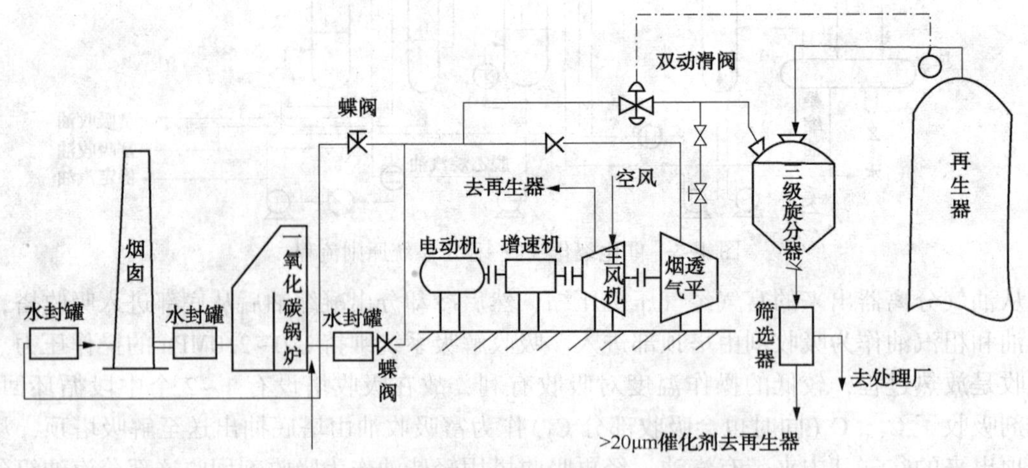

图4-6　催化裂化烟气能量回收系统原则流程

3. 原料和产品介绍

(1) 催化裂化原料的范围很广泛，大体可分为馏分油和渣油两大类。

（2）催化裂化产品有气体、液化汽、丙烯、汽油、柴油、重质油（可循环作原料或出澄清油）。

4. 生产调度重点关注的主要绩效指标

生产调度重点关注的主要绩效指标有：综合液体收率、生焦率、液化气中丙烯含量、汽油辛烷值。其中综合液体收率是指除低价值的瓦斯和焦炭之外的催化产品液体产品收率，对同一种原料而言，这个指标越高，说明催化装置的运行状态越符合效益最大化的方向；生焦率是指催化反应中副反应得到的焦炭收率，对同一种原料而言，这个指标越低，说明烧焦系统、烟气系统的相对负荷越低，催化就越有提升负荷增加效益的空间；液化气中丙烯含量越高，说明催化液化气相对普通液化气，其价值越高；催化汽油辛烷值越高，在按照辛烷值定价的汽油价格体系下，催化装置的效益越好。

4.1.2.3　加氢裂化工艺介绍

1. 工艺原理

加氢裂化的反应机理是原料油在富氢和催化剂环境下发生热裂化反应，能够最大限度地抑制热缩合以及生焦反应的产生，可以得到烃饱和程度非常高的汽煤柴油、加氢裂化尾油等产品。加氢裂化过程是指各种大分子烃类在一定氢压、较高温度和适宜催化剂的作用下，产生以加氢和裂化为主的一系列平行顺序反应，转化成优质轻质油品的加工工艺过程，是重要而灵活的石油深度加工工艺。它具有加工原料广泛、产品方案灵活，产品收率高、质量好和对环境污染少等优点。

它既可处理轻柴油、重柴油，又可加工焦化蜡油、减压馏分油和催化裂化循环油，还可以加工渣油、页岩油和煤焦油，甚至可以处理固态的煤（以煤糊形式），将其液化成各种发动机燃料。选择不同的工艺路线，调整操作条件或更换催化剂，就可生产不同品种、不同质量要求的产品，如液化气、汽油、石脑油、喷气燃料、灯油、轻柴油、润滑油和某些特种油料等。加工产品的液体收率很高，体积收率可超过100%，质量收率可达90%~98%，所产喷气燃料冰点低；所产柴油十六烷值高凝点低；所产石脑油经重整可提供芳烃作化纤工业原料；所产润滑油组分是优质的润滑油基础油；所产尾油可作乙烯裂解、催化裂化或生产白油等的原料。加氢裂化原料油中的氧，氮、硫杂质均可转化成水、氨和硫化氢而排出并回收，对环境的污染程度较低。

2. 原则流程

加氢裂化工艺流程，基本上都是以装有催化剂的反应器为中心，原料油和氢气经升温、升压达到反应条件后进入反应器系统，先进行加氢精制以除去氧、氮、硫杂质和二烯烃，再进行加氢裂化。然后反应产物经降温、分离、降压和分馏，将合格的目的产品送出装置。分离出氢气纯度还较高（80%~90%）的气体，作为系统的循环氢气和急冷气。末转化油（尾油）可以全部循环、部分循环或不循环一次通过。一般根据原料性质，目的产品收率和质量要求，以及使用催化剂的性能不同可分为3种流程：

（1）一段加氢裂化流程：

一段加氢裂化流程指流程中只有一个（或一组）反应器，原料油的加氢精制和加氢裂化在同一个（组）反应器内进行，所用催化剂具有一定抗氮能力。它用于由粗汽油生产液化气，由减压蜡油、脱沥青油生产喷气燃料和柴油的过程。其原理流程示意图如图4-7所示。

以大庆直馏重柴油馏分（330~490℃）一段加氢裂化流程为例简述如下：原料油泵升压至

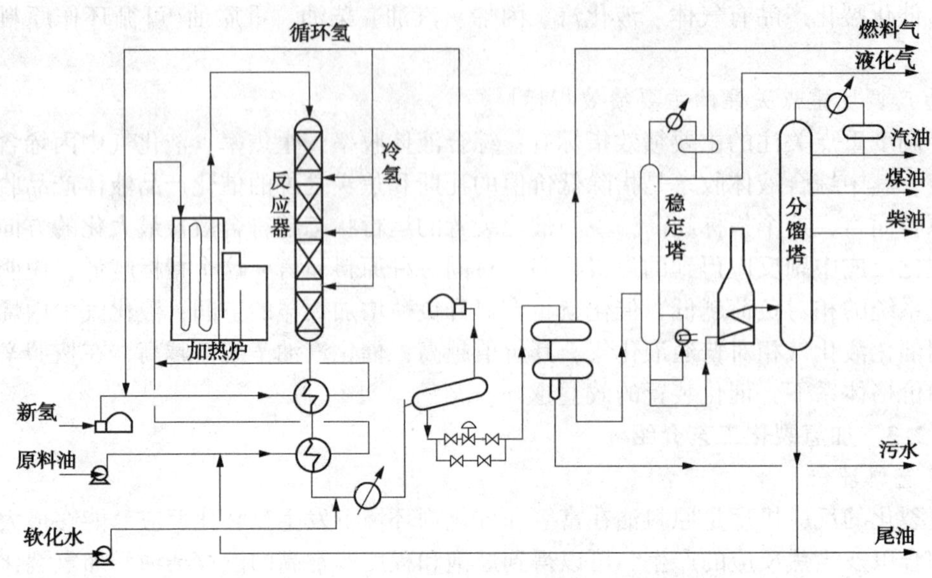

图 4-7　一段加氢裂化工艺流程示意图

16MPa 后与新氢及循环氢混合，再与 420℃左右的加氢生成油换热至 320～360℃进入加热炉。反应器进料温度为 370～450℃，原料在反应温度 380～440℃、空速 1.0h^{-1}、氢油体积比约 2500 的条件下进行反应。为了控制反应温度，向反应器分层注入冷氢。反应产物经与原料换热后温度降至 200℃，再经冷却至 30～40℃之后进入高压分离器。反应产物进入空冷器之前注入软化水以溶解其中的 NH_3、H_2S 等，以防水垢析出而堵塞管道。自高压分离器顶部分出循环氢，经循环氢压缩机升压后，返回反应系统循环使用。自高压分离器底部分出生成油，经减压系统减压至 1.5MPa，进入低压分离器，在此将水脱出，并释放出部分溶解气体，作为富气送出装置，可以作燃料气用。生成油经加热送入稳定塔，在 1.0～1.2MPa 下蒸出液化气，塔底液体经加热炉加热至 320℃后送入分馏塔，分馏出轻汽油、喷气燃料、低凝柴油和塔底油(尾油)，尾油可一部分或全部作循环油，与原料油混合再去反应。

采用尾油循环方案可以增产喷气燃料和柴油，特别是喷气燃料增加较多，而且对冰点并无影响。但一次通过的流程，控制一定的单程转化率，除出一定数量的发动机燃料外，还出相当数量的润滑油及未转化油(尾油)，这些尾油可用作获得更高价值产品的原料。如可用尾油生产高黏温指数润滑油的基础油，或作为催化裂化进料以及裂解生产乙烯的原料。

(2) 两段加氢裂化流程：

两段加氢裂化流程中有两个(或两组)反应器，分别装有不同性能的催化剂。第一个反应器(组)中主要进行原料油的加氢精制，而加氢裂化主要在第二个(组)反应器内进行，并形成独立两段流程体系，其示意用如图 4-8 所示。

原料油经高压油泵升压并与循环氢及新氢混合后首先与第一段生成油换热，再在第一段加热炉中加热至反应温度，进入第一段加氢精制反应器，在加氢活性高的催化剂上进行脱硫、脱氮反应，原料中的微量金属也被脱掉。反应生成物经换热、冷却后进入第一段高压分离器，分出循环氢。生成油进入脱氨(硫)塔，脱去 NH_3 和 H_2S 后作为第二段进料。在脱氨塔中用氢气吹掉溶解气、氨和硫化氢。第二段进料与循环氢混合后，进入第二段加热炉，加热至反应温度，在装有高酸性催化剂的第二段加氢裂化反应器内进行加氢、裂解和异构化等反应。反应生成物经换热、冷却、分离，分出循环氢和溶解气后送至稳定分馏系统。

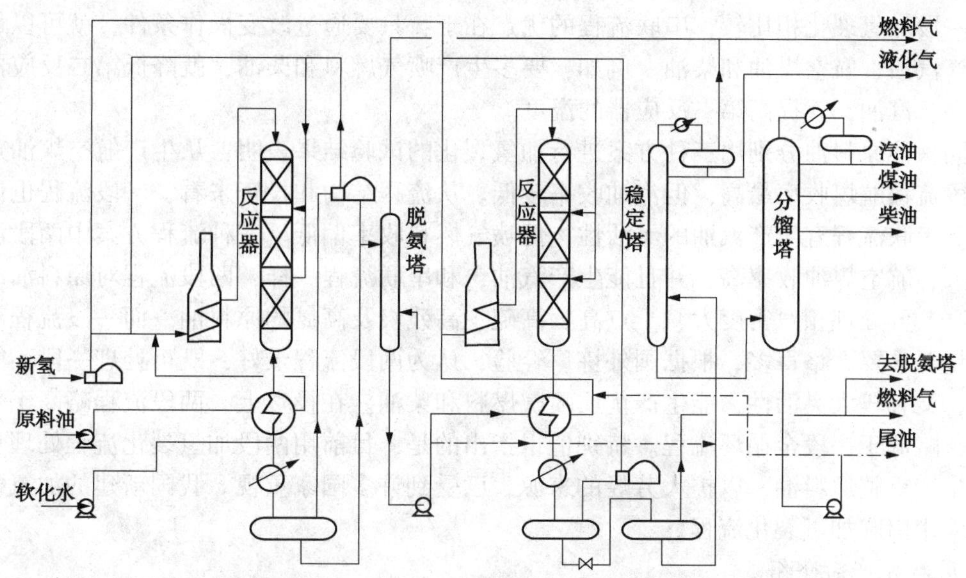

图 4-8　两段加氢裂化工艺流程示意图

两段加氢裂化有两种操作方案，即：一种是第一段加氢精制第二段加氢裂化，另一种是第一段除进行精制外还进行部分加氢裂化，第二段进行加氢裂化。后者的特点是第一段和第二段生成油一起进入稳定分馏系统，分出的尾油作为第二段进料(如流程图中虚线所表示)。采用第二方案时，汽油、煤油和柴油的收率都有所增加，而尾油明显减少。这主要是第二方案的裂化深度较大的缘故，从产品的主要性能来看，两个方案并无明显差别。

(3) 串联加氢裂化工艺流程：

串联流程是两段流程的发展，由于开发了抗氨抗硫化氢的分子筛加氢裂化催化剂，所以可取消两段流程中的脱氨塔，使加氢精制和加氢裂化两个反应器直接串联起来，省掉了一整套换热、加热、加压、冷却、减压和分离设备。

比一段流程只多一个(或一组)反应器，第一个反应器中装入脱硫脱氮活性好的加氢催化剂，第二个反应器中装分子筛加氢裂化催化剂，其他部分均与一段加氢裂化流程相同(见图 4-9)。

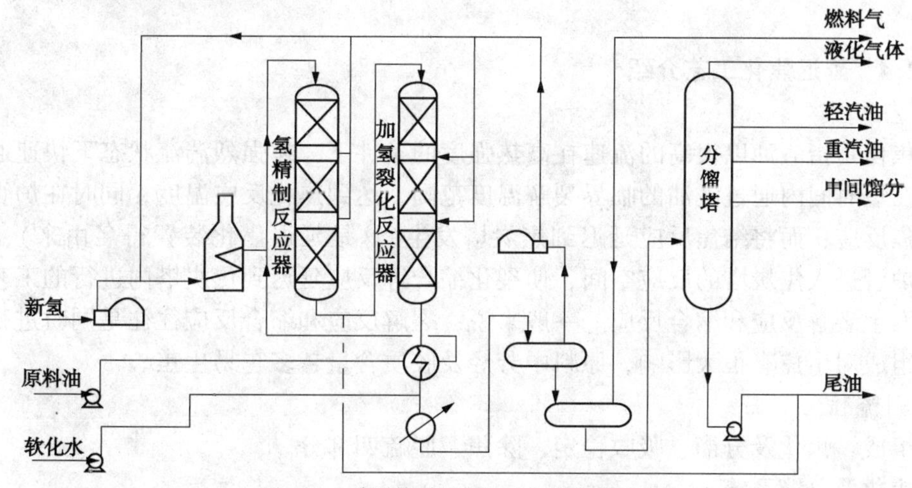

图 4-9　串联加氢裂化工艺流程示意图

与一段加氢裂化相比较，串联流程的优点在于：只要通过改变操作条件，就可以最大限度地生产汽油、航空煤油和柴油。例如，要多生产喷气燃料和柴油，就降低第二反应器的温度；要多产汽油，就提高第二反应器的温度。

对同一种原料油分别用三种方案进行加氢裂化的试验结果表明：从生产航空煤油角度来看，一段流程航煤收率最高，但汽油收率较低。从流程结构和投资来看，一段流程也优于其他流程。串联流程有生产汽油的灵活性，但喷气燃料收率偏低。三种流程方案中两段流程灵活性最大，航空煤油收率高，并且能生产汽油，和串联流程一样，两段流程对原料油的质量要求不高，可处理相对密度大、干点高，高硫、高残炭及高氮的原料油。而一段流程对原料油的质量要求要严格得多，根据国外炼厂经验，认为两段流程最好，既可处理一段不能处理的原料，又有较大灵活性，能生产优质喷气燃料和柴油。在投资上，两段流程略高于一段一次通过，略低于一段全循环流程。特别值得指出的是，目前用两段加氢裂化流程处理重质原料油来生产重整原料油，以扩大芳烃的来源，已受到许多国家重视。我国新建的加氢裂化装置，多采用串联加氢裂化流程。

3. 原料和产品介绍

(1) 加氢裂化的原料主要是一次加工减二、三线油、焦化蜡油。

(2) 加氢裂化的产品主要有干气、液化气、轻石脑油、重石脑油、煤油、柴油、白油料、尾油。

4. 生产调度重点关注的主要绩效指标

生产调度重点关注的主要绩效指标有：综合液体收率、单位原料氢耗、煤柴油中不饱和烃含量、尾油产品的BMCI值。其中综合液体收率是指除损耗外的加氢裂化产品收率，对同一种原料而言，这个指标越高，说明加氢裂化装置的加工损失越少；单位原料氢耗对同一种原料而言，这个指标越低，说明高价值的氢气组分利用越充分，对于加氢裂化装置而言，说明可能的加工负荷还有可能提高，加氢裂化装置效益越好；煤柴油组分中的不饱和烃含量越低，说明加氢反应越充分，同时得到的煤柴油组分品质更好，相对市场售价越高；尾油产品的BMCI值是馏程和密度的函数，这个指标越低，说明尾油产品的馏程越窄，尾油中的芳烃组分越少，尾油具有更好的裂化性能，同时低BMCI值的尾油所生产的润滑油组分性能相对更优，价值更高。

4.1.2.4 延迟焦化工艺介绍

1. 工艺原理

延迟焦化是指渣油以很高的流速在高热强度的条件下，在强烈湍流状态下快速通过加热炉炉管，在短时间内通过渣油的临界裂解温度范围，达到焦化反应温度，同时在炉管内尽量不发生结焦反应，而将结焦反应延迟到焦炭塔发生(这是延迟焦化装置得名由来)，并迅速离开加热炉管进入焦炭塔的反应空间，使裂化缩合等反应延迟到焦炭塔内进行的工艺过程。

主要发生裂解反应和缩合反应。一般来说，裂解反应和缩合反应往往是同时进行的。原料的化学组成对生焦有很大影响，原料中芳烃及胶质含量越多越易生焦。

2. 原则流程

装置组成：焦化及分馏、吸收稳定、除焦、脱硫四部分。

(1) 焦化及分馏系统：

延迟焦化装置有一炉两塔、两炉四塔、三炉六塔等，也有和其他装置直接联合的。典型的延迟焦化流程示意图如图4-10所示。

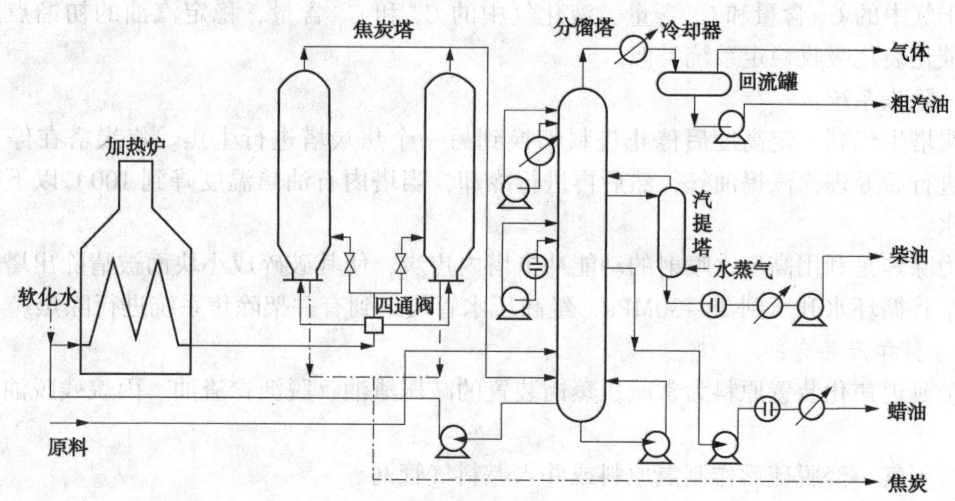

图4-10　延迟焦化装置流程示意图

原料经预热后，先进入分馏塔下部，与从焦炭塔顶过来的焦化油气在塔内接触换热，把原料油中的轻组分蒸发出来，同时也使原料被加热(一般分馏塔底温度不宜超过400℃)。焦化油气中相当于原料油沸程的部分称为循环油，随原料一起从分馏塔底抽出，打入加热炉辐射室，加热到500℃左右，通过四通阀由底部进入焦炭塔，进行焦化反应。为了防止油在炉管内反应结焦，需向炉管注水，以加大流速(一般为2m/s以上)，减少在炉管中的停留时间，注水量约为原料油的2%。

进入到焦炭塔的高温渣油，需停留足够的时间，以便充分进行反应。反应得到的油气从焦炭塔顶引出进入分馏塔，分出气体，汽油、柴油、蜡油以及循环油(与原料一起再次进行焦化)。焦化生成的焦炭留在焦炭塔内，通过水力除焦从塔内排出。

焦炭塔采用间歇式操作，至少要有两个塔切换使用，以保证装置的连续运转。每个塔的切换周期，包括生焦、除焦及各辅助操作过程所需全部时间。对两炉四塔的焦化装置来讲，一般为36~48h，其中生焦过程占一半时间。

在生产中，焦炭塔的焦层及泡沫层料位逐渐增高，当达到全塔总高的2/3左右时即停止进料，通过四通阀将炉出口油料切换到另一焦炭塔。生焦时间的长短主要取决于原料性质及对焦炭质量的要求，特别是对挥发分限制的程度，切换下来的焦炭塔，立即吹出残留的油气，然后冷却除焦。延迟焦化的除焦方法，目前广泛采用水力除焦，使用10MPa以上的高压水通过切焦器进行除焦，除下的焦炭落入焦池后送出装置。

延迟焦化的特点是，原料油以很高的流速在高热强度下通过加热炉管，在短时间内加热到焦化反应所需要的温度，并迅速离开炉管进到焦炭塔，使原料的裂化、缩合等反应延迟到焦炭塔中进行，以避免在炉管内大量结焦，影响装置的开工周期。为了生产优质焦可采取适当提高炉出口温度、循环比，焦炭塔压力及延长生焦时间(达36h以上)等做法。

分馏部分主要任务是根据反应油气中各组分沸点的不同，将它们分离成气体、汽油、柴油、蜡油，并保证汽油干点、轻柴油95%馏出、凝点和闪点合格。

(2) 吸收稳定系统：

利用各组分之间在液体中溶解度不同把富气和粗汽油分离成干气、液化气、稳定汽油。控制好干气中的C_{3+}含量和C_5含量、液化气中的C_{2-}和C_{5+}含量，稳定汽油的初馏点。大体流程与催化裂化吸收稳定系统类似。

(3) 除焦系统：

焦炭塔生焦到一定高度后停止进料切换到另一个焦炭塔进行生焦。焦炭塔在停止进料后，即进行后处理，汽提油气，然后再进行冷却，当塔内石油焦温度降到100℃以下时，放掉冷却水。

水力除焦是利用高压水喷射的动能冲击塔内焦炭，使其破碎成小块而被清除出塔。启动高压水泵将循环水升压到28~30MPa，经高压水管线送到有井架除焦系统进行除焦。

3. 原料和产品介绍

(1) 延迟焦化装置原料为常减压蒸馏装置的减压渣油、脱沥青渣油、丙烷残脱油及催化油浆。

(2) 干气→经脱硫后作制氢原料或并入燃料气管网。

(3) 液化气→去吸收稳定及脱硫后作民用液化气。

(4) 汽油→加氢原料或作催化改质料→裂解原料。

(5) 柴油→柴油加氢原料。

(6) 甩油→燃料油调和组分或本装置回炼。

(7) 焦炭→作最终产品出厂。

4. 生产调度重点关注的主要绩效指标

生产调度重点关注的主要绩效指标有：综合液体收率、生焦率。其中综合液体收率是指除损耗、生焦外的焦化反应产品收率，对同一种原料而言，这个指标越高，说明焦化装置得到的高价值产品比例越高；生焦率对同一种原料而言，这个指标越低，说明焦化反应发生的程度越低，高价值的原料向低价值的焦炭转化比例越少，说明焦化装置的效益越好。

4.1.2.5 加氢精制工艺介绍(包含石脑油、煤油、柴油、蜡油、渣油加氢装置)

1. 工艺原理

加氢精制是在一定的温度、压力、氢油比和空速条件下，借助加氢精制催化剂的作用，把油品中的杂质(即硫、氮、氧化物以及重金属等)转化成相应的烃类及易于除去的H_2S、NH_3和H_2O而脱除，金属则截留在催化剂中。同时烯烃、芳烃得到加氢饱和，从而制得安定性、燃烧性都较好的优质产品。

汽油加氢装置一般进行脱硫、脱氧、少量的脱氮以及少量的烯烃饱和反应，能改善焦化汽油的总硫、烯烃等指标。

柴油油加氢装置生产硫含量低的精制柴油调和组分。

蜡油加氢装置生产硫、氮含量低的加氢蜡油作催化装置进料。

2. 加氢精制装置原则流程(以蜡油加氢精制装置原则流程为例)

(1) 反应部分：

减压蜡油和焦化蜡油在各自的流量和由燃料气保护的滤前原料油缓冲罐液位控制下进入装置，经原料油增压泵升压后，经蜡油/原料油换热器换热至180℃后，再经原料油过滤器除去原料中大于25μm的颗粒后进入由燃料气保护的原料油缓冲罐。

自原料油缓冲罐出来的原料油经加氢进料泵升压后与氢气混合，依次经反应流出物/混合进料换热器、反应进料加热炉加热至反应所需温度后进入加氢反应器进行加氢反应，将原料中的硫、氮、氧等化合物转化为硫化氢、氨、水，对烯烃、芳烃进行加氢饱和，脱除原料中的金属等杂质，同时进行部分裂化反应，生成石脑油及柴油。反应器设一个或多个催化剂床层，床层间设急冷氢注入设施。由加氢反应器出来的反应流出物经换热后，进入热高压分离器进行气、液分离。自热高压分离器底部出来的热高分油在液位控制下经过加氢进料泵液力透平回收能量后进入热低压分离器。热高分气体经热高分气/混合氢换热器换热后，再经热高分气空冷器冷却至45℃左右进入冷高压分离器中进行油、气、水三相分离。为了防止热高分气在冷却过程中析出铵盐堵塞管路和设备，通过注水泵将脱盐水注入热高分气空冷器上游管线。

自冷高压分离器顶部出来的循环氢(冷高分气)经循环氢入口分液罐分液后，进入循环氢脱硫塔底部。自装置外来的贫溶剂经贫胺液缓冲罐后分两路，一路经高压贫溶剂泵升压进入循环氢脱硫塔；脱硫后的循环氢自循环氢脱硫塔塔顶出来，经循环氢压缩机入口分液罐分液后分成两部分，一部分至氢提浓设施，提浓氢至新氢压缩机二级入口升压，提浓释放气到富氢气体脱硫系统；另一部分循环氢进入循环氢压缩机升压后再分两路，一路作为急冷氢去控制反应器床层温度，另一路与来自新氢压缩机出口的新氢(包括提浓氢)混合成为混合氢。

热低分气经热低分气空冷器冷却后与冷高分油混合进入冷低压分离器。自热低压分离器底部出来的热低分油与自冷低压分离器底部出来的冷低分油混合后进入脱硫化氢汽提塔第一层塔盘。冷低压分离器气相与脱硫化氢汽提塔顶回流罐气相合并后送至富氢气体脱硫部分。冷高压分离器、冷低压分离器底部排出的酸性水与分馏部分脱硫化氢汽提塔顶回流罐排出的酸性水合并经含硫污水闪蒸罐闪蒸后出装置。

来自装置外的新氢经新氢压缩机入口分液罐分液后进入新氢压缩机，经升压后与循环氢压缩机出口的循环氢混合成为混合氢。

(2) 分馏部分：

热低分油与冷低分油混合后进入脱硫化氢汽提塔，塔底用1.0MPa过热蒸汽汽提。塔顶油气经脱硫化氢汽提塔顶空冷器、脱硫化氢汽提塔顶后冷器冷凝冷却后进入脱硫化氢汽提塔顶回流罐中，进行气、油、水三相分离，分离出的气体与富胺液闪蒸罐顶气、含硫污水闪蒸罐顶气混合、氢提浓释放气和冷低分气混合后经分液进入富氢气体脱硫塔，脱硫后出装置，水相经含硫污水泵增压后与冷高、低压分离器酸性水混合，进入含硫污水闪蒸罐，脱气后送出装置；油相经脱硫化氢汽提塔顶回流泵升压后全部作为塔顶回流。脱硫化氢汽提塔底油经脱硫化氢汽提塔底泵升压后经蜡油/分馏塔进料换热器换热后进入分馏塔进料加热炉，加热后进入产品分馏塔。

分馏塔塔顶油气经产品分馏塔顶空冷器、产品分馏塔顶后冷器冷凝冷却后进入产品分馏塔顶回流罐。分馏塔顶回流罐油相经产品分馏塔顶回流泵升压后，一部分作为分馏塔的回流，另一部分作为粗石脑油产品出装置。分馏塔顶回流罐分水包排出的含油污水经含油污水泵增压后回注入注水罐，循环使用。柴油馏分进入柴油汽提塔。柴油汽提塔顶气相返回分馏塔，塔底液相作为柴油产品经柴油泵升压后，经换热、冷却后出装置。柴油汽提塔采用重沸汽提或吹汽。产品分馏塔底油经换热后直接送至催化裂化装置，或经冷却后送至罐区。

(3) 富氢气体脱硫部分：

由反应部分来的冷低分气、氢提浓释放气、分馏部分来的脱硫化氢塔顶气、富胺液闪蒸罐和含硫污水闪蒸罐顶气混合进入富氢气体分液罐分液后进入富氢气体脱硫塔下部。贫液经低压贫溶剂泵升压后进入脱硫化氢塔顶部，由塔底上升的气体和由塔顶下流的贫液逆流接触，气体中的硫化氢被胺液吸收。脱硫后的富氢气体经分液罐分液后出装置。

循环氢脱硫塔底的富胺液在液位控制下经过高压贫胺液泵液力透平回收能量后，至富胺液闪蒸罐脱气；脱气后富胺液经富液泵升压后的富胺液混合后出装置。

3. 原料和产品介绍

(1) 汽油加氢装置：

原料：焦化汽油

产品：含硫瓦斯→脱硫→燃料气或作制氢原料

稳定汽油→汽油调和组分或裂解原料

(2) 柴油加氢装置：

原料：焦化柴油、重油催化柴油和高含硫直馏柴油

产品：干气→制氢原料或作燃料气

石脑油→乙烯裂解原料或重整原料

精制柴油→柴油调和组分

(3) 蜡油加氢装置：

原料：直馏蜡油和焦化蜡油

产品：富氢气体经脱硫→制氢装置作原料

石脑油→裂解原料或重整原料

柴油→柴油调和组分

精制蜡油→催化裂化装置原料

4. 生产调度重点关注的主要绩效指标

生产调度重点关注的主要绩效指标有：单位原料氢耗、加工损失率、产品质量。其中，单位原料氢耗越低，说明该套装置的氢气利用越充分，加氢成本更低；加工损失率越低，说明原料的综合利用率越高，加氢装置效益更好；产品质量指标需要根据当前的国家产品质量要求进行调整，在满足指标要求的基础上，尽量不造成质量过剩，以节约加工成本。

4.1.2.6 连续重整工艺介绍

1. 工艺原理

重整原料(直馏石脑油)进入石脑油预加氢系统，石脑油在高温、氢气以及催化剂存在的条件下，发生加氢脱硫、加氢脱氮等反应，脱除石脑油的杂质(硫、氮、金属离子等)，经过预加氢后的精制油分别通过汽提塔、分馏塔，将精制油的硫化氢、水、液态烃等轻组分分离出来，使精制油的质量符合重整系统进料的要求。

精制油通过重整反应器，高温的精制石脑油在催化剂的条件下，产生脱氢反应生成高芳烃的重整生成油以及大量氢气。重整生成油经过再接触系统、汽油稳定塔后作为高辛烷值的汽油或者是混合芳烃出装置，氢气通过增压机提压后再接触系统、氨压机等制冷设备深冷提纯后出装置作为加氢装置的原料氢。

重整系统的催化剂在高温的条件下是石脑油进行脱氢反应的同时，催化剂的表面产生积炭，含碳催化剂通过催化剂再生系统进行循环再生，通过控制催化剂的循环速率以及再生空

气的氧含量，使催化剂保持较好的活性。

2. 原则流程

重整工艺生产过程包括原料预处理、重整、芳烃抽提和芳烃精馏等4个主要部分。

（1）原料预处理。预处理主要包括两部分：预分馏和预加氢精制，预分馏目的是保证重整进料的馏分组成，预加氢精制目的是除去大部分对催化剂有害的物质。重整原料的预处理主要包括两部分，用预分馏保证重整进料的馏分组成，用预加氢精制 除去大部分对重整催化剂有害的物质，如果原料中含砷过高，则需经预脱砷。

① 预分馏。预分馏的作用是根据对重整目的产物的要求将原料切割为适宜沸程的馏分，在预分馏过程中同时脱除原料油中的部分水分。根据原料油的馏程不同，预分馏的方式大致可分为3种情况：

a. 原料油的终馏点适宜而初馏点过低，预分馏中取塔底油为重整原料。

b. 原料油初馏点符合重整要求而终馏点过高，预分馏中取塔顶产物作重整原料。

c. 原料油的初馏点过低和终馏点过高，都不符合要求，预分馏中取侧线产品作重整原料。

我国的重整装置多属于第一种情况，通常原料为<130℃拔头汽油馏分，所以在预分馏中只需从塔顶分出<60℃的轻馏分。

② 预加氢。预加氢精制的目的主要是除去重整原料油中所含硫，氮、氧的化合物和其他毒物，如砷、铅、铜、汞、钠等，以保护重整催化剂。

预加氢原则流程如图4-11所示。

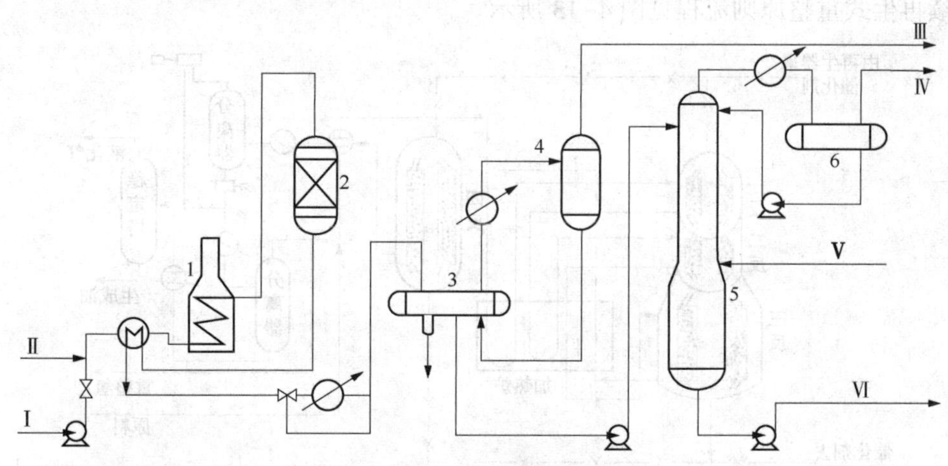

图4-11 预加氢原则流程

1—加热炉；2—预加氢反应器；3—高压分离器；4—分离器；5—汽提塔；6—回流罐；

Ⅰ—预加氢原料油；Ⅱ—氢气；Ⅲ—剩余氢；Ⅳ—燃料气；Ⅴ—吹氢；Ⅵ—预加氢生成油

从预分馏出来的重整原料与氢压机来的氢气汇合，先和预加氢反应生成物进行换热，再进入加热炉。加热后进入预加氢反应器，反应物自上而下通过催化剂床层进行加氢精制，反应生成物经换热冷凝冷却后分出氢气，加氢生成油送入汽提塔上部，塔下部通入重整部分来的氢气，作为汽提介质，将加氢产物中H_2S、NH_3和H_2O等从塔顶吹出，冷凝冷却后送至回流罐，回流罐分出的氢气，连同分离器顶排出的氢气，送入全厂氢气系统，汽提塔底抽出油即为含杂质合格的重整原料油，汽提塔多用圆形泡帽塔。

③ 重整原料脱水。重整催化剂要求原料油含水量<5mg/kg，但是上述方法处理过的原料油还不能满足要求，为了能制备“超干”的重整原料，需要用蒸馏脱水解决，国内有的重整装置已成功地把原来的汽提塔改造成为蒸馏脱水塔，蒸馏脱水法的流程如图 4-12 所示。

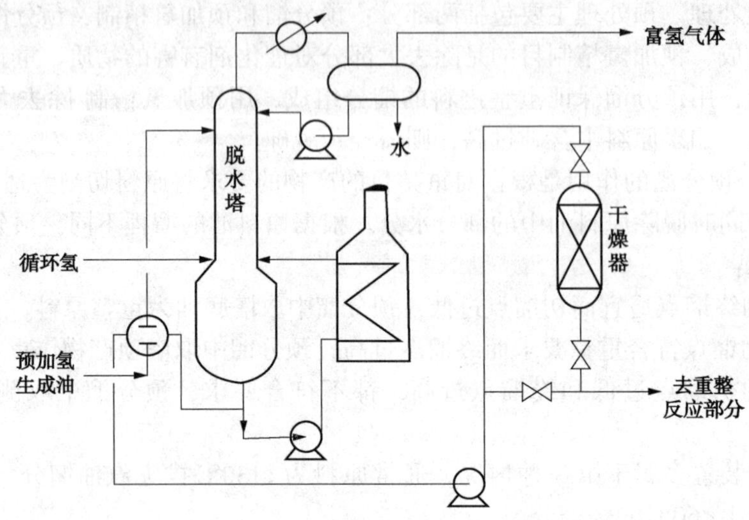

图 4-12 铂铼重整原料脱水流程

（2）连续再生式重整。为了使催化剂经常保持高活性，在更低的压力和氢油比条件下操作，从而得到质量好收率高的产品，美国环球油品公司（UOP）发展了连续再生式重整。UOP 连续再生式重整原则流程见图 4-13 所示。

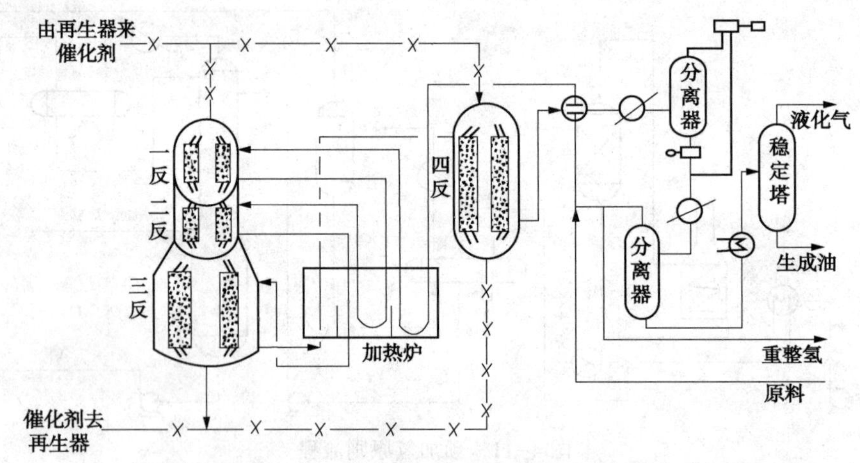

图 4-13 UOP 连续再生式重整原则流程

流程中有 4 个反应器，第一、二、三反应器叠在一起，催化剂由上而下依次通过，然后提升至再生器再生。第四反应器因积炭很多，单独并列。由第三反应器来的油气经中间加热炉加热后进入第四反应器。为减小床层压降，采用径向反应器，在循环压缩机出口处增加一个高压分离器，使气体中部分烃类溶解于油中，以提高氢气纯度同时还可减少循环氢流量。

此类装置在 1.05MPa 压力及 500℃下操作，催化剂装入量为半再生式的 50%~75%，空速比半再生式的高一倍以上，氢油摩尔比则低一个单位，与半再生式比较，>C_5液体收率高（3.5%~4.5%），氢纯度高约 6%。

(3) 芳烃抽提装置。芳烃抽提装置一般包括抽提、溶剂回收和溶剂再生3个部分。如图4-14所示。

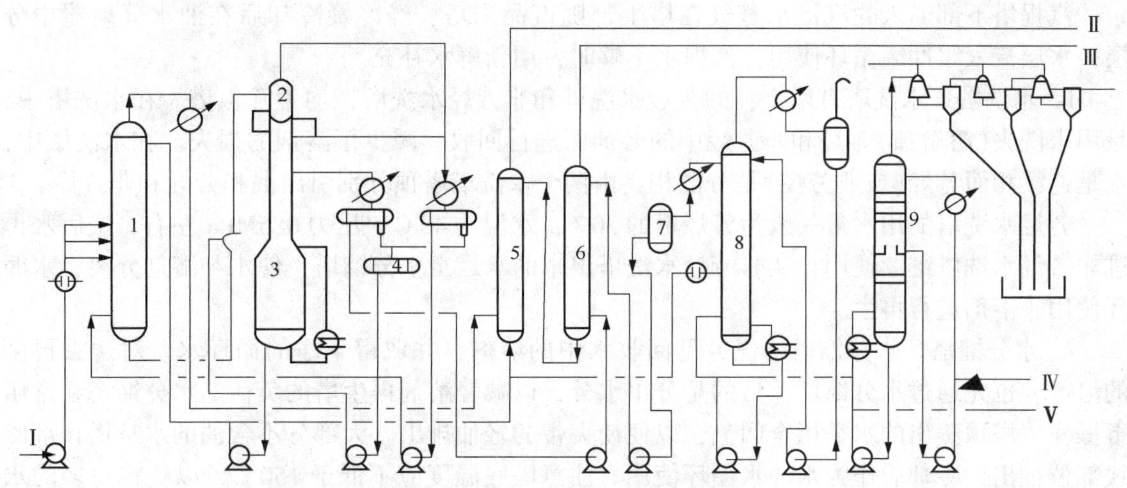

图4-14 芳烃抽提部分原则流程

1—抽提塔；2—闪蒸塔；3—汽提塔；4—汽提水罐；5—非芳烃水洗塔；6—芳烃水洗塔；7—水洗水罐；8—水分馏塔；9—减压塔；Ⅰ—抽提进料；Ⅱ—非芳烃；Ⅲ—芳烃；Ⅳ—再生溶剂；Ⅴ—废溶剂

① 抽提部分。自重整部分稳定塔底来的重整生成油，经加热后送入抽提塔中部，含水约8%的二乙二醇醚<贫溶剂)进入抽提塔顶，油与溶剂呈逆向流动，溶剂相对密度大，自上而下通过筛板小孔形成分散相，油相对密度小，自下而上呈连续相。在逆相流动中，进行抽提，溶剂溶解芳烃后，沉入塔的下部，塔下部打入回流芳烃(含芳烃70%~80%，其余为戊烷)，回流的作用是将溶剂相中溶解的重质非芳烃置换出去，使从塔底排出的富溶剂(提取液)中不含重质非芳烃，保证取得高纯度的芳烃产品。非芳烃从抽提塔顶排出，其中含有少量溶剂和芳烃。

② 溶剂回收部分。溶剂回收部分的任务有两个：一是从抽取液中分离出芳烃；二是回收溶剂并使之循环使用，溶剂回收部分的主要设备有汽提塔，水洗塔和水分馏塔。

a. 汽提塔。汽提塔是顶部带有闪蒸段的浮阀塔，全塔分为3段：顶部闪蒸段、上部抽提蒸馏段，下部汽提段。提取液中含有大量的溶剂，首先进入汽提塔顶部的闪蒸罐，在105~109℃，0.2MPa压力下进行闪蒸，部分非芳烃，苯和水被蒸发出来，经冷凝分出水后，作为回流芳烃送回抽提塔使用。没有蒸发的液体自闪蒸罐流到汽提塔上部，汽提塔内装有塔板。溶剂和芳烃在常压下的沸点差很大，二者很容易分开。为防止溶剂分解(分解温度206℃)，在汽提塔下部通入水蒸气进行汽提，以降低芳烃的蒸汽分压，使之能在较低的温度条件下蒸发出来。从汽提塔顶部蒸出的物料冷凝冷却分水后也作为回流芳烃使用。芳烃产品自汽提塔塔侧以汽相引出，经冷凝脱水后，去芳烃水洗塔，洗去残留的溶剂，然后经精馏再分离成单体芳烃产品。芳烃之所以以气态由汽提塔侧线引出，主要是因为，从塔顶引出不可避免地会混有非芳烃，若自侧线以液态引出，又会携带过多的溶剂。故采取从侧线以气态出塔。

汽提塔底为溶剂，应不含芳烃，再回抽提塔顶循环使用，抽出小部分(10%左右)经水分馏塔再到减压塔进行再生处理。由重沸器控制汽提塔底温度。这个温度应保持稳定，才能保证汽提塔侧线芳烃质量的稳定，同时保证溶剂温度和溶剂含水量的稳定，以利于汽提塔的正常操作。

汽提塔下部通入的汽提水蒸气在塔上部随产品出塔，经冷凝冷却后在油水分离器中分层，水层流入缓冲罐循环使用，汽提水不够时，用新鲜水补充。

b. 水洗塔。水洗塔有两个，即芳烃水洗塔和非芳烃水洗塔，均为筛板塔。在水洗塔中，是用水洗去(溶解掉)芳烃和非芳烃中的溶剂而进行回收，减少了溶剂的损失。在水洗塔中，水是连续相而芳烃(或非芳烃)是分散相，由两个水洗塔塔顶分别引出混和芳烃和非芳烃。

芳烃水洗塔的用水量一般为芳烃量的30%，水温约40℃，压力0.5MPa左右，洗后水再进非芳烃水洗塔继续使用。从非芳烃水洗塔出来的水运至水分馏塔，使水与溶剂分离，水循环使用，溶剂进行再生。

c. 水分馏塔。水分馏塔的任务是回收水中的溶剂，并取得干净的循环水。对送去再生的溶剂，也先通过水分馏塔，目的是分出水分，以减轻溶剂再生塔的负荷。水分馏塔在常压下操作，塔顶蒸出的水采用全回流，以便使夹带的轻油排出。大部分不含油的水从塔顶部侧线部位抽出，冷却后作为水洗水循环使用。注意塔底温度应不低于150℃，以免将过多的水带入减压塔(溶剂再生塔)影响其真空度，但也不应超过164℃，以防溶剂分解。为了使塔底溶剂中的水分离干净，从塔底抽出的溶剂，一部分打循环，其余送减压塔进行再生。国内的水分馏塔多用圆形泡帽塔板。

③ 溶剂再生部分。以三乙二醇醚为例，在使用过程中因高温及氧化会生成大分子的叠合物和有机酸，这些物质是黏稠的悬浮物，容易堵塞塔板筛孔，腐蚀设备，同时也会降低溶剂的使用效能。为了保证溶剂的质量，一方面注意经常加入单乙醇胺以中和生成的有机酸，使溶剂pH值维持在7.5~8.0；另一方面，需要经常从汽提塔底抽出的贫溶剂中引出一部分进行再生。引出量以在5~7天能使全部溶剂都再生一遍为原则。所谓再生就是在减压(约2.7kPa)下将溶剂蒸出，使之与生成的大分子叠合物分离。三乙二醇醚常压下沸点是287℃，已远超出其起始分解的温度206℃，因此，再生塔必须在减压下操作。减压塔再生，塔顶温度约23℃，进料温度为180~190℃。

20世纪70年代末，国内在上述芳烃抽提过程的基础上研究了新的简化流程，并在试验室和工业装置上取得成功。简化后的流程见图4-15。简化流程主要有以下几个特点：①取消原有的水分馏塔和芳烃水洗塔。②洗完非芳烃的水(带微量非芳烃)与回流芳烃混合平衡一次，以便使水中的非芳烃含量降至最低限度，此水再作汽提用水就不会影响芳烃产品的纯度。③抽提蒸馏塔与汽提塔分开，汽提塔顶采用水回流方法以保证将水洗水中的溶剂含量降至1%(质量分数)以下。

(4) 芳烃精馏。从抽提得到的芳烃是苯、甲苯、二甲苯和重芳烃的混合物，只有将它们分离成单一组分的产品才具有工业价值。为了获得各种单一组分的苯类产品，可用精馏方法分离苯和甲苯获得高纯度的硝化级苯类产品。芳烃精馏的流程如图4-16所示。

芳烃混合物经加热器加热到90℃左右后，进入苯塔的中部。塔底重沸器用热载体加热到130~135℃，塔顶产物经冷凝冷却至40℃左右进入回流罐，沉降脱水后打入苯塔塔顶作回流。产品苯从塔侧线抽出，经换热冷却后进入成品罐，分析合格后转送至芳烃罐区。

苯塔塔底芳烃用泵抽出打至甲苯塔的中部，塔底物料由重沸器用热载体加热至155℃左右，甲苯塔塔顶馏出的甲苯经冷凝冷却后进入甲苯回流罐，一部分作甲苯塔顶回流，另一部

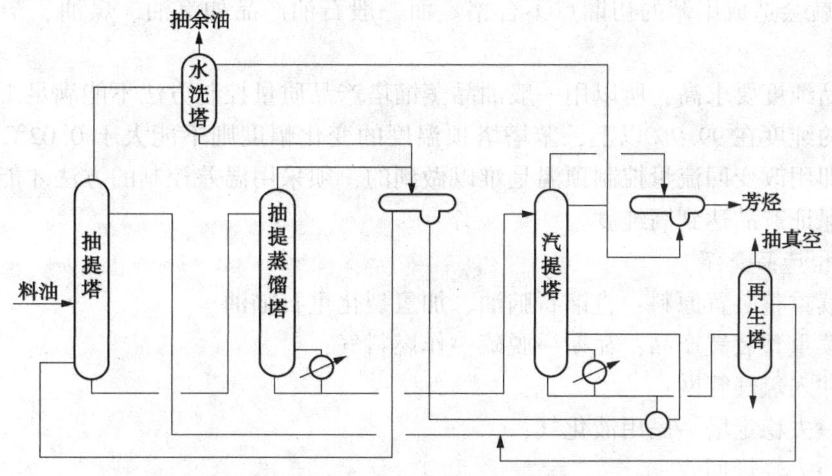

图 4-15 芳烃抽提简化流程图

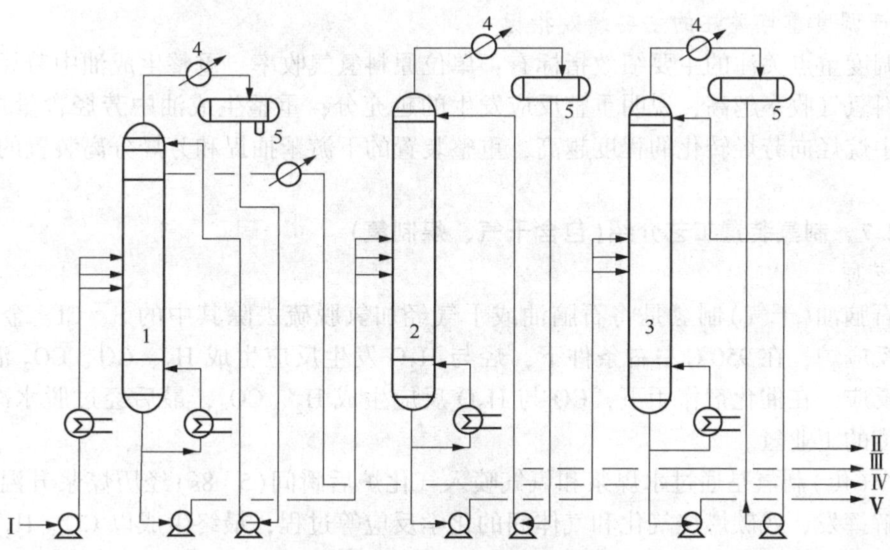

图 4-16 芳烃精馏原则流程

1—苯蒸馏塔；2—甲苯蒸馏塔；3—二甲苯蒸馏塔；4—冷凝冷却器；5—回流罐；

Ⅰ—抽提芳烃；Ⅱ—二甲苯；Ⅲ—甲苯；Ⅳ—苯；Ⅴ—重芳烃

分去甲苯成品罐，分析合格后转送至芳烃罐区。

甲苯塔底芳烃用泵抽出打到二甲苯塔的中部，塔底芳烃经重沸器用热载体加热，控制塔的第八层温度为160℃左右，塔顶馏出的二甲苯经冷凝冷却后进入二甲苯回流罐，一部分作二甲苯塔顶回流，另一部分去二甲苯成品罐，分析合格后转送至芳烃罐区，塔底重芳烃经冷却后可作为汽油调和组分调入汽油中。

二甲苯塔蒸馏所得的二甲苯是间位。对位、邻位二甲苯及乙基苯的混合物，它们之间沸点差很小，尤其是间位和对位二甲苯之间沸点差只有0.75℃，所以二甲苯之间的分离较困难，必须借助采用多层塔板和大回流比将乙基苯和邻二甲苯先分离出来，而后再采用其他特殊分离方法，如冷冻分离、吸附分离、将间位、对位二甲苯分离。

塔顶、塔底产品不允许有重叠，否则将使下一个产品不合格。如苯塔塔底只要重叠有

0.5%的苯，就会造成甲苯的初馏点不合格。而一般石油产品如汽油、煤油、柴油均允许有一定重叠度。

由于产品纯度要求高，所以用一般油品蒸馏塔产品质量控制方法不能满足工艺要求。例如，要求苯的纯度在99.9%以上，苯塔塔顶温度的变化幅度则不能大于0.02℃，这采用常规控制方法即用改变回流量控制顶温是难以做到的，须采用温差控制的方法才能较满意地控制住顶温，保证产品达到高纯度。

3. 原料和产品介绍

(1) 连续重整装置原料：直馏石脑油、加氢裂化重石脑油

(2) 连续重整装置产品：瓦斯→脱硫→作燃料气；

氢气→并入氢气管网；

液化气→去稳定塔→民用液化气；

拔头油→去轻烃回收；

重整汽油→苯抽提→汽油产品调和组分。

4. 生产调度重点关注的主要绩效指标

生产调度重点关注的主要绩效指标有：单位原料氢气收率、重整生成油中芳烃含量。其中单位原料氢气收率越高，说明重整反应发生的越充分；重整生成油中芳烃含量指标越高，说明原料中烷烃向芳烃转化的程度越高，重整装置的下游苯抽提和芳烃分离装置的能力发挥越充分。

4.1.2.7 制氢装置工艺介绍(包含干气、煤制氢)

1. 工艺原理

(1) 石脑油(干气)制氢是将石脑油或干气经加氢脱硫去除其中的S、Cl、金属等杂质后，进入反应炉，在950℃左右条件下，烃与H_2O发生反应生成H_2、CO、CO_2混合气体，再经变换反应，在催化剂作用下，CO与H_2O反应生成H_2、CO_2，最后经过脱水净化分离，生成高纯度的工业氢。

(2) 煤(焦)制氢是通过水煤浆和氧气喷入气化炉后瞬间(5~8s)经历煤浆升温及水分蒸发、煤热解挥发、残碳燃烧气化和气体间的化学反应等过程，最终生成以CO、H_2为主要组分的粗煤气，灰渣采用液态排渣。

采用两段中温耐硫变换和一段低温耐硫变换的工艺流程。将合成气中的CO与过量的水蒸气反应生成H_2和CO_2，将合成气中难以脱除的有机硫化物转化为易于脱除的无机硫化物H_2S。

低温甲醇洗工艺利用H_2、CO_2、H_2S和COS等气体在低温甲醇中溶解度不同的特点，用低温甲醇溶剂把变换气中所含CO_2、H_2S和COS等组分脱除，为下游甲烷化单元提供合格的粗氢气。

2. 原则流程

(1) 烃类水蒸气转化法制氢原则流程：

烃类水蒸气转化法制氢原则流程如图4-17所示。

烃类水蒸气转化制氢的原则流程如图4-17所示。由于水蒸气转化制氢工艺所用的各种催化剂都易被硫化物中毒而丧失活性，所以通常要求其原料中的硫含量脱至0.5μg/g以下。对于轻烃，常以$CoMo/AlO_3$为催化剂进行加氢脱硫，对于气体原料则可用ZnO在400℃左右

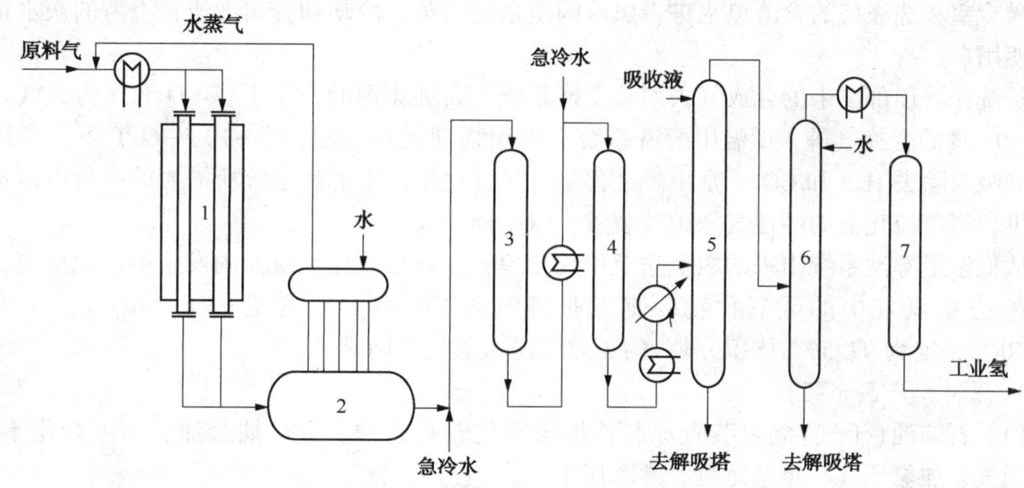

图 4-17 烃类水蒸气转化制氢原则流程

1—转化炉；2—废热锅炉；3—CO 中温度变换反应器；4—CO 低温变换反应器；5—CO 吸收塔；6—水洗塔；7—甲烷化反应器

脱硫。

在水蒸气转化反应炉管内，在催化剂的存在下，甲烷或轻烃进行转化成一氧化碳，一氧化碳再与水反应生成二氧化碳。当原料为甲烷时，其基本反应为：

$$CH_4+H_2O \rightleftharpoons CO+3H_2-205.78kJ/mol$$

$$CO+H_2O \rightleftharpoons CO_2+H_2+41kJ/mol$$

当原料为轻烃时，其反应的通式为；

$$C_nH_m+nH_2O \rightleftharpoons nCO+(n+\frac{m}{2})H_2$$

$$nCO+nH_2O \rightleftharpoons nCO_2+nH_2$$

此反应所用的催化剂是镍系的，近年来还常加入镧，载体是耐高量的氧化铝。同时，其载体中还含有碱性的助剂，以抑制催化剂的积炭。

此反应的影响因素有温度、水碳比和压力等，高温对反应有利但是提高温度受到反应炉管材质最高允许使用温度的限制，工业上一般控制在800℃左右。水碳比是水蒸气分子数与制氢原料中碳原子数之比，增加水碳比有利于原料的充分利用，同时可以防止催化剂积炭，但是水碳比过高会导致蒸汽消耗过多，反应管内的压力降太大，能耗也过高，目前工业上采用的水碳比一般为4~6。对于以甲烷为主的原料可以用较小的水碳比，而对于相对分子质量较大的轻烃则需用较大的水碳比，低压对反应有利，但是要考虑到设备材质状况。

（2）煤(焦)制氢原则流程：

原料煤或石油焦，在储运单元中被除铁、破碎为小的碎煤，由皮带输送机送至气化单元；在气化单元磨煤机中制成浓度约为61%的水煤浆，水煤浆经高压煤浆泵加压后进入气化炉烧嘴。水煤浆与空分装置来的氧气在气化炉烧嘴混合雾化后进入气化炉炉膛，在6.5MPa 和1400℃高温下进行燃烧和气化反应，生成以 CO 和 H_2 为有效成分的粗合成气，粗合成气和液态灰渣向下进入气化炉激冷室进行水激冷，被激冷的渣落入激冷室底部而被进一步除去，粗合成气去洗涤塔水洗以分离细渣。

激冷室和洗涤塔的含渣黑水进入黑水闪蒸系统闪蒸、冷却和分离细渣，澄清的灰水重新循环使用。

从洗涤塔顶部出来的合成气去耐硫变换系统，在催化剂的作用下将CO变换为氢气。含CO为0.4%的变换气进入低温甲醇洗系统，采用物理吸收方法，在-10~-60℃下，利用甲醇溶剂吸收除去H_2S和CO_2，富甲醇经再生、循环使用，甲醇洗系统所需要的冷量由冰机系统提供，富集硫化氢的酸性气送硫黄装置，CO_2排大气。

从低温甲醇洗系统出来的粗氢送至甲烷化单元，在甲烷化反应器内发生甲烷化反应，进一步除去粗氢气中的碳氧化物，使工业氢中的CO和CO_2含量小于20μg/g，压力为4.8MPa、纯度为97.5%(体积分数)的工业氢送入氢气管网。

3. 原料和产品介绍

(1) 石脑油(干气)制氢装置原料：加氢裂化轻石脑油、重整抽余油、加氢裂化干气、焦化干气、加氢干气、重整尾氢、常减压干气。

(2) 石脑油(干气)制氢装置产品：脱附气→燃料气；

氢气→氢气管网。

(3) 煤(焦)制氢装置原料：原料煤、氧气、石油焦。

(4) 煤(焦)制氢装置产品：工业氢气。

4. 生产调度重点考虑的主要绩效指标

生产调度重点考虑的主要绩效指标有：单位原料氧气消耗、单位原料氢气收率。由于在煤气化反应中，氧气的成本较高，同时氧气消耗大将造成碳组分直接反应成CO_2，造成浪费，但氧气量不足又将造成煤气化反应不充分，造成原料浪费，所以在煤制氢和空分装置正常工况下，调度要密切关注煤制氢原料组成的变化和应配比氧气的比例，既要保证煤气化反应的充分，又要注意降低空分装置能耗；调度还应注意不同煤原料的氢气收率，注意建立并学会分析煤炭质量台账，对煤制氢的原料优化提供准确数据参考。

4.1.2.8 硫黄回收工艺介绍(包含酸性水、脱制硫)

1. 工艺原理

克劳斯法(Claus Process)回收硫黄的主要反应为：

$$2H_2S+O_2 \longrightarrow 2H_2O+\frac{2}{x}S_x$$

$$2H_2S+3O_2 \longrightarrow 2SO_2+2H_2O$$

$$SO_2+2H_2S \rightleftharpoons \frac{3}{x}S_x+2H_2O$$

2. 原则流程

其原则流程见图4-18。

自脱硫装置来的酸性气全部进入燃烧炉，发生反应(1)、(2)，其中的H_2S有1/3可氧化成SO_2，然后与未氧化的H_2S一起进入转化器，进行催化转化反应，通入燃烧炉的空气需严格控制，这是克劳斯法的操作关键。燃烧炉的温度约为1200℃，燃烧产物中除SO_2、H_2O及N_2外，还有少量由H_2S直接分解而生成的单质硫。为回收热量，燃烧产物在进入转化器之前先经废热锅炉发生蒸气，转化器内装有天然铝矾土或合成氧化铝催化剂。反应(3)是可逆放热反应，因此降低反应温度对提高平衡转化率是有利的，但其温度至少要高于硫蒸气的

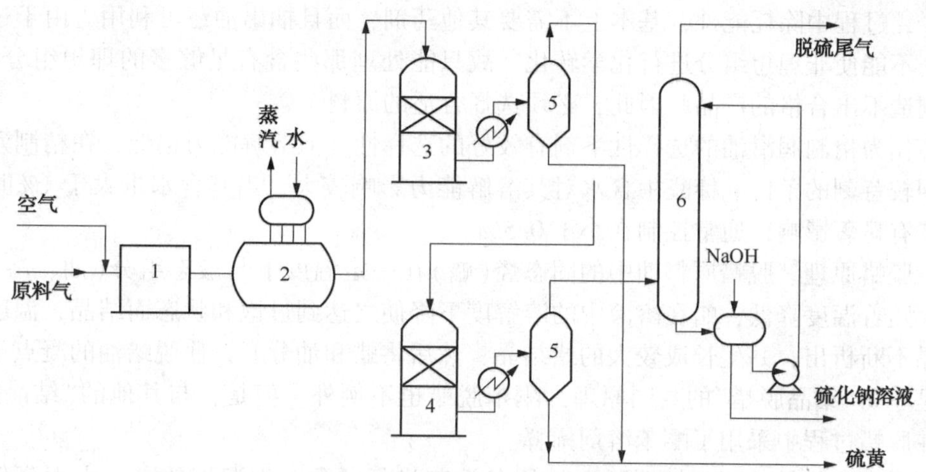

图4-18 硫黄回收(Claus法)原则流程

1—燃烧炉；2—废热锅炉；3——一级转换器；4—二级转换器；5—分离器；6—碱洗塔

露点，以避免硫黄沉积在催化剂表面上。一般转化器入口温度控制在220~240℃，因过程放热，所以出口温度约升至270~300℃，自转化器出来的反应物经冷凝冷却，即可得到硫黄。为达到较高的硫回收率，工业装置中一般还设有二级、三级甚至四级转化器。采用两级转化时，硫的回收率为93%~95%，三级转化时为94%~96%，而四级转化时则可达95%~97%，所得硫黄的纯度约为99.8%。

上述部分燃烧法适用于气体中H_2S含量高达50%以上的场合，如用乙醇胺脱硫后再生出来的酸性气体。这是目前采用最多的一种克劳斯法，所回收的硫占各种克劳斯法回收硫的80%左右。当原料气中H_2S含量在15%~50%的情况下，若也采用部分燃烧法，则反应热不足以维持燃烧炉高温转化的操作温度，故宜采用分流法，把三分之一的酸性气体导入燃烧炉，通入空气(H_2S/O_2为1)使H_2S全部转化为二氧化硫，然后在炉出口处通入其余三分之二的酸性气，再去进行催化转化反应，当酸性气体中H_2S含量低于15%时，原料气已不能正常燃烧，则需与足够量的空气一起在加热炉中预热到一定温度，然后直接进入反应器，使H_2S与O_2催化转化生成硫黄，从硫黄回收装置排出的尾气中还含有一定量的H_2S和SO_2，必须进行处理后才能排放。

3. 原料和产品介绍

(1) 硫黄回收装置原料：酸性气(溶剂再生酸性气、尾气处理酸性气、汽提酸性气)。

(2) 硫黄回收装置产品：硫黄。

4.1.2.9 润滑油生产工艺介绍(含润滑油、石蜡)

1. 生产工艺原理(物理、化学法)

(1) 糠醛精制工艺原理。溶剂精制的原理就是利用某些有机溶剂对润滑油馏分中所含的各种烃类，具有不同溶解度的特性，非理想组分在溶剂中的溶解度比较大，而理想组分在溶剂中的溶解度比较小，这样，在一定条件下，可将润滑油原料中的理想组分与非理想组分分开。上述这种分离过程称为液-液抽提(或萃取)过程。

精制过程中，一般是将非理想组分抽出，而理想组分留在提余液中，然后分别蒸出溶剂，即可得到精制油与抽出油。此过程为物理过程，溶剂在此过程中可以循环使用，溶剂损耗量极少，过程中除耗能外，基本上不需要其他药剂，而且抽出油还可利用。由于过程为物理过程，不能使非理想组分进行化学转化，故只能处理那些含有足够多的理想组分的油料，否则，制造不出合格的产品。因此，必须选择合适的原料。

糠醛作为精制润滑油的选择性溶剂有较好的选择性，但溶解能力稍低，在精制残渣润滑油时要用较苛刻的条件。糠醛中含水对其溶解能力影响较大，当其含水量大于1%时，对精制效果就有显著影响，通常控制在小于0.5%。

(2) 脱蜡原理。脱蜡原料油中的固态烃(蜡)在一定温度下与液态组分(油、溶剂)形成真溶液，随着温度降低，蜡在溶液中的溶解度下降使之达到过饱和状态而结晶，温度继续降低，结晶不断析出，并生长成较大的蜡结晶，然后将蜡和油分开，使脱蜡油的凝点下降，这一过程是一切“结晶脱蜡”的共同原理，酮苯脱蜡也不例外。但是，与其他的“结晶脱蜡”相比，它在脱蜡过程中采用了酮苯溶剂稀释。

采用了黏度很低的溶剂如丙酮-苯-甲苯溶剂进行稀释，把溶液的黏度大大降低，这时蜡在低黏度的溶液中析出时，晶体颗粒增大，特别是当溶液中含有沉淀剂时还会生成颗粒更大的稍为紧密的聚结体结晶，这些单晶和聚结体结晶由于颗粒的增大还会使得晶体的表面积减少，而使吸附的油量减少。同时由于油品的黏度降低而使蜡带油也减少。这样蜡饼就易形成毛细孔多的过滤渣层，滤液(过滤得到的液体)易于通过。并且滤液本身的黏度大大下降，减少了滤液通过滤布和滤渣层的阻力，也使过滤速度提高。因而用溶剂稀释后得到的结果是：蜡的结晶好，溶液的黏度低，过滤速度快，脱蜡油收率高，而且在脱蜡生产中不受原料油黏度大小和脱蜡深度的限制，可以处理脱蜡深度各不相同的各种轻重润滑油料。

(3) 丙烷脱沥青原理。丙烷在一定压力下可以液化成液体丙烷。液体丙烷在一定的温度下对润滑油组分和蜡有相当大的溶解能力，而对于胶质、沥青质则难溶或几乎不溶解。当残渣油中加入丙烷后，油和蜡都溶于丙烷，胶质和沥青质则少溶或不溶于丙烷。靠密度差别分为两层(两相)，上层为丙烷、油、蜡溶液，下层为沥青、胶质、丙烷溶液层，将它们分离后，再分别蒸出溶剂(丙烷)，便可获得脱后油和沥青。可见丙烷脱沥青的过程就是用液体丙烷作溶剂的抽提过程。

(4) 加氢处理。润滑油加氢处理是润滑油生产工艺中较近发展起来的临氢转化生产工艺，它的主要作用是用来改善润滑油基础油的黏温性能，这一点与溶剂精制工相同。但这两种工艺存在本质的差异。加氢处理工艺采用的是化学转化过程，即在催化剂及氢的作用下通过选择性加氢裂化反应，将非理想组分转化为理想组分，来提高基础油的黏度指数。而溶剂精制工艺采用的却是物理过程，用选择性溶剂将非理想组分抽提分离，来改善基础油的黏温性能，因而加氢处理工艺有一些不同厂溶剂精制工艺的特点。例如：基础油黏度指数比较高，甚至可达到溶剂精制工艺所达不到的水平(130~140)；在黏度指数相同时，基础油收率比溶剂精制高；可以得到有价值的低硫副产燃料；能使残渣油料转化成馏分润滑油的基础油；受原料质量限制较小，可以用价廉的劣质原料制取高质量润滑油等。

(5) 白土精制原理。白土补充精制主要是把残留的少量胶质、沥青质、环烷酸、磺酸、酸渣及选择性溶剂、水分、机械杂质等除去。这些物质大部分为极性物质，白土对它们有较强的吸附能力，而对理想组分的吸附能力极其微弱，这就是选择白土作为吸附剂的原因。白土对不同物质的吸附能力各不相同，润滑油中的树脂物和沥青质最容易被吸附，氧化物和硫化物也很容易被吸附。白土吸附各种烃类能力的顺序为：胶质、沥青质>芳烃>环烷烃>烷烃，芳烃和环烷烃的环数越多，越易被吸附。

2. 原则流程

（1）糠醛精制的工艺流程：糠醛精制工艺的原则流程如图4-19所示。

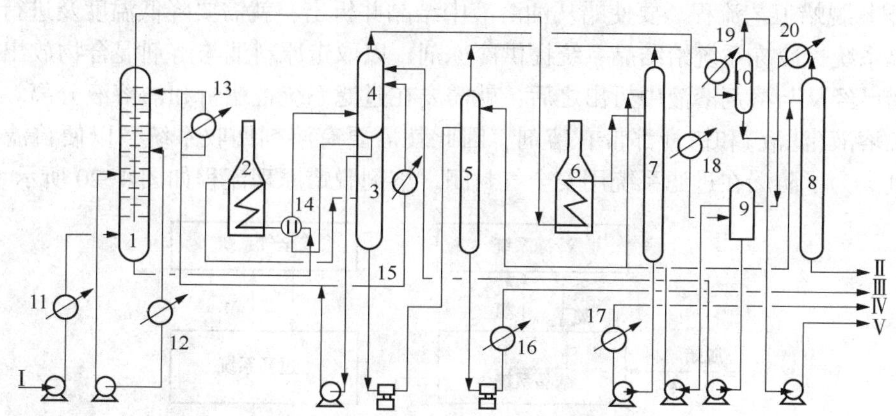

图4-19 糠醛精制工艺的原则流程

1—抽提塔；2—提取液加热炉；3—糠醛蒸发塔；4—糠醛干燥塔；5—提取液气提塔；6—精液加热炉；7—精制液气提塔；8—含糠醛水蒸发塔；9—糠醛水分离罐；10—真空罐；11—原料油冷却器；12—提取液循环冷却器；13—抽提糠醛冷却器；14—提取液换热器；15—回流糠醛冷却器；16—抽出油冷却器；17—精制油冷却器；18—共沸物冷却器；19—糠醛、水蒸气冷却器；20—共沸物冷却器；Ⅰ—原料油；Ⅱ—污水；Ⅲ—提取物；Ⅳ—精制油；Ⅴ—污水

糠醛精制的工艺流程可分为三部分：抽提系统、提余液和提取液的溶剂回收系统、糠醛水溶液的溶剂回收系统。

① 抽提系统。原料油油罐区用原料泵抽出，经原料冷却器冷却后，进入抽提塔的下部，抽提塔底温度由原料油温度控制。

糠醛从糠醛干燥塔的底部抽出，经糠醛冷却器冷却后，打入抽提塔的上部，在抽提塔内，糠醛和原料油逆向接触，以糠醛温度来控制抽提塔顶温度。

抽提塔的提取液可以从塔中部抽出，经冷却后循环到抽提塔内，以维持抽提塔所需的温度梯度，并提高精制油的收率。

② 提余液、提取液中回收溶剂系统。提余液从抽提塔顶流出，靠塔内的压力自动流入提余液加热炉，加热到220℃左右，进入提余液汽提塔中，进行减压汽提，塔底精制油经精制油冷却器冷却后送出装置，提余液汽提塔顶蒸出的糠醛水共沸物经糠醛，水蒸气冷却器冷却后进入真空罐，再进入糠醛水分离罐。

提取液从抽提塔底部流出，靠塔内压力压至提取液换热器，与糠醛蒸发塔(高压塔)出来的糠醛蒸气换热，然后，进入提取液加热炉加热，加热到220℃左右后，进入糠醛蒸发塔进行蒸发。蒸出的糠醛蒸气与提取液换热后，进入糠醛干燥塔中，与中段回流糠醛进行精馏，冷凝后的糠醛汇集在塔底部的糠醛箱中。蒸出大部分糠醛的提取液打入提取液汽提塔中，进行减压汽提后，用泵抽出，经抽出油冷却器冷却后出装置。

③ 糠醛水溶液中回收溶剂系统。提余液汽提塔，提取液汽提塔顶部汽提出的糠醛水共沸物经糠醛水蒸气冷却器冷凝冷却后进入真空罐，不凝气体用真空泵从真空罐顶抽走，以维持真空，液体靠位差压入糠醛水分离罐。

在糠醛水分离罐内，糠醛与水分成两层。上层为含糠醛的水溶液，用泵抽出，一路打入提取液汽提塔和提余液汽提塔作回流，控制这两个塔的塔顶温度；另一路则打入糠醛水蒸发塔中进行糠醛回收。下层是含水的湿糠醛，用泵抽出后打入糠醛干燥塔进行脱水。由塔顶蒸出的糠醛、水共沸物蒸气经冷凝冷却后又回糠醛水分离罐，此即所谓的双塔回收。

(2) 酮苯脱蜡工艺流程。要使蜡从油溶液中结晶并析出，就需要降低温度及进行结晶，因此需有结晶系统，冷冻系统给结晶系统提供冷冻剂，以取走原料油与溶剂混合物放出的大部分热量。当蜡已经从与溶剂溶液中析出之后，就需要在过滤系统把蜡膏和油溶液分离。自过滤系统出来的油溶液(滤液)和蜡膏都带有溶剂，因此就需要有溶剂回收系统，以便自滤液与蜡膏中回收溶剂。为了防爆在过滤系统用安全气封闭。溶剂脱蜡原理流程如图 4-20 所示。

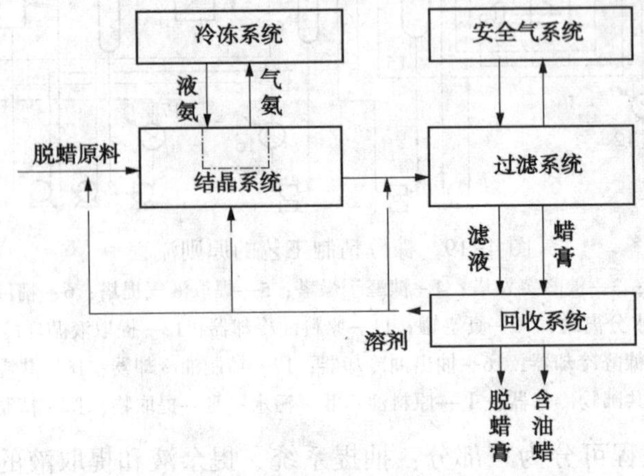

图 4-20 酮苯脱蜡流程示意图

① 结晶系统。在酮苯脱蜡过程中最关键的部分是结晶系统，蜡结晶好坏直接影响过滤系统的操作，即在一定程度上决定蜡、油分离的好坏。结晶系统用来自冷冻系统的氨来冷冻，所用的溶剂来自回收系统，冷冻系统、回收系统的操作要尽量保证结晶系统的需要。

结晶系统流程如图 4-21 所示。

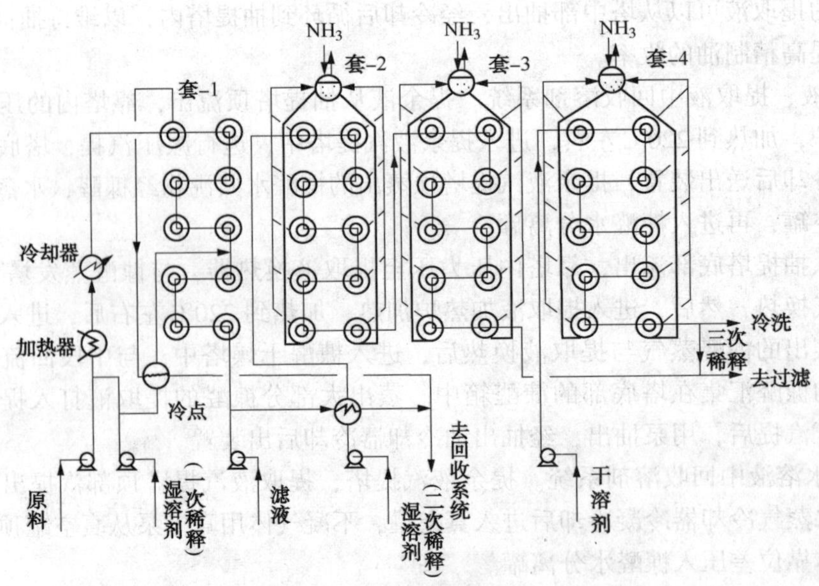

图 4-21 结晶系统流程

含蜡原料油经冷却后(残渣油先热处理、再冷却)进入套管结晶器(套-1)同冷的滤液换冷结晶，在套-1内经过几根套管降温后，油的黏度增大，同时出现部分蜡结晶，这时加入一次溶剂稀释(冷点稀释)，溶剂温度比相应的原料油温度低2~3℃或相等。从套-1出来的混合液再次被二次稀释溶剂稀释，然后进入套-2、套-3，用氨冷却，继续降温结晶，最后从套-3出来的含溶剂的蜡油混合液，与三次溶剂混合，达到希望的总溶剂比后，进入过滤机进料罐。

流程中一次、二次稀释使用的为湿溶剂，第三次使用的是经过套-4用氨冷却的干溶剂。干溶剂一部分作过滤时滤机的冷洗用。

② 过滤、安全系统。过滤系统是完成油蜡分离的部分，其工艺流程如图4-22所示。

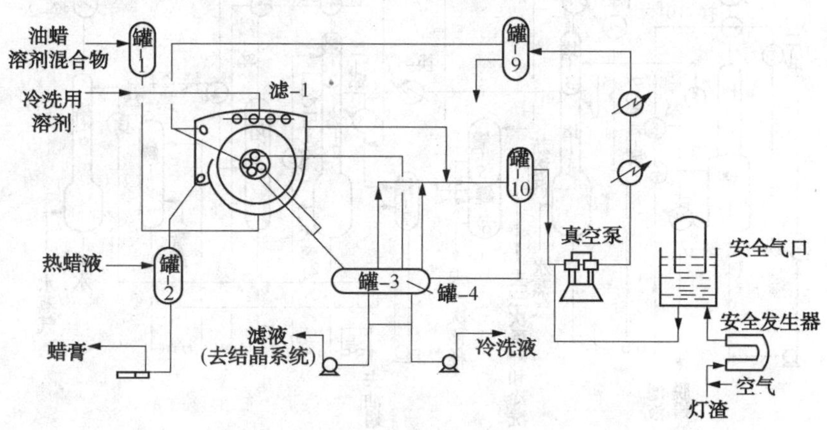

图4-22 过滤安全系统流程

滤机进料罐罐-1架在高于过滤机的位置，结晶冷却后的蜡、油、溶剂混合物自罐-1自流进入并联的各台过滤机的底部。进料量由滤机的液面自动控制。过滤后蜡膏进入中间罐罐-2，滤液、冷洗液进入中间罐罐-3、罐-4，再分别由泵抽出。滤液去结晶器与原料、溶剂混合物换冷、冷洗液去作二次稀释用。有的装置不用冷洗滤液作二次稀释，则冷洗滤液可与滤液一起去结晶系统。

由螺旋输送器将蜡膏送到中间罐罐-2，为使它能顺利被泵送去回收，有热蜡液循环流动。

由于溶剂易于挥发，并和空气形成易爆炸的混合物，就要使过滤机内尽可能不抽入空气，为此在滤机壳内维持1~3kPa以及用真空泵送安全气入过滤机壳体内起密封作用。反吹也用安全气(反吹用来吹掉滤鼓上的蜡膏)。安全气是用燃料与空气在安全气发生器中燃烧成含氧≯0.1%(体积分数)的烟气，经安全罐再经真空泵送出、经换冷到罐-9，切除溶剂后，再送入滤机作密封与反吹用。进入滤机外壳的安全气，一部分在滤鼓进入滤机外壳的安全气，一部分在滤鼓表面的冷洗与吸干部分，由鼓外通过蜡饼吸入鼓内，经罐-3、罐-4，又在真空中间罐罐-10分出携带的液滴，再进真空泵送入滤机循环使用。在循环使用的安全气内含氧量应保持小于5%(体积分数)，安全气在循环过程中氧含量会逐渐升高，当过大时可把安全气排空一部分，再补充新鲜安全气入系统。

③ 溶剂回收系统。丙酮塔内吹入水蒸气的目的与汽提塔吹入水蒸气的目的不完全相同，前者主要是用水蒸气来加热水，后者主要是用来降低溶剂的蒸气分压。滤液或蜡膏中的溶

剂，经简单蒸馏后整除绝大部分溶剂，而后用水蒸气汽提的办法蒸出脱蜡油和蜡中的微量溶剂。汽提时得到的水溶液经水回收后，把水切除，这样使丙酮得以回收。

回收系统有 3 个任务：

a. 保证回收溶剂的质量，要求溶剂不带蜡和油，大部分溶剂不带水；

b. 溶剂损失小，回收安全；

c. 回收时能量消耗小。

溶剂回收系统流程如图 4-23 所示。

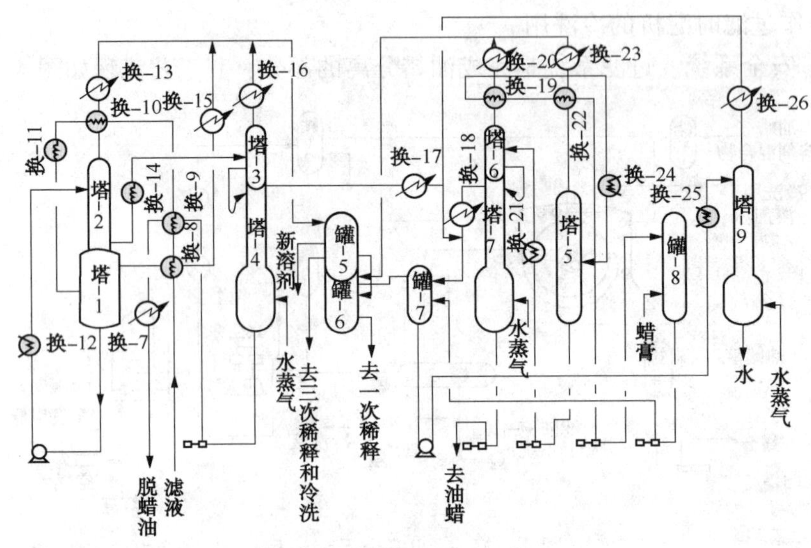

图 4-23 溶剂系统回收流程

由于溶剂的沸点较低所以回收时可用蒸气加热器(对于大型装置倾向于用加热炉加热)，这样使设备简化，但操作受蒸气提供影响较大。由于溶剂与油、蜡沸点差较大，各塔都不打回流。

为了节省热量，滤液和蜡膏均采用多效蒸发原理，所以分几个塔分段蒸发。

由于滤液量比蜡膏量大，因此从滤液中回收溶剂部分负荷较大，由 4 个塔(三段蒸发、一段汽提)组成。低压蒸发塔(塔-1)在 0.130~0.147MPa 下操作，高压蒸发塔(塔-2)在 0.25MPa 左右下操作。塔-1 的温度为 90~100℃，可以蒸发出滤液中溶剂量 70%左右，塔底含溶剂的油用泵抽出去加热汽化，然后进塔-2，塔-2 的温度受蒸气温度的限制，如蒸气压力可以保证到 0.9~1.2MPa，则可以加热到 165℃左右。如在这样的温度、压力条件下，脱蜡油中含溶剂仍较多，则可适当降低塔-2 的压力，以免在汽提塔(塔-4)中消耗大量蒸气。由于高压蒸发塔是在高压下操作的，所以塔底抽出液中仍有一些溶剂，抽出后在第三蒸发塔(塔-3)(它的压力与塔-1 接近)中再进行蒸发，以上 3 个塔蒸发出的溶剂进入干溶剂罐(罐-5)，脱蜡油自塔底进入汽提塔(塔-4)汽提，汽提后的油自塔底由泵抽出送储罐，塔顶出来的蒸气中有溶剂和水，进入水溶剂罐(罐-7)。由于蜡膏中回收溶剂的负荷较小，由 3 个塔(两段蒸发、一段汽提)组成。蜡膏由中间罐(罐-8)用泵打入系统，先加热进入第一蒸发塔(塔-5)蒸出溶剂大部分，然后在第二蒸发塔(塔-6)中蒸出剩余溶剂，由于蜡膏中带有冰粒，在加热汽化时水也汽化，所以两塔蒸出溶剂冷凝后由于均含水都进入湿溶剂罐(罐-6)。第一、第二蒸发塔的压力都是 49~98kPa，第一段加热器用乏汽加热到 90~100℃，蒸出蜡膏中所含溶剂的90%，第二段加热器用主蒸气加热到165℃左右。从第二段蒸发塔底部出来的蜡液进入汽提塔(塔-7)汽提，塔顶含水溶剂蒸气冷凝后进入水溶剂罐(罐-7)，去油蜡用泵送入储罐。

两个汽提塔(塔-4、塔-7)塔顶出来的水与溶剂混合物，由于苯和甲苯很少溶于水，丙酮与水却能完全互溶，冷凝后在水溶剂罐中分成两层，上层为苯和甲苯，打回湿溶剂罐(罐-6)，下层为水和丙酮，将下层送入丙酮塔(塔-8)汽提，从塔-8顶蒸出的带少量的水的丙酮回到水溶剂罐(罐-7)的上层，与苯、甲苯一起进入湿溶剂罐，丙酮塔底放出水。

流程中为使溶剂很好周转，三次稀释与冷洗所用于溶剂量小于从滤液回收来的干溶剂量，多余的干溶剂可以补充入湿溶剂中。

④ 冷冻系统。酮苯脱蜡过程一般采用胺作冷冻剂，胺在常压下沸点为-33.4℃，汽化潜热较大(1.372MJ/kg)，所用制冷设备为胺压缩机。由于酮苯脱蜡的冷冻温度一般在-20℃以下，必须用两段以上的压缩机，因为一段压缩机的压缩比不能太大，制冷温度不超过-18℃。胺冷冻系统流程如图4-24所示。

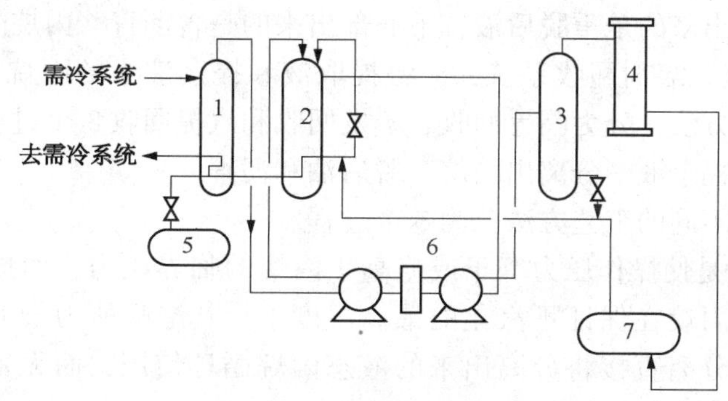

图4-24　冷冻系统流程图

1—低压分离罐；2—中间罐；3—润滑油分离罐；4—冷凝器；5—地下罐；6—二段压缩机；7—液氨储罐

从需的冷设备来的胺蒸气，经过在常压下操作的低压分离罐分出液滴，由于液滴带入气缸会使气缸壁承受压力增大，压力过大时会引起爆炸。从低压分离罐出来的胺气经第一段压缩0.3~0.5MPa，温度为60~120℃再进入中间罐。在中间罐顶部喷淋液胺，使温度降到0℃以下，再进行第二段压缩。出二段时压力一般为1.1~1.4MPa，压缩后胺气分掉润滑油，又在冷凝器中冷凝后进入液胺储罐，液胺储罐经中间罐与低压分离罐中浸在液氨中的盘管进一步冷却后再到需冷系统。在低压分离器及中间罐中间盘管外的液胺则受热蒸发而去压缩。

(3) 丙烷脱沥青工艺流程：

① 抽提系统。抽提系统——油和沥青的分离部分。脱沥青的抽提过程是在抽提塔中实现的，为了获得轻脱后油、重脱后油、残脱油和沥青，所以本流程采用的是二段抽提方式：即先经一段抽提塔抽提后，把原料分成3种组分，它们是塔顶的轻脱后液、集油箱侧线抽出的中间重脱后液和塔底的沥青-溶剂(提余液)。再把中间重脱后液作为二段的原料，在二段抽提塔内进行抽提，而得到二个产品，即塔顶的重脱液和塔底的残脱液。若仅仅是为了生产轻脱后油和裂化原料，则只用前面的一段抽提塔就足以解决问题了，所以本流程的灵活性很大。流程如下(见图4-25)：

用原料泵抽残渣油经加热器加热至120~135℃，送至一段抽提塔1上部，用丙烷泵抽液体丙烷储罐20中的丙烷经过冷凝器冷却后由抽提塔1下部送入，在操作压力4.1MPa和操作温度(40~60℃)下，原料沿塔下流，丙烷沿塔上流，进行逆流接触，渣油中的润滑油组分即被部分溶解，未溶解的部分继续向下流动，而新鲜的丙烷入口在下面，所以越向下则渣油中的油的浓度就越小，直至丙烷入口，渣油中的油的浓度已减小到最低限度。随后，提余液进入塔的下部沉降段，为了尽可能多地把润滑油组分溶解(抽提)出来，所以在下部沉降段的上部再加入少量的丙烷(称副丙烷)以稀释提余液，促进提取液液滴从提余液的黏附状态中聚集并分离出来，以提高脱后油收率。提取液从抽提段上部出来时，由于和原料接触，必然会溶解或携带一部分胶质、沥青质，为把这些胶质、沥青质分离出去，以保证脱后油的质量，在抽提上方设有上部沉降段，在提取油进入上部沉降段时，流经U形加热管，提取液被加热后，丙烷的选择性即被加强，促进了所溶解的胶质、沥青质的析出、聚集和沉降分离。为了保证轻脱后油的残炭值小于0.7%，所以在上部沉降段的中部设翅片管加热器，用水蒸气加热，当提取液流过翅片时被均匀加热，利用丙烷选择性加强的特性，使其析出所溶解的高分子多环烃类(称中间重脱后液)，因其密度较大，它们就沉降下来，聚集在翅片加热器下方的集油箱中(应注意：它们也含有溶剂-丙烷)，可流入二段抽提塔3与新鲜丙烷进行再抽提，由塔顶部出来的是重脱后液，下底部出来的是含沥青、丙烷的提余液。

② 溶剂回收系统。溶剂回收系统——将提取液和提余液中的丙烷回收，供循环使用，根据不同的回收工艺方法，分为临界回收、蒸发回收和汽提回收3个过程。溶剂回收系统的作用是从各脱后液和提余液中分离出丙烷、脱后油和沥青。

溶剂回收系统按不同的工艺方法分为3个过程。

a. 临界回收。就是使操作压力等于或略高于丙烷的临界压力，而操作温度低于或等子丙烷的界临湿度，使丙烷在保证不汽化的最高温度下，其溶解能力最弱，几乎不溶解润滑油，从而使丙烷和油分离直接将分离出来的液态丙烷循环使用，而无须加热蒸发、冷却回收。此过程是在临界塔中进行的。

b. 蒸发回收。是利用丙烷和润滑油的挥发性差别较大的特点来考虑的。此过程是在薄膜蒸发器和旋风分离器中进行的。

c. 汽提回收。为了把经蒸发回收后的残液中的少量丙烷进一步蒸出来，再进行冷疑冷却、脱水、压缩液化后循环使用。这个过程是在汽提塔中进行的。流程如下：一段抽提塔顶部出来的轻脱后液含丙烷量约占进塔丙烷量的80%，经加热器加热至90℃左右，进入临界塔2，在比进行沉降分离，从塔顶出来的丙烷(约占丙烷总量的60%)经空气冷却器与后冷器冷却至40℃以下，回到丙烷储罐20，供循环使用。

轻脱后液由临界塔2底部出来，经预热器加热至100℃左右，进入薄膜蒸发器8进行加热蒸发后即进入旋风分离器10中，经强化分离，丙烷气由旋风分离器顶部分出，进入轻脱后液蒸发灌9上部。而旋风分离器底部分出的润滑油中仍含有少量的丙烷，再经加热器继续加热至150℃左右，进入蒸发罐9中部进行闪蒸。由蒸发罐9顶部出来的丙烷气经空冷器和后冷器冷凝冷却后，进入丙烷储罐20。由蒸发罐9底部出来的仍含微量丙烷的油液，则进入汽提塔15进行汽提蒸馏。丙烷-水蒸气由塔顶部出来，塔底为残炭值小于0.7%的轻脱后油，用泵抽出，通过冷却器冷却至100℃以下，送入成品储罐。

重脱后液由二段抽提塔3顶部出来，经预热器加热至100℃左右，进入薄膜蒸发器8加热蒸发后，进入旋风分离器10，进行强化分离，丙烷气从旋风分离器顶部分出，进入重脱后液蒸发罐11上部。而旋分器底部分出的润滑油中仍含有少量丙烷，再经加热器加热至

150℃左右，进入蒸发罐11中部进行闪蒸。由蒸发罐11顶部出来的丙烷蒸气和由蒸发罐9顶部的蒸气汇合。由蒸发罐11底部分出的含微量丙烷的油液，则进入重脱后油汽提塔14，经汽提后，丙烷-水蒸气由塔顶出来。塔底为残炭值小于1.2%的重脱后油，用泵抽出，经冷却器冷却至100℃以下，送至成品储罐。

残脱后油由二段抽提塔3底部出来，经加热器加热至180℃左右，进入残脱后液蒸发塔6上部，塔下部送入来自沥青液蒸发塔5顶部的220℃左右的丙烷气，在塔内进行逆向接触，把丙烷从塔顶蒸出，经分油塔7将携带油分离后，丙烷气由分油塔7顶部出来即与来自蒸发罐9、11顶的丙烷气汇合。

残脱后液蒸发塔6底部的残脱后液尚含有微量的丙烷，进入残脱后液汽提塔13，经汽提后，塔底为残脱后油(残炭值大于1.2%)可用泵抽出，送经冷却器冷却至100℃以下，入成品储罐或直接送往裂化装置作裂化原料。

提余液(沥青液)中的沥青黏度很高，需要加热至较高的温度，便于输送，因此使其由一段抽提塔1底部出来后即进入加热炉4加热至220~230℃，再进入沥青液蒸发塔5。塔顶部出来的丙烷气去残脱后液蒸发塔6，塔底含微量丙烷的沥青液去沥青液汽提塔12。汽提后，塔底的沥青用泵抽出，经冷却槽冷却至100℃以下送出装置。

各汽提塔(12、13、14、15)顶部出来的丙烷-水蒸气汇合后，经冷凝冷却器将水蒸气冷凝冷却后，进入气-液分离罐(分水罐)18，将丙烷气与水分开。水排入污水线送往污水净化装置处理，丙烷气体去压缩机，经二段压缩后，经空冷器和后冷器冷却后，进入丙烷储罐。

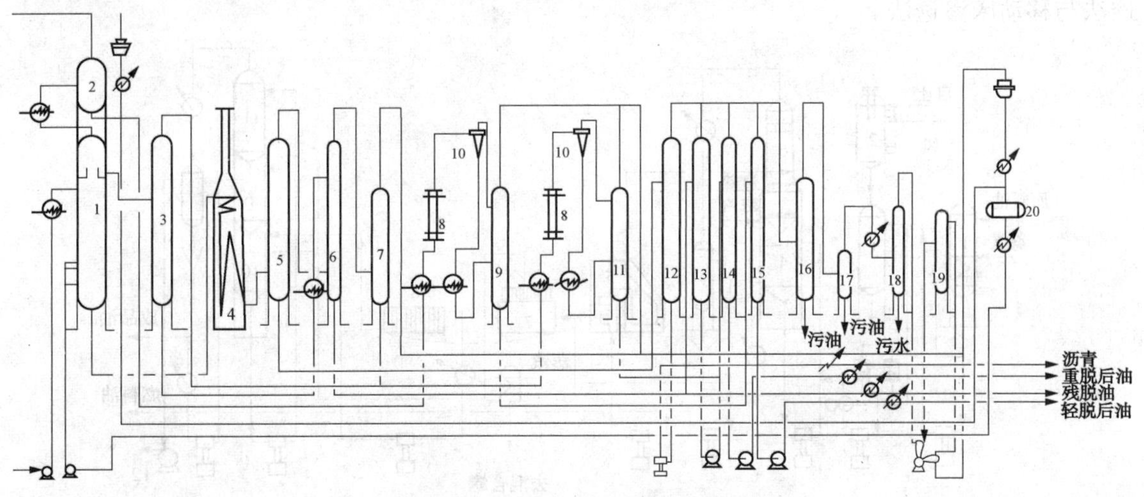

图4 25　丙烷脱沥青装置流程图

1——段蒸发塔；2—临界塔；3—二段蒸发塔；4—提余液加热炉；5—沥青液蒸发塔；6—残脱后油蒸发塔；7—残脱后分油塔；8—薄膜蒸发器；9—轻脱后液蒸发罐；10—旋风分离器；11—重脱后液蒸发罐；12—沥青液汽提塔；13—残脱后液汽提塔；14—重脱后油汽提塔；15—轻脱后油汽提塔；16—混合冷凝器；17—丙烷气体中间罐；18—分水罐；19—丙烷罐；20—丙烷储罐

(4) 加氢精制工艺流程：加氢精制工艺流程见图4-26。

原料用泵打经换热器11与氢混合。由于重整氢的压力不够所以需要用压缩机增压。混合后在加热炉辐射室加热后进入反应器2。反应温度280~310℃，空速2.0~3.2h^{-1}。由于反

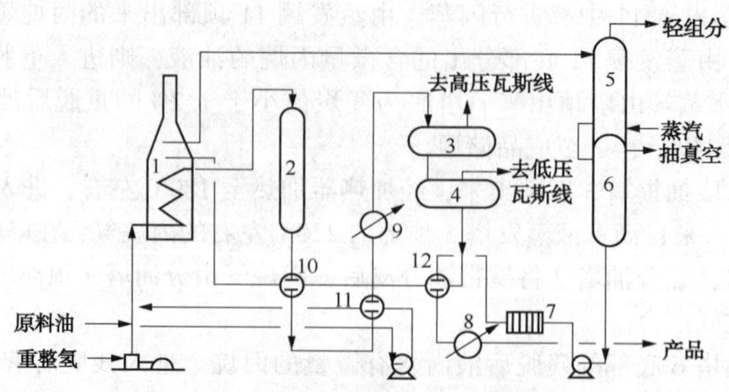

图 4-26　加氢精制工艺流程

1—加热炉；2—反应器；3—高压分离器；4—低压分离器；5—汽提塔；6—真空干燥塔；7—压滤机；8、9—冷却器；10~12—换热器

应放热，床层升温 10℃ 左右。氢油比 5∶1。反应物从反应器底部离开，经换热器 10、11 给出热量，并经冷却器 9 冷却后进入高压分离器 3。在高压分离器中分出大部分剩余氢和反应产生的气体，然后进入低压分离器 4，分出残留气体。由于油中尚有少量低沸点组分，还需要在汽提塔 5 中汽提。然后，进入真空干燥塔 6，除去微量水分。干燥后的油用泵从塔底抽出，进压滤机 7，滤除催化剂粉末，然后换热、冷却，送出装置。

（5）白土精制工艺流程：

润滑油白土补充精制原则流程如图 4-27 所示，该法为接触精制法，其他还有固定床渗透法与移动床渗透法。

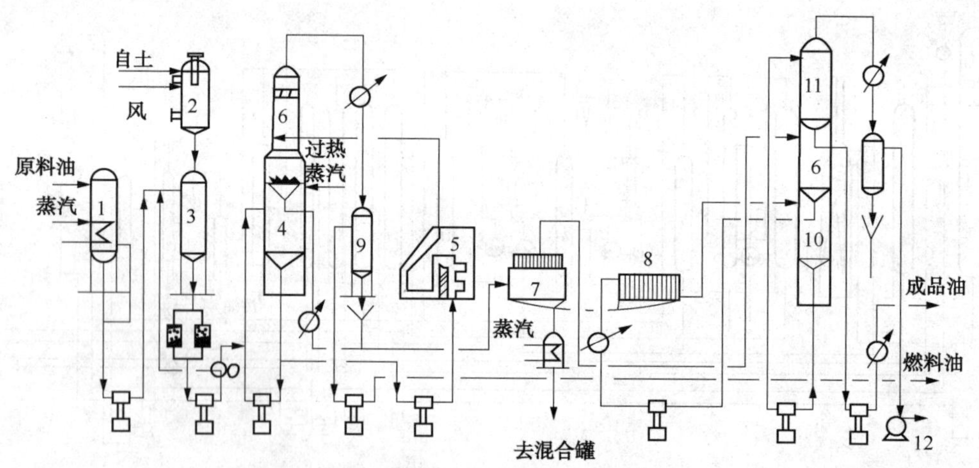

图 4-27　润滑油白土补充精制原则流程

1—原料油缓冲罐；2—白土罐；3、4—混合罐；5—加热炉；6—蒸发塔；7—史氏过滤机；8—板框过滤机；9—史氏过滤机滤油器；10—板框式过滤机油罐；11—成品油脱气罐；12—真空泵

原料油进入原料油缓冲罐 1 中，在此用蒸汽加热至 75~80℃，用泵抽送至混合罐 3 中，从白土罐 2 中按比例加入白土至混合罐 3 中，油与白土悬浮液抽送到混合罐 4 中再进行混合，然后用泵抽送至加热炉 5 中，被加热到规定的温度（一般为 220~270℃）后进入蒸发塔 6 中，在塔底吹入过热水蒸气，塔顶馏出物经冷凝冷却后，作为燃料油。蒸发塔底油与白土的悬浮液靠压差流经冷却器冷却到 140~160℃，进入史氏过滤机 7 进行过滤，滤油流入史氏

过滤机滤油罐9，然后用泵抽出经冷却器冷却到80~110℃，进入板框过滤机8进行过滤，滤油流入板框过滤机滤油罐10，白土渣排入废白土斗中。板框过滤机滤油抽送到脱气罐11，进行真空脱气，以便除去残存在油中的水分及一部分较轻的油气，成品油自脱气罐底抽送出装置。

3. 润滑油原料和产品介绍

轻质系统以处理减二、减三线油为主，可生产出轻质基础油和半精炼或全精炼石蜡；重质系统以处理减四馏分油和丙烷脱沥青油为主，可生产出重质基础油。润滑油基础油根据黏度指数分类，同时根据适用范围分为通用基础油和专用基础油。

（1）产品代号：

① 润滑油基础油的黏度等级按赛氏通用黏度划分，其数值为某黏度等级基础油运动黏度所对应的赛氏通用黏度整数近似值。低黏度组分称作中性油，黏度等级以40℃ 赛氏通用黏度(s)表示；高黏度组分称作光亮油，黏度等级以100℃赛氏通用黏度(s)表示。润滑油基础油的代号是根据黏度指数和适用范围确定的。每个品种由一组英文字母组成的代号表示，代号由表示黏度指数高低的英文字母组成。“UH”、“VH”、“H”、“M”和“L”分别为“超高(Ultra High)”、“很高(Very High)”、“高(High)”、“中(Middle)”和“低(Low)”的英文字头，“VI”为黏度指数(Viscosity Index)的英文字头。

② 润滑油专用基础油代号由润滑油通用基础油代号和专用符号组成。专用符号为代表该类基础油特性的一个英文字母。“W”为“Winter”的英文字头，表示其低凝特性，“S”为“Super”的英文字头，表示其深度精制特性。

润滑油通用(专用)基础油产品代号为：

中性油：通用基础油代号+赛氏40℃通用黏度(s)；

光亮油：通用基础油代号+ 赛氏100℃通用黏度(s)BS。

例：高黏度指数150中性油代号：HVI150；

中黏度指数低凝150中性油代号：MVI W150；

高黏度指数150光亮油代号：HVI150BS；

中黏度指数深度精制90光亮油代号：MVI S90BS。

③ 润滑油基础油的分类，见表4-1。

表4-1 润滑基础油的分类

黏度指数 *VI* / 品种代号类别		超高黏度指数	很高黏度指数	高黏度指数	中黏度指数	低黏度指数
		$VI \geq 140$	$120 \leq VI < 140$	$90 \leq VI < 120$	$40 \leq VI < 90$	$VI < 40$
通用基础油		UHVI	VHVI	HVI	MVI	LVI
专用基础油	低凝	UHVI W	VHVI W	HVI W	MVI W	—
	深度精制	UHVI S	VHVI S	HVI S	MVI S	—

（2）通用基础油标准牌号。HVI基础油标准，适用于高黏度指数润滑油基础油。黏度指数不小于95，可用于调配黏温性要求较高的润滑油。中性油牌号：分为HVI 75，HVI 100，HVI 200，HVI 350，HVI 400，HVI 500和HVI 650八个牌号。光亮油牌号：HVI 120BS，HVI 150BS。MVI基础油标准，适用于黏度指数润滑油基础油。黏度指数不小于60，可用于调配黏温性要求不很高的润滑油。中性油牌号：分为MVI 75，MVI 100，MVI 150，MVI

250，MVI 350，MVI 500，MVI 600，MVI 750，MVI 900 九个牌号。光亮油牌号：分为 MVI 90BS 和 MVI 125/140BS 二个牌号。LVI 基础油标准，适用于低黏度指数润滑油基础油。可以用于调配变压器油、冷冻机油等低凝点润滑油。中性油牌号：分为 LVI 60，LVI 75，LVI 100，LVI 150，LVI 300，LVI 500，LVI 900，LVI 1200 八个牌号。光亮油牌号：LVI 90BS、230/250BS。

(3) 润滑油专用基础油标准牌号。HVI W 基础油标准，用于高黏度指数、具有低凝和低挥发性的润滑油基础油。黏度指数大于 95，主要用于调配多级内燃机油、液力传动液、低温液压油等油品。中性油牌号：分为 HVI W75、HIV W100、HIV W150，HIV W200，HIV 350，HIV W500 和 HIV W650 七个牌号。光亮油牌号：HIV W120BS。HVI S 基础油标准。适用于黏度指数深度精制润滑油。黏度指数大于 95，主要用于调配重负荷工业齿轮油、重负荷车辆齿轮油、汽轮机油、高压抗磨液压油等油品。中性油牌号：分为 HVI S75，HVI S100，HVI S150，HVI S200，HVI S350，HVI S400，HVI S500 和 HVI S650 八个牌号。光亮油牌号：HVI S120BS，HVI S150BS。MVI W 基础油标准。适用于中黏度指数、具有低凝和低挥发性的润滑油基础油。黏度指数不小于 60，主要用于调配内燃机油、低温液压油等油品。中性油牌号：分为 MVI W75，MVI W100，MVI W150，MVI W250 和 MVI W500 五个牌号。MVI S 基础油标准。适用于中黏度指数的深度精制油润滑油基础油，黏度指数不小于 60，主要用于调配重负荷工业齿轮油、重负荷车辆齿轮油、气轮机油等油品。中性油牌号：分为 MVI S75，MVI S100，MVI S150，MVI S250，MVI S500，MVI S600，MVI S750 和 MVI S900 八个牌号。

4.1.2.10 乙烯裂解装置工艺介绍

乙烯生产装置是指以石油或天然气为原料，广泛应用各种技术，以生产高纯度乙烯和丙烯为主，同时副产多种石油化工原料的石油化工装置。由于原料和技术上的差别，各乙烯生产装置的工艺流程是不完全相同的，但均包括裂解和分离两个基本过程。裂解是指天然气或石油烃原料经一定的预加工后，进行高温裂解的化学反应获得裂解气的过程。分离是指裂解的后续加工过程。其任务是将裂解气分离，生产高纯度的乙烯、丙烯和其他烃的馏分。

1. 工艺原理

裂解反应包括一、二次反应，一次反应主要是指大分子烃裂解变成小分子烃如烯烃、烷烃、炔烃、双烯烃和氢；二次反应主要是一次反应过程中生成的各种不饱和中间产物的加氢、脱氢、缩合，进一步分解等反应。二次反应是不希望发生的，因为可能生成的双烯烃、多环烃、稠环烃、芳烃、胶质、焦油等物质，不是乙烯生产所希望的产物，为减少不必要的二次反应，通常采用高温、短停留时间、降低烃分压和较高的稀释蒸汽加入量进行裂解。

碱洗脱酸性气体反应：

$$CO_2+NaOH \longrightarrow Na_2CO_3+H_2O$$

$$Na_2CO_3+H_2O+CO_2 \longrightarrow 2Na_2HCO_3$$

$$H_2S+2NaOH \longrightarrow Na_2S+2H_2O$$

$$Na_2S+H_2S \longrightarrow 2NaHS$$

碳二加氢(在催化剂存在情况下该反应除去乙烯中的乙炔)：

$$C_2H_2+H_2 \longrightarrow C_2H_4$$

$$C_2H_2+H_2 \longrightarrow C_2H_6$$

甲烷化反应(在催化剂存在情况下该反应除去氢气中的CO):

$$CO+3H_2 \longrightarrow CH_4+H_2O$$

碳三加氢(在催化剂存在情况下该反应除去丙烯中的甲基乙炔、丙二烯):

$$C_3H_4+H_2 \longrightarrow C_3H_6$$

2. 原则流程

乙烯裂解装置原则流程见图4-28。从界区来的低砷原料，进入裂解炉系统进行高温裂解。石脑油裂解时的操作参数为：汽油比0.55，炉出口温度800~830℃；加氢尾油裂解的操作参数为：汽油比0.8，炉出口温度775~805℃。

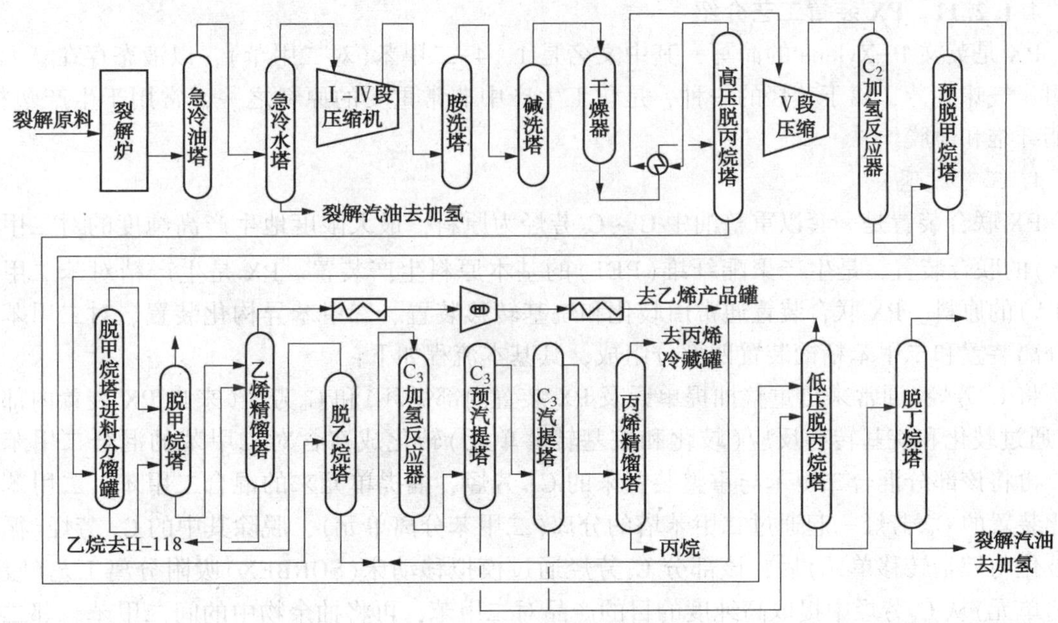

图4-28 乙烯裂解装置原则流程

从裂解炉出来的高温裂解气经急冷废热锅炉SLE急速冷却，回收高位能热量产生的超高压蒸汽后，进入到急冷油和急冷水系统，回收裂解气中低位能的热量以产生稀释蒸汽和供工艺再沸器使用，同时脱除裂解气中的燃料油等重组分，急冷油塔塔釜温度为190~220℃，顶温110℃，急冷水塔塔釜温度为85℃，顶温38℃。从急冷水塔塔顶出来的裂解气进入到裂解气压缩机进行五段压缩，在压缩机的四段和五段之间设有酸性气体脱除系统和裂解气干燥系统，以脱除裂解气中的酸性气体和水分。从裂解气干燥器出来的裂解气进入高压脱丙烷塔，高压脱丙烷塔塔顶出来的裂解气进入压缩机第五段进行压缩，塔釜出来的物料送往低压脱丙烷塔，低压脱丙烷塔塔釜温度80℃，塔压665kPa(G)，从低压脱丙烷塔塔釜出来的物料进入脱丁烷塔进行分离，以产生合格的混合碳四产品和裂解汽油产品。

从裂解气压缩五段出来的裂解气进入碳二加氢反应器以脱除裂解气中所含的乙炔，反应器的操作压力3600kPa(G)，反应器入口温度53~90℃，每个反应器的温升小于25℃。从反应器出来的乙炔含量小于1mg/L的裂解气经丙烯冷剂冷却后，一部分作为高压脱丙烷塔回流，另一部分进入预脱甲烷塔，预脱甲烷塔塔釜物料进入脱乙烷塔。在脱乙烷塔中，碳二与碳三组分进行分离，脱乙烷塔塔顶的碳二组分进入乙烯精馏系统。脱乙烷塔塔釜的碳三组分进入碳三加氢系统，以脱除物料中的丙炔与丙二烯。从碳三加氢反应器出来的物料进入到丙烯精馏系统，以产生合格的丙烯产品。从预脱甲烷塔塔顶出来的物料进入脱甲烷塔。脱甲烷塔塔顶温度为-98.5℃，塔顶物料中碳二组分的含量小于0.2%(体积分数)，脱甲烷塔塔釜物料进入乙烯精馏塔。

3. 原料和产品介绍

从炼油厂或外购来的裂解原料主要有石脑油、轻烃液化气、加氢尾油等，进入裂解装置进行裂解、冷却、压缩、分离，获得氢气、乙烯、丙烯、C_4与裂解粗汽油、裂解焦油等产品。

4.1.2.11 PX装置工艺介绍

PX是英文P-Xylene的简写，其中文名是1，4-二甲苯(对二甲苯)，以液态存在、无色透明、气味芬芳，属于芳烃的一种，是化工生产中非常重要的原料之一，常用于生产塑料、聚酯纤维和薄膜。

1. 工艺原理

PX联合装置是一套以重整油中C_7~C_9芳烃为原料，最大限度地生产高纯度的对二甲苯(PX)的联合装置，是生产聚酯纤维(PET)的基本原料生产装置。PX是生产精对苯二甲酸(PTA)的原料。PX联合装置通常由歧化和烷基转移装置、二甲苯异构化装置、对二甲苯吸附分离装置和二甲苯精馏装置四部分组成，其基本流程如下：

将C_7芳烃(通常来自重整抽提单元及PX装置内部循环)和C_9芳烃(来自PX装置内部循环)通过歧化和烷基转移反应(歧化和烷基转移单元)转化成富含对二甲苯的混合二甲苯产物，再将该部分混合二甲苯与重整装置来的C_{8+}芳烃、抽提单元来的混合二甲苯、二甲苯异构化装置的C_{8+}芳烃一起通过二甲苯塔的分离(二甲苯分离单元)，脱除其中的C_{9+}芳烃(循环回歧化与烷基转移单元)后，该部分C_8芳烃通过模拟移动床(SORBEX)吸附分离工艺(吸附分离单元)从C_8芳烃中提取高纯度的目的产品对二甲苯，再将抽余物中的间二甲苯、邻二甲苯和乙苯(贫PX混合液)通过二甲苯异构化工艺(异构化单元)，把贫PX的C_8芳烃混合物转化成富含PX的混合二甲苯混合物，使不平衡的混合C_8芳烃向平衡方向转移，反应成平衡状态的二甲苯混合物再进入二甲苯分离单元。

2. 原则流程

预加氢单元：直馏重石脑油通过预加氢单元脱除石脑油中的S、N、Cl、O，以H_2S、NH_3、HCl、H_2O等形式排出系统，As、Pb、Cu等重金属通过催化剂的吸附脱除，从而获得重整进料所需规格的精制油。

重整单元：预加氢精制油通过重整反应生成芳烃、并副产氢气，通过后续气液分离和再接触系统，所得富氢气体经脱氯后送到其他用户，所得液体通过脱戊烷塔和脱丁烷塔获得戊烷油和液化石油气，脱戊烷塔底液进入脱庚烷塔分馏获得塔顶苯、甲苯馏分作为抽提单元进料，而塔底的C_8及C_{8+}馏分送到二甲苯单元。

抽提单元：将来自重整的苯、甲苯馏分及部分乙烯来的裂解汽油分离出抽余油和苯、甲苯抽出物。前者直接送出装置，后者进入BT分馏部分。

二甲苯分馏单元：将来自重整并经白土处理的C_8及C_{8+}馏分、来自异构化并经白土处理的脱庚烷塔底物料以及来自BT分馏甲苯塔的塔底物料分离成C_8芳烃作为吸附分离单元进料，多余部分送出界区，C_{9+}芳烃通过重芳烃塔分离，塔顶 C_9 芳烃作为歧化进料，塔底重芳烃送出界区。

苯和甲苯分馏部分：将来自抽提单元的抽出物和歧化单元汽提塔底物进行白土处理后，在苯、甲苯塔分离成苯产品送出界区，甲苯进入歧化单元，甲苯塔底物送二甲苯分馏。

歧化单元：将来自苯和甲苯分馏的甲苯和二甲苯分馏单元的 C_9 芳烃通过反应生成苯和 C_8 芳烃，和未反应物一起通过后续分离所得的汽提塔底物送入苯和甲苯分馏部分，而塔顶轻馏分送入重整单元脱戊烷塔进料。

吸附分离单元：来自二甲苯塔顶的 C_8 芳烃加热到177℃，进入吸附塔吸附分离后，抽出液送到抽出液塔。抽出液塔顶馏分粗对二甲苯送至成品塔，塔底采出液为解吸剂。抽余液送至抽余液塔，塔底分出的解吸剂与抽出液塔底解吸液汇合，大部分进入解吸剂槽后再进入吸附塔，少部分(约1%)则送解吸剂再精馏塔。从解吸剂再精馏塔顶来出的纯解吸剂，经抽余液塔去解吸剂槽，塔底为解吸剂中的高沸点重组分物质。从抽余液塔侧线采出的含对二甲苯很少的混合二甲苯，送至异构化装置作为异构化原料。成品塔顶馏出物为主要含甲苯的轻馏分，送芳烃抽提装置回收利用，塔底产品是精制的对二甲苯。

异构化单元：通过反应将吸附分离的贫PX的抽余液重新平衡后，进入脱庚烷塔分离所得塔底液经白土处理后送入二甲苯分馏单元，塔顶轻馏分返回重整脱戊烷塔进料。

3. 原料和产品介绍

（1）原料：利用石脑油组分重整或者裂解装置生产的 $C_7 \sim C_9$ 芳烃。

（2）产品：苯、甲苯、对二甲苯、邻二甲苯、间二甲苯。

4.1.2.12 丁二烯装置工艺介绍

1. 工艺原理

乙烯裂解副产品碳四馏分中除含有大量的丁二烯外，还含有丁烷、丁烯、丁炔、丙炔、乙烯基乙炔等多种烃类。这些组分沸点相近，又可形成共沸物，用普通精馏方法难以得到聚合级丁二烯产品。在碳四馏分中加入一定量的溶剂，可以显著增大各组分间的相对挥发度。利用这一原理，经二级萃取精馏，分别在第一萃取精馏系统除去比丁二烯相对挥发度大的组分(如丁烷、丁烯等)，在第二萃取精馏系统除去比丁二烯相对挥发度小的组分(如乙烯基乙炔，乙基乙炔)，得到粗丁二烯，再经二级精馏除去丙炔、碳五等组分，最终得到丁二烯产品。

2. 原则流程

丁二烯生产工艺有二甲基甲酰胺(DMF)法、乙腈(ACN)法、*N*-甲基吡咯烷酮(NMP)法，中国石化丁二烯生产装置均采用前两种工艺。

（1）DMF萃取法。原料裂解 C_4 馏分，在第一萃取精馏塔，以DMF作溶剂脱除丁烷、丁烯等挥发度较大的组分；在第二萃取精馏塔，以DMF作溶剂脱除乙烯基乙炔等挥发度较小的组分。得到的粗丁二烯，在二甲胺萃取塔脱除DMA；在第一精馏塔中脱除低沸点杂质，在第二精馏塔中脱除高沸点的杂质，得到丁二烯产品。DMF溶剂在精制塔和溶剂再生釜，脱除水、丁二烯二聚物等低沸物和焦油等高沸物，循环使用。

（2）ACN萃取法。由乙烯裂解来的裂解碳四，以乙腈作萃取剂，在萃取精馏单元，分别除去丁烷、丁烯等难溶组分和乙基乙炔、乙烯基乙炔等易溶组分，得到粗丁二烯；在精制单元，粗丁二烯经水洗后，再经过脱轻塔、脱重塔，脱除甲基乙炔、水和1，2-丁二烯、2-

顺丁烯等杂质，得到1，3-丁二烯产品；由于萃取剂中会聚集一些二聚物，由萃取系统采出的萃取剂送乙腈再生单元，去除二聚物及硝酸钠等杂质后循环使用。

3. 丁二烯装置原料和产品

装置原料是裂解碳四，产品是丁二烯。

4.1.2.13 苯乙烯装置工艺介绍

1. 工艺原理

以乙烯和苯为原料，在分子筛催化剂作用下，进行液相烷基化反应，生产乙苯，乙苯在催化剂的作用下，进行脱氢反应生成含有一定浓度苯乙烯的脱氢反应混合液，再通过四塔精馏系统(乙苯/苯乙烯分离塔、乙苯回收塔、苯/甲苯分离塔、苯乙烯精馏塔)及一台薄膜蒸发器，将脱氢混合物分离成循环乙苯、苯，副产品甲苯、产品苯乙烯和副产苯乙烯焦油。

2. 原则流程

苯乙烯装置的主要生产工艺包括：苯和乙烯烃化生产乙苯工艺、乙苯脱氢生产苯乙烯工艺。

(1) 烃化单元。来自裂解的乙烯和罐区的苯，经过加热炉加热到390℃在烃化反应器中反应生产乙苯、多乙苯和其他的组分，反应流出物在精馏塔分离的乙苯及多乙苯、苯在反烃化器反应生产的乙苯直接送脱氢反应器或到中间罐区粗苯乙烯罐。烃化单元生产的焦油送苯乙烯中间罐区，焦油外卖或送到脱氢加热炉烧掉。

(2) 脱氢单元。乙苯经预热后与高温蒸汽混合，在脱氢反应器内发生脱氢反应，主要产物为苯乙烯，副产物为氢气等，反应物经冷却冷凝后在脱氢液/水分离罐中分离，水相经汽提处理后回收利用，油相送往苯乙烯精馏塔，得到产品苯乙烯。

3. 原料和产品介绍

装置主要原料是苯和乙烯。主要产品是苯乙烯单体，中间产品是乙苯，副产品主要有甲苯、抽出苯、脱氢尾气、焦油/残油等。

4.1.2.14 苯酚/丙酮装置工艺介绍

1. 工艺原理

苯和丙烯在催化剂作用下进行烷基化反应生成异丙苯及多异丙苯，多异丙苯在反烃化反应器中部分转化成异丙苯，异丙苯与空气在氧化反应中反应生成过氧化氢异丙苯，过氧化氢异丙苯在硫酸的作用下发生分解反应生成苯酚、丙酮。

2. 原则流程

在烃化反应器，苯和丙烯发生烷基化反应生成异丙苯和多异丙苯等组分，在反烃化反应器中，苯和二异丙苯反应生成异丙苯，(反烃化反应器的作用是将多异丙苯转化回异丙苯，从而提高总的异丙苯产率)，在脱苯塔，烃化与反烃化产物脱除未反应的苯，脱苯塔塔釜的重组分，送异丙苯精制工序，得到高浓度的异丙苯。

异丙苯经碱洗后送入氧化塔生成过氧化氢异丙苯(CHP)，CHP经过提浓后，进入分解反应器，在硫酸的作用下分解成苯酚、丙酮。中和后的分解液经粗丙酮塔、精丙酮塔分离得到丙酮产品，经粗苯酚塔、脱烃塔、精苯酚塔分离得到苯酚产品。

3. 原料和产品

装置原料为苯、丙烯、空气，产品是苯酚、丙酮。

4.1.2.15 高压低密度聚乙烯装置工艺介绍

1. 工艺原理

在超高压条件下合成低密度聚乙烯的反应机理遵从自由基聚合反应机理。它是将乙烯压缩到超高压的条件下，用氧或有机过氧化物作引发剂，在较高的温度下经自由基聚合反应而得到聚乙烯产品，通过调节不同的反应参数或原材料的组成可以得到不同牌号的高压聚乙烯产品。高压聚乙烯产品的自由基反应历程为：链引发、链增长、链转移、链终止。

2. 高压聚乙烯装置原则流程

高压法生产 LDPE 是聚乙烯生产技术中最成熟的方法，目前有釜式法和管式法两种生产工艺。这两种工艺的生产流程大体相同，通常分为压缩单元、聚合单元、分离单元及造粒单元。高压聚乙烯工艺是以乙烯为原料，经过一次压缩和二次压缩到反应所需压力，送入反应器内，以有机过氧化物作为引发剂，在高温高压条件下进行聚合。从反应器内出来的物料在高压分离器内将未反应的乙烯和聚合物进行第一次分离，分离出的聚合物在低压分离器内将未反应的乙烯和聚合物进行第二次分离。分离出的聚合物进入挤出机进行造粒，经冷却、脱气、掺混、储存及包装出厂。在高压分离器中分离出的气体，进入高压循环系统冷却脱蜡，返回到二次压缩机入口循环使用。从低压分离器分离出的气体，进入低压循环系统冷却增压后进入一次压缩机入口循环使用。

3. 高压低密度聚乙烯装置原料和产品介绍

装置原料是乙烯、空气、有机过氧化物引发剂和1-丁烯、丙烷等相对分子质量调节剂。产品为聚乙烯。

4.1.2.16 低压聚乙烯装置工艺介绍

1. 工艺原理

低压高密度聚乙烯生产工艺技术有气相法、淤浆法、溶液法和淤浆气相组合工艺，以淤浆法为主。

高密度聚乙烯的反应是按配位络合离子型机理进行的，包含链引发、链增长及链终止三个反应步骤，不同的催化体系，链的引发与链增长反应部分略有不同。

低压淤浆法工艺，主要是采用铬系或齐格勒-纳塔(Ziegler-Natter)催化剂生产高密度产品，使用环管反应器进行均聚或共聚反应。

2. 原则流程

低压高密度聚乙烯装置主要包括聚合反应和造粒单元。

(1) 聚合单元。以高纯度乙烯作为主要原料，丙烯或1-丁烯作为共聚单体，正己烷作为溶剂，在高效催化剂作用下，在72~85℃的条件下进行低压淤浆聚合，聚合淤浆进行分离干燥成聚乙烯粉末。

(2) 造粒单元。聚乙烯粉末和固体、液体、水稳定剂在螺旋进料器中混合后，在双螺杆混炼造粒机中熔化成熔融状，从模头挤出的熔融聚乙烯条被高速旋转的切刀切下后在颗粒冷却水中固化，从而得到固体颗粒状的高密度聚乙烯产品。

3. 低压聚乙烯装置原料和产品

以乙烯为主要原料，以丙烯、1-丁烯或1-己烯为共聚单体，生产高密度聚乙烯产品。

4.1.2.17 线型低密度聚乙烯装置工艺介绍

1. 工艺原理

线性低密度聚乙烯(LLDPE)装置大多采用美国 UCC 公司的气相流化床工艺。气相法流化床线型聚乙烯工艺技术以乙烯、1-丁烯或己烯为主要原料，以氢气作为相对分子质量调节剂，可以生产线型低密度、超低密度和部分高、中密度聚乙烯树脂产品。

线型聚乙烯的反应是按配位阴离子机理进行的，即在过渡金属催化剂的活性中心上有过渡金属—碳键(M—R)，而且在其上进行增长反应、烯烃配位、插入M—R键，如此重复。

2. 原则流程

该工艺的原料经过精制后进入反应器。乙烯精制包括脱炔、脱CO、脱氧、脱水；1-丁烯精制包括脱气、脱水；氮气精制包括脱氧、脱水；氢气精制包括脱氧、脱水；异戊烷精制包括脱气、脱水。而反应所需的助催化剂三乙基铝不需精制直接注入反应器。

经精制后的组分进入反应器后，在一定温度、压力以及钛系催化剂的作用下，反应生成聚乙烯，聚合反应产生的热量由反应循环系统带出反应器，经过换热由循环水撤出。生成的聚乙烯粉料经过物料排出系统排到脱气仓中，用氮气吹扫脱除粉料中含有烃类物质，脱除的烃类经过回收系统冷凝、压缩后，回收的共聚单体进入反应器，气体做粉料输送用，多余的气体放火炬。

经脱气后的粉料经过旋转加料器及一定的计量秤后进入造粒系统，经混炼机、熔融泵、切粒机后造粒成形，在此过程中需加放一定比例的添加剂，以提高树脂在运输、保存过程的抗氧化能力或通过添加剂改善树脂性能。造粒后的树脂经风送系统送料到包装，进行包装后储存外卖。

3. 原料和产品

装置原料为乙烯、1-丁烯或1-己烯共聚单体，氢气链转移剂。产品有：高、中低密度聚乙烯产品。

4.1.2.18 聚丙烯装置工艺介绍

1. 工艺原理

聚丙烯装置主要的生产工艺包括：环管液相本体法、气相聚合法工艺、HYPOL(液相本体+气相流化床)工艺。

丙烯聚合反应机理为采用齐格勒纳塔催化剂体系的“配位阴离子聚合”，当Zeigler-Natta催化剂催化丙烯聚合时，首先丙烯单体与催化剂活性中心金属离子进行配位，然后丙烯单体逐步插入到活性中心金属-碳键之间，这两步反应反复进行，就形成了聚丙烯长链。

2. 原则流程

(1) 液相本体环管法(Spheripol)工艺。该工艺聚丙烯装置包括聚合反应单元、聚合物脱气和丙烯回收单元、汽蒸单元、干燥单元、挤出造粒单元。

聚合反应单元是原料丙烯在环管反应器中，在催化剂的作用下，以氢气作为相对分子质量调节剂，发生聚合反应生成聚合物。反应器中未反应的单体丙烯连同聚合物浆料被送往闪蒸脱气单元脱气并回收未反应单体。

聚合物脱气和丙烯回收单元是聚合物淤浆在闪蒸罐中闪蒸脱气，脱除未反应的丙烯单体，并且在降温降压过程中迅速降低催化剂活性，停止反应。被闪蒸的丙烯单体经丙烯回收塔回收，聚合物送往汽蒸单元进一步脱出未反应单体。在汽蒸器加入低压蒸汽汽蒸，脱出残留的丙烯单体，并且进一步杀死催化剂的残留活性。经过汽蒸的聚合物粉料被送往干燥系统进行干燥，经过流化床被加热沸腾的氮气干燥，脱除从汽蒸器中带来的水分后，送往挤出造粒单元。吸收水分的氮气经洗涤后循环使用。汽蒸出的烃类经压缩后送往上游裂解装置进行回收。聚合物在挤出造粒单元添加所需的添加剂后，造粒并且经过干燥处理，均化后经风送系统送往包装。

(2) 气相聚合法工艺。该工艺聚丙烯装置包括原料精制、催化剂、第一聚合反应、气锁器、第二聚合反应、粉料脱活与干燥、丙烯回收、原料精制、挤压造粒等单元。

丙烯原料精制单元是将丙烯进行脱硫、脱砷、脱氧和脱水处理后到催化剂单元，进行三种催化剂的准备，即主催化剂、三乙基铝和改性剂的稀释，矿物油的进料和废催化剂的中和，并将催化剂以一定的比例送到聚合单元，进行聚合反应。其中在第一聚合反应单元在一定的温度和压力下，以丙烯为主要原料，以氢气为相对分子质量调节剂。在催化剂体系的作用下，经气相反应聚合生成聚丙烯粉料。在生产无规共聚物时还需向反应器加入少量的乙烯。第一反应器产生的活性粉料通过气锁器单元输送到第二反应器，将粉料与夹带的气体分离，气体经过加压后返回第一聚合反应单元；同时隔离与第二反应器系统的循环气物流。物料在设计和控制方法与第一反应单元基本相同的第二聚合反应单元中加入乙烯，用以生产抗冲共聚物。反应后的粉料经过脱活和干燥单元，将粉料中的气体与粉料分离，将粉料中的活性催化剂杀死，同时带走挥发组分，并将脱活及干燥后的聚丙烯粉料输送到丙烯回收单元，在回收单元将脱气仓中尾气中的氮气与丙烯气等的混合气通过选择性高分子膜进行分离，氮气回收再度用于粉料的脱活与干燥，丙烯气体则回收到裂解装置再利用。回收丙烯后物料输送到挤压造粒单元，在干燥后的聚丙烯粉料中加入稳定剂等各种添加剂，混炼机加工成合格形状粒料，经过脱水、干燥及筛分处理后将粒料送至粒料仓。

(3) HYPOL(液相本体+气相流化床)工艺。该工艺聚丙烯装置主要有原料单元、催化剂配制单元、聚合单元、干燥单元及挤压造粒单元。

界区丙烯经分子筛干燥器脱水后，与主催化剂、助催化剂 AT 和 OF 一起进入第一反应釜，进行液相本体聚合，从第一反应器来的聚丙烯浆液通过差压作用进入第二反应器，丙烯继续进行液相本体聚合。从第二反应器出来的浆液通过差压作用进入第三反应器，冷凝的丙烯用丙烯循环泵升压返回到第一、二反应器，第三反应器聚丙烯粉末由程序和旋转阀、风机间隙输送到第四反应器。丙烯在第四反应器中下进一步进行气相本体聚合，第四反应器的聚丙烯出料方式与第三反应器出料方式基本相同，第四反应器出来的粉末进入气固分离器进行分离，然后到干燥器加热，排除聚合物中的挥发分，最后由风机送到造粒工序，在造粒机中聚丙烯粉末与一定配比的助剂混合进行水下切粒，送到粒料储仓中进行掺合，最后包装出厂。

3. 聚丙烯装置原料和产品

装置原料是丙烯，产品为聚丙烯均聚物和无规共聚物。

4.1.2.19 顺丁橡胶装置工艺介绍

1. 工艺原理

以丁二烯为原料，采用环烷酸镍、三异丁基铝、三氟化硼乙醚络合物三元催化体系，稀硼单加方式，以己烷为溶剂，多釜配位阴离子溶液聚合，将单体 1，3-丁二烯聚合生成高顺式聚丁二烯橡胶，再经水析凝聚，挤压脱水，膨胀干燥，压块成型等工艺，制成顺丁橡胶成品。

2. 原则流程

装置主要生产单元包括聚合、凝聚、回收和后处理。精丁二烯和溶剂油经过预冷器冷却后与由计量泵输送来的铝剂、镍剂一起经过静态混合器进入第一聚合釜；硼剂经计量泵后与溶剂油混合，单独进入第一聚合釜。经过三个聚合釜出来的胶液与计量泵送来的防老剂一起经过静态混合器后进入胶液储罐。

胶液储罐中的胶液由喷胶泵喷入凝聚釜，同时按一定比例向凝聚釜内加入热水、碱液和分散剂。凝聚釜的底部通入蒸汽，凝聚后的胶粒由凝聚釜下部抽出送到后处理单元。

来自凝聚单元的胶粒水先后经过振动脱水筛、挤压脱水机、膨胀干燥机、干燥箱脱除胶粒中的水分和挥发分，最后经过称量、压块成形、检测和包装，合格的产品送成品库储存出厂。

3. 原料和产品

装置主要原料是丁二烯，产品为顺丁橡胶。

4.1.2.20　丁苯橡胶装置工艺介绍

丁苯橡胶（SBR)是1，3-丁二烯和苯乙烯的共聚物，按聚合体系又可分为乳液聚合丁苯橡胶(ESBR)和溶液聚合丁苯橡胶(SSBR)两类。其中ESBR生产能力约占80%，乳液聚丁苯橡胶又可以分为高温乳液聚合丁苯橡胶和低温乳液聚合丁苯橡 胶，后者应用较广，前者趋于淘汰。下面以低温乳液聚合生产丁苯橡胶的生产工艺为例介绍。

1. 工艺原理

丁二烯与苯乙烯在乳液中按自由基共聚合反应机理进行聚合反应。

2. 原则流程

丁苯橡胶装置的主要生产工艺为溶液聚合法，包括原料单元、配制单元、聚合单元、丁二烯回收单元、苯乙烯回收单元、冷冻单元。以丁二烯、苯乙烯为主要原料，过氧化氢二异丙苯为引发剂，甲醛次硫酸氢钠和乙二胺四乙酸铁钠盐为活化剂，歧化松香酸钾和脂肪酸钠混合皂液为乳化剂，水为分散介质，用共聚方法生产丁苯胶乳，然后经单体回收、胶乳掺合(或充油)、无盐凝聚与后处理生产块状丁苯橡胶。

3. 原料及产品

装置原料为丁二烯、苯乙烯，产品为丁苯橡胶。

4.1.2.21　SBS装置工艺介绍

1. 工艺原理

SBS聚合属于无链转移、无终止的阴离子活性聚合。SBS产品分线型和星型两大类，其反应机理是：线型SBS由三步反应合成。第一步在溶剂中加入苯乙烯，由丁基锂引发苯乙烯生成活性聚苯乙烯段S—Li+；第二步加入丁二烯继续反应制得活性两嵌段共聚物SB—Li+；第三步加入苯乙烯制得活性三嵌段共聚物SBS—Li+；最后加入终止剂终止反应。星型SBS的前两段反应同线型SBS相同，在第三步反应中加入偶合剂$SiCl_4$进行偶合反应制得星型SBS。

2. 原则流程

主要采用锂系聚合、阴离子溶液聚合工艺。锂系聚合工艺是苯乙烯与丁二烯以环己烷为溶剂、以四氢呋喃为活化剂、以烷基锂为引发剂在聚合釜中经阴离子嵌段聚合得到SBS胶液，胶液进入凝聚釜在蒸汽的作用下凝聚成小颗粒，送至干燥岗位，经洗胶罐，振动筛，挤压机脱水后，进入膨胀干燥机，进一步脱水干燥，得到SBS产品。脱除的溶剂在油水分层罐分层，溶剂去溶剂回收罐，经脱水塔，脱重塔，得到的环己烷循环使用。

3. 原料和产品

装置的主要原料是丁二烯、苯乙烯，产品为SBS。

4.1.2.22 精对苯二甲酸(PTA)装置工艺介绍

1. 工艺原理

PTA是聚酯纤维和非聚酯纤维聚合物的重要基础原料，主要工艺有精PTA生产工艺和优质聚合级对苯二甲酸生产工艺(EPTA)。其中精PTA生产工艺是通过催化氧化法将对二甲苯(PX)氧化成粗对苯二甲酸(TA)，再以加氢还原法除去杂质，将粗对苯二甲酸(CTA)精制成PTA。EPTA生产工艺是采用催化氧化将PX氧化成粗TA，再进一步深度氧化将粗TA精制成聚合级TA。这里主要介绍精PTA生产工艺，对二甲苯(PX)以空气为氧源，在Co-Mn-Br三元复合催化剂的作用下，在一定温度下进行液相氧化反应，生成粗对苯二甲酸(CTA)，然后在Pd/c催化剂作用下，加氢精制得到高纯度的精对苯二甲酸(PTA)。

2. 原则流程

PTA生产包括粗对苯二甲酸(TA)生产单元(氧化单元)和精对苯二甲酸(PTA)生产单元(精制单元)。氧化单元，以醋酸、对二甲苯、钴锰催化剂和氢溴酸助剂在氧化配料罐中配制成的溶液和空压机组来的空气连续送入氧化反应器中进行氧化反应。氧化反应器生成的浆料经氧化结晶器减压、降温到过滤条件后，进入过滤机，分离出滤饼和滤液。滤饼进入干燥机进行干燥后产生的粗对苯二甲酸，送到精制单元。母液进入母液罐后至氧化配料罐。通过蒸馏釜、汽提塔、精馏塔将水与醋酸进行分离，以回收醋酸和除去多余的水分。精制单元，氧化段产生的对二苯甲酸含有一定的杂质(4-CBA、PT酸)，对后续的生产有很大的影响，需通过精制工段去除。氧化单元来的粗对苯二甲酸进入精制配料罐配制成特定浓度的浆料，进入加氢反应器进料预热、加热系统，随着温度和压力的升高，粗对苯二甲酸在水中最终完全溶解。在加氢反应器中利用氢气在钯碳催化剂的作用下与粗对苯二甲酸溶液进行催化加氢，转变成可以利用溶解度去除的杂质PT酸。溶液经精制结晶器减压，使加氢精制过的粗对苯二甲酸结晶，与一定压力下的母液经过压力离心机离心分离，PTA滤饼在再打浆罐中再打浆后，进入精制过滤机，滤饼在干燥机中进行加热去除水分后输送到产品料仓。离心机系统分离的母液经母液罐、冷却罐冷却，然后进入母固回收系统，将过滤出的固体与醋酸再打浆循环到氧化配料罐，去除固体后的滤液部分进行回收利用，其余部分作为连续污水送至污水处理场。

3. 原料和产品

装置原料有对二甲苯、醋酸、催化剂，产品有精对苯二甲酸(PTA)。

4.1.2.23 乙二醇装置工艺介绍

1. 工艺原理

乙二醇生产主要分为两大部分，第一步为乙烯在银催化剂作用下与纯氧氧化生成环氧乙烷，第二步为环氧乙烷水溶液在一定压力和温度下水解生成乙二醇。

2. 原则流程

环氧乙烷/乙二醇装置主要分氧化反应系统和环氧乙烷水合及乙二醇精制系统。

氧气和乙烯在循环气中混合后，在一定条件下通过含银催化剂的固定床反应器，进行氧化反应，生成环氧乙烷，反应气体经急冷液水洗除去弱有机酸和甲醛，在环氧乙烷吸收塔经贫吸收液吸收得到环氧乙烷溶液，塔顶气进入压缩机加压后返回反应器入口，其中一部分进

入脱除 CO_2 系统。环氧乙烷吸收塔吸收后的环氧乙烷溶液进入环氧乙烷解析塔进行轻组分脱除，脱除掉一些 CO_2、乙烯、甲烷等不凝气，然后进入环氧乙烷精制塔得到商品级环氧乙烷。

环氧乙烷精制塔釜的环氧乙烷溶液进入水合反应器，进行无催化加压水合，生成乙二醇溶液，经三效脱水和真空脱水提浓后，进入乙二醇精制系统得到乙二醇，塔釜得到多乙二醇残液再进入多乙二醇塔进行分离。

3. 原料和产品

装置原料有乙烯、氧气。主要产品：环氧乙烷(EO)、乙二醇(MEG)。

4.1.2.24 丙烯腈装置工艺介绍

1. 工艺原理

丙烯腈是生产有机高分子聚合物的重要单体和重要的有机合成原料，全世界绝大多数采用丙烯、氨氧化法在流化床反应器中反应生成丙烯腈。

2. 原则流程

丙烯腈生产主要有反应和精制两个单元。反应单元，原料丙烯、氨和空气在催化剂的作用下，进入流化床反应器中进行氧化反应，生成丙烯腈。反应产物经反应气体冷却器和急冷塔冷却后，送到急冷塔后冷却器。未反应的氨在急冷塔上段被硫酸中和生成硫铵而送到硫铵回收装置；反应气体经急冷塔后冷却器进一步冷却后，进入吸收塔，在吸收塔内反应气体的中有机物如丙烯腈、乙腈、氢氰酸等易溶组分被吸收下来，得到含丙烯腈大约4%~6%水溶液。以氮气为主，含有一氧化碳、二氧化碳及少量未反应丙烯的反应废气由塔顶直接排入大气。含丙烯腈大约4%~6%的水溶液经复合萃取塔将丙烯腈、乙腈分离，得到含丙烯腈约80%的水溶液和含乙腈约70%的水溶液，乙腈由侧线抽出送至乙腈装置加工生成成品乙腈。

在精制单元，用精馏将回收岗位送来的粗丙烯腈中的氰氢酸、水及其他微量轻重组分(丙烯醛、丙酮、氰醇等)除去，得到合格的丙烯腈产品。

3. 原料和产品

装置原料是丙烯、氨、催化剂，产品是丙烯腈，副产品：乙腈、氢氰酸

4.1.2.25 己内酰胺装置工艺介绍

1. 甲苯法己内酰胺装置工艺介绍

(1) 工艺原理：

甲苯法以工业甲苯为主要原料，甲苯通过氧化制取苯甲酸，苯甲酸加氢成为环己烷羧酸，在发烟硫酸的作用下与亚硝基硫酸进行转位反应，反应产物低温水解后用氨水中和，得到已内酰胺成品。

(2) 原则流程：

己内酰胺装置包括以下生产单元：甲苯氧化单元、苯甲酸加氢单元、亚硝基硫酸制备单元、酰胺化单元、硫铵结晶单元、己内酰胺萃取单元、己内酰胺精制单元、发烟硫酸制备单元。

① 甲苯氧化单元，原料甲苯与催化剂醋酸钴及配入液氧的空气一同送入反应器中，反应后生成苯甲酸。

② 苯甲酸加氢单元及催化剂制备，利用上一单元提供的苯甲酸加氢后生成六氢苯甲酸，作为酰胺化反应的原料之一。

③ 亚硝基硫酸制备单元，液氨蒸发后与气氨混合，混合后的气氨加热后与约100℃的空气混合，混合物过滤后送入带有铂-铑催化剂的反应器中，氨被氧化生成一氧化氮。

④ 酰胺化单元，六氢苯甲酸和亚硝基硫酸进行酰胺化反应，并进一步水解，生成粗己内酰胺水溶液(酸性物)。

⑤ 硫铵结晶单元，从硫酸中分离粗己内酰胺并生产硫铵。

⑥ 己内酰胺萃取单元，通过萃取脱除酰胺油中的杂质，进一步精制己内酰胺。

⑦ 己内酰胺精制单元，通过蒸馏、高锰酸钾处理、NaOH处理和精馏等工序使己内酰胺进一步精制，生产出最终合格的纤维级己内酰胺产品。

⑧ 硫酸及发烟硫酸单元，本单元提供生产己内酰胺所需的硫酸及发烟硫酸，并副产全装置蒸汽平衡所需的一部分超高压蒸汽。

(3) 甲苯法己内酰胺装置原料和产品：

装置原料为甲苯、液氨、硫黄，产品是己内酰胺、硫酸铵。

2. 苯法己内酰胺装置工艺介绍

(1) 工艺原理：

苯加氢生成环己烷，环己烷氧化生成环己酮，环己酮经磷酸羟胺工艺或氨肟化工艺生成环己酮肟，环己酮肟再经贝克曼重排生成己内酰胺。

(2) 原则流程：

己内酰胺生产装置由制氢装置、苯加氢装置、环己酮装置、氨肟化装置和己内酰胺装置等五大主要生产装置组成。

① 制氢装置：以石脑油为原料，采用干法脱毒技术脱除原料中的硫化物和氯化物，然后采用蒸汽转化工艺，将石脑油在转化炉转化为氢气、一氧化碳、二氧化碳。一氧化碳氧化为二氧化碳，二氧化碳气体在脱碳塔中用热碳酸钾溶液予以吸收脱除；氢气经过甲烷化进一步精制，生产纯度达95%以上的工业氢气，供苯加氢和双氧水装置作加原料。

② 苯加氢装置，以液体苯和氢气为原料，制取产品环己烷。液体苯和氢气在中压和高温条件下，在流化床反应器中进行液相加氢反应，产生苯-环己烷混合物，随后在固定床反应器中进一步进行气相加氢反应，苯全部转化成环己烷。产品环己烷送环己酮装置，含氢放空尾气送制氢装置回收氢气。

③ 环己酮装置，以环已烷为原料制取产品环己酮。由环已烷氧化和环己酮精制两个部分组成。环己烷被空气氧化成环己基过氧化氢，随后环己基过氧化氢在碱性条件下分解成环己酮、环己醇。未被氧化的环己烷蒸气和氧化尾气经与环己烷原料换热后送入吸收塔，环己烷蒸气和氧化尾气得到分离，环己烷和醇、酮混合液送入三效环己烷精馏塔，经过精制的环己烷返回氧化工序。环己酮、环己醇经过中和脱除有机酸、皂化除去有机酯和醛，再经醇酮精制，制得的环己酮送羟胺肟化装置。分离出的环己醇送入环己醇脱氢反应器，转化为环己酮和氢气，环己酮送回醇、酮精制，氢气送苯加氢装置作加氢原料。

④ 氨肟化装置，该装置的主要作用是以环己酮为原料生产中间产品环己酮肟。氨肟化6000装置是引进荷兰STAMICARBON BV公司的专利技术，主要原材料是氢气、液氨等。采用的是以苯为原料的羟胺-环己酮工艺生产路线，即HPO法生产工艺。共分七个工序：羟胺工序、肟化工序、精馏工序、无机液净化工序、氨氧化工序、压缩机、主控。环己酮与羟胺反应生成环己酮肟，羟胺肟化装置是HPO法的核心部位。氨肟化16000装置是采用新开

发的环己酮氨肟化工艺。该工艺采用环己酮、氨和双氧水，在低压下用钛硅分子筛催化反应制备环己酮肟。首先是氨在钛硅分子筛作用下被过氧化氢氧化成羟胺，然后羟胺与环己酮进行无催化反应，生成环己酮肟。含催化剂的反应液，通过无机膜过滤系统分离出催化剂并返回反应系统。分离出催化剂的反应液，采用常压精馏方法实现环己酮肟与反应溶剂叔丁醇的分离。

⑤ 己内酰胺装置，环己酮肟在发烟硫酸作用下进行贝克曼重排反应生成己内酰胺。过量的硫酸用氨水中和后生成硫酸铵。然后对在重排和中和反应中生成的己内酰胺进行提纯、精制。首先己内酰胺分别用苯和水作萃取剂，使得水溶性杂质在萃取塔中分离，苯溶性杂质在反萃取塔中分离。经离子交换，加氢进一步脱除己内酰胺水溶液中的微量有机杂质，然后通过三效二段式蒸发，脱除己内酰胺中的大部份水分。再经三级高真空蒸馏，除去己内酰胺中的微量水后，即获得成品己内酰胺。

⑥ 硫铵装置，硫酸铵水溶液经过蒸发、冷凝、结晶，生产出己内酰胺装置副产品硫酸铵。

(3) 苯法己内酰胺装置原料和产品

装置原料是苯、氨、环已烷、硫酸，产品是己内酰胺、硫酸铵。

4.1.2.26 聚酯装置工艺介绍

1. 工艺原理

(1) 酯化反应。PTA 和 EG 的酯化反应在 PTA 的氢离子自催化作用下进行，自催化的反应机理是原料 PTA 羧基解离的 H^+ 自催活化和 EG 进行亲和酯化反应。

(2) 缩聚反应。二是缩聚反应的工艺原理：DGT 在一定的反应温度和真空下，经过催化剂的作用，发生缩聚反应，脱去 EG 分子，生成有一定黏度要求的 PET。

2. 原则流程

聚酯装置主要包括酯化单元和缩聚单元。

(1) 酯化单元：浆料配制时，PTA、EG 两股物料同时加入到浆料罐中，配制成所需的 EG/PTA 摩尔比的浆料，配制好的浆料送进酯化反应釜进行酯化反应，反应进行到一定程度后，物料从底部流出进入第一预缩聚反应釜。酯化反应釜内反应生成的水和蒸发出来的少量乙二醇加入到工艺塔中进行精馏提纯。

(2) 缩聚单元：酯化物在酯化二釜反应结束后，依次进入立式的、不带搅拌的第一预缩聚反应釜、卧式的第二预缩聚反应釜，在一定的真空度和逐步升高的温度下进行预缩聚。来自第二预缩聚反应釜的预聚物由预聚物输送泵经过预聚物过滤器后被送到终聚釜，在真空以及搅拌的作用下，物料进一步缩聚，达到一定的黏度要求，最后由熔体输送泵经过熔体过滤器后送到下游装置及切粒系统。

3. 原料和产品

装置原料为精对苯二甲酸(PTA)、乙二醇，产品是聚对苯二甲酸乙二醇酯。

4.1.2.27 涤纶长丝装置工艺介绍

1. 工艺原理

聚酯熔体经增压泵增压后经熔体分配管输送至纺丝箱体，经喷丝板挤出，由侧(环)吹风冷却成型；丝束由导丝辊送到卷绕机进行高速卷绕成丝饼。根据导丝辊不同的速度、温度及卷绕速度分别生产涤纶预取向丝(POY)和涤纶全拉伸丝(FDY)。

2. 原则流程

涤纶长丝主要生产过程分为熔体输送、纺丝、卷绕、平衡、包装。辅助生产过程有空调、热媒循环、组件清洗、油剂调配供给等。

(1) 熔体输送。该系统精确控制聚酯熔体在输送管道中的停留时间、压力降、温度、流动均匀性。聚酯熔体从聚合釜以稳定压力送至纺丝计量泵，计量泵入口压力通过增加泵保证。当纺丝熔体接收量改变时，通过聚酯分配阀调节侧切片生产量，以保证增压泵入口熔体压力稳定。

(2) 纺丝、卷绕。聚酯熔体经精准计量后从喷丝板挤出，经侧(环)吹风冷却、上油后卷绕成型。

(3) 空调系统。提供侧(环)吹风和两条环吹风用、卷绕用以及分级包装间的空调。流程如下：

回风机段→排风段→混合段→初过滤段→一次加热段→表冷段→喷淋段→二次加热段→切换段→中效过滤段→送风段

(4) 组件清洗及准备。组件(导流板、分配板、过滤网、喷丝板等)、计量泵等采用三甘醇(TEG)或真空煅烧炉清洗，其清洗方法是，从生产线上更换下来的组件/计量泵，经过分解后，送到组件清洗间分类进行清洗。喷丝板、计量泵采用TEG清洗，组件本体等采用真空煅烧炉清洗。

(5) 分级包装。放于丝筒车上的FDY、POY成品丝筒，经检验测定物理性能指标，并由人工进行外观检查，分级后将丝筒车送到包装线进行包装。

3. 原料和产品

装置原料为聚酯熔体，产品是涤纶长丝。

4.1.2.28 涤纶短纤维装置工艺介绍

1. 涤纶短纤维装置工艺原理

聚酯短纤维熔融纺丝成型过程是聚合物熔体在一定压力下，通过纺丝组件定量喷出，在一定工艺控制条件下经过辐射散热及周围介质的导热，开始冷却固化受力形变。为了适合与其他纤维进行混纺，在后处理过程中纤维还必须进行卷曲，以增加纤维间的抱合力及成纱强力，最后切成一定长度的成品。

2. 原则流程

涤纶短纤维生产装置通常由以下部分组成：熔体输送系统，纺丝卷绕系统，后加工系统，油剂调配、组件清洗和空调等辅助生产系统。在涤纶短纤维生产过程中，因聚酯熔体来源的不同把生产过程分为熔体直接纺丝和熔体间接纺丝(也叫切片纺丝)两种形式。

直接纺丝法：聚酯终聚釜→熔体输送→纺丝→冷却成型→上油卷绕→牵引喂入→落桶。

间接纺丝法：聚酯终聚釜→铸带→切粒→切片输送→包装运输→切片干燥→熔融挤出→纺丝→冷却成型→上油卷绕→牵引喂入→落桶。

(1) 熔体输送。在聚酯装置熔体输送管道的四通阀处，接受聚酯熔体，经短纤维装置熔体输送管道，送到短纤维生产线。熔体经增压泵加压后，送入纺丝区域的熔体分配歧管。增压泵和熔体管道均有热媒保温夹套，采用聚酯装置提供的汽相热媒保温，汽相热媒温度由脱过热器控制。

(2) 纺丝卷绕。熔体在一定压力下进入纺丝箱体，经计量泵计量压送后，进入纺丝组件，在纺丝组件内过滤、混合均匀后，从喷丝板挤出形成熔体细流，熔体细流被骤冷风冷却凝固成丝条。骤冷风窗上部为环吹风，下部为侧吹风，环吹风对熔体细流冷却凝固起决定性作用。凝固成形的丝条经上油辊上油，上油后的丝条经鼓形束丝棒收束，通过纺丝甬道进入卷绕。从纺丝甬道下来的丝束经废丝吸丝器、疵点检测器、导丝辊、导向辊，由网络器汇集成一大股丝束。两侧卷绕面板的丝束经转向辊、并丝辊合并成一大股丝束，送入七辊牵引机，牵引至空气铺丝器。空气铺丝器用 0.65MPa 压缩风作为动力气源，空气铺丝器出口丝束再经雾化油剂及除盐水喷淋，均匀铺放在盛丝桶中。丝束铺满后，丝桶横动单元在设定的换桶时间自动换桶，操作人员用丝桶搬运车送至集束架下方，排成两列供后加工生产线使用。

(3) 后加工。未牵伸的丝束从盛丝桶内拉出，经集束架张力调节装置调节张力后，经上导丝架、下导丝架，在梳状导丝器上分成 3 片。由集束过来的丝束，经梳状导丝架、水浴槽内的分丝棒分成三片丝，中间一片丝的中心对准卷曲辊的中心，以利于后序叠丝、卷曲操作。丝束经预导丝机后进入水浴槽，在 32℃除盐水洗涤下，将大部分纺丝油剂和聚酯小分子物洗去，以减少油剂在各牵伸机辊面及紧张热定型辊上结垢，降低成品丝中的白粉含量，丝束在水分子的浸润作用下充分铺展，有利于丝束的均匀牵伸。

纤维的第一段牵伸在导丝机第 7 辊与牵伸机之间进行，丝束周围的空气作为牵伸介质，以散发丝束在牵伸中产生的热量，稳定牵伸点。纤维的第二段牵伸在牵伸机与紧张热定型机之间进行，蒸汽经蒸汽箱通过流量控制直接喷射到丝束表面，以提高丝束温度，便于二段牵伸进行。经牵伸后的纤维结构尚不稳定，需经紧张热定型机加热定型。紧张热定型后的纤维温度较高，大分子链活动能力较强，经除盐水喷淋及冷却机降温，可以固定纤维的超分子结构。牵伸定型后的纤维，在上油机处进行上油处理，以给予纤维一定的纺织用油剂，减少纺织加工时纤维产生的静电。牵伸、定型、上油后的三片丝经叠丝机叠合为一片丝，以便通过卷曲机进行卷曲加工。经牵伸、紧张热定型、卷曲工序的纤维，再经松弛定型将其剩余内应力大部分消除，进一步完善纤维大分子结构。松弛定型后的纤维，经张力机调整张力后进入切断机，切断后的纤维利用刀盘转动的离心力开松后，落入打包机，形成成品。

(4) 油剂调配。油剂调配包括纺丝油剂调配系统、牵伸油剂调配系统、热水系统。纺丝油剂调配时，将原油调配成约 0.4%浓度的乳化液。泵送至供应罐，再由供应泵送至纺丝油剂循环槽。牵伸油剂调配方式与纺丝油剂调配方式相近，牵伸油剂浓度为 3.8%。热水系统为纺丝油剂供应罐、牵伸油剂供应罐、纺丝油剂循环槽保温夹套提供 80℃热水。

(5) 纺丝组件。用过的组件、计量泵更换下机，用专用工具趁热分解，采用三甘醇清洗、超声波清洗，清洗后的喷丝板经显微镜检查合格待用。组件在组装台上组装，组装好的组件送入预热炉，预热至 325℃备用。

3. 原料和产品

装置原料是聚对苯二甲酸乙二醇酯(PET)，产品为聚酯纤维，又称涤纶纤维。

4.1.2.29 腈纶纤维装置工艺介绍

1. 一步法湿法纺丝腈纶装置

(1) 工艺原理。以丙烯腈(AN)、丙烯酸甲酯(MA)和甲基丙烯磺酸钠(MAS)为主要原料，硫氰酸钠(NaSCN)为溶剂，同时加入适量浅色剂——二氧化硫脲(TUD)、相对分子质量调节剂——异丙醇(IPA)和引发剂——偶氮二异丁腈(AIBN)，在常压、78~82℃反应温度下，聚合成聚丙烯腈浆液。整个聚合反应连续进料、连续出料，反应转化率控制在55%~60%左右，再通过纺丝工序将来自聚合工序的聚丙烯腈原液通过成形、集束、水洗、拉伸、致密化、卷曲、定型等工艺过程纺制成聚丙烯腈纤维。

(2) 原则流程。一步法湿法纺丝工艺分聚合、原液、纺丝及后处理三个单元。

① 聚合单元。三种单体AN、MA、MAS及溶剂NaSCN分别经质量流量计按工艺要求以一定比例计量后从反应器底部进入，在一定温度与压力下，经过约1.30~2.31h反应时间进行聚合反应，生成聚丙烯腈浆液。

② 原液单元。经二次脱单后的浆液，经过多级混合器充分混和，进入第三脱单塔进行脱单、脱泡，脱除微量的残余单体及气泡，经消光混合器添加消光剂后，再经板框过滤机过滤除杂供纺丝单元。

③ 纺丝及后处理单元。原液经计量、烛型滤器过滤后，进入喷丝头挤出成型、在凝固浴槽内通过双扩散作用而形成初生纤维。丝束经一浴、二浴充分成型，在三浴中进行预牵伸，以提高初生纤维强度；在水洗机中以热水进行强制喷淋洗涤，水洗后进入水浴热牵伸中进行高倍牵伸；然后上油、烘干、卷曲和汽蒸热定型，再根据用户需要切成不同规格的短纤维打包出厂，或直接用长丝打包机打包出厂。

(3) 原料和产品。装置原料是丙烯腈、丙烯酸甲酯、甲基丙烯磺酸钠，产品为聚丙烯腈(腈纶)。

2. 二步法湿法纺丝腈纶装置

(1) 工艺原理。二步法聚合采用丙烯腈水相悬浮聚合工艺，以丙烯腈、丙烯酸甲酯和甲基丙烯磺酸钠为主要原料，同时加入氧化-还原引发剂——氯酸钠和焦亚硫酸钠、聚合促进剂——氯化亚铁、相对分子质量调节剂——β-羟基乙硫醇、介质——除盐水，在常压、一定反应温度下，水相聚合制得聚丙烯腈淤浆，混有未反应单体的淤浆经脱单、水洗和浓度调整后，制成适宜于溶解的聚丙烯腈淤浆。

(2) 原则流程。二步法工艺分聚合、原液、纺丝及后处理三个单元。

① 聚合单元。三种单体和助剂分成四股物流同时进入聚合釜釜底，反应后聚合物淤浆从釜顶溢流口溢出，由泵送至脱单塔，在一定的真空度下脱除单体。经脱单后的淤浆经真空过滤机形成滤饼，再经洗涤除杂、稀释后，供原液制备。

② 原液单元。将来自聚合的淤浆按一定比例溶入浓硫氰酸钠溶剂和焦亚硫酸钠溶液中，在溶解机中受高速剪切、研磨而溶解，粗原液进入脱泡塔脱泡，脱除微量的残余单体及气泡，再进行过滤并供纺。

③ 纺丝及后处理单元。原液经计量、烛型滤器过滤后，进入喷丝头挤出成型(第一凝固浴内)，凝固成型的初生纤维通过转向辊转向90度后，进入第二凝固浴槽充分成型。丝束从纺丝机出来后，进入冷牵伸机预牵伸；再经水洗机水洗、预热、热牵伸机高倍牵伸；牵伸后丝束经过成型机挤压出丝束上大部分水分，进入第一干燥机进行干燥致密化；从干燥机出来的丝束经卷曲、定型、上油后，进入第二干燥机进行干燥，之后进行长丝打包或切断成短丝打包出厂。

(3) 原料和产品。装置原料为丙烯腈、醋酸乙烯、甲基丙烯磺酸钠，产品为聚丙烯腈(腈纶)。

4.1.2.30 甲醇装置工艺介绍

1. 工艺原理

(1) 乙炔尾气制甲醇工艺原理。乙炔尾气经压缩脱硫后，通过加氢反应使乙炔尾气中的微量氧、乙烯、乙炔转化成水和乙烷，再经过压缩进入合成反应，最后经分离精制成甲醇产品。

(2) 天然气制甲醇工艺原理。天然气为原料，经压缩、脱硫后，采用蒸汽一段转化工艺技术将其转化成 CO、CO_2、H_2，转化气经压缩后进入合成反应器，最后经分离精制成甲醇产品。

2. 原则流程

甲醇装置主要的生产工艺包括：日本东洋工程公司工艺、德国鲁奇低压工艺、荷兰SHELL工艺。

采用德国鲁奇和日本东洋工艺的甲醇装置，包括转化工段、压缩单元、合成单元和精馏单元。来自乙炔车间乙炔尾气或天然气送入压缩机低压段进行压缩，进入脱硫反应器脱硫后送入转化工段，在转化工段乙炔尾气在钯催化剂作用下与 H_2 反应，其中微量的乙烯、氧气、乙炔转化生成乙烷、H_2O、CO_2，然后进入合成单元，在催化剂作用下合成粗甲醇。粗甲醇被送至闪蒸槽，经闪蒸减压脱除大部分溶解气体后，送至粗甲醇储槽。粗甲醇在精馏单元精馏后得到产品甲醇。

采用荷兰SHELL工艺的甲醇装置是以炼油厂减压渣油为原料，以纯氧和过热蒸汽为气化剂，先经过气化典型工艺流程，生产合成甲醇所用原料气(CO、CO_2 和 H_2)，原料气体经脱硫处理及变换反应后，送到脱碳工序，然后送入列管式合成塔，在催化剂作用下反应生成粗甲醇，经气液分离后的粗甲醇送到精馏工号精馏后，得到合格精甲醇。

3. 原料和产品

装置原料为乙炔尾气(或天然气)，产品为甲醇。

4.1.2.31 丁辛醇装置工艺介绍

1. 工艺原理

合成气和丙烯在铑催化剂存在、一定温度压力条件下，通过羰基合成反应生产出混合丁醛，混合丁醛通过丁醛异构物塔分离正、异丁醛。精制的正丁醛在适当温度压力，以 NaOH 溶液为催化剂的条件下，发生缩合反应，生成辛烯醛(EPA)，辛烯醛在铜基催化剂、适当温度压力条件下，加氢生成粗丁辛醇，经过精馏得到丁辛醇产品。

2. 原则流程

丁辛醇装置流程包括：原料净化、羰基合成、丁醛精制、缩合、加氢、粗醇精馏等工序。

(1) 原料净化。除去合成气及丙烯原料中的羰基金属、S、Cl、CN^-、O_2 杂质。

(2) 羰基合成。经脱除杂质并混合后的合成气和丙烯，先后进入串联的羰基合成反应器，在铑催化剂存在、一定温度压力条件下，通过羰基合成反应生产出混合丁醛，然后送至闪蒸槽进行闪蒸。闪蒸后的气体通过闪蒸雾沫分离器、冷凝器及闪蒸冷凝液槽进行气、液分离。同时进入凝液槽的还有先后通过雾沫分离器和放空凝液槽的弛放气回收液醛流程。凝液槽中的气体经循环压缩机循环至反应器；液相送至羰基合成产品收集槽，进一步除去所溶解的气体。闪蒸后的液体进入降膜蒸发器使醛蒸发，从催化剂溶液中分离产品醛，气相夹带的催化剂在蒸发器收集槽中被分离，而后在蒸发器冷凝器中进行醛冷却，气体经过分离器除液后送至压缩机一段进行压缩。液体经过羰基合成产品收集槽，送至稳定塔。

(3) 粗醛精馏。粗丁醛经稳定塔脱除溶解的丙烯、丙烷，而后混合丁醛或送至丁醛蒸发器或送至混合丁醛储槽或进入丁醛异构物塔分离正、异丁醛，塔顶异丁醛冷却后送至丁醛蒸发器或送至异丁醛储槽，塔底正丁醛经正丁醛塔脱除其中的重组分后去辛醇单元。

(4) 辛醇生产。精制的正丁醛先后通过缩合反应器，在适当温度压力、以 NaOH 溶液为催化剂的条件下，发生缩合反应，生成辛烯醛(EPA)。含有辛烯醛的溶液经过冷却后在层析器中分离含碱水溶液和有机相 EPA。辛烯醛送至辛烯醛蒸发器，在经过汽化后，进入辛烯醛转化器，在铜基催化剂、适当温度压力条件下，加氢生成粗辛醇。物料经过换热、冷却后进入粗辛醇收集槽进行气、液分离，而后送至液相加氢反应系统。粗辛醇经加热器加热后，进入液相加氢反应器，在镍催化剂，适当温度压力条件下进行液相加氢，液相加氢器可以使产品中任何未饱和的物质进行加氢反应。液相加氢后的辛醇经粗醇过滤器过滤掉溶液中的小催化剂颗粒进入液相加氢分离器，将粗辛醇和剩余的氢气分离，而后粗辛醇送到精馏系统。粗品经预精馏塔和精馏塔脱除轻、重组分后，得到产品辛醇。

(5) 丁醇生产。来自粗醛精馏单元的混合丁醛进入蒸发器汽化后，进入丁醛转化器中，在铜基催化剂、适当温度压力条件下，加氢生成粗混合丁醇。物料经过换热、冷却后进入丁醇收集槽进行气、液分离，而后粗混合丁醇送入丁醇精馏系统。粗品分别进入三个精馏塔进行精馏，其中轻组分经丁醇预精馏塔除去，重组分由丁醇精馏塔脱除，最后产品正、异丁醇在丁醇异构物塔中分离。

3. 原料和产品

装置原料为合成气、丙烯，产品为正丁醇、异丁醇、辛醇。

4.1.2.32 天然气合成氨装置工艺介绍

1. 工艺原理

天然气在催化剂作用下与蒸汽反应，转化生成以氢气和一氧化碳为主要组分的合成氨原料气，然后在高压、高温和催化剂作用下，将氢氮比(H_2/N_2 体积比)为 3∶1 的合成气转化成氨。

2. 原则流程

天然气先经脱硫后，再与蒸汽在催化剂作用下制取粗原料气，粗原料气再经过一氧化碳变换、二氧化碳脱除、气体精制等单元，制得氢氮比(体积比)为 3∶1 的合成气，经压缩后进入氨合成单元，制得产品氨。

3. 原料和产品

装置原料是天然气，产品为合成氨。

4.1.2.33 渣油型合成氨装置工艺介绍

1. 工艺原理

渣油气化技术以蒸汽和氧气为气化剂，使渣油与氧气、蒸汽在气化炉内进行部分氧化反应，生成以 CO 和 H_2 为主的合成氨原料气。然后在高压、高温和催化剂作用下，将氢氮比(H_2/N_2 体积比)为 3∶1 的合成气转化成氨。

2. 原则流程

渣油与氧气、蒸汽在气化炉内进行部分氧化反应，生成以 CO 和 H_2 为主的合成氨原料气，再分别经过一氧化碳变换、酸性气脱除、气体精制等单元，制得氢氮比(体积比)为 3∶1

的合成气，经压缩机加压后进入氨合成单元，制得产品氨；空分装置制得的氧用于渣油气化，氮作为氨合成原料。

3. 原料和产品

装置原料是渣油，产品为合成氨。

4.1.2.34 水煤浆合成氨装置工艺介绍

1. 工艺原理

煤以水煤浆的形式与氧气一起通过烧嘴雾化混合进入气化炉内发生部分氧化反应及其他一系列化学反应，生成以 CO、H_2 为主要成分的粗合成气。然后在高压、高温和催化剂作用下，将氢氮比(H_2/N_2 体积比)为 3∶1 的合成气转化成氨。

2. 原则流程

以煤为原料，将煤和石油焦按比例混合磨成水煤浆(水焦浆)，送入气化炉内，制得粗合成气，再经 CO 变换、脱硫脱碳、气体精制、氨合成等工序制得产品氨。

3. 原料和产品

装置原料是水煤浆，产品是合成氨。

4.1.2.35 粉煤型合成氨装置工艺介绍

1. 工艺原理

干粉煤气化工艺是在一定温度、压力下，以纯氧、水蒸气为气化介质，使煤经过部分氧化和还原反应，将其中的碳氢化合物转化成为主要含有一氧化碳和氢气产物，然后在高压、高温和催化剂作用下，将氢氮比(H_2/N_2 体积比)为 3∶1 的合成气转化成氨。

2. 原则流程

以煤粉为原料，采用荷兰壳牌公司(SHELL)粉煤气化炉生产无水液氨，生产工艺过程主要由以下工序组成：空气分离；原料煤磨煤(粉)；谢尔炉气化制取粗煤气；原料气进行加工和净化(包括 CO 变换、低温甲醇洗或液氨洗进行脱硫脱碳)；甲烷化；氨合成；氨冷冻及储存。

3. 原料和产品

装置原料是煤，产品为合成氨。

4.1.2.36 尿素装置工艺介绍

1. 工艺原理

液氨和二氧化碳在高压下合成反应生成尿素。

2. 原则流程

尿素生产过程主要由以下工序组成：原料液氨和气体 CO_2 压缩；合成与汽提；尿液循环与浓缩(包括低压分解与尾气回收)、精制；蒸发与造粒；工艺冷凝液处理(解析水解)。

3. 原料和产品

装置原料为液氨、二氧化碳，产品为尿素。

4.2 工艺技术管理

4.2.1 工艺技术管理定义与目标

(1) 工艺技术管理范围。包括基础管理和专业管理。基础管理主要包括工艺技术规程、岗位操作法、工艺卡片、工艺技术台账管理等方面。专业管理主要包括炼油达标管理、节能减排管理、炼油“三剂”[催化剂、添加剂、溶(助)剂，简称“三剂”]使用管理、新技术应用、工艺联锁管理、技术攻关与优化等方面。

(2) 工艺技术管理目标。推进制定技术进步，优化生产过程，提升工艺技术管理水平，确保装置安全稳定长周期运行，提高经济效益。

4.2.2 工艺管理内容

基础管理主要包括工艺技术规程、岗位操作法、工艺卡片、工艺技术台账管理等方面。

1. 工艺技术规程

工艺技术规程是具有法规性的生产技术文件，是组织生产的技术依据，操作人员和各级管理人员必须严格执行。各企业必须制定工艺技术规程管理程序。工艺技术规程主要包括以下内容，格式由各企业工艺技术管理部门统一制定。

(1) 装置的简要说明，工艺原理、工艺过程简述和工艺流程图、装置平面布置图。

(2) 物料平衡、经济技术指标。

(3) 工艺指标、动力指标。

(4) 原料、辅助材料、中间产品和产品质量指标。

(5) 装置开、停工方案，单元、特殊设备操作、维护管理规定。

(6) 设备一览表和主要设计参数，主要仪表性能和仪表控制方案，主要联锁、报警整定值。

(7) 生产过程中事故处理，安全、环保、职业卫生技术规定。

工艺技术规程的编制依据。新建装置规程首次编制由设计单位或技术专利商提供基础资料。装置技术改造考核标定后，各企业工艺技术管理部门应依据技术改造文件、试生产总结、生产技术总结、科技攻关总结、工业性试验总结、工艺技术标定报告和国内外生产的先进经验，及时组织修订。

工艺技术规程的审批程序。一般由企业工艺技术管理部门组织运行部(车间)编写或修订，经有关生产处室讨论、审核、会签后，报主管领导批准执行。

工艺技术规程的修订。工艺技术规程原则上应每3~5年修订1次；新建或技术改造后的装置要有试行版的工艺技术规程，通过考核后应在半年内修订为正式的规程。

2. 岗位操作法

岗位操作法是搞好系统操作的基础，是装置生产活动的主要技术文件，是操作人员必须遵守的操作依据。技术人员应根据工艺技术规程及其他相关技术资料编写岗位操作法(可包括在工艺技术规程内)，经有关生产处室讨论、审核、会签，企业工艺技术管理部门审定后，报主管领导批准执行。岗位操作法的内容和格式由企业工艺技术主管部门统一制订。装置新建或技术改造后投产前，应编制岗位操作法试行版并发至岗位操作人员，通过考核后应在半年内修订为正式岗位操作法。岗位操作法原则上每3~5年修订1次。当装置工艺过程、原料等发生变化或经过技术改造后要依据工艺技术规程及其他技术文件及时修改与补充。

3. 装置开(停)工方案

新建或技术改造后装置的开(停)工方案由企业工艺技术主管部门根据总部有关生产准备与试车管理规定及装置设计文件等技术文件组织装置技术人员编写，经企业各相关专业部门讨论、审核、会签后，报企业主管领导批准执行。

正常检修的开(停)工方案必须在开(停)工前若干天，临时停工方案必须在停工前依据装置技术规程及装置运行特点编写好，由运行部(车间)主管领导审核后，报有关部门组织审查、批准。开(停)工方案的扉页上必须有编制人、审核(单位)人及批准人手写签字。组织车间干部职工认真学习(包括现场交底)装置开(停)工方案，必要时进行书面考试，确保所有操作人员均能熟练掌握该次开(停)工的有关步骤和知识。装置开(停)工前，车间要将开(停)工方案上墙，并绘制装置升温、降温曲线图。装置开(停)工方案、拆装盲板一览表、关键控制点确认表等相关资料，按工艺基础资料管理要求，由车间集中保管，原则上保存2个生产周期。有重大技术改造或新建装置的开、停工方案，可作参考资料适当延期保存。装置开工或停工后，车间应及时编写出开(停)工总结并报企业工艺技术主管部门。

4. 工艺卡片

装置工艺卡片是指导生产装置各工序实现安全生产、稳定操作的法规性工艺技术参数文件。应根据工艺技术规程编制，并按规定程序审批。工艺卡片由运行部(车间)工艺技术人员编写，经运行部(车间)负责人审核，工艺技术主管部门牵头组织各有关生产处室审核会签，报企业主管领导批准执行。工艺卡片原则上1年或1个生产周期修订1次。可以根据生产过程的实际需要及时报批修改。工艺卡片内容和格式由企业工艺技术主管部门统一制定。工艺卡片可分级管理，修改指标必须按规定审批程序进行，任何人不得随意修改或违反工艺卡片中规定的工艺指标进行操作。工艺卡片的主要内容包括原料的质量控制指标，中间产品、产品的质量指标，主要工艺条件(操作监控指标)，动力系统指标，环保质量指标，会签栏。

5. 装置运行记录(原始记录)

岗位操作记录、交接班日志、DCS和PLC等电子记录、工艺技术台账等记载生产活动的原始记录，是组织生产、加强工艺技术管理的重要依据。岗位操作记录等原始记录必须及时、完整、准确。岗位操作记录、交接班日志等原始记录的格式和内容由运行部(车间)技术人员制定，报企业工艺技术主管部门审定。必要时，需经有关生产处室会签。岗位操作人员填写岗位操作记录、交接班日志等原始记录必须及时、完整、准确。交接班时，交接双方确认后互相签字。岗位操作记录必须由操作人员手写记录，记录频率原则上2小时1次，记录间隔最长不应超过4小时。企业主管部门必须定期抽查交接班日志，运行部(车间)必须审阅班长交接班日志，班组长必须每班审阅本班各岗位交接班日志。岗位操作记录由运行部(车间)指定人员随时复核。岗位操作记录、交接班日志等原始记录由运行部(车间)技术人员收集并汇总整理，按规定期限保存。原始开车记录应永久保存。同时要制定DCS、PLC等电子记录管理制度，明确规定数据保存期限。

6. 工艺技术台账

工艺技术台账包括过程管理的原始记录、报表，形成的各类报告等。各企业必须建立工艺技术台账管理制度，建立健全各类技术台账，明确各类台账保存期限。一般工艺技术台账保存8~10年。工艺技术台账必须建立目录、集中管理、顺序摆放、专柜保存。工艺技术台账保存期满，必须列出清单，由企业工艺技术主管部门批准销毁。各企业运行部(车间)工艺技术管理必须建立以下技术台账：

(1) 工艺技术台账。主要内容包括企业控制工艺条件的执行情况，企业控制技术经济指标的完成情况，主要产品、产量、质量完成情况，主要原材料、燃料、动力及能源消耗情况，主要生产装置技术改造情况，生产过程事故及重大异常情况，“三剂”管理及使用情况。

(2)《工艺技术管理考核、检查台账》、《工艺操作指令台账》(工艺参数控制指标变更台账)、《工艺联锁、报警管理台账》(包括工艺联锁、报警清单，工艺联锁、报警变更记录，工艺联锁摘除和复位记录，工艺联锁、报警检验记录等)、《三剂管理台账》、《技术改造项目台账》、《装置大事记》、《工艺技术分析会记录》、技术攻关报告等。

7. 工艺管理要求

(1) 工艺技术规程、岗位操作法、技术方案、工艺卡片一经发布，操作人员及生产指挥人员必须认真学习、熟练掌握，并严格执行。每个操作岗位应至少有1套有效的书面版岗位操作法、1套有效的书面版工艺卡片。

(2) 装置或系统岗位操作人员按岗位操作法(技术方案)进行操作，根据工艺卡片对工艺参数进行调整。岗位操作人员运用自动控制仪表、DCS控制系统及定时巡回检查等手段对生产过程中工艺参数进行监控，并根据工艺过程要求、原料变化和中间产品质量特性分析及时调整工艺参数，保证质量、安全、环保指标合格。

(3) 化验分析按照分析项目及频率规定或生产需要，对生产过程进行检测分析，并将检测结果及时上网，重要检测结果应及时反馈。岗位操作人员在接到不合格信息后，应立即进行调整，防止再出现不合格。

(4) 主管技术人员应每天检查工艺卡片执行情况，影响设备、工艺生产安全的温度、压力、组分配比等指标不允许超标。其他指标的超标要及时分析原因并调整，相关情况在交接班日志及工艺技术台帐上做好记录。连续超标的指标由主任工程师组织分析制订书面的纠正措施，并组织纠正措施的实施及验证。

(5) 对已采取纠正措施但仍超标的企业级控制指标，应及时填写“信息传递处置单”，将信息报告装置及系统主管部门，由主管部门组织原因分析，确定责任部门，由责任部门制订纠正措施，主管部门负责跟踪验证实施效果。

(6) 建立工艺卡片指标执行情况台账，每日工艺指标执行情况记录在装置“工艺技术台账”中，月度的装置工艺指标执行情况记录在装置“生产技术月报”中，对月度合格率低的工艺指标进行分析，提出对策、措施，并负责落实。

(7) 生产、机动、安环等专业要对主管装置或系统公司级工艺卡片指标合格率进行月度统计和考核。根据原料及产品的实际质量控制情况，在工艺卡片范围内下达质量控制指标，每月根据质量控制指标对各装置馏出口合格率进行统计和考核。

(8) 在工艺技术规程、岗位操作法执行过程中，生产装置因实施中小型技术改造、化工原材料改型、生产试验等原因涉及内容改变时，需对相应变更进行危害及环境因素识别和评价，根据识别、评价结果确定现行的工艺技术规程、岗位操作法是否适用；如需进行修订，应将已识别危害的控制措施体现在修订后的工艺技术规程、岗位操作法。也可根据实际情况以方案、补充规定等形式进行补充或细化，补充或细化内容必须告知相关人员。

(9) 在不违反工艺技术规程、岗位操作法的前提下，基层单位有权利和义务对岗位操作法的内容进一步细化完善，也可以在工艺卡片规定的指标范围内，对指标进行适当调整。并以操作指令等形式下达，操作指令应包括下达目的、执行步骤、指令执行过程中可能出现的问题及应对措施、指令下达人等内容。

4.2.3 生产过程的组织与控制

岗位操作人员独立顶岗操作必须取得上岗合格证，并按岗位操作法(技术方案)进行操作，根据工艺卡片对工艺参数进行调整。岗位操作人员运用DCS控制系统、巡回检查等手段对生产过程中工艺参数进行监控。

4.2.3.1 交接班管理

凡连续生产的岗位必须执行本条款。交接班双方必须坚持“十交”、“五不接”原则。“十交”：交任务和指示、交操作、交指标、交质量、交设备、交安全、交环保和卫生规格化、交问题和经验、交工具、交记录。“五不接”：设备润滑不好不接、工具不全不接、操作情况交待不清不接、记录不全不接、卫生规格化不好不接。同时做好接班前检查。并组织交接班会。交接双方按“十交”、“五不接”的内容，严肃认真、实事求是地当面交接清楚。交接完毕，交接双方在“交接班日志”上签字。签名后生产中发生的问题应由接班者负责。接班人员未到岗签字，交班者不得离岗。交接班日志根据岗位设定，要求运行班组的每一个岗位(系统)必须设交接班日志。注明当班日期、时间、轮班号。书面交接班日志的填写，要求字迹工整清晰、版面整洁，按仿宋体要求书写，对当班各项生产任务的执行与完成情况、各项操作调整情况，要进行及时、详细、准确、具体的记录。对当班生产中出现的参数超标，生产波动，报警、联锁的投用和切除及其他异常情况的发生时间、处理过程、应对措施与原因分析等都必须作详细记录。班长交接班日志“本班”栏侧重于记录上下游装置联系、调度指令执行、异常处理等情况。

4.2.3.2 巡回检查管理

巡回检查方式分挂(拨)牌巡检和智能巡检二种，有智能巡检系统的装置应采用智能巡检。巡回检查标准应包括巡回检查路线、站(点)、检查内容、要求和检查频率等内容。巡回检查路线应基本按生产岗位(系统)工艺顺序和其他要求确定，重点设备、关键部位、关键装置要害(重点)部位危险点必须列入巡回检查路线中。各巡回检查路线、站(点)的检查内容、要求应在巡回检查标准中予以明确。巡回检查频率应根据巡检站(点)的风险度动态评估情况确定，同时结合视频巡检，设置不同的检查频率。外操人员在巡回检查、设备维护保养、现场操作处理过程中发现问题时，应立即进行处理并将有关信息向内操人员或班长汇报。若问题严重，班长应及时组织处理并向值班人员或主管领导汇报。必要时应及时向公司有关部门汇报，以便进一步组织力量，采取措施，解决问题。对装置开停工、关键装置、重点部位及运行工况有异常的动静设备，所在单位应增加巡回检查的频率，必要时设专人监护，并加强信息传递。临氢系统必须定期进行闭灯检查，并做好检查记录，每月不少于1次。闭灯检查前应向值班调度汇报。

4.2.3.3 岗位操作记录

(1) 岗位操作记录等记载生产活动的原始记录，是组织生产、加强工艺技术管理的重要依据，由岗位操作人员填写，记录必须及时、完整、准确、整洁，更不得提前预记和事后补记。生产管理部门要对岗位操作数据记录允许的时间差作出明确规定。岗位操作记录根据岗位设定，要求运行班组的每一个岗位(系统)必须设岗位操作记录。岗位操作记录实行自检、班长检查及技术人员三级检查制。岗位操作记录内容应包括：装置名称、起/止时期、参数名称或位号、记录时间、班次、轮班号、班中记事、记录者签字、班长签字等。

（2）内外操联系。内操人员主要负责本操作段的生产控制，及时向外操人员通报操作调整或工艺变化情况，向外操人员发布现场作业或设备检查、仪表核对的操作指令。内操向外操发布指令时，应交待清楚操作调整的原因，确切位置和调整方法及要求。外操要对内操的操作指令进行复述确认。外操人员必须及时将操作指令的执行情况反馈给内操，外操人员在现场巡检过程中，对查出的问题或隐患要及时与内操人员联系，并向班长汇报。外操反馈信息，要明确事情发生的确切位置、程度，以便内操作出正确的调整处理。内外操之间的信息传递内容，都要记述于各自交接班日志的“内外操联系栏”中。内外操在具体生产过程中，若发生需对外联系、协调解决的问题原则上都应向班长汇报，并由班长负责联系协调。

4.2.3.4 操作

内操以DCS操作、监盘操作为主，新职工学习DCS操作时必须在主操的指导、监护下进行，严禁独立操作。DCS操作、监盘人员接班后应全面查看DCS流程画面和报警信息汇总，并对主要参数、当前变化比较大的参数的趋势进行观察分析。应根据各自DCS实际状况，明确正常生产时DCS操作、监盘人员对所属的DCS流程画面及报警摘要画面的巡屏、报警确认及消除等要求。在非紧急情况下禁止用数字输入的方式操作重要参数，只能用面板上箭头操作。每步操作后，光标应及时移至安全区，防止误操作。在DCS操作、监盘时要求坐姿端正，注意力集中；在DCS画面上操作时禁止用笔尖、钥匙等尖硬物点触屏幕。禁止操作非管辖装置的DCS画面；禁止操作人员进入工程师站进行操作。禁止在DCS操作台上摆放与操作无关的物品。要对装置主要参数的平稳率进行分级管理，并建立相应的统计、考核办法。参数出现波动时，操作人员必须及时调整、处理，以保证装置安全稳定运行、产品质量合格。操作人员不能胜任处理时必须向班长汇报，班长不能胜任处理时要向更上一级汇报，并做好有关信息传递工作。生产、机动、安环等按所辖业务管理范围每月至少组织1次对基层单位的操作纪律管理制度执行情况的抽查。基层单位要将本单位的操作纪律管理制度执行情况的检查纳入日周月检管理。

4.2.4 工艺管理质量保证体系

4.2.4.1 日检

工艺日检按装置或系统进行，以现场检查为主。根据装置划分，对每套装置（联合装置）或系统开展日检工作，由各装置主管技术人员负责实施（法定公休日或节假日，由值班人员按值班管理规定实施检查，并将有关情况填写在值班记录中）。主要检查内容是：

（1）原料性质，加工负荷及产品质量、能耗物耗控制情况，生产任务、产品收率完成情况。

（2）工艺纪律、操作纪律执行情况，是否存在违章或违反工艺技术规程、岗位操作法的行为。

（3）装置工艺卡片指标、边界参数控制执行情况，装置工艺操作参数优化情况。

（4）装置关键或重点部位运行情况。

（5）装置工艺联锁投用情况及《联锁保护系统管理制度》执行情况。

（6）各监测、分析仪表及现场液位计、压力表的准确性，各类自控仪表投用率及先进控制系统投用情况。

（7）节能降耗工作开展情况，工艺参数控制、不同等级能量的回收利用及现场加热炉、冷换设备、机泵运行状态是否达到节能要求。

(8) 现场化工原材料使用与配置情况。

(9) 以往工艺日周月检问题的对策措施落实、整改情况。

(10) 装置日常生产中的其他矛盾或问题，及需作重点检查的其他工艺检查内容。

4.2.4.2 周检

周检由生产专业主管领导组织各装置主任工程师、工艺技术人员实施并参加。主要检查内容是：

(1) 复查工艺日周月检问题，检查对策措施制定落实及整改情况。

(2) 事故预案及防范措施落实情况，关键装置及重点部位(危险点)运行情况。

(3) 装置工艺参数控制优化情况，仪表参数及现场流程设置是否合理，满足高效、低耗要求。

(4) 化工原材料使用、备货数量与品种能否满足要求。

(5) 节能降耗工作开展及措施落实情况。

(6) 相关技改技措项目、挖潜增效项目的实施、投用及总结情况。

(7) 装置仪表使用情况，工艺联锁投用及《联锁保护系统管理制度》执行情况。

(8) 关键设备及工艺流程的现场操作情况，流程走向是否合理，阀门开关位置是否合适，介质选用是否正确。

(9) 对塔器等设备高空部位及日常不易检查的部位，在周检中应进行重点检查。

4.2.4.3 月检

月检应在月末或月初进行，侧重总结分析生产、工艺纪律、操作纪律执行中存在问题，月检发现的主要问题应记录在“生产技术月报”中，对存在问题要进行适当的统计分析，研究对策，提出整改措施，并组织落实；暂时无法整改的，要有监控措施，使其处于受控状态。

主要检查内容有：

(1) 对本月的日周检情况进行汇报分析与总结。

(2) 检查分析本月工艺纪律和操作纪律总体执行、考核情况，是否存在违章操作或违反操作规程的行为。

(3) 岗位责任制落实情况(特别是技术管理人员岗位责任制落实情况)。

(4) 日周检存在问题的整改情况，讨论确定遗留问题的进一步整改方案、落实防范监控措施。

(5) 本单位隐患整改计划及临时防范措施落实情况。分析查找影响装置安全生产的问题、分析隐患产生原因，制定对策措施。

(6) 相关技改技措项目、挖潜增效项目的实施、投用及总结情况。

(7) 检查本月生产任务及各项技术经济指标完成情况。

(8) 布置确定次月工作重点。

4.3 原辅材料管理

4.3.1 原辅材料管理定义与目标

根据《中国石油化工股份有限公司炼油企业化工辅材使用管理办法》规定，化工辅材是指中国石油化工股份有限公司(以下简称股份公司)炼油企业(以下简称企业)生产过程中所使用的催化剂、助剂(溶剂)、添加剂等各种化学药剂。

4.3.2 原辅材料管理内容与分类

各企业“三剂”管理部门依照本企业“三剂管理办法”开展各项工作，包括了计划需求、全面预算、三剂技术交流、新品种引入、技术协议签订、使用活动分析、消耗管理、固定床催化剂换剂管理、评价管理等。

4.3.3 原辅材料管理要求

4.3.3.1 “三剂”计划需求、全面预算管理

“三剂”需求计划及预算主要根据企业年度和月度生产经营计划编制，随着企业逐步向从严管理和向精细化管理转变，对计划准确性要求也越来越高。为保证计划的准确性，各生产装置要制定“三剂”消耗定额指标，作为报“三剂”需求计划及预算的依据之一，要求各车间根据生产计划和实际情况，原则上按不高于消耗定额指标和使用最新ERP价格编制三剂需求计划及预算，另外在编制计划时不得指定或变相指定供应商。财务部门每月对“三剂”预算的准确性进行考核，以促使“三剂”计划及预算尽可能接近实际需求。

4.3.3.2 “三剂”技术交流、新品种引入管理

企业“三剂”管理部门组织相关部门和使用车间和厂家进行技术交流，技术交流通常包含产品的理化数据及技术规格，分析检验标准和方法，技术保证指标，试用时间及使用寿命，工业运转风险及双方责任，考核指标等方面，企业对“三剂”的新品种试用、审批进行严格、规范化的管理。新剂首次使用或技术进步由专业主管部门组织技术交流、论证，组织进行分析评价，确认先进性，并进行技术经济比较。论证确认先进性后，使用单位按《“新剂”试用审批表》要求填报，提交给企业“三剂”技术主管部门，相应“三剂”技术主管部门办理新剂试用会签，审批后，由公司的“三剂”主管部门拟订技术协议初稿，组织与供应商谈判，确定技术协议，最后提交采购部门组织采购。这个流程要公开透明、做到统一备案。

新剂在装置试用前，使用单位要编制新剂试用技术方案，经企业技术主管部门对方案审批后，方可进行试用。在满足工艺生产需求前提下，产品质量和使用效果达到技术协议规定即视为试用工作结束。试用结束后由使用单位填写《“新剂”试用报告会审表》报企业主管部门办理会签手续，经企业主管领导审批后，采购部门才可纳入正规采购渠道。

第5章 设备管理

5.1 设备管理概述

5.1.1 基本要求

5.1.1.1 设备管理内容界定

设备管理对象指用于油田勘探开发、石油炼制和石油化工生产、产品销售及其他生产运营的机械设备、工艺设备、动力设备、机修设备、起重运输设备、电气设备、仪器仪表、工业管道、工业建筑物和构筑物等。

5.1.1.2 设备管理方针和原则

1. 设备管理方针

（1）设备管理遵照国家有关设备管理工作的方针、政策和相关法律、法规，按照建立现代企业制度的要求，从技术、经济、组织等方面采取措施，对设备实物形态和价值形态进行综合管理，保证设备资产安全完好和经济有效使用，为企业生产经营奠定坚实物质基础；

（2）设备是生产力的重要组成要素，是生产的物质基础，设备管理是企业管理的重要组成部分。

2. 设备管理原则

（1）坚持对设备从规划、设计、选型、购置、制造、安装、使用、维护、修理、改造、更新直至报废全过程管理的原则；

（2）坚持安全第一、预防为主，确保设备安全可靠运行的原则；

（3）坚持设计、制造与使用相结合，维护与检修相结合，修理、改造与更新相结合，专业管理与群众管理相结合，技术管理与经济管理相结合的原则；

（4）坚持可持续发展，保护环境和节能降耗的原则；

（5）坚持依靠技术进步、科技创新，树立现代设备管理理念，推广应用科学技术成果，实现设备管理科学、规范、高效、经济的原则。

5.1.2 过程和范围

5.1.2.1 设备使用和维护

设备的使用和维护，需要对下列工作内容予以关注：

（1）建立和健全设备的使用、维护、安全管理制度。

（2）设备操作和维护人员上岗前需经过系统的理论和实践培训，持证上岗。

（3）岗位操作人员遵守设备操作、维护制度和规程，控制操作指标，严禁超温、超压、超速等超指标运行。

（4）加强设备故障和事故管理，建立设备故障和事故记录，制定主要设备事故应急预案，不断提高处理突发事故的能力。

（5）重视大型机组的特级维护，掌握设备运行特性和规律，减少故障和降低维修成本，提高设备安全性和经济性。

（6）定期开展技术性能和安全可靠性评估，保障设备安全可靠运行，降低设备运行风险。

（7）重视并做好设备防腐蚀工作，制定设备防腐蚀工作管理制度，设立设备防腐蚀专业技术岗位。要采用工艺技术防腐等综合措施，预防设备腐蚀。

（8）建立和执行设备润滑管理制度，企业宜配备专业管理人员对润滑工作进行管理。

（9）开展设备状态监测和故障诊断，准确掌握设备运行状态，积累状态监测历史数据，总结探索设备故障停机规律，发现问题及时反馈和处理。

（10）加强仪表自控设备管理工作。提高仪表的完好率、使用率和控制率。

（11）加强对公用工程使用、维护和安全管理，避免公用工程故障对主体装置的影响。

5.1.2.2 设备的变更管理

相对于原设计图纸产生的变化，如工艺参数、结构、密封型式、材质等，均属于变更，设备变更需要有严格的管理。

变更的过程管理由需要变更部门对变更方案进行技术论证和风险评估后提出申请，相关责任部门认定和核准后实施。变更实施结束后由责任部门组织对变更实施情况进行验收，验收的内容应包括变更的完整性、适用性、有效性、可靠性及对环境的影响。实施后应修改相应的图纸、资料、台账和软件备份。

5.1.2.3 设备的修理费用管理

设备管理部门根据中国石化或地方有关定额版本核定的工时、资金、材料消耗等定额，有效控制设备修理费用。做到合理使用设备修理费用，需要改变不合理和盲目的方法，发展以状态监测为基础的预防性维修，该修必修，修必修好，使设备处于完好状态，费用得以控制。

5.1.2.4 设备的更新管理

设备更新指采用新设备替代技术性能落后、安全环保状况和经济效益差的原有设备。设备改造是运用新技术对原有设备进行技术改造，以改善或提高设备的性能、效率，减少消耗及污染。

1. 设备更新改造原则

设备更新需紧密围绕企业生产经营、产品开发和技术发展规划，有计划、有重点进行；着重采用技术更新方式，改善和提高企业技术装备素质，达到优质高产、高效低耗、安全环保综合效果；需进行技术经济论证，采用科学的决策方法，选择最优方案，确保获得良好的设备投资效益；设备改造需考虑生产上必要性、技术上先进性和可行性、经济合理性。

2. 设备更新的判别要素

（1）使用年限已满，丧失使用效能，无修复价值；

（2）因生产条件改变，已丧失原有使用价值；

（3）使用年限未满，缺乏配件无法修复使用；

（4）毁损后无修复使用价值；

(5) 经论证大修后技术性能仍未满足生产要求或虽能满足生产要求，但更新更经济合理；

(6) 技术落后，不符合安全、环保、节能要求；

(7) 机动车辆符合国家有关报废规定；

(8) 国家明令淘汰和其他符合更新要求。

3. 设备更新改造的程序

设备更新应按计划、有步骤地实施，为正常生产和可持续发展创造条件。使用单位提需求，设备管理部门核准，财务部门安排计划内的资金。

5.1.2.5 设备的长周期运行保障

生产装置长周期运行是一项系统工程，在一定生产工艺、人员操作技术水平、原材料和市场需求条件支持下，生产装置设备长周期运行可靠性高低决定了生产装置开工周期长短。

生产装置长周期运行要保证在规定运行周期内不发生上报中国石化的重大设备事故，并完成生产计划。

5.1.3 技术管理

5.1.3.1 设备安全环保和节能管理

设备安全环保和节能需贯彻执行国家和中国石化有关设备安全环保、节能的法律、法规、办法、制度，严格执行专业化安全管理要求，努力确保设备本质安全，符合环保和节能要求，减少和避免设备事故的发生。

设备管理要遵守国家环境保护法规的各项要求，采取措施减少对环境的污染，鼓励采用新型环保设备。积极探索设备低耗高效运行的有效方法与途径，淘汰高耗低效老旧设备，推广应用节能技术对设备进行技术改造，努力达到设备和工艺的最佳匹配，实现各类设备和系统的经济运行。

5.1.3.2 设备的技术档案管理

完整的设备技术档案是设备管理的基础。在技术档案中除了必须具备的设备基本信息之外，要对动态的资料予以补充。如经历了装置大修理、设备单体修理、设备更新改造、设备迁移、设备报废等过程，在技术档案中要及时、准确增补变更内容。

5.1.3.3 设备科研及新技术应用管理

设备科研及新技术应用将促进设备应用技术的发展，是设备管理内容的一个组成部分。科研管理的具体内容包括：组织开展设备技术交流活动，对国内、国外先进设备和管理经验进行考察、学习、引进、移植、总结、推广，使石油化工企业的技术装备水平、管理水平逐步达到国际先进水平。

5.2 设备分类介绍

5.2.1 设备分类

基于 ERP 系统的设备大类分类如下：

(1) 炉类；

(2) 塔类;
(3) 反应设备类;
(4) 罐类;
(5) 换热设备类;
(6) 管道与阀门;
(7) 通用机械类(细分为：泵、压缩机、风机、制冷设备、其他通用机械);
(8) 油/气装卸加注设施;
(9) 动力设备(细分为：锅炉、汽轮机、烟气透平、燃气轮机、液力透平、膨胀机、内燃机、发电机、其他动力设备);
(10) 电气设备(细分为：电动机、输变电设备);
(11) 自动控制及仪器仪表类(细分为：仪表、计量器具、化验仪器、其他类仪表、自动控制设备、过程计算机及系统);
(12) 起重运输类;
(13) 船舶;
(14) 工程机械;
(15) 制造加工检维修类;
(16) 实验与检测设备;
(17) 信息与通讯设备;
(18) 安全环保专用设备;
(19) 办公及辅助设施;
(20) 房屋和构筑物;
(21) 钻井设备;
(22) 钻采特车;
(23) 测井及录井设备;
(24) 物探设备;
(25) 注采设备;
(26) 地震地质资料处理设备;
(27) 炼油化工专用机械;
(28) 其他设备。

5.2.2 反应类设备

反应器是一种在一定温度、压力下，借助催化剂的作用，工艺介质实现反应过程的设备。

按催化剂在反应器内是否流动分为：固定床、移动床和流化床反应器。当今各式加氢装置中，以固定床反应器使用最多。固定床热壁反应器结构见图 5-1。

按器壁内部是否设置隔热衬里分为：冷壁反应器、热壁反应器。前者在反应器内部设置隔热衬里，金属壁温一般低于 200℃，远低于介质温度，壳体一般采用碳钢，此种型式常见于 20 世纪 80 年代初以前建造的反应器。后者内部不设置隔热衬里，内壁直接与介质接触，壳体一般采用 Cr-Mo 钢，是目前常用的反应器形式。

按油气在反应器内部的流动方式分轴向式反应器、径向式反应器。内部油气呈轴向流动的称为轴向式反应器；内部油气呈径向流动的称为径向式反应器，径向反应器有固定床和移动床两种。

图 5-2 左图为热壁轴向反应器示意图，右图为热壁径向反应器示意图。

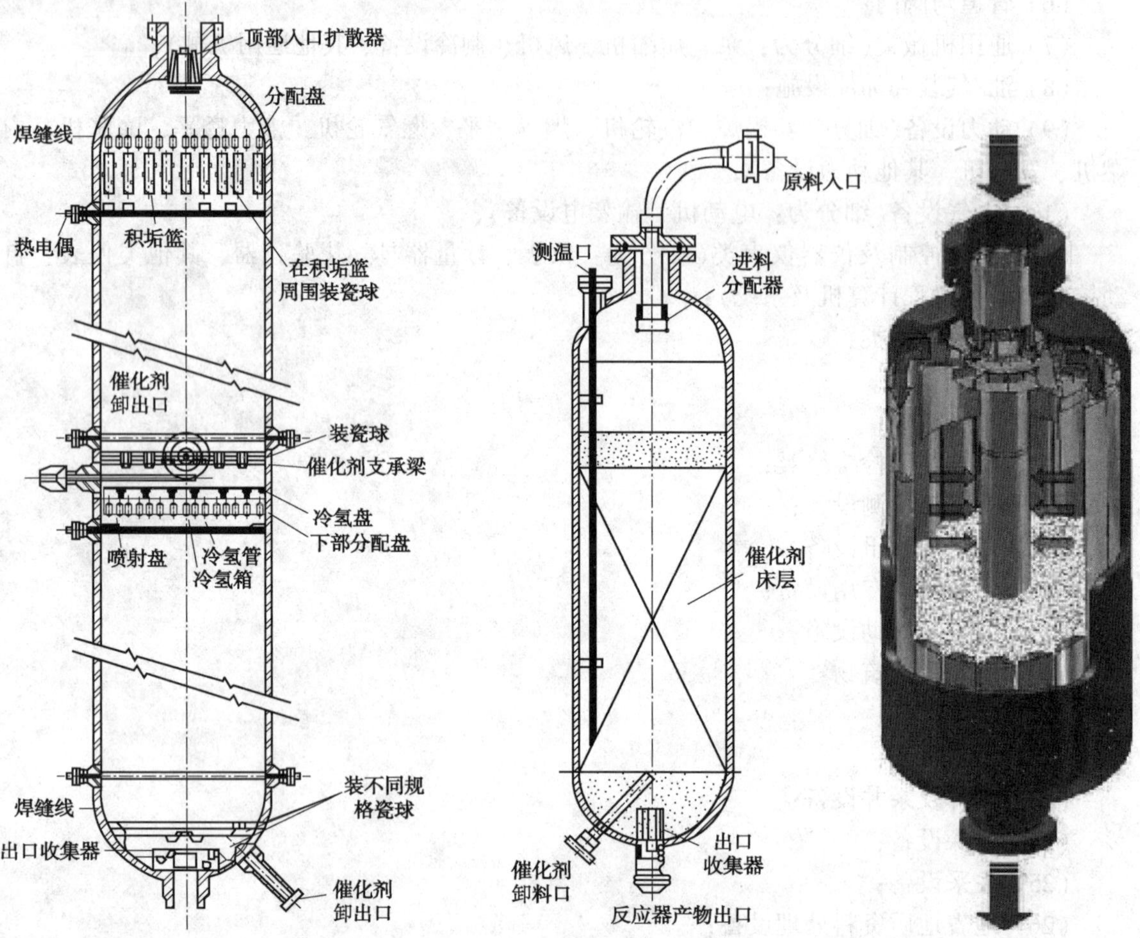

图 5-1　固定床热壁反应器　　　　图 5-2　轴向和径向反应器

5.2.2.1　加氢反应器

1. 概述

加氢工艺过程包括煤液化、加氢处理、加氢精制和加氢裂化，加氢反应器是各种加氢工艺中的关键设备。加氢反应器按照壳体结构特征分为单层结构和多层结构两大类，在单层结构中又分为钢板卷焊和锻焊两种；而多层结构一般有绕带式和热套式等型式。目前加氢反应器主要为板焊或锻焊的单层结构型式。

加氢反应器的设计和制造能力体现一个国家的机械工程技术水平。现代的加氢反应器由于设计方法更新、设计结构改进、材料技术发展、制造技术进步使得安全使用性越来越高。

2. 加氢反应器内构件

加氢反应器主要内构件包括：入口扩散器、气液分配盘、积垢篮、冷氢箱、热电偶和出口收集器等，各部件的作用如下：

（1）入口扩散器：防止高速流体直接冲击液体分配盘而影响分配效果，起到预分配作用；

（2）气液分配盘：使进入反应器物料均匀分散，与催化剂有效接触，充分发挥催化剂作用；

（3）积垢篮：为反应器进入物料提供更多的流通面积，使催化剂床层可聚集更多的锈垢和沉积物而不致引起床层压降过分增加；

（4）冷氢箱：控制加氢放热反应引起的催化剂床层温升，可使来自上部床层的反应物料和起冷却作用的冷氢充分混合，将具有均匀温度的气液混合物再均匀分配到下部的催化剂床层；

（5）热电偶：监视床层温度及床层截面温度分布状况；

（6）出口收集器：用于支承下部的催化剂床层，以降低床层的压降和改善反应物料的分配。

加氢反应器内件设计关键是要使气液相反应进料与固相催化剂颗粒有效接触，在催化剂床层内不发生流体偏流；内件应具有高效和稳定的操作性能，最大限度地利用反应器容积。

3. 加氢反应器主要损伤型式

加氢装置因工艺介质和操作条件的特殊性，反应器的主要损伤有：

（1）高温氢腐蚀：腐蚀型式有氢鼓包、表面脱碳、内部脱碳与开裂；

（2）氢脆：氢残留在钢中所引起的材质脆化现象。氢脆一般发生在室温～150℃的范围内，氢脆损伤往往发生在装置开、停工过程的低温阶段；

（3）高温硫化氢+氢腐蚀：当温度超过240℃时，对设备和管道的腐蚀要比硫化氢单独存在时对钢材产生的腐蚀还要剧烈和严重，其腐蚀速度一般随着温度的升高而加速；

（4）铬-钼钢的回火脆性损伤：钢材长时间保持在约343～593℃或者从这一温度范围缓慢冷却时，由于冶金变化，钢中有害杂质元素向奥氏体晶界偏析，晶界凝集力下降，材料韧性引起劣化损伤；

（5）连多硫酸应力腐蚀开裂：设备在高温硫化氢气氛下操作时易产生硫化亚铁（FeS），而当设备停运或停工时，FeS与出现的水分和进入设备内的氧发生反应形成连多硫酸，在残余应力存在的情况下，易产生晶间腐蚀开裂，一般发生在奥氏体不锈钢堆焊层或结构件上；

（6）奥氏体不锈钢堆焊层的氢致剥离：由于母材和堆焊层氢的溶解度和扩散速度不同，在界面部位会形成氢浓度的峰值，引起较大的组织应力，在多次升降温循环条件下，由于母材和堆焊层热膨胀系数不同而引起的热应力的作用，导致剥离路径沿着母材和堆焊层的界面扩展，在不锈钢堆焊层与母材之间呈剥离状态。

4. 加氢反应器使用中的保护

为防止破坏性损伤发生，加氢反应器需要正确的操作和维护。

（1）开停工程序：加氢反应器开停工过程中容易发生氢脆或堆焊层剥离等脆性损伤，因此需制定合理的开停工方案，要点如下：①对开停工升温升压限制：原则上采用开工先升温后升压，停工先降压后降温的方案。②控制最低加压温度：开工时反应器壁温未达规定温度之前，压力不得超过设计压力的1/4；停工时，压力降到设计压力的1/4之前，其壁温必须维持在规定温度之上。

（2）停工保护：当反应器内有奥氏体不锈钢内件和堆焊层时，在装置停工时应采取措施防止可能产生的连多硫酸应力腐蚀开裂损伤。主要措施包括：保持不锈钢表面干燥不结露，不与空气接触。若需更换催化剂或进行内部检查而必须打开反应器时，宜采用碱液清洗中和连多硫酸或在停工之前加入成膜剂循环，在内件表面形成保护膜。

5.2.2.2　催化裂化反应再生系统

催化裂化装置的反应再生系统指反应器和再生器系统，简称反再系统。根据不同的催化工艺技术，反再系统有着不同的组合和型式。如图5-3同轴式、图5-4同轴+并列式、图5-5并列式等。

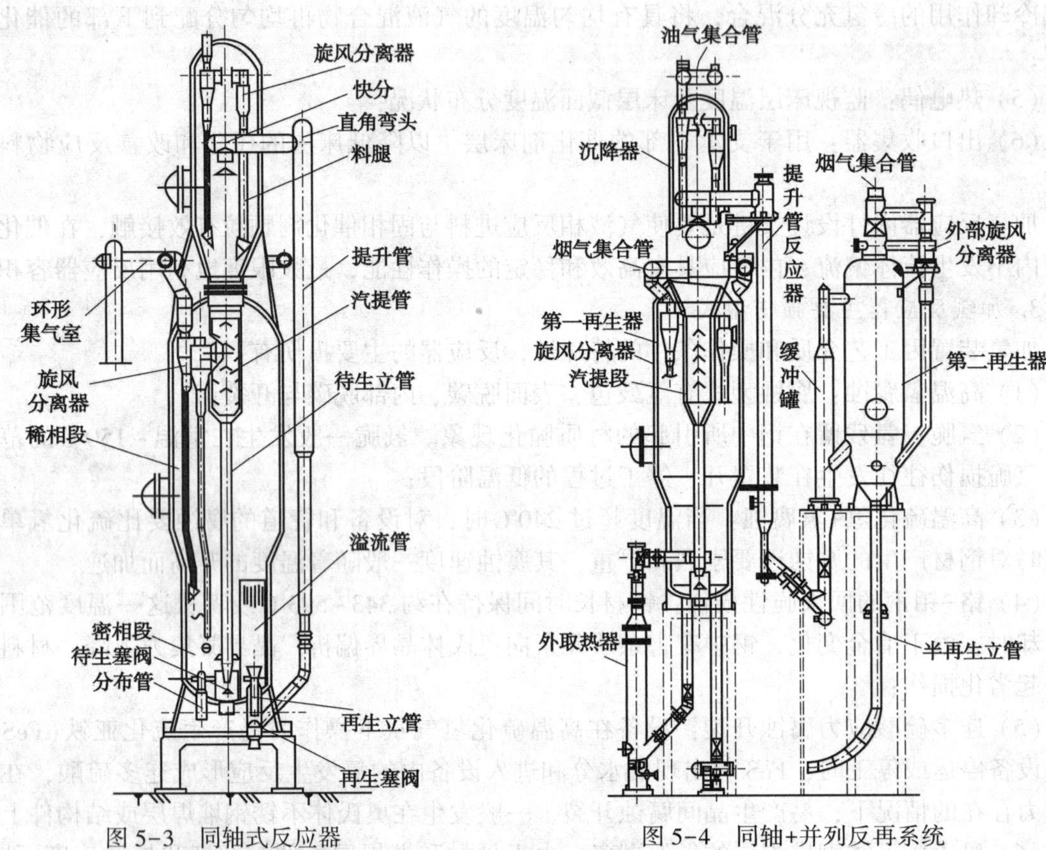

图5-3　同轴式反应器　　　　图5-4　同轴+并列反再系统

1. 反应(沉降)器结构

(1) 提升管反应器：

提升管反应器主要由预提升段、进料段与喷嘴、(MIP技术)第二反应段、终止反应段等组成。

① 预提升段：位于提升管底部，催化剂从再生斜管上方进入后需及时松动流化、重新分布、转向加速、提升等，因流态复杂，内部结构设计质量直接影响催化剂的循环；

② 进料段：位于预提升段上方，催化剂完成转向、提升和分布均匀后即为进料段；

③ 喷嘴：通过高速流动后使油与金属靶撞击，使油破碎完成雾化，喷嘴的雾化效果对反应产品收率和分布影响很大。进料喷嘴有靶式、喉管式、气泡雾化、液体离心等形式；

④ 第二反应段、终止反应段：对于MIP工艺的提升管，设置的第二反应段采用床层反应，内有分布板。在第二反应段后，反应达到理想产品时需要使反应停止，以避免过度裂化

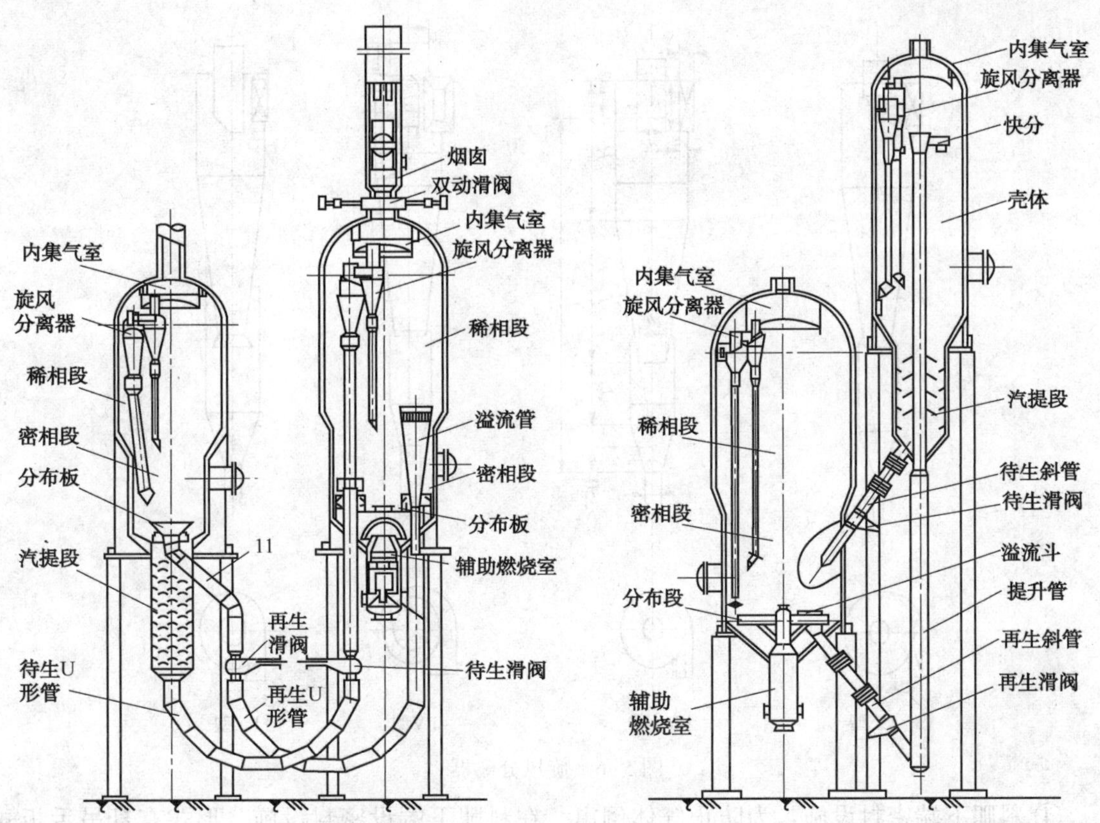

图 5-5 并列式反再系统

和生焦，一般喷入急冷油或水来降温和抑制反应深度。

(2) 提升管反应出口快速分离系统：

提升管出口要求反应油气与催化剂快速分离，一般有粗旋分离器、倒 L 快分、T 形快分、碟形快分、伞帽快分等。

若采用粗旋进行快速分离，粗旋与沉降器单级旋风分离器的联接有直接联接和非直接联接。对于直接联接方式可以避免沉降器内结焦，但结构复杂、投资高、操作要求高；对非直接联接方式因粗旋和单级旋风分离器之间留有距离，油气仍可直接进入沉降器外，结焦问题不能解决，但结构简单和投资少。

(3) 沉降器旋风分离系统：

在催化裂化装置中，旋风分离器作为一种气-固分离设施被广泛应用，该系统包括旋风分离器、料腿、拉杆、密封设施。

① 旋风分离器：近年来采用的高效旋风分离器有 PX、PV、BY、GE 等形式，分离效果一般达到99.9%以上。旋风分离器示意图见图 5-6；

② 料腿：上端与旋风分离器下口联接，垂直悬吊于沉降器内。料腿内密相催化剂与外部稀相催化剂形成压力平衡，有效防止气体从旋风分离器内反窜，保证旋风分离器正常工作；

③ 拉杆：将料腿相互连接成一个整体结构，增加刚度并改变旋风分离器和料腿组件的自振频率，用以抵抗摆动和扭转振动；

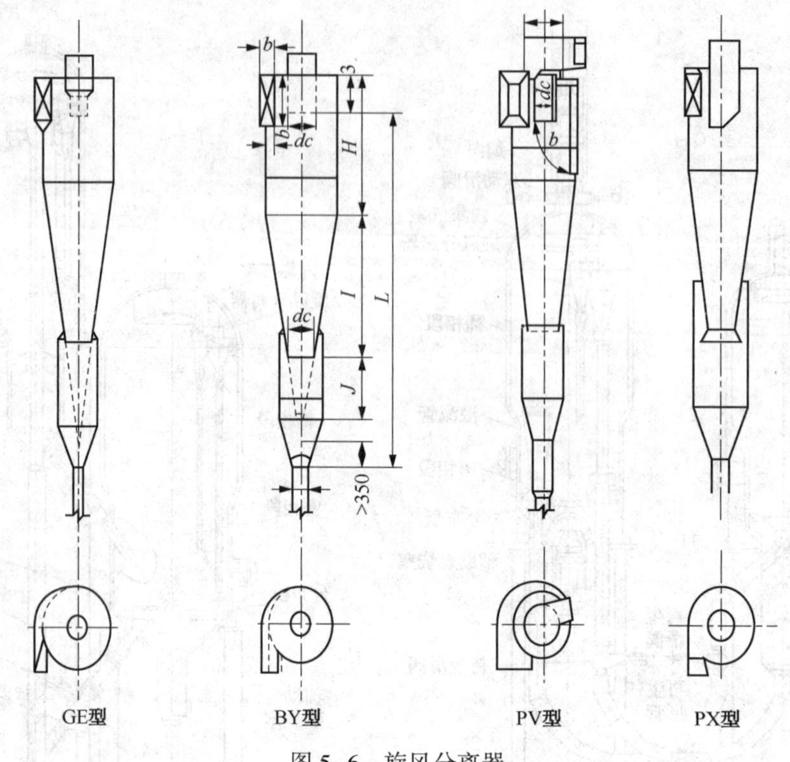

图 5-6　旋风分离器

④ 料腿下端密封设施：为防止气体倒窜，在料腿下端设密封设施，形式有悬吊舌板式翼阀、重锤式翼阀、倒锥、防冲挡板等。

（4）集气室：

集气方式有内集气室和外集气室：内集气室位于沉降器壳体内，吊于上封头顶，由筒体和封头等组成；外集气室位于沉降器壳体之外，自成一容器，多个二旋出口管穿过沉降器外壳与外集气室联接。外集气室有卧式、立式、椭球式和环管式。图 5-7 为集气室示意图。

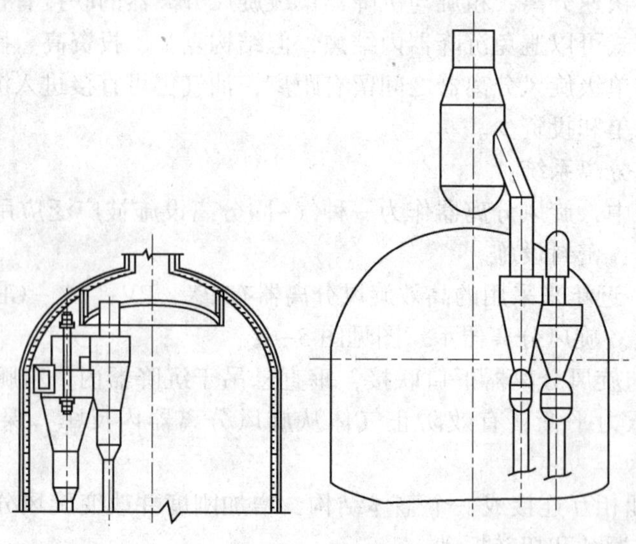

图 5-7　集气室

(5) 汽提挡板与汽提蒸汽盘管：

① 汽提挡板形式：一种为环型汽提挡板，其结构简单、制造安装检修方便，为常用的型式；另一种为条型汽提挡板，因设计、制造、安装不方便，现在很少用；

② 汽提蒸汽盘管：有直管式和环管式。目前常用的是环管式。

③ 汽提段格栅：位于汽提段底部，也可设在待生斜管入口。格栅净空为 80~100mm 的方孔，用以阻挡大的焦块，防止堵塞待生滑阀。

2. 再生器结构

(1) 再生器的结构型式主要有：单段床层式再生器、带烧焦罐的再生器、带预混合段的再生器、第一再生器、第二再生器、一再与二再同轴的再生器等。

(2) 再生器旋风分离器系统一般配置双级多组旋风分离器，悬挂在再生器壳体内。再生器旋风分离器系统与沉降器类似，包含料腿、拉杆、料腿下端密封设施；经旋风分离后的烟气集合方式有内集气室和外集气室，外集气室有卧罐式、立罐式、椭球式和环管式等。

(3) 在有些催化装置设计中，为了延长旋风分离器的寿命、降低投资费用，采用了外旋风分离系统。外旋风分离器为冷壁结构，选用碳钢材料制造分离器。外旋风分离系统同样有单级和双级的配置。

(4) 主风分布系统：

烧焦所需主风进入再生器，要求均匀分布并与催化剂充分接触，主风分布系统就承担其功能。主风分布系统主要有三种型式，见图 5-8。

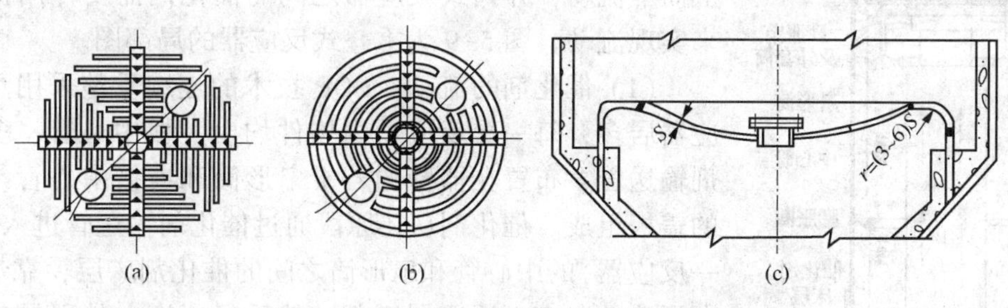

图 5-8　主风分布系统

① 树枝状主风分布器；

② 环状主风分布器；

③ 分布板。

(5) 取热系统：

为了提高再生器的烧焦能力，通过设置取热系统取走再生器内多余的热量，产生蒸汽。取热系统有内取热和外取热之分。

① 内取热器：取热元件放在再生器内，其特点是投资少、工艺简单、取热量固定，但灵活性小。过热管有水平放置和垂直放置两种型式；

② 外取热器：取热元件放在再生器外的独立容器中，将再生器的热催化剂在外取热器中循环，取热管内为水和蒸汽，管外为流化的催化剂，两者之间进行热交换。外取热器的特点是投资大、占地多，取热量可调，调节催化剂流量可很好地控制再生温度，方便灵活地满足了催化再生器操作需要。

3. 反应(沉降)器和再生器的材料选用

(1) 壳体部分选材:

反应(沉降)器和再生器内壁设置隔热耐磨衬里，金属壁温降到200℃以下，材料选用的是塑性好、可焊性好、价格低廉的碳钢；对于热壁设计的沉降器，则壳体采用CrMo钢材料。

(2) 内构件选材:

反应(沉降)器介质温度一般在490~520℃之间，内构件选用碳钢或CrMo钢材料；再生器内部介质温度高达750℃，因此内构件选用Cr18型的不锈钢，对于用于承重的旋风分离器吊挂，还应选用合金含量更高的材料。

(3) 反再系统用衬里:

反再系统所用隔热耐磨衬里，分为双层隔热耐磨、单层隔热耐磨、单层耐磨型式，前两者主要用于壳体，后者用于旋风分离器等需要高耐磨场合。选材、施工、烘炉、开停工各个环节的质量对衬里均有着影响，衬里问题是影响催化装置长周期运行的主要原因之一。

5.2.2.3 重整反应器和再生器

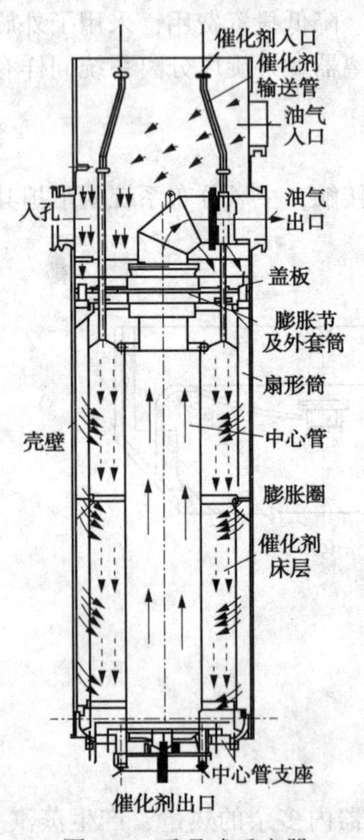

图5-9 重叠式反应器

催化重整反应器有预加氢(脱硫、脱氯)反应器和各种型式的重整反应器。此处重点对重整反应器作一介绍。

1. 重整重叠式反应器

重整反应器有重叠式和并列式，两种型式的布局和内部结构差异较大。重叠式反应器之间的催化剂靠自身的势能自上而下流动；并列式反应器之间的催化剂需要专用提升系统来实现流动。图5-9为重叠式反应器的局部图。

(1) 催化剂的流动：UOP技术的连续重整采用重叠式反应器居多，每一台反应器内构件均由一根中心管、多根催化剂输送管、布置在器壁的若干扇形筒和连接中心管与扇形筒的盖板组成。催化剂从还原段通过催化剂输送管进入一反(第一反应器)的中心管和扇形筒之间的催化剂床层，靠势能缓慢向下流动，直至反应器底部。然后经底座上的引导口通过催化剂输送管进入二反、三反，至末反下部的催化剂收集口并流出催化剂。

(2) 油气的流动：油气从反应器入口进入，通过布置在器壁的扇形筒顶部D字形升气管均匀地流入扇形筒内，然后径向流过催化剂床层并进入中心管，从反应器的上部流出。

(3) 顶部结构：重叠式反应器顶部有过多种型式，主要区别在于是否设置催化剂还原段，或何种形式的还原段。催化剂还原段放置反应器顶部，便于反应再生系统的布置，但增加了反应器的总高，过去曾用过的具有列管加热器的形式，见图5-10，现已被直接用高温还原气加热催化剂的技术所替代而已较少使用。

(4) 底部结构：重叠式反应器末级反应器的底部设有催化剂收集器和出口。在中心管底部支座上设置有8~10个隔板分成的环形催化剂出口，下面的锥形段也用导向叶片分割成同样数量的区域以相互对应，引导催化剂从下部流出。见图5-10。

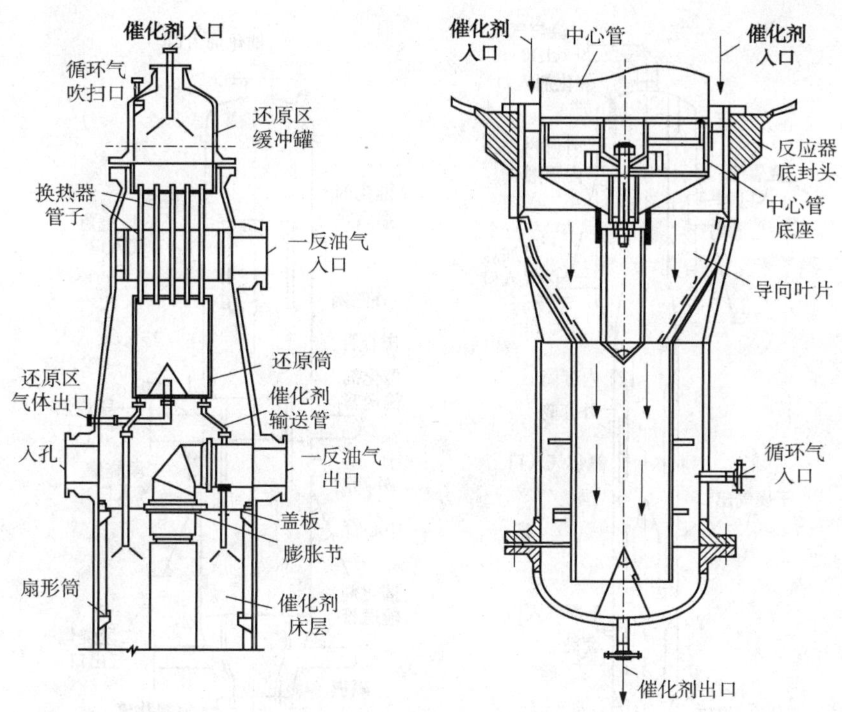

图 5-10 重叠反应器顶、底结构

2. 再生器

再生器分固定床和移动床两种类型。近期使用的移动床再生器有两种形式，均具有径向烧焦段轴向氧氯化段和干燥段的功能，但内部结构设计和布局区别比较大。

(1) 一段烧焦再生器：结构型式见图 5-11 左图，催化剂从顶部催化剂入口进入外筛网与内筛网之间的环形空间进行烧焦，烧焦后的催化剂下流到氯化区进行补氯，继续下流到干燥区，干燥后进入冷却区冷却，最后从下部催化剂出口流出。

(2) 两段烧焦再生器：结构见图 5-11 右图，催化剂从顶部催化剂入口进入缓冲区，经催化剂输送管进入第一个中心管和外筛网之间的环形空间，再经催化剂输送管下流到第二个中心管和外筛网之间的环形空间，之后再从催化剂输送管先后下流到氧氯化轴向床层和干燥轴向床层，最后催化剂从催化剂出口进入下部料斗。

5.2.2.4 乙烯裂解炉

管式裂解炉有诸多分类方式，结构上均由辐射盘管、管架、燃烧器、炉墙等组成。裂解炉主要分成辐射段和对流段两部分。乙烯裂解炉炉管形式要能适应高温、短停留时间、高热强度、受热均匀的需求，裂解反应时间指工艺介质在辐射室炉管内的停留时间。

1. 历史变革

早期管式裂解炉采用横置裂解炉管的方箱炉，反应管放置在靠墙内壁处，采用长火焰烧嘴加热，炉管表面热强度低。20 世纪 50 年代，裂解炉炉管位置由沿壁布置改为辐射室中央布置，采用短焰侧壁烧嘴加热，提高了炉管表面热强度和受热均匀性。20 世纪 60 年代，反应管开始由横置式改为直立吊装式，采用单排管双面辐射加热，进一步提高炉管表面热强度，并采用多排短焰侧壁烧嘴以提高反应的径向和轴向温度分布的均匀性。鲁姆斯公司短停

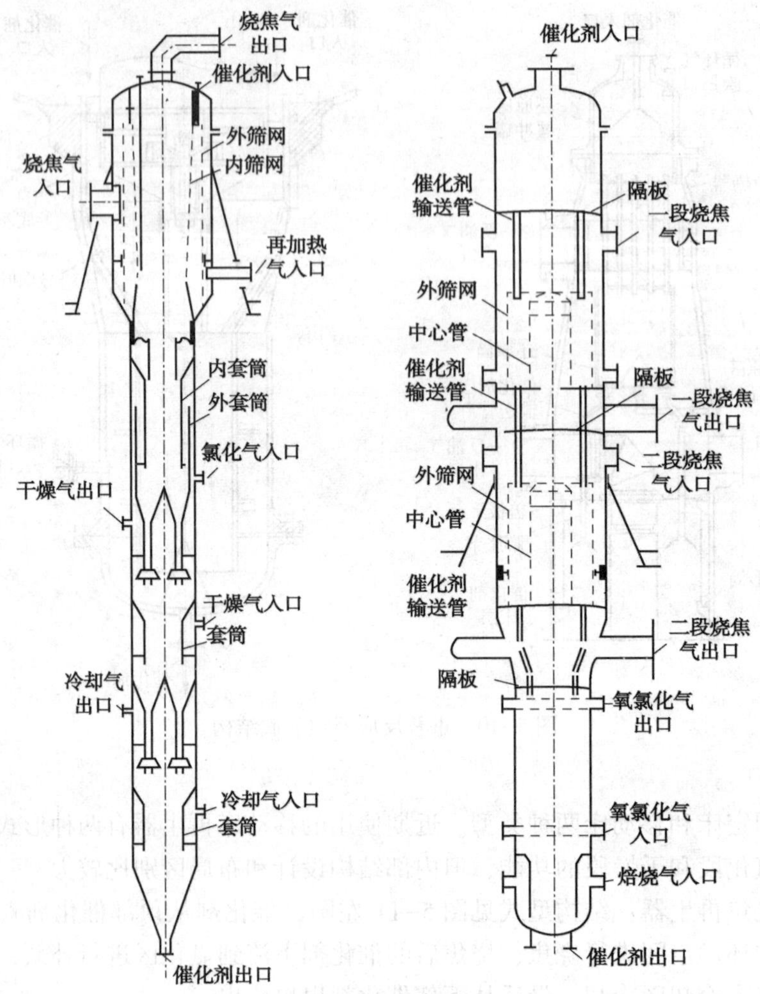

图 5-11 再生器

留时间裂解炉(简称 SRT 炉)是初期立管式裂解炉的典型装置。现在世界上大型乙烯装置多采用立式裂解反应管。

2. 裂解炉的主要炉型

图 5-12 为裂解炉辐射盘管示意图。

(1) SRT 型裂解炉：LUMMUS 公司开发的短停留时间裂解炉，为单排双辐射立管式裂解炉，从早期的 SRT-Ⅰ发展到近期的 SRT-Ⅵ型。SRT 型裂解炉采用侧壁烧嘴和底部烧嘴联合布置方式，辐射管为多分支变径管，炉出口裂解产物温度在 810~860℃范围，SRT-Ⅵ型炉的停留时间为 0.2~0.3s。SRT-Ⅰ至 SRT-Ⅵ的各类裂解炉适合的原料从乙烷到石脑油、乙烷到柴油、乙烷到重柴油、乙烷到加氢尾油等。

(2) USC 型裂解炉：Stone & Webster 公司开发的超选择性裂解炉，为单排双辐射立管式裂解炉，大多数裂解炉为一个辐射室配一个对流室，当单炉能力较大时则两个辐射室配一个对流室。USC 型裂解炉辐射盘管有 M 型、W 型和 U 型。M 型有较大管径的炉管，处理能力大，停留时间长，通常用于轻烃的裂解；W 型及 U 型盘管则管径较小，管程短，W 型为四程，U 型为两程。

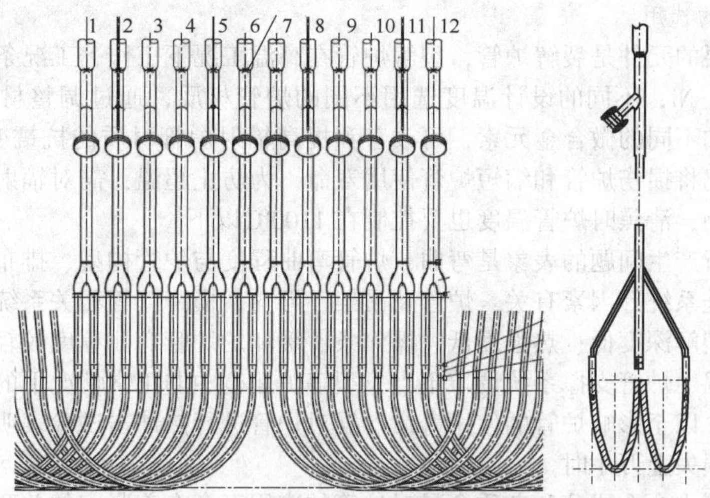

图 5-12　辐射盘管示意图举例

（3）GK 型裂解炉：KTI 公司开发的梯度动力学裂解炉，从早期 GK-Ⅰ发展到近期 GK-Ⅵ。GK 型裂解炉无论采用哪一型辐射盘管，总是一个对流段配置一个辐射段。GK 型裂解炉采用侧壁烧嘴和底部烧嘴联合布置方式。GK 各型裂解炉分支变径盘管有不同的特征，但大体上保持沿管长截面积不变，即各程炉管管径不同，但不同管程的炉管部截面积相等。

（4）毫秒裂解炉：Kellogg Brown & Root 公司开发，毫秒炉一个对流段配置一个辐射段，采用底部大烧嘴布置方式。毫秒炉管径较小、单管处理能力较低，因此单台裂解炉的辐射段炉管数量大。毫秒炉以其特点使乙烯具有较高收率，但付出的代价是缩短清焦周期。

（5）LSCC 型裂解炉：林德公司开发的裂解炉，称为 Pyrocrack 型裂解炉，现有 Pyrocrack4-2 型、Pyrocrack2-2 型和 Pyrocrack1-1 型。小管径短裂解管具有较短停留时间、低压力降；大管径长裂解管可获得大能力，炉管数量减少，炉膛体积缩小，结焦不敏感；林德公司因此把大小管径炉管结合使用开发出 Pyrocrack 盘管。

（6）CBL 型裂解炉：国内开发的裂解炉，1988 年 10 月第一台 CBL-Ⅰ型炉在辽阳化纤建成，CBL-Ⅰ~CBL-Ⅵ型裂解炉已成系列。原料适应范围从乙烷至加氢尾油，裂解炉能力从 20kt/a 到 150kt/a，正在研究 200kt/a 裂解炉。国产化 CBL 裂解炉技术水平在工艺及工程化方面均达到与国际同等的水平。在重质油裂解方面比国际水平还要高，可以满足国内新建和改造的需要。

3. 裂解炉内介质的流程

（1）裂解原料和水蒸气进入对流室炉管，在对流室内预热，然后进入辐射室炉管进行裂解反应，出口温度由所用原料决定；

（2）裂解炉的裂解产物自炉顶引出，去冷却系统；

（3）燃料和空气在烧嘴中混合后喷入炉膛燃烧，烧嘴在辐射室中均匀分布，燃烧后产生的烟气由辐射室进入对流室；

（4）烟气进入对流室后将显热传给对流管中的原料和蒸汽，最后由烟囱排入大气。为了充分利用烟气废热能量，在烟道中设置空气预热器，预热后的空气引入烧嘴可改善燃烧性能和提高火焰最高温度。

4. 裂解炉管的选用

裂解炉内主要的元件是裂解炉管，裂解炉管在高温工况下工作，工况条件苛刻，炉管用材主要元素为 Cr、Ni，不同的设计温度选用不同的炉管材质，通过调整材料中主要合金成分的含量以及添加不同的微合金元素，可改善和提高辐射炉管材质的抗蠕变和抗渗碳能力。即使如此，超温仍将损伤炉管和缩短炉管使用寿命，为防止超温，需对辐射炉管出口的金属最高温度进行监测，清焦时炉管温度也要控制在 1100℃以下。

辐射炉管运行产生问题的表象是弯曲，炉管弯曲程度与炉管构型、排布型式及操作、燃料燃烧、炉管吊挂系统等因素有关：炉管及吊架、导向、横跨管等相关系统柔性较好则炉管弯曲程度较轻；裂解深度低、热强度低、操作条件缓和的炉管弯曲程度较轻。在实际运行过程中，若炉管超温、炉管支撑系统调节不当、裂解炉运行中非正常情况下的紧急停炉等，均将造成炉管损伤，以至影响炉管的使用寿命。据对炉管进行热冲击试验表明，一次超温热冲击将使炉管寿命损失上万小时。

高温合金炉管中合金成分和杂质含量对炉管的应用寿命有着紧密的关联，特别是微量杂质难以用常规检验方法检测，随着使用时间的推移，因杂质引起的缺陷逐渐暴露从而影响炉管使用寿命。因此对合金成分和杂质含量需要予以严格控制。

5.2.2.5 制氢转化炉

以烃类为原料，用蒸汽转化法生产合成氨原料和氢气，在石化企业中有着重要的地位。制氢装置的转化炉即属于烃类蒸汽转化炉。

1. 对制氢转化炉的基本要求

(1) 制氢转化炉的工作条件比较苛刻，转化炉管采用耐高温的高 CrNi 合金，炉子设计中对炉管进行合理配置，防止局部过热，径向和轴向温度分布均匀。

(2) 制氢转化炉伴有传热、传质、动量传递和复杂化学反应的综合过程，选用炉型、原料、催化剂和操作条件等要素是个整体，需予以匹配。

(3) 炉子结构尽可能简单和紧凑，热能利用率要高。

2. 制氢转化炉辐射段炉管管系的基本组成

图 5-13 为单根炉管的组成。根据制氢转化炉负荷设置辐射管排数，每排转化管由上集气管、猪尾管、转化管和下集气管组成。转化管垂直布置，下集合管相对固定，转化管热态时向上膨胀，炉管由上部的弹簧吊架承重并吸收和补偿热膨胀；上集合管与转化管之间通过挠性的猪尾管联接。

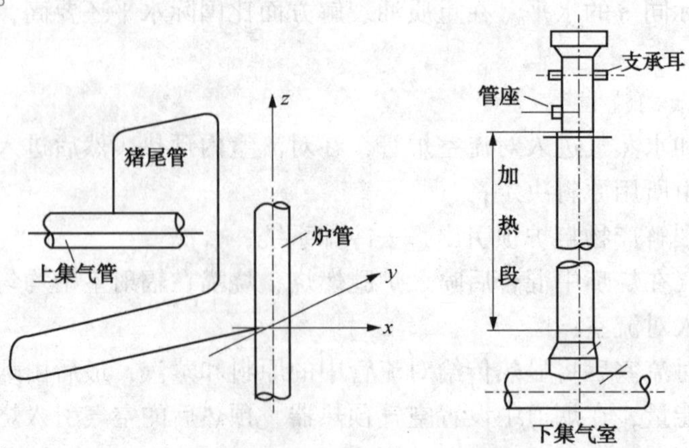

图 5-13　单根炉管组成示意图

(1) 猪尾管：采用猪尾管目的是用来补偿上集合管与转化管之间热膨胀差，在满足承压、耐温和阻力降的条件下，尽可能降低猪尾管刚度，采用猪尾管相当于增加了弹簧吊架的弹簧常数。为了增加挠性，猪尾管采用薄壁合金管，弯成挠性且紧凑的形状。

(2) 转化管：采用离心浇铸的高碳铬镍不锈钢材料，目前一般采用 HP40Nb。由于浇铸管内外壁有疏松层，因此内壁一般要求将疏松层去除，保证粗糙度为 Ra3.2μm。焊接时要切去外壁疏松层，以保证焊接质量。

(3) 下集气管：其作用是汇集来自于转化管的气体，过去采用热壁结构，即集合管温度与转化气温度相似，因此集合管由高合金材料制作，集合管的外部进行保温。近十年来，普遍采用冷壁结构，在碳钢制作的集合管内设置适应于高温氢气工况的隔热衬里材料，其结构示意见图 5-14。

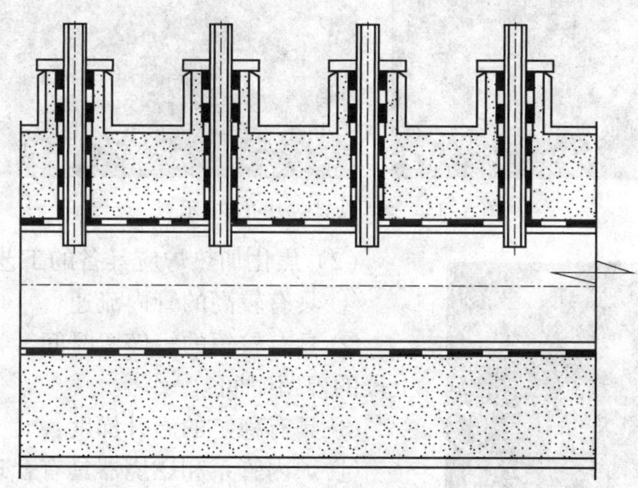

图 5-14　冷壁集合管

3. 转化炉管的应用

转化炉内主要元件是转化炉管，转化炉管处在高温工况下工作，工况条件苛刻，目前常用牌号为 HP40Nb，属 Fe 基 Cr-Ni 合金的离心浇铸不锈钢，可以在 1100℃ 范围内使用，随着运行时间持续增加，材料会出现损伤和劣化，最终丧失高温承载能力。材料开发研究者通过调整材料中合金成分的含量以及添加不同的微合金元素，以期望改善和提高辐射炉管材质的抗蠕变和抗渗碳能力，但超温将加速炉管损伤和缩短使用寿命，为了防止超温，需要对转化管温度进行监测。

转化炉管中合金成分和杂质含量对炉管的应用寿命有着紧密的关联，特别是微量杂质难以用常规检验方法检测，随着使用时间的推移，因杂质引起的缺陷逐渐暴露从而影响炉管使用寿命，因此需对炉管合金成份和杂质含量予以严格控制。

5.2.2.6　焦化炉和焦炭塔

1. 延迟焦化加热炉

加热炉是延迟焦化装置的重要设备，其功能是将油品加热，使油品有足够的能量在焦炭塔内进行反应。延迟焦化装置有着特定的工艺条件，对加热炉有以下要求：热传递速度快、炉管内介质流速高或谓停留时间短、炉管压力降小、炉膛温度场均匀、炉管表面的热强度均匀等。

(1) 焦化加热炉一般由辐射室、对流室、燃烧器、烟道、能量回收系统等几个主要部分构成，现代的焦化加热炉以卧式布置的双面辐射炉管为特征，配以小功率多数量的燃烧器以获取均匀的炉膛温度场。图 5-15 为焦化加热炉的结构示意图，图 5-16 为焦化加热炉燃烧器布置示意图。

图 5-15 焦化加热炉的结构示意

图 5-16 燃烧器布置示意图

(2) 焦化加热炉应具备的工艺和结构要求：

① 具有较高的管内流速；

② 具有较短的短停留时间，特别是介质 426℃以上段的停留时间；

③ 具有稳定的温升梯度；

④ 炉内管系和燃烧器具有合理对称布置和配管；

⑤ 合理平均热强度及炉管热强度，周向不均匀系数小；

⑥ 适宜的炉膛体积热强度；

⑦ 每管程布置多点注汽，且具有较小的注汽量；正确的对流转辐射处介质设计温度；

⑧ 中、小型能量的低 NO_x 火嘴及扁长形炉膛尺寸。

(3) 影响焦化加热炉长周期运行的因素和措施：

① 焦化原料、特别是加热炉进料的性质：焦化原料性质劣化影响到焦化产品的分布和性质变化，会要求炉出口温度等主要操作参数进行调整，使结焦倾向增大，影响加热炉连续运行时间；

② 加热炉进料和燃烧系统的“本安型”工艺联锁控制：为防止因失电、泵抽空等原因导致流量过低或中断、炉管破裂等原因造成的紧急停工，加热炉进料设计中设置了低流量报警、低低流量联锁停炉、停泵、紧急吹气等逻辑控制措施，以防止炉管结焦以及炉膛着火燃烧等次生事件发生；

③ 加热炉缓和结焦的工艺措施：当炉管内介质温升速率达到某一值时可以考虑注入含芳烃较高的不同馏程范围的油品，增加其热稳定性和胶溶性，以缓和结焦趋势；设置在线或离线清焦措施等。

(4) 大型化的焦化加热炉：

近年来国内延迟焦化逐趋大型化，通过典型的“一炉两塔”工艺流程进行组合达到装置大型化要求，在大型化焦化加热炉配置过程中，典型的方案包括下列内容：

① 加热炉采用二室四程、三室六程或四室八程的双面辐射炉型：提高平均热强度，降低峰值热强度，尽可能降低最大油膜厚度、管壁温度、物料停留时间；

② 采用在线烧焦技术：实现在不停焦化加热炉的条件下，对多管程加热炉中的某一炉进行空气-蒸汽烧焦，延长焦化炉的连续运行时间，提高装置的经济效益。或采用水力清焦技术，逐室进行炉管清焦；

③ 采用多点注汽技术：根据管内介质不同的加热阶段，在管路系统不同部位分别注入不同比例的蒸汽，减缓减压渣油在炉管中的结焦，延长焦化炉的运行周期；

④ 提高炉管材质等级：加热炉炉管选用 Cr9Mo，提高炉管表面允许温度，延长使用寿命；

⑤ 采用新型燃烧器：根据辐射炉膛结构、炉管布置型式等，采用小能量和相对扁长形及低 NO_x 燃烧器，以保证在提供工艺所需热量相匹配的炉膛单位燃烧热容积下，炉膛内热强度分布的均匀性和环保法规的要求。

2. 延迟焦化焦炭塔

延迟焦化是以渣油或类似渣油的各种重质油作为原料，通过加热炉快速加热到一定的温度后进入焦炭塔，在塔内适宜的温度、压力条件下发生裂解、缩合反应，生成油气、汽油、柴油、蜡油、循环油组分和焦炭。加热炉认为是焦化装置的关键设备，而焦炭塔是焦化装置的核心设备。

(1) 焦炭塔的工艺特点：

① 焦炭塔是焦化的反应器，也是一个装焦炭的容器；

② 操作温度高，最高温度达到 500℃以上；

③ 操作温度变化频繁，每一个操作周期均要从常温变化到最高工作温度，并且生焦周期越短，温度的变化速度也越快。焦炭塔所具备的温压变化特性使得焦炭塔应力状态复杂化。

焦炭塔内介质温度、压力变化导致了焦炭塔外形尺寸和内应力的变化，图 5-17 对冷热态焦炭塔外形变化做了形象的示意。图 5-18 显示了典型循环中焦炭塔壁温度的变化规律。

(2) 焦炭塔的结构特点：

① 焦炭塔是一个直立圆柱壳压力容器，顶部为球形或椭圆形封头，底部为锥形；

② 焦炭塔的直径和高度取决于装置的处理量、原料性质、操作温度、操作压力和循环比。焦炭塔直径与高度呈现互补关系，直径大可以降低高度、高度增加也可适当减小塔径，但控制在一个高径比

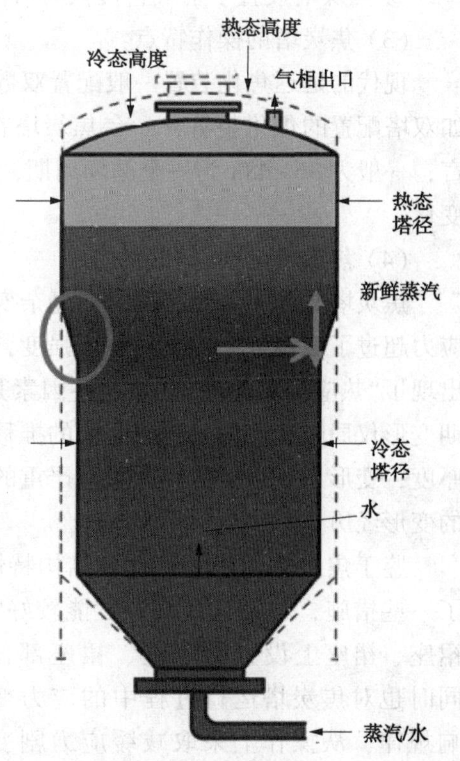

图 5-17 冷热态焦炭塔的外形变化

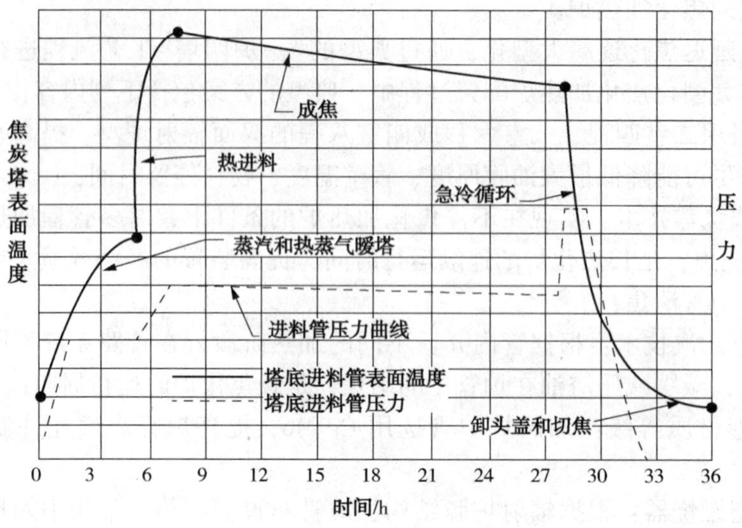

图 5-18　焦炭塔壁温度的变化规律

范围内；

③ 焦炭塔的材质有碳钢、C-Mo 钢、Cr-Mo 钢等，对于炼制高硫油时，为了抵御高温硫腐蚀，焦炭塔又在上述基材的基础上采用 405 或 410S 不锈钢复合板；

④ 焦炭塔外部采用保温材料进行隔热处理；

⑤ 焦炭塔设置了射线料位仪对塔内焦碳料位进行测量。

(3) 焦炭塔的操作特点：

现代的延迟焦化装置一般配置双数的多塔并联操作，以保证焦化操作为连续生产过程。如双塔配置的焦化装置，一台焦炭塔在生焦，另一台则处在清焦过程中。对一台焦炭塔而言，一般为 36~48h 为一个循环周期，在一个循环周期中焦炭塔经历环境温度至最高温度的变化。

(4) 焦炭塔的损伤和措施：

焦炭塔操作时壁温和压力的复杂变化，引起的应力状态很复杂，若径向和轴向温差综合应力超过了该温度下的材料屈服强度，则引起塔壁局部塑形变形；反复的温度变化循环，又出现了“热应力棘轮现象”，这些因素是焦炭塔鼓胀变形的主要原因。焦炭塔寿命周期的早期变形仅局限于底部，随着时间的推移，上部也出现鼓胀，而焊缝因其有稍高的屈服强度和厚度，变形小于母材，因此变形严重的焦炭塔会呈现一种葫芦串的变形，图 5-19 为焦炭塔的变形经历。

鉴于焦炭塔的工艺特性和结构特性，从 2000 年以后，国内焦炭塔在结构设计上采取了一些措施，包括选用高温性能较好的 CrMo 钢替代碳钢制造焦炭塔、采用整体式锻造的裙座、裙座上设置膨胀缝、裙座部位设置“热箱”、采用结构更趋合理的保温措施等。同时也对焦炭塔运行过程中的应力变化状态进行测试，探索操作过程对应力变化的影响规律，从操作上采取减缓应力剧变的措施等，为延长焦碳塔的使用寿命进行了有益的探索。

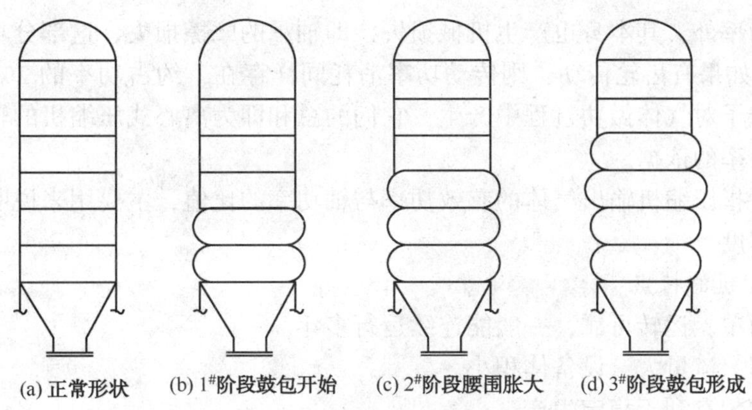

图 5-19 焦炭塔变形经历

5.2.3 大型机组

压缩机是一种用于压缩气体以提高气体压力或输送气体的机器，从能量转换角度看，压缩机是把原动机的机械能转变为气体能量的一种机械，广泛应用于石油化工企业。压缩机种类繁多，结构型式和工作原理也有较大区别。

压缩机按压缩气体方式通常分为两类：容积式和透平式。一般容积式压缩机宜用于中小流量的场合，透平式压缩机宜用于大流量的场合。容积式压缩机气体压力的提高是利用气体容积缩小来实现，透平式压缩机气体压力提高是利用叶轮和气体的相互作用来实现。

5.2.3.1 离心压缩机

离心式压缩机的工作原理是通过转动机械对气流的不断加速、减速，因惯性而彼此挤压，缩短分子间的距离，达到提高气体压力的目的。

离心压缩机适用范围较广，石化企业的加氢类装置、连续重整装置、催化裂化装置、乙烯装置、延迟焦化装置、空分装置和许多化工装置均有应用。炼油装置的离心压缩机功率一般达到数千千瓦，而百万吨级乙烯装置的离心压缩机功率达到了数万千瓦。

离心压缩机的驱动方式有多种，包括汽轮机、电动机、膨胀透平机、烟气轮机等，其组合方式有两机组、三机组、四机组等。

1. 离心压缩机的几个重要参数

(1) 流量：指单位时间内流经压缩机流道任一截面的气体量，通常以体积流量和质量流量两种方法来表示。体积流量是指单位时间内流经压缩机流道任一截面的气体体积，因气体的体积随温度和压力的变化而变化，当流量以体积流量表示时，需注明温度和压力。质量流量是指单位时间内流经压缩机流道任一截面的气体质量。

(2) 压缩比：指压缩机的排出压力和吸入压力之比，也称压比。计算压比时排出压力和吸入压力都要用绝对压力。

(3) 转速：指压缩机转子旋转的速度。

(4) 能量损失：在气体压缩过程中，叶轮对气体所做的功绝大部分转变为气体的能量，另有一部分能量损失，该损失基本上包括流动损失、轮阻损失和漏气损失，以及在机械传动过程中产生的能量消耗。

(5) 轴功率离心式压缩机的转子除在气体升压过程中产生的流动损失功率、轮阻损失功率和漏气损失功率外，其本身也产生机械损失，即轴承的摩擦损失，这部分功率消耗占总功率的2%~3%。如果有齿轮传动，则传动功率消耗同样存在，约占功率的2%~3%。以上功率消耗都是在转子对气体做功过程中产生，它们的总和即为离心式压缩机的轴功率，轴功率是选择驱动机功率的依据。

(6) 效率：指压缩机输出气体的有效功率与轴功率的比值，主要用来说明传递给气体的机械能的利用程度。

2. 离心压缩机的特点

(1) 结构简单，运转可靠，一般能连续运行多年。

(2) 转速高、流量大，设备体积小。

(3) 供气均匀有利于稳定生产。

(4)由于离心式压缩机可采用蒸汽轮机驱动，有利于合理使用工厂余热，降低能源消耗。

3. 离心压缩机的结构型式

(1) 水平剖分型：气缸被剖分为上、下两部分，如催化装置和延迟焦化装置所使用的气体压缩机，该类型不适合用于高压和含氢多且相对分子质量小的气体压缩。图5-20为水平剖分型压缩机示意图。

图5-20 水平剖分型压缩机示意图

(2) 垂直剖分型；即筒形气缸里装入上、下剖分的隔板和转子，气缸两侧端盖用螺栓紧固。由于气缸是圆筒形的，抗内压能力强，对温度和压力所引起的变形也较均匀。主要用于加氢类装置的循环机和其他石油化工用的循环机，使用压力可达45MPa。图5-21为筒型压缩机示意图。

图5-21 筒型压缩机示意图

（3）等温型：即近似等温压缩过程，这种压缩机为在较小动力下对气体进行高效压缩，把各级叶轮压缩的气体通过级间冷却器冷却后再导入下一级的一种压缩机，如供应动力风的高速风机。

为节省压缩机耗功，压缩机常设中间冷却器，中冷器把全部级分成几个段。在每段里有一个或几个级，每个级是由一个叶轮及与其相配合的固定零件所构成。

4. 离心压缩机的主要部件

离心式压缩机零件较多，根据这些零件的作用组成各种部件。我们把离心式压缩机中可以转动的零部件组合称为转子，不能转动的零部件称为定子。图5-22为压缩机转子组件示意图。

图5-22　压缩机转子组件示意图

（1）气缸：压缩机由壳体和进排气室组成，内装有隔板、密封体、轴承等零部件。对它的主要要求是：有足够的强度以承受气体的压力，法兰结合面应严密。

（2）隔板：安装在气缸壳体内，与气缸壳体或内机壳组成压缩机的气道，即形成扩压器、弯道及回流器等。

（3）气封：密封段与段、级与级之间的静密封。防止机器内部通流部分各空腔之间泄漏的密封称内部密封。外部密封阻止压缩机内气体外泄，常用有迷宫型、浮环油膜密封、机械接触式密封和干气密封四种。

（4）轴承：离心压缩机上的轴承分径向轴承和止推轴承两种。径向轴承承受转子重量和其他附加径向力，保持转子转动中心和气缸中心一致，并且在一定转速下正常旋转。止推轴承作用是承受转子的轴向力，限制转子的轴向移动，保持转子在气缸中的轴向位置。

（5）主轴：压缩机关键部件，起到装配叶轮、平衡盘、推力盘的作用。

（6）叶轮：也称为工作轮，它是压缩机中最重要的一个部件。气体在叶轮叶片的作用下，跟着叶轮做高速的旋转。而气体由于受旋转离心力的作用以及在叶轮里的扩压流动，使气体通过叶轮后的压力得到了提高。

（7）平衡盘：又名卸荷盘，压缩机平衡盘一般装载在末级叶轮后面，一侧受末级气体压力，另一侧常与压缩机吸气室相通，平衡盘外圆上一般都有迷宫密封装置使盘两侧维持压差。

（8）推力盘：主要承受推力轴承的轴向力，两侧分别为推力轴承的正副止推块。推力盘有的设置在压缩机的高压端，有的设置在机组的压缩机的两段之间。

5. 离心压缩机的性能曲线

（1）级的能量损失：在离心压缩机流道中气流流动非常复杂，其能量损失包括流动损失、轮阻损失和漏气损失三部分。而流动损失又包括了摩擦损失、分离损失、二次流损失和

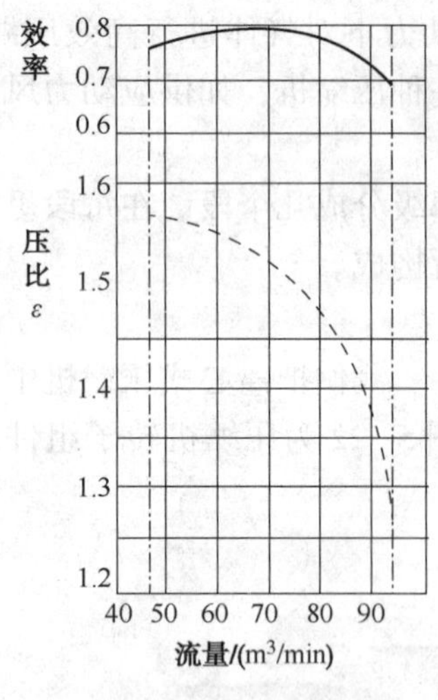

图 5-23 压缩机性能曲线

尾迹损失四部分。

(2) 级的性能曲线：离心压缩机级在不同流量时的级压比 ε(或者排压)、级效率 η、功率 P 与进口流量 q_v 的关系曲线称为级的性能曲线。图 5-23 为一定转速下某模型级的性能曲线，由图可看出：

① 在一定的进口气体状态或者转速下增大流量，级的压比将下降。反之则上升；

② 离心压缩机的级效率存在一个最大值，通常取这个最大效率点作为设计点。当进口流量偏离设计点时，级效率都会因为级内的损失增大而下降；

③ 喘振工况和堵塞工况之间的区域为稳定工作区。稳定工作范围的大小是衡量级性能的一个重要指标。

(3) 离心压缩机的特性曲线：离心压缩机整机在不同流量时的压比 ε、整机效率 η、功率 P 与进口流量 q_v 的关系曲线称为离心压缩机的性能曲线。离心压缩机整机具有与离心压缩机级相类似的性能曲线。图 5-24 为单级、两级和三级压缩的离心压缩机整机 ε-q_v 曲线，由图可以看出：

① 多级串联工作与单级工作相比，整机的喘振流量增大，堵塞流量减小；

② 多级串联工作与单级工作相比，整机性能曲线的形状变陡，稳定工况范围变窄；

③ 串联的级数越多，整机的性能曲线就越陡，稳定工况范围也就越窄。

当压缩机的级间带中间冷却时上述现象会更加明显。

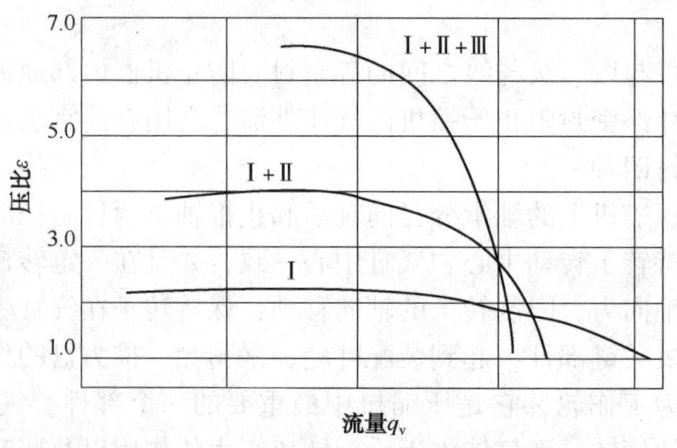

图 5-24 单级、两级和三级压缩的整机 ε-q_v 曲线

6. 离心压缩机喘振

(1) 旋转失速：离心压缩机的级在非设计工况下，由于流量减小导致叶片通道中产生严重的气流脱离，形成旋转脱离现象，而使级性能明显恶化的情况，称为旋转失速。根据强烈程度，旋转失速可以分为渐进失速和突变失速。渐进失速时性能曲线平滑而连续；突变失速时性能曲线出现跳跃，表现为不连续性。

(2) 喘振：在离心压缩机流道中，由于工况改变，流量显著减小，形成突变失速，流动情况会大大恶化。这时叶轮虽仍在旋转，对气体做功却不能提高气体的压力，于是压缩机出口压力显著下降。可能出现管网中压力反而大于压缩机出口处压力的情况，因而管网中的气体就向压缩机倒流，一直到管网中的压力下降至低于压缩机出口压力为止；倒流停止，气流又在叶轮作用下正向流动，压缩机又开始向管网供气。但当管网压力回升到原有水平时，压缩机正常排气又受到阻碍，流量又下降，系统中的气体又产生倒流。如此周而复始，在整个系统中发生了周期性的轴向低频大振幅的气流振荡现象，这种现象称之为压缩机的“喘振”。

（3）喘振现象及特点：喘振时噪声增大并发出异常的周期性吼叫或喘气声，甚至出现爆音；出口压力和进口流量两个参数都发生周期性的大幅度脉动；机体和轴承发生强烈振动，其振幅比平常正常运行时大得多。

（4）喘振后果：喘振造成的严重后果包括：使转子和定子经受交变应力而断裂；使级间压力失常而引起强烈振动导致密封及推力轴承的损坏；使运动元件和静止元件相碰而造成严重事故。

（5）喘振的预防措施：设计时尽可能使压缩机有较宽的稳定工作区域。设计点远离喘振点；设置防喘放空或防喘回流；设置转动进口导叶、转动扩压器叶片或者调速等调节方法。

（6）工况对压缩机喘振的影响：工况变化最主要的是气体相对分子质量的变化，在压缩机防喘振线设计模型中是按设计条件为依据，当相对分子质量变化并偏离过多，则原有设防线将不足以阻止压缩机喘振。有些防喘振控制器的数学运算中设置了2~3条与相对分子质量有关的控制线，在机组控制系统控制画面上设置工况选择按钮来确定使用哪种相对分子质量的防喘振线。这种做法虽然使防喘振线可以更精确地靠近喘振线，尽量减少不必要的返回量，但在操作中如何判定介质相对分子质量也非易事。比较典型的例子是延迟焦化富气压缩机在焦炭塔吹汽时相对分子质量偏离比较多，如果反喘振线设置富余量不多则容易进入喘振区。

7. 压缩机稳定工作区

通常离心压缩机设计点是机组的最高效率点，机组大部分时间应在此点运行。但是其运行点不可能始终保持在此点不变。实际运行时随着管网用气状态的变化，离心压缩机的运行点也会随之发生移动。如图5-25所示。

（1）当进气流量减小时，随着离心压缩机内能量损失的增大，机组的效率会逐渐下降。若进气流量继续减小，将导致喘振的发生。

（2）当进气流量增大时，离心压缩机内的能量损失也会增大，机组的效率也会逐渐下降。叶轮对气体所做的功全部用来克服能量损失，此时级中压力无法升高；或者流量增大到某值后，流道某处达到了声速，因激波损失而无法使气体升压，级达到堵塞工况。

喘振工况和堵塞工况之间的区域称为稳定工作区。

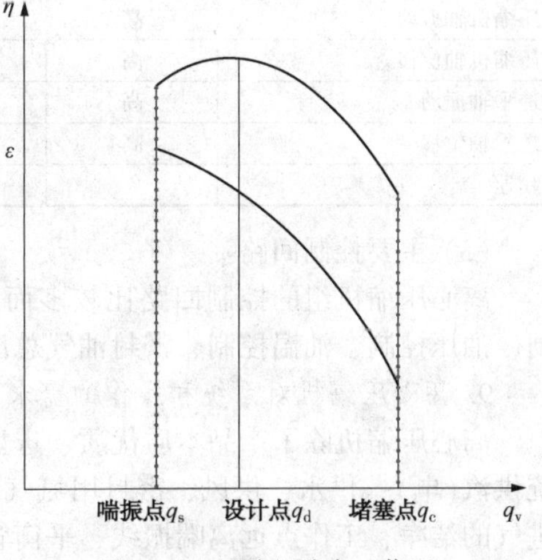

图5-25　压缩机稳定工作区

8. 离心压缩机的控制系统

离心压缩机组控制回路多、控制点多，自控要求高，故离心压缩机控制系统比较复杂。

（1）主要监测点：

① 压力：压缩机进出口压力、润滑油压、密封油气差压、油过滤器差压、主/辅油泵出口压力。

② 温度：压缩机进出口温度、润滑油温度、密封油温度、轴承温度。

③ 流量：压缩机进口流量、防喘振线流量。

④ 阀位：防喘振阀阀位。

⑤ 液位：油箱液位、停车高位油箱液位、密封高位油箱液位。

⑥ 状态：防喘振阀阀门(开/关)、允许开车(满足/不满足)、紧急手动停车(停/开)、油泵运行状态(开/停)、加热器运行状态(开/停)。

(2) 主要报警、联锁方案，见表5-1：

表5-1 离心压缩机主要报警、联锁方案

项目	报警	联锁	备注
透平进口压力	低		
透平出口压力	高		
润滑油压	低	低低	低启辅泵，开车条件，低低联锁“三取二”
控制油压	低		开车条件
密封油气差压	低	低低	开车条件
隔离气压力	低		
油过滤器差压	高		
压缩机出口温度	高		
油箱油温	低		
供油总管油温	高		开车条件
压缩机轴承温度	高	高高	
压缩机进口流量	低		
油箱液位	低		开电加热器条件
停车高位油箱液位	低		开车条件
密封高位油箱液位	低		开车条件
压缩机轴振动	高	高高	
压缩机轴位移	高	高高	
透平轴振动	高	高高	
透平轴位移	高	高高	
超速		高高	三取二

(3) 主要控制回路：

离心压缩机组的控制回路比较多而复杂，主要有：防喘振控制、调速、三取二超速跳闸、油压控制、油温控制、密封油气总压、干气密封气差压等。

9. 离心压缩机对系统和操作的需求

离心压缩机除了产品本质优质、选型合理外，高质量的维护和操作是重要环节，保证系统供汽(电)、供水、供风、密封用氮气；气体组分和操作工况尽量接近于设计工况；保证进气的洁净、工作点远离喘振线、平衡管畅通无阻、工作转速避开临界点；润滑系统和密封系统正常运行等一系列外界条件均是保证压缩机高效安全长周期运行的必要条件。

5.2.3.2 轴流压缩机

轴流式压缩机与离心式压缩机都属于透平式压缩机。与离心式压缩机相比，轴流式压缩机具有流量大、体积小、质量轻和设计工况下效率高等优点；但是它也存在稳定工况范围较窄、性能曲线较陡、变工况性能较差和叶片易磨损等缺点。轴流式压缩机多用于炼油厂的催化裂化装置主风机、化工和钢铁等行业。图5-26为轴流压缩机示意图。

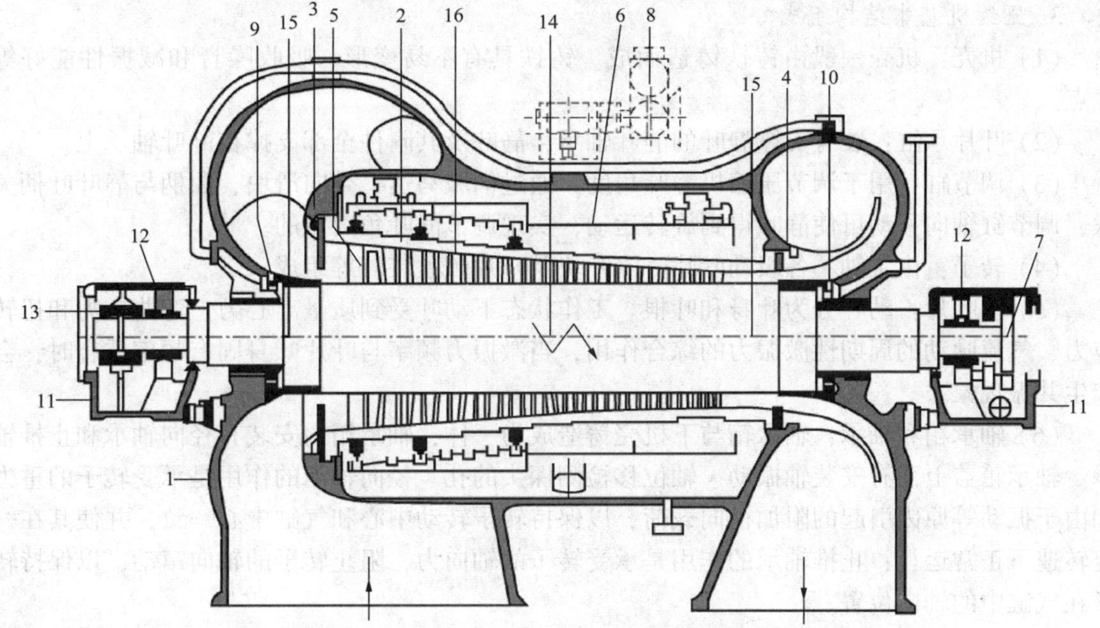

图5-26　轴流压缩机示意图

1—机壳；2—叶片承缸；4—扩压器；5—静叶；6—调节缸；8—伺服马达；
11—轴承座；14—转子；15—平衡盘；16—动叶

1. 轴流压缩机几个重要参数

（1）吸入流量；

（2）压缩比；

（3）级数；

（4）转速；

（5）有效功率；

（6）效率。

2. 轴流压缩机结构介绍

（1）轴流压缩机按末级是否配置离心叶轮分类：

① 纯轴流式压缩机：纯轴流式压缩机的末级不配置离心叶轮；

② 轴流-离心混合式压缩机：轴流-离心混合式压缩机的末级配置离心叶轮。轴流-离心混合式压缩机因末级配置有离心叶轮，能防止已压缩介质在末级轴向级中膨胀，避免转子动叶中发生附加高动力负荷，增加了操作的安全可靠性，另外使机组性能曲线的阻塞线大幅下移。

（2）轴流压缩机按静叶调节方式分类：

① 静叶片不可调：静叶片不可调压缩机稳定工况区域狭窄，流量变化相对比较小，压力变化比较大，结构比较简单，维护比较方便，适用于载荷不变工况；

② 部分静叶片可调：部分静叶片可调压缩机的特点介于两者之间；

③ 全部静叶可调：全部静叶可调压缩机可以扩大压缩机的稳定工况区，弥补了静叶不可调压缩机的不足，且可提高压缩机效率，降低启动功率。

3. 压缩机基本结构组成

（1）机壳：机壳一般由铸铁铸造而成。铸铁具有不易变形、吸收噪音和减振性能好等优点。

（2）叶片承缸：装有支撑静叶的静叶轴承，静叶及其附件全部支撑在静叶轴承上。

（3）调节缸：用于调节压缩机静叶角度，通过伺服马达、导向滑块、曲柄与静叶叶柄关联，调节缸轴向移动可使静叶得到旋转运动，实现调节静叶角度目的。

（4）转子：由主轴、各级动叶片、隔叶块及叶片锁紧装置等组成。

（5）动叶片：动叶分为叶身和叶根。工作状态下动叶受到质量离心力、弯曲应力和扭转应力、气流脉动的周期性激振力的综合作用，当激振力频率与叶片叶身固有频率重合时，会产生共振现象。

（6）轴承箱和轴承：轴承箱与下机壳铸造成为一体，轴承箱内安装有径向轴承和止推轴承。轴承箱盖上面有安装轴振动、轴位移检测探头的孔。径向轴承的作用是承受转子的重力和由于振动等原因引起的附加径向载荷，以保持转子转动中心和气缸中心一致，并使其在一定转速下正常运行；止推轴承的作用是承受转子的轴向力，阻止转子的轴向窜动，以保持转子在气缸中的轴向位置。

图 5-27 为轴流压缩机内部结构示意图。

图 5-27　轴流压缩机内部结构

4. 轴流压缩机的流量调节方式

（1）通过改变转速调节流量。

（2）通过调节进口导叶或静叶控制流量，若使用全静叶可调方式，则可通过部分或者全部地开启静叶得到很宽的流量调节特性。

（3）对进口进行节流，有一定的调节范围，适用于恒定转速的压缩机。

（4）对出口节流，经济性差，不适合压力-流量性能曲线陡的轴流压缩机。

5. 恒速静叶可调轴流压缩机性能曲线

（1）静叶栅每一角度的变化，都对应于一条曲线，所以调节静叶角度，可使一根根孤立的、特性较陡的曲线形成流量变化范围宽阔的可调区域，从而满足操作需要。

（2）恒速静叶可调式轴流压缩机的特性曲线如图 5-28 所示，其安全运行区域为 A、B、C、D 线所围成的区域。

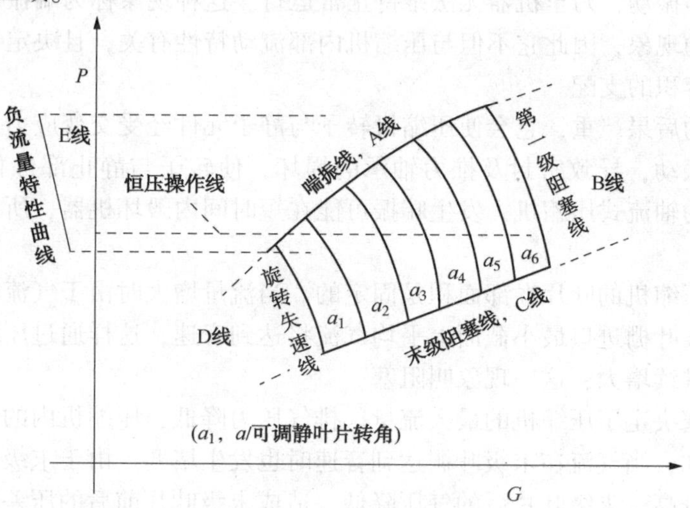

图 5-28　恒速静叶可调式轴流压缩机特性曲线

（3）当气体流量减小到一定程度，压缩机进入失速区（不稳定工况区），叶片发生振动，各静叶角度下的特性曲线均有失速时的最小流量点，各点的连线叫失速边界线即喘振线，至于此时是否喘振还要取决于机后管网情况。

（4）当气体流量增加到一定程度时，压力急速下降，压缩机进入阻塞区，叶片发生颤振。如同喘振边界线一样，也可作出一条阻塞边界线。

（5）在同一进气压力与温度条件下，“流量-出口压力”与“流量-效率”曲线都有最大值，最高效率与最大压力并不在同一工况点上。

（6）仅改变进气压力压缩机压比与效率不变化，但流量与功率将与进口压力成正比变化。

6. 轴流压缩机工作区限制线

轴流式压缩机在实际运行中并不总是在设计工况下工作，当运行条件改变时，其工况点就会离开设计点，而进入非设计工况区域。这时实际的气流流动情况就与设计工况有差别，而且在一定条件下产生了不稳定流动工况。这几种不稳定工况限制了轴流压缩机工作区：旋转失速工况、喘振工况及阻塞工况。这三种工况都属于气体动力不稳定工况。

当轴流式压缩机在上述这些不稳定工况下工作时，不仅会大大恶化工作性能，有时还会发生强烈的振动，使机器不能正常工作，甚至产生严重的破坏事故。

（1）旋转失速：轴流式压缩机特性曲线静叶最小角度与最小工作角度之间的区域为旋转失速区。当风量小于轴流式主风机的旋转失速线限值时，叶片背面气流产生脱离，机内气流形成脉动流，使叶片产生交变应力而导致疲劳破坏。为了防止失速，要求操作者熟悉压缩机特性曲线，启动过程中快速通过失速区，操作过程中应按制造厂的规定，使最小静叶角度不低于规定值。

(2) 喘振：在压缩机与一定容积的管网联合工作时，当压缩机在高压缩比、低流量下运行时，一旦流量小于某一定值，叶片背弧气流严重脱离，直至通道堵塞，气流强烈脉动，并与出口管网的气容、气阻间形成振荡，此时机、网系统气流的参数出现整体大幅度波动，即气量、压力随时间大幅度周期性变化；压缩机的功率以及声响均周期性变化。上述变化非常剧烈，使机身强烈振动，乃至机器无法维持正常运行。这种现象称为喘振。由于喘振是整个机、网系统发生的现象，因此它不但与压缩机内部流动特性有关，且决定于管网特性，其振幅、频率受管网容积的支配。

喘振所造成的后果严重，它会使压缩机转子与静子元件经受交变应力而断裂，使级间压力失常引起强烈振动，导致密封及推力轴承的损坏，使转子与静止部件相碰，造成严重事故。特别是高压的轴流式压缩机，发生喘振可能在短时间内毁坏机器，所以不允许压缩机在喘振工况下运行。

(3) 阻塞：压缩机的叶片喉部面积是固定的。当流量增大时由于气流轴向速度增大，气流相对速度增大，叶栅进口最小截面上平均气流将达到音速，这样通过压缩机的流量就达到一临界值而不再继续增大，这一现象叫阻塞。

初级叶片阻塞决定了压缩机的最大流量。排气压力降低，压缩机内的气体将因膨胀体积增加而使流速增加，当气流在末级叶栅达到音速时也发生堵塞。由于末级叶片气流受阻，末级叶片前的气压升高，末级叶片后的气压降低，造成末级叶片前后的压差加大，这样末级叶片前后受力不平衡而产生应力，也可能导致叶片损坏。轴流式压缩机当其叶型和叶栅参数确定后，其阻塞特性也就固定。轴流式压缩机不允许在阻塞线以下区域过久运行。

7. 轴流压缩机保护系统举例

(1) 防喘振控制：轴流机转子叶片与机壳间隙小、转子轴较长，喘振时动静部件容易相撞，所以轴流机对喘振保护更具必要。喘振控制的目的就是要在喘振出现先兆时将其消除，始终保证压缩机工况点运行在喘振线以下，即安全区域内。防喘振控制就是利用这一原理，在喘振线以下设置一条防喘振线防止喘振的发生。如果工况点在防喘振线以上，控制系统自动调节防喘振阀门开启，降低压缩机出口压力防止喘振发生。图 5-29 描述了喘振线、反喘振线、后备线和工作点的关系。

(2) 逆流保护系统：催化装置发生逆流意味着高温催化剂倒流到压缩机，由于轴流压缩机动静部件之间间隙很小，产生逆流时压缩机内部的温度急剧上升乃至破坏压缩机，因此机组设置逆流保护系统。逆流保护采用两对可监测主风机入口温差的触点。在压缩机入口的信号热偶有一个极快的响应，而装在近大气侧上游的参比热偶则为较慢的响应。当出现在喘振逆流时监测两套热偶组合温差是否大于预定温度极限，以此来进行逆流保护。

(3) 压缩机的安全运行保护：在压缩机运行过程中发生：手动投用安全保护系统、压缩机入口温差 ΔT 超过设定点或压缩机进入系统的风量低于设定值，则压缩机的安全保护系统启动，相关的执行机构动作，切断压缩机向催化装置供风。这些执行结构动作包括：快速开启反喘振阀、快速关闭主风机出口止回阀，阀门位置是通过反馈并验证。

(4) 压缩机的紧急停机保护：当装置或压缩机发生非正常情况危及安全时，需要启动紧急停车程序完成紧急停车操作，这些紧急停车条件可能会包括：手动紧急停车、超速、逆流、润滑油油压低、程控器故障、静叶释放时间过长、电机堵转、轴振动和位移超标、轴承

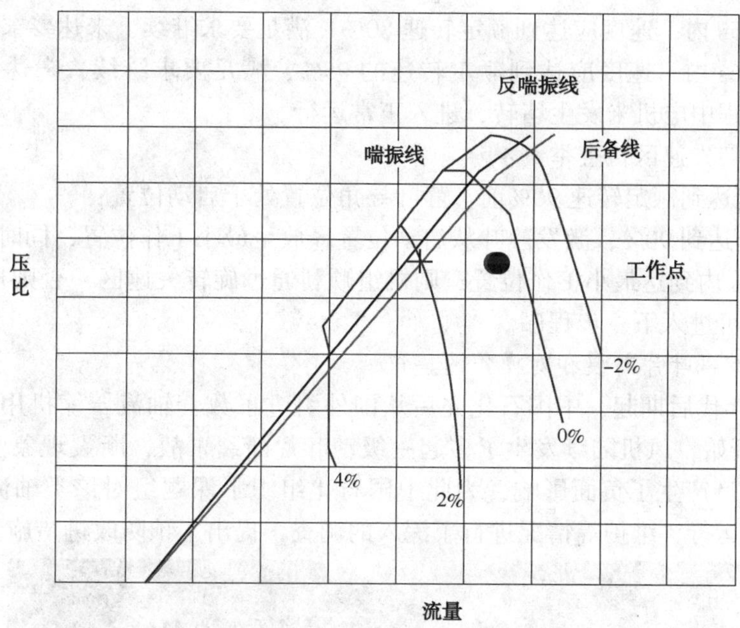

图 5-29 压缩机防喘振控制线

温度超标、电机定子温度超标等。停机保护程序激发后，产生一系列的动作，包括切断电动机供电、关闭烟气轮机入口闸阀、关闭烟气轮机入口蝶阀、快速开启反喘振阀、快速关闭主风机出口止回阀、静叶关闭到启动位置、如果机组发电快速开启烟气轮机旁路蝶阀、停用选用的增压机等。

8. 大功率轴流压缩机启动

(1) 外部条件具备压缩机单机和系统调试完成，润滑油过滤合格，压缩机运行所需的电、仪、水、汽、风具备条件。

(2) 压缩机正常启动程序通过紧急停机后的延时已到、系统润滑油压正常、润滑油温正常、润滑油高位罐充满、盘车启动、导叶至启动位置、阀门至启动位置、反喘振阀全开、出口止回阀全关、烟气轮机入口闸阀全关、烟气轮机入口蝶阀全关、清除所有停机条件。

(3) 启动过程中主要参数的关系

大型压缩机在启动过程中对机组自身、对外界系统是一个异常事件易发的敏感时段，图 5-30 描述了轴流压缩机启动过程几个参数的趋势，特别强调了极大的启动电流所造成电网电压下降，以及为了降低启动电流而把静叶释放时间延迟到启动电流开始下降的瞬间。因此在一些启动程序中对启动过程设置了检查和控制。

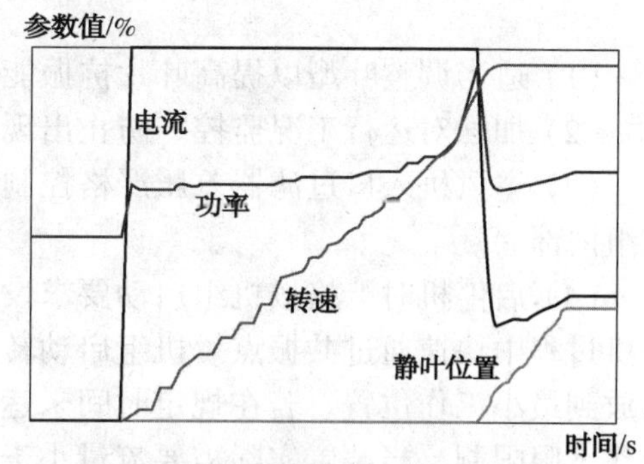

图 5-30 大型压缩机启动过程中主要参数的关系

9. 压缩机启动过程的保护举例

(1) 电机堵转保护：

① 合闸起 22s 内，速度应达到额定转速 30%，满足要求继续，未达要求则停机；

② 合闸起55s内，速度应达到额定转速80%，满足要求继续，未达要求则停机；

③ 合闸起66s内，速度应达到额定转速的95%，满足要求继续，未达到要求则停机；如果电机加速过程中电机未发生堵转，进入正常运行。

(2) 通过旋转失速区检查举例：

① 机组转速达到额定转速90%前，静叶导角位置处于启动位置；

② 机组转速达到90%，激发静叶从启动位置释放至最小工作位置，同时开始计时；

③ 机组在5s内到达最小工作位置，则机组顺利通过旋转失速区，否则机组应停车；机组顺利启动后即可进入下一步程序。

10. 轴流压缩机叶片断裂和对操作的建议

20世纪80年代后期起，中国石化先后从国外引进了数套轴流压缩机用作催化主风机，自90年代中期开始，风机陆续发生了多起一级动叶片断裂事故，断裂现象基本类同，见图5-31，对企业生产产生了负面影响，为此中国石化组织了课题组对该类轴流风机一级动叶片的断裂过程及运行、维护等情况进行了深入的调查，提出了预防改进措施：

图5-31 首级叶片断裂

(1) 适当调整叶型以提高叶片抗振能力，建议新制叶片使用抗蚀性更强的材料。

(2) 加强对运行工况监控。防止出现机组旋转失速、喘振、逆流和阻塞等危险工况。

(3) 主风机入口过滤器差压严格控制在合理范围以内，防止空气短路和大颗粒灰尘进入机组内部。

(4) 启停机时严格按机组启动要求设定叶片的启动角度和转入正常运转角度时间。在启停机过程中快速通过共振点。机组启动转速达到一定值后，静叶能够从启动位置准确迅速地释放到最小工作位置。若在规定时间未达到最小工作角度时应立即停车；对主风机的操作流量作下限限制，当装置实际需要流量小于设定下限时，可利用放空阀将富裕的空气放空，以确保安全操作。

(5) 加强机组检修管理，每周期都要进行解体检查，尤其是对一级、二级动叶要采取可靠的无损检测方法进行检查，防止已存在缺陷的叶片进入下一个运行周期。

5.2.3.3 往复压缩机

往复压缩机通过曲柄连杆结构将驱动机的回转运动转变为气缸内活塞的往复运动，使气体在气缸内完成吸气、压缩、排气和膨胀过程。吸气阀和排气阀分别控制气体的吸入与排出。提高气体压力的主要方法是增加单位容积内气体分子数目，是往复活塞式压缩机的基本工作原理。

往复压缩机适用范围比较广，石化企业中的加氢类装置、连续重整、制氢装置、PX装置、PSA装置、轻烃回收、芳烃抽提和一些化工装置上均有应用。

往复压缩机一般由同步电动机或异步电动机驱动。图5-32为往复压缩机外形。

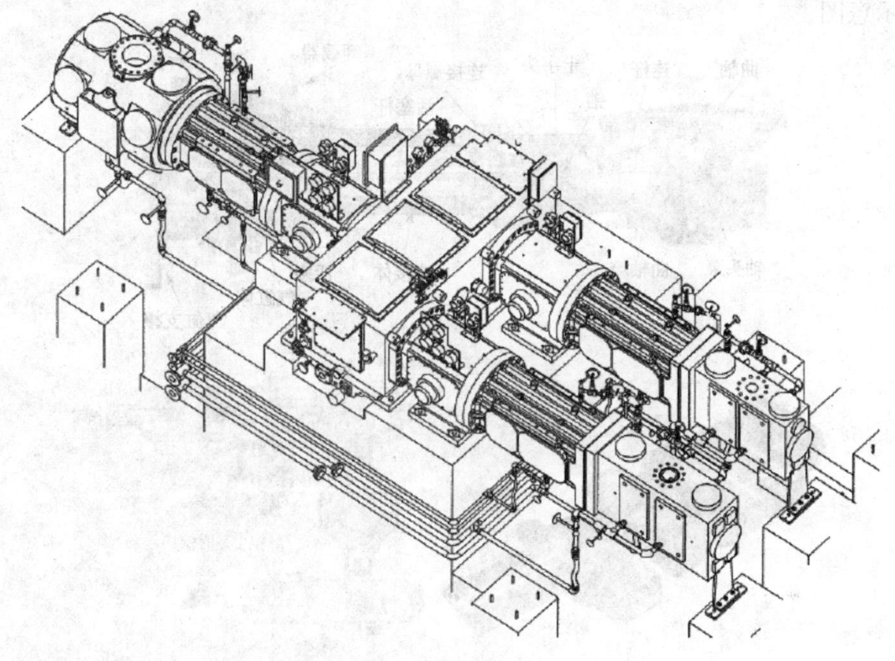

图5-32 往复压缩机外形图

1. 往复压缩机的几个重要参数

(1) 级数：根据压缩机的排气压力和吸气压力之比确定。

(2) 列数：每一连杆对应的活塞组合气缸称为列，每列可配置若干压缩机级。

(3) 容积效率：是压缩机实际排气量与气缸行程容积之比。

(4) 排气量：是区别压缩机工作能力的主要指标，取决于压缩机的气缸行程和排气系数。

(5) 排气系数：指该级排气量与理论排气量之比。

(6) 指示图：用于判断各过程是否完善、确定气缸实际进气量、确定气缸容积的指示功率。

2. 与往复压缩机运行关联的工艺参数和性能指标

(1) 工艺参数：吸入压力、排出压力、吸入口温度、气体物性、冷却剂温度、进口气量。

(2) 性能指标：额定排气量、排气温度、活塞力、级数。

3. 往复压缩机流量调节方法

(1) 间断调节：截断进气、旁路调节、加大气缸余隙等。

(2) 连续调节：进口阀调节、旁路调节、顶开吸气阀调节、可变余隙法调节、变转速调节、无级气量系统调节等。

4. 往复压缩机结构组成

压缩机主要由机体、曲轴、连杆、活塞组、阀门、轴封、油泵、能量调节装置、油循环系统等部件组成。图 5-33(上)为往复压缩机部件组合示意图，图 5-33(下左)为曲轴，图 5-33(下右)为缓冲罐布置图。图 5-34(左)为压缩机气缸与缸套示意图，图 5-34(右)为压缩机气阀示意图。

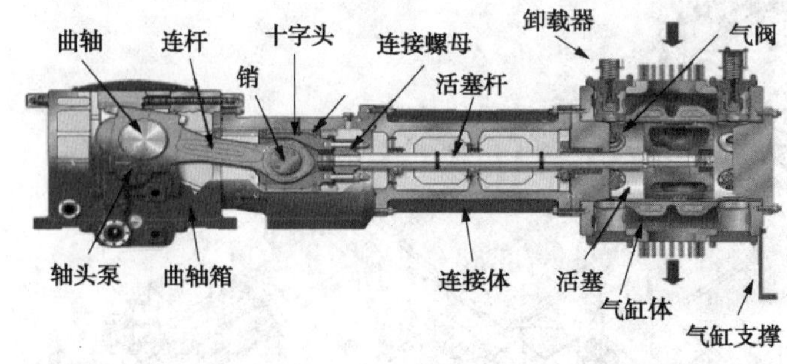

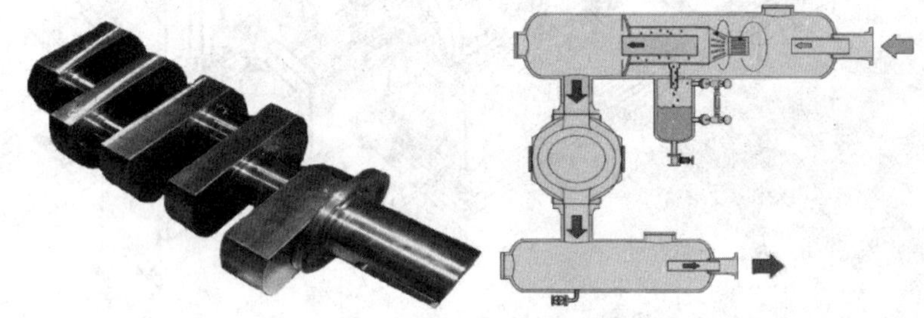

图 5-33　往复压缩机结构组合图

图 5-34　压缩机气缸与气阀示意图

5. 往复式压缩机典型故障举例

(1) 排气温度异常：指排气温度高于设计值的现象。影响排气温度增高的因素有：进气温度、压力比、与介质物性有关的压缩指数。气阀漏气、活塞环漏气，不仅影响到排气温度升高，而且也会使级间压力变化，只要压力比高于正常值就会使排气温度升高。

(2) 过热故障：在曲轴和轴承、十字头与滑板、填料与活塞杆等摩擦处，温度超过规定的数值称之为过热。过热将加快磨擦面之间的磨损、热量不断积聚直致烧毁磨擦面，造成机器重大的事故。造成轴承过热的原因主要有：轴承与轴颈贴合不均匀或接触面积过小；轴承偏斜曲轴弯曲、扭；润滑油黏度太小，油路堵塞，油泵有故障造成断油等；安装时未找平和控制好间隙、主轴与电机轴未找正、两轴有倾斜等。

（3）燃烧和爆炸事故：油润滑压缩机中往往产生积炭问题，积炭在一定的条件下会燃烧，导致压缩机发生爆炸事故。因此气缸中的润滑油不能供给太多，不能让没有经过严格过滤、含有大量尘埃的气体吸入气缸。

（4）活塞杆断裂：主要断裂部位是与十字头连接的螺纹处以及紧固活塞的螺纹处，此两处是活塞杆的薄弱环节。若设计、加工、材质上无问题，则安装时其预紧力不宜过大，否则使最大作用力达到屈服极限时活塞杆会断裂。压缩机长期运转后，由于气缸过度磨损，对于卧式列中的活塞会下沉，从而使连接螺纹处产生附加载荷，再运转下去，有可能使活塞杆断裂。此外由于其他部位的损坏，使活塞杆受到了强烈冲击时，也有可能使活塞杆断裂。

6. 往复压缩机的控制系统

（1）主要监测点：

① 压力：每级进出口压力、润滑油压力、冷却水压力、油过滤器差压。

② 温度：每级进出口温度、润滑油温度、冷却水温度、填料盒温度、轴承温度、电机定子线圈温度。

③ 流量：返回线流量、出口流量。

④ 阀位：返回线控制阀阀位。

⑤ 状态：电器设备、盘车器。

（2）往复压缩机的报警联锁方案：

方案见表5-2。

表5-2 往复压缩机主要报警、联锁配置方案表

项目	报警	联锁	备注
每级进口压力	低		
每级出口压力	高		
供油压力	低	低低	低启辅泵、开车条件
软化水供水压力	低		
每级出口温度	高		
油温	高		
水温	低		
填料函温度	高		
轴承温度	高	高高	
定子线圈温度	高	高高	
油箱油位	低		
水箱水位	低		
分液罐液位	高		
电机漏水检测	高		
盘车器位置	未脱开		开车条件
循环阀位	未全开		开车条件
卸荷阀位(电磁阀)	未卸荷		开车条件

(3) 控制回路方案:

往复压缩机的控制回路主要有出口压力或入口压力控制回路。

7. 往复式压缩机故障检测手段

(1) 通过检测振动获取可能的故障信息，包括活塞杆断裂、十字头故障、气阀松动、介质带液等，见图 5-35。

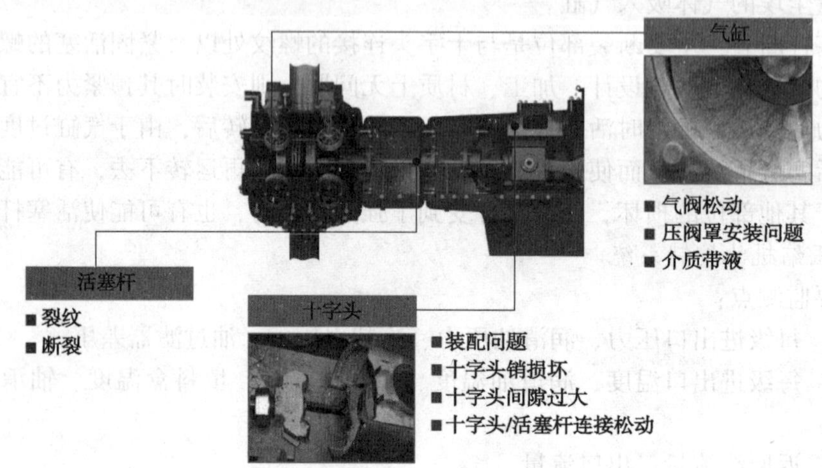

图 5-35 对往复压缩机的振动监测

(2) 通过检测活塞杆位置获取可能的故障信息，包括活塞环断裂、支撑环断裂、活塞杆连接松动、气缸不对中、气缸缸套磨损等，见图 5-36。

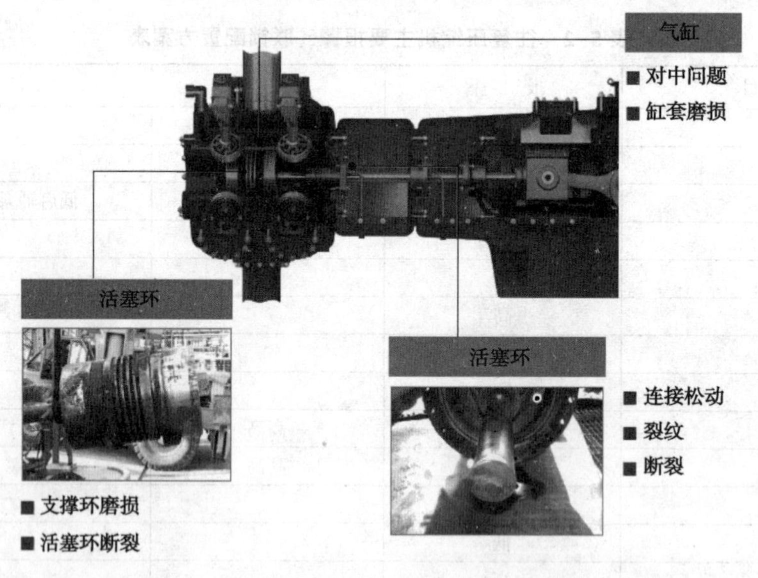

图 5-36 往复压缩机的活塞杆位置

(3) 通过指示压力监测获取可能的故障信息，包括气阀泄漏、气阀黏滞、活塞环泄漏、活塞杆负载、主填料泄漏等，见图 5-37。

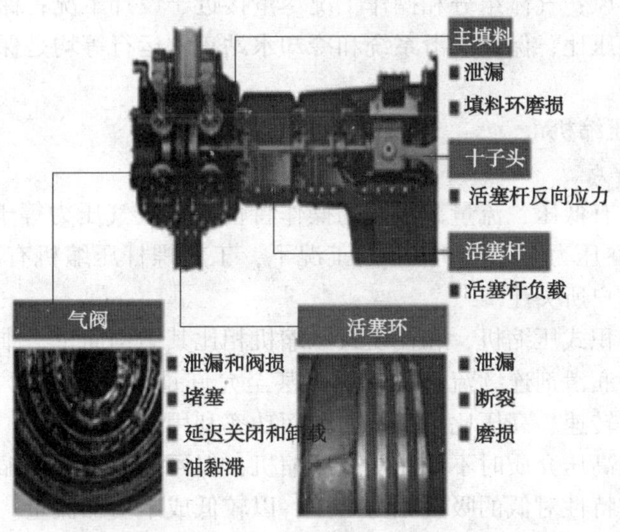

图 5-37　往复压缩机指示压力检测

8. 往复压缩机无级气量调节

往复压缩机在非满负荷运行需要采取一定手段对气量进行调节，传统气量调节能够达到调节目的，但以消耗一部分能量为代价，无级气量调节只对实际需要的气体量进行压缩，余下气体在压缩行程的开始阶段即回流到进气腔内，因此可以节省多余气体压缩能量的消耗。如图 5-38 所示，假设实际所需负荷为压缩机能力的 75%，则无级气量调节通过电液系统对进气阀进行延迟关阀控制，其结果节省了示功图右侧狭长带面积的能量。该技术在石化企业得到广泛应用，对非满负荷运行的大型压缩机具有良好的节能效果。

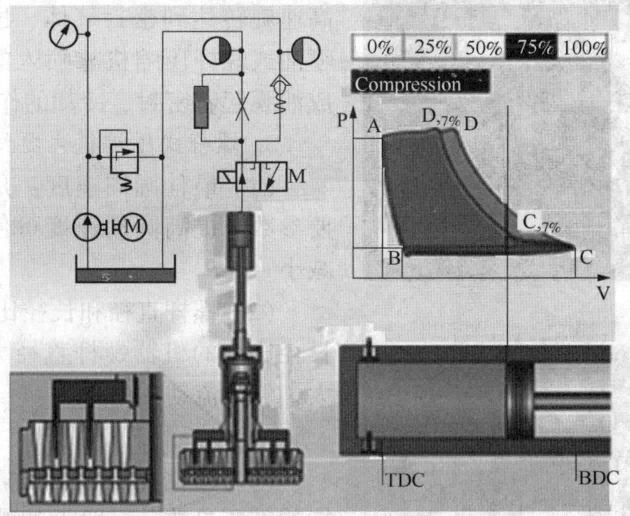

图 5-38　往复压缩机无级气

9. 往复式压缩机正常运行对系统的需求

往复压缩机除了产品本质优质、选型合理外，高质量的维护和操作是重要的环节，保证系统供电、供水、供风；气体组分和操作工况尽量接近于设计工况；保证进气的洁净；控制进气温度和各级合理压比；保证润滑系统和冷却水站正常运行等均是保证压缩机高效安全长周期运行的必要条件。

5.2.3.4 螺杆压缩机

1. 螺杆压缩机特点

螺杆式压缩机具有低压、流量范围宽的操作特性，其吸气压力等于或接近“0”，而排气压力可达2.5MPa。在压力小于2.5MPa的工况下，工艺螺杆压缩机有取代活塞式和透平式压缩机的趋势而被用户所关注。

螺杆压缩机属容积式压缩机，和往复式压缩机相比其结构简单、维护容易，排气时无气流脉动现象；在冷却润滑剂连续流动的情况下甚至允许每级压比高达16；由于不存在往复惯性力作用，可在高转速、高压比下工作，因而功率利用充分。

螺杆压缩机处理高压介质时不如往复式压缩机，但可与往复式压缩机联合使用，利用其低压、大流量的操作特性对低的吸气压力增压，以较低成本增加流量。

石化企业中常选用螺杆压缩机对燃料气增压、回收蒸汽、冷冻压缩(丙烷/丁烷)以及用于对腐蚀性和污染性工艺气体的压缩等。

2. 螺杆式压缩机主要结构

螺杆式压缩机基本结构如图5-39所示。

螺杆压缩机有两个相互啮合、按一定传动比反向旋转的螺旋形转子平行地配置在“8”字形的汽缸中。一般，主动转子节圆外具有凸齿，从动转子节圆内具有凹齿。吸气口和排气口分别设置在压缩机机体的两端，气体在啮合密封的齿间容积中被压缩。

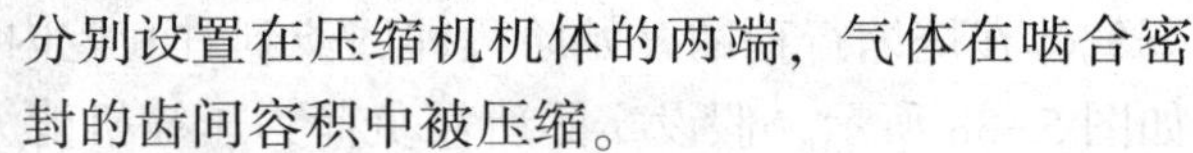

螺杆式压缩机分为无油和喷油两种形式。无油式螺杆压缩机靠有一定间隙的一对螺杆的高速旋转达到密封气体、压缩气体的目的。而喷油式螺杆压缩机靠喷入的润滑油在转子间形成油膜起着密封、冷却的作用。

3. 螺杆式压缩机主要结构参数

(1) 最佳圆周速度：是影响机器性能的重要参数。提高圆周速度可使压缩机尺寸、质量减小。

(2) 螺杆直径和长径比：当排气量相同时，长径比小的机器螺杆直径大，吸排气口面积也大，气体流动损失小。

(3) 导程和扭角。

(4) 压比和级数：是影响压缩机尺寸和性能的重要参数，一般无油螺杆压缩机的第1、2级因受温升限制，压比通常按等比原则分配，每级压比小于4。对3级以上压缩机，因受转子变形限制，每级作用的压差应小于1.0MPa。喷

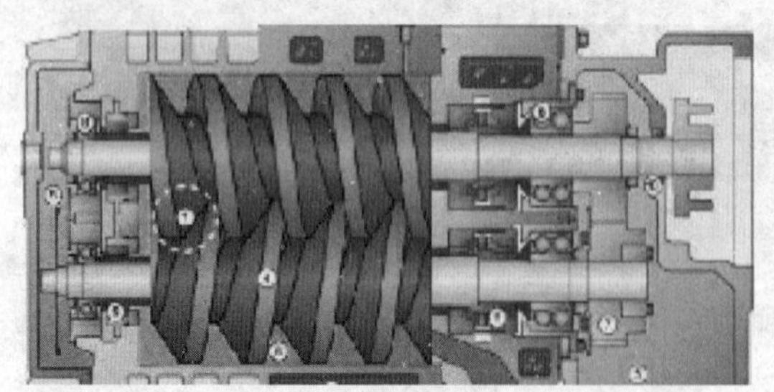

图5-39 螺杆压缩机示意图

油螺杆压缩机一般按实际流量选择级数。

4. 螺杆式压缩机主要工艺参数

(1) 基本工艺参数：吸气压力、排气压力、气量、入口气体温度、气体组分。

(2) 计算导出的工艺参数：压缩机功率、排气流量、排气温度。

5. 螺杆压缩机的流量调节方法

(1) 变速调节：配用变频器或可变速驱动机，变转进行流量调节，其经济的调速范围是50%~60%额定转速。

(2) 关闭进口阀调节：在小流量螺杆压缩机上有使用，但其经济性较差，功率消耗约为额定功率的50%~60%。

(3) 滑阀调节：经济性好，可实现无级调节，调节范围为额定排量的50%~100%，其结构复杂。在冷冻机螺杆机中使用滑阀调节方式比较多。

5.2.3.5 压缩机密封

在石化企业工艺气体压缩机中，目前应用比较广的密封形式为干气密封。

干气密封是干运转、气体润滑、非接触式机械端面密封的简称。干气密封具有以气封气、非接触、气膜润滑、功耗低、寿命长、可靠性高、运行维护费用低等特点，是目前最先进的离心压缩机轴端密封型式。

1. 干气密封技术简介

(1) 干气密封原理：干气密封利用开有螺旋槽的动环与静环匹配，在旋转过程中受气体在螺旋槽中的泵送效应，气体受压使动静环产生微量的间隙，在无摩擦的情况下实施压缩机的密封。干气密封原理示意见图5-40。

(2) 干气密封的适应性：

① 允许有适当轴向窜量；

② 允许适量的径向跳动；

③ 能在全压下启/停；

④ 极低的工艺气泄漏；

⑤ 能承受速度和压力的快速变化；

⑥ 由于非接触的特点，密封寿命长；

⑦ 省去了封油系统。

(3) 干气密封动静环材质：

① 旋转环一般选用碳化钨、碳化硅或制造厂所特有材料；

② 静止环一般选用碳石墨或制造厂所特有材料。

2. 干气密封的控制系统

要保证干气密封系统正常运行，一套可靠的控制系统不可缺失。干气密封控制系统包含着下列主要功能：

(1) 气体过滤：干气密封系统中工艺介质侧迷宫密封、动环、静环、平衡直径处O形圈、隔离密封等部件对污染比较敏感，为保证干气密封的正常运行，需要对进入系统的密封气体进行过滤；

(2) 气体控制：干气密封气体按照作用分类，包括密封气、缓冲气，其压力、温度和流量受到压缩机工况和密封气物性介质的影响，因此需要予以压力、温度和流量的控制；

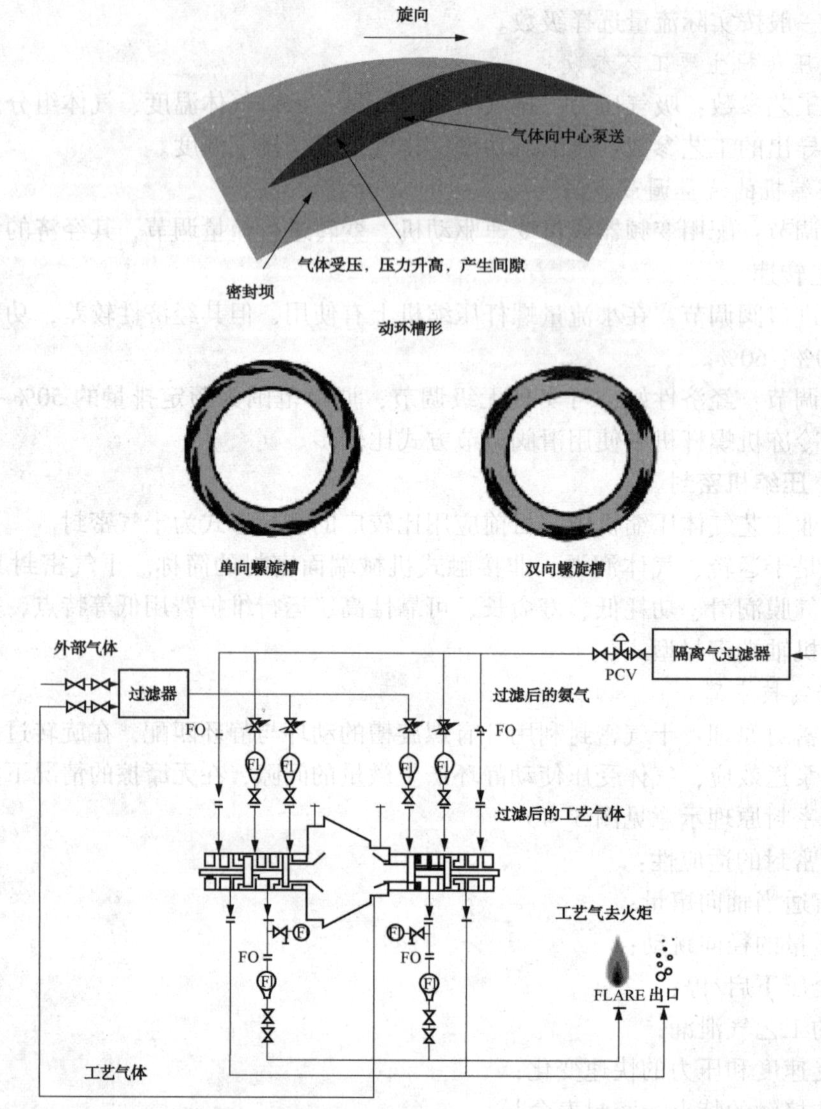

图5-40　干气密封原理图

（3）泄漏监控：泄漏测控系统是为干气密封提供良好的运行环境，使密封运行在最佳设计状态；对干气密封的运行状况进行监测，一旦密封失效能及时报警，使操作人员能及时准确地作出判断。

3. 干气密封对压缩机多种工况的适应性

压缩机有诸多运行工况，工作点的动态变化、启车和停车等瞬时状态、压缩机的静止状态、压缩机进出口压力和温度变化、压缩机转速变化和密封气源变化等，多种工况均要求干气密封系统与之适应。

如压缩机充压未转动前，动静密封环之间闭合，作用在环上密封比压应具有密封功能；对于盘车和启动低速段，因气体泵送效应不明显，动静环之间处于动态离合，密封环需要经短期摩擦；采用工艺气作为主密封气，在开停机瞬间建立不起密封气压力差，干气密封系统需要有增压功能；外供或自供的密封气体接近露点，则需要干气密封系统有加热功能。

4. 干气密封外界的需求和使用注意点

(1) 对外界的需求：干气密封是可靠和有效的压缩机密封方式，但其可靠性除自身所具备功能外，还依赖一些外部条件：对电源、管路畅通、外供气体源的依赖；对外供密封气体洁净度的要求。

干气密封的一些部件对污染非常敏感，气体中常见的污染源包括：固体颗粒、液体、冷凝液、润滑油、水等，也即固体颗粒和液体两大类。固体颗粒对干气密封产生的影响有：损伤密封表面、影响副密封O形圈的性能、限制轴向运动而影响密封等。液体对干气密封产生的影响有：密封面间黏性剪切产生热量、密封间隙不稳定而可能导致端面接触、在副密封O形圈处产生“黏合效应”。

(2) 使用注意点：

① 保持干净和干燥的缓冲气，避免密封受到污染；

② 避免反向旋转；

③ 应避免密封反压差；

④ 振动控制在密封可承受的范围。

5.2.3.6 烟气轮机

催化裂化装置的待生催化剂在再生过程中要用高温空气烧去其表面的积炭使之再生。烧炭过程产生烟气温度达700℃上下，烟气的压力约0.25~0.35MPa。充分利用热烟气中压力能和热能，是烟气轮机动力回收系统的任务。烟气轮机约能回收热烟气中全部压力能和大约25%的热能，大型催化一般均设置烟气轮机动力回收系统。结构示意见图5-41。

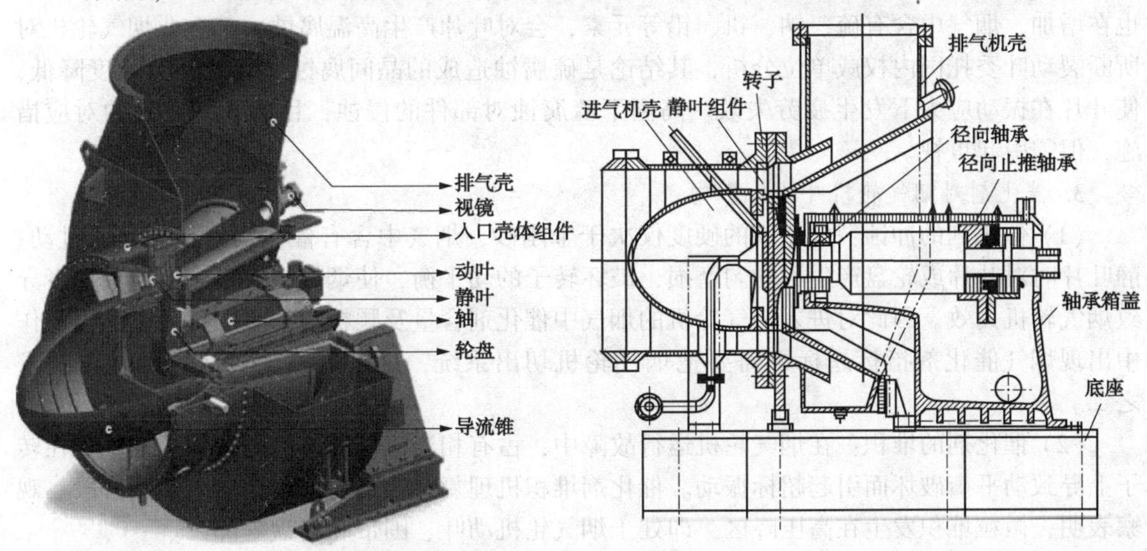

图5-41 烟气轮机结构示意图

1. 烟气轮机特点

(1) 运行环境：烟气轮机运转在高温、高负荷、高转速的三高环境，高温部件材料性质劣化、高温热膨胀不均、管道载荷对烟气轮机的影响、烟气中催化剂颗粒对叶片的磨损、催化剂细粉的堆积、静叶位置结焦对动叶的磨损，恶劣运行环境使得烟气轮机成为石化企业中故障发生率非常高的设备。

（2）烟气轮机与主风机配套常用的布置方式：烟气轮机+风机的二机组布置、烟气轮机+风机+电机的三机组布置、烟气轮机+风机+汽轮机+电动/发电机的四机组布置。

（3）烟气轮机的主要构成：烟气轮机主要由入口壳体组件、排气壳体组件、静叶组件、转子组件、轴承组件和底座等组成。

2. 烟气轮机高温特性和操作要求

（1）高温与寿命的关系：进入烟气轮机的烟气温度在700℃左右，烟气轮机转子在高速旋转、高温、热腐蚀性和高应力的苛刻条件下工作，其选用的材质需要有足够的蠕变强度、延展性、持久性能和抗腐蚀性，转子轮盘、动叶片采用含有铬、钴、钼、钛并有约60%含量镍的镍基高温合金 Waspaloy 锻造材料，以适应转子的工况。

即使采用了昂贵的高温合金材料，但对于烟气轮机的运行温度仍需要予以严格控制，其原因就是温度对材料的影响非常敏感，超温会减少高温部件的寿命。从一些烟气轮机制造商提供的数据可为我们建立起定量的概念：高温部件材料选用 Waspaloy，设计寿命是 10^5h，但其前提是需在700℃以下工作；允许有短时超温，如超温800℃，每次≯15min，每年≯6次。国外某公司给出的超温与叶片寿命曲线表明，如叶片工作在870℃下6天则其寿命降至为零。

超温，特别是长时间超温，会降低高温部件的寿命。但因是内伤，在短期内从外表看无明显异常表露，难以为人们所重视，其后果则非常严重。因此严禁超温是烟气轮机安全运行的基本要求之一。

（2）高温硫腐蚀：当今在催化技术发展的同时，催化烟气中硫含量及重金属品种及含量也在增加，烟气中含有硫、钠、钒、铅等元素，会对叶片产生高温腐蚀。某企业烟气轮机对所断裂动叶委托国内权威单位分析，其结论是硫腐蚀造成的晶间腐蚀，导致疲劳强度降低，使叶片在振动应力下发生疲劳失效。高温下硫腐蚀对部件的侵蚀，目前尚无有效的对应措施，但需引起重视。

3. 催化剂对烟气轮机叶片的影响

（1）催化剂的冲蚀：催化剂的硬度仅次于金刚砂，烟气中含有催化剂，在高速通过动、静叶片时对叶片或轮盘产生不均匀磨损，破坏转子的动平衡，使烟气轮机产生振动，重者导致烟气轮机失效。因此对进入烟气轮机的烟气中催化剂含量及颗粒度须有严格限制，当操作中出现烟气催化剂指标超标则需要把烟气轮机切出系统，这是烟气轮机运行的基本要求之二。

（2）催化剂的堆积：在烟气轮机运行故障中，占有相当比例的事例是因催化剂堆积在转子上导致动平衡破坏而引起超标振动。催化剂堆积机理复杂，目前尚处在初级研究阶段。观察表明，微粒堆积发生在高压降区，即处于烟气轮机动叶、围带和轮盘等部位。

目前阶段认识到堆积的成因有：湿蒸汽的存在；催化剂表面有 V、Fe、碱金属存在；凝结水的存在；硫酸盐等沉积物的存在；微粒在重力场下的自由沉降。烟气轮机运转一段时间后。叶片表面生成不少成分复杂的堆积物，通过静电引力、机械夹带力或液体表面张力黏附在叶片表面。烟气轮机叶片表面的沉积物会减小通流面积、降低烟气轮机效率；同时也会腐蚀叶片并破坏转子平衡，使烟气轮机振动加大，最终导致停机。围带处沉积物会使动叶叶顶与之接触磨损，进而降低烟气轮机效率。

近年来炼油企业普遍出现烟气轮机结垢问题，对烟气轮机设备运行带来损害，同时严重影响了催化裂化装置长周期安全运行。为解决此问题中国石化组织了专题组进行调研分析，探索研究了烟气轮机结垢的原因，提出了防止烟气轮机结垢的有关技术措施，与使用有关的措施包括：

① 建立和完善对超细粉的检测：三旋进、出口烟气均应设置在线检测仪表，对烟气轮机入口超细粉含量开展在线检测；

② 建立新鲜催化剂入厂质量台账：在烟气轮机入口<3μm 超细粉浓度或比例异常变化时，应对该批次新鲜剂进行颗粒的显微观察，检查新鲜催化剂的颗粒形态。严格控制催化剂混用，尤其要减少不同颗粒强度催化剂的混用，减少相互磨损产生超细粉，形成三旋、烟气轮机结垢；

③ 对催化剂藏量超过5%的各种助剂，尤其是稀土含量高、择形分子筛含量高的助剂（如丙烯助剂、辛烷值助剂），需事先开展技术评估，考察因添加助剂带来细粉含量增加的问题；

④ 加强催化剂使用环节的细粉管理：除催化剂本身性能外，炼油工艺多个环节均可能引起细粉的大量产生。在工艺技术管理上，要尽量降低反再系统用汽；

⑤ 加强新鲜催化剂采购管理：要追踪装置生产动态，追踪催化剂供应的质量动态，保持合理的催化剂库存，避免在存货不足且出厂催化剂部分指标不合格的情况下，被迫使用不合格催化剂；

⑥ 优化再生器操作：建议再生密相温度控制在720℃以下；操作中应避免再生密相超温，稀相尾燃，减少催化剂的热崩；避免内外取热器泄漏，停用燃烧油喷嘴的雾化蒸汽，减少主风事故蒸汽量，以减少催化剂因水热崩产生的超细粉尘；

⑦ 谨慎采取在线除垢措施，对双级烟气轮机不推荐在线除垢。单级烟气轮机可以在结垢初期，垢层较软、影响较轻的情况下实施在线除垢，实施在线除垢必须切出烟气轮机，大幅度降低烟气轮机负荷，以降低烟气轮机受损风险，在线除垢过程中，需要采用在线监测系统对烟气轮机振动信号实时分析，以指导除垢操作。

上述措施是烟气轮机运行的基本要求之三。

4. 对烟气轮机超速的保护

如同烟气轮机严禁超温一样，超速同样具有致命后果，因此在机组上配置了超速的保护，包括机械超速保护和电子超速保护。

直接发电机组和四机组通常处于发电状态，因此对于发电机脱网所引起的超速有比较完善的保护；三机组由于烟气轮机发出的功率基本上与风机所耗的功率平衡，即使转速上升，由于风机负载是以其转速的三次方增加，故机组转速不会上升太多，从阀门性能到控制系统的选择上予以保证，烟气轮机与主风机之间的联轴器断裂造成超速飞车，是非常严重的事件。加强对烟气轮机机组机械和控制上超速保护是烟气轮机运行的基本要求之四。

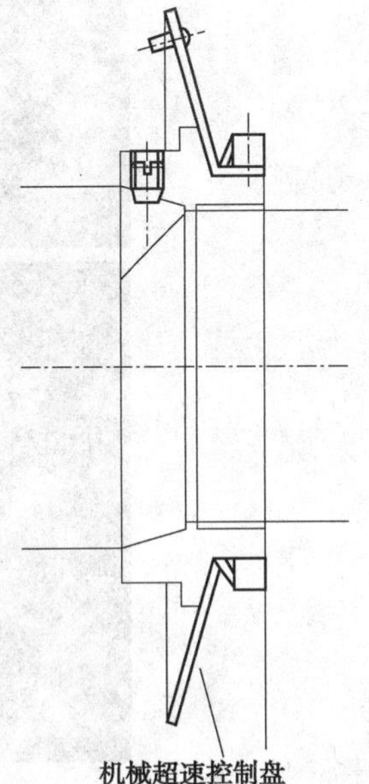

图5-42 机械超速控制示意图

（1）机械超速控制：图5-42是某型号烟气轮机的机械超速控制盘示意图，当出现超速时，安装在转子轴上的控制盘因离心力的作用使锥形向变直的方向运动，并接触到位置开关发出停机信号。

（2）电子超速停机保护：通常烟气轮机转速调节器与再生器压力和两器差压选择调节系统构成自动选择调节系统，正常工况下烟气轮机转速低于转速调节器的设定值，当烟气轮机转速超速达到或超过转速调节器设定值时，转速调节器被选择，其输出信号取代再生器压力和两器差压去控制烟气轮机入口蝶阀的开度，使入口蝶阀关小以降低烟气轮机转速。在烟气轮机电子超速停机保护系统中，为增加可靠性、避免虚假信号，采用“三取二表决机构”进行表决，只有2个信号或2个以上信号同时超速时，才启动机组超速停机保护系统，转速超速达到设定的停机转速时，通过“机组紧急停机程序”机组紧急停机，使机组在安全可靠的条件下停机。

5. 高温热膨胀

烟气轮机是高温设备，在进入到正常运行状态前必须经历预热过程，以使烟气轮机各部件得到均匀的热膨胀，因此在某些型号的烟气轮机中设置了自动升温程序。

烟气轮机升温用烟气轮机出口温度控制器进行，用于烟气轮机的开车期间控制。当控制器选择在“自动”操作上而被激活时，控制器以一定的温升速率自动斜线上升，该设定值持续上升直到设定值等于烟气轮机出口温度正常运行值。

需要说明的是，无论有否自动升温程序，烟气轮机的预热过程不容忽视，这是烟气轮机运行的基本要求之五。

烟气轮机一般与主风机形成一套机组，有着诸多的控制方案，上述仅列举了部分。

图5-43显示了一组烟气轮机的事故图片。事故多发，有其自身的特点，有外部的环境，但与管理也有着密切的关联，企业对大型机组管理重视与否，可从机组的长、稳、安、满、优运行得到佐证。

图5-43　烟气轮机事故图片

5.2.3.7 蒸汽轮机

1. 汽轮机简述

工业汽轮机在石化行业作为大型机、泵的原动机，将蒸汽的热能转化成转动的机械能，得到广泛应用，催化裂化、加氢裂化、延迟焦化、各类加氢精制、连续重整等典型炼油装置有其踪影，功率高达50000kW的百万吨级乙烯装置裂解气压缩机配套汽轮机更显示汽轮机重要位置。

汽轮机是一种热机，在汽轮机内蒸汽通过喷嘴的膨胀作用，使蒸汽的能量转换成动能，动能又通过喷射作用转化成力，驱动转子叶片做功。

2. 石化企业以汽轮机作为原动机的优势

(1) 企业内有经济的蒸汽产生，通过汽轮机可将不同压力等级的蒸汽减压。同时利用减压过程产生的动力来驱动泵或压缩机，比电动机驱动成本低。

(2) 利用汽轮机的调速系统，可使泵或压缩机在很宽转速范围内运行。

(3) 汽轮机可独立驱动泵或压缩机，不受电源和配电系统的限制。

(4) 汽轮机运行无火花产生，可用以驱动危险环境的泵或压缩机。

(5) 汽轮机可方便利用辅助汽阀提供额外的蒸汽流量，从而加大起动转矩，并且不会降低汽轮机在额定功率下的运行效率。这有利于泵、机的快速起动和平稳运行。

(6) 汽轮机具有自动调节其输出功率的特性。运行中，当转动机械的负载超过汽轮机产生的转矩时，汽轮机的转速就会相应降低，使其产生的转矩与转动机械的负载相匹配，而无须专门设置防超载保护机构。

(7) 与其他形式驱动机相比，操作灵活。

3. 工业汽轮机的分类及驱动特点

(1) 分类：

除电站发电汽轮机以外的汽轮机通称为工业汽轮机。工业汽轮机可以分为：

① 驱动旋转机械用汽轮机，如驱动泵、压缩机等用的汽轮机；

② 与生产流程直接相关的发电用汽轮机；

③ 自备电站中使用的中、小功率发电用汽轮机。

前两类既可直接使用由锅炉产生的蒸汽，也可利用生产流程中的蒸汽和其他汽轮机的抽汽。石化企业使用较多的是驱动用汽轮机。

(2) 冲动式和反动式区分：

① 冲动式：蒸汽在喷嘴中膨胀，冲击叶片并流过叶片通道而将动能传递给叶片。叶片通道内蒸汽压力保持不变，但相对速度会下降；

② 反动式：蒸汽在喷嘴和叶片里都要膨胀，通过蒸汽在叶片通道内的膨胀把动能传递给叶片。当叶片通道内蒸汽的速度增加时，其压力则相应下降。尽管冲动式多级汽轮机的最后几级扭曲和渐缩式叶片具有较高的反动度，但能量转换仍然靠蒸汽速度的降低而不是增加获得，所以认为仍是冲动级。

(3) 驱动特点：

驱动用工业汽轮机有单级、多级之分，功率和转速根据被驱动机械要求而定。进汽、排汽、抽汽参数满足流程生产要求。可直联或通过变速器驱动泵和压缩机，且运行时转速较高，起动转矩较大，转速变化范围广，有利于泵、机快速起动，易于达到稳定、平衡运行。

现在国内外的工业汽轮机制造厂商都根据模块化的设计思路，使工业汽轮机系列化。在系列内只要模块互相组合就能适应不同功率、转速、转速调节范围和蒸汽参数的要求。

4. 石化企业对工业汽轮机的选用原则

(1) 汽轮机选择应考虑全厂蒸汽动力平衡近远期规划。

(2) 要求防爆的大型机泵设备在选用电动机有困难或重要机泵要防止停电引发重大事故时，可以考虑采用汽轮机作动力。

(3) 汽轮机机组一般不考虑备用。

5. 汽轮机结构介绍

(1) 本体部分：汽轮机本体是汽轮机设备的主要组成部分，它由转子和静子组成。

① 转子是汽轮机的最重要的部件，包括动叶、叶轮、主轴、联轴节及紧固件等旋转部件。因其工作条件比较复杂，需要关注的是临界转速和强度。这两方面在实际运行过程中主要体现在升速时跨临界和超速时跳闸停机两方面的保护，前者确定了汽轮机运行的稳定性，后者确定了汽轮机运行的安全性。图 5-44 为多级汽轮机转子的图片。

图 5-44　汽轮机转子示意图

② 静子包括汽缸、蒸汽室、喷嘴室、隔板、隔板套、汽封、轴承、轴承座、轴承座座架、底盘、滑销系统及有关紧固零件等。

(2) 转子的刚性和柔性之分：按临界转速是否在运行转速范围内分为刚性转子和柔性转子。刚性转子在第一临界转速以下范围运行；柔性转子在第一临界转速之上运行。在启动过程中，刚性转子不存在跨临界区域问题，柔性转子因需要快速跨临界，要求在实际启动过程中，要充分暖机，为快速跨临界作好准备。

5.2.4 机泵

机泵的定义：把原动机的机械能转化成液体能量的机器。液体能包括位能、压能和动能。机泵按工作原理分类：包括叶片式泵、容积式泵、其他类型泵。

叶片式泵也称动力泵，有离心泵、混流泵、轴流泵、旋涡泵等。容积式泵有齿轮泵、隔膜泵、往复泵、螺杆泵等。

石化企业中，机泵广泛应用于各类工艺装置和辅助装置，介质大多为易燃、易爆或具有腐蚀性和固体颗粒，黏度范围非常宽。在诸多类型的机泵中，离心泵约占将近一半。单级悬臂离心泵的剖面见图5-45。

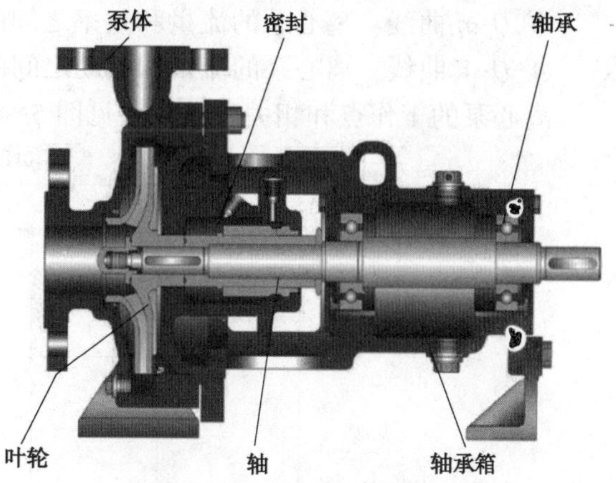

图5-45 悬臂泵示意图

1. 离心泵概述

(1) 离心泵的特点是连续将能量转换给液体。

(2) 机泵的驱动形式：

① 电泵(电机+泵)。电机与泵设计成一个整体，如潜水泵、屏蔽泵等；

② 泵+传动机构+原动机泵。通过传动机构与原动机相联。传动方式包括直接连接的联轴器、变速齿轮；原动机有汽轮机、内燃机和电动机等；

③ 其他系统(如控制系统等)。如变频器，电器控制柜。

(3) 离心泵主要构成：

离心泵本体主要部件包括：泵体、轴、叶轮、轴承和轴承箱、密封等。

泵辅件包括：电动机(或其他形式的原动机)、机械密封及其辅助配管、稀油站及其附属设备、控制系统等。

2. 离心泵重要关注的问题

(1) 与运行关联密切的工艺参数：

① 流量：泵在单位时间内排出的液体量，通常用体积单位表示，符号 Q；

② 扬程：输送单位质量的液体能量的增值，通常用HPSHr表示；

③ 转速：指泵每分钟旋转的次数，通常用 n 来表示；

④ 汽蚀余量：表示泵的性能的主要参数，用符号 Δh_r 表示；

⑤ 功率与效率：离心泵的输入功率为轴功率 N，也即电动机的输出功率；离心泵的输出功率为有效功率 N_e。两者之比为效率，两者之差为损失。

(2) 离心泵选型对工艺流程的适应性：

① 介质物性：泵性能与所输送介质的相对密度、温度、相态、黏度、腐蚀性等物性需匹配；

② NPSHr：工艺流程配置是否能满足泵要求的汽蚀裕量值；

③ 机械保证：泵的材料选用和结构能适应强度、热冲击、热膨胀、低温冷变形、冷脆性等要求；

④ HSE要求：对易燃、易爆、有毒有害介质，泵须保证无泄漏等；

⑤ 特殊要求：需具备部件材料的耐磨性、耐冲刷性等。

(3) 泵的特性曲线：

① Q-H 曲线：离心泵的流量和扬程之间的关系曲线；

② Q-P 曲线：离心泵的流量和功率之间的关系曲线；

③ $Q-\eta$ 曲线：离心泵的流量和效率之间的关系曲线；

④ $Q-V$ 曲线：离心泵的流量和振动之间的关系曲线。

离心泵的工作点和相关区域关系见图 5-46，性能曲线见图 5-47。

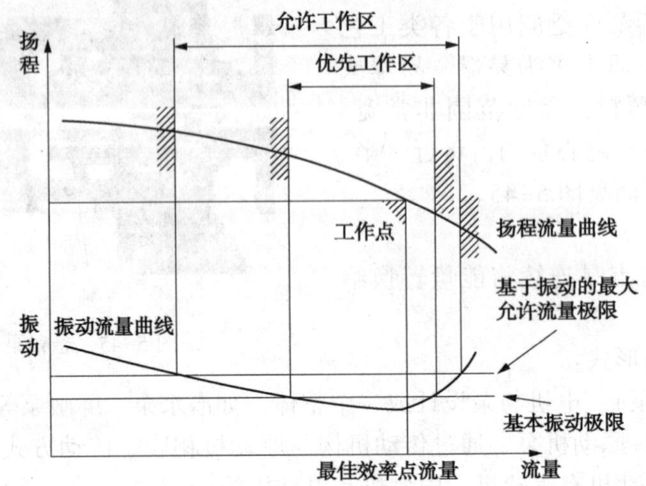

图 5-46 泵工作点区域关系

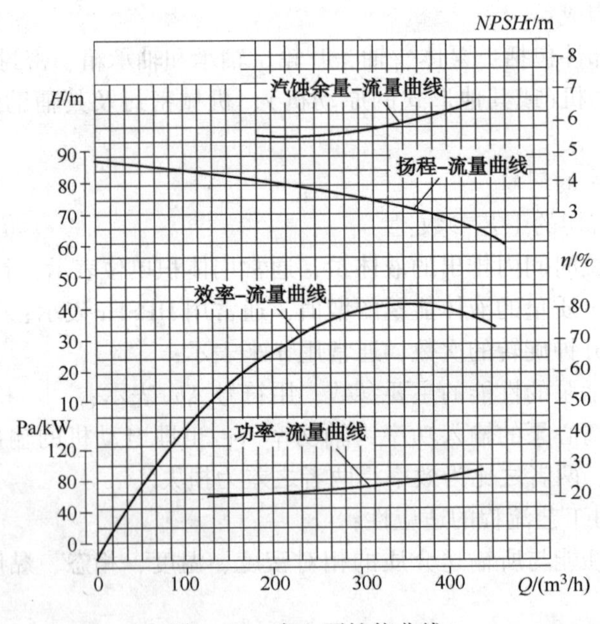

图 5-47 离心泵性能曲线

3. 关于气缚与汽蚀

气缚与汽蚀是与工艺操作关联密切的两种异常现象。

(1) 气缚与汽蚀的区别：

① 气缚：泵体内有空气，一般发生在泵启动时，空气未排净是引起气缚主要原因；

② 汽蚀：液体在一定温度下达到了它的汽化压力，与输送介质特性、运行工况有密切关联。

(2) 气缚产生原因与预防：离心泵启动时若泵内存有空气，由于空气密度较小，旋转后产生的离心力小，因而叶轮中心区所形成的低压不足以吸入液体，这样虽启动离心泵也不能完成输送任务，这种现象称为气缚。避免的方法就是在启动之前排尽泵内的气体。

(3) 汽蚀及形成：叶轮高速旋转产生离心力，在离心力作用下流体动力使泵入口处产生低于大气压的真空度，压力降低到在该温度下的液体汽化压力时，运动的液体开始汽化形成汽泡。

当压力降低时，溶解在液体中的气体在汽化之前释放出，形成气泡，在运动液体中形成的汽泡随液体一起流动。当静压超过饱和蒸汽压，汽泡中气体又凝结而使汽泡破灭。汽泡破灭使周围液体以高速向汽泡中心运动，形成了高频的水锤作用，水锤打击叶轮表面，生产噪声和振动。

汽泡产生和破灭过程反复进行，对叶轮表面产生破坏作用。汽蚀使泵流量减少，扬程下降，效率降低、过流部件产生侵蚀破坏等损伤。

(4) 避免离心泵汽蚀的措施：

① 机械上选择抗腐蚀材料、增加诱导轮、降低转速，改变吸入方式等；

② 运行中要考虑吸入真空度、吸入高度、介质特性及液体的流动速度等因素；

③ 选型时，表征流体从泵入口到泵内压力最低点的全部能头损失必需汽蚀余量 *HPSH*r 应小于装置能提供的 *HPSH*a。所选泵的 *HPSH*r 值越小反映泵抗汽蚀能力越大；工艺装置中流体自吸入罐经吸入管路达到泵入口时的压力高出汽化压力的压头又表述为有效汽蚀余量 *HPSH*a，该值越大越不发生汽蚀。

4. 离心泵的机械密封

机械密封用来防止旋转轴与机体之间流体泄漏，机械密封是机泵运行故障率最高部件。

(1) 机械密封的常见损伤因素：

① 介质压力、流量过大或过频波动，破坏转子轴向平衡，转子产生窜动，动环不能及时补偿位移；

② 各种原因引起转子的振动对密封运行产生负面影响；

③ 冷却不佳使密封摩擦热量无法及时散发导致密封早期失效。

(2) 机械密封损伤常用预防措施

① 安装后进行用略高于工作压力进行静压试验，包容压力波动的上限；

② 以与工作转向同方向进行盘车，以检验装配尺寸是否有误；

③ 对输送可能凝固介质时应将密封腔体加温到介质的熔点以上；

④ 热油泵接通密封腔和机械密封冷却水，防止热介质对密封零件损伤。

(2) 机械密封运行的基本要求：

① 启动前盘车；有独立密封系统则开泵时先启动密封系统，停泵时后停密封系统；

② 热油泵停运应待机械密封处油温降到80℃以下方可停冷却水；

③ 避免运行中有损伤机械密封的工况产生，运行过程中保持操作压力平稳，避免抽空现象；

④ 经常检查密封面的泄漏情况；

⑤ 对于烃类等易燃易爆介质，要防止因为密封泄漏介质高速流动引起静电而产生火灾，措施之一是采用串级密封，并在一级、二级密封之间有压力显示或报警测点，操作时需经常对反映泄漏的指示值进行检测和检查。

5. 离心泵的运行监控要点

(1) 定时的监控和维护将延长泵的使用寿命；

(2) 泵周围有固定警示标记，机泵运行时不应与没有防护罩的轴封周围接触，不要接触发热的零件；

(3) 按照泵数据表中规定的范围进行操作，电机不超过电机铭牌上的输出功率；

(4) 操作时避免干运行，避免介质在汽化点处或关闭出口阀时运行，避免温度急剧波动；保持泵和电机平稳运行；多级泵、高速泵禁止在最小热稳定流量下运行；

(5) 保持轴承有良好的润滑状态，定期检查油质、油位，检查轴承温度；

(6) 对密封、冲洗、冷却系统的运行处于有效的监控状态；

(7) 控制系统处于自动工作状态；

(8) 对双端面机械密封，要监测其系统的压力和流量；

(9) 对输送腐蚀性和磨损性介质的泵，应定期检查其磨损情况。

5.2.5　换热设备

石化企业中使用了大量的换热设备，通过对换热流程的各种组合，将热能从一种流体转至另一种流体来满足工艺的热量交换需求。

换热器的种类很多，按工艺功能可分为冷却器、加热器、再沸器、冷凝器、蒸发器、过热器、废热锅炉、换热器等；按换热原理可分为间壁式换热器、直接接触式换热器、蓄热式换热器。常用的间壁式换热器中有管式换热器、板式换热器、翅片式换热器。下面对目前用于连续重整的大型板式换热器和用于加氢类装置的高压换热器作一介绍。

5.2.5.1　板式换热器

1. 板式换热器的特点

图 5-48 为连续重整进料板式换热器的整体示意图，图 5-49 为全焊接板束示意图，图 5-50 为板叠结构示意图，图 5-51 为板片功能示意图。

(1) 优点：

① 传热系数高：板式换热器具有较高的传热系数，一般为管壳式换热器的 2~5 倍。传热性能良好的主要原因：流体在管壳式换热器的壳程中流动时存在着折流板-壳体、折流板-换热管、管束-壳体之间的旁路，通过这些旁路的流体没有充分参与换热，而板式换热器不存在流体旁路，而且板片之间的波纹能使流体在较小的流速下产生湍流，因此可以获得较高的传热系数。

② 末端温差小：板式换热器两种流体可以实现纯逆流，管壳式换热器总体上是错流，因此前者的末端温度可以达到 1℃，而后者的末端温度只能达到 5℃。

③ 污垢系数低：板式换热器内流体因剧烈湍动，对板面有冲刷，板式换热器板片采用不锈钢材料，表面光滑，杂质不容易沉积，因此污垢系数远低于管壳式换热器。

④ 压降低：板式换热器板片相互叠放，不存在管壳式换热器管间距的限制，具有较大的流通面积，另板片表面光滑，使板式换热器的压力降比较低。

⑤ 结构紧凑：板式换热器的紧凑度约为 $220m^2/m^3$，管壳式换热器的紧凑度约为 $78m^2/m^3$，若再考虑传热效率的因素，在具有同样传热功效的情况下，板式换热器体积就更小。

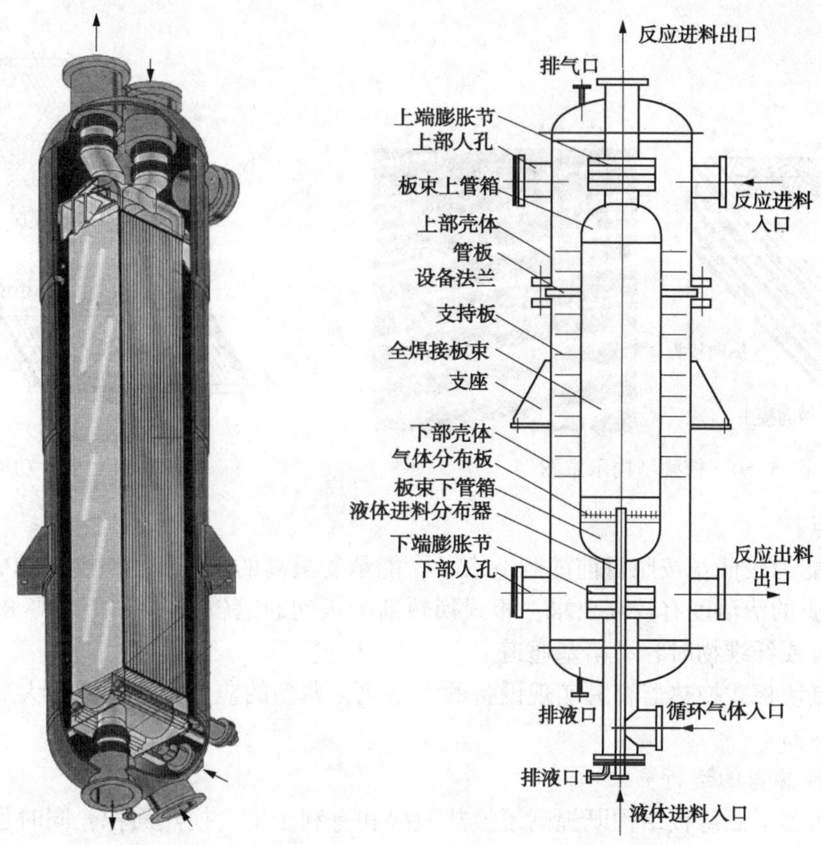

图 5-48　两种不同结构的板式换热器示意图

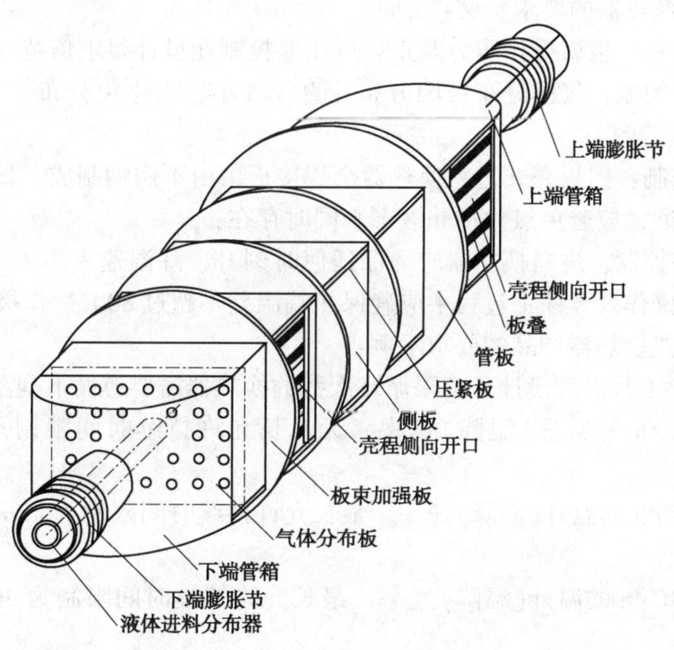

图 5-49　板式换热器的全焊接板束示意图

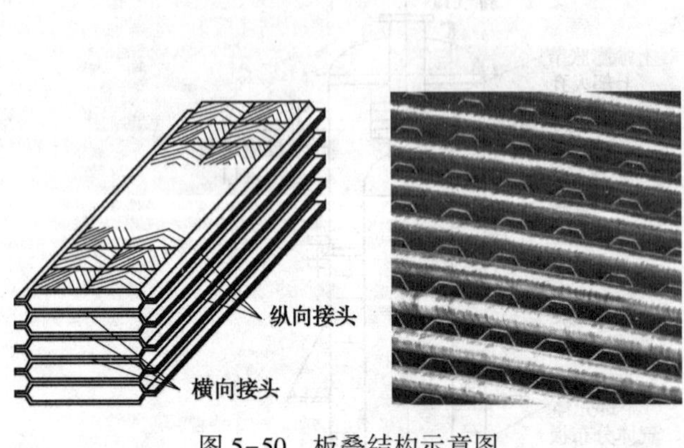

图 5-50　板叠结构示意图

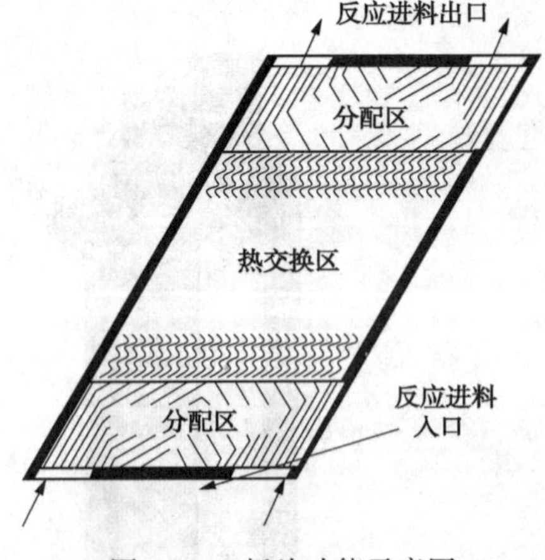

图 5-51　板片功能示意图

（2）缺点：

① 承压能力较低：按照目前的制造水平，能承受最高的工作压力约为 4MPa。

② 对介质的清洁度有较高要求：板式换热器的板间通道较窄，一般为 3~8mm，若介质中有较大颗粒或纤维物时容易堵塞通道。

上述特点使板式换热器容易实现设备的大型化，典型的应用案例是用作大型连续重整装置的进料换热器。

2. 板式换热器的运行要求

板式换热器平面薄板结构既提高了换热效果和有利于增大换热面积，同时也带来了对操作工况的约束。各种板式换热器的结构不同，对操作约束要求也有所区别。

（1）国产板式换热器的要求示例：

① 压差控制要求：板束操作压力及正、反压差控制在设计要求值范围内；

② 介质洁净度控制：气体分布板因分布孔直径较小，为避免分布孔堵塞，应在开工前对循环气体管路彻底清扫；

③ 腐蚀介质控制：因板壳式进料换热器全焊接板束由不锈钢制成，长期处于氯化物+水的环境中会引起腐蚀，应避免氯化物和液态水同时存在；

④ 升降温速率控制：进料换热器应确保任何时刻升、降温速率不大于 55℃/h。板壳式进料换热器在长期操作及开停工过程中应确保热端温差不超过 80℃操作极限。

（2）国外某板式换热器产品的要求示例：

对于在 2002 年 1 月以后设计且不限循环次数的换热器需要遵循下列温升/温降原则：

① 对小于 50℃/h 的温升（温降）速率，无最长允许持续时间限制，无最大允许温阶限制；

② 对小于 80℃/h 的温升（温降）速率，最长允许持续时间限制为 45min，最大允许温阶限制在 60℃；

③ 对小于 100℃/h 的温升（温降）速率，最长允许持续时间限制为 30min，最大允许温阶限制在 50℃。

通过上述国内外制造商对板式换热器的应用制约条件举例，表达了一种观点：若要从板式换热器获得良好和长期的换热效果，需要对约束条件予以充分重视。

5.2.5.2 高压螺纹锁紧环换热器

在加氢裂化和加氢精制类装置中，临氢系统的工作压力一般要达到10.0MPa以上，加氢反应器出口流程中应用的高压换热器采取了一些特殊结构以适应于高压工况，有螺纹锁紧环换热器、隔膜密封换热器、Ω环密封换热器、缠绕管换热器等形式。其中以螺纹锁紧环换热器应用比较多，本节对螺纹锁紧环换热器作简略介绍。图5-52为螺纹锁紧环换热器的结构示意。

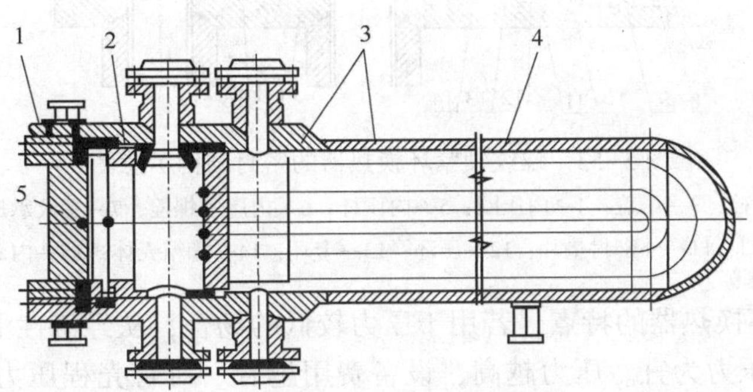

图5-52 螺纹锁紧环换热器结构示意图

1—螺纹承压环；2—管箱内套筒；3—壳体；4—管束；5—压盖

1. 螺纹锁紧环换热器的特征

（1）工艺特征：对于采用双壳程的螺纹锁紧环换热器，可使壳侧介质由原单壳程的一半并流、一半逆流变成纯逆流，温差校正系数接近于1，提高了有效温差；同时在壳径不变的前提下，使壳程流速提高了一倍而使总传热系数、换热效率得以提高。

（2）选用材料特征：应用于加氢类装置的螺纹锁紧环换热器处在高温、高压、临氢工况条件，根据设计温度和氢分压，按Nelson曲线，换热器壳体选用2.25Cr-1Mo档次的钢种，内部有不锈钢堆焊层；对材料制定了严格的回火脆化敏感性系数指标，以适应临氢、回火脆化倾向、高温和高压的工况。

2. 螺纹锁紧环换热器的密封

（1）外密封垫片的压紧力传递：图5-53为螺纹锁紧环换热器的密封结构。载荷由外压紧螺栓8依次传递给外压杆9、外压圈10、密封盘1和外密封垫片11，垫片传给外压紧螺栓的反力最终作用在螺纹承压环7和管箱大螺纹上。外压紧螺栓承担压紧外密封垫片功能，螺栓直径可较小，在带压条件下可给外压紧螺栓施力，排除外泄漏。

（2）内密封垫片的压紧力传递：内密封垫片16起着管程与壳程分隔作用，力传递路径为：由内压紧螺栓6依次传递给内压杆5、内压圈4、密封盘1、管程内套筒15、管板和内密封垫片16。内密封垫片的反力最终作用于螺纹承压环7和管箱大螺纹。内压紧螺栓承担压紧内密封垫片的功能，螺栓直径也可较小。

3. 螺纹锁紧环换热器的应用注意事项

设计制造中，在充分考虑螺纹锁紧环和管箱盖之间的径向热膨胀影响条件下，应使两个部件的径向间隙尽可能小，以制约螺纹锁紧环的弯矩，阻止螺纹啮合高度的变化。在检修中若发现有关零件超过规定的变形或损伤时，需要及时更换。

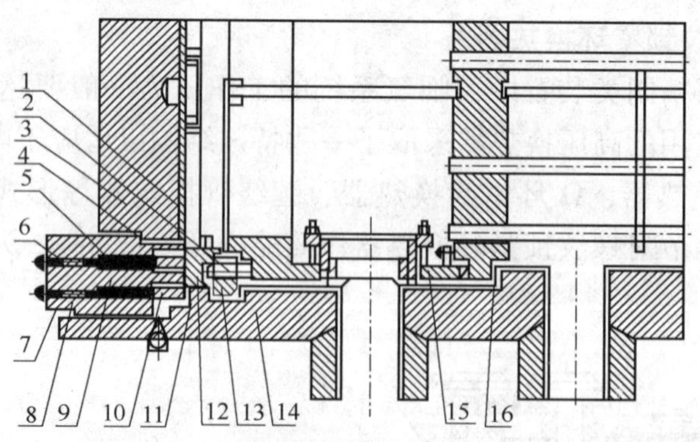

图 5-53　螺纹锁紧环换热器的密封结构示意图

1—密封盘；2—顶压螺栓；3—压盖；4—内压圈；5—内压杆；6—内压紧螺栓；7—螺纹承压环；8—外压紧螺栓；9—外压杆；10—外压圈；11—外密封垫片；12—压环；13—卡环；14—管箱壳体；15—内套筒；16—内密封垫片

综合螺纹锁紧环换热器的特点，若用于压力较低的场合，从经济性上将不尽合理。一般用于 10.0MPa 以上压力为宜。压力越高，设备费用越省。对管壳程压力很高且两者间压差很小、管束部分按照差压设计的情况，选用螺纹锁紧环换热器的经济性比普通大法兰形式的换热器更为显著。

5.3　设备运行管理

5.3.1　特种设备运行管理

2003 年国务院颁发了特种设备安全监察条例，2009 年又颁布了修订条例。2013 年 6 月 29 日又通过了《中华人民共和国特种设备安全法》，其目的都是为了加强特种设备的安全监察，防止和减少事故，保障人民群众生命和财产安全，促进经济社会发展。在石化企业应用比较广的特种设备包括锅炉、压力容器、压力管道、起重机械、场(厂)内专用机动车辆。《特种设备安全法》对特种设备的生产(包括设计、制造、安装、改造、修理)、经营、使用、检验、检测和特种设备安全的监督管理做了规定，企业对上述特种设备管理时要遵循国家法律。

5.3.1.1　压力容器管理

石化企业中有大量的压力容器纳入到《固定式压力容器安全技术监察规程》的管理范畴。

1. 监察规程适用的范围

(1) 工作压力大于或者等于 0.1MPa(注 1)。

(2) 工作压力与容积的乘积(PV)大于或者等于 2.5MPa · L(注 2)。

(3) 盛装介质为气体、液化气体以及介质最高工作温度高于或者等于其标准沸点的液体(注 3)。

注 1：工作压力，指压力容器在正常工作情况下，其顶部可能达到的最高压力(表压力)

注 2：容积，是指压力容器的几何容积，即由设计图样标注的尺寸计算(不考虑制造公差)并且圆整。一般应当扣除永久连接在压力容器内部的内件的体积)。PV 值表征了容器中蕴含的能量，反映了容器的危险程度。

注3：容器内介质为最高工作温度低于其标准沸点的液体时，如果气相空间的容积与工作压力的乘积大于或者等于2.5MPa·L时，也属于本规程适用范围。

2. 压力容器分类管理

根据监察规程规定，压力容器根据介质组分和危害性划分不同，划分为三类。

(1) 介质分组。压力容器的介质包括气体、液化气体或者最高工作温度高于或者等于标准沸点的液体。

① 第一组介质：毒性程度为极度危害、高度危害的化学介质，易爆介质，液化气体。

② 第二组介质：除第一组以外的介质。

(2) 介质危害性。指压力容器在生产过程中因事故致使介质与人体大量接触，发生爆炸或者因经常泄漏引起职业性慢性危害的严重程度，用介质毒性程度和爆炸危害程度表示。

介质毒性危害程度和爆炸危险程度的确定按照HG 20660—2000《压力容器中化学介质毒性危害和爆炸危险程度分类》确定。HG 20660没有规定的，由压力容器设计单位参照GB 5044—1985《职业性接触毒物危害程度分级》的原则，决定介质组别。

3. 对使用单位的压力容器管理要求

(1) 压力容器实施注册登记制度。

压力容器的使用单位，在压力容器投入使用前或者使用后30日内，应当按照要求到直辖市或者设区的市的质量技术监督部门逐台办理使用登记手续。对于登记标志的放置位置也应符合有关规定。

(2) 使用单位的工作和责任：

① 使用单位对压力容器的安全管理负责，并且配备具有压力容器专业知识，熟悉国家相关法律、法规、安全技术规范和标准的工程技术人员作为安全管理人员负责压力容器的安全管理工作；

② 压力容器的使用单位，应当逐台建立压力容器技术档案并且由其管理部门统一保管；

③ 压力容器使用单位，应在工艺操作规程和岗位操作规程中，明确提出压力容器安全操作要求；

④ 压力容器的安全管理人员和操作人员应当持有相应的特种设备作业人员证；

⑤ 压力容器使用单位应当对压力容器作业人员定期进行安全教育与专业培训并且做好记录，保证作业人员具备必要的压力容器安全作业知识、作业技能，及时进行知识更新，确保作业人员掌握操作规程及事故应急措施，按章作业；

⑥ 以水为介质产生蒸汽的压力容器，应当做好水质管理和监测，没有可靠的水处理措施，不得投入运行；

⑦ 需要在移动式压力容器和固定式压力容器之间进行装卸作业的，其连接装置应当有可靠的连接方式，有防止装卸管道或者装卸软管拉脱的联锁保护装置。

(3) 异常情况处理：

① 压力容器发生异常现象并可能危及安全，操作人员应当立即采取紧急措施，并按照规定的报告程序，及时向有关部门报告；

② 当出现故障或者发生异常情况，应对压力容器及时进行检验，消除事故隐患；对存在严重事故隐患，无改造、维修价值的压力容器，应当及时予以报废，并且办理注销手续；

③ 对于已经达到设计使用年限的压力容器，或者未规定设计使用年限但使用超过 20 年的压力容器，若要继续使用，使用单位应当委托有资格的特种设备检验检测机构对其进行检验合格，经使用单位主要负责人批准后，方可继续使用。

4. 定期检验

(1) 检验周期。定期检验是指在压力容器停运时进行的检验和安全状况等级评定。压力容器一般应当于投用后 3 年内进行首次定期检验。下次的检验周期，由检验机构根据压力容器的安全状况等级，按照要求确定：

① 安全状况等级 1、2 级，一般每 6 年一次；

② 安全状况等级 3 级，一般 3~6 年一次；

③ 安全状况等级 4 级，应当监控使用，其检验周期由检验机构确定，累计监控使用时间不得超过 3 年；

④ 安全状况等级 5 级，应当对缺陷进行处理，否则不得继续使用；

⑤ 压力容器安全状况等级的评定按照《压力容器定期检验规则》进行，符合其规定条件的，可适当缩短或者延长检验周期。

(2) 定期检验的内容。检验人员根据压力容器使用情况、失效模式制定检验方案。定期检验方法以宏观检查、壁厚测定、表面无损检测为主，必要时采用超声检测、射线检测、硬度测定、金相检验、材质分析、涡流检测、强度校核或者应力测定、耐压试验、声发射检测、气密性试验等。根据定期检验结果进行安全状况评价，按照不同的安全等级按规定分类处理。

5.3.1.2 锅炉设备管理

锅炉有电站锅炉和非电站锅炉之分，石化企业中除电站锅炉之外，有较多形式的各类废热锅炉或称余热锅炉。废热锅炉指利用工业过程中的余热产生蒸汽的锅炉，借以提高装置中热能的总利用率。废热锅炉与电站锅炉的主要区别是，前者需要适应作为热源的工艺介质的工况，而蒸汽作为调节的手段。废热锅炉在诸如乙烯裂解、催化裂化、制氢、连续重整、硫黄回收等装置均有配置。

1983 年国家劳动人事部锅炉压力容器安全监察局发过一个对废热锅炉安全监察和管理问题的通知，把管壳式废热锅炉划属压力容器范畴，按《压力容器安全监察规程》进行安全监察和管理；把烟道式废热锅炉划属锅炉范畴，按《蒸汽锅炉安全监察规程》进行安全监察和管理。目前新建装置中对废热锅炉的归属普遍归入锅炉管理范畴。

新版《锅炉安全技术监察规程》TSG G0001—2012 与 1996 版有比较大变化，现作简要介绍。

1. 锅炉的分类

(1) A 级锅炉。指额定工作压力≥3.8MPa(A)的锅炉，包括：

① 超临界锅炉：$P \geq 22.1$MPa；

② 亚临界锅炉：16.7MPa$\leq P<$22.1MPa；

③ 超高压锅炉：13.7MPa$\leq P<$16.7MPa；

④ 高压锅炉：9.8MPa$\leq P<$13.7MPa；

⑤ 次高压锅炉：5.3MPa$\leq P<$9.8MPa；

⑥ 中压锅炉：3.8MPa$\leq P<$5.3MPa。

(2) B级锅炉：

① 蒸汽锅炉：0.8MPa<P<3.8MPa；

② 热水锅炉：P<3.8MPa且出水温度≥120℃；

③ 额定热功率>0.7MW的气相有机热载体锅炉；额定热功率>4.2MW的液相有机热载体锅炉。

(3) C级锅炉：

① 蒸汽锅炉：P≤0.8MPa且设计正常水位时水容积>50L；

② 热水锅炉：P<3.8MPa且额定出水温度<120℃；

③ 0.1MW>额定热功率>0.7MW的气相有机热载体锅炉；0.1MW>额定热功率>4.2MW的液相有机热载体锅炉。

(4) D级锅炉：

① 蒸汽锅炉：P≤0.8MPa并且设计正常水位时水容积≤50L；

② 汽水两用锅炉：P≤0.04MPa并且额定蒸发量≤0.5t/h的锅炉；

③ 仅用自来水加压的热水锅炉，并且额定出水温度≤95℃；

④ 额定热功率≤0.1MW的气相或液相有机热载体锅炉。

2. 对使用单位的锅炉管理要求

(1) 锅炉投运的前提：

① 锅炉使用单位按规定逐台办理登记手续；

② 锅炉使用单位应当逐台建立安全技术档案；

③ 锅炉使用单位应配备锅炉安全管理人员。锅炉运行操作人员和锅炉水处理作业人员应当按照国家质检总局颁发的《特种设备作业人员监督管理办法》的规定持证上岗；

④ 锅炉运行应具备相应的制度、规程，例如：岗位责任制、巡回检查制度、锅炉操作规程、水质管理制度、节能减排管理制度、安全管理制度等；

⑤ 锅炉操作运行所具有记录，例如：锅炉及附属设备运行记录、汽水品质化验记录、交接班记录、锅炉及辅机附件维修保养记录、锅炉运行故障及事故记录、锅炉停炉保养记录等。

(2) 锅炉运行中的注意点：

① 运行中不得任意提高参数；

② 锅炉的安全附件和联锁保护装置应保证其灵敏、可靠；

③ 当锅炉运行中异常并危及安全应停止运行；

④ 使用单位发生锅炉事故，应按《特种设备事故报告和调查处理规定》及时报告和处理。

3. 定期检验

(1) 检验分类：

① 外部检验；

② 内部检验；

③ 水(耐)压试验。

(2) 定期检验周期：

① 外部检验周期：每年进行一次；

② 内部检验周期：电站锅炉结合锅炉检修同期进行，一般应当每3~6年进行一次；非

电站锅炉一般每2年进行一次；首次内部检验在锅炉投入运行后一年进行；

③ 水(耐)压试验周期：当锅炉经历重大修理改造或使用单位对设备安全状况有怀疑时进行水(耐)压试验。

5.3.1.3 压力管道管理

1. 压力管道的范围

企业所使用的压力管道种类繁多，若以一套装置计所含压力容器几十台，则其包含的压力管道多达数千条，所用到各种管道附件将达上万件。与压力容器相比，压力管道的安全管理更复杂，因此由对应的压力管道安全技术监察规程进行监管。

(1) 压力管道主要特点：

① 种类多，数量大，设计、制造、安装、应用管理环节多；

② 长细比大，跨越空间大，边界条件复杂；

③ 现场安装工作量大；

④ 材料应用种类多，选用复杂；

⑤ 管道及其元件生产厂的生产规模较小，产品质量保证难度较大。

(2) 规程对压力管道的定义。石化企业工艺装置、辅助装置以及界区内公用工程所属的受监察规程管理的管道是指同时具备下列条件的工业管道：

① 最高工作压力大于等于0.1MPa(表压，下同)；

② 公称直径大于25mm；注：(公称通径、公称尺寸，代号一般用*DN*表示)

③ 输送介质为气体、蒸汽、液化气体、最高工作温度高于或者等于其标准沸点的液体或者可燃、易爆、有毒、有腐蚀性的液体。

(3) 规程对压力管道的覆盖范围，包括：

① 管道元件，包括管道组成件和管道支承件；

② 管道元件间的连接接头、管道与设备或者装置连接的第一道连接接头(焊缝、法兰、密封件及紧固件等)、管道与非受压元件的连接接头；

③ 管道所用的安全阀、爆破片装置、阻火器、紧急切断装置等安全保护装置。

对上述范围内压力管道元件的制造以及管道的设计、安装、改造、维修、使用和检验检测，均纳入规程管理范围。

2. 压力管道的分级

在监察范围内的压力管道，将按照设计压力、设计温度、介质毒性程度、腐蚀性和火灾危险性划分为GC1、GC2、GC3三个等级。

(1) GC1级管道：

① 输送GB 5044—1985《职业性接触毒物危害程度分级》中规定的毒性程度为极度危害介质的管道，高度危害气体介质和工作温度高于其标准沸点的高度危害的液体介质的管道。

② 输送GB 50160—2008《石油化工企业设计防火规范》及GB 50016—2006《建筑设计防火规范》中规定的火灾危险性为甲、乙类可燃气体或甲类可燃液体介质且设计压力$P \geq 4.0$MPa的管道。

③ 输送除前两项介质的流体介质且设计压力$P \geq 10.0$MPa的管道，或者设计压力$P \geq 4.0$MPa且设计温度≥400℃的管道。

(2) GC2级管道：

① 输送 GB 50160《石油化工企业设计防火规范》及 GB 50016《建筑设计防火规范》中规定的火灾危险性为甲、乙类可燃气体或甲类可燃液体介质且设计压力 $P<4.0$MPa 的管道。

② 输送可燃流体介质、有毒流体介质，设计压力 $P<4.0$MPa 且设计温度≥400℃的管道。

③ 输送非可燃流体介质、无毒流体介质，设计压力 $P<10.0$MPa 且设计温度≥400℃的管道。

④ 输送流体介质，设计压力 $P<10.0$MPa 且设计温度<400℃的管道。

(3) GC3 级管道：

输送无毒、非可燃流体介质，设计压力小于或者等于 1.0MPa，并且设计温度高于-20℃但是不高于 185℃的管道。

3. 对使用单位压力管道管理要求

(1) 工作责任范围：

① 管道使用单位负责本单位管道安全工作，保证管道安全使用，对管道的安全性能负责；

② 管道使用单位配备必要的资源和具备相应资格的人员从事压力管道安全管理、安全检查、操作、维护保养和一般改造、维修工作。

(2) 使用要求：

① 使用单位应当使用符合规程要求的压力管道。管道操作工况超过设计条件时，应当符合 GB/T 20801 关于允许超压的规定；

② 新压力管道投入使用前，使用单位应当核对是否具有规程要求的安装质量证明文件；

③ 管道内部有压力时，一般不得对受压元件进行重大维修；

④ 对于生产工艺过程特殊，需要带温带压紧固螺栓或者出现紧急情况需要采用带压密封堵漏作业时，使用单位应当制定有效的操作要求和防护措施，经技术负责人批准后，在安全管理人员现场监督下实施；

⑤ 实施带压密封堵漏操作人员应经专业培训，持有相应项目的《特种设备作业人员证》；

⑥ 使用单位应当严格控制带压密封堵漏技术的使用频次，每条管道上使用带压密封堵漏的部位不得超过两处。

(3) 档案管理：

具有完整的管道技术档案并且妥善保管。

4. 压力管道定期检验

(1) 定期检验的分类：

管道定期检验分在线检验和全面检验。在线检验是在运行条件下对在用管道进行的检验，在线检验每年至少 1 次；全面检验是按一定检验周期在管道停车期间进行较为全面的检验。

(2) 检验周期：

一般规定：

① 安全状况等级为 1 级和 2 级的，一般不超过 6 年；

② 安全状况等级为 3 级的，一般不超过 3 年；

③ 安全状况等级为 4 级的，一般无法修复或判废。

延长检验周期：经使用经验和检验证明可以超出上述规定期限安全运行的管道，使用单位向省级或其委托的地(市)级质量技术监督部门安全监察机构提出申请，经其委托的检验单位的确认，检验周期可适当延长，但最长不得超过9年。

使用单位需要及时安排管道的定期检验工作，将管道全面检验的年度检验计划上报使用登记机关与承担相应检验工作任务的检验机构。全面检验到期时，由使用单位向检验机构申报全面检验。

5.3.1.4 安全附件管理

安全附件作为锅炉、压力容器和压力管道的重要组成部分，纳入监察规程的管理范畴。对安全附件的管理主要遵循以下要求：

(1) 实施特种设备制造的许可证制度；

(2) 安全阀、爆破片、紧急切断阀等需要试验的安全附件，其试验形式、试验资质需要法定机构的认定；

(3) 实行定期检验制度；

(4) 保证所选安全附件的泄放量、排放方式符合要求；

(5) 对安全附件档案进行管理。

5.3.1.5 其他特种设备管理

特种设备是指涉及生命安全、危险性较大的锅炉、压力容器(含气瓶，下同)、压力管道、电梯、起重机械、客运索道、大型游乐设施和场(厂)内专用机动车辆等。

前述内容对石化行业应用比较广的锅炉、压力容器和压力管道的管理的简介，余下的电梯、起重机械、专用机动车等特种设备与石化的生产关联不甚密切，因此不作叙述。但作为特种设备的管理，仍延续锅炉、压力容器、压力管道管理的风格，包括：

(1) 国家特种设备安全监督管理部门负责全国特种设备的安全监察工作；

(2) 地方负责特种设备安全监督管理的部门对本行政区域内特种设备实施安全监察；

(3) 使用单位应当建立健全特种设备安全、节能管理制度和岗位安全、节能责任；

(4) 使用单位的主要负责人对本单位特种设备的安全和节能全面负责。

5.3.2 转动设备运行管理

5.3.2.1 大型机组管理

1. 大型机组的管理模式介绍

鉴于大型机组对石化装置的重要程度，各企业对大型机组均予以高度重视，并有着具有企业特点的管理经验，从总体上归纳，中国石化企业的大型机组管理有着一个共同点，即实施特级维护管理制度。

大型机组特级维护管理是运用现代仪器设备、状态监测技术，对机组和设备的运行状况进行监测和分析，并通过管理人员、操作人员和专业维护人员“多位一体”的日常维护、检查，把设备故障、隐患消灭在事故发生前，保证设备处于完好状态。大型机组特级维护管理从形式上提供了一种管理模式，但是否能起到预期的作用则体现在：领导重视、部门支持、措施落实。

2. 大型机组管理的技术依托

(1) 在线状态监测系统；

（2）在线烟气浓度监测系统；

（3）离线烟气水分监测；

（4）各类仪表控制保护技术。

3. 大型机组运行案例

（1）汽轮机驱动的大型机组在启动过程中如何过临界转速。

图5-54显示了某大型离心压缩机的临界特性，该类机组为挠性转子，工作转速范围在第一临界转速之上，在机组启动过程中必然要通过产生高振幅的临界转速区。

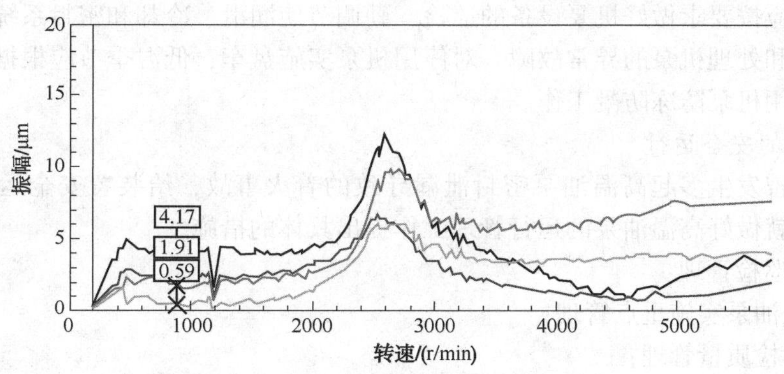

图5-54　挠性转子过临界区的振动上升图

电动机驱动的压缩机因升速很快，矛盾不突出；而采用汽轮机、透平膨胀机或有变频调速设施驱动的机组就需要有快速通过临界区的要求。本案例采用背压汽轮机驱动，操作者在启动过程中为减少蒸汽排放而过度注重节能效应，在少蒸汽流量、小蒸汽压差的情况下进行机组启动，而该蒸汽参数条件下不能满足机组升速的基本负荷需求，结果在临界转速区域滞留时间过长，导致了压缩机转子的损伤。案例的典型性在于对大型机组启动特性不甚理解，对阶段控制重点理解有失偏颇。

（2）大型机组的状态参数联锁。

大型机组配置有比较多的运行状态参数监测点，如离心机械的振动、轴位移、轴承温度，电动机的定子温度等。如何利用这些状态参数对机组进行保护，石化企业用户有着不同的风格。风格之一是强调保机组安全，风格之二是强调保装置运行。前者主要把状态参数与停机保护关联，后者把状态参数作为人工处理的依据。

两个例子：

① 某轴流压缩机出现叶片断裂，振动大幅超标，依靠振动联锁自动停机；

② 某大型机组因烟气轮机叶片碰擦瞬间大幅振动，机组无振动联锁，在人工判别和决策过程中延续了比较长时间后停机，导致烟气轮机与主风机之间的联轴器损坏。

上述例子并不对两种风格作强制导向和规定，由各企业用户的管理理念来决定。

5.3.2.2　机泵设备管理

在石化企业中，故障率最高的设备归属于机泵，因此对机泵设备的管理是继大型机组后的又一个重点。同大型机组情况类同，要使机泵得以良好运行，机泵前期选型合理、产品质量具备本质安全和优质、运行工况与设计工况的匹配、润滑密封冷却等条件的保障、备件质量和供应周期的保障等是关联要素，机泵运行的质量与企业中诸多业务部门的工作质量有紧密关联。

1. 机泵日常管理要点

机泵管理主要包括：机泵的设计选型、采购、安装、检修、试车、验收、运行、更新及改造等环节。

2. 与机泵操作相关内容

建立健全机泵设备的操作、使用、维护规程和岗位责任制，建立设备隐患及时发现、报告、处理的闭环管理机制。机泵应在其特性允许的范围内工作，无超温、超压、超负荷现象。操作人员应按要求做好机泵设备的巡检，勤调节使润滑、冷却和密封系统处在正常范围内，及时发现和处理机泵的异常故障。对停用机泵实施盘车，低温季节应根据防冻防凝要求做好备用、停用机泵防冻防凝工作。

3. 高温泵的安全运行

炼油企业曾发生多起高温油泵密封泄漏导致的着火事故，给装置安全运行带来严重影响。中国石化就做好高温油泵的运行管理工作提出具体的措施。

(1) 关于巡检管理：

① 对高温油泵实施重点管理；

② 加强巡检质量管理；

③ 加大对密封辅助系统管理。

(2) 关于泵的检修管理：

① 对高温油泵实行预防性维修策略；

② 提高检修验收标准。

(3) 关于平稳操作：

① 确保平稳操作。对长期低流量运行的高温油泵，应采取增加旁路回流、切削叶轮等措施进行整改，运行中尽量避免用泵出口阀进行节流；

② 确保泵切换平稳。

(4) 关于备件质量管理：

① 对供应商进行筛选；

② 对备件材料提出要求。

(5) 关于前期管理：

① 重视泵的设计选型及安装；

② 电气、仪表电缆走向考虑防火措施；

③ 高温油泵出入口阀门具有迅速切断物料的功能；

④ 增设紧急隔离阀。

(6) 完善应急消防措施：

① 完善应急预案；

② 增上遥控电机开关；

③ 增上自动灭火措施。

(7) 其他要求：

① 定期校核电机过流保护定值，确保其在合理范围内，做到在高温油泵发生严重抱轴事故时跳闸自保；

② 热油泵区宜安装电视监控系统；

③ 有条件的企业可安装在线机泵群状态监测系统。

4. 泵运行事故案例

某企业常减压装置减底泵密封处介质泄漏着火，装置紧急停工。解体发现泵诱导轮、叶轮、迷宫衬套等磨损严重，密封损坏，梳齿损坏与轴“咬死”。分析其主因为：机械密封动环断裂，导致密封失效泄漏。促成因素为长期在27%的低负荷下运行，存在抽空现象，振动大、故障率高，两台泵五年内大修十多次。存在机械密封质量差、维修质量存在问题，运行中冲洗油不稳定等现象。

从近年所发生的多起高温泵火灾的统计数据看，上述的原因具有典型性和普遍性。特别是低负荷运行严重偏离高效区，乃至长期在允许工作区域之外运行的现象对机泵运行带来很大威胁。因此加强对高温泵的管理就显得极为重要。

5.3.2.3 润滑管理

1. 关于合理润滑

据科学家测算，至少有60%以上机械部件损坏由磨擦、磨损所引发。转动机械离不开润滑，润滑是保障转动机械正常运行的基本保障之一，是设备管理基本内容之一。但是润滑管理不局限于保证转动机械油具有润滑，而是应该在此基础上去注重提供一种合理润滑。

1992年国家技术监督局对合理润滑问题颁布了一个标准，即GB/T 13608—1992《合理润滑技术通则》，在法规上建立了对合理润滑技术应用体系，经过了17年后国家更新了版本的《合理润滑技术通则》2009版再次发布，此时大环境已融入了节能减排、低碳经济国策。

2. 企业内部的润滑管理工作内容

(1) 润滑方式选择；

(2) 润滑剂选择；

(3) 润滑剂和润滑设施的采购；

(4) 润滑剂储存；

(5) 润滑剂加注过程；

(6) 润滑效果检测；

(7) 废润滑剂的回收；

(8) 润滑剂或润滑方式的变更。

上述工作内容关联到设备管理部门、使用部门、采购部门、仓储部门等。

3. 提升润滑管理水准

石化企业有着丰富的包括润滑管理在内的传统经验，典型的润滑“五定”、“三级过滤”制度为企业的生产和发展提供了扎实的基础。在国家新版合理润滑技术通则颁布后，如何提升润滑管理的水准是我们的努力方向。通过组织交流、推广先进润滑技术、润滑管理经验，培训操作和管理人员掌握润滑知识和润滑技术，做到以恰当的润滑剂品种和方式、在恰当的润滑位置和恰当的润滑加注时间、注入恰当的润滑剂数量，既保证良好的润滑效果，同时又满足节能降耗和环保的要求。

5.3.3 加热炉管理

石化企业中设备管理部门通过依靠技术进步，坚持设计、制造与使用相结合，运行、维护与检修相结合，修理、改造与更新相结合，专业管理与全员管理相结合，技术管理与经济管理相结合的原则对加热炉进行管理。

5.3.3.1 加热炉的操作管理

（1）加热炉应在设计允许的范围内运行，严禁超温、超压、超负荷运行，并尽量避免过低负荷运行。

（2）从节能降耗角度考虑，控制加热炉最终排烟温度，若燃料含硫量偏离设计值较大则应通过标定烟气露点后确定合理的排烟温度；控制烟气中氧含量2%~4%，同时控制排放烟气中的CO含量不大于100μg/g，以保证化学燃烧完全。

（3）从环境角度考虑，需严格控制烟气中的污染物排放，达到国家标准和当地环保指标。为此应采用低NO_x燃烧器，以减少排放烟气中的NO_x含量；控制燃料气中总硫小于100μg/g、燃料油中总硫含量小于1%，降低排放烟气中的SO_2、SO_3等硫化物的含量。

5.3.3.2 加热炉运行日常管理主要内容

（1）装置管理人员对加热炉的运行进行巡检，并根据运行参数核算加热炉热效率并指导操作。

（2）装置操作人员应认真巡回检查，精心操作调节，保持加热炉良好和高效的运行状态。

（3）仪表专业人员保障控制检测仪表的完好，为加热炉的自动控制和安全提供基础保证。

（4）生产调度部门应为燃料的质量合格和燃料的稳定工况提供保障。

（5）设备管理部门应为加热炉硬件的完好提供保障，并作为加热炉管理的职能部门对各相关部门提供技术支持，进行管理和协调。

（6）加热炉应具备完整的基础档案资料。

5.3.3.3 加热炉管理的案例

某企业常减压装置加热炉空气预热器积灰导致压降过高而需停用清洗，呈现出周期性特征。两次清洗时间间隔为11个月。经分析该炉在运行期间经历过燃烧高黏度燃料阶段，并出现不完全燃烧现象，给灰分的增加提供了条件；对照燃料油的硫含量获知露点温度在120~135℃之间变化。该炉空气预热器富余量比较大，正常条件下能达到比较低的排烟温度，接近于露点温度，使积聚了烟灰后的金属温度降低到露点温度以下。灰分和露点相互作用，加剧了低温段的积灰速度，到了无法继续运行的状态而停用空气预热器进行清洗。

对烟气热量利用和影响的分析：以加热炉设计排烟温度为基准，在停用空气预热器阶段，直排烟气温度约320℃，测算的空气预热器烟气全量直排20天相当于11个月内按照平均排烟温度上升11℃；空气预热器烟气全量直排40天相当于11个月内排烟温度上升22℃。在空气预热器正常运行阶段得到的热效率是约90.71%，而考虑了空气预热器清洗时间的影响分解到每个月的热效率上，则每个月的热效率将下降到89.39%。

这个案例表达了一个信息：对于设备管理者如何综合评价热效率，通过适当的措施延长空气预热器的使用时间，即使这些措施可能会减少短期高效率，但得到的是实在的热能利用率和长期的效率。

5.3.4 防腐和失效管理

美国腐蚀工程师学会NACE对腐蚀的定义："一种材料，通常是金属，因为与其环境发生反应而劣化变质。"此定义认识到除金属外，其他材料也会发生腐蚀。

在石化工业中，材料与环境条件的相互作用在变化，不同装置有多种腐蚀性工艺流体，并处于不同的工况条件下。一旦设备投入过程操作，就会遇到引起设备损坏和劣化变质的不正常操作条件和停工状况。即使没有腐蚀，设备最终也会退化变质，只是正常情况下这个退化变质过程相当缓慢，除非从一开始安装的设备就使用了不正确的或有缺陷的材料。

石化企业中设备常见腐蚀与失效有着不同类型和控制对策，如减薄、应力腐蚀开裂、高温氢侵蚀、蠕变、疲劳、脆性断裂、设备衬里损坏、外部破坏等，对于具体的案例需要分析腐蚀和失效的特征，匹配合适的失效类型以寻求对策。

在炼化企业，结合常见的腐蚀失效，采用一种简化的分类，把与操作、介质工况密切相关的腐蚀分成低温腐蚀和高温腐蚀，以提出宏观的对策。

5.3.4.1 低温防腐

1. 低温腐蚀

低温腐蚀是指在低于260°C的温度并且存在水时所发生的腐蚀。包括许多的腐蚀类型，它们是在各种特定的材料、环境及操作条件的综合条件所发生。石化企业低温腐蚀也称水溶性腐蚀、湿式腐蚀或电化学腐蚀。常见的低温腐蚀类型包括：均匀腐蚀、电化腐蚀、点状腐蚀、冲蚀、应力腐蚀开裂(SCC)。

炼化企业中绝大多数腐蚀问题并不是由被加工的烃引起的，而是因存在各种无机成分所造成，形成了低温腐蚀的条件，如水、硫化氢、氯化氢、硫酸、二氧化碳等。表5-3列出了一些在炼油工艺中所存在的腐蚀剂，其中有些腐蚀剂也会引起高温腐蚀。

表5-3 与低温腐蚀有关的在炼油工艺中存在的腐蚀剂

腐蚀剂	说明
硫	存在于原油中。它引起金属的高温硫化，并与其他元素结合在一起形成侵蚀性成分，如硫化物、硫酸盐、亚硫酸、连多硫酸、硫酸
环烷酸	有机酸的集合名称
连多硫酸	当设备停用时，由于硫化物、水分和氧的相互作用而形成的亚硫酸
氯化物	以盐的形式存在，如氯化镁和氯化钙，它们来自原油、催化剂、冷却水
二氧化碳	在制氢装置中，烃的水蒸气转化过程会产生二氧化碳，并且，在催化裂化中也产生一定的量。二氧化碳与水分结合在一起形成碳酸
氨	进料中的氮与氢结合生成氨，它与其他元素结合形成腐蚀性成分，如氯化铵
氰化物	通常在高氮进料的裂解时会产生氰化物。存在氰化物时，容易加快腐蚀速率
氯化氢	通过氯化镁和氯化钙的水解而形成氯化氢，许多塔顶(蒸汽)流体中可以发现它们的存在。在冷凝时，它形成高度侵蚀性盐酸

续表

腐蚀剂	说　明
硫化氢	存在于含硫原油和天然气中。是有机硫化合物分解或者与某些加工装置中的氢反应而生成的
氢	本身是无腐蚀性的，但能够导致钢发生氢鼓泡和氢脆。并且，它与其他成分结合在一起能够生成腐蚀性化合物
苯酚	主要在含硫污水汽提塔中发现苯酚的存在
氧	来源于原油、脱氧水或填料函盖泄漏。空气中的氧与燃料一起用于炉子燃烧和流化催化裂化再生，由此形成高温环境，造成合金化欠佳的材料的金属表面发生氧化，生成氧化皮
碳	虽无腐蚀性，但在高温下造成渗碳而使某些合金变脆或者降低它们的耐腐蚀性

2. 工艺防腐简述

中国石化颁布的《炼油工艺防腐蚀管理规定》所称的工艺防腐蚀措施，是指为解决常减压装置“三顶”(初馏塔、常压塔、减压塔顶)系统，以及催化裂化、焦化、重整、加氢精制、加氢裂化等装置分馏系统中低温轻油部位设备、管道腐蚀所采取的以电脱盐、注中和剂、注水、注缓蚀剂等为主要内容的工艺防腐蚀措施，这些措施是炼油生产装置低温部位防腐蚀的主要控制手段。

2012年6月中国石化再次颁布《炼油工艺防腐蚀管理规定》实施细则，适用于中国石化所属炼油企业(含油田炼厂)以及直属科研、设计单位设计、生产运行管理。对企业的工艺防腐作了具体的规定。

(1) 常减压装置。包括处理量及原油质量控制、加热炉操作、电脱盐(注破乳剂、注水、操作温度、操作压力、电场强度、上升速度与停留时间、混合强度、油水界位、反冲洗操作)、低温部位防腐(常压塔顶控制、注中和剂、注缓蚀剂、注水)、高温环烷酸腐蚀控制(高温缓蚀剂)、蒸发式空冷器冷却水水质、停工期间维护、换热器结垢、循环冷却水换热器控制、常减压装置与腐蚀相关的化学分析等内容。

(2) 催化裂化装置。包括处理量及原料控制指标、烟气系统露点腐蚀、分馏塔顶低温系统(分馏塔顶温度及回流控制、注缓蚀剂、注水)、腐蚀监检测、停工保护、循环冷却水换热器控制、蒸发式空冷器、装置与腐蚀相关的化学分析等内容。

(3) 延迟焦化装置。包括处理量及原料控制指标、加热炉操作(燃料气含硫量、炉管温度控制、露点腐蚀控制、加热炉炉管在线烧焦与清焦)、低温部位防腐(分馏塔顶温度及回流控制、注缓蚀剂、注水)、富气压缩机(注缓蚀剂、注水)、腐蚀监检测、停工保护、循环冷却水换热器控制、蒸发式空冷器、焦炭塔操作、装置与腐蚀相关的化学分析等内容。

(4) 加氢类装置。包括原料控制指标、加热炉操作、工艺防腐(注缓蚀剂、注水)、富气压缩机(注缓蚀剂、注水)、高压空冷器流速和流出物 K_p 值、腐蚀监检测、开停工保护、循环冷却水换热器控制、蒸发式空冷器、循环氢脱硫控制循环氢气脱后的 H_2S 含量、装置与腐蚀相关的化学分析等内容

(5) 催化重整装置。包括原料控制指标、加热炉控制、预加氢系统(注缓蚀剂、注中和剂、注水)、芳烃抽提系统(溶剂 pH 值、氮气密封保护、溶剂再生塔温度)、催化剂再生系统(监控脱氯、氯离子腐蚀)、腐蚀监检测、开停工保护、循环冷却水换热器控制、蒸发式空冷器、装置与腐蚀相关的化学分析等内容。

(6) 制氢装置。包括装置设计参数及原料、转化炉(温度控制、燃料质量控制)、注缓

蚀剂、腐蚀监检测、脱碳系统钝化处理、装置与腐蚀相关的化学分析等内容。

(7) 干气、液化气脱硫装置。包括处理量及原料控制、工艺防腐(流速、温度、注缓蚀剂)、再生塔重沸器、惰性气体保护、奥氏体不锈钢应力腐蚀开裂、腐蚀监检测、装置与腐蚀相关的化学分析等内容。

(8) 硫黄回收装置。包括原料控制、反应系统(反应炉、余热锅炉、硫冷凝冷却器、系统设备和管线)、急冷水系统、尾气焚烧炉、腐蚀监检测、开停工保护等内容。

3. 腐蚀图片案例

(1) 图5-55(左上)为承插焊无热处理碳钢焊接接头应力腐蚀照片。

(2) 图5-55(右上)为有外保温的304材质仪表管的外部裂纹。

(3) 图5-55(左下)为不锈钢膨胀节使用在不匹配的工况导致失效。

(4) 图5-55(右下)为高硫原油管线使用了2.5年的碳钢管线出现的点腐蚀。

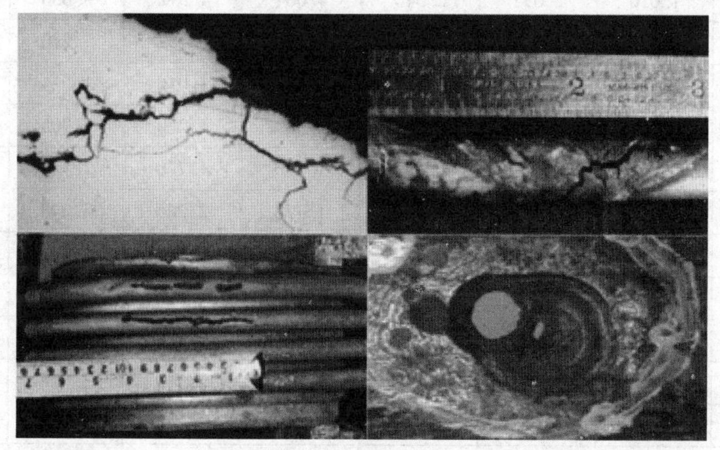

图5-55 低温腐蚀图片案例

5.3.4.2 高温防腐

1. 高温腐蚀

高温腐蚀指在高于260°C无水时所发生的腐蚀。包括许多腐蚀类型，前述的减薄、应力腐蚀开裂、高温氢侵蚀、蠕变、疲劳、脆性断裂、设备衬里损坏、外部破坏等都会与高温有关。如高温下几乎所有金属会与氧发生反应，高温腐蚀与形成的氧化皮特性有关。如均匀的氧化皮表现为均匀的侵蚀，而局部损坏的氧化皮表现为点状腐蚀，当金属结构的晶粒之间的晶界优先于晶粒发生腐蚀时，就会发生晶间腐蚀。它们是在各种特定的材料、环境及操作条件的综合条件下所发生。

石化企业中高温腐蚀问题会导致设备失效，因高温经常会伴随高压，高温工艺涉及高速流动汽液混合流体，所以高温腐蚀常常造成疲劳、冲蚀和气蚀破坏，产生严重后果。

2. 高温硫化物和环烷酸腐蚀速率的预测

高温腐蚀包含了诸多类型，但对于石化企业因原料中硫、酸含量上升导致严重的高温硫腐蚀，则成了人们重点关注的内容。

多年来为确定各种形式的高温硫化物腐蚀的机理，人们开展了广泛的研究得到了腐蚀速率相关曲线图，能比较可靠地预测设备的使用寿命。环烷酸也会引起高温腐蚀问题。在高温下环烷酸会侵蚀金属，但不会生成保护性氧化层。它们对碳钢、低合金钢、含铬少于12%

的铁素体或马氏体不锈钢的侵蚀呈现为局部区域的均匀腐蚀。但对304和316奥氏体不锈钢，环烷酸会造成点状腐蚀，因为它破坏了钝性氧化膜，而氧化膜可以保护这些合金不发生腐蚀。表5-4列举了碳钢在高温硫化物和环烷酸环境中估计的腐蚀率。

表5-4 碳钢在高温硫化物和环烷酸环境中的估计腐蚀率 mm/a

硫/%	TAN/(mg/g)	温度/℃							
		<232	232~260	260~288	288~316	316~343	343~371	371~399	399~427
≤0.2	≤0.3	0.025	0.076	0.178	0.381	0.508	0.889	1.270	1.524
	0.31~1.0	0.127	0.381	0.635	0.889	1.143	1.397	1.651	1.905
	1.1~2.0	0.508	0.635	0.889	1.651	3.048	3.810	4.572	5.080
	2.1~4.0	0.762	1.524	1.524	3.048	3.810	4.064	6.096	6.096
	>4.0	1.016	2.032	2.540	4.064	4.572	5.080	7.112	7.620
0.21~0.6	≤0.5	0.025	0.102	0.254	0.508	0.762	1.270	1.778	2.032
	0.51~1.0	0.127	0.254	0.381	0.635	1.016	1.524	2.032	2.286
	1.1~2.0	0.203	0.381	0.635	0.889	1.270	1.905	2.286	2.794
	2.1~4.0	0.254	0.508	0.889	1.270	1.778	2.540	3.048	3.302
	>4.0	0.508	0.762	1.270	1.778	2.286	3.048	3.556	4.064
0.61~1.0	≤0.5	0.025	0.127	0.254	0.635	1.016	1.524	2.286	2.540
	0.51~1.0	0.127	0.254	0.381	0.762	1.270	2.032	2.794	3.302
	1.1~2.0	0.254	4.699	0.762	1.270	2.032	2.540	3.302	3.810
	2.1~4.0	0.381	0.762	1.270	2.032	2.540	3.048	3.556	4.318
	>4.0	0.635	1.016	1.524	2.540	3.048	3.810	4.572	5.080
1.1~2.0	≤0.5	0.051	0.127	0.381	0.762	1.270	2.032	2.794	3.302
	0.51~1.0	0.178	0.254	0.508	0.889	1.397	2.540	3.302	1.270
	1.1~2.0	0.381	0.508	0.889	1.397	2.540	3.048	3.556	4.318
	2.1~4.0	0.508	0.762	1.397	2.159	2.794	3.810	4.318	5.080
	>4.0	0.762	1.143	1.905	3.048	3.556	4.572	5.080	6.604
2.1~3.0	≤0.5	0.051	0.178	0.508	0.889	1.397	2.413	3.302	3.810
	0.51~1.0	0.178	0.254	0.762	1.143	1.524	3.048	3.556	4.318
	1.1~2.0	0.381	0.508	1.016	1.524	1.905	3.556	4.318	5.080
	2.1~4.0	0.508	0.889	1.524	2.286	3.048			
	>4.0	0.889	1.270	2.032	3.048	3.810	5.080	6.604	7.112
>3.0	≤0.5	0.051	0.203	0.508	1.016	1.524	2.540	3.556	4.064
	0.51~1.0	0.203	0.381	0.635	1.143	1.651	3.048	3.810	4.318
	1.1~2.0	0.508	0.635	0.889	1.651	3.048	3.810	4.572	5.080
	2.1~4.0	0.762	1.524	1.524	3.048	3.810	4.064	6.096	6.096
	>4.0	1.016	2.032	2.540	4.064	4.572	5.080	7.112	7.620

当选用碳钢制造的设备因高温硫和环烷酸腐蚀而不能满足长期安全运行时，则需要采用耐腐蚀性能更好的钢种，即采用材质升级方法来抵御高温硫和环烷酸腐蚀。

3. 腐蚀图片案例

(1) 图 5-56(左上)为减压炉管出口段的冲蚀照片。

(2) 图 5-56(右上)为长期在高温下运行的螺母氧化。

(3) 图 5-56(下)为乙烯裂解炉在温度 1038℃运行 3 年后炉管的渗碳。

图 5-56 高温腐蚀图片案例

5.3.4.3 炼油工艺装置腐蚀流程举例

1. 典型腐蚀类型

表 5-5 列举了炼油加工工艺中具有典型腐蚀类型的常减压装置、延迟焦化装置、催化裂化装置、连续重整装置、加氢类装置、硫磺回收装置、酸性水装置的腐蚀类型。从 7 类装置的腐蚀频度可看出：湿硫化氢腐蚀、侵蚀/冲蚀、硫腐蚀、蠕变/应力破裂、氯化铵腐蚀、氧化腐蚀、短期过热-应力破裂、氯离子应力腐蚀、475℃脆化、连多硫酸腐蚀、环烷酸腐蚀、二硫化铵腐蚀、盐酸腐蚀、回火脆化、渗碳、氨致应力开裂是腐蚀发生率比较高的型式。

表 5-5 对应腐蚀流程中关键点的腐蚀类型列表

关键点	腐蚀类型 C	蒸馏装置	延迟焦化	催化裂化	连续重整	加氢类	硫磺回收	酸性水	腐蚀频度
2	湿硫化氢腐蚀	●	●	●		●	●	●	6
20	侵蚀/冲蚀	●	●	●	●	●		●	6
1	硫腐蚀	●	●	●		●	●		5
3	蠕变/应力破裂	●	●	●	●	●			5
8	氯化铵腐蚀	●	●	●	●	●			5
11	氧化腐蚀	●	●	●	●		●		5
30	短期过热-应力破裂	●	●	●	●	●			5
23	氯离子应力腐蚀	●		●		●		●	4
33	475℃脆化	●	●	●		●			4

续表

关键点	腐蚀类型 C	蒸馏装置	延迟焦化	催化裂化	连续重整	加氢类	硫磺回收	酸性水	腐蚀频度
5	连多硫酸腐蚀	●		●		●			3
6	环烷酸腐蚀	●	●			●			3
7	二硫化铵腐蚀		●			●		●	3
9	盐酸腐蚀	●			●	●			3
16	回火脆化			●	●	●			3
24	渗碳		●	●	●				3
48	氨致应力开裂	●	●		●				3
10	高温氢腐蚀				●	●			2
12	热疲劳		●	●					2
14	耐热衬里老化			●			●		2
25	氢脆				●	●			2
26	蒸汽毯			●			●		2
32	σ 相脆化			●		●			2
35	再热裂纹			●	●				2
50	锅炉水/冷凝水腐蚀			●			●		2

2. 常减压蒸馏装置的主要腐蚀类型与腐蚀部位

（1）高酸低硫和高酸高硫装置的高温环烷酸腐蚀腐蚀环境。环烷酸腐蚀通常发生在240℃的热介质中，腐蚀随着温度的升高逐渐加剧，当温度达到400℃左右时，环烷酸开始分解，腐蚀性下降。环烷酸腐蚀通常发生在常减压加热炉管、减压塔闪蒸段、减压转油线、塔底线以及温度大于240℃的设备及相关管线中，在管道中高流速、湍流以及流体转变方向的部位(如机泵内件、阀门、弯头、三通、大小头等)腐蚀将会比较严重。

（2）高硫低酸装置的盐酸($HCl+H_2O$)的腐蚀环境：

① HCl 的露点腐蚀：露点温度(初凝区)一般为100~110℃左右，主要位于初馏塔/闪蒸塔的顶部、塔顶冷回流时的常压塔顶部、塔顶温度跨初凝区的油气冷凝冷却器(一般为塔顶油气的第一级换热器或空冷器)及其相关管道；

② $H_2S+HCl+H_2O$ 腐蚀环境：以湿硫化氢腐蚀为主，主要位于 HCl 露点温度以下的塔顶油气冷却器(一般为塔顶油气的第二级及以下的冷却器或空冷器)、容器(如塔顶油气回流罐、油气分液罐等)及其相关管道；

③ 含盐污水腐蚀：主要是电脱盐排水的换热器或冷却器。

（3）高硫低酸装置的高温硫腐蚀环境：

高温硫腐蚀主要位于介质温度≥240℃的塔器(中下部)、换热器、容器、加热炉炉管及其相关管道。

3. 常减压蒸馏装置的腐蚀流程图

（1）图5-57为常减压蒸馏装置的腐蚀流程示意图；

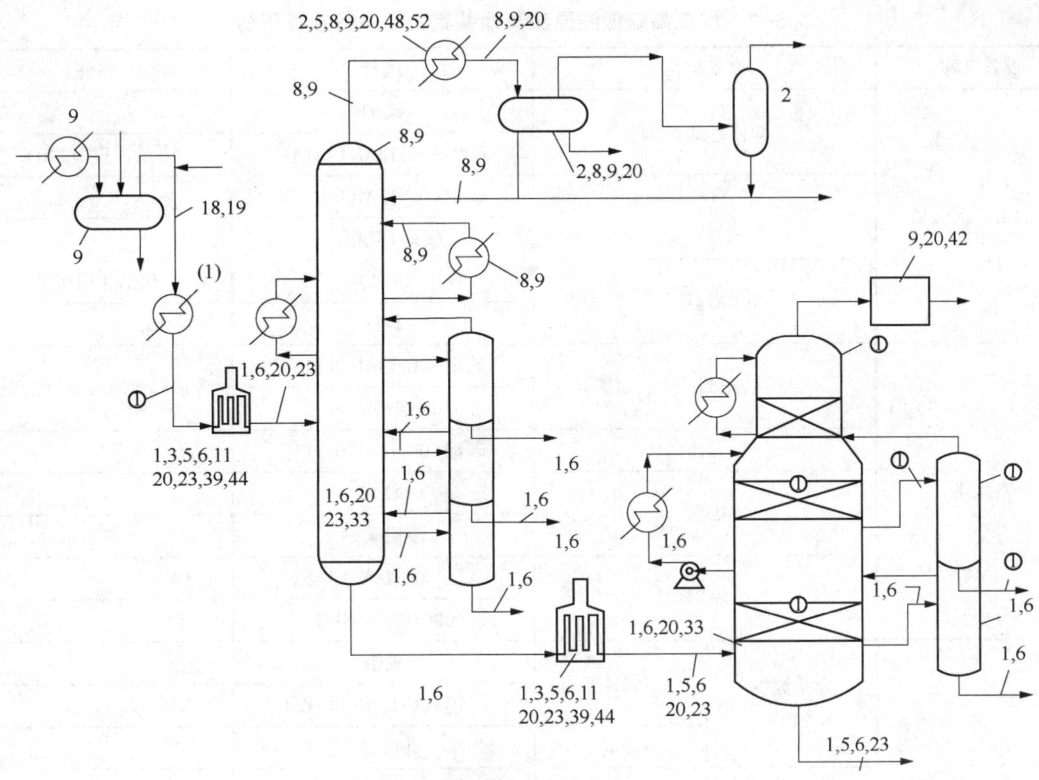

图5-57　常减压蒸馏装置的腐蚀流程示意图

（2）表5-6为流程图中腐蚀类型对应表。

表5-6　腐蚀类型对应表

关键点	腐蚀类型	常减压装置	关键点	腐蚀类型	常减压装置
1	硫腐蚀	●	18	碱脆	●
2	湿硫化氢腐蚀	●	19	碱腐蚀	●
3	蠕变/应力破裂	●	20	侵蚀/冲蚀	●
5	连多硫酸腐蚀	●	23	氯离子应力腐蚀	●
6	环烷酸腐蚀	●	30	短期过热-应力破裂	●
8	氯化铵腐蚀	●	33	475℃脆化	●
9	盐酸腐蚀	●	39	异种钢焊接裂纹	●
11	氧化腐蚀	●			

5.3.4.4　高硫低酸值装置设备管道选材

高硫低酸值原油指总硫含量大于或等于1.0%（质量分数）、酸值小于0.5mgKOH/g的原油。原油中硫组分上升对设备腐蚀也加剧，中国石化颁布的《加工高硫原油重点装置主要设备和管道设计选材导则》为石化企业加工高硫低酸值原油的新建和改、扩建工程项目重点装置主要设备和管道的设计选材提供了依据。该导则所确定的选材原则，是在生产装置合理采用工艺防腐措施，达到规定的工艺技术指标，并加强现场监测和生产管理的基础上而确定。表5-7为加工高硫低酸原油的蒸馏装置部分主要设备推荐用材举例。

表 5-7 加工高硫低酸原油蒸馏装置主要设备推荐用材

<table>
<tr><th>设备名称</th><th colspan="2">设备部位</th><th>选材</th><th>备注</th></tr>
<tr><td rowspan="6">初馏塔、闪蒸塔</td><td colspan="2" rowspan="2">筒体、底封头</td><td>碳钢</td><td></td></tr>
<tr><td>碳钢+0Cr13Al(0Cr13)</td><td>介质温度≥240℃</td></tr>
<tr><td colspan="2" rowspan="2">顶封头</td><td>碳钢+0Cr13Al(0Cr13)</td><td></td></tr>
<tr><td>碳钢+双相钢</td><td></td></tr>
<tr><td colspan="2" rowspan="2">塔盘</td><td>0Cr13</td><td>顶部 4 层塔盘</td></tr>
<tr><td>碳钢</td><td></td></tr>
<tr><td rowspan="7">常压塔</td><td colspan="2" rowspan="2">顶封头</td><td>碳钢+0Cr13Al(0Cr13)</td><td rowspan="2">含顶部 4 层塔盘以上壳体</td></tr>
<tr><td>碳钢+Monel</td></tr>
<tr><td colspan="2">壳体</td><td>碳钢+0Cr13Al(0Cr13)</td><td></td></tr>
<tr><td colspan="2" rowspan="2">塔盘</td><td>0Cr13</td><td></td></tr>
<tr><td>渗铝碳钢</td><td></td></tr>
<tr><td colspan="2" rowspan="2">填料</td><td>0Cr18Ni9</td><td></td></tr>
<tr><td>00Cr17Ni14Mo2</td><td></td></tr>
<tr><td rowspan="8">减压塔</td><td rowspan="3">介质温度
<240℃</td><td rowspan="2">壳体</td><td>碳钢</td><td></td></tr>
<tr><td>碳钢+0Cr13Al(0Cr13)</td><td></td></tr>
<tr><td>塔盘</td><td>0Cr13</td><td></td></tr>
<tr><td rowspan="3">介质温度
≥240℃</td><td>壳体</td><td>碳钢+0Cr13Al(0Cr13)</td><td></td></tr>
<tr><td rowspan="2">塔盘</td><td>0Cr13</td><td></td></tr>
<tr><td>渗铝碳钢</td><td></td></tr>
<tr><td colspan="2" rowspan="2">填料</td><td>0Cr18Ni9</td><td></td></tr>
<tr><td>00Cr17Ni14Mo2</td><td></td></tr>
</table>

注：摘自 SH/T 3096—2001。

5.3.4.5 基于风险的检验 RBI

如何对石化企业设备繁多的腐蚀和失效进行控制，API581《基于风险的检验》提供了一种方法，即风险检验(RBI)。RBI 方法定义运行设备的风险为两个单独术语的组合：失效后果和失效可能性。在一个运行装置中，相对大的百分比的风险与小百分比的设备部件有关。RBI 允许检验和维护资源的轮换，从而对高风险部件提供高度的覆盖率并对较低风险的设备提供合适的努力措施。RBI 程序的一个潜在好处是改善或至少维持相同风险等级的同时，增加工艺设施的运行次数和运行时间。

5.3.5 提高设备运行质量的管理

5.3.5.1 控制设备缺陷和故障

1. 设备缺陷及故障

(1) 设备缺陷：运行设备由于各种原因造成其零部件损伤或超过质量指标范围，引起设备性能下降，称为设备缺陷。设备缺陷按其性质可分为一般设备缺陷和重大设备缺陷。

(2) 设备故障：指因各种原因造成设备、零部件丧失规定性能或为消除缺陷而造成的停机。

2. 缺陷故障管理的步骤和方法简介

(1) 进行危害识别：在确保安全的前提下做好消除设备缺陷和故障处理工作，不做风险未得到控制的事，不断降低设备故障率，提高设备完好率。

(2) 建立缺陷及故障检查及报告制度和分级管理制度：管理与操作人员应认真巡检所管辖设备的状况，加强运行分析，及时发现缺陷和故障。及时登记设备缺陷，并逐级汇报班长、管理人员；重大设备缺陷向管理部门及时汇报。

(3) 缺陷故障分级处理：有能力处理的设备缺陷故障，由运行班组内人员处理；已影响或将影响正常生产而没有能力及时处理的一般缺陷，经班长确认后，应立即与本部门管理人员联系，由本部门处理组织；超越部门能力并危及安全和生产的重大故障则由上级处室来组织、协调处理。

(4) 缺陷故障处理的手续条件：检维修单位需到现场了解清楚情况，制定作业方案，组织人员力量和器具。在检修工作票等规定手续齐全、各项安全措施落实后进行处理。如有停送电、入罐、入塔、破土、用火等特殊作业，按规定程序办理作业许可证。

(5) 重大事件启动应急网络：当设备缺陷和故障直接危及安全生产或造成装置停工时，生产部门需要启动故障处理应急网络，快速通知各相关部门、相关人员、相关领导，并协调生产安排，采取必要的预防性措施。

(6) 缺陷故障处理的安全保障：设备缺陷和故障处理时，必须以安全为前提，及时进行作业环节的安全风险分析与评估，防止缺陷扩大或产生次生事故。操作人员要确保电源、汽水和油类等介质的隔绝，做好安全措施。

(7) 缺陷故障处理后续工作：作业完成后，操作人员会同检维修人员对设备进行必要的检查或试运，确认缺陷和故障消除，并予以签收。对于重大缺陷故障处理，由本部门设备管理人员和设备管理处室共同签收。处理结果进入设备档案。

3. 缺陷故障延缓处理的管理

(1) 缺陷和故障处理的时限性：若有特殊理由，缺陷和故障处理允许延缓处理，但宜对缺陷故障延缓处理的时限进行规定。

(2) 延缓缺陷故障的管理：因特殊原因暂时无法作业缺陷及故障，可建立相应的管理程序。

4. 缺陷故障的统计分析

设备管理处室应对企业内的设备缺陷故障进行分类统计并进行分析，找出共性问题和具有典型性的个性问题，提供对策，为生产装置提供技术支持。

5.3.5.2 仪表自动化的完好管理

1. 仪表自动化管理的基本要求

现代石化企业生产安全与仪表自动化紧密关联，保障仪表自动化完好是生产安全保障基本要求之一。

仪表自动化管理是对仪表设备从规划、设计、选型、购置、安装、投运、使用、维护、修理、改造、更新直至报废的全过程管理。

2. 仪表自动化设备前期管理

仪表自动化设备前期管理是指规划、设计、选型、购置、安装、投运阶段的管理工作。设备管理部门本着积极参与介入；产品选型采购以质量第一、性能价格比高和全寿命周期成本最低的原则；仪表设备施工严格执行标准；建立完整的仪表档案资料为四大重点。

3. 仪表自动化设备的维护与检修

（1）维护和修理工作的依据。仪表自动化设备的维护与检修按照《石油化工设备维护检修规程》仪表分册中规定的要求校验，校验周期原则上按照装置大检修同步进行。每台仪表投运前，仪表维护人员对每台仪表零位、量程进行确认并进行全面检查，回路投用前经过联校。

因仪表技术发展很快，大量新技术应用使《检修规程》仪表分册中未能包含全部种类，企业的专业管理部门需根据实际情况组织制定此类仪表的维护检修规定。

（2）仪表维护修理所遵循的原则：

① 在生产装置处理仪表故障、进行维护保养等工作时，要执行工作票制度；

② 生产装置正常生产时，自动控制仪表均应投“自动”，仪表维护人员在维护过程中如需要变更控制方式，需征得操作人员的同意并由操作人员执行变更；

③ 在维护过程中若涉及到联锁保护的作业，应评估对作业的风险，并把风险报送生产装置和相关管理部门，征得同意后方可作业；

④ 为保证仪表自动控制良好运行状态，企业应有责任部门对操作室进行管理，对室内温度、湿度控制在适当范围，做好防火、防尘、防雨、防静电、防辐射、防电磁干扰等措施。

（3）仪表自动化的档案。仪表自动化专业需要有完整档案，包括原始档案、变更档案、软硬件修理和更新档案、数据整定参数、联锁各参数关联度等，完整的档案是避免仪表自动化管理出错的基本条件。

5.3.5.3　备品配件管理

备品配件管理的基本要求包括：

（1）管理覆盖范围：管理范围覆盖生产装置在用生产设备维修、抢修、检修所需的有一定制造周期备品配件。

（2）备品配件的管理原则：合理储备备品配件，把设备计划修理停歇时间和修理费用降低到最低限度；把设备突发故障所造成停工损失减少到最低限度；把备品配件库存占用资金压缩到合理供应的最低水平。

5.3.5.4　保温绝热管理

设备管道的保温绝热，是生产工艺、安全和节能的需求，是设备管理内容的一个分支。保温是指为减少设备、管道及其附件向周围环境散热，在其外表面采取的包覆措施；保冷是指为减少周围环境中热量传入低温设备和管道内部，在其外表面采取的包覆措施。

1. 保温保冷范围

（1）推荐需要保温的设备、管道及其附件：

① 外表面温度高于50℃且需要保持此温度的物料设备；

② 工艺生产中需要减少介质的温度损失或延迟介质凝结的部位；

③ 所有热力设备、管道及附件。

(2) 推荐需要保冷的设备、管道及其附件：

① 需阻止或减少冷介质及载冷介质在生产和输送过程中的冷损失或温度升高的设备；

② 需阻止低温设备及低温管道外壁表面凝露的设备；

③ 与低温设备及低温管道相连的低温仪表。

2. 保温绝热的管理

(1) 管理工作基本条件：

① 保温结构应有保温层和保护层，室外有防水层，并保证在经济寿命年限内的完整性；

② 选择保温材料，在其物理、化学性能满足工艺要求前提下，优先选用导热系数低、密度小、性价比高、无腐蚀性、具有安全环保性、施工方便、便于维护的保温材料；

③ 做好保温绝热管理基于建立完善的设备保温绝热档案及台账；

④ 确保保温性能质量是基于管理人员对检查监督保温材料选型、施工过程质量、竣工质量的掌控能力和自身的工作质量。

(2) 保温绝热设施的维护：

① 注重保温维护，发现有保温损坏需及时修复；

② 注重长期保温效果，对保温设施进行监测、日常维护修和计划检修；

③ 防止对保温设施的人为损伤。

5.4 检维修管理

各石化企业的在检修维修管理方面，有着企业文化和地域的区别，根据本企业所积累的管理经验、管理人员和管理专业的配置等不同，每个企业有着自身的管理特色，因此本节的设备检维修管理内容只对通用过程作描述。

5.4.1 计划管理

各类设备修理项目需纳入计划管理，按本企业管理流程和业务审批手册办理修理项目的申请审批手续，经批准同意后安排实施。

计划可分为年度修理计划、月度修理计划或其他定义的计划。对于装置停工检修计划、单体设备(更新)修理计划或其他费用大、准备周期长的项目宜在年度计划中列报，以利于生产安排、检修工作的准备和组织、提供足够的设备制造周期、对企业的修理费用进行平衡和控制。

5.4.2 合同和预、决算管理

5.4.2.1 装置及设备检维修项目的合同管理

检维修施工项目及委外修理项目费用超过一定额度则需要签订合同，采用规范统一的合同文本。对有特殊要求的项目合同，宜另附技术文件。施工承包合同宜包含施工单位对HSE的承诺的协议附件，随项目施工同时生效，同时结束。

5.4.2.2 装置及设备检维修项目的预、决算管理

合同签订前需对承包商提交的费用预算进行审核确认，按合同管理程序办理有关手续。检维修项目完成后应及时进行费用决算工作，确保真实反映实际修理工作及费用发生情况。

5.4.3 检修管理

5.4.3.1 检修施工组织管理

大型装置、多装置检修或企业认为需要，宜从组织机构上设立检修指挥体系，确定检修工程的指挥决策者和相关执行者，明确各岗位的工作职责，行使相关的职能。

5.4.3.2 检修阶段的设备技术管理

设备管理部门要向施工单位明确：标准规范、设计图纸等技术文件是检修施工质量标准依据，是各施工单位必须遵守的准则。安排各类检修项目，首先必须明确所依据的标准规范。一套严格的设备变更管理制度有利于扼制对设备随意、盲目、不合理的变更。

5.4.3.3 检修施工管理

施工管理部门对施工单位实施工程施工全过程管理，检查督促施工承包商做好工程实施准备工作、编制施工进度网络计划、制定科学合理施工方案；落实施工组织、执行工程质量标准、建立质量控制体系、按质按量按时完成检维修项目。装置检修施工完毕后向生产管理部门进行移交，移交手续需符合企业规定的程序，并有书面记录。

5.4.3.4 施工安全管理

施工单位施工作业人员进入石化企业生产区域，石化企业的 HSE 部门需组织对其进行安全教育培训，考试合格后方可办理相关部门证件。

5.4.3.5 竣工资料管理

检修施工各种原始记录、检测数据等是施工的真实记录，也是今后维修、改造的重要依据，竣工资料管理是施工管理的重要组成部分。参与检修的施工单位需按照相应的要求认真做好竣工资料的建立、收集、整理和审核、归档工作。

第 6 章　储运管理

6.1　储运系统组成及功能

油品储运系统作为炼化企业重要的辅助生产系统，其管理是炼化企业管理的重要组成部分，它贯穿于从原油进厂到产品出厂的整个生产增值过程的各个业务阶段，是炼化企业实现供应链管理最基础的管理系统。

油品系统主要有：储罐区、收发油台、泵区、油运车辆及诸多管线组成，对内为生产装置提供原料，并接收装置过来的产品及半成品，保证生产正常运行；对外供应各种石油产品，面向客户服务市场。因此，储运管理水平的高低不但直接影响着炼化企业生产任务的完成和效益的提升，而且也与企业的安全环保形势息息相关。尽管各企业加工能力、工艺路线、产品结构各不相同，罐区规模也有有大有小，但储运管理不外乎如下内容：

(1) 组织接收原油进厂，并进行预处理；

(2) 按照生产工艺要求向各装置平稳供应原料，并接收对方的产品或半成品，为确保装置“安全、稳定、满负荷、长周期、优质”运行创造条件；

(3) 按照质量要求，将半成品调和成各种合格产品进行外输。

归纳起来，储运系统的管理涵盖数量管理、质量管理、安全管理、环保管理四个方面。

6.1.1　储罐的类型及其应用

油罐储油是目前应用最普遍的一种储油方式，在工业生产中具有重要作用。特别是石油、石化企业，没有储罐就无法组织生产。储罐是储运单元储备原料、油品调和、成品油输转的重要设备。油罐的分类方法多种多样，最具代表性的方法是按油罐相对标高分类、按罐体材质分类以及按油罐形状和结构性特征分类。

油罐按相对标高区分，油罐可分为地上油罐、地下油罐(覆土油罐)、半地下油罐和高架油罐四种。

油罐按罐体材质可分为金属油罐和非金属油罐两大类。

油罐按形状和结构特征分类可分为立式圆柱形油罐、卧式圆柱形油罐和特殊形状油罐三大类。其中，立式圆柱形钢制油罐(储存非制冷液体)是一种应用范围最广的油罐，它根据罐顶的结构又可分为固定顶油罐和活动顶油罐两类。

按照操作压力可分为常压储罐、压力储罐。

6.1.1.1　常压储罐

6.1.1.1.1　固定顶立式储罐

固定顶立式储罐中，中小型储罐是传统的多片组焊结构罐顶的拱顶储罐(见图 6-1 拱顶罐结构简图、图 6-2 拱顶罐外形图)。此类拱顶形油罐的罐顶为球缺形，一般由多块 4~

6mm 的扇形薄钢板和加强筋(通常用扁钢或者型钢)构成，其半径一般为油罐直径的 0.8~1.2 倍。当油罐直径大于 15m 时，拱顶应加设肋板以增强拱顶稳定性。拱顶油罐的最大经济容量一般为 10000m^3，容积过大则拱顶矢高较大，单位容积的用钢量反而比其他类型的油罐多，而且不能储油的拱顶部分过大会增加油品的蒸发损耗，因此一般不建造超过 10000m^{3}的多片组焊结构罐顶的拱顶油罐。

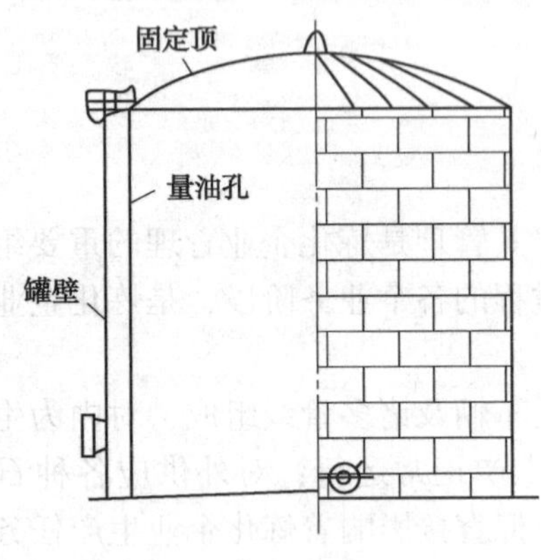

图 6-1　拱顶罐结构简图

图 6-2　拱顶罐外形图

由于拱顶罐罐内液体上部存有油气空间，一旦发生火灾，极易引起爆炸。爆炸如果使罐体撕裂，灾害将扩大。罐顶板与包边角钢之间的连接应采用薄弱连接，外侧采用连续焊，焊脚高度不应大于顶板厚度的 3/4，且不得大于 4mm，内侧不得焊接。这样，一旦发生爆炸，罐顶将首先崩溃，使压力得以释放，避免罐底或罐壁被撕开，尤其是避免将罐底与罐壁相连的大角焊缝撕裂，使油品外溢，灾害扩大。拱顶与罐壁连接处有加强环(包边角钢)，以承受拱脚处的水平推力。

拱顶油罐的设计压力一般为：正压 1.96kPa(200mmH_2O)，负压 0.49kPa(-50mmH_2O)。试验压力为：正压 2.16kPa(220mmH_2O)，负压 1.77kPa(-180mmH_2O)。

固定顶立式储罐中，大中型储罐目前是网壳结构的拱顶储罐。

鉴于多片组焊结构的拱顶油罐的最大经济容量一般为 10000m^3，目前 20000m^{3}以上的固定顶立式储罐都采用网壳结构。罐顶有拱形网状支撑架，再覆盖一层 4~6mm 的钢板，钢板只和罐壁顶圈的环梁焊接，不和网壳焊接，简单地讲，就是网壳上盖了一层皮。终身使用的经济性能也可以看出：如果因内腐蚀原因，罐顶蒙皮减薄，需要更换罐顶蒙皮钢板时，只需要更换一层 4~6mm 的钢板就行，没有多片组焊结构拱顶的加强筋，需用钢板量减少，而且施工费用低，但前提条件是网壳结构没有严重腐蚀。

网壳结构拱顶罐也可以达到多片组焊结构拱顶罐的承受压力和严密性，但是网壳结构储罐的罐壁顶圈的环梁是重要的节点，罐顶蒙皮钢板的受力，网壳与罐壁板的受力，均集中在此。也是严密性容易出现问题的部位，应根据不同的网壳结构具体分析。

网壳结构有全焊接的子午线结构，也有三角形结构的部分螺栓连接的结构，应依据储罐容量、介质腐蚀性、经济耐受程度选用。

6.1.1.1.2　浮动顶立式储罐

浮动顶油罐分为外浮顶罐与内浮顶罐。

6.1.1.1.2.1 外浮顶立式储罐

外浮顶罐是将浮顶装在上部开口的立式金属圆筒形油罐的液面之上的油罐(见图6-3)。外浮顶油罐的圆形浮盘直接浮于油面之上，并随油罐内储油量的增加和减少而上升或下降。在浮顶外缘与罐内壁的环形空间还安装有随浮顶一起升降的密封装置，该装置与浮顶一起把液面和大气空间隔开，因而大大减少了油品蒸发损耗，降低了油气对大气环境的污染，减少了火灾的危险性。

(a)

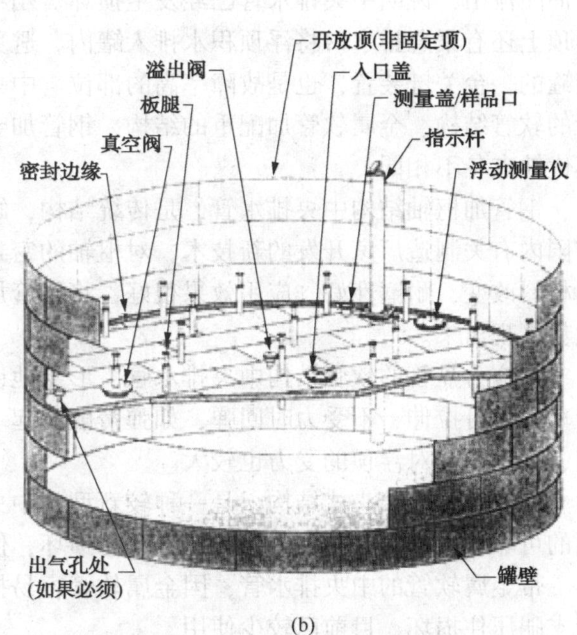

(b)

图6-3 外浮顶储罐图

建造浮顶罐消耗钢材多，一次性投资大，但相对拱顶储罐，可以从降低油品损耗中得到补偿；浮顶油罐比拱顶油罐可减少油品损耗80%~90%，投用1~2年即可收回建造浮顶所多消耗的钢材投资。

浮顶的结构有单盘式、双盘式和浮子式等。常用的单盘式浮顶周边是用双层薄钢板焊接而成的环形浮船，并用隔板将浮船分隔成若干个独立密封的舱室。浮顶中心部分则是单层钢板。所有浮舱不论是单盘或是双盘都要用隔板分成若干个互不连通的隔舱，以防因舱室渗漏而导致浮顶沉没。双盘式浮顶的优势不仅在于防止沉没性能好，而且有保温优势，尤其对于北方地区，可以很好地解决原油外浮顶储罐的保温、防腐等系列问题，节能和防腐效果突出。

浮盘与罐壁间的间隙保证浮顶随液面升降而上下移动，间隙间有密封装置密封，以防止油品蒸汽从间隙中溢出。目前，外浮顶罐的浮盘密封一般设有一次密封、二次密封、刮蜡板、挡水板，防止油品在罐壁上结蜡后影响储罐运行。50000m^{3}及其以上的大型外浮顶罐，还设有对浮盘密封的火焰检测探头。

浮盘一次密封是一套关键装置，结构多种多样，有橡胶皮包覆的囊式结构，有机械重锤结构，还有管式充液密封，即与橡胶皮包覆的囊式结构类似，但形成的是一条不泄漏的橡胶管道，里面一般灌注盐水，也有灌注煤油的。管式充液密封优势突出，适应储罐椭圆度性能好，泄放到储罐中可以随着清罐排入含油污水系统。囊式结构的海绵中进入油品，加上外浮顶储罐容量一般很大，造成拆除囊式密封工作量大，按照现行的进入受限空间作业许可相关规定，很难达到作业标准，风险极高，不建议采用。

浮盘中部有集水坑，汇集雨水，并通过中央排水管排出浮顶。中央排水管在储罐下部壁板上开有排出阀门，一般为常开状态，随时排出雨水，也供日常检查是否有油品漏出，一旦有油品流出，说明中央排水管已经发生损坏。当中央排水管发生堵塞等故障，不能排水时，浮顶上还有紧急排水口将浮顶积水排入罐内，避免发生浮盘沉没事故。中央排水管是外浮顶储罐的一台关键装置，也是故障率高的部位。中央排水管结构有钢管加枢轴结构、预应力盘管的软管结构、金属软管加配重的结构、钢管加金属软管结构以及钢管加旋转接头结构等，其优缺点各不相同。

钢管加枢轴结构中央排水管，是传统结构，缺点是枢轴的密封容易损坏，漏入原油。目前国内有关制造厂家开发的新技术，对枢轴的密封采用两级密封，为球面密封，结构好；密封材料改变，耐磨性好。应用效果很好，将钢管加枢轴结构中央排水管的不移位、不变形的优势体现出来。

预应力盘管的软管结构中央排水管，形象地讲，如同形状如弹簧、扭曲结构的钢丝绳自行车锁，可拉伸，不受力时回弹，如弹簧般盘起。其要求软管制造时有自身扭曲预应力，特制，造价高；对浮顶的受力也较大。

钢管加旋转接头式结构，是一种较新型的中央排水管，无论是在转动的灵活性，还是密封的可靠性上都具有明显的优势，且不易损坏，使用寿命较长。

带金属软管的中央排水管，因金属软管容易损坏，受罐内流体冲击，也容易位移，被浮盘支腿压住损坏，目前已较少使用。

浮盘底部有支柱支撑，使浮盘落不到罐底上，以利对浮顶和罐底进行检修；浮盘与油罐上壁的顶端有供操作人员走向罐顶的滑梯；浮梯两侧装有两根导线，将浮盘积聚的静电通过罐壁导入大地。

外浮顶罐的缺点也较多。由于该类罐易受尘埃、雨水积聚，甚至污染油品，故常用以储存原油。也存在容易受雷击，引起浮盘密封着火的缺陷。存在中央排水管故障率相对较高，引起储罐清罐维修多。浮盘密封结构复杂，故障率相对较高。因此，在目前储罐罐顶网壳结构性价比合理的情况下，大型成品油罐中使用外浮顶罐的情况已经较少，更多的是选用内浮顶罐，目前就有30000m³和50000m³的网壳结构罐顶的内浮顶柴油罐在役，而传统上是需要选用外浮顶罐的。

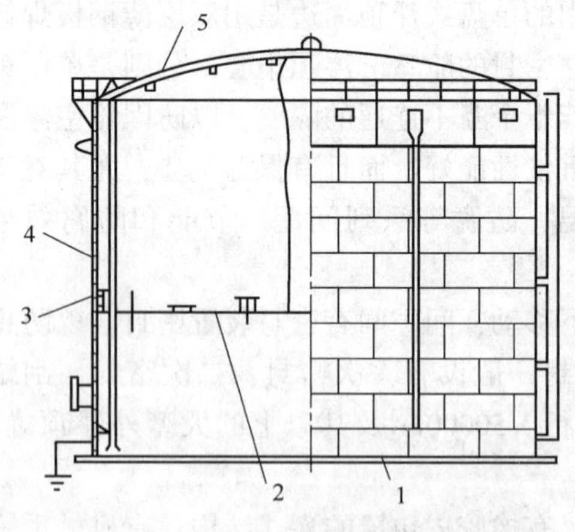

图 6-4　内浮顶储罐简图
1—罐底；2—内浮盘；
3—密封装置；4—罐壁；5—固定罐顶

6.1.1.1.2.2　内浮顶立式储罐

内浮顶罐是将浮顶装在拱顶油罐内液面之上的油罐(见图 6-4)，其储存轻质油品比拱顶可减少损耗 90%~95%。由于内浮顶油罐有固定顶盖的遮挡，浮顶上不会积聚雨水，而且可以避免尘埃、风沙对油品的污染，即兼有拱顶油罐和浮顶油罐的优点，因而广泛用来储存闪点≤60℃的油品，一般是喷气燃料及其以上的轻质油(汽油、煤油、溶剂汽油、航空汽油、苯、甲苯等)，浮盘结构种类较多。为减少油品的蒸发损耗，节约能源，目前炼油厂新建罐区也有将内浮顶油罐用于储存成品柴油。化工罐区用内浮顶油罐储存丙烯腈等物料。

为导走浮顶上积聚的静电，使得浮顶与罐顶形成等电位，在浮顶与罐顶之间连接有静电引出线。该导线原规定使用铜导线，但在实际应用中，尤其在炼化企业中，腐蚀问题突出，罐内含硫气体对铜导线腐蚀明显，成为新的隐患。目前在很多企业已经允许使用不锈钢丝编织导线替代铜导线，但截面积应加大。也有企业使用4芯橡胶绝缘和橡胶护套的铜芯软线，替代单芯的铜导线，效果也较好，但需要在接头部位做好防护。

为防止油气在内浮顶与罐顶之间积聚达到爆炸极限，在拱顶特别是罐壁上层圈板四周都开有足够数量的溢油口，一是起溢流作用，防止损坏罐顶或浮盘。二是起到通气作用，充分排除罐内积存的油气，从而保障油罐安全。溢油口的位置目前设计有开在罐壁上部的，也有开在罐顶边缘的，各有道理。焊接钢浮盘，应开于罐壁顶部，防止冒罐时损坏罐顶。

内浮顶罐常见的浮盘结构分为焊接钢制内浮盘和组装式浮盘两类。

6.1.1.1.2.2.1 焊接钢制内浮盘

这类浮盘是储罐建造时与罐体一起建造。结构上分单盘式、带浮仓式。其中单盘式用钢材少，但存在容易沉盘的缺陷。浮仓式又有与外浮顶类似的浮仓加平盘结构；还有浮仓加拱顶的结构，如同拱顶罐中又有一个活动的罐顶，特点是允许浮顶下存在一定的气体，应用于轻污油罐上，在实际使用中仍有浮盘沉盘发生，因为收入的轻污油中夹带气量较大。

1. 优点

(1) 防腐良好的情况下具有耐腐蚀的特点；

(2) 整体密闭，防小呼吸损耗好。

2. 缺点

(1) 易发生油中夹带气量较大等工艺原因的沉船；

(2) 清罐困难且危险，尤其发生沉盘后浮仓内的检修和清洗，有多次事故案例；

(3) 一旦沉盘必然损坏导向立柱，往往浮盘也会变形损坏，造成检修时间长，检修困难；

(4) 检修费用高，需要浮盘防腐；

(5) 建造费用高，尤其在目前人工成本提高的情况下；

(6) 最大的缺点是，由于浮盘的存在，造成罐内脚手架无法安全搭设，影响了罐壁的整体内防腐的施工。

传统上，在腐蚀性强的轻污油罐、未脱硫的油品罐中应用焊接钢制内浮盘较多，但是造成罐内壁无法定期防腐，成为建造时一次性防腐，严重影响了储罐的寿命。而且储罐局部维修时，如更换罐顶，此类浮盘制约了施工，造成维修费用上升。鉴于以上缺陷，目前焊接钢制内浮盘的应用已经较少。

如果是在大型无腐蚀性油品储罐建造时，如成品汽油、成品柴油，仍可以选用。虽没有腐蚀和防腐问题，但是给日后的维修仍制造了困难。

6.1.1.1.2.2.2 组装式浮盘

结构上分浮筒加蒙皮的组装式以及箱型组装式。

1. 浮筒加蒙皮组装式浮盘

目前应用最多(见图 6-5)，材质有防锈铝、304 不锈钢。

图 6-5　浮筒加蒙皮组装式浮盘

(1) 优点：

① 廉价是其最大的优点，尤其是此类铝浮盘；

② 安装维修方便。

(2) 缺点：

① 整体密闭性差，存在小呼吸损耗，当然小呼吸损耗比拱顶罐要小得多；

② 由于存在浮盘小呼吸损耗，又造成罐壁容易腐蚀，在石脑油储罐中表现明显。

③ 浮盘耐腐蚀性最差，浮盘与液面之间的气相腐蚀、油品的液相腐蚀，都对此类浮盘有影响。对于材质为铝的，碱性和酸性介质均有影响。

④ 如用材质升级的思路，此类浮盘在腐蚀性介质中用 18-8 铬镍系列奥氏体不锈钢，就失去了价格优势。

⑤ 一次性安装，无法拆卸后再次回装利用，因为拆卸时框架和蒙皮都已变形和损坏。

2. 箱型组装式浮盘

箱型组装式浮盘，就是浮盘的基本单元是宽约 550mm 的金属薄板焊接成的箱体，还焊接有箱体之间连接的框架(见图 6-6)，常用材质是防锈铝、304 不锈钢，厚度接近浮筒式浮盘板材。

图 6-6　箱型组装式浮盘

(1) 优点：

① 对液面密闭性好，彻底消除小呼吸损耗，有焊接钢制浮盘的同类优点；

② 耐腐蚀好于浮筒蒙皮式浮盘，因为消除了浮盘与液面之间的气相腐蚀；

③ 安装维修方便；

④ 拆卸后可再次回装利用。

(2) 缺点：

价格高于同材质的浮筒加蒙皮的组装式。同材质时，大约是后者价格的2~3倍。

6.1.1.1.2.2.3　内浮盘密封

内浮盘与罐壁间的间隙保证浮顶随液面升降而上下移动，间隙间有密封装置密封，以防止油品蒸汽从间隙中溢出。内浮盘密封是一套关键装置，结构也多种多样，有橡胶皮包覆的囊式结构，有舌型密封，有管式充液密封，有囊式与舌型组合式密封、双舌型密封等多种结构。材质一般是丁腈橡胶和氟橡胶。

囊式结构密封，是传统的内浮盘、甚至是外浮盘的配套密封，优势突出，缺陷也同样突出。优势就是密封严密；对浮盘本体结构要求低，适于普及；橡胶囊皮薄，密封件本身价格低，和浮盘配套造价低，因此浮盘总体相对价格低廉。

缺陷同样突出。囊式结构橡胶皮厚度1~2mm，极易破损，其海绵中进入油品是现场经常见到的，造成密封囊沉重，拆除囊式密封工作量大，尤其造成硫化亚铁自燃、闪爆等风险极大。按照各大企业现行的容器作业管理条规，囊中油品滴漏到罐底，一般就可以造成罐内气体分析超标，人员不得进入作业，很难达到作业标准，风险极高。问题是囊中的油品不清除就无法拆卸，造成矛盾。密封囊迟迟拆不下来，就会诱发硫化亚铁自燃等风险。因此，对于汽油、石脑油、轻污油、丙烯腈等各类有毒、易爆介质的储罐，务必慎重选用。中国石化集团公司2010年出台的轻质油罐运行导则中，也没有将此类密封选定为必须选用，可见对其认识。

管式充液密封，就恰好具有囊式结构密封优势，又没有其检修缺陷。管式充液密封的填充液可泄放到储罐中，可以随着清罐排入含油污水系统。而且适应储罐椭圆度性能好。但造价高，投用时充液麻烦；尤其是内浮盘的结构要适应管式充液密封的尺寸，浮盘刚性好，浮盘周圈有一定高度的围栏以安装管式充液密封。箱型浮盘可以配套，但在蒙皮浮筒结构浮盘上能否安装管式充液密封，一定要分析浮盘的结构。

舌型密封的出现也是避免囊式结构密封检修缺陷，但缺陷也很明显，密封效果差。因此出现了双舌型密封，配套浮盘上合适的围栏板，安装两层舌型密封，可以弥补缺陷(见图6-7)。

图6-7　双舌型密封在箱式浮盘上

双舌型密封的突出优势：

· 没有密封件存油带来的检修缺陷、火灾风险、硫化亚铁自燃的风险；

· 厚度大，耐磨性能优于囊式密封，寿命长；

· 与罐壁的摩擦小，有利于罐壁内防腐层的保护；

· 含硫油品储罐运行中，硫化亚铁在密

封上聚集、自燃的风险小，尤其是舌型密封的氟橡胶密封带。

缺点：造价高于囊式密封。

内浮盘密封的材质上一般是丁腈橡胶和氟橡胶，其优劣也很明显。

丁腈橡胶的优势就是价格低廉，往往只有氟橡胶的十分之一；耐油性能好。缺点就是耐芳烃性能差，对于含芳烃高的油品不适应；耐温性能差，当储罐定期清罐作业需要蒸汽蒸罐时，极易损坏密封；阻燃性能差，高含硫油品储罐运行时，容易在浮盘密封处聚集铁锈，诱发硫化亚铁自燃，一旦丁腈橡胶燃着，不具备自熄灭能力，更会助燃。

氟橡胶密封带优缺点与丁腈橡胶相反。尤其氟橡胶的阻燃指标氧指数高达 70，比丁腈橡胶高一倍还多，在高含硫油品储罐上，如石脑油、轻污油罐，推荐选用；在需要定期清罐、蒸罐作业的储罐上，如航空煤油、军用柴油上推荐选用；在高芳烃油品储罐上，如某些汽油调和组分油富含芳烃，推荐使用。

案例：2010 年，中国石化集团某加工高含硫原油的炼油厂，一台 5000m^3石脑油内浮顶储罐在液位 1m、低于浮盘起浮高度时，发生浮盘密封上聚集的硫化亚铁自燃，火焰将浮盘密封周圈的罐壁外层油漆烤黑、脱落，但火焰随后发生自熄，没有引发火灾事故。经分析，虽然是液位低于浮盘以下，空气进入罐内增多，恰好具备燃烧条件；又发生自熄，说明耗氧窒息，但是如果密封带不是阻燃型的，燃烧的火苗不会立即熄灭，而且可能滴落到油面，引发火灾(见图 6-8)。庆幸的是，该炼油厂刚好在事发一年前才认识到问题的严重，利用检修将该罐的丁腈橡胶浮盘密封更换为氟橡胶的，从而避免了数百万元的经济损失和重大社会影响。

图 6-8　石脑油浮盘密封着火后在罐外壁留下的痕迹

关于炼油厂的轻质油储罐本质安全运行，中国石油化工股份有限公司发布了《炼油轻质油储罐安全运行指导意见(试行)》(石化股份炼调〔2010〕14 号)，及其配套的氮封设计方案，是对《石油化工储运系统罐区设计规范》(SHT 3007—2007)的一个有力的补充。中国石油天然气股份有限公司也出台了《轻质油品储罐技术导则》，内容更加详细，但也有与中国石化规定不同之处。二者都汲取了现场经验，值得研读，本文不再赘述。

6.1.1.1.3 常压立式储罐的常见结构及附件

1. 拱顶罐的结构及附件

(1) 基本结构：罐顶、罐壁、罐底；梯子、平台、栏杆等。

(2) 储罐附件：人孔、透光孔、清扫孔、排污孔、呼吸阀、液压安全阀、罐顶通气孔、消防泡沫装置、量油孔、加热器、调和喷嘴、避雷针、罐体接地等。

(3) 仪表附件：液位计、温度计、高低液位报警装置等。

2. 内浮顶罐的结构及附件

(1) 基本结构：罐顶、罐壁、罐底；内浮盘；梯子、平台、栏杆等。

(2) 储罐附件：下人孔、带芯上人孔、透光孔、清扫孔、排污孔、罐顶通气孔、罐壁通气孔、消防泡沫装置、量油孔、进油扩散管、调和喷嘴、浮船静电接地线、罐体接地、避雷针等。

(3) 仪表附件：液位计、温度计、高液位报警装置等。

3. 外浮顶罐的结构及附件

(1) 基本结构：罐壁、罐底；外浮盘、中央排水管；梯子、平台、栏杆等。

(2) 储罐附件：人孔、清扫孔、排污孔、消防泡沫装置、加热器、罐体接地、避雷针等。

(3) 仪表附件：液位计、温度计、高液位报警装置等。

6.1.1.1.4 常压立式储罐的检查和检验周期

常压立式储罐定期检验分类：日常检查、外部检查、全面检查。

1. 常压立式储罐定期检验周期

(1) 日常检查周期：日常检查指常压立式储罐运行中操作人员定点、定线巡回检查，与巡回检查时间一致。

(2) 外部检查周期：外部检查指常压立式储罐运行中的定期在线检查，每年至少一次，由车间组织进行。

(3) 全面检验周期：全面检验指常压立式储罐在停用时的内外部检验。全面检查周期为每3~6年，结合清罐进行一次。

2. 常压立式储罐附件检查周期

(1) 进出口阀门、加热器、调和器应在清罐或全面检查维护时进行；

(2) 机械式呼吸阀平时每3个月检查维护一次，并进行标定；冰冻季节要求每2周检查维护一次，每1个月标定一次。

(3) 阻火器要求平时每3个月检查维护一次，冰冻季节每2周检查维护一次。

(4) 应采用铸铝量油孔，对量油孔的检查维护每1个月进行一次。

(5) 人孔、透光孔的检查维护每1个月进行一次。

(6) 固定顶储罐的液压安全阀每3个月检查维护一次。

(7) 对于泡沫发生器、液下消防系统、水喷淋系统等消防设施要求每3个月检查维护一次。

(8) 罐体接地线的检查及测试：雷雨季节前应对防雷、防静电设施进行全面检查，每年至少1次对接地电阻进行检测，由电气车间完成。

6.1.1.1.5　常压立式储罐的检查和检验内容

1. 日常检查内容(以拱顶罐和内浮顶罐为例)

(1) 罐体有无变形和渗漏。

(2) 盘梯、平台和栏杆有无松动。

(3) 人孔、排污孔、罐根阀有无泄漏。

(4) 透光孔、量油孔能否盖好。

(5) 仪表是否正常，有无泄漏。

(6) 按规定的时间检查泡沫室配件、消防线快速接头、喷淋水头，是否齐全。

(7) 按规定的时间检查呼吸阀、液压安全阀和阻火器有无冰冻、堵塞、存液。

2. 外部检查的内容(以拱顶罐和内浮顶罐为例)

(1) 罐体：

① 外壁腐蚀：油罐外壁防腐层有无脱落，有无锈斑；罐底边缘板有无腐蚀，有无向外侧罐底渗水情况。

② 罐体变形情况：观察罐体有无明显鼓包、凹陷等异常情况。

③ 罐顶变形情况：观察罐顶有无明显鼓包、凹陷等异常情况。

④ 焊缝：看罐顶、壁板、罐底和壁板角焊缝有无明显裂纹渗漏。

⑤ 必要的定点测厚。

(2) 盘梯、平台和栏杆：

① 腐蚀情况：检查油漆有无脱落、有无锈斑，平台板有无腐蚀穿孔。

② 焊缝：踏步有无松动，有无脱焊，栏杆的挡脚板有无开焊。

(3) 呼吸阀系列：

① 机械式呼吸阀检查内容：

· 阀盘和阀座密封面是否完好，有无锈渣。

· 阀杆是否上下灵活。

· 阀壳网罩是否破裂，压盖衬垫是否严密。

· 阀内有无冰冻。

② 液压安全阀检查内容：

· 封油高度是否正常。

· 阀腔有无冰冻。

③ 阻火器检查内容：

· 波纹板阻火片是否清洁，有无腐蚀、冰冻、堵塞。

· 垫片是否严密。

④ 安全附件：

· 泡沫室：密封情况，泡沫室有无油气排出；配件是否齐全。

· 消防线：看消防管表面有无油漆脱落，有无腐蚀穿孔；快速接头是否齐全；消防水喷嘴是否齐全。

·罐体接地：地面上接地扁钢是否腐蚀，螺栓有无松动；电气专业是否按时检查接地电阻。

⑤ 储罐开孔：

· 量油孔：看导尺槽磨损情况，孔盖开关是否灵活严密；

· 透光孔、人孔：看螺栓有无松动，四周是否渗油；

· 排污孔：看排污孔各密封面有无泄漏；转动脱水阀手轮看阀门开关是否灵活，有无泄漏。

⑥ 罐根阀：

密封情况：各密封点有无泄漏。

阀门灵活：转动手轮，看阀门是否灵活。

⑦ 仪表附件：

· 液位计：

腐蚀情况：外观有无腐蚀、钢带(丝)有无腐蚀。

灵敏情况：上下拉动钢带看浮子有无卡涩现象；与人工检尺是否能对应。

· 温度仪：

密封情况：双金属温度计、热电阻有无泄漏。

腐蚀情况：外观是否腐蚀，指示是否明显有误。

3. 全面检验的内容(以拱顶罐和内浮顶罐为例)

(1) 外部检查的全部内容。

(2) 罐底、排污口测厚，测定坑蚀深度。

(3) 罐内部附件检查：

① 加热器：是否泄漏、变形。

② 内部管线：抽罐底线、扩散管、调和喷嘴等，有无腐蚀、变形。

(4) 浮盘检查：

① 浮盘、浮盘支腿有无变形。

② 焊接钢浮盘测厚；检查浮仓有无渗漏。

③ 浮盘密封是否完好。

④ 浮盘静电导线是否腐蚀。

⑤ 焊接钢浮盘导向立柱有无变形；组装式浮盘的导向钢丝和张紧弹簧有无腐蚀。

⑥ 浮盘上检尺口、人孔盖是否严密。

⑦ 浮盘自动通气孔是否导杆灵活、是否严密。

(5) 仪表内附件检查：

① 液位仪浮子、钢丝是否完好。

② 温度仪表套管是否完好。

(6) 内防腐涂层和牺牲阳极保护块检查。

(7) 大型储罐底圈板的焊缝无损检测。

4. 常压立式储罐操作要点

(1) 控制液位；

(2) 预防突沸；

(3) 检查呼吸阀和阻火器；

(4) 防止超压；

(5) 防止负压；

(6) 控制罐内腐蚀，防止硫化亚铁自燃；

(7) 控制温度，包括检修前蒸罐作业；

(8) 控制明火；

(9) 控制电火花和静电的产生；

(10) 杜绝储罐及管道的泄漏。

6.1.1.2 压力储罐

压力储罐就是符合压力容器定义、用于储存物料的储罐，在石化企业罐区最常见的压力储罐就是球罐、卧罐，还有少量的立式罐和移动罐。

1. 压力容器的定义

压力容器又称受压容器。从广义上讲，它应该包括所有承受压力载荷的密闭容器。一般我们所说的压力容器是指《固定式压力容器安全技术监察规程》所辖范围内的压力容器。即同时具备下列条件的压力容器：

(1) 最高工作压力(P_W)≥0.1MPa(不含液体静压力)；

(2) 内直径(非圆形截面指其最大尺寸)≥0.15m，且容积(V)≥0.025m^3；

(3) 盛装介质为气体、液化气体或最高工作温度高于或等于标准沸点的液体。

2. 压力容器的分类

(1) 按使用位置分类。可分成两大类，即固定式容器及移动式容器。

(2) 按设计压力分类。按设计压力 P 的高低，容器可分为低压、中压、高压及超高压四个等级。其划分的范围及代号见表 6-1。

表 6-1 压力容器等级的划分表

压力等级	代 号	设计压力范围
低压容器	L	$0.1\text{MPa} \leqslant P < 1.6\text{MPa}$
中压容器	M	$1.6\text{MPa} \leqslant P < 10\text{MPa}$
高压容器	H	$10\text{MPa} \leqslant P < 100\text{MPa}$
超高压容器	U	$P \geqslant 100\text{MPa}$

(3) 按压力容器在生产工艺过程中的作用原理分类。可分为反应压力容器、换热压力容器、分离压力容器及储存压力容器四种。具体划分如下：

① 反应压力容器(代号 R)：主要用于完成介质的物理、化学反应的压力容器。

② 换热压力容器(代号 E)：主要用于完成介质的热量交换的压力容器。

③ 分离压力容器(代号 S)：主要用于完成介质的流体压力平衡缓冲和气体净化分离的压力容器。

④ 储存压力容器(代号 C，其中球罐代号 B)：主要用于储存、盛装气体、液体、液化气体等介质的压力容器。

需要说明的是在一种压力容器中，如同时具备两个以上的工艺作用原理时，应按工艺过程中的主要作用来划分品种。

(4) 按容器壁厚分类。分为薄壁容器和厚壁容器两种。容器壁厚小于等于容器内径的 1/10 者为薄壁容器。炼化企业的储运罐区的容器一般都是薄壁压力容器。

(5) 按容器的制造材料分类。石化企业的储运罐区基本都是碳钢压力容器。

（6）按压力容器工作温度分类。分为低温容器、常温容器和高温容器三种。

（7）按压力容器压力等级、品种及介质的毒性或易燃危害程度分类。分为三类：第一类容器包含有：球形储罐（容积≥50m^3），中压储存容器（仅限易燃介质或毒性程度为中度危害介质，且$P\times V\geqslant 10\text{MPa}\cdot\text{m}^3$）。第二类容器包含有：低压反应容器和低压储存容器（仅限易燃介质或毒性程度为中度或毒性程度为中度危害介质）。第三类容器是：低压容器。

（8）按压力容器制造许可证级别划分。从高到低分A、B、C、D四级。其中第三类低、中压容器为A2；球罐为A3。第一类压力容器D1；第二类低、中压容器D2。

3. 压力容器安全状况等级的划分

压力容器的安全状况划分共5个等级：1~5级。

在用压力容器安全状况等级为1~3级的可以正常使用；定为4级的只办理注册手续但不发证，可监控使用，在有条件的情况下进行修理，安全状况等级达到3级以上后发证；定为5级的应予以报废。

4. 压力容器的安全使用

（1）压力容器的安全装置。压力容器的安全装置有：安全阀、爆破片、压力表、温度计、液面计、截流止漏装置、安全联锁装置、易熔片等。

（2）储存压力容器的操作要点：

① 严格控制温度、压力。

② 严格控制液位。

③ 控制罐内物料的硫化氢含量，防止腐蚀。

④ 控制明火。

⑤ 制电火花和静电的产生。

⑥ 绝容器及管道的泄漏，包括罐内物料含水产生冻凝引发泄漏。

5. 压力容器定期检验

（1）压力容器定期检验分类。日常检查、外部检查、内外部检查和耐压试验。

（2）压力容器定期检验周期：

① 日常检查周期：指压力容器运行中操作人员定点、定线巡回检查。

② 外部检查周期：指压力容器运行中的定期在线检查，由车间组织进行。外部检查分一般压力容器检查和危险重要压力容器检查两种情况：

· 一般压力容器一年一次；

· 危重压力容器一年两次。

重要危险压力容器定为：盛装易燃、易爆或毒性程度为中度危害介质的第三类压力容器；盛装毒性程度为极度和高度危害介质的压力容器。

③ 定期检验周期：指在压力容器停用时的检验。其期限为：安全状况等级为1~2级的，每隔6年至少一次；安全状况等级为3级的，每隔3~6年至少一次；安全状况等级为4级的，应当监控使用；安全状况等级为5级的，应进行缺陷处理，否则不得使用。由专业检测人员进行。

④ 耐压试验周期：指压力容器停用检验时，所进行的超过最高工作压力的液压试验或气压试验。定期检验中进行耐压试验执行《固定式压力容器安全技术监察规程》的规定。

（3）压力容器定期检验内容：

① 压力容器日常检查内容：

a. 本体情况：压力容器的本体、接口部位、焊缝等是否存在过热、泄漏、异常结霜和结露等。

b. 外壁防腐保温：保温层或隔热层、耐火层有无大量脱落；遮阳罩有无松动，有无异常响声。

c. 盘梯、平台和栏杆：有无松动、脱焊；有无异常振动、响声、摩擦。

d. 进出口管线：包括一次阀门在内的各密封点有无泄漏；有无异常结霜、结露；有无异常振动、响声、摩擦。

e. 脱水排污的脱水罐：各密封点、伴热有无泄漏；界位计是否清晰。

f. 安全阀等安全装置：

· 泄漏情况：有无异常结霜、结露；

· 下部手阀：安全阀的下部手阀是否全开；

· 铅封：安全阀和下部手阀的铅封是否完好。

g. 现场压力表和温度表：

· 密封点有无泄漏。

· 标示：上下限标示、检定标示是否清晰。

· 外观：表盘是否清晰；有无损伤；指示有无明显错误。

h. 现场液位计和界位计：

· 泄漏：密封点、伴热有无泄漏；有无上冻。

· 标示：上下限标示是否清晰。

· 外观：表盘是否清晰；有无损伤；指示有无明显错误。

i. 紧急切断装置：

· 安全联锁：是否投用自动。

· 紧急切断阀：阀位指示是否正确；仪表风线是否开启。

② 压力容器的外部检查内容：

a. 通用检查：

各种压力容器的外部检查内容见表6-2。

表6-2　压力容器年度检查报告附页表

检查项目		
容器管理	1	管理制度、操作规程、运行记录
	2	出厂资料、检验报告等资料
	3	作业人员上岗持证情况
	4	上次检验、检查报告中所提出的问题解决情况
容器本体及运行情况	5	设备铭牌、漆色、标志、使用证号码
	6	本体裂纹、过热、变形、泄漏、损伤情况
	7	接口部位、焊接接头等裂纹、泄漏、损伤情况
	8	外表面腐蚀、异常结霜、结露情况
	9	保温层、隔热层、衬里状况

续表

检查项目		
容器本体及运行情况	10	检漏孔、信号孔
	11	容器与相邻管道、构件间异常振动、响声、摩擦
	12	支承、支座、基础、紧固螺栓
	13	遮阳罩、操作台紧固
	14	罐体与底盘等连接
	15	防波板、罐内扶梯与罐体连接
	16	罐车拉紧带、鞍座、中间支座
	17	气、液相管及其他管路
	18	疏水、排放、排污装置
	19	设备运行稳定情况
	20	罐体接地装置
	21	安全状况等级为4级的压力容器的监控措施
安全附件	22	安全阀
	23	压力表
	24	爆破片
	25	测温仪表
	26	液位计
	27	快开门安全联锁装置
	28	紧急切断装置
其他	29	装卸软管、装卸阀门

b. 球罐的外部检查有如下内容：

(a) 罐体情况：

· 标示：设备铭牌等是否完好。

· 罐体和焊缝：有无明显变形、裂纹、泄漏、异常结霜、结露。

· 接口法兰和人孔：检查螺栓是否松动和缺少；有无异常结霜、结露。

· 检漏孔、信号孔：有无异常泄漏。

· 外壁防腐保温：目视外壁防腐层有无脱落，有无锈斑；保温层或隔热层有无损伤。遮阳罩有无松动的地方，有无异常振动、响声、摩擦。

(b) 罐体支撑紧固件情况：

· 球体立柱：

立柱耐火层：有无破损脱落，顶部防水部位是否完好。

牢固：看立柱是否有明显倾斜。

易熔塞：如果有易熔塞，检查是否缺损。

紧固螺栓：立柱和罐体拉紧带和紧固螺栓是否损伤。

立柱支承鞍座：与罐体连接部位有无变形。

基础：基础有无裂纹、表层有无损伤。

· 盘梯、平台和栏杆情况：
腐蚀情况：检查油漆有无脱落、有无锈斑，平台板有无腐蚀穿孔。
焊缝：踏步有无松动，有无脱焊，栏杆的挡脚板有无开焊。
有无异常振动、响声、摩擦。
· 进出口管线情况：
一次阀门，即罐体出来的第一道阀门：
泄漏检查：一次阀各密封点有无泄漏；有无异常结霜、结露。
一次阀开关：是否灵活。
进出口线，即一次阀门到罐体之间的管线：
泄漏检查：焊缝及法兰密封面有无泄漏；有无异常结霜、结露。
防腐检查：表面油漆是否完好，有无锈蚀；必要时测厚。
管道有无异常振动、响声、摩擦。
· 脱水排污装置情况(检查脱水罐运行情况)：
防腐保温层：是否脱落，有无锈斑。
泄漏情况：各密封点、伴热有无泄漏。
界位计：是否清晰。
· 罐体接地装置情况：
地面上接地扁钢是否腐蚀，螺栓有无松动。
电气专业是否按时检查接地电阻。
· 安全附件情况：
安全阀：
泄漏情况：有无异常结霜、结露。
下部手阀：安全阀的下部手阀是否全开。
铅封：安全阀和下部手阀的铅封是否完好。
现场压力表和温度表：
密封点有无泄漏。
标示：上下限标示、检定标示是否清晰。
外观：表盘是否清晰；有无损伤；指示有无明显错误。
现场液位计和界位计：
泄漏：密封点、伴热有无泄漏；有无上冻。
标示：上下限标示是否清晰。
外观：表盘是否清晰；有无损伤；指示有无明显错误。
紧急切断装置：
安全联锁：是否投用；如停用是否办理申报手续。
紧急切断阀：远程手动，是否灵活；阀位指示是否正确。

关于液化烃球罐区的安全运行，中国石油化工集团公司发布了《液化烃球罐区安全技术管理暂行规定》(中国石化安〔2010〕635 号)、《液态烃球罐区注水系统设计规定及紧急切断阀选型设计规定》(中国石化建〔2011〕518 号)、《石油化工自动化仪表选型设计规范》(SH/T 3005—2016)，是对液化烃罐区的设计、选型、运行管理的一个规范化的文件，也是对《石油化工储运系统罐区设计规范》(SH/T 3007—2014)的一个有力的补充，汲取了现场经验，值得研读，本文不再赘述。

6.1.2 油品储存损耗及降耗措施

6.1.2.1 油品储存机理及类型

油品储存损耗可以分为四种形式：蒸发损耗、跑损损耗、计量损耗和混油损耗。

蒸发损耗包括大呼吸损耗、小呼吸损耗、自然通风损耗。油品蒸发损耗属于自然损耗，一定数量内的损耗具有天然的合理性，而且这种损耗是以缓慢的形式持续发生，容易被计量误差掩盖，但是它的累积数量非常惊人。同时蒸发损耗还会造成质量下降，环境污染以及潜在的火灾危险。

自然通风损耗主要是由于容器不严密造成的。对于一般的容器来说，只要加强管理，及时维修，提高设备完好率，自然通风损耗完全可以避免。以下着重介绍小呼吸损耗和大呼吸损耗：

1. 小呼吸损耗

(1) 小呼吸损耗的定义。油品静止储存在油罐中，由于外界大气温度或压力的变化，引起罐内油品蒸发而造成的损耗，称之为小呼吸损耗。

(2) 小呼吸损耗的发生过程。罐内油品温度随气温的升高而逐渐上升，有更多的轻馏分蒸发进入罐内气体空间，使罐内油气压力升高，当达到呼吸阀的控制压力值时，呼吸阀的呼吸阀盘打开，从罐内呼出油气和空气的混合气体。

夜间随外界气温的下降，罐内气体空间的气体温度降低，体积缩小，部分油品的蒸气冷凝后返回油品的表面，罐内油品的蒸汽压力下降，形成负压，呼吸阀的呼吸阀盘打开，新鲜空气进入油罐。

由于昼夜气温的变化，罐内的油气和空气混合气体周而复始地不断排出罐外，造成了油品的蒸发损耗。

(3) 小呼吸损耗的特点：

① 与罐内油品的温度相关。罐内油品蒸汽的浓度昼夜之间发生变化，白天温度高则浓度大，晚上温度低则浓度小。夏季小呼吸损耗显然大于冬季。

② 与罐内油气空间相关。因为温度升高时罐内压力变大是罐内气体膨胀造成的，罐内气相空间越大，升温时气体膨胀量越大，呼出的油气越多，造成的呼吸损耗也越大。

2. 大呼吸损耗

(1) 大呼吸损耗的定义。固定顶油罐收付油作业时，因罐内油品液位的升降而造成的损耗，称之为人呼吸损耗。

(2) 大呼吸损耗的发生过程。在油罐进行付油作业时，油罐内的油品液面不断降低，气体空间不断增大，气体的压力也随之降低，当罐内的真空度超过油罐真空度时，呼吸阀的吸气阀盘打开，罐外的新鲜空气以气柱形式进入罐内，这股气流对罐内气体空间有强烈的冲击和搅拌作用，使罐内气体空间的浓度迅速增加，因此相当部分油品蒸发到气相中。

在油罐进行收油作业时，罐内油品液面上升，气体空间不断缩小，气体压力增大到一定值时，罐内的油气混合气体被排到罐外。

这种油品收付作业过程中，油品挥发和呼出的过程，造成油品大量损失，这就构成所谓的大呼吸损耗。

(3) 大呼吸损耗的特点:

第一，与罐内油气空间相关。例如，拱顶罐则与收发油作业量相关，一次收发油量越大，气相空间体积变化量越大，呼吸损耗也越大。

第二，与罐内油品温度与外界气温的温差相关。例如，冬季在石油化工生产厂，一般罐内油品温度高于外界气温，拱顶油罐发油中大量冷空气迅速进入罐内，之后被罐内油气传热升温，压力增大，又呼出罐外，这也是大呼吸损耗的特征之一。

跑损损耗一是容器内壁的粘附，二是设备密封的微量渗漏，三是容器内无法卸净的余油，四是作业环节中的排放与清理。

计量损耗和混油损耗主要是与设备的使用不当和人员的疏忽大意有关。

计量损耗往往与计量标准、计量方式、计量仪表有关，体现出一个对比差量。

6.1.2.2　降低油品储存损耗措施

降低油品损耗，不但是油品管理人员的职责，同时也是操作人员应尽的义务，贯穿储运作业的各个环节，归纳起来主要有如下手段:

1. 合理利用储罐，优化收付作业

(1) 提高储罐充满系数，减少气相空间。

油罐中的气体空间越大，油品的蒸发量就越大，某炼油厂实测数据显示，半罐时油品蒸发损耗量是满罐的接近2倍，可见合理制定油品的储运计划，保持油罐有较高的装满程度能够大大降低蒸发损耗;

(2) 最大限度实现直供，减少中间环节，降低输转损耗。

中国石化股份有限公司《液体化工产品损耗标准》显示在输转过程中，汽柴油等大宗产品的损耗量是相当惊人的，为了避免不必要的损失应提高中间产品直供比例，尽量减少中间罐周转环节。

(3) 合理安排储运作业，减少呼吸损耗。

拱顶油罐小呼吸几乎每天都要进行，可以利用大呼吸的吸气和排气冲抵小呼吸的排气和吸气。油罐发油应安排在温度升高油罐要排气时进行，用发油来减少罐内升高的压力，就可减少排气或不排。在温度降低油罐要吸气时及时安排收油，少吸进新鲜空气，减少油品的蒸发量。

(4) 优化调和工艺，提高一次调成率，减少倒罐损失。

传统的罐-泵循环调和，不但一次调成率低、能耗高，而且储运损失也居高不下，以汽油为例，调和一罐次损失高达0.02%，而在线管道调和在上述方面优势明显。

2. 利用附属设备(或设施)，减少呼吸损耗

(1) 使用外浮顶罐或内浮顶罐。尤其是箱型浮盘的内浮顶，由于该油罐液面上几乎没有气体空间，油品蒸发极少，几乎不排气，呼吸损耗就极小，而蒙皮浮筒结构的浮盘，液面上、浮盘下的气体空间超过100mm，小呼吸损耗就大了很多。据测算，拱顶罐每进油1m^3，大呼吸损耗约为3Cykg(Cy——油气饱和浓度)，油气饱和浓度按20%计算，每立方进油量蒸发损失约0.6kg，据统计资料显示，承装同种物料的浮顶罐相较拱顶罐能降低蒸发损失约90%~95%，可见降低损失的效果非常明显。

(2) 外浮顶罐增设二次密封，减少蒸发损失。

相较一次密封加挡雨板的结构形式，二次密封可进一步降低蒸发损失约70%。

(3) 拱顶罐增设呼吸阀挡板。

柴油类储罐和蜡油类储罐，在呼吸阀接合管下方装设挡板是一种投资少、易安装、不影响生产正常运行的简易降耗措施。如前所述，发油作业或温降过程油罐吸入空气所引起的强制对流是影响气体空间油气运移的重要因素。当油罐处于中液位或高液位储存时，吸入的空气流有可能直接冲击油面上部的大浓度层，从而削弱大浓度层对油品蒸发的抑制作用，加速油品蒸发。装设呼吸阀挡板的目的就是改变吸入空气在气体空间的运动方向，避免对油面上大浓度层的直接冲击，使吸入的空气在油罐气体空间顶部沿径向分散，然后平稳的向下推移。这样不仅可以减少发油后的回逆呼出，而且可以降低下次呼气的油气浓度。根据测定，在相同条件下，装设呼吸阀挡板的油罐比不设呼吸法挡板的油罐可使油品蒸发损耗降低20%~30%。

(4) 采用高效调和喷嘴取代老式牛角喷嘴(单喷嘴)，提高调和效率。

对于不具备实施管道调和的企业，可根据自身的实际将传统老式的牛角喷嘴更新为效率更高的子母喷嘴或旋转喷头，来提高一次调和合格率，进而减少调和作业的输转损失。

(5) 采用自动切水器与二次脱水法降低损耗。

储罐使用自动切水器，益处很多。一是对切水带油的问题能接近于定量控制，防止人工切水的随意性，对于降低损耗非常有效。二是实时切水，提高了储罐的周转率。三是实时切水，防止罐底水聚集带来的腐蚀加重。

储罐自动切水器常见的分为浮力机械式、油水界位检测的仪表控制方式、油含量检测的仪表控制方式。

浮力机械式储罐自动切水器，优点是投资低，用于与水密度差大的洁净油品效果好。缺点是没有信号反馈和逻辑控制，容易出现失灵导致失控跑油事故；柴油类易乳化的油品不适用；含杂质的油品，如石脑油、焦化柴油等不适用；配套容器，相对储罐的安装标高要求有一定的高度；含杂质的油品需要定期清洗容器；人工控制，不能实现全自动化，不利于人员精简。

油水界位检测的仪表控制方式储罐自动切水器，优点是有信号反馈和逻辑控制，不容易出现失灵导致失控跑油事故；对油水界位判断好于浮力式；能适应一定的含杂质的油品；调整参数以适应适当乳化的油品。缺点是投资大；需要配套容器，相对储罐的安装标高要求有一定的高度；含杂质的油品需要定期清洗容器。

油含量检测的仪表控制方式储罐自动切水器，优点是有信号反馈和逻辑控制，不容易出现失灵导致失控跑油事故；不需要配套容器，相对储罐的安装位置要求低；不存在含杂质的油品需要定期清洗容器的问题；硬件少，安装简单。缺点是投资大，如果用安全冗余的双探头，投资一般高于油水界位检测的仪表控制方式储罐自动切水器；探头调试环境现场不易达到，因为罐内并不一定实时有水，造成判断困难。

没有任何一种自动脱水器是包打天下的，应根据油品洁净度、含水量、乳化程度来选用。

案例：某炼油厂在作为连续重整装置原料储罐的石脑油罐区，安装了油水界位检测的仪表控制方式储罐自动切水器4台，一年后测算，减少了切水量30%。这意味着切水损耗减少了30%，还减少了污水处理场的负担，以及污油回炼的能耗。

罐区二次脱水法降耗，就是各罐区脱水集中到各自的一个小罐中，二次沉降后再切水，俗称捞油水。此类工艺的优势是回收油品程度高，我国20世纪60年代建设的年加工2.5Mt的大型炼油厂，各成品油和调和罐区就采用此工艺。

此工艺缺点是点多面广，能耗大。目前炼油厂中可以采用各罐区含油污水经提升后汇总到全厂性的污油罐中集中二次切水，回收污油。此处可以采用“罐中罐”、旋流分离等投资大的油水工艺，提高分离效果，避免小而全的现象。至于各罐区的切水损耗的控制，则采用自动脱水器的先进方法予以补全。

(6) 加设搅拌器，减少清罐次数。

搅拌器设在罐壁，减速器电机在罐外，通过轴进入罐内，轴端安装螺旋桨。轴和螺旋桨的指向不能指向罐中心，均沿罐壁同一个切向。

此方法在上游的油库中应用较好，有利于其效益。但在炼油厂中应用很少，因为罐内渣子会进入下游的常减压装置，长期会引发电脱盐系统、换热系统的堵塞。因为渣子在炼油厂无论哪个环节，迟早是要分离出来的，与其迟，不如早。

搅拌器设备的关键是轴封，一旦泄漏，不能如泵那样切出检修。

此外，有条件的油库，可以建立油气回收和油水分离系统，收集油罐排出的气体以及储罐切除水夹带的物料，降低储运损失。

3. 降低油罐温度，减少蒸发损耗

油罐表面的涂料颜色对降温和损耗起着重要的作用。白色或银色的涂料可以有效地反射太阳的热辐射以及新的隔热涂料，可使罐内温度较低，油罐小呼吸和油品蒸发量也就比较少。而灰色或深色的涂料，损耗量相对比较大。

目前，油罐外壁使用白色聚氨酯类涂料较多，其效果就好于传统的银色涂料。此外，也有使用白色太阳热反射涂料的，但根据实际应用经验，质量不一，存在粉化、效果差的问题，在内浮顶罐上有无选用的必要，应结合浮盘密封性能和储存的物料品种综合考虑。而刚刚兴起的太空隔热涂料在保冷方面具有较好的效果，能够有效降低小呼吸损耗。

淋水降温是一项有效的措施。一般日出不久温度上升时就应开始淋水降温，直到温度下降油罐不会再排气时停止。为防止罐内温度波动而增大损耗，淋水中间不应中断，也不能断续淋水。由于此方法造成能耗大，对储罐存在外壁腐蚀、基础腐蚀，目前极少在常压储罐上使用。

4. 保持设备状态完好

油罐及附属设备的孔隙处的跑气和渗漏造成的损耗是不容忽视的。要注意油罐设备的完好情况，经常维护保养。经常需要检查计量口、呼吸阀、泡沫室、与罐内相通的自动化装置及其他附件、油泵、阀门、鹤管、法兰等。当清罐时，应检查底板，及时发现损坏和渗漏。

5. 采用先进的清罐工艺，减少油品损失

传统的原油罐多采用人工的方式进行清罐作业，不但存在一定的安全风险，而且造成了大量物料跑损，目前大力推广的机械清罐作业通过油洗、水洗等工艺过程能将罐底油彻底拿出，大大降低了储运损失。

6. 采用气相连通工艺

对收发作业比较频繁的油库，只是将同类油品油罐的气体空间连接起来，构成连通系统，也可以收到降低大呼吸损耗的效果，由公式

$$\Delta V_1^* = V_1 - V_2^* = \frac{P_{ya} - P_z}{P_a + P_{ya} - P_y} V_1$$

可知，压力油罐(包括低压油罐)的无大呼吸损耗极限进油量 ΔV_1^* 与进油前气体空间体积 V_1 成正比。罐组构成连通系统后，V_1 等于系统内所有油罐进油前气体空间体积之和，较单个油罐大了许多，因而能有效地增加无大呼吸损耗极限进油量，从而降低大呼吸损耗。

采用连通系统，在每个油罐附近的气体连通管上都应安装阻火器，以防某个油罐发生火灾时危及所有被连通的油罐。此外，还应配备自动油品计量装置，以保证不会因为人工检尺计量而破坏系统的严密性。

此方法在压力储罐上应用普遍，但在常压立式油罐上应用不多。缺点在于管道安装量大，有可能影响检修场地；而且连通管道中存在凝液，在北方冬季容易在低点引发上冻；气体连通管上安装的防火器容易堵塞，不利于检查；存在火烧连营的问题。

7. 加设氮封系统

氮气密封技术就是用氮气补充罐内气体空间。由于氮气比油蒸气轻，所以氮气浮在油蒸气上面。当呼气时，呼出罐外的不是油蒸气，是氮气。当罐内压力降低时，氮气自动进罐补充气体空间，减少蒸发损耗，也避免油品接触空气氧化。

氮气密封有以下意义：

(1) 可以保证安全生产。由于采用了氮气密封技术，罐内气体空间是油蒸气和氮气的混合气体，因而不会形成混合性爆炸气体，罐内不会发生燃烧爆炸。

(2) 可降低大、小呼吸损耗，提高经济效益。由于氮气比油蒸气轻，浮在油蒸气的上面，因此向罐外呼气时主要是呼出氮气。吸气时，氮气会自动快速补入罐内，提高罐内压力，有效抑制油品蒸发，从而大大降低油品大、小呼吸损耗，提高经济效益。

(3) 可以保证产品质量。由于只是向罐内补充纯洁的氮气，避免了吸入空气，从而可以防止产品氧化、吸水，同时由于大大降低了呼吸损耗，可有效抑制油品中轻组分蒸气呼出，保证产品质量。氮封装置不仅使用在轻质油储罐上，在炼油厂的加氢装置的原料罐，如蜡油加氢、渣油加氢、润滑油基础油加氢等装置的原料罐，也配置氮封装置，就是此目的。

(4) 可以保护环境，维护职工身心健康。由于大大降低了油品呼吸损耗，呼出的主要是氮气，因此可有效减少操作空间有毒有害的油蒸气，有效地保护环境，维护职工身心健康。

氮气密封控制方式有依据罐内压力控制和依据罐内氧含量控制两种方式。

(1) 依据罐内压力控制的氮封系统：

压力控制的氮气密封系统主要部件是由氮封阀，目前成套的氮封阀由氮封阀本体、信号阀(又称控制阀、导阀)、减压阀和针型阀4部分组成。成套氮封阀是自力式调节阀，它能根据信号阀发出的气信号，快速作出相应动作。当信号阀打开时，氮封阀下膜室的压力快速下降，利用弹簧的反作用力使阀芯向下移动，阀芯处于阀座全开位置；当信号阀关小或完全关闭时，氮封阀下膜室的压力增加，压缩弹簧，阀芯向上移动，阀芯与阀座逐渐关小或全关。通过减压阀将氮气压力下降。

成套的氮封阀结构上有一体式结构，即将信号阀、减压阀和针型阀与氮封阀本体总成一件(见图6-9)；有分体式带外接导阀结构，将氮封阀本体、信号阀、减压阀和针型阀用管线连接为一套产品。分体式带外接导阀结构(见图6-10)，原理如同带导阀的安全阀，特点是流量大，检修和调节方便，在应用中效果好，但缺点是价格高于一体式结构的。

图 6-9　一体式结构氮封阀

注：气动膜片位于阀上，压力反馈信号管接于罐顶，并设副线阀，阀后扩径

图 6-10　分体式带外接导阀结构的氮封阀

注：气动膜片位于阀下，压力反馈信号管接于罐顶，信号阀外挂，阀后扩径

氮封系统常见的是压力控制方式，工作原理是：当储罐压力低于设定值时，信号阀打开，降低氮封阀薄膜下侧压力，氮封阀也相应打开，将氮气输入罐内，使储罐压力逐渐回升到设定值，当达到设定值时，信号阀关闭，此时氮封阀薄膜下侧压力上升，氮封阀也相应关闭。如罐内压力高于设定值时，储罐呼吸阀将打开，呼出罐内气体，罐内压力下降至设定值。

氮封阀、呼吸阀、紧急泄压人孔三者之间的压力设定值，一般可以参考以下数据：

在我国拱顶储罐的设计压力是正压 1960Pa(200mmH_2O)、负压 -492Pa(-50mmH_2O)；氮封阀配套的紧急泄压人孔工作压力一般选用正压 1765Pa(180mmH_2O)、负压 -393Pa(-40mmH_2O)；氮封阀配套的呼吸阀工作压力可选用正压 1470Pa(150mmH_2O)、负压

$-196Pa(-20mmH_2O)$；氮封阀工作压力一般选用 $118\sim1177Pa(12\sim120mmH_2O)$。

如果氮封阀的工作压力范围不在上述区间，例如，常见氮封阀也有工作压力 500~1700Pa 的，可以更换配套的呼吸阀、紧急泄压人孔，以保证氮封阀的运行。然后根据此压力通过测试水柱表来调整信号阀、氮封阀上部的弹簧，设定回讯控制压力。

对于以上压力设定值，《石油化工储运罐区 VOCs 治理项目油气连通工艺实施方案及安全措施指导意见》(中国石化炼发函〔2016〕127 号)中，在带氮封常压储罐(2.0kPa)各储罐附件定压值中建议，氮封阀开启压力为 200Pa，关闭压力为 500Pa。对关闭呼吸阀、泄放阀的工作压力均提出了指导性建议，可参考该指导意见。

使用氮气密封系统时要注意：

① 安装位置要合格，一般安装于罐顶，即氮封阀后路是毫米水柱级的微压，距离罐内越近越好。曾经出现过将氮封阀安装于罐下，再用 *DN*80 管道引入罐顶内的设计，结果无法运行。

② 氮封阀后的管道直径要大于入口管道，原因也是氮封阀后路是毫米水柱级的微压。

③ 氮封阀上的信号阀，宜直接连接罐内，不与氮封阀出口管路相连。

④ 氮封系统前要设置过滤器，防止氮气管线中的铁锈、杂质等进入罐内产品中，对于小口径的氮气管道，优先选用不锈钢管道或镀锌钢管配套。

⑤ 储罐附近要设置放空阀、排渣阀，及时将管线内凝液、杂质排出。

⑥ 氮封阀还应设置带孔板的副线，以应急使用。

⑦ 使用氮封的储罐，配套附件应齐全。应同步配套压力变送器远程指示；除按照设计规范安装的呼吸阀外，还应配紧急泄压人孔；罐顶开口封闭，不宜使用难于封闭的钢带液位仪等附件；应配远传液位仪表，解决人工检尺的困难和风险。

⑧ 储罐清洗完毕首次投用前罐内应充入氮气。依据罐内压力控制的氮封系统，也有与储罐采用气相连通工艺相结合的工艺。是将同类油品油罐的气体空间连接起来，构成连通系统，氮封阀设于连同管道上。现场中，这类连同管道直径都较大，普遍在 *DN*200~300。但在中国石化集团公司 2010 年出台的轻质油罐运行导则中，对于依据罐内压力控制的氮封系统，没有推荐此工艺。历史上中国石化总公司北京设计院有过此种设计和投用的罐区。

(2) 依据罐内氧含量控制的氮封系统：

就是储罐内设置氧含量检测仪表，将高浓度报警与氮气管道控制阀门构成联锁，用于补充氮气的控制。氮气控制阀为气动球阀。用于安全目的时，控制标准是维持罐内气相空间氧气浓度不大于 5%，消除爆炸条件。

同一种油品的多个储罐在生产运行过程中，储罐区域收油作业和付油作业经常同时进行。为节省氮气用量，建议在同种油品储罐之间设置气相联通管道，可以实现多个运行过程中的储罐进气量和排气量的部分平衡，减少氮气用量和作业时的油气排放量。联通管道的管径为 *DN*150 时，气体的流通能力为 $500m^3/h$。实际应用中建议根据罐区位置和储罐间距，以及当地气温和气相凝液的可能性，适当放大管径。

目前，还常见有将内浮顶罐增设氮封的做法，能够保证气相空间油气浓度很低，在储备有毒性的物料(如苯、甲苯、高含硫化氢的轻污油等)时，有进一步减少罐内挥发和向罐外排放的作用。

加强罐区管理水平，规范标准作业，降低储运损耗。

6.1.3 储罐的加热与保温

许多油品，如高黏和高凝点的原油、燃料油、润滑油、重柴油和锅炉燃料油等在低温时具有很大的黏度，而且某些含蜡油品在低温时由于蜡结晶的析出，会发生凝固。为了降低这些油品的黏度，提高其流动性，就必须进行加热。油库油品加热主要为了以下目的：防止油品凝固；降低油品在管道内输送的水力摩阻；加快油罐车和油船装卸速度；促进原油破乳；使油品脱水和沉降杂质；加速油品调和；进行润滑油再生等。

根据《石油化工储运系统罐区设计规范》(SH/T 3007—2014)，可燃液体的储存温度应按下列原则确定：

(1) 应高于可燃液体的凝点(或结晶点)，低于初馏点。

(2) 应保证可燃液体质量，减少损耗。

(3) 应保证可燃液体的正常输送。

(4) 应满足可燃液体沉降脱水的要求。

(5) 加有添加剂的可燃液体，其储存温度尚应满足添加剂的特殊要求。

(6) 应考虑热能的合理利用。

(7) 需加热储存的可燃液体储存温度应低于其自燃点。

(8) 对一些性质特殊的液体化工品，确定的储存温度应能避免自聚物和氧化物的产生。

炼油厂罐区接受装置的产品时，往往出现装置换热、水冷、空冷效果差，来油温度较高的问题，下面是根据上述原则确定的炼油厂一般的油品储存温度：

1. 较高凝点的原油，如国产胜利原油

根据原油评价数据，胜利原油的凝点一般在5~14℃之间，初馏点一般在120~160℃之间。其储存温度可在高于其凝点5℃至其初馏点之间选择，也即在29~120℃之间选择。为满足其沉降脱水的要求，确定的储存温度为55~70℃。

2. 低凝点原油，如中东的部分进口原油

此类原油的凝点一般均在零下，初馏点一般在40℃以上，因此原油的储存温度确定为不大于40℃。

3. 汽油类

汽油类油品(包括石脑油)的初馏点一般在40℃左右，为防止其轻组分蒸发造成损耗，同时从其储存环境的安全考虑，要求其储存温度低于40℃。

4. 煤油类

主要是喷气燃料，由于喷气燃料对油品质量有严格的要求，为避免温度过高造成轻组分过度蒸发从而影响产品质量，因此其储存温度也要求低于40℃。

5. 轻柴油

轻柴油的闪点一般在60℃左右，从其储存安全性考虑，一般要求其储存温度低于其闪点5℃，因此其储存温度要求低于55℃。

6. 重油

指含水重油(蜡油、油浆、重污油、燃料油等)，此类重油由于流动性好于渣油，其储存温度的低限只要能满足其正常输送要求即可，对含水量没有要求，但为防止发生突沸事故，其储存温度的高限要求低于95℃。

7. 渣油

渣油在100℃以下的流动性较差，为满足其正常输送要求，一般均需加热到100℃以上。应严禁含水，根据水的相变特性，在1(绝压，罐内仅剩罐底油)~2atm(绝压，罐内收满渣油)范围内，水的相变温度范围为100~120℃，因此为避免在此相变区间内收付油发生突沸事故，渣油的储存温度下限要求大于120℃，考虑到储罐的设计温度，以及高温情况下渣油挥发呈黄烟状，其储存上限一般要求低于180℃。

8. 液态烃

液态烃储罐(全压力式)的设计压力是以40℃时的液态烃的饱和蒸气压作为储罐的最大操作压力来设计的，因此其储存温度要求低于40℃。

油品加热过程中要根据工艺指标控制温度，尤其是重质油品要防止油品突沸。防止突沸是重油罐区很重要的操作，突沸的定义如下。

突沸：重油储罐中由于各种原因存在水分，当温度达到水的沸点时，水分突然沸腾，引起体积急剧膨胀，夹带黏性重油呈沸腾状态，会引起重油溢出、甚至撕裂罐顶的后果。

突沸的三要素是：水分、温度、油品黏度。

突沸的原因主要有：装置来油串入蒸汽或带水；装置扫线进罐时间过长；收油管线没有置换造成带水；含水的焦化蜡油、重污油等进入其他高温重油罐；加热器泄漏等。

6.1.3.1 油品的储存温度与加热方法

在罐区中对油罐、油罐车和其他容器中的油品进行加热所采用的加热方法有：蒸汽直接加热法、蒸汽间接加热法、热水间接加热法、热水垫层热法、热油循环法、导热油间接加热法、电加热法和太阳能加热法等。加热的目的除了提高物料的流动性、满足输送的要求外，还有预处理的功能(如破乳等)。

1. 蒸汽直接加热法

蒸汽直接加热法是将饱和水蒸气直接通入被加热的油品中。这种方法操作方便，热效率高，但由于冷凝水留存在油品中而影响油品质量，因此一般不允许采用。曾经只有燃料油和农用柴油等对含水量要求不严格的油品，在缺乏其他加热方法时采用。

2. 蒸汽或热水间接加热法

蒸汽或热水间接加热法是将水蒸气或热水通入油罐中的管式加热器或罐车、罐外壁的加热套，使加热器或加热套升温并加热油品，蒸汽或热水与油品不直接接触，目前该加热方法应用最广。

蒸汽是传统上最常见的热工工质，在石化厂应用极广，因为汽化潜热是其主要热源，具有单位质量所携带的能量大，输送需要的能耗低，管线输送的沿程阻力小，热力管网容易匹配，不易出现管道"短路"而使末端成为死角的优点。加上普遍推广的凝结水密闭回收工艺，使其形成了从水到蒸汽再到水的循环利用，而且凝结水的显热也可用各种途径，很大程度上得到回收。

重油罐区用加热蒸汽多见1.0MPa，厂区内该过热蒸汽温度能到250℃，由于有的罐区位置偏远，成为饱和蒸汽，温度会降到180℃。厂区内也有用0.3MPa的余热蒸汽加温的，该蒸汽经常是饱和蒸汽，温度在130℃左右，不能用于减底渣油罐的加温。

水蒸气通入管式加热器给油罐加温，从设备角度讲，突出的问题就是难于控制蒸汽流量，而且加热管水击问题突出，造成加热管寿命短，引起清罐检修的费用高，而且存在储罐突沸的事故高风险。

如果从工程热力学“㶲”的概念，高品质的1.0MPa过热蒸汽用于100℃以下的储罐加温，显然能耗是不合理的，而且蒸汽的产生需要高能耗。如果充分利用石化厂各装置的低温余热，用热媒水给物料加温或给储罐维温就节能得多。因此，近年来低温余热综合利用项目在各炼化企业得到了大力推广，例如，某炼化企业利用焦化装置低温热源给进厂国内原油换热和维温，用加氢装置低温余热给蜡油储罐维温，年节约1.0MPa蒸汽近200kt，效益非常可观。

储罐使用热水加温一般是原油、蜡油、重柴油类、烧碱等化工原料储罐，包括掺入加氢常压渣油的催化装置原料罐、国内原油储罐等，还可用于罐区自动切水器伴热、泵房采暖、部分罐区管线伴热等。

当然，由于石化厂能产生低温热水的部位较多，能系统地使用低温热水的区域不多，而且较为分散，可以说热工专业上热端好找，冷端难配，因此炼化企业相当大一部分低温热源并没有被有效利用。

此外，低温余热的利用还受到如下两个因素的制约：

(1) 石化厂低温热源在装置检修或事故状态下存在停供问题，一般石化厂的热水加温储罐保留有热水和蒸汽两套管网。水蒸气或热水都通入油罐中的管式加热器，就存在两者所需加热面积是不同的，一般按照热水工质选用最大面积的加热管，在改用蒸汽后需要对蒸汽节流以减少供热，带来的就是水击问题，使加热管容易受损的问题更突出；目前，储罐无水击节能加热器的推广，很好地解决了这一难题(图6-11)。

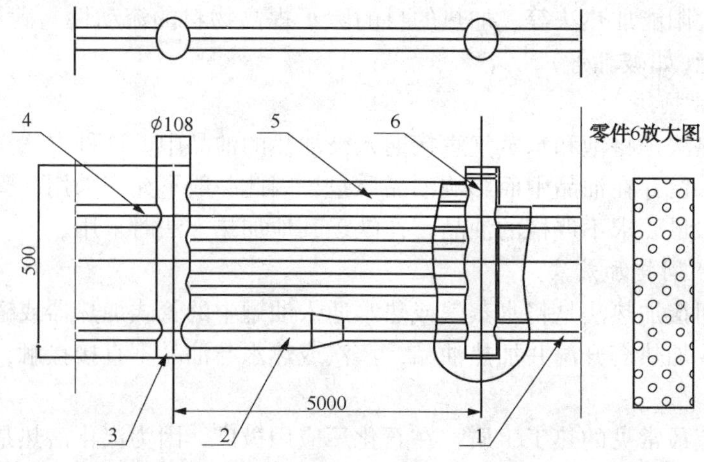

图6-11 储罐无水击加热器原理图

1—导凝管接管；2—扩容管；3—立柱(ϕ108×6 L=500)；4—蒸汽管接管；5—蒸汽管；6—汽水分离板

(2) 除了选择合适的加热器以外，热媒水的温位也是热媒水维温系统能否正常运行的保证，如热媒水与被加热介质的温差偏小，无法形成大范围的自然对流，而储罐又无机械搅拌等强制对量手段，导致热源无法取出，热交换难以为继。某炼厂用焦化装置低温热媒水(90℃)给进厂原油维温(约65℃)，使用的是老式盘管加热器[换热系数不足35W/(m^2·s·℃)]，热媒水出罐温度依然高达88℃，只有2℃的温差，不但储罐的温度无法维持，而且也给上游装置的安全运行带来了不利影响。

无水击加热器的每组加热管是立式安装，与传统的水平安装不同，那样加热器中沿程产生的凝结水就在每组加热管的下面支管中流动，蒸汽在上部支管中流动，减少了水击的产生(见图6-12)。而且加热器在每组加热管后部还设汽水分离板和扩容管，进一步分离水汽，将蒸汽和凝结水分别疏导，彻底消除了水击。为确保加热面积和加热效果，加热器加热排管还部分采用螺旋翅片管。由于消除了水击，还采用螺旋翅片管，使得蒸汽显热也得到应用，节能效果突出，设备长周期运行降费效果突出，还解决石化厂使用储罐低温热水加温与蒸汽备用的矛盾，综合效果突出。在蒸汽加温和蒸汽与热水两用加温的储罐都适用，建议推广。

图6-12 储罐无水击加热器施工现场

目前也有在大型储罐外壁采用成品的蒸汽外加温夹套，该特制夹套借鉴板式换热器峰谷结构，传热板内部流体介质高度湍流，实现高传热系数。优点是消除储罐内部加热盘管泄漏的风险，对于内部加热盘管检修所需清罐、停产作业都能避免。对水分要求严格的需加温的高黏度物料，如硫黄装置的液硫储罐、润滑油储罐等，非常有益。缺点是热效率远低于罐内加热器，不利于节能；一旦外壁加热套检修，破坏保温和大量的脚手架施工将造成高昂的维修费支出；一次投资太大。

另外，为了提高热效率，减少能耗，可在储罐的抽出口增设局部快速加热器，迅速提高抽出口介质油温，降低物料黏度，达到正常输送的目的。

3. 热油循环法

热油循环法是从储运容器中不断抽出一部分油品，在容器外加热到低于闪点温度15~20℃，在用泵打回到容器中去与冷油混合，由于热油循环过程中存在着机械搅拌作用，因此返回容器的热油很快地把热量传递给冷油，在容器中油温逐步升高。这种方法虽然要增设循环泵、换热器等设备，但罐内不再需要装设加热器，因而就避免了加热器锈蚀和随之而来的检修工作，而且完全杜绝了因加热器漏水而影响油品质量的问题。

4. 导热油间接加热法

导热油间接加热法是将加温后的导热油通入油罐中的管式加热器或罐外壁的加热套，使加热器或加热套升温并加热油品，导热油与油品不直接接触。目前导热油加温系统一般由生产厂家成套供应，包括加热炉、空气预热器、燃料气过滤器、循环泵、膨胀罐、仪表控制系统。使用石化厂的管网燃料气，具有价格优势，适用于偏远独立的重油或沥青等罐区。

5. 电加热法

电加热法有电阻加热、感应加热和红外线加热三种方式，其中红外线加热设备简单，热效率高，使用方便，适用于小容器和油罐车加热。

还有将罐内较低油品抽出后，在出口管道中串联电加热器用于升温，避免整罐的油品升温，可以起到节能效果。

由于用电成本高于蒸汽加热成本，远高于余热热水和余热蒸汽加温，而且大功率用电设备一次性投入高，在石化厂储罐使用电加热法少，在缺少热源工质的油田、海上平台等应用较多。

6.1.3.2 储罐的保温

1. 保温的作用

在罐区中，为了减少油罐、蒸汽管路、热油管路的热损失，有时加保温层是必要的。虽然做保温层增加了投资，但能起到节省热能、减少加热面积和降低加热设备容量的作用。因此要综合考虑加热和保温的关系，不应该片面地只从加热一个方面去处理高黏度和易凝油品的储存和输转问题。

2. 保温材料

保温材料的好坏直接关系到保温效果，因此对保温材料的选择是由若干条件制约的。在这些条件下才能对保温材料做出好坏的评论。这些条件是：使用温度范围、导热系数、抗压强度、可燃性、密度、透湿度、吸水率、耐热温度、耐振、抗压强度、金属腐蚀性、化学稳定性、使用寿命、价格、货源、对施工现场的适应性等，上述条件有的是相互制约的。目前我国还缺乏全面分析、评价保温材料的方法，仅能以经验数据作为对保温材料的要求。

保温材料制品应具有较低的吸水率和阻燃性。罐区常用的保温材料有玻璃棉毡、矿渣棉毡、石棉硅藻土、泡沫混凝土、硅酸盐板、海泡石、蛭石块、聚氨酯、稀土保温涂料、隔热涂料等。

矿渣棉毡具有价格低廉的优势，应用极广。缺点具有无憎水性，有水分状态下矿渣对罐外壁腐蚀，在季节性出现较低温度储罐上使用，或者防冻要求的水罐上使用，容易引发外壁腐蚀；无法回收再利用，环保危害大，施工垃圾难处置；其粉尘对作业人员伤害大。目前一些先进单位和地区已经禁用。

石棉硅藻土、海泡石、蛭石块类外保温也曾大量使用。缺点是重量大，容易脱落；保温效果略差；检修更换时产生大量施工垃圾，施工垃圾难处置；海泡石施工时天气影响大；在水罐等低温防冻储罐上使用，容易吸潮，对罐外壁腐蚀重。目前已较少应用。

聚氨酯类储罐保温历史上应用不少，但防火性能差，耐候性能差，目前在加温储罐上应用不多。但与泡沫玻璃一样，是理想的保冷材料，而且价格低，现场施工便捷。

硅酸盐板有憎水性，环保性能较好，价格适中，目前应用较多。玻璃棉毡保温效果好，用于高温重油罐效果好，目前也有应用。

稀土保温涂料、隔热涂料效果好，因其价格高，普及性不大。但在外浮顶储罐的罐顶保温上，隔热涂料厚度仅几个毫米，保温效果突出，而且起到了防腐效果；有的隔热涂料具有弹性，耐候性能好，适应了外浮顶钢板在运行中变形的要求，在外浮顶罐上使用值得推广。该特种隔热涂料对钢板表面光洁度要求不高，适应生产环境好，但需要采用高压喷涂工艺，需专用设备，造价也高。

保温材料外防水层常用的有瓦楞镀锌铁皮、平面镀锌铁皮、彩钢板、瓦楞铝皮、平面铝皮、玻璃布加沥青玛蹄脂等。最佳选择为瓦楞铝皮，其次为瓦楞镀锌铁皮或彩钢板。从节能效果讲，铝皮或镀锌铁皮反射热辐射效果好，有利于保温。玻璃布加沥青玛蹄脂防水性差，耐候性差，没有反射热辐射效果，不建议使用。

按照设计规范，油温≥150℃的油罐，罐顶须保温，为了节能，往往油温≥100℃的油罐罐顶就采取保温。罐顶保温主要是保温材料外防水层难于固定，防风效果差。建议采用隔热涂料，具有弹性，耐候性能好，厚度仅几个毫米。

6.1.4 储罐的腐蚀与防腐

1. 防腐方案的设计

应根据钢质石油储罐的不同情况(钢材材质、存储介质、部位、外部环境等)分别采取合理的涂层保护方案。主要分涂层保护和阴极保护，防腐蚀工程的施工应按设计文件规定进行。当需要变更设计、施工方案、材料代用或采用新材料时，应征得设计部门确认。

防腐蚀工程施工所用材料，应具有产品质量证明文件，其质量应符合本规范的规定，本规范没有规定的应符合国家或行业现行标准的规定；其中，产品质量证明文件，应包括下列内容：

(1) 产品质量合格证及材料检测报告。

(2) 质量技术指标及检测方法。

(3) 复检报告或技术鉴定文件。

2. 施工方面

应对施工队伍资质资作具体要求，从表面处理、涂装、金属涂层施工、阴极保护安装施工、直至施工过程检查与控制均有详细的要求。以下为要点：

(1) 设计、施工、使用材料、检测及其他技术文件齐全，施工图纸已经会审。

(2) 完成施工方案和技术交底，并进行了技术培训和安全技术教育。

(3) 各种所用原材料、施工机具和检验仪器等经检测合格。

(4) 防护设施安全可靠，原材料、施工机具和施工设施齐全，施工水、电、气能够满足现场连续施工的要求。

设计和施工所涉及的有关工业卫生、安全、劳动保护和环境保护除应按 GB 50160—2008《石油化工企业设计防火规范》、GB 7692《涂装作业安全规程涂装前处理工艺安全及其通风净化》、GB 6514《涂装作业安全规程涂漆工艺安全及其通风净化》、GBZ 1—2010《工业企业设计卫生标准》和 GB 50058—2014《爆炸和火灾危险环境电力装置设计规范》中的规定执行外，还应执行国家现行有关标准的规定。

3. 石油储罐用防腐蚀涂料

绝缘型防腐蚀涂料、导静电型防腐蚀涂料、氟碳类防腐蚀涂料、富锌类防腐蚀涂料、绝缘型环氧防腐蚀涂料、聚氨酯类防腐蚀涂料、有机硅类防腐蚀涂料、热喷涂锌、铝及其合金。

4. 表面处理等级及测定

(1) 表面锈蚀等级和除锈等级测定：

①石油储罐钢材表面锈蚀等级和除锈等级，应与 GB 8923《涂装前钢材表面锈蚀等级和除锈等级》中典型样板照片对比确定，或与 ISO 8501《涂敷涂料前钢材表面处理表面清洁度的目视评定》中的典型样板或典型样板照片对比确定。

② 石油储罐钢材表面的锈蚀等级，分为下列四级：

A 级——全面地覆盖着氧化皮而几乎没有铁锈的钢材表面；

B 级——已发生锈蚀，且部分氧化皮已经剥落的钢材表面；

C 级——氧化皮已因锈蚀而剥落或可以刮除，且有少量点蚀的钢材表面；

D 级——氧化皮已因锈蚀而全面剥离，且已普遍发生点蚀的钢材表面。

③ 石油储罐钢材表面的除锈等级，分为下列三级：

St3 级——非常彻底的手工和动力工具除锈，钢材表面无可见的油脂和污垢，且没有附着不牢的氧化皮、铁锈和油漆涂层等附着物，除锈比 St2 更为彻底，底材显露部分的表面应具有金属光泽。可参见 GB 8923 中典型样板照片 BSt3、CSt3 和 DSt3。

Sa2.5 级——非常彻底的喷射或抛射除锈，钢材表面无可见的油脂、污垢、氧化皮、铁锈和油漆涂层等附着物，任何残留的痕迹应仅是点状或条状的轻微色斑。可参见 GB 8923 中典型样板照片 ASa21/2、BSa21/2、CSa21/2 和 DSa21/2。

Sa3 级——非常彻底的喷射或抛射除锈，钢材表面无可见的油脂、污垢、氧化皮、铁锈和油漆涂层等附着物，该表面应显示均匀的金属光泽。可参见 GB 8923 中典型样板照片 ASa3、BSa3、CSa3 和 DSa3。

④ 评定石油储罐钢材表面锈蚀等级和除锈等级应在良好的散射日光下或在照明度相当的人工照明条件下进行。检查人员应具有正常的视力。

⑤ 待检查的石油储罐钢材表面应与相应的典型样板或典型样板照片进行目视比较。照片应靠近钢材表面。

⑥ 评定锈蚀等级时，以相应锈蚀较严重的等级照片或样板所标示的锈蚀等级作为评定结果；评定除锈等级时，以与钢材表面外观最接近的照片或样板所标示的除锈等级作为评定结果。

⑦ 目视评定对比过程应进行拍照。

(2) 表面粗糙度的测定方法：

① 应采用表面粗糙度测定仪对表面粗糙度进行测定。

② 测量方法应符合 GB/T 10610—1998《产品几何技术规范表面结构轮廓法评定表面结构的规则和方法》中的规定。

③ 测量过程应符合下列要求：

a. 按要求选择检测区域位置。

b. 在检测区域内选择 5 个检测点。每个检测点面积应为 $100cm^2$ 的正方形。

c. 在检测点内任意取 3 个点进行测量，测量结果取平均值。

d. 表面粗糙度的表示应符合 GB/T 1031—1995《表面粗糙度参数及其数值》和 GB/T 3505—2000《产品几何技术规范表面结构轮廓法表面结构的术语、定义及参数》中的规定。

6.1.4.1 储罐的外防腐

保温储罐的外壁防腐，要与保温层和防水层的选用相一致，见前文保温部分。

无保温储罐的外壁腐蚀主要是大气腐蚀，雨水作用最大。目前外防腐涂料推荐选用环氧富锌底漆或丙烯酸带锈防腐底漆、环氧云铁中间漆、聚氨酯类面漆，漆膜合计厚度在 200μm 左右。聚氨酯类面漆富有弹性，耐候性好，外观上看，三年后外表漆膜仍然光亮。而传统的银色高氯化类面漆、醇酸类面漆一年后外表漆膜就没有光泽。

轻质油罐外壁还有使用白色太阳热反射涂料的，兼有防腐与保冷作用，如凉凉胶。但根据实际应用经验，产品质量不一，普遍耐候性差，表层存在粉化，局部脱落。如果此时想改用聚氨酯类等油漆，原有的太阳热反射涂料黏性导致机械清除极其困难，给今后外防腐带来后患。因此，在内浮顶罐上有无选用的必要，应结合浮盘密封性能和介质综合考虑，慎用。

罐底外侧腐蚀，原因一是罐底边缘雨水渗入，二是罐底板下表面沙层的土壤腐蚀。

罐底边缘目前推荐采用弹性防水胶泥，包括两油四布工艺，总厚度超过3mm。历史上采用过沥青灌注、混凝土封闭、罐底边缘焊接防水沿等，效果都不佳。

罐底板下表面沙层的土壤腐蚀，只能在储罐建设时同步完成。除了传统的喷砂后刷沥青漆以外，目前大型储罐底板外侧阴极保护常用的方法包括牺牲阳极和外加电流法。

牺牲阳极法是埋设牺牲阳极，与罐底板外表面构成化学电池回路。但由于罐底板下层与罐内不同，牺牲阳极没有浸入溶液中，存在着保护电位难以控制、保护效果不能保证、阳极材料使用寿命短等缺点。

外加电流法，阳极采用在罐底基础沙垫层中安装网状金属氧化物阳极，埋设的电极呈网格状，有成套设备提供恒定电流保护。具有保护电流分布均匀、安装方便、投资较低等优点。常见的是每台储罐采用1套独立的阴极保护系统，供电设备为恒电位仪，恒电位仪安装在阴极保护间里。每2台恒电位仪设1台备用机，3台恒电位仪(2用1备)共用一台控制柜，控制柜具有保护电位、输出电流、输出电压信号远传功能。

需要注意的是，如果采用罐底板阴极保护技术，防雷接地极的材质选用和方式，也要与罐底板阴极保护回路统一考虑。传统的防雷接地极的材质是镀锌角钢或铜材，而防雷接地极的材质此时也应选用锌镁合金类接地极，防止出现阴极保护电流出现的问题。目前储罐的防雷接地极还用电解质接地极，其电位、阴极保护电位、罐底板电位应统一匹配。

6.1.4.2 储罐的内防腐

石化企业储罐内壁的腐蚀，最长见的是低温湿硫化氢腐蚀，其中也包含了罐内气相空间的水气在罐壁形成的电化学腐蚀，细菌性腐蚀，特定情况下也有铵盐垢下腐蚀出现。

1. 低温湿硫化氢腐蚀

在加工高含硫高酸的炼油厂的中间原料罐上表现的非常突出，原理是H_2S-HCl-H_2O构成的溶液对钢板的腐蚀，尤其是石脑油、轻污油储罐，表现为内壁整体腐蚀。

案例：一台没有内防腐的5000m^3的石脑油储罐，即使一年一清罐，每次都有数吨的铁锈清除。石脑油罐因硫化亚铁的腐蚀产生的火灾事故已经屡见不鲜。

这类储罐的严重腐蚀，根本原因是油品成分高含硫，另一个不可忽视的原因就是浮盘的密封性差，挥发的油气在罐顶和罐壁与水汽形成湿硫化氢腐蚀。

湿硫化氢腐蚀严重的石脑油储罐的内防腐措施推荐采用罐底板安装牺牲阳极保护块，整体喷铝，再覆盖涂料。

首先安装牺牲阳极。牺牲阳极品种的选择，按GB/T 4948—2002(铝-锌-铟系合金)的国家标准选用。要考虑到温度的影响，一般不宜选用锌阳极，考虑到安全因数，不宜选用镁阳极，罐内底板的牺牲阳极多采用铝基合金阳极。该阳极在氯离子环境中使用寿命长，产生电量大，阳极性能良好，适宜在积水层中使用。

其次喷铝。喷砂除锈表面处理标准为Sa3级，表面粗糙度达到75μm以上；热喷涂铝采用线材电弧喷涂，涂层厚度达到200μm±20μm。

是否保留喷铝工序，存有争议。但是根据现场经验，在役的储罐内壁一般腐蚀后粗糙度大，而涂料一般采用滚刷，难于覆盖缝隙，因此推荐保留喷铝。虽然涂料喷涂也可以，但要达到厚度，油漆消耗量大，罐内可燃气体浓度极高，作业风险大，易发群体性伤害事故，基层车间一般不会采用此类专家建议。

因此，在刷涂料之前，先在罐壁上进行涂铝，防护效果应更为理想。主要是热喷铝与基体金属的结合力比有机涂料好，而且铝对于钢质罐壁还能起到阴极保护的作用。

再刷涂料。例如，其中罐底板及底板上一圈壁板，采用非导静电的玻璃鳞片长效重防蚀涂料底漆和玻璃鳞片长效重防蚀涂料面漆，干膜总厚度≥300μm；罐顶及其他壁板，采用耐油导静电底漆和耐油导静电面漆，干膜总厚度≥200μm。

目前，广泛采用涂料组合方式：底层采用环氧玻璃鳞片等涂料，以起到很好的隔离阻挡作用；面层涂料采用导静电涂料，以便将罐内产生的电荷及时排除，保证储罐的安全。大部分底层涂料采用玻璃鳞片涂料、环氧涂料、环氧煤焦油涂料、锌粉涂料用于油罐防腐，其中玻璃鳞片涂料占大多数，环氧涂料其次，其他涂料就比较少，涂层厚度一般为0.4~0.7mm，使用寿命7~10年。

做好油罐防腐的另一方面工作，就是控制油气挥发，主要是浮盘小呼吸。推荐选用箱型组装式浮盘，材质选用防锈铝，其寿命即可与罐内壁定期内防腐的周期一致，有条件的也可以选用不锈钢系列，但需要对氯离子的含量有所分析；配套管式充液密封或双舌型密封的材质选氟橡胶。

不建议使用焊接钢制内浮盘，其最大的缺点是，由于浮盘的存在，造成罐内脚手架无法安全搭设，影响了罐壁的整体定期内防腐的施工。浮筒蒙皮式浮盘存在较大的小呼吸量，此时不应选用。

对于中间原料的柴油罐，可采用底板安装牺牲阳极保护块，罐底板及底板上一圈壁板内防腐的方式；罐顶和顶圈两层壁板可采用。对于中间原料的蜡油罐，可采用罐底板及底板上一圈壁板内防腐的方式。

对于石脑油罐也有采用材质升级的做法，壁板使用不锈钢与碳钢的复合板。由于造价高，应用不广。

2. 细菌性腐蚀

储罐细菌性腐蚀常见的有原油储罐罐底板内腐蚀，往往是低温湿硫化氢腐蚀与细菌性腐蚀结合的产物。因其含水量大，其水有利于细菌繁殖，内防腐的方法一般也是采用底板安装牺牲阳极保护块，罐底板及底板上一圈壁板内防腐的方式。

罐区的消防水罐一般储存新鲜水，由于长期存放，对内壁整体产生细菌性腐蚀(见图6-13)。外观看，起泡，视腐蚀程度而大小不一，严重时有鹅蛋大小。戳破后里面是黑色物质，这是典型的细菌性腐蚀。在其他污水罐中也会产生。内防腐的方法是玻璃鳞片涂料防腐、环氧煤沥青防腐等。

6.1.4.3 储罐浮盘的防腐

储罐的浮盘也是属于罐整体腐蚀的腐蚀部位之一。有腐蚀性介质存在的情况下，焊接钢浮盘、组装式浮盘，都能发生腐蚀。

焊接钢浮盘的腐蚀，突出在外浮顶原油储罐的带周边环形浮仓的单盘式浮顶。第一种是焊缝腐蚀，在单盘部位的下焊缝，即浸入原油中的单盘焊缝发生腐蚀穿孔。原因是单盘部位

图6-13 新鲜水罐底板细菌性腐蚀斑

的钢板较薄，一般在4~6mm，需要搭接焊，上表面的焊缝是连续焊，下表面是间断焊，因此在下表面的焊缝出现缝隙腐蚀。目前还没有好的解决办法，有人曾设想上表面的焊缝间断焊，下表面的焊缝连续焊，但仰面焊接的工作量太大，质量无保证。第二种是单盘部位的钢板上表面腐蚀。原因一是存雨水腐蚀，二是为了节能和防止表面凝结在钢板上表面增加了保温层，加剧了雨水腐蚀。解决的办法是采用特种隔热涂料，厚度仅几个毫米，保温效果突出，而且起到了防腐效果。该种隔热涂料具有弹性，耐候性能好，适应了外浮顶钢板在运行中变形的要求，在外浮顶罐上使用值得推广。

内浮顶罐中组装式浮盘的腐蚀，一般出现在轻污油、石脑油、未精致汽油罐，是储存介质高含硫、酸碱度变化、含氨高、含氯离子高等原因。解决的思路有三个。

第一种思路是材质升级，延长浮盘寿命。一般是用304甚至是316L不锈钢替代铝材，也有0Cr13材质替代铝材，或者焊接钢浮盘。缺点一是造价太高，二是极有可能造成浮盘的寿命高于储罐整体内防腐的周期，造成届时为了内防腐而拆除浮盘造成的浪费。

第二种思路是加大浮盘检修或更换次数，例如，定期更换浮盘的浮筒。缺点是降低了储罐的运行效率，降低了工作效率，检修作业风险大大增加。

第三种思路是根据现场储罐的具体的腐蚀机理和总结出的腐蚀速率，更换浮盘结构，但材质保持不变，使浮盘寿命与储罐整体内防腐的周期基本一致，已求达到经济效率最大化。因为油罐内防腐的底层涂料基本是玻璃鳞片涂料、环氧涂料，即使根据国外统计，使用寿命也只用7~10年。因此，国内有腐蚀性储罐的浮盘寿命能达到7~8年就可以了。

例如，中国石化某加工高硫高酸的炼油厂的石脑油罐，原采用浮筒加蒙皮的组装式浮盘，在浮盘与液面之间的气相，分别出现了常压蒸馏的石脑油对浮盘油面以上部位的湿硫化氢腐蚀(见图6-14)，还有加氢石脑油对浮盘油面以上部位的铵盐垢下腐蚀(见图6-15)，导致浮筒加蒙皮的组装式铝浮盘寿命约3~4年。因此采用箱型组装式浮盘，浮盘与液面之间的气相空间极小，可极大减缓腐蚀，以期与罐整体内防腐周期一致。经济效益显著：采用箱型组装式浮盘虽然比浮筒加蒙皮的组装式浮盘造价高一倍多，但大约只有304浮筒加蒙皮的组装式浮盘价格的一半。

图 6-14 常减压石脑油对浮筒蒙皮式浮盘的气相空间的腐蚀
（注意浮筒上下部腐蚀的区别，该浮盘已塌，牺牲阳极块保持较好）

图 6-15 加氢石脑油对浮筒蒙皮式浮盘的气相空间的铵盐垢下腐蚀
（注意蒸罐后盐呈钟乳石状，浮筒上部腐蚀）

总之，对于内浮盘的防腐，一定要与储罐整体内壁防腐统一考虑，以求效益最大化。目前，根据石化行业标准，常压立式钢制储罐的全面检查鉴定周期是 6 年，在满足标准有关规定的情况下最长为 9 年。而根据经验，能对组装式内浮盘造成严重腐蚀的储罐，其内壁防腐层的寿命一般在 6 年、7 年左右。因此且不可片面追求材质升级，务必做好腐蚀机理分析与根据经验的预期寿命判断。

6.1.4.4 储罐附件的防腐

常压立式钢制储罐的附件腐蚀，最常见的也最容易导致事故的有以下几个。

1. 呼吸阀与阻火器

传统上，两者是两个不同的台件，现在已经趋于总成为一体式结构，即带有阻火网的呼吸阀。传统上的阻火网是铜丝网，耐腐蚀差，目前基本采用不锈钢波形阻火片构成，其风险仍高发，而且与储罐腐蚀有关。原因是阻火网设置于呼吸阀下，靠近罐内，结果罐壁腐蚀产生的铁锈粉末与油气一起将阻火网堵死。解决办法是选用结构合理的附带阻火网的呼吸阀，阻火网设置于呼吸阀外侧(见图6-16)，立式安装，检查很直观，极大地减少了风险。

图6-16 立式安装阻火网设置于呼吸阀外侧

阻火器的壳体腐蚀问题。传统上采用铸钢壳体，也出现了内壁腐蚀产生的铁锈粉末与油气一起将阻火网堵死问题。目前已经普遍采用铝材。值得注意的是，在炼油厂的轻污油罐等设备上，会发生铝材腐蚀产生粉末堵塞阻火网的问题，应采用304不锈钢材质(见图6-17)。

图6-17 不锈钢波形阻火片

2. 消防泡沫发生器

消防泡沫发生器在储罐上常见型号有PC24、PC16、PC8等，内部对十字划痕玻璃的压条和压紧螺钉，都按消防规定采用铜材，但在石化企业内，特别是储罐储存含硫油品时，由于硫对铜材腐蚀严重，造成消防泡沫发生器损坏。目前没有好的解决办法，只能定期更换，需要预防性维修。

6.1.5 储罐的消防与防雷、防静电

6.1.5.1 储罐的消防

储罐中储存的介质，大都是易燃易爆介质，一旦发生意外，极易引发火灾，如果不能及时扑救和控制，会造成一系列的连锁反应，对安全生产、人民生活和社会环境造成严重影响。所以GB 50160—2008《石油化工企业设计防火规范》第8.8.1条，就要求石油化工企业

应设置与生产、储存、运输的物料和操作条件相适应的消防设施，供专职消防人员和岗位操作人员使用。泡沫灭火系统就是储运系统油罐等设备的主要消防设施之一。目前，泡沫灭火系统被广泛应用于油田、炼油厂、油库、发电厂、汽车库、飞机库及矿井坑道等场所。

泡沫灭火系统按其安装使用方式有固定式、半固定式和移动式之分；按泡沫喷射方式有液上喷射、液下喷射和喷淋方式之分；按泡沫种类有普通蛋白泡沫和氟蛋白泡沫之分；按泡沫发泡倍数有低倍(发泡倍数在20以下)、中倍(发泡倍数在20~200)和高倍(发泡倍数在200以上)之分。无论采用何种方式分类，固定泡沫灭火系统基本上是由水源、消防泡沫泵站、泡沫液储罐、泡沫比例混合器、泡沫混合液输送管道和泡沫产生器等设备、设施组成，当发生火灾时，先启动消防泵、打开相关阀门，即可进行灭火作业。本书只简单介绍低倍数液上喷射泡沫灭火系统、低倍数液下喷射泡沫灭火系统和抗溶泡沫灭火系统。

6.1.5.1.1　低倍数液上喷射泡沫灭火系统

液上喷射泡沫灭火系统是指吸入空气的已经发泡的泡沫混合液从可燃液体的顶部向下喷射，将可燃液体与空气隔绝，降低温度，吸收热量，从而扑灭甲、乙、丙等油类火灾的灭火系统。

液上泡沫产生器根据结构与形式可分为横式和立式两种，代号分别为PC和PCL。横式泡沫产生器由壳体、焊接法兰、连接法兰、导板及喷管组等五部分组成。立式泡沫产生器由泡沫发生器、缓冲器、导流罩及管道组等四部分组成。

液上喷射泡沫灭火系统适用于固定顶、外浮顶和内浮顶三种储罐，又可以分为固定式液上喷射泡沫灭火系统和半固定式液上喷射泡沫灭火系统。

1. 固定式液上喷射泡沫灭火系统

固定式液上喷射泡沫灭火系统，是由泡沫液储罐、比例混合器，用管道与固定的泡沫产生器相连，再与给水系统连成一体的。泡沫产生器安装于油罐壁的上部，当油罐起火时，先启动消防泵、打开相关阀门，比例混合器即将泡沫液与水按比例混合，然后经管道输送至泡沫产生器，产生大量的泡沫喷射到油罐内覆盖油面灭火(见图6-18)。

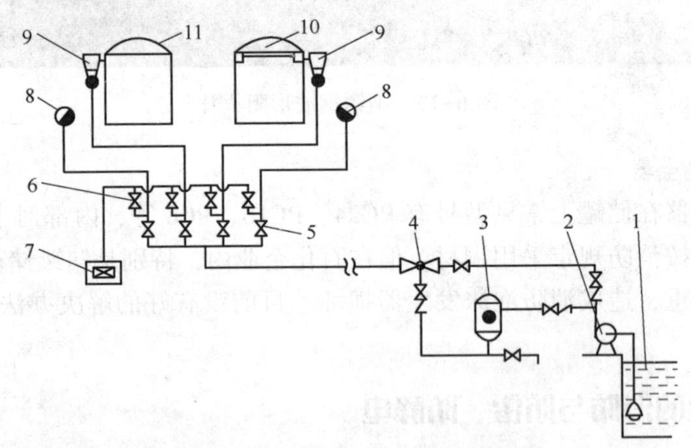

图6-18　固定式液上泡沫灭火系统示意图

1—消防水池(或水箱)；2—消防泵；3—泡沫液储罐；4—泡沫比例混合器；5—泡沫液管阀门组；6—排水口阀门组；7—地下排水口；8—泡沫消火栓；9—空气泡沫产生器；10—浮顶油罐；11—拱顶油罐

(1) 该系统的优点：时刻处于临战状态，灭火时不需临时铺设管路和安装设备，可立即投入运转工作，进行灭火；操作简便，节省人力，劳动强度也较小。

(2) 该系统的缺点：油罐爆炸时，罐上所安装的固定消防设备易受破坏而失去应有的作用，因此仍需配备一定的移动式泡沫灭火设施；维修、保养要求高，管道、阀门易堵塞，往往会影响火灾的及时扑救。

2. 半固定式液上喷射泡沫灭火系统

半固定式液上喷射泡沫灭火系统具有部分固定性质，除油罐上的泡沫产生器和与其相连的并引至防火堤外的管道是固定者外，其他设备都是可以移动的。引出防火堤外的管道离地面应有1m左右的高度，末端还应安装快速接口，并配上闷盖。灭火时，可以临时铺设水带，以消防车代替消防泡沫泵等，将泡沫混合液通过快速接口输送到产生器。

这种系统与固定式相比，设备投资省，维修保养费用低，机动灵活性好，但是需要配备机动消防车和水泵，并要有一定数量的操作人员，且只能适用于较平坦的地形(见图6-19)。

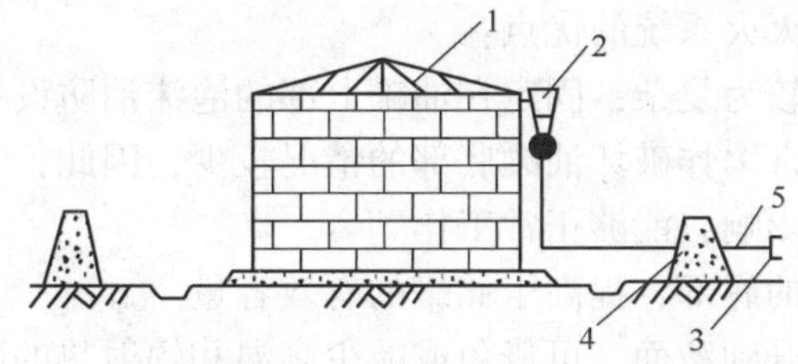

图6-19 半固定式液上泡沫灭火系统示意图

1—拱顶油罐；2—空气泡沫产生器；3—快速接口(带有闷盖)；4—防火堤；5—泡沫液管

6.1.5.1.2 低倍数液下喷射泡沫灭火系统

液下泡沫灭火系统是从油罐底喷射泡沫，经过油层上升到油面，扩散覆盖整个液面进行灭火的设备。其工作原理是应用泡沫灭火剂，使其与水混溶后产生一种可漂浮、黏附在可燃、易燃液体或固体表面的泡沫，经过油层上升到油面，扩散覆盖整个液面，或者充满某一着火物质的空间，起到隔绝、冷却的作用，使燃烧物质熄灭。液下泡沫灭火剂按其成分有化学泡沫灭火剂、蛋白质泡沫灭火剂及合成型泡沫灭火剂等几种类型。

液下喷射泡沫灭火系统适用于固定顶油罐，不适用于外浮顶和内浮顶储罐，其原因是浮顶阻碍泡沫的正常分布，当只对外浮顶或内浮顶储罐的环形密封处设防时，无法将泡沫全部输送到该处。另外，当以液下喷射的方式将泡沫注入水溶性液体后，由于水溶性液体分子的极性和脱水作用，泡沫会遭到破坏，无法浮升到液面实施灭火。所以液下喷射泡沫灭火系统也不适用于水溶性甲、乙、丙液体固定顶储罐的灭火。

与液上喷射泡沫火火系统一样，液下喷射泡沫灭火系统也可以分为固定式液下喷射泡沫灭火系统和半固定式液下喷射泡沫灭火系统。

1. 固定式液下喷射泡沫灭火系统

固定式液下喷射泡沫灭火系统所用的主要设备和形式与液上泡沫灭火系统基本相同，都是由泡沫液储罐、泡沫比例混合器等设备，用管道与固定的泡沫产生器相连，再与给水系统连成一体的。所不同的是，液下喷射灭火系统必须使用高背压泡沫产生器和氟蛋白泡沫灭火剂。液下喷射灭火系统适用于汽油、柴油、煤油以及黏度小于10Pa·s($1000m^2/s$)的原油等的固定顶油罐，对浮顶储罐有一定的困难。

固定式液下喷射泡沫灭火系统的泡沫出口，距离罐壁通常为150~200mm(见图6-20)。

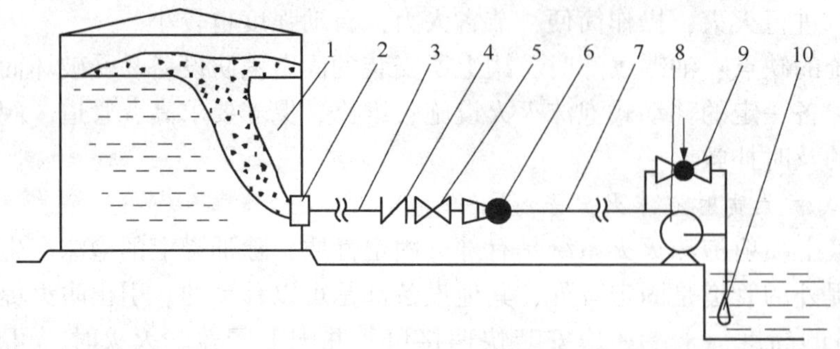

图6-20　固定式液下氟蛋白泡沫灭火系统示意图

1—油罐；2—泡沫喷口；3—泡沫管线；4—止回阀；5—阀门；6—高背压泡沫产生器；7—混合液管线；8—消防泵；9—比例混合器；10—水池

固定式液下喷射泡沫灭火系统的优点：

(1) 油罐火灾在情况较为复杂，固定在油罐上部的泡沫消防设备，往往由于油罐爆炸遭到破坏而失去作用。但通常爆炸破坏油罐底部的情况较少，因此，安装在油罐底部的液下喷射灭火设备一般不会受到影响，能够正常工作。

(2) 泡沫进口设在罐的底部，提高了储罐的有效容量。

(3) 泡沫通过油层上升到液面，可避免或减少高温和辐射热的破坏，提高了灭火效果。

(4) 泡沫通过油层上升时，使油品搅动、对流，因而也降低了燃烧油面的温度，有利于灭火。

2. 半固定式液下喷射泡沫灭火系统

半固定式液下喷射泡沫灭火系统是由消防车等代替消防泵房，临时铺设的水带代替固定管道的一种液下灭火系统。它与固定式相比，投资省，维修方便，比较灵活(见图6-21)。

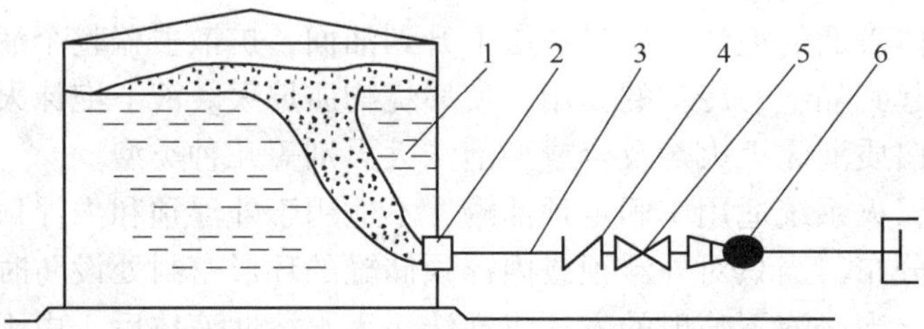

图6-21　半固定式液下氟蛋白泡沫灭火系统示意图

1—油罐；2—泡沫喷口；3—泡沫管线；4—止回阀；5—阀门；6—高背压泡沫产生器

6.1.5.1.3　抗溶泡沫灭火剂

泡沫灭火剂是一些化学物质的浓缩液，使用时通过专门设备和水按比例混合、稀释后，再与空气混合产生泡沫，以泡沫形式灭火。泡沫灭火剂按其发泡倍数(泡沫液和水、空气混合成泡沫后体积膨胀的倍数)分为低倍数泡沫灭火剂(发泡倍数在20以下)、中倍数泡沫灭火剂(发泡倍数在20~200)、高倍数泡沫灭火剂(发泡倍数在200以上)；按用途分为普通泡沫灭火剂、抗溶泡沫灭火剂。其灭火作用主要是覆盖、冷却、稀释。

选用泡沫灭火系统时，首先应根据可燃物性质选用泡沫液，如对水溶性某些液体储罐，应选用抗溶性泡沫液；对泡沫喷淋系统为吸气泡沫喷头时，应用蛋白泡沫液或氟蛋白、水成膜及抗溶性泡沫液；如为非吸气型泡沫喷头时，则只能选用水成膜泡沫液；对于中倍及高倍泡沫灭火系统则应选用合成泡沫液。其次是泡沫罐的储存应置于通风、干燥场所，温度应在0~40℃范围内。此外，还应保证泡沫灭火系统所需的足够的消防用水量、一定的水温(约为4~35℃)和必需的水质。

（1）普通泡沫灭火剂。这类灭火剂适用扑灭A类和B类中的非极性液体火灾。它包括蛋白泡沫灭火剂、氟蛋白泡沫灭火剂、水成膜泡沫灭火剂、化学泡沫灭火剂、合成泡沫灭火剂等。但是，这种普通泡沫在扑救水溶性介质火灾时，由于水溶性液体分子的极性和脱水作用，会使泡沫遭到破坏，无法浮升到液面实施灭火，此时，需选用抗溶型泡沫灭火剂。

（2）抗溶泡沫灭火剂。这种灭火剂的特点是适用于扑灭B类火灾中极性液体火灾。它包括金属皂抗溶性泡沫灭火剂、凝胶型抗溶泡沫灭火剂和抗溶化学泡沫灭火剂等。

抗溶性水成膜泡沫灭火剂是一种含有特殊生物聚合物的泡沫灭火消防药剂。此聚合物具有两种功能，一是它能在水溶性燃料与泡沫之间形成一层保护膜使之能够灭火；二是它的泡沫质量比普通水成膜泡沫具有更好的稳定性、耐热性、抗烧性能、封闭性能。所以，抗溶性水成膜泡沫灭火剂除了具有水成膜泡沫灭火剂的灭油类及石油产品物质火灾特点外，还具有抗溶性泡沫灭火剂的扑救酒精、油漆、醇、酯、醚、醛、酮、胺等极性溶剂和水溶性物质火灾特点，可以简化扑救未知名的或兼有油类和极性溶剂混杂的B类燃料火灾，故具有通用灭火性。

抗溶性水成膜泡沫灭火剂喷射到燃烧的油类或极性溶剂上时，泡沫能迅速在油类或极性溶剂表面上流动散开并向尚未直接喷射到的区域扩散，并在油类或极性溶剂表面上形成一层封闭性很好的水膜，隔绝油类或极性溶剂与空气的接触。泡沫中的抗溶成分，能有效防止水溶性溶剂吸收泡沫中的水分，从而保护了泡沫。靠泡沫和保护膜的双重作用扑灭火灾，提高了现场灭火的效率。

6.1.5.2 储罐的防雷

雷击是引起油库区火灾、爆炸的重要原因之一。我国已有多次因发生雷击而使储罐着火、爆炸的先例。据美国20多年的石油火灾统计，其中的55%是由雷电引起的。我国也有多起因雷电作用造成过油罐火灾事故案例，如2007年5月24日、6月24日镇海国家储备库47#罐两次雷击起火事故。2007年6月29日，镇海炼化1台装有2500t石脑油的内浮顶罐因雷击着火。2006年管道公司仪征油库$15\times10^4m^3$原油储罐也发生过雷击起火事故。

1. 雷电的危害

雷电种类繁多，防护相当复杂，雷电危害严重，防止雷击灾害必须给予足够重视。雷电的危害是多方面的，按其破坏因素大致可分以下几种情况：

（1）电性质破坏作用。雷电产生的数十万乃数百万伏的冲击电压，可能毁坏电力变压系统，击穿断路器、绝缘子等电气设备的绝缘，烧断电线，造成大规模停电。绝缘损坏不但引起短路，导致大火或爆炸事故，还会造成高压窜入低压系统以及设备漏电隐患，引起严重的触电事故。放电火花也可能引起火灾和爆炸。

（2）热性质的破坏作用。落地雷的电流一般为几十至几千安培，有的峰值电流高达数万安培。巨大的雷电流通过导体，在极短时间内转换成大量热能，不仅造成油品燃烧，甚至会造成金属融化，形成飞溅的火星，从而引起火灾爆炸事故。

（3）机械性质的破坏作用。雷电的热效应将使物质和各种结构缝隙里的气体剧烈膨胀，同时使水分蒸发，其他物质分解为气体，这就造成雷击物内部出现强大的机械应力，致使雷击物遭到破坏，甚至爆裂成碎片。

2. 油罐可能遭受雷击危害的主要因素

（1）油罐防雷接地不良或接地点不符合规定。

（2）油罐顶板壁厚小于4mm而没有可靠避雷设施。

（3）电气仪表防雷设施设计或维护不当或缺少防感应雷、引入雷装置，没有采取防雷击电磁脉冲侵入的措施。电源和信息线路未采取屏蔽接地保护或接地不良，未安装电涌保护器，造成控制系统等遭受雷击电磁脉冲的袭击，使系统损坏失灵。

（4）操作人员雷雨天气上罐作业或暴露在空旷场所造成雷击。

3. 雷电的预防技术

雷电会导致多种不同形式的危害，目前尚无防止其发生的方法，但可以根据雷电危害的形式采取相应的对策加以预防。防雷的理论基础是安全地引雷入地。闪电是一个电流波，防雷装置就是给雷电流提供一条或多条接地通道。一般预防雷击的方法按其基本原理可以归纳为引雷、消雷、等电位和切断通路。

（1）引雷。预设雷电放电通道，将发展方向不明的雷云引至放电通道，使雷电电荷导入地下，从而保护周围建筑、设备和设施，如避雷针。

（2）消雷。预设离子发生器，即空间电荷发生器。当雷云与大地所形成的静电场低压达到一定值时，空气被电离，形成空气离子。离子发生器即源源不断地提供离子流与雷云电荷中和，避免直接雷击或减弱其强度，如消雷器。

（3）等电位。将导电体(金属物)进行电气连接并接地，预防雷电产生的静电和电磁效应及反击，如防感应雷接地。

（4）切断通路。当雷击架空电力线路时，切断引入室内的线路，将雷电流导入地下，以保护室内设备，如避雷器。

4. 油罐的防雷措施

为降低雷击点的电位、反击电位和跨步电位，钢制油罐必须做防雷接地，接地点不应少于2处。接地点沿油罐罐壁周长的间距，不宜大于30m，接地电阻不宜大于10Ω。

对于易燃油品储罐的防雷应采取以下措施：

（1）装有阻火器的固定顶钢油罐在导电性能上是连续的，当罐顶钢板厚度大于或等于4mm时，对雷电有自身保护能力，不需要装设避雷针保护。当钢板厚度小于4mm时，为防止直接雷电击穿油罐钢板引起事故，故需要装设避雷针(网)保护整个油罐。

（2）浮顶油罐由于浮顶上的密封严密，浮顶上面的油气较少，一般都达不到爆炸下限，即使雷击着火，也只发生在密封圈不严处，容易扑灭，故不需装设避雷针(网)。

（3）对于浮顶储罐，还应利用浮顶排水管线将罐体与浮顶做电气连接，每条排水管线的跨接导线应采用一根横截面不小于$50mm^2$的扁平镀锡软铜复绞线；浮顶油罐转动浮梯两侧与罐体和浮顶各两处应做电气连接。

（4）为了导走浮盘上的感应雷电荷和油品传到金属浮盘上的静电荷，需用2根横截面不小于$25mm^2$的软铜复绞线将金属浮顶与罐体进行电气连接。对于内浮顶油罐，浮盘上没有感应雷电荷，只需导走油品传到金属浮盘上的静电荷。因此，钢质浮盘油罐连接导线用横截面不小于$16mm^2$的软铜复绞线，铝质浮盘油罐连接导线用直径不小于1.8mm的不锈钢钢丝绳就可以。铝质浮盘用不锈钢钢丝绳，主要是为了防止接触点发生电化腐蚀，影响接触效果，造成火花隐患。

(5) 当覆土油罐的覆土厚度在0.5m以上时，受到土壤的屏蔽作用，当雷击油罐顶部的土层时，土层可以将雷电流疏散导走，起到保护作用，故可不再装设避雷针(网)。但其呼吸阀、阻火器、量油孔、采光孔等，一般都没有覆土层，故应做良好的电气连接并接地。

(6) 储存可燃油品的油罐的气体空间，油气浓度一般都达不到爆炸极限下限，又因油品闪点高，雷电作用的时间很短(一般在几十μs以内)，雷电火花不能点燃油品而造成火灾事故。故储存可燃油品的金属油罐不需装设避雷针(网)。

(7) 钢管可以对电缆产生电磁封锁，减少雷电波沿配线电缆传输到控制室，防止将信息系统装置击坏，装于地上钢制油罐的信息系统的配线电缆应采用屏蔽电缆。电缆穿钢管配线时，其钢管上下两处应与罐体做电气连接并接地。

(8) 为了尽量减少雷电波侵入，避免发生雷电火花引发事故，可燃液体储罐的温度、液位等测量装置应采用铠装电缆或钢管配线，电缆外皮或配线钢管与罐体应作电气连接；为了防雷电电磁脉冲过电压损坏电子器件，在相应的被保护设备处，安装与设备耐压水平相适应的浪涌保护器。

6.1.5.3 储罐的防静电

静电是油罐着火爆炸事故的主要点火源之一。据445例着火爆炸事故统计，因静电引发的事故有54例，占12.1%。如1987年10月29日，某石油公司油库煤油罐因静电放电，引起爆炸着火事故，烧死1人，烧伤7人，烧毁1000m^{3}油罐1座，500m^{3}油罐2座，罐区部分管道、机泵及附件，烧掉各种油品近700t。因此，研究静电危害，采取技术手段和管理措施，是预防和避免储罐静电危害的一项重要任务。

1. 静电的危害

静电火花作为点火源可能引发火灾爆炸事故；静电放电时瞬时产生的冲击性电流也会对作业人员造成伤害。

2. 油品静电的产生

油品在输转、储运过程中，不可避免地会发生流动、搅拌、摇晃、喷射飞溅等接触、摩擦、分离的相对运动而产生、积聚静电，当静电积聚到一定程度时，就可能因放电而引发着火爆炸事故。

试验表明，高纯度的石油产品在管道中流动产生的静电是非常微小的，而含有杂质的油品由于杂质直接离解成正负离子，产生大量的静电。就是说，油流含有介质离子是其产生的静电的内因，与它接触的“界面效应”是其产生静电的外因。当油品流携带一种极性离子时，油品界面上立即对地流散等量的另一极性电荷，这是油品能稳定起电的必要条件。由此可见，油品静电的产生是与其界面的性质、界面的大小，以及静电的流散是紧密相关的。

3. 油罐可能遭受静电危害的主要因素

(1) 罐区内工艺管道未按标准做静电跨接线和静电接地。

(2) 作业人员未按劳动防护要求而穿戴化纤服装或使用化纤绳索上罐作业，油罐梯子入口处没有人体静电释放装置。

(3) 储油罐接地未符合有关标准或浮船静电跨接线接触不良。

(4) 空罐进油流速过快发生喷溅产生静电。

(5) 罐底含水层由于进油被剧烈搅动加剧静电产生。

(6) 油罐清洗作业中水冲洗罐壁、使用蒸汽胶管易产生高电位。

(7) 管道上设置的过滤器极易产生静电。

(8) 不同油品混合也容易增加静电的产生量。

4. 静电的预防技术

从静电产生的原理和对油罐的危害途径可以看出，对于油罐的防静电技术主要有三个方面：一是减少静电产生；二是促进静电流散；三是避免静电火花放电。

(1) 减少静电产生。控制油品流速是减少静电产生的有效办法，减少轻质油品与高起电材质的剧烈摩擦；在油品输转、使用过程中，注意排除油品中的水杂；不使用易产生摩擦起电的材质如塑料管、塑料桶等；避免喷溅式装卸油品，采用潜流式装卸等装卸方法都可以减少静电的产生。另外，对于油罐区域作业的工作人员，要采取措施，减少人体静电的产生。如禁止穿塑料底鞋子、化纤衣物，应该穿着防静电鞋、防静电工作服等。

(2) 促进静电流散。提高介质的导电率和提供静电流散通道是促进静电流散的途径。通常采用设备接地、使用电导率大的防腐材质、喷气燃料加抗静电添加剂、在有可能产生静电危害的爆炸危险场所的入口设置人体静电消除设施等办法来加快静电流散。

(3) 避免静电放电。静电产生也往往伴随着静电逸散，如果静电自然逸散就不会形成危害，但具备以下条件时，就会形成静电危害：一是集聚起来的电荷所形成的静电电场具有足够大的电场强度；二是静电场具有形成静电放电的条件，放电能够达到点燃的能量；三是静电场所内有爆炸性混合物存在。

对金属设备进行电气连接并接地，使相邻设备形成等电位，则没有发生电火花的可能。还要清除油罐内能聚集油面电荷的金属漂浮物或悬挂金属物，防止静电放电间隙的形成。轻质油品收完油经过一定时间静置后，再进行检尺、测温等作业，检尺、测温作业必须采用导静电的绳索，油罐的检尺口内应设铜制或铝制护板、导尺槽，检尺口旁边设置接地端子。禁止用汽油等易挥发溶剂擦拭设备。这些方法可以避免形成或者减少静电放电的机会。

5. 油罐的防静电措施

如前所述，预防静电危害的技术主要有三个方面：一是减少静电产生；二是促进静电流散；三是避免静电火花放电。油罐的防静电措施即从这些方面入手，采取技术和管理措施。

(1) 输送甲、乙、丙A类油品时，由于油品与管道及过滤器的摩擦会产生大量静电荷，若不通过接地装置把电荷导走就会聚集在油罐上，形成很高的电位，当此电位达到某一间隙放电电位时，可能发生放电火花，引起爆炸着火事故。因此，储存甲、乙、丙A类成品油的油罐要做防静电接地。

(2) 由于输油管道在输油过程中由于油的流动和油品与管壁的摩擦，将产生大量静电，所以地上和管沟敷设的输油管道是始端、末端、分支处以及直线段每隔200~300m处，应设置防静电接地，可防止静电的积聚，并保证静电接地电阻不大于100Ω。

(3) 油罐的进油口应该接近油罐的底部，进油口距离罐底板200mm，防止收油时引起油品喷溅。

(4) 轻质油品进入储罐后，必须经过一段时间的静置，方可进行采采样、测温、人工检尺等作业。一般静置时间为15~30min。严禁在储罐收油或者循环作业时进行采样、测温、人工检尺和将其他物体伸入油罐内。

(5) 空罐收油时，当油品浸没管线入口前，流速应不大于1m/s。当油品浸没管线入口

200mm 后，可以提高流速，但最大流速应不大于 7m/s。

(6) 在爆炸危险场所的入口处，如泵房门口、储罐走梯等处，应设置人体静电消除设施，作业人员进入爆炸危险场所前，应触摸设施消除身体所带静电荷。

(7) 爆炸危险场所的作业人员，在爆炸危险场所禁止穿塑料底鞋子、化纤衣物，应该穿着防静电鞋、防静电工作服等。

(8) 禁止用汽油、煤油等易挥发溶剂擦拭设备、器具及洗涤化纤衣物。

(9) 防静电服、防静电鞋等的质量、标志及检验，应该符合相关国家标准的规定。

6.1.6 储运系统的自控现状

不同炼化企业储运系统自控水平千差万别，同一企业内部不同罐区之间自动化水平也参差不齐。但总体来说，储运系统自控水平普遍偏低，已经成为了制约行业发展的瓶颈，也给储运管理带来了较大难度：

(1) 罐区计量水平落后，所用仪表多为监控仪表，无法真实地反映储罐物料数量信息；

(2) 移动数据严重失真，特别是活罐作业、多收多付的情况下，流量信息往往需要根据经验粗略估算；

(3) 统计系统多靠人工录入，信息无法及时更新，为了平衡物料，人工调量现象时有发生；

(4) 由于流量信息失真、统计信息滞后，也直接影响了油品调度信息化水平的提升。

尽管，近年来随着储罐测量技术、自动装车技术、油品在线调和系统、智能加剂系统等新技术的应用，储运系统自动化水平有了长足的进步，但作为辅助生产单位，绝大多数储运系统因历史欠债较多，信息化水平并没有跟上企业发展的步伐，为了适应中国石化国际一流的能源化工企业的发展目标，储运系统自动化水平能力的提升还任重道远。

6.2 油品装卸

油品装卸主要包括油品水运装卸和油品陆运装卸。

6.2.1 油品水运装卸

油品水运装卸特点：载运量大、能耗少、成本低、投资少，通常可分为内河运输和海洋运输，主要包括油船和油码头装卸设施。

6.2.1.1 油船及油码头结构简介

油船是海运或内河运输散装油品的运输工具，码头是用于船舶停靠及各种作业工作的一种稳定载体(作业平台)。因为油轮本身具有浮力，所以可以抵消装载货物的重力，按照船舶技术规范建造，通过额定载重吨配载油品，满足最大荷载量。

油轮结构：油轮带有动力设备，可以自航，一般还设有油舱、机舱、污油舱、污水舱、输油、扫舱加热设备和消防设备、舵机、锚机、主机、辅机、通讯设施、AIS 定位、测深仪、雷达导航等设备、设施组成。机舱设置尾部防止烟囱火星火灾隐患，油箱空余部分冲入不燃气体防止燃烧爆炸，500 总吨以上油船均布置为双底、双壳结构以防止意外或碰撞泄漏，减少对水域的次生灾害和污染事故，保护水域生态环境。船面使用防火漆和特殊钢材，舱内储油舱使用格栅式布局成的多个独立舱储存放油品，对轻质油品使用有特涂防护层，对重质或高黏度油品设置有保温防护层的专用舱存放，挥发性气体通过回收装置循环到燃油舱作为能源使用(见图6-22)。

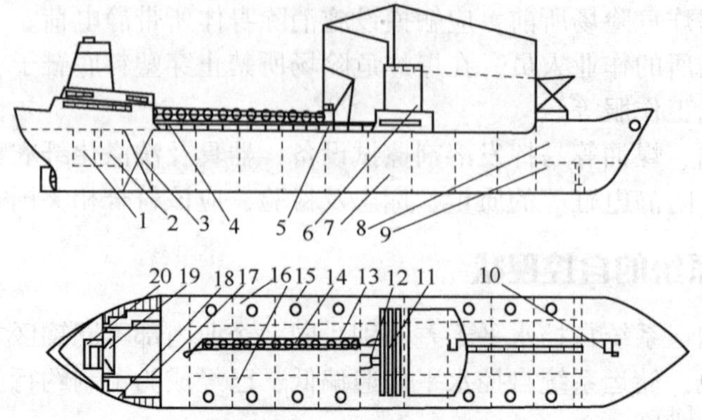

图6-22　油轮结构示意图

1，19—锅炉舱；2，17—引擎舱；3—燃油舱；4—栈桥；5—泵房；6—驾驶台；7—油舱；8—干货舱；9—压载舱；10—水泵房；11—管组；12—泵房；13—油舱(中间舱)；14—输油管；15—油舱(边舱)；16—油舱；18—生活间；20—冷藏间

码头结构：由趸船、锚固定设施、支撑设施、引桥、护岸设施、浮动泵站及输油管组成。

1. 建造条件

(1) 地质条件一般为岩石、砂土及较硬的黏土、砂质黏土作地基较合适。

(2) 防波条件码头应可靠遮住海风尽可能保护其不受波浪冲击，最好设在河湾或海湾。如无这种条件则尽可能采用透空式结构码头，也可设置专用的防波堤和围栅保护油港。

(3) 应有足够的水域面积以便设置适当数量的码头供油船、拖轮、围油拦布设船使用。

(4) 在油港内应尽量避免冲积泥砂淤积，定期测量水深，定期组织疏浚。

(5) 在泊码头油船应与其他货运码头、客运码头及桥梁有足够安全间距并尽可能设置在下游(码头消防规范有要求)。

2. 油船装卸工艺流程基本原则

(1) 应能满足油港装卸作业和适应多种作业要求。

(2) 同时装卸几种油品时互不干扰。

(3) 管线专管专用，不允许串料、混油事故发生。

(4) 运行泵与备泵需保持完好，发生事故时能切换、保持正常工作。

(5) 发生事故时能迅速切断油品管线阀门。

(6) 输油管装油时自流入船。

(7) 卸船时与输油管一起扫线放空。

(8) 干管保留可减少损耗减少对管线的腐蚀，但不利于计量。

(9) 对原油和易凝油品，伴热在发料前提前开启伴热，防止因油品凝固无法发运。

(10) 放空扫线可用趸船泵将油品抽空也可用油泵返输油罐区。

3. 码头种类

近岸式码头(见图6-23)：防洪堤与地面平，适合河流流量少、河面窄、落差小、积淤少的河流。近岸式码头是利用自然河湾或建筑防护设施作基础建设的码头。一般对地形要求严格，具有抵抗船舶水平载荷的能力大，施工简单的优点。缺点：港内波浪较大时岸前波浪反射将影响港内水域平稳，不利于油船的停靠和作业。

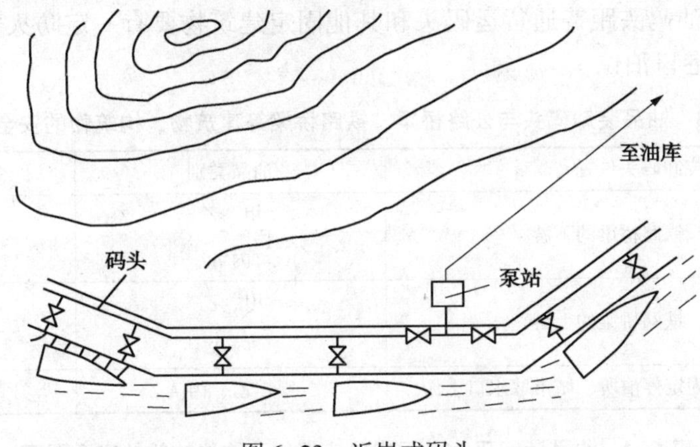

图6-23 近岸式码头

浮码头(见图6-24)：一般由趸船(平底匣形的非自航船)固定岸边作为船舶停靠码头，与油船长度之比为0.7~0.8。浮码头由趸船、趸船的锚和支撑设施、引桥、护岸部分、浮动泵站及输油管组成，特点是趸船随水位涨落而升降，所以浮码头的趸船与水平高差为定值。

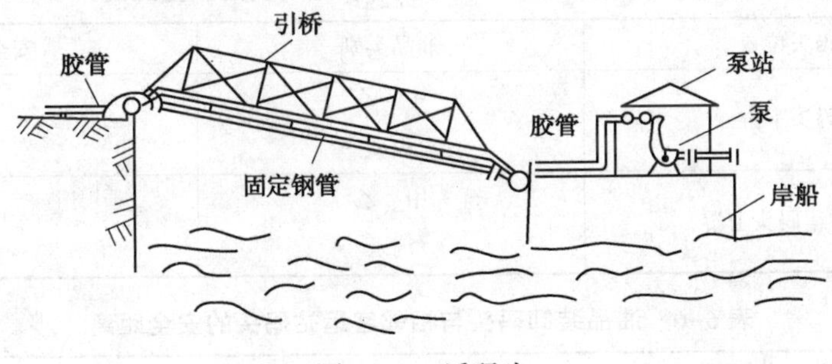

图6-24 浮码头

栈桥式码头(见图6-25)：由引桥(人行和敷设管道用)、工作平台(装卸油操作用)、靠船墩(靠船系船用)组成。近岸码头停泊油轮吨位不大，随着油船的大型化，目前万吨以上的油轮多采用栈桥式固定码头，这种码头借助引桥将泊位引向深水处。

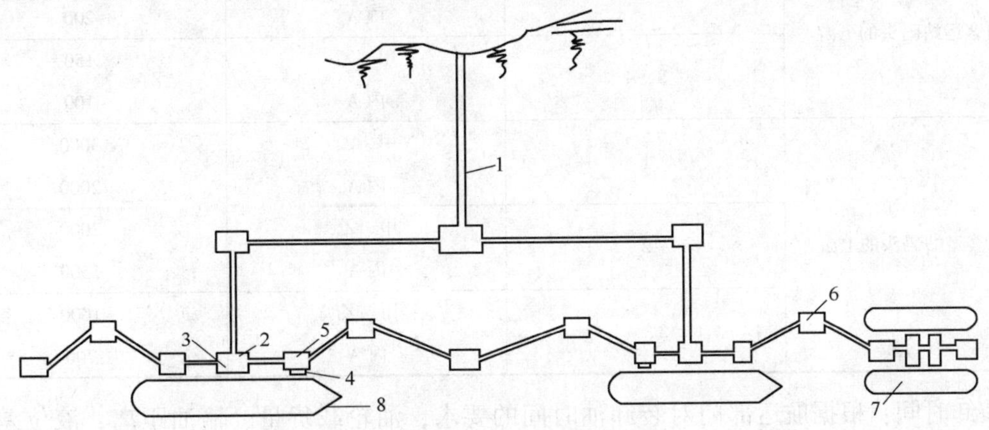

图6-25 栈桥式码头

1—栈桥；2—工作平台；3—卸油臂；4—护木；5—靠船墩；6—系船墩；7—工作船；8—油船

6.2.1.2 港口泊位及装卸时间

港口泊位：石油码头距普通货运码头和其他固定建筑物要有一定防火安全距离(见表6-3~表6-6)，称作港口泊位。

表6-3 油品装卸码头与公路桥梁、铁路桥梁等建筑物、构筑物的安全距离

油品装卸码头位置	油品类别	安全距离/m
公路桥梁、铁路桥梁的下游	甲、乙	150
	丙A	100
公路桥梁、铁路桥梁的上游	甲、乙	300
	丙A	200
内河大型船队锚地、固定停泊所、城市取水口上游	甲、乙、丙A	1000

表6-4 油品装卸码头之间或码头相邻两泊位的船舶安全距离

船长	<110	110~150	151~182	183~235	236~279
安全距离/m	25	35	40	50	55

表6-5 油品相邻码头与相邻货运码头的安全距离

油品装卸码头位置	油品类别	安全距离/m
内河货运码头下游	甲、乙	75
	丙A	50
沿海、内河货运码头上游	甲、乙	150
	丙A	100

表6-6 油品装卸码头与相邻客运站码头的安全距离

油品装卸码头位置	客运站级别	油品类别	安全距离/m
沿海	1~4	甲、乙	300
		丙A	200
内河客运站码头的下游	1、2	甲、乙	300
		丙A	200
	3、4	甲、乙	150
		丙A	100
内河客运站码头的上游	1	甲、乙	3000
		丙A	2000
	2	甲、乙	2000
		丙A	1500
	3、4	甲、乙	1000
		丙A	700

装卸时间：根据航运部门对装卸油时间的要求，油轮载货量、输油距离、液位差等数据，合理选择卸泵流量、扬程以及输油管道的管径，管道安全流速不大于4.5m/s，并且码头装船系统与装船泵房间有可靠的通信网络或设置启停连锁装置。

6.2.1.3 码头输油臂布置

在主平台设计时，大部分设计都是将输油臂布置在中心位置，按照大部分船舶都是顺靠船头驶入港池方向的，为了增大码头的适应能力，可以将输油臂尽可能设计在主平台的右侧，这样在靠船时，通过船方集管的位置考虑，船体可以尽可能向后移动，从而弥补船后部PBL长度不足的问题。

6.2.1.4 系船浮筒卸油系统

此系统可临时在岸滩边展开，卸油时油船系泊在远离岸边的油船多点系泊设备上，通过海上漂浮软管，把油船上的油料卸至岸上（见图6-26~图6-28）。

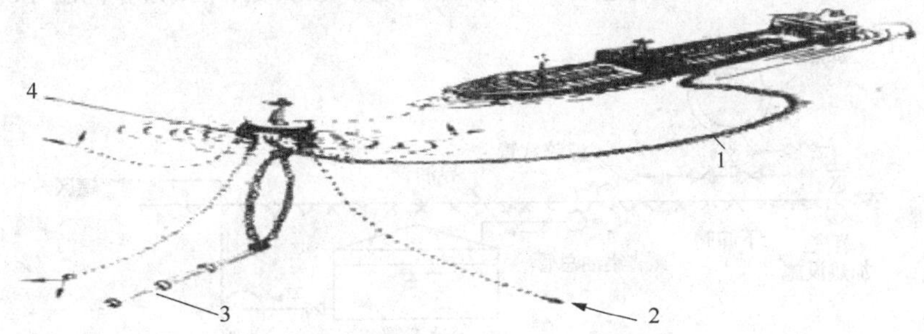

图6-26 浮筒式单点系泊设施

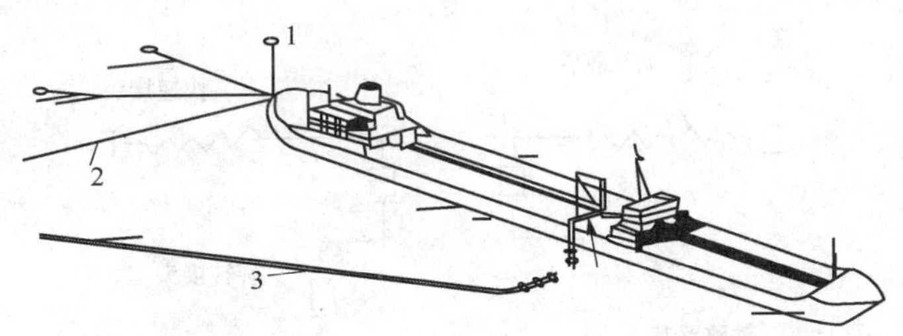

图6-27 多点系泊设施

1—系泊浮筒；2—系缆绳；3—海底油管

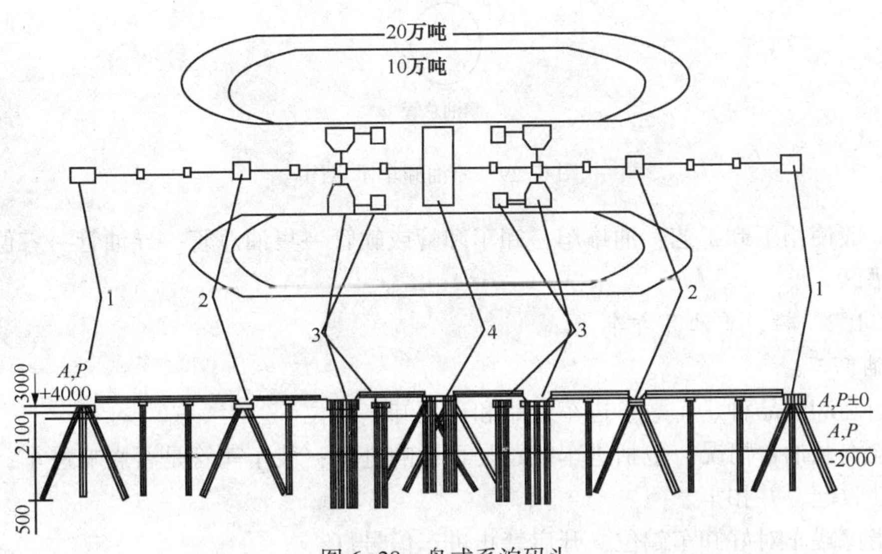

图6-28 岛式系泊码头

1—外侧系泊桩台；2—内侧系泊桩台；3—靠船桩台；4—工作平台

6.2.2 油品陆运装卸

油品陆运装卸主要包括铁路装卸和汽车装车，主要包括输油系统、真空系统、放空系统。

6.2.2.1 油品卸车

油品卸车主要分为未经加工的原油卸车和经过加工的轻重油卸车。

6.2.2.1.1 原油卸车

结构主要包括卸油站台、集油总管、导油管、地下罐及输油泵房等(见图6-29)。

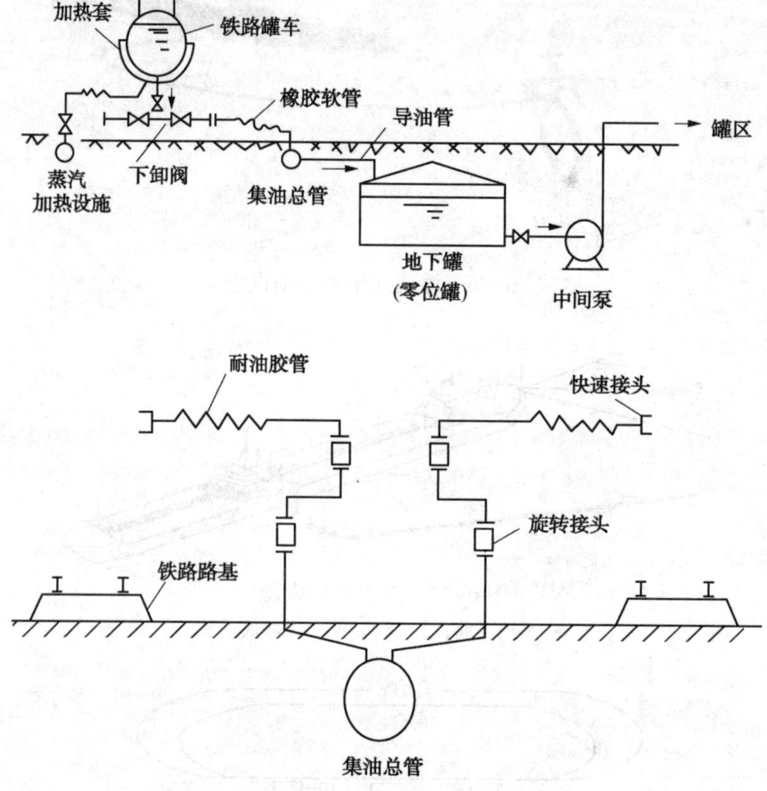

图6-29 原油卸车示意图

现在一般使用下卸工艺：油罐车→卸车卸管或软管→集油总管→导油管→零位罐→转油泵→原油罐区。

6.2.2.1.2 轻、重油品卸车

1. 轻油卸车

(1) 明确卸油品种、车数、进车线路和计划卸车鹤位。

(2) 检查装油台情况。包括进车线路是否影响进车；装车鹤管是否影响进车；装车台渡梯是否全部收起，并扣牢。

(3) 指挥罐车对好卸车鹤位，开启禁止进车信号灯。

(4) 抄好进站罐车的车号；核对货运号、车号、车数。

(5) 放下栈桥渡梯，检查铅封完好情况。

(6) 检查油品有无被盗迹象。

(7) 确认能否开始卸油。

(8) 打开车盖，接好静电接地装置，接好卸油臂(卸油管)。

(9) 改好卸油流程上的相关阀门。

(10) 灌泵：卸油员用潜油泵吸油将油液充满管道泵即可，启动离心泵卸油：管道泵内充满油液后，启动离心泵，观察压力表、真空表、示值达到规定要求，缓缓打开管道泵前出口阀门。注意填料函处和电机温度，过高立即停泵检查。

(11) 开始卸油：检查车内油下降情况。

(12) 扫舱作业：卸油员将清槽软管插入槽车底部，打开扫舱阀门通知司泵员。司泵员打开卸槽泵出口阀门，启动卸槽泵，缓慢打开滑片泵进口阀门，开始扫舱，卸油员观察卸油流量减少适当关小扫舱阀门开度。扫舱可以在作业过程中进行或最后集中进行。

2. 重油卸车

(1) 接卸来油时，先加热油罐车内油品。

(2) 严寒时节，除了加热还需进入暖库，检查库内铁路线是否畅通。

(3) 装卸油和加热作业时注意检查准备阶段和实施阶段阀门具体情况，保证作业顺利完成。

(4) 加热实施阶段注意检查漏气、漏水情况，严防蒸汽和水进入油品中。

(5) 加热作业后，应排放干净系统中的水，特别是严寒地区，避免将加热工艺设置或管路冻坏。

6.2.2.2 油品装车

6.2.2.2.1 鹤管分类和结构介绍

1. 汽车罐车发油鹤管

(1) 用途。适用于各类石油库发放各类燃料油，也可用于化工及其他行业收、发各类液体原料的灌装作业。

(2) 结构简图见图6-30。

(3) 使用与保养：

① 牵引鹤管时，应用力均匀，避免撞击；

② 作业完毕后，须将鹤管推至发油台一侧，并将鹤管升降臂推至60°位置，使平衡器处于放松状态；

③ 用户应建立健全维修保养制度，经常检查鹤管的工作情况，做好维护保养工作。

2. 汽车罐车装车鹤管

(1) 用途。适用于各类石油库发放各类燃料油、重油、沥青(加热装置)，也可用于化工及其他行业收、发各类液体原料的灌装作业，是油品的防溢装车、减少环境污染的理想装备。

(2) 结构简图见图6-31。

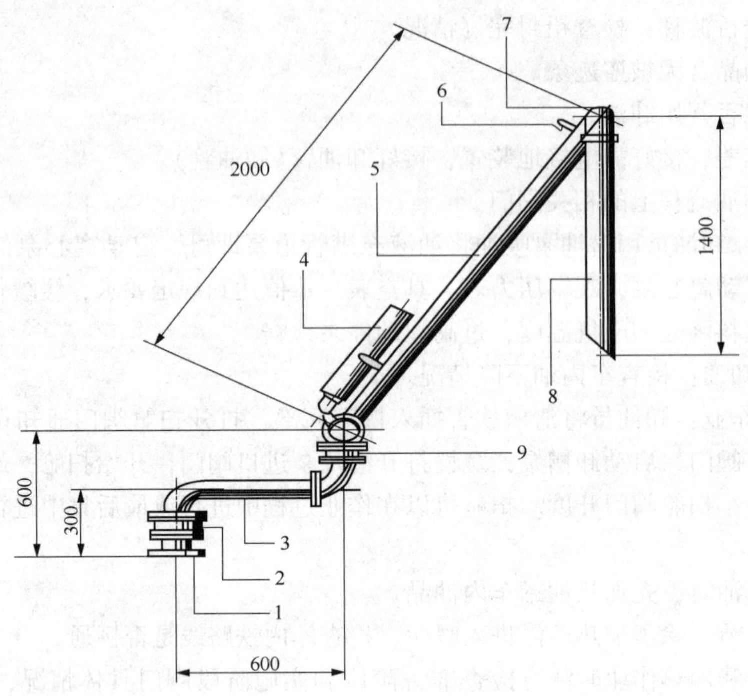

图 6-30　汽车罐车发油鹤管

1—接口法兰；2—基础回转器；3—水平短管；4—平衡器；5—升降臂；6—放空阀；7—头部回转器；8—垂直插入管；9—水平回转器

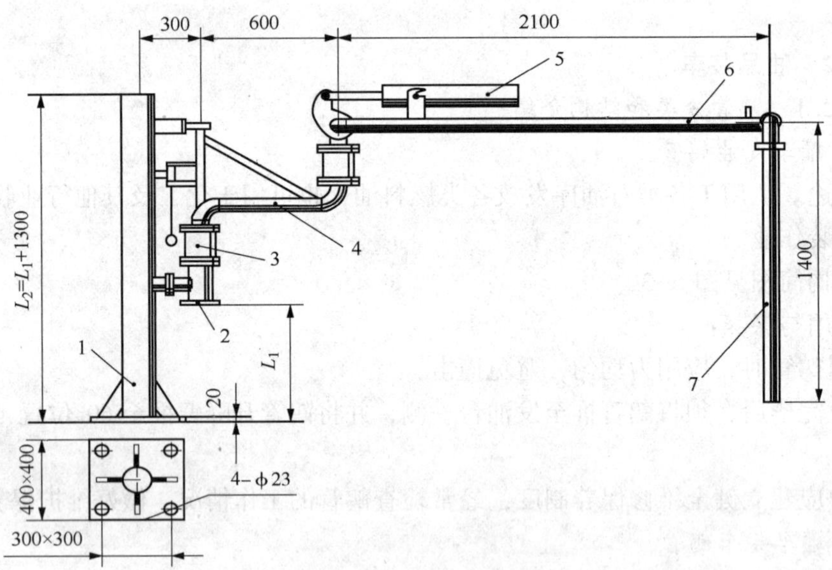

图 6-31 汽车罐车装车鹤管

1—立柱；2—接口法兰；3—回转器；4—水平短管；5—平衡器；6—升降管；7—插入铝管

3. 汽车下装鹤管

(1) 用途。该软管在油罐车或车间工厂设备中输送汽油和其他芳香类物质含量不高于50%的石油产品，可在压力、重力引流下，或全吸式引力作用下工作。

（2）结构简图见图 6-32。

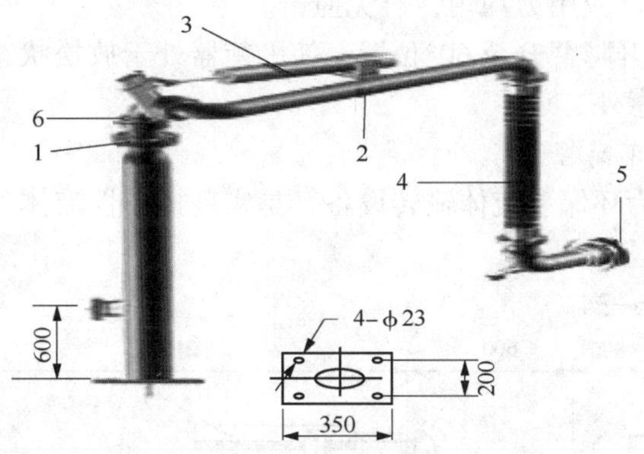

图 6-32 汽车下装鹤管

1—回转器接头；2—水平臂；3—平衡机构；4—垂臂；5—干式分离阀（母端）；6—接口法兰

4. 汽车罐车密闭装车鹤管

（1）用途。本产品为环保型流体输转设备，是实现挥发性液体、油品的密闭装车，减少环境污染的理想装备。

（2）结构简图见图 6-33。

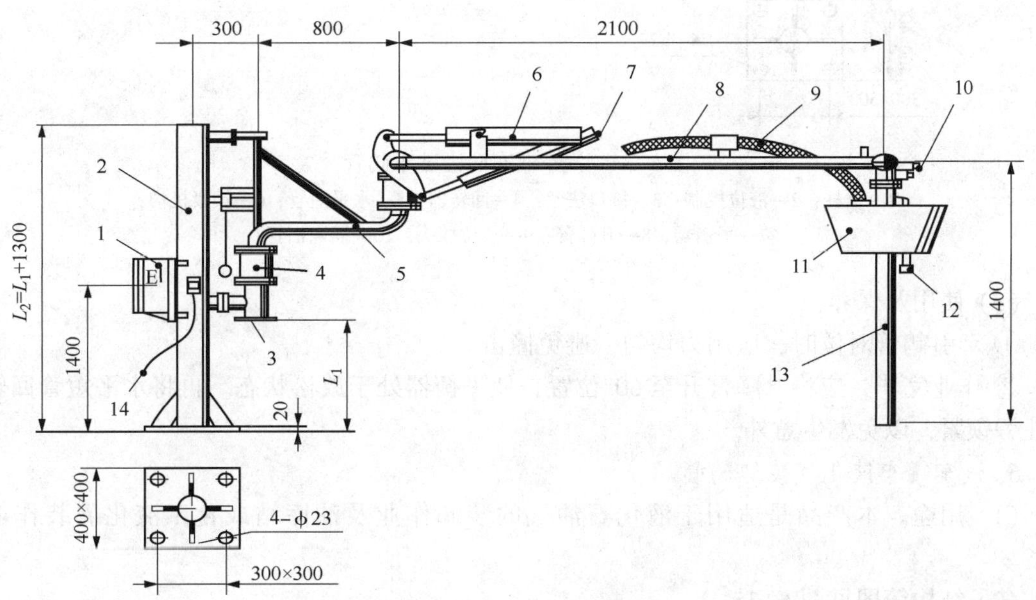

图 6-33 汽车罐车密闭装车鹤管

1—液位控制箱；2—立柱；3—接口法兰；4—回转器；5—水平短管；6—平衡器；7—气缸；8—升降臂；9—液相管；10—气缸操纵阀；11—密闭盖；12—液位探头；13—插入铝管；14—带 G1/2" 内螺纹的气源总阀（用户设备）

注：（1）有两种方案供选用①德式回转器；②轴承式回转器。

（2）气相管、液相管均采用钢管形式。

(3) 使用与保养：

① 牵引鹤管对位时，应用力均匀，避免撞击。

② 作业完毕，应将升降臂升至60°位置，使平衡器处于放松状态。再将水平短管回转至立柱旁锁紧，以免发生意外。

5. 汽车罐车防溢装车鹤管

(1) 用途。本产品为环保型流体输转设备，是实现挥发性液体、油品的防溢出装车，减少环境污染的理想装备。

(2) 结构简图见图6-34。

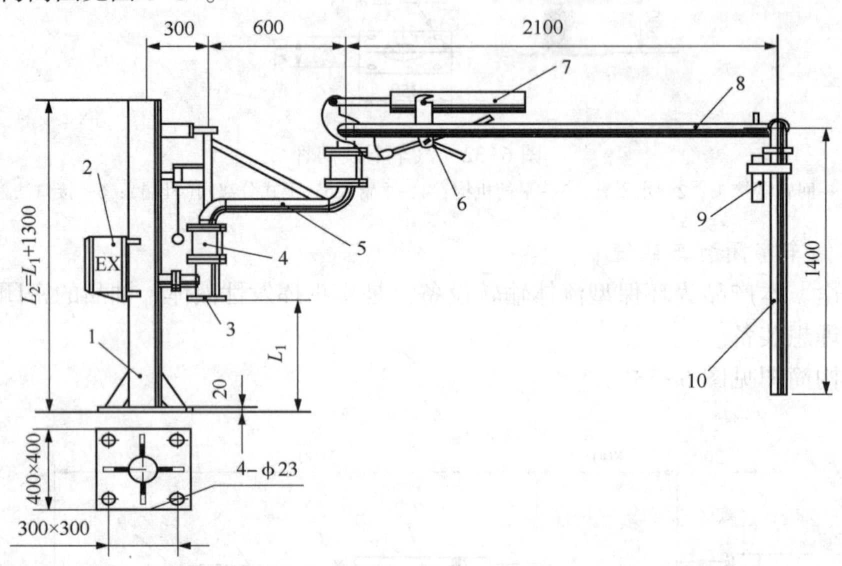

图6-34 汽车罐车防溢装车鹤管

1—立柱；2—液位控制；3—接口法兰；4—回转器；5—水平短管；6—锁紧机构；7—平衡器；8—升降臂；9—液位探头；10—插入铝管

(3) 使用及保养：

① 牵引鹤管对位时，应用力均匀，避免撞击。

② 作业完毕，应将升降臂升至60°位置，使平衡器处于放松状态。再将水平短管回转至立柱旁锁紧，以免发生意外。

6. 汽车罐车液化气装卸鹤管

(1) 用途。本产品是适用于液化石油气的装卸作业及油库站或化工液化灌装作业的设备。

(2) 结构简图见图6-35。

7. 汽车罐车黏液装车鹤管

(1) 用途：适用于汽车罐车顶装部份燃料油、润滑油、原油、重油等黏度大的油料，亦可用于化工及其化工行业收发高黏度液体原料。

(2) 结构简图见图6-36。

(3) 使用及保养：

① 牵引鹤管对位时，应用力均匀，避免撞击。

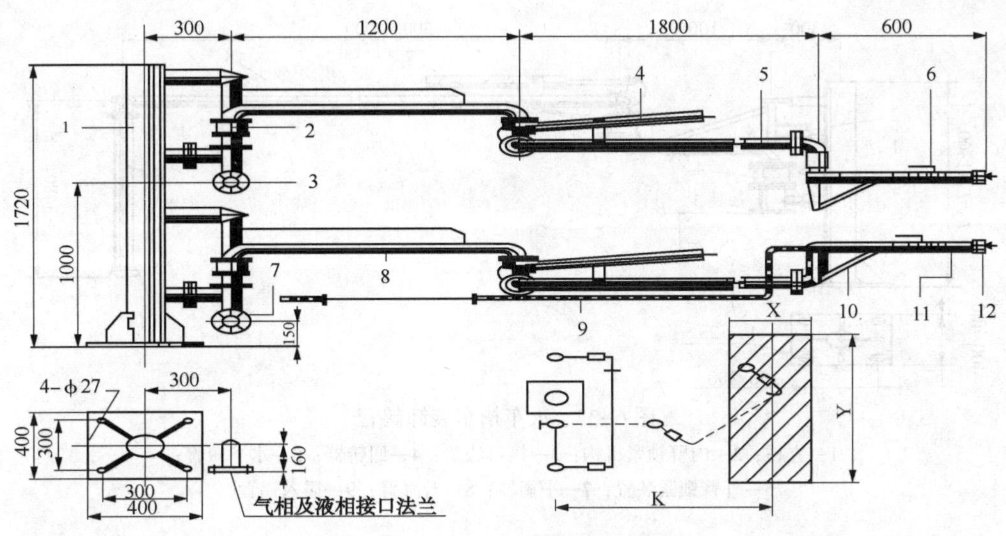

图6-35 汽车罐车防溢装车鹤管

1—立柱；2—液相接口法兰；3—回转器；4—内臂；5—内臂锁紧装置；

6—气相接口法兰；7—外臂；8—平衡器；9—球阀；10—备用接头；11—垂管；12—快速接头

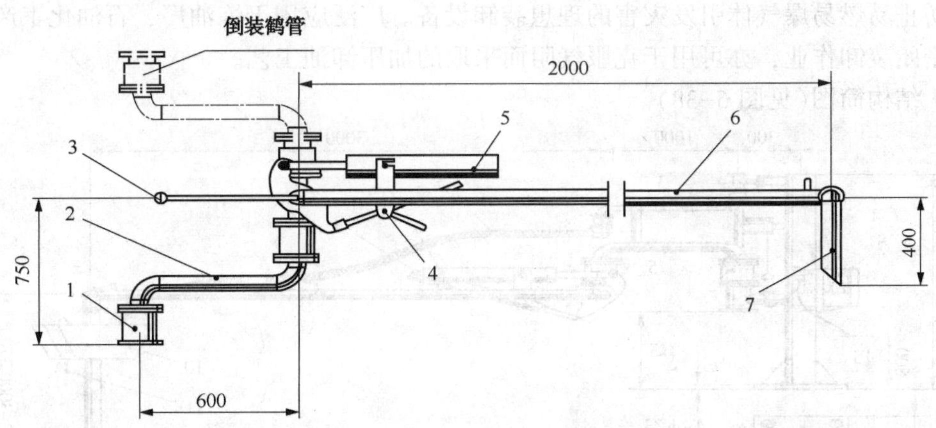

图6-36 汽车罐车黏液装车鹤管

1—回转器；2—水平短管；3—操纵杆；4—锁紧机构；5—平衡器；6—升降管；7—插入铝管

② 作业完毕，应将升降臂升至60°位置，使平衡器处于放松状态。再将水平短管回转至立柱旁锁紧，以免发生意外。

8. 火车槽车装卸鹤管

（1）用途。适用于火车上装、卸各类燃料油、润滑油、食用油、原油、重油等油料，亦可用于化工及其他行业收发各类液体原料。

（2）结构简图见图6-37。

（3）使用及保养：

① 牵引鹤管对位时，应用力均匀，避免撞击。

② 作业完毕，应将锥帽坚固，将升降臂升至60°位置后固定，使平衡器处于放松状态。再将水平短管回转至立柱旁锁紧，以免发生意外。

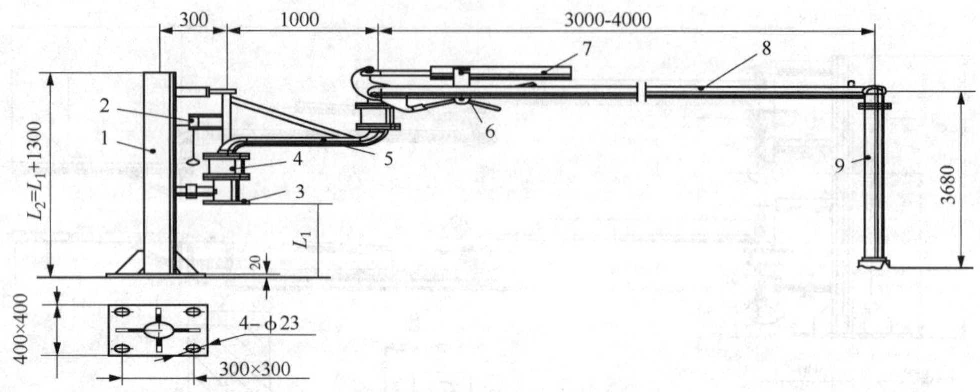

图 6-37　火车槽车装卸鹤管

1—立柱；2—内臂锁紧机构；3—接口法兰；4—回转器；5—水平短管；6—外臂锁紧装置；7—平衡器；8—升降臂；9—插入铝管

9. 火车密闭装车鹤管

(1) 用途。本产品是一种先进的安全环保型液体装卸鹤管，是实现挥发性液体(如轻质油品及其他化工液体密闭装卸槽车，减少环境污染，降低有害气体对员工的伤害，回收有用资源，防止易燃易爆气体引发灾害的理想装卸设备。广泛应用于炼油厂、石油化工产品，火车槽车密闭装卸作业，亦可用于克服气阻而采取的加压卸油工艺。

(2) 结构简图(见图 6-38)。

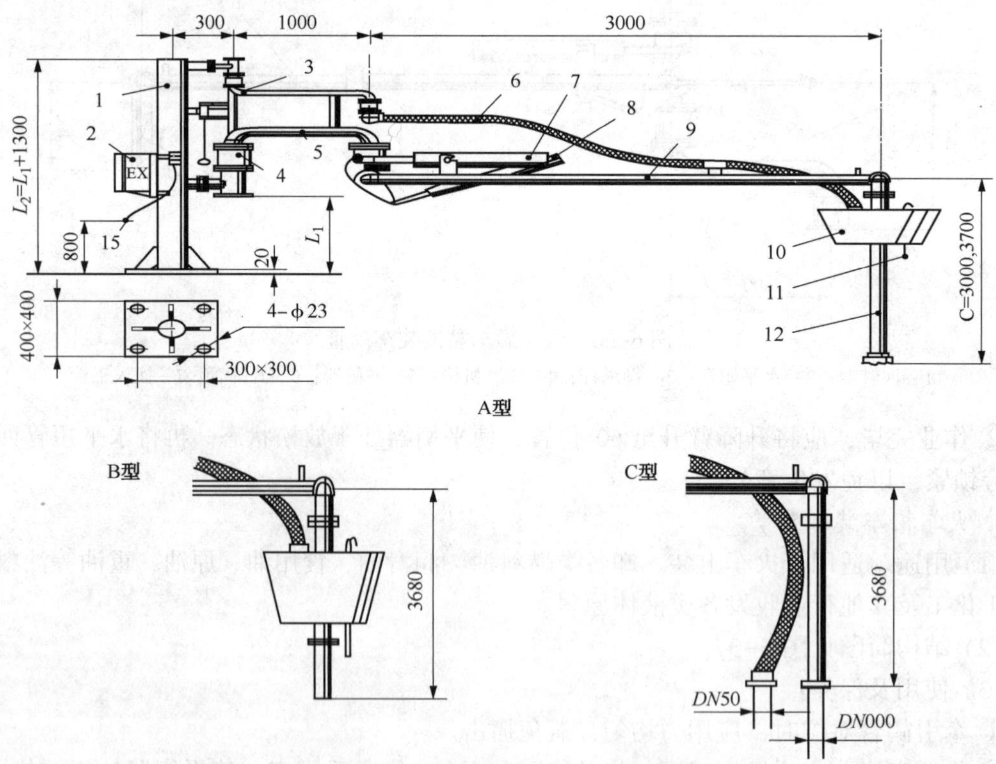

图 6-38　火车密闭装车鹤管

1—立柱；2—液位控制箱；3—内臂锁紧机构；4—回转器；5—内臂；6—气相管；7—平衡器；8—气缸；9—液相管；10—密闭盖；11—液位探头；12—插入铝管

(3) 使用及保养:

① 牵引鹤管对位时，应用力均匀，避免撞击。

② 作业完毕后，应将锥帽紧固。将鹤管推回栈桥或管线旁固定。以避免发生意外，并将升降臂升至约60°位置，使平衡器处于放松状态。

10. 火车液动潜油泵装卸鹤管

(1) 用途。由于易燃易爆液体的挥发性极强，卸槽作业时管路内易产生气阻，特别是夏季更为严重，带来了下槽时间长、效率低、油气损耗大、不安全等诸因素。HYBH100型液动卸槽潜油泵，该泵可输送黏度小于$14mm^2/s$(14cst)的无腐蚀性液体，卸槽性能不受气温及气压的影响，能彻底解决高气温、低气压地区卸槽时产生的气阻，符合国家石油库安全规范。

(2) 结构简图见图6-39。

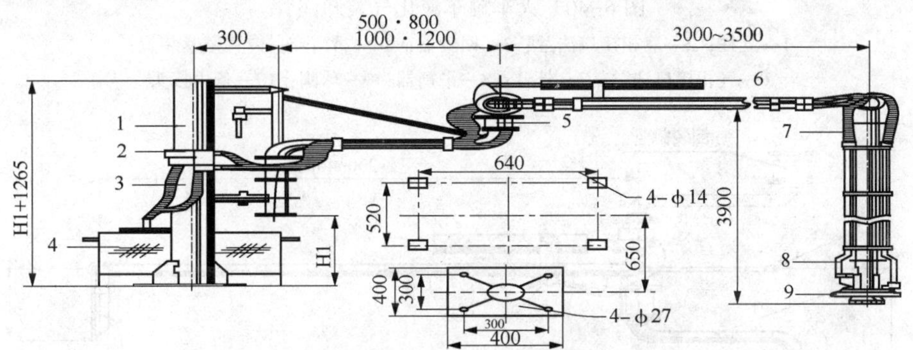

图6-39 火车液动潜油泵装卸鹤管

1—立柱；2—液动控制阀；3—高压软管；4—液压站；5—回转器；
6—平衡器；7—液压软管；8—液压硬管；9—液动潜油泵

(3) 操作方法:

① 将装有卸槽泵的鹤管放入油槽车。

② 启动液压站电动机，开始卸槽作业。

③ 当油品快卸完时，把卸槽泵进口对准槽车底部的油窝内，进行扫舱作业。

④ 扫舱结束后，提起鹤管，关闭液压站电动机。

11. 火车罐车液化气装卸鹤管

(1) 用途。本产品适用于液化石油气的装卸作业及油库站或化工液化灌装作业的设备。

(2) 结构简图见图6-40。

12. 火车槽车黏液装卸鹤管

(1) 用途。适用于火车槽车顶装各类燃料、润滑、原油、重油等黏度大的油料，亦可用于化工及其他行业收发高黏度液体原料。

(2) 结构简图见图6-41。

(3) 使用及保养:

① 鹤管对位时，应用力均匀，避免撞击。

② 作业完毕，应将升降臂升至60°位置，使平衡器处于放松状态。再将水平短管回转至立柱旁锁紧，以免发生意外。

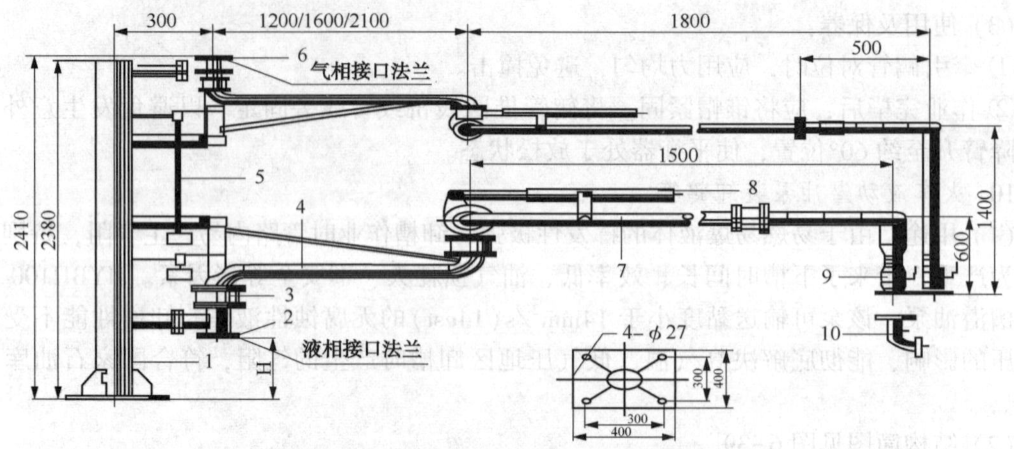

图 6-40　火车罐车液化气装卸鹤管

1—立柱；2—液相接口法兰；3—回转器；4—内臂；5—内臂锁紧装置；6—气相接口法兰；7—外臂；8—平衡器；9—球阀；10—备用接头

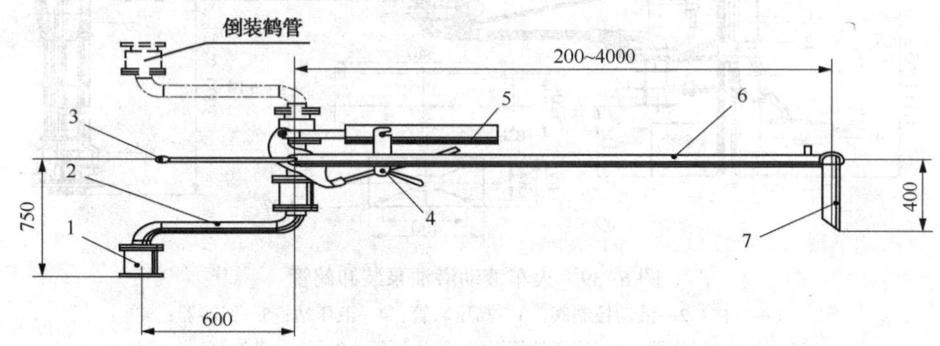

图 6-41　火车罐车液化气装卸鹤管

1—回转器；2—水平短臂；3—操纵杆；4—锁紧机构；5—平衡器；6—升降臂；7—插入铝管

13. 火车底卸鹤管

（1）用途。适合于原油、重油等需蒸气扫线的黏性液体的火车槽车底装卸，也可用于轻质液体的底部装卸。

（2）结构简图见图 6-42。

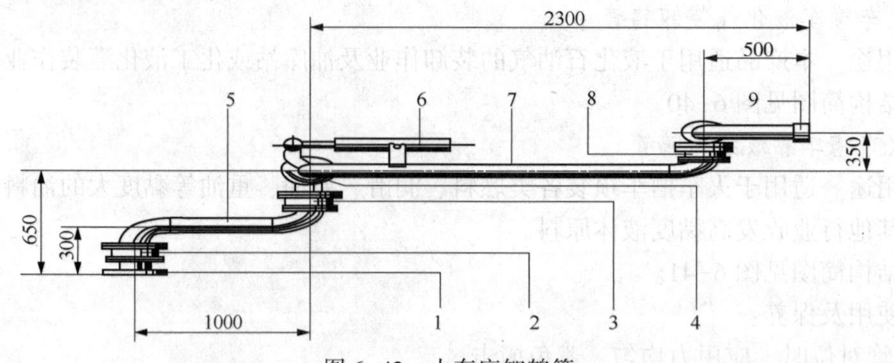

图 6-42　火车底卸鹤管

1—接口法兰；2—基础回转器；3—水平回转器；4—摆动回转器；5—水平管；6—平衡器；7—升降臂；8—头部回转器；9—接头

14. 大鹤管

（1）大鹤管种类见表6-7。

表6-7 WD-200系列外液压装油大鹤管种类

型号＼项目		适用范围	鹤管装置			牵引装置			总质量/kg
			鹤管直径/mm	鹤管水平对位行程/mm	鹤管升降行程/mm	最大牵引力/kg	最大行程/m	工作行程/m	
WD-200系列外液压装油大鹤管	WD-200A密闭浸没式（伸缩套式）	航空汽油、喷气燃料、汽油、煤油、柴油	200	1500	4270	16000	19.5	15	11125
	WD-200B密闭浸没式（延伸机构套式）	航空汽油、喷气燃料、汽油、煤油、柴油	200	2000	4270	16000	19.5	15	10040
	WD-200C	重油	200	1500	2700	16000	19.5	15	9265

（2）用途。WD-200型密闭浸没式外液压大鹤管是炼油厂（或油库）油品铁路装车的专用机械设备之一，用于炼油厂和装油站槽车装油系统中，使装油站台缩短，减少管架所占面积及许多附属设施，使操作集中，实现油品装车自动化，大大地改善了工人的工作条件，便于维修与管理。采用本型号大鹤管，可密闭浸没式装油，液面平稳上升，自动控制阀门，油流与槽车底及空气的摩擦较小，从根本上解决了槽车敞口时的大量油气以及环境污染，静电点位高等突出矛盾。

（3）主要结构与工作流程：

① 主要结构：大鹤管主要由液压鹤管装置、牵引装置和控制系统三大部分组成，鹤管装置是工作的关键装置之一，它由升降机构、伸缩套、液压站和行走小车及接油斗机构组成，升降机构主要是将输油升降管压入槽车底部装油，并通过液压驱动提起升降管使槽车通过。牵引装置主要是由传动装置、小爬车、链传动、张紧装置、托辊组成，具作用是牵引槽车前后移动，实现槽车口向槽车粗对位。控制系统由气路系统和液压油路系统三部分构成，其相互关系是气路保证电路、电路控制液压油路、液压油路推动整机运行。

② 工作流程：油品装车流程见图6-43，准备装车前，首先将阀3打开，牵引设备将油槽车牵引到位（进入大鹤管的水平对位范围以内），随后进行大鹤管精确对位，当升降管降到最低位置时，密闭盖已压紧槽车口，此时阀2打开，油流经限流线、伸缩套至升降管，进行小流量装车，等油品液面淹没升降管出油口，阀1打开，油流经主流线及限流线的并联管路、伸缩套至升降管，进行大流量装车，当质量流量计计量到初始值时，切断主流线，以小流量装车，待计量到最终值时，限流线也被切断，最后由质量流量计示出灌装油品的质量，完成一次装车。

（4）维护和保养。在运行过程中，必须注意维护和保养，以保证大鹤管的正常运行。①检查各装置的润滑密封，螺栓紧固情况。②升降机构上用于密封的O形密封圈、橡胶垫因损伤或老化造成泄漏，要及时予以更换。③三通、伸缩套中的组合填料密封松紧要适宜，既要保证压紧密封，又要轻便灵活。④调节溢流阀时，有时会引起油路共振，是由于液压阀内油的脉动频率与泵内油的脉动频率一致而引起的。发生此现象时，迅速旋转溢流阀旋钮，使

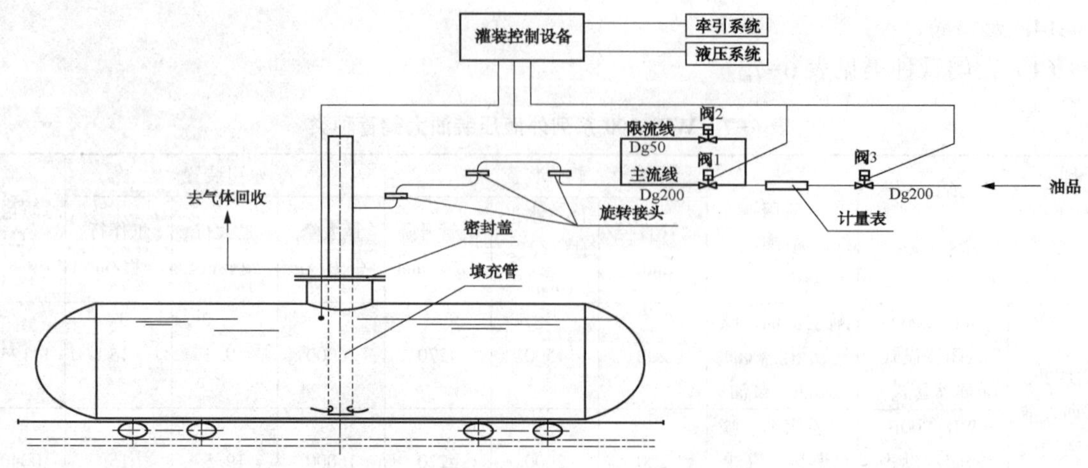

图 6-43　大鹤管油品装车流程图

其避开共振点即可。⑤定期检查更换液压油保持液压油的清洁。液压油的清洁情况应经常加以注意和检查。一般情况下，新投设备运行三个月更换液压油，以后每年更换一次。⑥油箱中的液压油应经常保持正常油面。最初放入足够数量的油，在启动之后，由于油进入了管道和油缸，油面会下降，需在补一次油。⑦控制适当的油温。冬季使用液压系统时，应注意油温对泵及阀工作性能的影响，正式投入工作前要先开开停停，往复几次使油温上升，当油温达到液压油要求后，方可投入正常运行。

6.2.2.2.2　小鹤管装车

1. 小鹤管(*DN*100)流速

宜取小于 4.4m/s。

2. 小鹤管装车操作规程

(1) 检查设备：接调度进车通知后，岗位人员要认真检查铁路上有无障碍物，梯子、鹤管、阀门等设施是否复位，检查风压是否达到规定值(风压小于 0.4MPa 禁止装车)，作好岗位分工及接车准备。

(2) 精确对位：进车时前后信号联系要及时准确，辅助牵引设备将油槽车牵引到位(鹤管水平对位范围以内)。机车摘钩离台一个车位后方可上车。

(3) 联系罐区并复核油品种类、罐号等，按罐区指令开装车总阀。

(4) 核对车号，检查车底刷洗清洁程度，确认可装车辆，填写质量台帐。

(5) 将防静电卡子与车体连接(不允许卡在车盖上装车过程中，禁止取下静电接地线)，然后轻掀轻放车盖，在车口垫上封车螺栓(避免车盖弹回伤手)。

(6) 打开锁位栓，松动划杆锁位，推动鹤管接近车体。上车后，将鹤管放到位，锁紧划杆，固定鹤位(为防止鹤管下滑，不得关闭总气源)。每次装车不少于四台，特殊情况经请示车间领导，在保证安全的情况下装车数可低于四台。

(7) 打开装车阀，开始装油。初装流速不大于 1m/s，当车内油面浸没鹤管出口后提速装车，流速不大于 4.5m/s。装车时，操作人员站在上风处。

(8) 装车中及时上车检查，仪表失灵时，及时使用手动阀，切断油源，然后提起。

(9) 鹤管根据油位情况确定是否补量。发现异常情况及时采取措施。

(10) 装车完毕后，关闭装车阀，打开放空阀、回油阀，回净鹤管残油。

(11) 松动划杆锁位，将鹤管复位关闭放空阀、回油阀，锁紧鹤管。

(12) 检尺后封车，密封盖不正时，禁止用手推拉大盖，可使用微调链条调整。打好铅封，取下静电卡子，收回梯子。

(13) 确认全部装车完毕后，班长通知调度，清扫卫生，填写记录。

6.2.2.2.3 大鹤管装车

1. 大鹤管(*DN*200)流速

宜取小于3.9m/s。

2. 大鹤管操作方法

(1) 装车准备：未接到油品罐区装车指令，一律不允许开阀装车。接调度进车通知后，通知油台岗位人员装油品种及装车数量，并做好接车准备。

(2) 打开监视器，单击微机主画面的系统解锁按钮，将画面解锁。

(3) 检查鹤管、油斗的限位状态是否正常。鹤管应处于上限位，不在上限位时，要启动液压泵点鹤管上升按钮把鹤管提到上限位位置；接油斗应处于下限位的状态。大小阀回讯，要处于关闭状态，风压不低于0.4MPa。

(4) 冬季提前启动液压泵预热。

(5) 确认具备装车条件后，联系罐区开阀并复核油品种类、罐号等。

(6) 装车操作。

(7) 确认程序处于自动装车状态(即自动按钮呈灰体显示)，爬车放置于待装槽车的后轮处。

(8) 待油台岗位人员准备就绪，爬车移动前，要观察监视器的全景画面，确认梯子收回、罐车上无人，然后启动小爬车，进行粗对位后，将小爬车重新放置于待装槽车后轮处。

(9) 根据罐车车口位置点击鹤管左右移动键完成精对位。

(10) 提起接油斗，进行鹤管下降操作，在操作画面的鹤管、爬车、液压泵、装车控制等按钮中，鹤管的左移、右移、下降按钮是点动设置，即一直按下鼠标，动作进行，松开鼠标动作停止。其他按钮为联动设置，即按下鼠标，立即松开后，动作进行。同时观察监视屏幕，鹤管下降时，如发现精对位不准确，立即松开鼠标，鹤管即停止下降，可上升鹤管，收回接油斗重新对位。

(11) 鹤管到达下限位后，根据车型设定装车参数，然后进行装车操作。

(12) 系统按照程序控制开始自动开阀装车，阀门打开后阀的颜色由红色变为绿色，表示阀已打开。这时操作员要时刻注意屏幕上的各种文字、图形、颜色提示，以了解装车情况，当报警铃响时，按下操作台上的消音按钮并查找故障。装车操作中要及时切换监视器画面，确保操作准确、安全。当出现紧急情况时，按下操作室的急停按钮，停止一切动作，然后顺时针旋动按钮使其复位，再进行故障处理。当装车到定量出现操作系统装车阀显示关闭而流量计仍在跑量情况时，操作人员应立即通知油台，装车人员迅速切断油台紧急切断阀，以防冒车。

(13) 装车完毕，提起鹤管、收回接油斗装车时，如接油斗回迅消失，当装车完毕，按鹤管上升按钮，到位后，按接油斗放下按钮即可。

(14) 一批车全部装完后，通知罐区关阀，将爬车退到最后一节罐车后轮处，并锁定推进轮，鹤管移动至中心位置。

(15) 关闭液压泵，单击系统锁定按钮，将画面锁定。

6.2.2.2.4 汽车装车

1. 汽车装车结构

汽车装车结构见图 6-44。

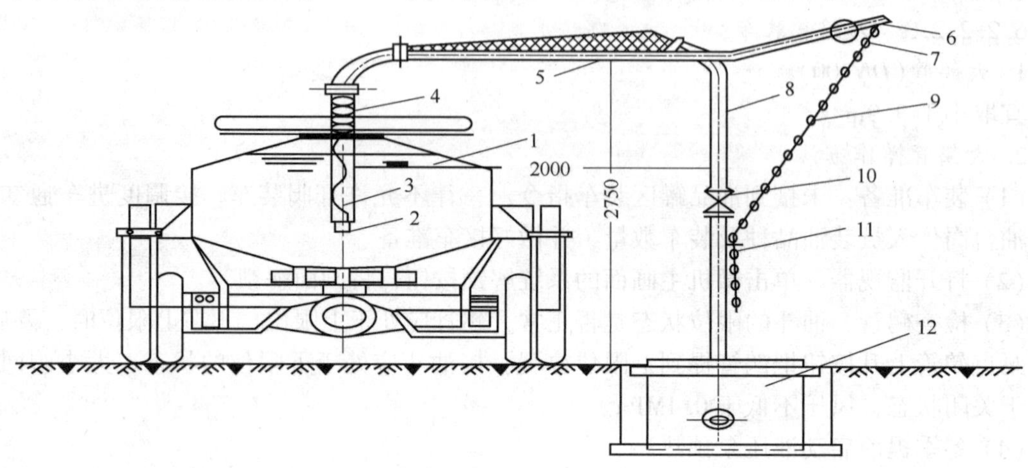

图 6-44 汽车装车结构图

1—油罐车；2—内垂管；3—伸缩弹簧；4—外垂管；5—液相软管；6—杠杆；7—平衡锤；8—液相支撑弯管；9—拉链；10—阀门；11—固定锁紧扣；12—基座

2. 汽车装车操作程序

(1) 汽车罐车入库检查(证件、防火罩、静电端子、灭火器、着装、通讯工具等是否符合规定)。

(2) 装车前的核对。票据字迹清楚、数量准确、印章清晰；核对提货单上的油品规格、数量；核对提油容器是否足够；输入密码，检验车号、票号、吨数；填写发货登记。严禁无票或过期票付油，对不合格票据或假票要及时汇报。

(3) 装车前准备。车停稳后，检查罐车是否合格；接好静电接地保证接触良好；打开装车鹤管排气阀，放下鹤管插入距罐车底部不大于 200mm，非内置溢油探头要放在罐口规定高度。关闭排气阀，打开装车闸阀，包括回流阀、密闭装车系统中的排空阀或油气回收装置中的阀门等。

(4) 发油：

① 手动发油泵房开泵或按发油台防爆启动按钮；缓慢打开球阀装车；发油流速控制：发油初速不超过 1m/s，最高流速不超过 4.5m/s，即将结束时缓慢关闭球阀。

② 自动发油：自动系统可直接启动按钮。

(5) 监控。检查鹤管、阀门、管线、连接等是否泄漏；检查车体及底阀是否泄漏；检查管线压力是否正常；检查罐车的装料量；按额定装量和提货量控制充装量；检查作业现场安全；出现异常情况及时处理。

(6) 收尾工作。关阀停泵或联系泵房停泵；打开排气阀，缓慢抽取鹤管。封号罐车口盖，静置 2min 后，撤除静电线，收整设备；检查设备有无泄漏、罐车、地面有无余油。量油高复核油品数量、打铅封填写数质量交接单，与司机双方确认，验收签字；通知司机将罐车驶出；做好装车记录。

6.2.2.2.5　油气回收装置

油气回收装置是指在油品(特别是汽油等轻质油品)储存或装卸过程中，将挥发出来的油气收集起来，通过吸收、吸附或冷凝等工艺进行回收，以减少环境污染，降低蒸发损失的设施。

油气回收是节能环保型的高新技术，主要有吸附法、吸收法、膜分离法和冷凝法等工艺方法。

1. 吸附法

利用活性炭、硅胶或活性纤维等吸附剂对汽油/空气混合气的吸附力的大小，实现油气和空气的分离。油气通过活性炭等吸附剂，油气组分吸附在吸附剂表面，然后再进行过减压脱附或蒸汽脱附，富集的油气用真空泵抽吸到油罐或用其他方法液化；而活性炭等吸附剂对空气的吸附力非常小，未被吸附的尾气经排气管排放(见图 6-45)。

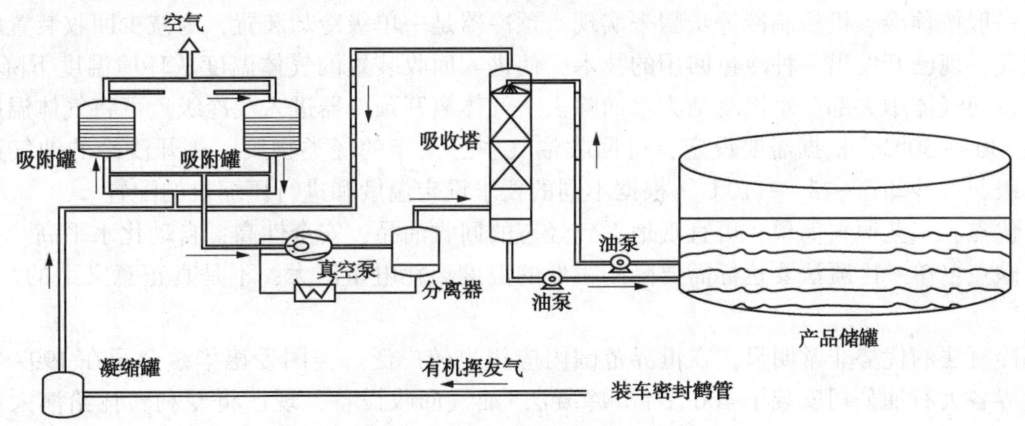

图 6-45　吸附法油气回收工艺示意流程图

优点：吸附法可以达到较高的处理效率。

缺点：三苯易使活性炭失活，活性炭失活后存在二次污染问题；国产活性炭吸附力一般只有 7%左右，而且寿命不长，一般 2 年左右要换一次，换一次活性炭成本很高。

日本国东京都条例规定，油气浓度≥1%(体积分数)，禁止使用可燃性活性炭吸附剂，日本国内禁止使用膜分离法和活性炭吸附法油气回收技术。

目前国内已建的 6 套活性炭吸附油气回收装置，其中 5 套为进口的产品，除华北某炼油厂铁路装车用的油气回收装置使用情况尚可外，有 3 套用于油库的装置因鹤管密闭和油气收集系统的问题，装置的实际运行效果未达到预期的效果。西北某炼油厂 1 套装置建立已 5 年多至今闲置。仅有的 1 套国产吸附装置投入使用时间长，由于经常换活性炭，一换就是好几吨，运行成本太大，目前也处于停运行状态。

2. 吸收法

根据混合油气中各组分在吸收剂中的溶解度的大小，来进行油气和空气的分离。通常用柴油等贫液作吸收剂。一般采用油气与从吸收塔顶淋喷的吸收剂进行逆流接触，吸收剂对烃类组分进行选择性吸收，未被吸收的气体经阻火器排放，吸收剂进入真空解吸罐解吸，富集油气再用油品吸收。

优点：工艺简单，投资成本低。

缺点：回收率太低，一般只能达到80%左右，无法达到现行国家标准；设备占地空间大；能耗高；吸收剂消耗较大，需不断补充；压力降太大，达到5kPa左右。

由于吸收法有着其致命的缺点，现在很少单独使用。欧美地区极少见到吸收法油气回收设备的应用。吸收法油气回收装置，国内建了3套，专用吸收剂方法2套，柴油吸收剂1套。从已经在用装置的运行效果来看，在几种油气回收技术中，吸收法的回收率是最低的。

3. 冷凝法

利用制冷技术将油气的热量置换出来，实现油气组分从气相到液相的直接转换。冷凝法是利用烃物质在不同温度下的蒸汽压差异，通过降温使油气中一些烃类蒸汽压达到过饱和状态，过饱和蒸汽冷凝成液态。回收油气的方法：一般采用多级连续冷却方法降低油气的温度，使之凝聚为液体回收，根据挥发气的成分、要求的回收率及最后排放到大气中的尾气中有机化合物浓度限值，来确定冷凝装置的最低温度。

一般按预冷、机械制冷等步骤来实现。预冷器是一单级冷却装置，为减少回收装置的运行能耗，现已开发出一种冷量回用的技术，使进入回收装置的气体温度从环境温度下降4℃左右，使气体中大部分水汽凝结为水而除去。气体离开预冷器进入浅冷级。可将气体温度冷却至-30~-50℃，根据需要设定，可回收油气中近一半的烃类物质。离开浅冷的油气进入深冷级，可冷却至-73~-110℃，根据不同的要求设定温度和进行压缩机的配置。

优点：工艺原料简单；可直观地看到烃态的回收油品；安全性高；自动化水平高。

缺点：单一冷凝法要达标需要降到很低的温度，耗电量巨大，不是真正意义上的“节能减排”。

冷凝法的优势非常明显，在世界范围内应用也较广泛。美国爱德华兹公司在1997年就在世界各大石油公司安装了400多台“冷凝法”油气回收设备，现已将专利转让给澳大利亚施冻威公司。我国1989年也引进了一台爱德华兹公司的“冷凝法”油气回收设备，安装在镇海炼油厂，该设备闲置还在运行。我国台湾24座油库全部采用“冷凝法”油气回收设备。

国内对冷凝法的研究也比较多，江苏工业学院的黄维秋、中国石化抚顺石油化工研究院的孙永琳对“冷凝法”也进行了深入的研究。国产化冷凝法装置的销售价格约为活性炭吸附法的二分之一。国产化300m^3/h的冷凝式油气回收装置也在广东黄埔油库安装投用，国产化处理能力为300m^3/h的加油站冷凝式油气回收设备已经在西安、银川、苏州等地的加油站安装示范，冷凝温度为-45℃的回收率80%左右，冷凝温度为-70℃的回收率大于90%。

现在，一般加油站的油气排放装置都采用“冷凝+吸附”比较成熟的方法。先将油气冷凝到-40℃左右，使大部分油气液化，剩余油气经冷凝的低温油气也有效地防治了活性炭吸附床容易产生高温热点的问题。同时避免了深冷能耗太大的问题。

江苏工业学院的产学研基地——江苏惠利特公司已经生产出成熟的400m^3/h处理量的“冷凝+吸附”式油气回收设备，并在中海油惠州炼油厂投入运行。

4. 直接燃烧法

这种方法是将储运过程中产生的含烃气体直接氧化燃烧，燃烧产生的二氧化碳、水合空气作为处理后的净化气体直接排放。该工艺流程仅作为一种控制油气排放的处理措施，其不能回收油品，也没有经济效益。

氧化焚烧法由于其不能回收有价值烃类组分而被淘汰。

5. 膜分离法

利用特殊高分子膜对烃类有优先透过性的特点，让油气和空气混合气在一定压力的推动下，使油气分子优先透过高分子膜，而空气组分则被截留排放，富集的油气传输回油罐或用其他方法液化。

优点：技术先进，工艺相对简单；排放浓度低，回收率高。

缺点：投资大；膜尚未能实现国产化，价格昂贵，而且膜寿命短；膜分离装置要求稳流、稳压气体，操作要求高；膜在油气浓度低、空气量大的情况下，易产生放电层，有安全隐患。

工艺相对简单，但初期投资费用高。液环压缩机和膜组件是该技术的核心设备。压缩机防爆性能要求极高，只有德国和美国的少数公司能够生产。压缩过程压力在350kPa，存在着安全隐患。国内尚未建立用于油库、炼油厂油气回收的工艺装置，在烯烃等回收方面有工业装置的应用。仅在加油站有很小型的膜分离装置的示范试验，作为油气排放处理装置。

目前油气回收的方法主要吸附法、吸收法、冷凝法、氧化焚烧法等，在油气回收的早期阶段上述几种方法都有应用(见表6-8)。

表6-8 油气回收技术综合对比表

对比指标	活性炭吸附法	吸收法	膜分离法	冷凝法
处理后尾气浓度	$<10g/m^3$	$>50g/m^3$	$<30g/m^3$	$>20g/m^3$
安全性	较高	高	好	高
单位能耗	一般	低	一般	高
占地面积	一般	大	较小	较大
运行维修费用	一般	低	高	高
国产化现状	基本实现国产	国产化	基本实现国产化	基本实现国产化
设备投资	较高	低	较高	高
使用寿命	一般	长	较低	一般
优点	流程简单；操作简便；回收率高；尾排浓度低；市场占有率较大	流程简单；操作方便；投资省；安全性好	占地面积小；回收率高；安全可靠	工艺流程较简单；油气回收率高；安全性好
缺点	活性炭寿命较短；活性炭与油气混合，火灾风险高	回收率低，尾气无法达标排放；适合炼油厂使用；吸收剂消耗较大，需不断补充	膜生产技术基本由国外掌握；一次投资高；膜寿命短	维修量大；能耗较高；对制冷设备及装置的制造材料要求较高

随着人们对油气回收技术认识的加深，吸收法由于其尾气排放浓度高和氧化焚烧法由于其不能回收有价值烃类组分而被淘汰。20世纪80年代，吸附法和冷凝法成为油气回收的主流技术。吸附法和冷凝法两种技术的投资对比基本相当，但在合理的投资和能耗范围内，如果冷凝法尾气排放浓度要达到低于25mg/L的标准，投资和运行费用都将显著增加。而吸附法很容易满足低于10mg/L的排放指标，但也存在着安全隐患。

目前国内已研发出新的“膜分离+吸附集成的油气回收技术”。该技术将膜分离法和吸附法的优点结合起来，采用的技术原理是：油气混合器经过油气分离器除去其中的固体颗粒以及气雾状油滴后，进入膜分离系统，经过膜分离系统渗透解析后，渗余气进入吸附单元，含有富集油气的渗透气通过真空泵输送到地下储罐，经过吸附器的吸附与解析后，解析气也通过真空泵送入地下储罐，剩余排放气接近于零排放。目前通过该技术生产出来的样机已达到回收率≥96%，排放浓度≤11mg/L 的技术指标，在中国石化天津分公司、河北分公司的部分加油站经使用，满足实际应用要求，性能安全稳定。该技术存在的主要缺点是产品成本较高，目前的产品仅能实现微波盈利。

6.2.3 油品计量

6.2.3.1 流量计算

流量(Q)是指在流动的流体中，单位时间内流经与流体流动方向相垂直的流体横截面内流体的数量。流体流量数值若用体积计算，称为体积流量；若以质量计算，则称为质量流量。

流体的计量单位是导出单位。对体积流量，单位有 m^3/h、L/min、L/s 等；对质量流量，单位有 t/h、kg/s 等。流量计量可用瞬时流量表示，也可用累计流量表示。所谓瞬时流量，是表示在某一时刻的流量值，如 L/min、kg/s 等的流量值。累计流量指在某一时间间隔内，流体流经某横断面的总量。累计流量与时间无关。若是体积流量，其计量单位为 m^3、L 等；若是质量流量，其计量单位为 t、kg 等。一般而言，瞬时流量主要用于控制流体供出量的大小，以便适应工艺过程的需要。累计流量用于供给流体总量的计算，以便在贸易交接和物料转交时进行数量计算。

流量计量是应用具有适当准确度的流量仪表去测量流经流量仪表的流体数量。由于它是在流体运动中进行测量，则称为动态计量，以区别于液体静止时计量的容量计量。容量计量称为静态计量。

就液体计量而言，流量计量一般可用于较小数量液货的计量。除了贸易交接外，流量计量在自动化、管道化生产过程中以及其他科学领域具有重要的作用。

6.2.3.2 油品的人工计量

我国目前以体积质量法的人工测量作为计量的基本方法，还常被采用作为对外贸易的一种交货手段。

人工计量的特点是：设备简单，便于操作，能取得较高的测量精度，目前油罐(车)油品交接数量的认定，仍以人工操作所取得的数据为准。

人工计量的测量顺序：①测油水总高；②测水高；③测油温(计量温度)；④取样；⑤测量视密度、视温度(试验温度)和环境温度。

然后根据上述测量结果，借助容器容积表和中华人民共和国国家标准 GB/T 1885—1998《石油计量表》来计算出该容器内油品的质量。

用人工测量的方法对容器内的液态石油产品作静态计量时，其结果准确度分别为：立式油罐±0.35%；汽车罐车±0.5%，油船±0.5%；卧式油罐±0.7%；铁路罐车±0.7%。

6.2.3.2.1 油品液面高度的测量与计算

所有测量操作应符合 GB/T 13894—1992《石油和液体石油产品液位测量法(手工法)》的规定。

1. 静态测量的有关术语

(1) 石油静态计量：石油在容器中处于静止状态下的计量。

(2) 检尺口(又称计量口)：容器顶部的一个孔，用于人工测量液位、取样和油温测量。

(3) 参照点：在检尺口上的一个固定点或标记，即从该点起进行计量。

(4) 检尺点(基准点)：在容器底部或容器底部的检尺板上，测量液位时，量油尺尺砣接触的点。

(5) 油高：从油品液面到检尺点的距离。

(6) 水高：从油、水界面到检尺点的距离。

(7) 空距(空高)：从参照点至容器内油品液面的距离。

(8) 修正值：为消除或减少系统误差，用代数法加到未修正测量结果上的值。

(9) 参照高度：从参照点至基准点的距离。

(10) 检实尺：用量油尺直接测量容器内液面至检尺点的距离的过程。

(11) 检空尺：测量参照点至罐内液面(空距)的过程。

(12) 试油膏：一种膏状物质，测量容器内油品液面高度时，将其涂在量油尺上，可清晰地显示出油品液面在量油尺上的位置。

(13) 试水膏：一种遇水变色而与油不起反应的膏状物质，测量容器底部明水高度时，涂在水尺上，浸水部分会发生颜色变化，可显示出容器底部明水在水尺上的位置。

2. 油高测量

轻油(汽油、煤油、柴油和轻质润滑油)应检实尺，并连续测量 2 次，读数误差不大于 1mm，取第一次的读数，超过时应重新检尺。

对于原油、重质燃料油、重质润滑油应检空尺，根据与参照点相重合的尺带刻线示值 L 及尺带的浸油深度 L_1，算出空间高度——空距 $(L-L_1)$。容器的总高减去空间高度，即为容器内油面的高度。表达式为：

$$H_1=H-(L-L_1)$$

式中 H_1——油面高度，m；

H——容器参照高度，m；

L——尺带下尺高度示值，m；

L_1——浸油深度，m。

空距应连续测量 2 次，读数误差不得超过 2mm。若 2 次读数误差不超过 1mm 时，取第一次测量值，若超过 1mm 时，取两个测量值的平均值。

3. 容器内底水的测量

将量水尺擦净，在估计水位的高度上，均匀地涂上一层薄薄的试水膏，试水膏变色处读数，即为容器内底水高度。

当容器内底水高度超过 300mm 时，可以用量油尺代替量水尺。

6.2.3.2.2 油品温度的测量

油罐、铁路罐车、汽车罐车等石油容器内石油液体温度的测量，按照中华人民共和国国家标准 GB 8927—2008《石油和液体石油产品温度测定法》进行。测量容器内油品液面高度后，应立即测量油温。选择一支合格的适合容器内油品温度范围的全浸水银温度计放入杯盒中，将杯盒放入容器内指定的测温部位。

1. 测温部位

油高3m以下，在油高中部测一点油温。

油高3~5m，在油品上液面下1m、下液面上1m处测温，共测2点，取其算术平均值作为油品的温度。

油高5m以上时，在油品上液面下1m、油高中部和下液面上1m处各测一点温度，取3点油温的算术平均值作为油品的温度。如果其中有一点温度与平均温度相差大于1℃，则必须在上部和中部、中部和下部测量点之间各加测一点，最后取这5点的算术平均值作为油品的温度。

2. 测温停留时间

将杯盒温度计放入测温部位后最少浸没时间为：

(1) 轻油以及40℃时运动黏度小于和等于20mm²/s的其他油品，最少浸没时间为5min。

(2) 原油、润滑油以及40℃运动黏度大于20mm²/s，而100℃运动黏度小于36mm²/s的其他油品，最少浸没时间为15min。

(3) 重质润滑油(汽缸油、齿轮油、残渣油以及100℃运动黏度等于和大于36mm²/s的其他油品)，最少浸没时间为30min。

6.2.3.2.3 石油液体手工取样

石油液体的手工取样应严格按照中华人民共和国国家标准GB/T 4756—1998《石油液体手工取样法》执行。

1. 取样原则

当罐内油品静止时，才能进行油罐取样(对于原油和重质油等，应先放出底部游离水)。油品分析通常取下述样品之一：

(1) 均匀油品等比例合并上部样、中部样和下部样。

(2) 均匀油品等比例合并上部样、中部样和出口液面样。

(3) 非均匀油品，在多于3个液面上取得点样制备组合样。如损害样品完整性，就单独分析，并计算每个样品所代表油品的比例。

(4) 例行样、全层样。

(5) 管线取样应使用自动取样装置。手工取样可能没有代表性。

2. 取样部位

石油液体取样部位见表6-9。

表6-9 石油液体取样部位表

油品	容器名称	取样部位	取样份数	取样容器数
均匀	立罐液面3m以上，油船舱(每舱)	上部：顶液面下1/6处 中部：液面深度1/2处 下部：顶液面下5/6处	各取一份，按等体积1：1：1混合成平均样	油船舱2~8个取2个，9~15个取3个，16~25个取5个
	立罐液面低于3m卧罐容积小于60m³，铁路罐车(每罐车)	中部：液面深度1/2处	各取一份	原油车2~8个取2个，9~15个取3个，16~25个取5个，26~50个取8个，首车必取
非均匀	立罐	出口液面向上每米间隔取样	每份分别试验	

6.2.3.2.4 油品密度的取样测量

1. 石油密度测量有关术语

(1) 视密度：在试验温度下，玻璃密度计在液体试样中的读数，用ρ'_t表示，其单位为kg/m³、g/cm³。

(2) 标准密度：我国规定在20℃下的密度为标准密度，用ρ_{20}表示，单位为kg/m³、g/cm³。

2. 油品视密度的测定

在油品计量测定密度时，试验温度应在容器中计量温度±3℃范围内测定。与此同时。环境温度变化应不大于2℃。将均匀的试样小心地倾入玻璃量筒中，将温度计插入试样中并使温度计保持全浸且不接触筒壁和筒底，再将清洁、干燥、大体适应试样密度范围的石油密度计轻轻地放入试样中，待达到平衡让其自由地漂浮并注意不弄湿液面以上的干管。再将密度计按到平衡点以下1~2mm，并让它回到平衡位置，观察弯月面形状，先使眼睛稍低于液面的位置慢慢地升到表面，读取液体下弯月面与密度计刻度相切的那一点，估读到0.0001g/cm³。先读小数，然后再读大数。如果试样是不透明液体，则使眼睛稍高于液面的位置观察，读取液体上弯月面与密度计刻度相切的那一点，也同样估读到0.0001g/cm³，先读小数，然后再读大数。与此同时，读取温度计示值，估读到0.1℃。第一次读数完成后，又稍稍提起密度计，然后放下处于平衡，进行密度、温度的第二次读数。连续两次测定的温度读数不应超过±0.5℃，否则应重新测定。

6.2.3.2.5 石油产品质量的计算

根据密度计测得的视密度以及温度计测得的油温，查相关介质的标准密度表即可获得标准密度(20℃)，求得标准密度后与同温下介质体积(20℃)相乘，不难算出油品的质量。

备注：如所测得的值与表载值相同，可从表上直接查得ρ_{20}。

当所测得值ρ'_t与表载值ρ''_t不相同时，采用视密度内插试验温度靠近的方法求得，其公式为：

$$\rho_{20}=\rho_{20基}+(\rho'_{20}-\rho''_{20})/(\rho'_t-\rho''_t)\times(\rho_{t测}-\rho_{t基对应})$$

1. 石油非标准体积V_t的计算

关于石油体积的计算，涉及到各种储油容器罐壁温度对罐壁胀缩的影响，应该进行温度体积修正，其V_t的计算公式分别为：

(1)对于保温油罐：

$$V_t=(V_b-V_{bs}+\Delta V_y)\times[1+0.000036(t_y-20)]$$

(2) 对于非保温罐，由于罐壁内外温差大：

$$V_t=(V_b-V_{bs}+\Delta V_y)\times\{1+0.000024[(t_y+t_q)/2-20]\}$$

(3) 对于卧式罐、汽车和铁路罐车：

$$V_t=(V_b-V_{bs})\times\{1+0.000036[(t_y+t_q)/2-20]\}$$

(4) 对于船舶计量舱：

$$V_t=(V_b-V_{bs})\times\{1+0.000024[\frac{1}{2}(t_y+t_s)-20]\}$$

其中：

$$\Delta V_y=\Delta V_s\times D_4^{20}$$

以上式中 V_t——油品在 t_y℃时的体积；

V_b——表载油水总体积；

V_{bs}——表载水体积；

ΔV_y——罐内油的静压力修正值；

ΔV_s——罐内的水静压力修正值；

D_4^{20}——相对密度(无量纲)，指罐内油品的标准密度与4℃纯水的密度的比值；(4℃纯水密度近似取1.0g/cm^3)

t_y——油品温度；

t_q——罐周围大气的平均温度；

t_s——船周围水的平均温度；

2. 石油标准体积V_{20}的计算

石油标准体积(V_{20})是根据查得的容积表值即非标准体积(V_t)与体积修正系数(V_{CF})相乘而得到，即：$V_{20}=V_t \cdot V_{CF}$。

6.2.3.3 电子轨道衡与电子汽车衡计量

6.2.3.3.1 电子轨道衡计量

电子轨道衡计量有轴计量、转向架计量、整车计量三种方式。

(1) 轴计量方式：每次轨道衡按规定只可允许称量一根车轴对应的一组车轮重量，所以轨道衡台面长度应小于等于轴距，然后将每节车四根车轴四组车轮的重量加起来，得到每节车辆重量。

(2) 转向架计量方式：一次只允许容纳一个转向架对应的两组车轮称量，轨道衡台面长度小于等于轴距加被称车辆(钩距减全轴距)的一半加相邻车辆(钩距减全轴距)的一半的最大值。台面选用3.6m，一辆车两个转向架对应四组车轮称量重量相加起来就是每节车辆重量。

(3) 整车计量方法：轨道衡台面长度大于一节车辆前后轮直接距离，一般采用两个台面，距离位置设置合适，使得车辆前后两个转向架同时分别落在两个台面上，再精确地一个时间称量出两个转向架重量，数据处理后得到每辆车重量。

工作原理：

当列车通过秤台面时，台面完成被称车辆重量的传递工作。称重传感器在激励供桥的支持下，将重复信号转换成相应的电压信号，并送入模拟量通道。与此同时车型的辨别信号也将送入开关量通道。轮信号经整形后直接送入主机，重复信号则需经过放大、滤波、A/D转换后才经并行接口送入主机。整个系统开始工作时，在工作程序的控制下，计算机系统始终对台面重量进行跟踪、查询、处理。当列车通过台面时，重量信号发生变化，计算机可进行辨别处理，并对一节车的前后两个转向架(或前后四对轴)分别进行采样处理，从而得出一节车之重量值，然后送CRT显示，由打印机打印结果。

6.2.3.3.2 电子汽车衡计量

工作原理：

当称重物体或汽车停放在秤台上，载荷通过秤体将重量传递给称重传感器，使其弹性体产生变形，于是黏贴在弹性体上的电阻应变计产生应变，应变计连接成的桥路失去平衡，从而产生了电信号。该电信号的大小与物体的重量成正比，在最大称重时通常为20~30mV。

该信号经前置放大器放大，再经二级滤波器滤波后，加到模数转换器将模拟量变成数字量，再由 CPU 微处理器进行处理后，使显示器显示出物体的重量。

如果需要打印记录数据以 ASCⅡ码输入点阵式打印机打印记录。同时，输出数据也可以传输给数据处理中心的电子计算机存储累加分类处理。

6.2.3.4 标定装置

全称标准检定装置——为评定计量器具的计量性能(精确度、稳定性、灵敏度等)，并确定或证实技术性能是否合格而进行工作的装置。

1. 方式

一般使用在线检定(一般使用水或柴油作为鉴定液体，使用的检定液体的温度、压力在规定范围内)，检定时严格控制液体的流动状态，不得断流或者有压力波动及信号的干扰。

2. 标定装置工作原理

按要求将被检流量计安装到装置上，启动液体循环系统，使液体流经被检流量计和流量工作标准，同步操作被检流量计和流量工作标准，比较两者的输出流量值从而确定被检流量计的计量准确度和重复性。

按照流量工作标准的取值方式，装置可分为四种类型：

(1) 静态质量法：在静止状态下，称量一段时间内容器中液体质量，从而计算出流量。

(2) 静态容积法：在静止状态下，测量一段时间内工作量器中的液体体积量，从而计算出流量。

(3) 动态质量法：在液体流动过程中，称量一段时间内容器中的液体质量变量，从而计算出流量。

(4) 动态容积法：在液体流动过程中，测量一段时间内工作量器中的液体体积变量，从而计算出流量。

3. 构成

装置主要由液体循环系统、实验管路、流量工作标准、实验启停设备和控制设备等 5 部分组成。

4. 用途

装置是封闭管道液体流量的量值传递标准，可用于各种类型的液体流量计检定、校准和液体流量计量、测试方法的研究。

5. 流量仪表的检定周期

0.5%精度等级计量仪表检定周期为 1 年。

1.0%精度等级计量仪表检定周期为 2 年(若超声波流量计具有自诊断功能，且能够保留报警记录，也可以每 6 年检定一次并每年在使用现场进行使用中检验)。

6.2.3.5 石油产品的计算交接单位

目前国家和中国石化没有明确规定石油产品计量交接应该采用“重量”还是“质量”，虽然两者的单位都是吨或公斤，但两者的实际意义与数值大小却不同，在实际计量交接中，往往容易混淆“重量”和“质量”，并由此引起计量纠纷。

按石油产品计量方式分类：

(1) 容积计量：通常采用“重量”作为计量单位，具体由人工计算采用的计算标准而定。

(2) 称重计量：“重量”作为计量单位。

(3) 流量计：一般情况下，容积式流量计采用“重量”作为计量单位；质量流量计采用“质量”作为计量单位。

就目前情况，为维护交接双方合法利益，减少计量纠纷，交接双方应在销售合同中明确交接计量单位，并对实际检测数据进行确认和修正。

6.3 长距离管道输送

根据包装形式的不同，炼油厂物料输送的方式可分为散装运输和整装运输，其中散装运输是最主要的作业方式，几乎涵盖了所有的原料和产品，只有少量的化工三剂的接收属于整装运输。根据输送的具体形式，散装运输又包括水运、汽运、铁运以及管道输送等四种方式。

相比其他输送方式，管道输送有其他输送方式难以比拟的优点，特别是当输转量大、运输距离长时，这种优势就更为明显：

(1) 输送比较灵活，既可以连续输送，又可以间断输送，且不受气候和季节的限制。

(2) 密闭、连续输送，油品损耗少，运费低廉。

(3) 安装在线仪表，可以实现计量的自动化。

(4) 同铁运相比，建设周期短、投资省、占地少，无空载返程，省去了装卸作业等中间环节，是一种高效的输送方式。

我国大多数炼油厂的原料油是通过管道由油田运来，或通过海运与管道联运进口原油，仅少数炼油厂仍由铁路供油。不但原料普遍采用管输，炼油厂的成品油由过去的铁运一统天下的格局，逐步演变为以管输为主、以铁运为辅的运输方式，先后建成了兰成渝线、鲁皖线等一系列长输管线。

6.3.1 长距离输油管道概况

所谓长距离输送管道就是用以将液体或气体从供应方输送到远方用户的管道，简称长输管道或干线管道。它不同于企业内部的管道，具有管径大、距离长、输量大等优点，有各种配套辅助工程和独立的监控、管理系统。

长距离输油管道主要由两部分组成：

(1) 数百公里至数千公里的管道线路工程，包括：①埋设在地下由钢管焊接而成的管路本体，其上涂敷防腐覆盖层；②阴极保护站及检测桩等管路防腐设施；③管路经过自然或人体障碍物时的穿、跨越工程；④线路附属工程，如各种阀室、线路保护设施和线路标志等。

(2) 设置的各种输油站，包括：①设在管道起点的首站；②在中途给油流加压的增压泵站；③在管道终点接收来油的末站，对给炼油厂供油的原油管道而言，它往往就是炼油厂的原油库。如原油需要加热后才能输送，沿线还要设中途加热站。如管路高差起伏很大，在大落差段为避免管路超压，还要设减压站。有的管道还要在中途分油或增加油源，为此需设中途分(增)输站。

根据输送介质的不同，长输管线又分为输油管道和输气管道，本章主要对输油管道进行简单介绍。

6.3.2 长距离输油管路的工作特性

设计长距离输油管道时，要根据油料的性质和输量，确定输送方法和工艺流程；选择适宜的管径和管材；确定需要的输油站类型、数量和沿线的布局。在运行管理时，要及时制定运行方案和输量调节措施。进行上述工作的基础是必须了解管路与泵站的工作特性。

6.3.2.1 管路的工作特性

管路特性曲线是管路一定的情况下，单位质量的液体流经该系统时，外界需施加的能量，即系统扬程 H 与流量 Q 之间的关系。外界施加的能量除要克服管路终点高程(Z_2)与起点高程(Z_1)之间的高程差外，还要克服管路的摩阻损失 h_1, h_1 可按下式计算：

$$h_1 = \lambda \frac{L}{d}\frac{V^2}{2g}$$

式中 L——管长，m；

d——管内径，m；

V——管内油品的平均流速，m/s；

g——重力加速度，m/s^2；

λ——沿程摩阻系数，其大小取决于管内的流动状态和管内壁的粗糙度 ε。

流动状态有层流和湍流之分，可按雷诺数 Re 的大小划分。

$$Re = \frac{Vd}{\nu}$$

式中 ν——油料的黏度，m^2/s。

$\lambda = f(Re, \varepsilon)$ 的函数关系及不同流态的 λ 值见表 6-10。

表 6-10 不同流态的 λ 值

流态		划分范围	$\lambda = f(Re, \varepsilon)$
层流		$Re<2000$	$\lambda = \frac{64}{Re}$
湍流	水力光滑区	$3000 < Re < Re = \frac{59.5}{\varepsilon^{817}}$	$\frac{1}{\sqrt{\lambda}} = 2\lg\frac{Re\sqrt{\lambda}}{2.51}$，当 $Re < 10^5$，$\lambda = \frac{0.3164}{Re^{0.25}}$
	混合摩擦区	$\frac{59.5}{\varepsilon^{8/7}} < Re < Re_2 = \frac{665 - 765\lg\varepsilon}{\varepsilon}$	$\frac{1}{\sqrt{\lambda}} = -1.8\lg\left[\frac{6.8}{Re} + \left(\frac{\varepsilon}{7.4}\right)^{1.11}\right]$
	粗糙区	$Re > Re_2 = \frac{665 - 765\lg\varepsilon}{\varepsilon}$	$\lambda = \frac{1}{(1.74 - 2\lg\varepsilon)^2}$

故如用液柱高度 H 表示管路输送油品所需的压力能，则

$$H = \lambda \frac{L}{d}\frac{V^2}{2g} + Z_2 - Z_1 = K\lambda \frac{Q^2}{d^5}L + Z_2 - Z_1$$

式中 Q——输量，m^3/s；

K——系数，$K = \frac{8}{g\pi^2}$。

输量 Q 与所需压力能 H 的函数关系即为管路工作特性方程。该式同样也适用于短距离的管路，但此时必须计入有很大影响的管件、阀件等的局部摩擦阻力损失。

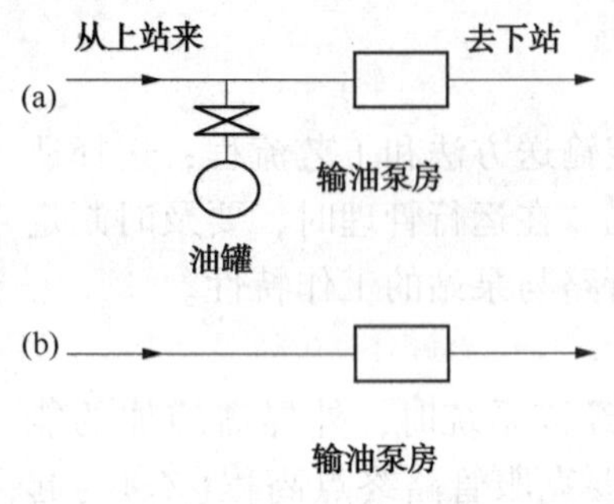

图 6-46 输油流程图

(a) 旁接油罐流程；(b) 密闭输送流程

6.3.2.2 各泵站间的连接方式

根据各泵站有无缓冲罐，长输管线可分为开式输送(又叫旁接输送或非密闭输送)和密闭输送(见图6-46)。所谓开式输送即油品进入本站输油泵之前，先通过旁通管线与输油罐接通，每个泵站的进站压力都近似于储罐液位的静压头，不会发生全线的压力波动。开式输送的好处是各泵站间流量输送的不平衡可由缓冲罐调节，站间有各自独立的水力系统，影响较小，但也会增加储运损失和能耗。密闭输送也叫“从泵到泵”的输送，中间站不设旁接罐，油品从首站可直达末站，除非在中间站有卸载作业，否则一直不和大气接触，密闭输送整个管线成为一个统一的压力和热力系统，对自动化程度要求高，不仅大大降低了储运损失，而且可以有效节约输送动能。

采用旁接油罐流程时，上站来油在下站泵的进口汇管相连的同时，还可通往与汇管旁接的常压油罐。该罐用于缓冲上下两个泵站之间输量的不均衡，利用旁接油罐液面的升降来调节上下站的输量，以保持均衡。故此时每个泵站均与其提供压力能的站间管路构成独立的水力系统，与其他站不直接相关。

采用密闭输送流程时，上站来油直接进下站泵的进口汇管，管路沿线的油品在密闭状态下输送，全线各泵站是相互串联的统一的水力系统，各站输量相等。密闭流程的优点是简化泵站流程，节约储罐建设费用、避免油品在储罐中的蒸发损耗，上站的余压可以叠加给下站以减少能量损失，便于全线集中自动监控。

密闭输送时，可在所要求的输量下，统一调配全线投入运行的泵站数和各站泵机组的组合，以实现优化运行、经济输油的目的。但密闭运行时，任何一个泵站或站间管路工作状况的变化，都会使其他泵站和管段的输量和压力发生变化。尤其是当某一泵站因意外事故而突发停电时，可能使其他相邻站段的出站或进站压力超限，因此密闭输送管道都必须设有水击保护措施。不仅对管道的调节控制系统有严格的要求，而且对管路、泵机组、沿线的截断阀、通信和数据采集系统等的可靠性有更高的要求。

国内新建的长输管道均采用密闭输送流程，对前期建设的老管道也在逐步改造为密闭输送流程。

6.3.2.3 泵站的工作特性

泵站的工作特性是指泵站的输量 Q 与其所提供的压力能 H 之间的变化关系。长距离输油管道大都采用离心泵输油，离心泵供给液体的压力能的大小即为泵出口和进口的压力差，常以液柱高度 H_p 表示，称为扬程。表示离心泵的输量 q 与其扬程 H_p 之间的变化关系的曲线称离心泵的工作特性曲线，如图 6-47(b)中的曲线 1。为便于长输管道计算，泵的工作特性方程可近似表示为：

$$H_p = a - bq^{2-m}$$

式中，a、b 为常系数；系数 m 可根据管道内的流态取值，对湍流区 m 在 0~0.25 之间。

在一个输油泵站上常常有几台离心泵串联或并联工作，在少数情况下也有既串联又并联的，如图 6-47(a)所示。当两台泵串(并)联工作时，其总的特性曲线为两台泵的特性曲线串(并)联相加，串联为同一输量下把扬程相加，并联为同一扬程下把输量相加，如图 6-47

(b)、(c)中的曲线2、3。对于6-47(a)中既串联又并联的情况，曲线4为其相加后的泵站特性曲线 $H=f(Q)$。曲线5为先并联后再串联的情况。

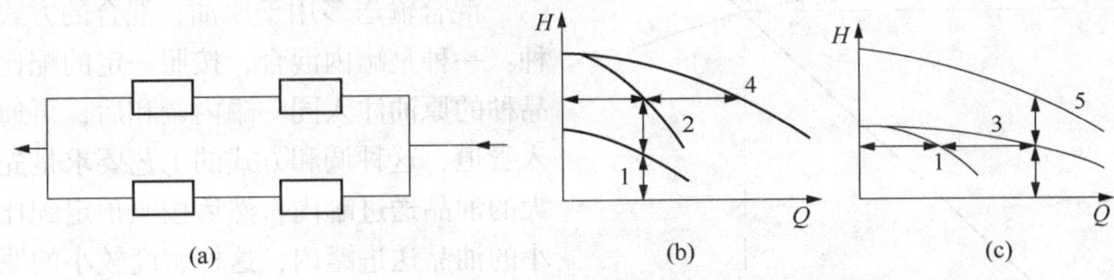

图6-47　离心泵的串、并联及其工作特性曲线

6.3.2.4　泵站与管路的协调工作

在旁接油罐流程中，下一站的进站处与常压油罐相通，故该泵站-管路系统的输量与出站压力可由该站的泵站特性曲线和站间管路特性曲线的交点求得(见图6-48)。G 为管路特性曲线，C 为泵站特性曲线，其交点称为该系统的工作点，该点的 Q、H 值即为系统的输量与出站压力。ΔZ 为管路的出进口高差。各站的输量不一定相同。

对于密闭输送系统，由于全线的泵站和管路串联起来构成了统一的水力系统，全线各站的输量相同。故需要将全线各泵站的泵站特性曲线串联相加，得出总的泵站特性曲线；将各站间的管路特性曲线串联相加，得出总的管路特性曲线。这两个总特性曲线交点处的输量才是全线的输量。至于各站的扬程和进出口站压力，要按照这统一的输量，由各站的工作特性逐站递推得出。进、出站压力的上限要满足泵和管路的强度约束。进站压力的下限要满足泵的吸入特性的要求。

为便于运行管理，各泵站常配置相同的泵机组，即各泵站所能给出的压力大小是相近的。处于上坡段的管路，其站间距要短些。因为上坡段的管路克服高程差所耗用的压力能较多，能用于克服沿程摩擦阻力的压力能就少了。流经较短的距离，压力就降到接近泵站所要求的最低进站压力了，必须进泵增压。在管道设计时要根据沿线的地形来布置泵站。

对于常温输送的管道，油流的温度等于埋设处的地温，因此对同一种油品，在不同季节的油流黏度是不同的。当采用顺序输送工艺时，流过的不同油品的黏度更不同。在沿线各站间距长度相差较大的情况下，当油流黏度变化时，各站的工况变化不同，密闭输送时各站的调控措施也要复杂得多。

6.3.3　输油管道的分类

输油管道按照输送油品种类的不同，可分为原油管道和成品油管道；按照所输油品在输送过程中是否需要加热可分为常温输送管道和加热输送管道：前者是在首站将物料直接输送或升至一定温度后输送，中间各站不需加热，依靠地温将物料保持在一定温度范围，直至送至末站；后者则需要在中间站给物料补充热能，以维持其流动性，直至送达末站。

根据物料输送次序的不同，输油管路可以分为混合输送和顺序输送两种工艺方式：前者是是指不同的油品按照一定的比例混合输送，原油的输送多采用这种输送工艺；而后者则是在同一条管道内，按一定的顺序连续交替输送多种类型和牌号的油品，成品油管道大多采用顺序输送工艺，当然原油管道也有采用顺序输送工艺的，如湛江港至茂名炼油厂的输油管道。

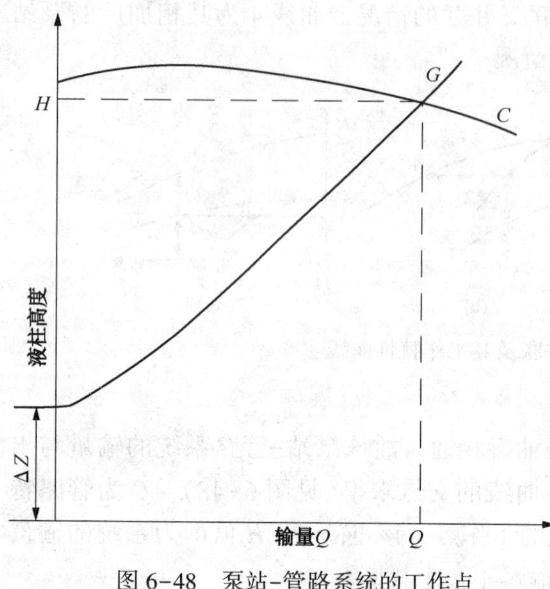

图 6-48　泵站-管路系统的工作点

6.3.4　混合输送

混合输送多用于原油，混合的方式有两种：一种是罐内混合，按照一定的配比将不同品种的原油注入同一罐内调和后，再通过泵送入管道，这种调和方式的工艺要求是先将密度大的油品送进罐内，然后按照预定配比将密度小的油品送进罐内，这样密度较小的原油在上浮的过程中与密度大的原油充分混合，达到均匀的目的，为了增强混合效果，防止重组分在罐底沉积，有条件的话可以开启搅拌器搅拌，混合均匀的原油加压外送；另一种是管道混合，根据混合的位置又可分为泵前混合和泵后混合，泵前混合工艺是将不同的原油分储在不同的罐中，外送时按照配比要求搭配容积或数量不同的储罐，经输油泵加压后外送，通过叶轮的旋转来实现均匀混合。由于物料的配比会随罐位的变化而改变，因此很难实现物料的均匀外送；泵后混合工艺是将不同的物料储存在不同的储罐中，通过组分泵分别抽取不同储罐中的物料，按照预定的配比泵入汇管进行混合，为了增强混合效果，可在汇管处设置混合器(如静态混合器等)。这种输送方式的优点是配比精确，混合均匀，自动化程度高，而且调节方便(具体见油品调和部分内容)。

需要说明的是混输的原油不但要确保各相均匀，而且应相对稳定，静置过程中不应出现明显的分层现象。如混输的原油分层严重，性质差别较大，不但会影响原油加工装置的平稳运行，而且重组分的不断沉积也会给输油管道和储存罐的安全运行造成重大的隐患。

6.3.5　顺序输送

顺序输送是在一个循环周期内按照一定的次序分批输送不同的油品的输送工艺，输送顺序的确定一般遵循如下原则：

(1) 物理、化学性质相近的油品相邻输送。

(2) 同一品种，相对密度相近的油品相邻输送。

(3) 敏感质量目标有冲突的油种不应相邻输送。

(4) 相邻油品相对密度差>0.01，以利区分。

由于不同种类的油品一种接一种沿同一条管线输送，所以当两种油品交替时，在接触区内，会形成一段混油，混油通常不能作为合格的油品出售，这样就会造成混油损失，这是顺序输送固有的缺陷，如何确保长输管线的平稳运行，最大限度地减少混油量是顺序输送管道在设计和运行中必须要解决的问题。

顺序输送时混油段的产生主要有如下两个原因：一是两种油品沿管道运动时，液体质点沿管道内壁的移动速度比中间慢，这样在管道横截面上，液体沿径向流速分布不均匀，这样后行的油品呈楔行进入前行的油品中；二是油品沿管道径向、轴向的紊流扩散破坏了这种楔形，使楔形界面的不同物料趋于均匀。

通过对混油致因的分析，我们发现影响混油量的因素有多种：

1. 流态影响

据文献记载，轴心速度与管内壁的平均速度，层流大于紊流，最大速度与平均速度之比，层流为2∶1，紊流为1.14∶1；这主要是由于紊流的扩散不但集中在轴向上，而且在径向上也存在这种扩散，所以在一定的程度上抑制了楔形更尖，使内壁边界与轴心的流速减小，因而最大速度与平均速度之比减小，产生混油量也少；而层流管内壁边界的流速与轴心流速相差较大，界面楔形更尖，混油量也大。

2. 流速的影响

在顺序输送过程中，因黏度不同，不可避免地发生干线流量调节，输量的变化自然造成流速的改变，也在一定程度上增加了混油损失；特别是变径、支线、阀门的开启状态以及人为因素的调节，使流速发生突变，加剧了混油的产生。

3. 故障停输的影响

品种切换期间一旦因设备故障或人为因素造成停输，流态由紊流逐渐向层流过度，最后处于静止状态，由于密度差，油品开始分层，密度大的下沉，密度小的上浮，再次启输时，形成了流速不同的锋面，加剧了混油的产生，停输对混油段影响大小除与流速有关外，而且还取决于停输时机以及界面附近的地形。

4. 站间距及高程差的影响

如站间距过远，随着输送距离的增加，紊流逐步过渡为层流，尤其地形剧烈起伏时，向下流动时不满管，速度最大偏离轴心，流速发生陡变，增加混油段，当然这并不是说中间站越多越好，因为泵加压搅拌也能造成混油段的增加。

5. 其他因素的影响

混油量的多少除与上述因素有关外，还取决于输送油温、储油罐的位置、站间工艺流程、切换速度等因素。

减少混油损失的措施：

(1) 减少旁接油罐混油，采用密闭输送工艺，各站工艺流程越简单，混油量越少。

(2) 寻找合适的隔离方式，加隔离球或隔离液，在顺序输送，各种油品交替时，在两种油品之间加隔离球或隔离液，以减少混油，收油站需安装收发装置和检测装置，隔离液是一种聚合物，扩散系数大大小于油品的扩散系数。

(3) 尽量避免中途停输，当管道中两种油品交替时，如果停输，会增加混油量。

(4) 支线阀尽量靠近干线，避免死角。

(5) 采用气动或电动球阀，提高切换速度。

(6) 条件允许的情况下尽量提高流速。

(7) 尽量避免翻越点的出现。

(8) 罐容允许的条件下，尽量提高批次的输转量。

6.3.5.1 混油量计算

输送过程中形成的混油量通常以到达终点时的混油段长度来计算，混油段的浓度范围随油品种类而不同。混油段长度与混油段头、尾油品中允许的混油量有关。计算中常用前行油品的浓度来表示混油量，例如取混油段头部99%(即后行油品混入量1%)，混油段尾部浓度为1%(即后行油品混入量为99%)。常用的计算混油段长度 C 的经验公式为：

$$C = AL^a$$

式中 L——两种油品的接触界面向前移动的距离，对终点的混油量而言，即为管道的长度，m；

a——混合指数，约为 0.4~0.5；

A——混油系数，与管流的 Re 数、混油段的浓度范围等有关。在 $10^5 \leqslant Re \leqslant 2\times10^5$ 的范围内，不同混油段浓度范围系数 A 值可近似按表 6-11 选取。

表 6-11 系数 A 的取值

浓度范围/%	99~1	99~3	95~5	90~10	85~15	80~20	75~25	70~30	65~35
A 值	2.05	1.53	1.22	0.906	0.733	0.595	0.477	0.371	0.272

6.3.5.2 混油段的检测、切割和处理

在两种油料的交替过程中，各输油站及时转换阀门，切割混油段，避免混油进入纯油罐，是减少混油的重要措施。目前常用的检测手段主要采用直管振动式密度计及光学界面仪，通过在线监测密度及光波在介质中的散射率来实现对混油界面的检测，为了防止单一检测手段误差造成混油切割失误带来的损失，往往采用多种仪表相结合的方法进行检测，以提高检测精度，比如汽柴油界面通过密度计可以很直观的判断，但是对于密度偏差较小的不同牌号汽油的切割恐怕要借助精度更高的光学界面仪来实现。

直接测出混油浓度随时间的变化，将其安装在接收混油的中间分输站或末站的入口处，可根据浓度讯号操纵电动阀以切割混油段。

混油段的切割一般是将其分成三部分，两端的混油头和混油尾可允许分别掺混入前行油的油罐和后行油的油罐，以不影响纯油的质量为限。允许的掺混率决定于两种油品的性质和纯油的“质量潜力”。

中间的混油段需要进入混油罐再行处理，处理混油的方法有：

（1）掺入允许的价格较低的油品中，降级销售。

（2）重新蒸馏。

（3）根据具体情况采取相应的措施，例如用碱洗处理，以降低原油-柴油顺序输送时引起的柴油含硫量超标。

6.3.5.3 顺序输送管道的工况调节

从理论上来讲，管线正常输送时处于稳定工况下，沿线各点流量相等，且各点的流量、压力不随时间的变化而改变。但在实际管输过程中由于受到各种干扰或人为因素的改变，管路的工况点往往会发生偏移甚至是突变，脱离泵站的高效运行区，不利于管道的经济运行，甚至会产生严重的水击，给管路带来安全隐患。影响长输管道安全经济运行的因素有很多，如停电、停泵、阀门自关等故障状态以及油品切换等正常作业，下面就切换油种时管路特性的变化进行简单的分析。由于不同油品的黏度和密度不同，当两种油品在管道内交替输送时，泵站和管路的工作特性会有显著变化，因而引起其工作点的变化。为简单起见，我们用只有一个泵站的管路来分析这种变化，如图 6-49 所示，曲线 1 和 2 分别表示输送两种油料 A 和

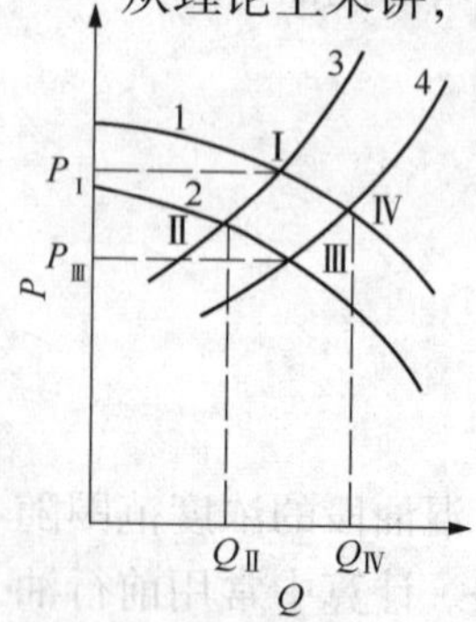

图 6-49 管道顺序输送系统工作特性示意图

B 时的泵站特性曲线，曲线 3 和曲线 4 分别表示管道中流动着纯 A 油和纯 B 油时的管路特性曲线。当整个系统都在输送较重较黏的 A 油时，泵站和管路的工作点是Ⅰ。

当较轻的 B 油开始进入泵站，泵刚为 B 油充满时，泵站特性曲线下降为 2，系统的工作点突变为Ⅱ，出站压力和输量均突然下降。随着 B 油的向前输送，管路内 B 油所占的长度逐渐增长，A 油所占的长度逐渐减少，其管路特性曲线逐渐变平，工作点逐渐右移，即输量逐渐增大，出站压力则逐渐减少。

当整个系统都充满了较轻的 B 油时，工作点是Ⅲ。此时如果改输 A 油时，系统的工作点跃为Ⅳ，即出站流量和压力都增大。

随着 A 油的向前行进，工作点逐渐由Ⅳ移至Ⅰ。即在两种油品相互交替输送的一个循环中，如不加以调节控制，泵站-管路系统的工作点将经历由跃变→渐变→跃变→渐变的过程。输量和出站压力是循环变化的。

长输管线不可能是单一泵站，而是有首站、末站和若干个中间站共同构成，再加上总管容一般均大于批次输油量，管路中往往有多种物料同时输转，不但物料间相互影响，而且泵站也交互作用。此外，对于密闭顺序输送成品油的管道，沿线常会有若干个支线，以及有多点进出某些成品油的情况，因此，长输管线实际运行工况要远比上述分析更为复杂。

为了减少各种干扰对稳态工况的影响或使系统由一种稳态尽快过渡到另一种稳态，确保整个管路的平稳运行，必须对管路进行调节。根据调节参数的不同，可以分为输量调节和压力调节。

输送量调节手段主要有增开或停运机泵的台数(调节幅度较大时启用)；改变泵调频电机的转速，这是一种高效的调节手段，目前我国在用的新建管道，都采用了交流调速电机；节流调节：通过改变阀门开度来调整输量，实际上是靠阀门节流损失压头来调整输送量，无形中就增加了能耗，不建议采用。

压力调节也称稳定调节，通常是自动调节，主要调节手段有：利用比例定理(压力之比与转速的平方之比成正比)通过改变调频电机的转速来调节管路压力；节流调节，就是人为在调节阀上造成液流压头损失，以调节阀门前后压力的大小，一般情况下，调节压力的时间不超过全部输送时间的 3%~5%，调压幅度不超过一台机组扬程的 10%~25%，这时使用节流法调节是比较合适的。节流法调压的泵站，通常把调节阀设置在泵站出口管路上，这样既可以控制出站压力又可以控制进站压力，流程相对简单；回流调节，回流调节既可以单泵进行，又可以全泵站进行，由于大型输油泵的特性曲线比较平坦，调节不大的压力需要大量的回流，因此，能量的浪费往往比节流法更大。

为了确保输油系统平稳、高效运行，长输管道必须建立完善的数据采集和监控系统(SCADA 系统)，及时监测各处的压力、流量，跟踪各混油界面的位置及各发油点的混油浓度。运行管理人员要制定周密的调度计划，建立一个优化控制的水力模型，根据监测的流量及混油界面的浓度，及时转换各发油点的电动控制阀，把油流导入该进的油罐。

同时，为了防止停电、阀门自关或误操作引起的工况巨变造成水击，导致管路超压进而损毁设备，必须进行压力保护。常用的超压保护手段由泄放保护：在管路中专门安设泄放阀门，在出现水击增压波时，从管路中泄出一部分数量的液体，从而削弱增压波，防止水击的伤害；调节性保护和停泵保护：通过调节泵出口调节阀开度或减少运转泵台数(根据情况也可全部关停)来减少上游工况变化带来的影响；超前保护：在产生水击时，由设在控制中心或首站的水击控制系统迅速向其他各站发出指令，在水击波到达前指导各站采取相应措施，降低风险，超前保护要求管道全线实行自动化控制。

通过上述调节手段，可以使进出站压力保持在允许范围内，确保系统的安全经济运行，并尽可能减少混油损失和泵送的能耗。

6.3.6 油品的加热输送

我国所产原油大都为高凝点、高黏度和高含蜡原油(俗称"三高"原油)，要么凝点高于环境温度(特别是在冬季等极端天气条件下)，要么环境温度下黏度过大，若采用等温输送的工艺进行管输，随着油流向前推进，物料逐渐降温，黏度随之上升，泵的压头难以克服沿程的阻力损失，输送作业也难以为继。因此，必须采取降凝或减黏措施，并根据物料的温降情况，在沿途的中间站不断补充热能，确保顺利输送。为了防止物料凝固，在整个管输的过程中必须确保油温至少高于油品的凝点2~3℃(除提高油温外还可以采用添加减阻剂降低黏度等措施确保满足输送量的要求)，加热输送是指将原油加温后注入管道，难以管输这些油品时必须保持沿线各处的为此，我国常用的输送工艺是加热输送和加降凝剂降凝输送，后者适用于距离较长的管道。

6.3.6.1 热输管道的温降

加热输送的管道由于沿线的油温常高于管路埋设处的地温，油流的热量不断散失至周围土壤中。从首站加热装置中出来的热油，在沿管路向前流动过程中油温不断下降，当油温降至允许的最低油温时，需要重新加热，为此需在管路沿线设置中间加热站。

可由下列温降公式计算加热站的间距 l_R，或计算距加热站出口不同距离 l 处的油温 T_1。此式对厂内的短距离管路也适用。

$$\ln \frac{T_R - T_0}{T_Z - T_0} = \frac{K\pi D l_R}{Gc}$$

式中 T_R——加热站的出站油温，℃；

T_Z——加热站的进站油温，℃；

T_0——管路埋设处(中心线)的土壤温度，℃；

D——管外径(无保温层时)，m；

G——管道的输量，kg/s；

c——油品的比热容，kJ/(kg·K)；

K——油流至土壤的总传热系数，W/(m^2·K)。

对于输送重燃料油的管道，由于油的黏度大，凝点高，输送温度较高。为减少热损失，需敷设保温层。此时，上式中的 D 应取保温层平均直径。常用的保温材料为聚氨酯泡沫塑料，并外加聚乙烯包覆的覆盖层，其埋地管路的总传热系数 K 可小于1.0 W/(m^2·K)。

在我国北方地区，敷设在地下水位以上，黏土地段，埋深与管径之比大于3、管径25~40cm的管路，其 K 值一般在1.8~2.5 W/(m^2·K)之间，随季节及管径而不同。

6.3.6.2 热输管道的安全经济运行

用管路输送热油时，其热能和压力能的消耗是互相制约的。以一个加热泵站为例，如取较高的出站油温 T_R，则其站间管段中油流的黏度就小，因而输送的摩擦阻力损失就小。即在一定的输量下，热泵站的热能费用 S_R 是随 T_R 的上升而增大的；而热泵站的动力费用 S_P

是随 T_R 的上升而减小的，如图6-50所示。热泵站的总能耗费用 $S=S_R+S_P$，它随 T_R 的变化关系是一条下凹的曲线，即存在一个能耗费用最小的经济加热温度 T_{Rj}。

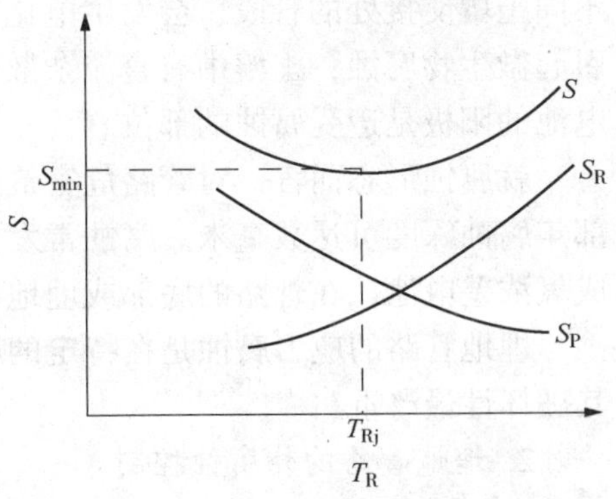

图6-50　温度 T_R 与运行费用 S 的关系

保证热输管道安全运行的关键是要有适当的停输再启动措施，及低输量时的安全运行规程。热油管道停输以后，管内油温将持续下降，如油温降至接近凝点时，可能使再启动时的压力超过泵和管路的承压能力。为此，在不同季节要有允许停输时间的规定。如正常输送时用的是离心泵，有时还要配置高压小排量的往复泵，用于再启动时顶出管内冷油。

热油管道当输量减小时，温降会加大；如出站油温不变，则由于沿线油温下降，油流黏度增大；当油的黏温关系曲线较陡时(例如重燃料油)，可能出现虽然输量减小，但全线的摩擦阻力却反而增大的不稳定现象。因为黏度急剧升高使摩擦阻力增大的影响超过了输量减小对摩擦阻力的影响。对于离心泵，又会引起压力上升而输量减小的恶性循环，直至停流。在我国的原油和重油热输管路上都曾出现过此类事故，所以必须要有相应的运行规程，及时加强监测，以避免出现不稳定工况。

输送易凝高黏原油的管道还需要定期清除管内壁的“结蜡”。这是为了避免管道流通截面缩小，以致降低输送能力；同时也防止了在异常情况下流通截面的急剧缩小而导致停流。

6.3.6.3　管路热膨胀的处理

埋地热输管道的直管段由于温差(管道运行温度与施工安装温度之差)引起热膨胀，其热胀量向弯头集中，无论直管段还是弯头，其热胀量均受到周围土壤的约束，因此引起的弯头的应力可用有限元法或有关的设计软件进行计算。一般说来，采用下列措施可降低弯头的应力。

(1) 尽可能采用弹性敷设。

(2) 尽可能增大弯头曲率半径 R 与管外径 D 的比例，随着 R/D 的增大，弯头的最大环向应力将显著下降。

(3) 弯头角度对弯头的最大环向应力有很大影响，它随 R/D 值和土壤侧向压力系数的变化而变化；宁可采用90°弯头，而不要采用20°~50°弯头。

(4) 若直管段的土壤侧向压力系数不变，则弯头的最大环向应力随弯头处土壤侧向压力系数的增大而减小，因此，弯头周围的回填土应分层夯实，以增大土壤侧向压力系数，降低弯头的最大环向应力。

(5) 在弯头两端设置固定墩，减少弯头的应力，但投资较大。

(6) 管道启动时应缓慢升温，避免热冲击。

(7) 尽量降低管道运行温度与施工安装温度之差，这是降低管路热膨胀最根本的办法，因此，应尽量在夏季进行管路施工安装，提高施工安装温度，降低与管道运行温度之差。

6.3.7　长输管道的外腐蚀

1. 埋地管路外腐蚀的原因及特征

埋地管路埋置在各种成分及物化性质不同的土壤中，土壤具有电解质溶液的特征，处于不同土壤交接处的管段，会发生电化学腐蚀；在缺氧的土壤中，有硫酸盐还原菌的作用，会引起微生物腐蚀；土壤中有直流杂散电流流过埋地钢管路时，会发生电解作用，钢管上电解电池的阳极是遭受腐蚀的部位。

就腐蚀形态而言，对管路危害最严重的是以点、坑、裂纹等形式出现的局部腐蚀，其局部年腐蚀深度可达数毫米。腐蚀常发生于防腐层破损处，特别是由于土壤中含氧量不同而形成氧浓差电池，在管路的底部或埋地管道的出土端易发生腐蚀。

埋地管路的应力腐蚀是在特定的腐蚀环境与应力协同作用下发生的，往往是突发性的，其破坏性最严重。

2. 埋地管路的外腐蚀控制

一般都采用优质的防腐覆盖层与阴极保护法联合防护。对于有杂散电流的地区，则采用排流保护法使管道不受腐蚀。

对管路防腐层的基本要求：与金属有良好的黏结性和电绝缘性；防水及化学稳定性好；有足够的机械强度和韧性；耐阴极剥离性能好；抗微生物腐蚀；破损后易修复；价廉和便于施工。

管路的阴极保护就是利用外加电流对管路进行阴极极化，使管路成为腐蚀电池的阴极。一般可使管路达到有效保护的保护电位判据为-0.85V(相对于硫酸铜电极)。实现阴极保护的方法通常有牺牲阳极法和强制电流法两种。

牺牲阳极法：在待保护的管路上联接一种电位更负的金属或合金(常用锌、镁合金)形成新的腐蚀电池，使外加金属成为阳极被腐蚀，管路则为阴极而被保护。

强制电流法：将被保护的金属管路与外加直流电源的负极相连接，把埋设于距管路一定距离的外加辅助阳极接到电源的正极上。外加电流流入管路使其发生阴极极化而受保护。

供给直流电源常用的电源及整流器有可控硅整流器、恒电位仪等，也可选用太阳能电池、热电发生器、风力发电机等。辅助阳极常用的材料有高硅铸铁、石墨、磁性氧化铁及废钢铁等。还有一种由导电聚合物制成的柔性阳极，外形类似塑料电缆，它适用于高电阻率环境，以及管路防腐层质量低劣的段落，可以平行于管路敷设，以改善沿线的电流分布。

直流杂散电流的防护：为了使在管路中流动的直流杂散电流流回电气铁路的回归线(或铁轨等)，需要用导线将两者连接，这一方法统称排流法。

3. 管路内腐蚀的控制

管路输送含硫原油时的有害硫化物、成品油中可能含有的氧和水，以及管路低洼处的积水和沉积物，都可能导致管路内壁的腐蚀。控制内腐蚀的方法有：

(1) 清管。用清管器清除管内的沉积物，可避免因管内底部有腐蚀产物、细砂等沉积物，而促使管底部形成局部腐蚀电池。黏附在管壁上的这些沉积物又可能限制缓蚀剂发挥作用。

(2) 脱除管输介质中的腐蚀性杂质。

(3) 添加缓蚀剂以抑制腐蚀速率。

(4) 采用内防腐覆盖层。常用的材料有环氧树脂、聚乙烯、聚氨酯和某些金属化合物等。对于成品油管路和储罐在考虑防静电时，可选用能导静电的防腐涂料，如掺有石墨的环氧树脂。

6.4 油品调和

油品调和是炼油企业石油产品在出厂前的最后一道工序，是油品储运专业一项基础技术工作。油品调和工作要求严，技术性强，涉及知识面广。油品调和工作不仅要求具备油品物性知识、计算机应用知识、仪表自控知识等，还需要有质量意识、成本意识、效益意识、安全环保意识，更要有丰富的实践经验。油品调和工作就是要用最少优质的原料、以较短的时间，调出完全合乎质量要求的产品，而且尽可能实现调和一次成功，从而为企业创造出最大的经济效益。

油品调和就是将性质相近的两种或两种以上的石油组分按照规定的比例，通过一定的方法，达到均匀混合，生产出满足一定要求的新产品的过程叫作油品调和。当然，在调和过程中为了改善油品的某种使用性能或满足某种安全要求，还需要加入一定的添加剂。

油品调和的作用和目的：

（1）石油经过蒸馏、精馏和其他二次加工装置生产出的一次产品油，除少数产品可直接作为商品出厂外，对绝大多数一次产品油来说，尚需进行调和，以产出各种牌号的合格产品，既达到使用要求的性质，又要保证质量合格和稳定。

（2）改善油品性能，提高产品质量等级，增加企业和社会效益。

（3）充分利用原料，合理使用组分，增加产品品种和数量，满足市场需求。

6.4.1 调和工艺与机理

大多数石油产品都是经过调和而成的调制品。油品调和通常可分为两种类型：一是油品组分的调和，是将各种油品的基础组分，根据调和目标的质量要求，按照一定的科学配比合成基础油或组分油；二是基础油与添加剂的调和。

油品调和大多为为液-液相系互相溶解的均相混合，当然也有不互溶的液-液相系，混合后形成稳定的分散体，比如硅油类添加剂调入润滑油时即属于这种情况。甚至当添加剂为固态时，甚至会出现液-固相系的非均相混合或溶解。由于固体添加剂为数不多，在此不做讨论。我们主要讨论一下液-液相系互相溶解的均相混合，也对不互溶的液-液相系的混合进行简单的说明。

通常认为液-液相系均匀混合是以下三种扩散机理的综合作用：

（1）分子扩散。由分子的相对运动引起的物质传递，这是在分子尺度的空间内进行的。

（2）湍流扩散。当机械能传递给液体物料时，处于高速流体和低速流体界面上的液体，受到强烈的剪切作用，产生大量漩涡，造成对流扩散。这是在局部范围的漩涡尺度空间内进行的。

（3）主体对流扩散。一切不属于分子运动或涡旋运动而使大范围的全部液体循环流动所引起的物质传递。这种混合传质过程是在大尺度空间内进行的。主体对流扩散只能把不同物料形成较大“团块”地混合起来，通过大“团块”间的涡流扩散，把不均匀程度迅速降低到涡流本身的大小。此时虽没有达到均质混合，但是“团块”已经变得很小，而数量很多，使“团块”间的接触面积大大增加，为分子扩散的加速创造了条件，进而再通过分子扩散使全部油料达到完全均匀的分布状态。

油品调和是上述三种扩散过程的综合。但由于轻质油品和重质油品黏度差别很大，因此，在实际调和中哪种扩散过程起主导作用是不尽相同的。例如，对高黏度的润滑油和重质燃料油的调和，在机械能传递给物料时，可能主要不是形成涡流扩散，而是在剪切作用下把被调和的物料撕拉成很薄的薄层，再通过分子扩散达到均相混合。对于低黏度的轻质油品的调和，涡流扩散将起到重要作用，但最终还是由分子扩散达到完全均匀的混合。

不互溶的液-液相系的混合，实际上是其中的一相(分散相)分散到另一相(连续相)中，使连续相内液滴不断地分散、不断聚结形成液-液分散体。当液滴的分散速率与聚结速率相等时，体系达到了动态平衡，就形成了稳定的分散体。

6.4.2 调和方法

目前，油品调和工艺从大的方面来说，可以分为两种方式：油罐调和和管道调和。油罐调和有时候又叫间歇调和、离线调和、批量的罐式调和。管道调和又叫连续调和、在线调和、连续在线调和。这两种不同的调和工艺由于都有各自的不同优点和适用场所，因而在大多数企业中共存，只是根据自身生产的特点和实际情况有所侧重罢了，其实这两种调和工艺也没有绝对的界限，在有些企业中甚至出现了介于二者之间的一种复合类型：罐式-管道调和，这样就可以把调和工艺细分为三大类：罐式调和、罐式-管道调和、管道自动调和。其中罐式调和就是按照预定的调和配比把各种调和组分、添加剂等按照一定的顺序(先重后轻的原则)依次或同时收入罐内，再通过调和泵循环、电动或压缩风搅拌等方式将它们均匀混合。罐式调和在具体的操作中又有多种不同的方式：一是组分罐和产品罐分开，装置馏出口过来的组分油先进组分罐，经分析合格后按预定配比、合理的顺序泵入产品罐进行调和，这种调和方式操作简单，各组分油的配比容易控制，而且受装置馏出口质量波动影响小，因此在各企业中普遍存在，但因这种工艺需要中间罐周转，储罐利用率低下，调和周期长，能耗和储运损失均比较大，是一种相对落后的调和工艺；二是不设组分罐，各组分油自装置馏出口直接进调和汇管合流进罐，混合均匀后，分析合格即可出厂，如质量不合格，部分或全部倒出后重新调和。这种调和方式虽然能耗、储运损失相对中间组分罐周转的工艺明显降低，但由于各组分油的配比无法精确控制，而且受装置馏出口质量波动比较大，因此一次调和合格率也难以保证。还有一种是介于两者之间的一种调和工艺，部分组分油经馏出口直接进调和罐，部分组分油经中间罐周转。罐式循环调和又可以细分为不同的类型，根据循环调和过程中物料移动的多少可分为全量调和和半量调和；根据搅拌方式的不同，可以分为罐-泵循环调和、机械搅拌调和、压缩空气调和等方式，压缩空气调和尽管操作简单，但由于油气和空气混合很容易达到爆炸极限，而且容易产生静电，带来安全隐患；此外，空气中的氧气也可以导致不饱和烃加速氧化生成胶质，诸如此类的缺陷导致压缩空气调和适用范围极窄，已经退出了历史的舞台。

6.4.2.1 罐-泵循环调和

将各种调和组分油和添加剂(亦可循环时注入)按照预定的配比，依照先重后轻的原则依次或同时收入罐内，用泵持续的将罐底物料抽出，通过调和喷嘴射流或静态混合器混合，使物料达到各相均质，根据使用设备的不同，罐-泵循环调和又可分为泵循环喷嘴搅拌调和和静态混合器调和两种类型。静态混合器调和更多用于管道调和和罐式-管道复合型调和。

泵循环喷嘴搅拌调和就是在罐内设置调和喷嘴——一种为提高调和效率，缩短调和时间而设置的专用设备。喷嘴的锥度通常为15°，其结构尺寸应保证油品在喷嘴处具有足够的动能，以便将循环的油品喷射到油面附近。被混合物料通过装在罐内的喷嘴射流混合：高速射流在静止流体中穿过时，一面推动前方的液体运动，同时在射流边界上产生的高剪切速率造成大量漩涡把周围液体卷入射流中，形成主体对流扩散和涡流扩散，最终达到均质混合的目的。这一工艺适用于调和比例变化大、批量较大和中、低黏度油品的调和，设备简单，管理方便。随着技术的进步，调和喷嘴也由单一的牛角喷嘴，逐步演变为多喷嘴(又叫子母喷嘴)以及旋喷器等多种型式。

牛角喷嘴本身是一个流线椎体，安装在循环线罐内的延伸管端部，靠近罐壁和罐底，倾斜向上，仰角应能保证将油品喷射到油面的 $2/3D$；牛角喷嘴尽管是一种普遍使用的调和喷嘴，但由于调和效率不如子母喷嘴和旋喷器，要确保混合均匀，往往要更长的循环时间，无论是从降低储运的蒸发损失还是从节能的角度考虑，都是不经济的，此外，牛角喷嘴产生的射流和漩涡还会对液位计的导向钢丝、储罐浮盘以及罐下采样器造成一定的影响，因此正逐渐被子母喷嘴取代(见图6-51)。

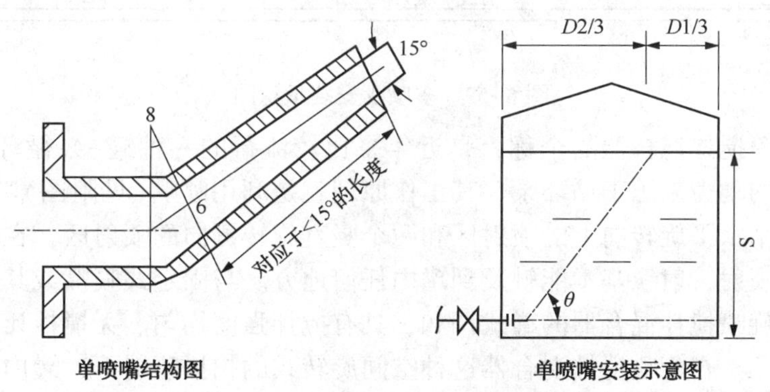

图6-51　单喷嘴结构及安装示意图

多喷嘴又叫子母喷嘴，一般设置5~7个喷嘴，集中分布在储罐中央循环线的延伸管上，中央喷嘴垂直朝上，其他喷嘴略向四周倾斜，以便使油品均匀混合；子母喷嘴与牛角喷嘴相比调和效率高，能有效缩短调和时间，具有节约能耗，降低调和蒸发损失，对罐内浮盘等设施影响小等优点(见图6-52和图6-53)。

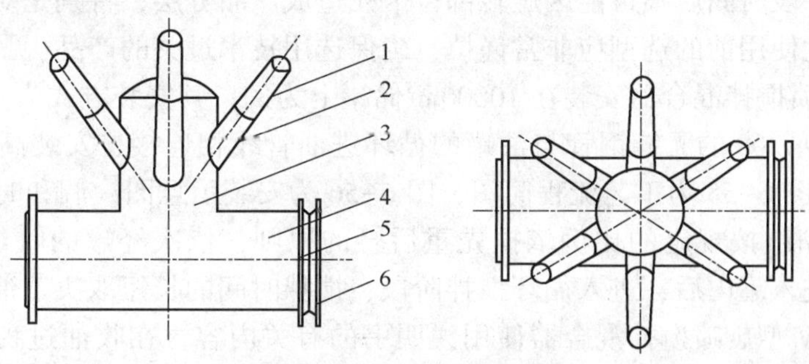

图6-52　多喷嘴结构图

1—多喷嘴；2—导管；3—分配管；4—集油罐；5—法兰；6—法兰盖

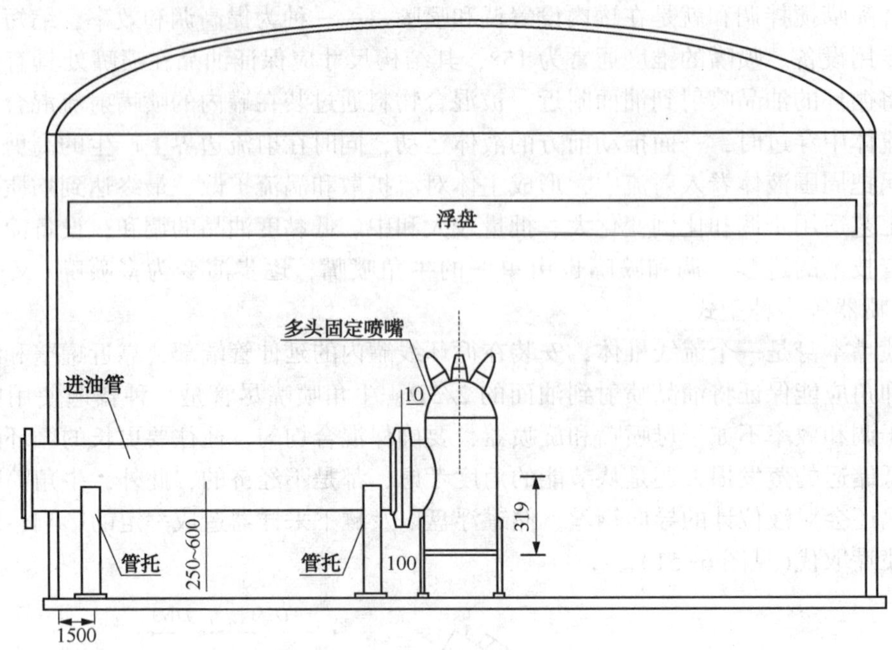

图 6-53　多喷嘴安装示意图

旋喷器是旋喷搅拌混合器的全称，是近年来比较流行的一种罐-泵循环调和专用设备，旋喷搅拌混合器的动力来源于循环泵。其工作原理就是利用喷嘴(见附图)喷射的反作用力，推动喷嘴形成一个水平旋转向上的喷射区和两个竖直旋转侧向的喷射区，在罐内全方位立体旋转形成扫描式喷射，射线基本能触及到罐内任何地方。与固定式喷嘴或其他形式的罐式调和相比较，安装旋喷搅拌混合器的罐式调和，具有搅拌强度均匀、无搅拌死角，不会形成沉淀堆积和分层现象。在旋喷搅拌混合器这种空间旋转式的扫描喷射下，罐内能更好的形成环形涡流与径向射流。由于这种涡流与射流的交叉作用，强化了罐内介质中的颗粒、胶粒团的分散、溶解，使调和介质得到充分混合，缩短了调和时间，有效地避免了油品调和时质量过剩所造成的损失。因此从理论上来说，旋喷器的调和效率要高于牛角喷嘴和子母喷嘴，而且驱动旋喷器的压头很低，如工艺流程合理，完全可以装在储罐收油管的罐内延伸线上，不需要另外配置驱动泵，能大大降低能耗，当然由于旋喷器是一种新型的调和设施，如厂家的技术不过关，使用一段时间后很可能因旋转部位卡死造成产品分层，特别是对柴油等稍脏的介质更是如此，因此使用前的选型应非常谨慎，确保选用技术过关的产品(见图 6-54)。

以 XPV 型旋喷搅拌混合器安装在 10000m^{3}储罐上为例，其安装方式为：6 个喷头按圆周均布，喷头通过 *DN*200 的无缝钢管与油罐的循环进油管线相连接，安装高度 1.5m(侧旋轴心至罐底距离)，图 6-55 为工艺流程简图、图 6-56 为安装示意图。调和时，将组分油和添加剂(或添加剂母液)按规定的比例依据先重后轻的原则，依次经罐的收油管线收入罐内。当调和组分全部进入罐内后，进入循环搅拌阶段，搅拌时间的长短取决于油品黏度及添加剂易融程度。按 XPV 型旋喷搅拌混合器使用说明书的有关内容，在收油过程中，当罐内液位高度达到 XPV 型旋喷搅拌混合器安装高度以上 3.5m 时，XPV 型旋喷搅拌混合器即可开始工作，此时可边收油边调和，利用各组分油进罐后的剩余能量进行调和，无需专门开启调和循环泵进行循环调和，其调和时间更短、节能效果更佳。

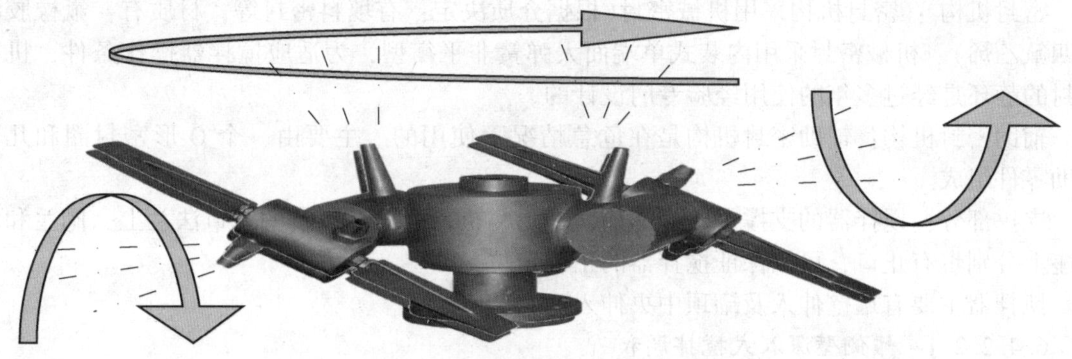

图 6-54　旋喷器工作原理示意图

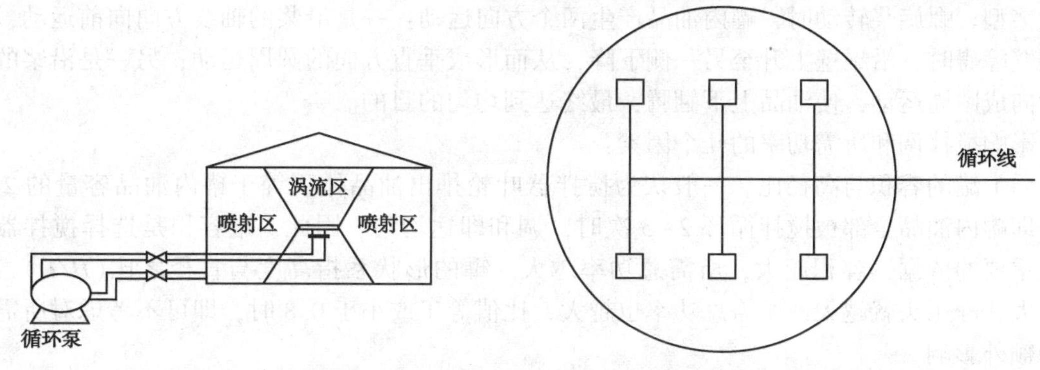

图 6-55　工艺流程简图　　　　图 6-56　安装结构简图

罐-泵循环调和除了在罐内安装调和喷嘴外，还可以在管线上安装静态混合器用来强化混合，静态混合器通常安装在组分油收油汇管上，作为辅助调和设施，能够大大缩短调和时间，而调和的油品质量也优于机械搅拌。需要说明的是在罐-泵循环调和的工艺模式下，静态混合器只是一种辅助手段，这与管道调和有所不同。

6.4.2.2　机械搅拌调和

使用机械搅拌也是油罐调和的常用方法，适用于批量不大的成品油调和，特别是润滑油。被调和物料是在搅拌器的作用下，形成主体对流和涡流扩散传质、分子扩散传质，使全部物料性质达到均一。罐内物料在搅拌器转动时产生两个方向的运动：一是沿搅拌器的轴线方向的向前运动，当受到罐壁或罐底的阻挡时，改变其方向，经多次变向后，最终形成近似圆周的循环流动；二是沿搅拌器桨叶的旋转方向形成的圆周运动，使物料翻滚，最终达到混合均匀的目的。搅拌调和的效率，取决于搅拌器的设计及其安装。搅拌器通常由主传动机构、叶轮、密封机构、辅助密封机构和支撑部分等组成(见图 6-57)。

图 6-57　搅拌器实物图

传动机构由立式防爆电机带动一对螺旋伞型齿轮，驱动螺旋浆转动叶轮。采用三翼船用螺旋桨型叶轮，可以在很大范围内将罐内介质搅动，使介质形成上下循环和圆周循环，从而大大地提高搅拌的效果。

密封机构 ：密封机构采用机械密封(根据介质决定：有填料密封等，材质有：氟橡胶和聚四氟乙烯)。机械密封采用内装式单端面大弹簧非平衡型，为适应搅拌器操作条件，机械密封的静环是经过多年的使用经验专门设计的。

辅助密封机构：辅助密封机构是在危急情况下使用的。主要由一个O形密封圈和几个辅助零件组成。

支撑部分：搅拌器的支撑主要靠螺栓，螺母将机器紧固在设备的开口法兰上，阀兰和法兰座上分别带有止口，可以保证搅拌器的正确定位。

搅拌器主要有罐壁伸入及罐顶中央伸入两类。

6.4.2.2.1　罐侧壁深入式搅拌调和

搅拌调和搅拌器由罐壁伸入罐内，每个罐可装一个或几个，搅拌器的叶轮是船用推进式螺旋桨型。螺旋桨转动时，罐内油品产生两个方向运动：一是沿桨的轴线方向向前运动，受到罐壁障碍时，沿罐壁上升至另一侧下降，从而形成垂直方向的圆周运动；另一是沿桨的旋转方向成圆周运动，使油品上下翻腾，最终达到均匀的目的。

影响搅拌调和所需功率的几个因素：

(1) 罐的容积与高径比。一般认为搅拌器叶轮排出油品体积等于罐内油品容量的2~3倍，即罐内油品全部被搅拌循环2~3次时，调和即达均匀。因此，罐容积是选择搅拌器功率最重要的依据，容积越大，所需总功率越大。罐的形状系指高度与直径之比(H/D)，比值越大，静压头就越大，所需总功率也越大，比值等于或小于0.8时，即可不考虑对所需功率的额外影响。

(2) 介质黏度。油品黏度越高，则流动阻力越大，搅拌功率就相应增大。在黏度小即流体的雷诺数值大于10000时，可不特殊考虑黏度对功率的影响。

(3) 搅拌时间。连续搅拌时间长，则所需搅拌器功率就较小；反之，要求短时间内完成调和就要使用较大功率。

(4) 搅拌运行方式。以两组分为例，可有三种运行方式：

① 两组分同时进罐，边进边搅，全部进罐后继续搅拌2h。

② 组分一先进罐，组分二开始进入时启动搅拌，组分二进完后继续搅拌2h。

③ 两组分全进罐后才启动搅拌，可要求在8h、2h、以至1h内达到均匀目的。实测结果表明第一种方式每单位容积所需动力最小。

按目前使用情况，搅拌器布置可归纳如下：不论使用几台搅拌器(一般最多不超过4台)，应集中布置在罐壁圆周1/4的范围内；如组分进罐时不启动搅拌器，则油罐出、入管线的位置对搅拌器布置无影响；如在油品进、出过程中需要开动搅拌器，则出、入口离搅拌器宜有30°的夹角；可将搅拌器轴心线对油罐中心线偏离一定角度(一般偏7°~12°，小罐取大值，大罐取小值)；搅拌器轴心线离罐底的距离，取桨叶直径的1.5倍。

侧向深入式搅拌器可分为固定插入角型和可变插入角型两大类，固定插入角型搅拌器的轴只能转动而不能摆动，因而结构相对简单，但由于在其运行时，罐内液体的流动状态是固定的，存在搅拌死区；可变插入角型搅拌器的轴既可以转动，又可以在左右30°角的范围内摆动，从而消除了死区，搅拌效果更佳。

6.4.2.2.2　罐顶中央进入式搅拌调和

只使用在小型立式调和罐上(容积约20m^{3}以下)，适用于小批量而质量、匹配等要求严格的特种油品的调和，如特种润滑油的调和，便于小包装灌桶作业以及稀释添加剂的基础液等。搅拌器有桨式与推进式两种。

(1) 桨式搅拌器。是一种低速搅拌器，油品的流动状态保持层流，可不另设挡板，罐内径与桨叶外径之比为1.25~2.0。由于低速搅拌需要较长的调和时间，但优点是所需功率小。

(2) 推进式搅拌器。转速较高，桨叶有单层或双层。调和油品液层较浅，黏度低(小于$100mm^2/s$)的可用直径较大的单层桨叶，反之可用双层。罐内还应增设挡板，使流型保持在湍流状态。

6.4.2.3 管道调和

管道调和(包括油罐—管道调和)是利用自动化仪表控制各个被调和组分流量，并将各组分油与添加剂等按预定比例送入总管和管道混合器，使各组分油在其中混流均匀，调和成为合乎质量指标的成品油；或采用先进的在线成分分析仪表连续控制调和成品油的质量指标，各组分油在管线中经管道混合器混流均匀达到自动调和目的。经过均匀混合的油品从管道另一端出来，其理化指标和使用性能达到预定要求，油品可直接灌装或进入成品油罐储存。管道混合器(常用的是静态混合器)的作用在于流体逐次流过混合器每一混合元件前缘时，即被分割一次并交替变换，最后由分子扩散达到均匀混合状态。

调和系统需要保持两种或两种以上物料的一定比值关系。在设计调和系统时要选择某一种物料作为主要物料。这种物料称之为主物料，表征该物料的参数称为主动量。而其他物料则按主物料来进行配比，在调节过程中跟随主物料而变化，因此称它们为从物料，表征它们特征的参数称为从动量。在炼油厂中，被调和的物料，往往是不同组分的油品。人们常把主物料称为主组分油品，而从物料则称为分组分油品。与此相应把表征其特征参数目“主动量”和“从动量”分别称为“主流量”和“从流量”或“分组分流量”。

1. 主流量选择原则

在设计调和系统时，究竟选择哪个流量作为主流量，一般来讲，应遵循下述原则：

选择调和油品中的主要油品。

选择可测量而不可控的物料，如装置馏出口外送的油品。

选择调和物料中最大的组分流量为主流量，而把流量较小的油品或添加剂则作为从动量。其优点是调节阀可用得小一些，同时调节灵敏度也较高。

若工艺有特殊要求时，则应服从安全操作的要求。

管道调和操作方式有：①在计算机控制下，实现自动操作；②使用常规自控仪表、人工给定调和比例的手动操作管道调和；③用微机监测、监控的半自动调和系统。这三种管道调和方法我国都有实际使用。

2. 管道调和组成

管道调和一般由下列部分组成：组分油(基础油)、添加剂组分罐和成品油罐。

组分通道，每一个通道应包括配料泵、计量表、过滤器、排气罐、控制阀、温度传感器、止回阀、压力调节阀等；组分通道的多少视调和油品的组分数而定，一般5~7个通道，也可更多一些，通道的口径和泵的排量，由装置的调和能力和组分比例的大小而定，各组分通道的口径和泵的排量是不相同的。总管、混合器和脱水器、各组分通道出口均与总管相连，各组分按预定的准确比例汇集到总管；混合器也有叫均质器，物料在此被混合均匀，该设备可为静态的，亦可是电动型的；脱水器是将油品中的微量水脱除，一般为真空脱水器，也有采用其他形式的。

在线质量仪表，主要是黏度表、倾点表、闪点表和比色表，尤其在采用质量闭环控制或优化控制调和时，必须设置在线质量仪表。

自动控制和管理系统，根据控制管理水平的要求，可选用不同的计算机及辅助设备。

3. 管道调和工艺流程

管道调和工艺流程有以下种类：

(1) 罐式在线调和：将组分油从罐内抽出，经在线分析仪及控制系统确定不同的比例组分油进成品调和油罐。

(2) 罐式调和直接出厂：把调和和装油出厂两种作业结合在一起，将组分油从罐内抽出，经在线分析仪及控制系统确定不同的比例组分油调和直接出厂。

(3) 馏出物在线调和进油罐：装置馏出物经在线分析仪及控制系统确定不同的比例组分油调和进入罐。

(4) 馏出物直接调和出厂：把装置馏出物与组分油直接在管道内调和直接出厂，多余部分送入成品罐储存。

4. 管道调和发展概况及优点

从调和工艺流程上看，调和方法由批量的罐式调和，逐步发展为调和与装油联合作业的直接调和、馏出油与其他组分油直接调和出厂等方式。

从调和系统应用仪表控制方面来看，经历了20世纪50年代、60年代、70年代的模拟式仪表、数字式仪表，到80年代、90年代应用电子计算机、智能软件、高精度流量计、快速稳定性能高的在线质量分析仪表等实现了闭环的最优化控制。目前已有多种以微处理机为核心、智能软件为基础的专用调和成套设备在石化、石油系统中应用。

在调和产品质量指标方面，已由幅值控制发展到目标控制，即由比值调节、比值调节质量监视的幅度控制发展为比值调节质量监控的目标控制，以及在最佳调和系统中由控制一两个主要目标质量发展为控制产品全部目标质量的所谓闭环的高级控制系统。

管道调和具有下列优点：

(1) 可使组分油储存罐减少并可取消调和罐，成品油可随用随调，且能连续作业，这样可节省成品油的非生产性储存，减少油罐容量。

(2) 组分油能合理利用，尤其对批量较大的油品，添加剂能准确加入，避免质量“过头”，可以提高一次调和合格率，成品油质量可一次达到指标。

(3) 减少中间分析，节省人力，取消多次油泵转送和混合搅拌，节约时间，降低能耗。

(4) 由于全部过程密闭操作，减少油品氧化蒸发，降低损耗。管道调和适用于大批量的调和。

(5) 在操作中容易改变调和方案，并可避免对有毒添加剂的直接操作，若在线控制仪表稳定、可靠，可确保调和精确。

因此，各炼油厂都在油罐调和成功应用的基础上，积极采用新技术推广管道自动调和。

5. 两种调和工艺的比较

油罐调和是把定量的各调和组分依次或同时加入到调和罐中，加料过程中不需要度量或控制组分的流量，只需确定最后的数量。当所有的组分配齐后，调和罐便可开始搅拌，使其混合均匀。调和过程中可随时采样化验分析油品的性质，也可随时补加某种不足的组分，直至产品完全符合规格标准。这种调和方法、工艺和设备均比较简单，不需要精密的流量计和高度可靠的自动控制手段，也不需要在线的质量检测手段。因此，建设此种调和装置所需投资少，易于实现。此种调和装置的生产能力受调和罐大小的限制，只要选择合适的调和罐，就可以满足一定生产能力的要求，但劳动强度大。

管道调和是把全部调和组分以正确的比例同时送入调和器进行调和，从管道的出口即得到质量符合规格要求的最终产品。这种调和方法需要有满足混合器要求的连续混合器，需要有能够精确计量、控制各组分流量的计量器和控制手段，还要有在线质量分析仪表和计算机控制系统。由于该调和方法具备上述这些先进的设备和手段，所以管道调和可以实现优化控制，合理利用资源，减少不必要的质量过剩，从而降低成本。管道调和是连续进行的，其生产能力取决于组分罐和成品罐容量的大小。

综上所述，油罐调和适合批量小、组分多的油品调和。在产品品种多、缺少计算机技术装备的条件下更能发挥其作用。而生产规模大、品种和组分数较少，又有足够的吞吐储罐容量和资金能力时，管道调和则更有优势。油罐批量调和一般情况下，设备简单，投资较少；管道连续调和相对投资较大。具体调和厂的建设取何种调和方法，需作具体的可行性研究，进行技术经济分析再最后确定。

6.4.3 调和指标的计算

涉及油品调和指标的项目多达几十个，其中有些项目在调和中是呈加成关系的，叫加成性参数。如：胶质、残炭、酸值、硫含量、灰分、馏程(初馏点、干点除外)、密度等。有些指标不呈加成性关系叫不可加性参数，如黏度、闪点、辛烷值、十六烷值、凝点、饱和蒸气压、初馏点、干点等。

1. 加成性指标计算

油品调和的指标有数十项之多，日常生产涉及的车用柴油调和指标有十六烷值、硫含量、闪点、馏程、胶质等。其中酸度、残炭、灰分、馏程、硫含量、胶质、相对密度等是由可加和性的指标，计算方法相对简单，可按下式计算：

$$V_A = \frac{X - X_B}{X_B - X_A} \times 100\%$$

式中 V_A——混合油中 A 种油的体积分数,%；

X——混合油的有关规格指标数值；

X_A——A 种油的有关规格指标数值；

X_B——B 种油的有关规格指标数值；

V_B——混合油中 B 种油的体积分数,%；$V_B = 100 - V_A$。

【例】 有一批车用汽油 A，其 10%馏出温度为 85℃，超过标准规定 81℃。现在用一批 10%馏出温度为 68℃的汽油 B 来调整。经测定汽油 A 在 79℃的馏出量为 7%，而汽油 B 在 79℃的馏出量为 26%，求调和比。

解：调和后油品在 79℃的馏出量应为 10%。

根据以上公式得

$$V_A = \frac{10-26}{7-26} \times 100\% = 84.2\%$$

即调和时汽油 A 的用量应为 84.2%。实际调和时应使汽油 A 的用量稍小于 84.2%，以保证调和后汽油的 10%馏出温度略低于 81℃。

2. 非加成性指标计算

而辛烷值、针入度、闪点、凝点、十六烷值等是属于非加和性指标，各有各的计算规律，其中辛烷值的计算有斯图而特法、调和因素法等，沥青的针入度

计算可用公式 $\lg Pen = a\lg A + (1-a)\lg B$ 计算。

式中 Pen——调和后沥青针入度；

A——沥青 A 样针入度；

B——沥青 B 样针入度；

a——调和比例。

下面以闪点为例介绍一下非加成性指标的计算。

当两组分的馏程接近时，调和柴油的闪点可按下式近似计算：

$$T_{混} = \frac{At_a + Bt_b - f(t_a - t_b)}{100}$$

式中 t_a、t_b——a、b 组分的闪点，$t_a > t_b$；

A、B——a、b 组分的体积分数；

f——闪点调和系数，由表查得。

当闪点在 35~150℃范围时，两组分的调和可采用闪点调和计算图(见图 6-58)。当甲、乙两组分的闪点为已知数，联接这两点的直线即可求出该两组分混合油的闪点。

其计算结果与生产实测值绝对误差小于 2℃。

多组分的调和可由下列计算式求出：

$$0.929^{t} = 0.929^{t_1},\ V_1 + 0.929^{t_2},\ V_2 + \cdots + 0.929^{t_n},\ V_n$$

式中 t——调和油的闪点,℃

t_1、t_2、t_n——组分 1、2、…、n 的闪点,℃

V_1、V_2、V_n——组分 1、2、…、n 的体积分数。

上述公式适用于闪点在 30~150℃范围，计算结果与实测值绝对误差不超过 2℃。

柴油闪点调和系数见表 6-12。

表 6-12 柴油闪点调和系数

A	B	f	A	B	f	A	B	f
5	95	3.3	40	60	21.7	75	25	30.0
10	90	6.5	45	55	23.9	80	20	29.2
15	85	9.2	50	50	25.9	85	15	26.0
20	80	11.9	55	45	27.6	90	10	21.0
25	75	14.5	60	40	29.2	95	5	12.0
30	70	17.0	65	35	30.0			
35	65	19.4	70	30	30.3			

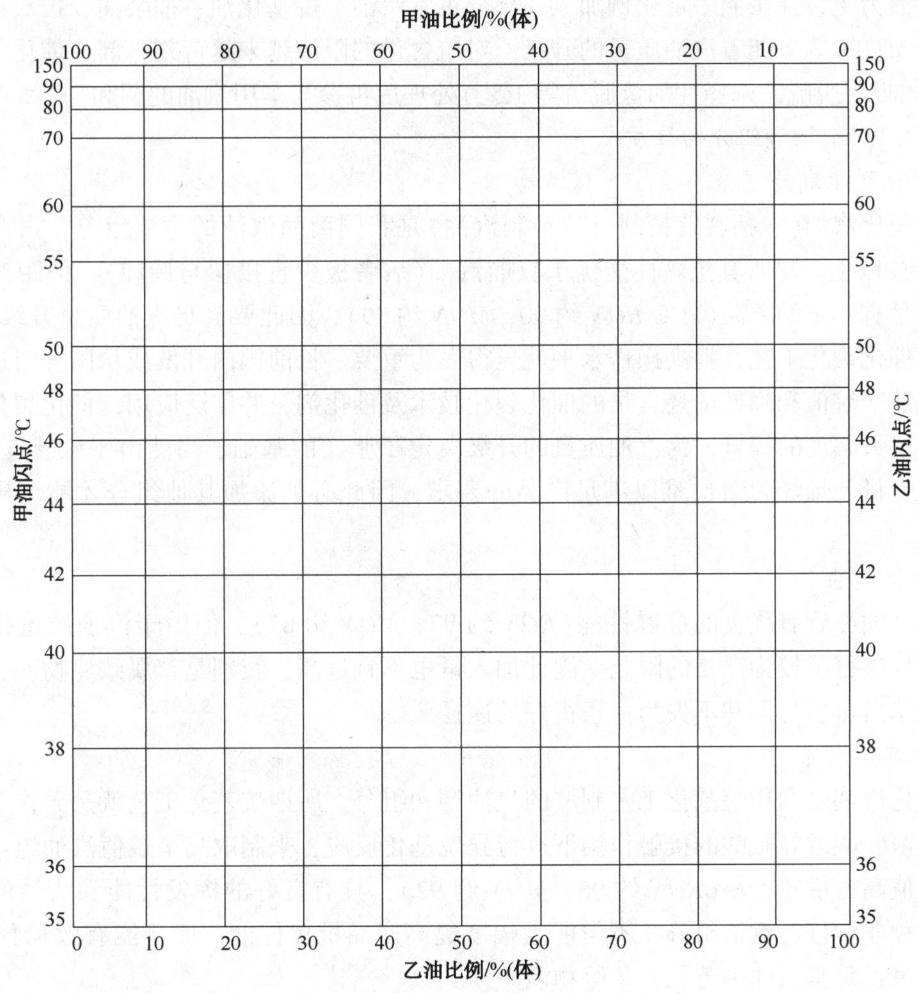

图6-58 闪点调和计算图

6.4.4 车用汽油调和

随着环保压力的增加，汽车尾气达标排放方面的管理也越来越严格，汽油质量升级的步伐也在逐渐加快。2000年1月1日起，车用含铅汽油停止生产，我国步入了无铅汽油时代；2005年7月1日起，国Ⅱ标准全面推行；从2010年1月1日出厂的车用汽油达到国Ⅲ要求；2014年1月1日开始出厂的车用汽油按国Ⅳ标准出厂。目前部分城市如北京、广州等地已经率先执行欧Ⅵ排放标准。随着汽油质量的升级，新标准不但对辛烷值、诱导期、胶质、酸值、蒸气压等指标给予了限值，而且对硫含量、氧含量、烯烃、芳烃、苯等有害物质的要求也越来越苛刻。在所有质量指标中，除辛烷值和蒸汽压等少数指标可以通过调和使其达到规定的要求外，其余大部分指标通常是在加工过程中采取适当的工艺和操作条件进行控制与调整。

6.4.4.1 主要调和组分及性质

汽油产品是有多种工艺过程生产的汽油组分调和而成的，我国车用汽油调和组分油以催化裂化汽油为主，并按照一定比例加入一部分重整汽油、烷基化油、抽余油、拔头油、脱苯汽油以及 MTBE 等，随着汽油质量的升级，对硫含量的限值越来越苛刻，部分催化汽油经脱硫工艺(如吸附脱硫，选择性加氢脱硫等工艺)处理后再参与车用汽油的调和。

6.4.4.1.1 调和组分的性质

1. 催化裂化汽油

催化裂化汽油(包括脱硫精制后的精制汽油)是我国商品汽油的主要组分，占商品汽油总量的70%以上。尽管其抗爆性能优于直馏汽油(后者极少直接参与调和)，但距产品的质量要求还是有一定的差距(FCC *RON* 约 90，*MON* 约 79)，因此要满足汽油质量升级的要求，持续改进催化裂化工艺，提高操作水平就显得尤为重要。目前国内开发或从国外引进了一系列提高汽油辛烷值和降低烯烃含量的催化裂化技术及催化剂，并广泛应用，催化裂化汽油的质量得到了大幅度的提升，为汽油质量的升级奠定了坚实的基础。当然由于敏感度比较高，再加上硫含量、烯烃含量也难以满足产品的要求，因此必须添加其他组分才能调出优质的产品。

2. 重整汽油

重整汽油尽管有优良的抗爆性能(*RON* 约 97，*MON* 约 87)，但由于汽油质量指标中对芳烃的含量进行了较为严格的限制，因此加入量也不宜过高。特别是苯属致癌物质，应设法降低，脱苯后再参与调和不失为一条很好的途径。

3. 烷基化汽油

烷基化汽油是利用烷基化工艺制取的汽油调和组分。所谓烷基化工艺就是异构烷烃和烯烃气体在浓硫酸或氢氟酸的接触作用下进行异烷基化反应，来制取高辛烷值汽油组分。烷基化油辛烷值高，敏感度小(*RON* 约 95，*MON* 约 92)，具有良好的挥发性能和清洁的燃烧性能，是一种非常好的汽油组分，不但能大幅度提高产品抗爆性能，而且能有效稀释 FCC 汽油中硫、氮，重整汽油中芳烃、苯等物质。

4. 异构化汽油

异构化汽油是利用异构化工艺制取的汽油调和组分。正构烷烃在异构化后，辛烷值大幅提升，例如正戊烷 *RON* 为 61.7，异戊烷 *RON* 可达 92.3，异构化是提高汽油整体抗爆性能的一种较为廉价的方法。

5. MTBE(甲基叔丁基醚)

MTBE 生产工艺简单，成本相对低廉，是一种优良的高辛烷值调和组分，能够有效降低能耗、提高发动机的功率。它是一种无色、透明、有特殊异味的轻质液体，纯度为 97.5%，密度 0.7394g/cm^3，沸点 52.5~58.5。其物理、化学特性与特有的分子结构有关。在 MTBE 的分子结构中，氧原子与氢原子不直接相连，而与碳原子相连，由于 C—O 键的键能大于 C—C 键的键能，且 MTBE 的分子中又存在叔碳原子上的空间效应，难于使分支断裂形成自由基，因此 MTBE 具有良好的化学稳定性，抗爆性能优良，而且 MTBE 的调和效应非常好，调和辛烷值高于自身的净辛烷值(见 MTBE 的调和效应)，因此可以作为高标号汽油的调和组分，用来提高产品的辛烷值。当然由于汽油质量指标中对氧含量有较为苛刻的规定，因此 MTBE 也不能无限制的加入，各国的加入限值不太一样，通常最大加入量介于 15%~20%之间。我国最大加入量要求不超过15%，而且仅限于车用清洁汽油，乙醇组分油严禁加入MTBE。

6.4.4.1.2　调和组分的辛烷值和组成分布

不同的工艺、相同的工艺不同的原料生产的汽油调和组分具有不同的辛烷值，即使是相同原料、相同工艺生产的汽油调和组分的辛烷值也随馏分的不同而不同。将大庆油的催化裂化汽油和重整汽油按等体积切割成窄馏分，经分析发现：催化裂化汽油的辛烷值随馏分的加重而降低，40%以前的各窄馏分的辛烷值均高于全馏分的辛烷值，这主要是由于高辛烷值的低分子烯烃和异构烷烃的存在导致的。而重整汽油的辛烷值分布则完全相反，辛烷值随馏分的加重而升高，是由于30%以前的各馏分中饱和烃含量高而40%以后各馏分中芳烃含量逐渐增加造成的。

一般用ΔR_{100}评价前部辛烷值优劣，即$\Delta R_{100}=R_{全馏分}-R_{<100℃馏分}$，如$\Delta R_{100}$为负值，则表明前部辛烷值高，有利于低温起动和低速抗爆震。大庆油的催化裂化汽油ΔR_{100}为-4.5，催化重整生成油为+25.0。利用这个特点，把高辛烷值的前部催化裂化汽油和重整后部馏分用于无铅优质汽油的调和，这样的调配可以提高汽油的辛烷值。

具体来说，对同族的烃类，辛烷值随相对分子质量的增加而降低，当相对分子质量接近时，各族烃类抗爆性能优劣的大致顺序为：芳香烃>异构烷烃和异构烯烃>正构烯烃及环烷烃>正构烷烃。

6.4.4.2　汽油组分的调和效应

在汽油调和中辛烷值并不遵守线形调和规则，各调和组分间存在着调和效应，一般用调和辛烷值表示。调和辛烷值*BON*是基础调和组分的辛烷值及调和组分调入量的函数，可以用下式表示：

$$BON = A + \frac{(C - A) \times 100}{a}$$

式中　A——基础调和组分的辛烷值；

C——混合油的辛烷值；

a——调和组分的调入量，%。

调和辛烷值大于组分净辛烷值时为正调和效应，反之为负调和效应，表6-13列举了催化裂化汽油在其他调和组分中的调和效应：催化裂化汽油调入直馏汽油中，*MON*调和辛烷值大于净辛烷值，而*RON*则相反；催化裂化汽油调入重整全馏分油和重整重馏分油中，*MON*、*RON*均低于净辛烷值，而调入重整轻馏分油则高于净辛烷值；调入烷基化油中，*MON*小于净辛烷值，*RON*与净辛烷值基本相同。在油品调和过程中，我们应尽可能的发挥正调和效应，以提高经济效益。

需要说明的是纯烃的辛烷值与其调和辛烷值往往相差悬殊，如1-戊烯的*RON*和*MON*分别为91和77，但其调和辛烷值却分别高达152和135。在降烯烃和提高催化汽油辛烷值的过程中如以纯烃的辛烷值为决策依据将低估烯烃对辛烷值的贡献造成全厂辛烷值的短缺，因此采取科学的方法研究各组分辛烷值的调和规则，对节约高辛烷值组分，优化资源配置，提高经济效益尤其重要。

表 6-13 催化裂化汽油①的调和效应表

基础调和组分	催化裂化汽油调入量/%(体)	0	20	40	60	80
		调和辛烷值				
直馏汽油	*MON*	56.6	82.6	84.6	83.1	80.2
	RON	57.6	82.1	85.4	87.6	87.9
宽馏分重整生成油	*MON*	86.4		75.4	76.9	77.5
	RON	98.1		83.6	83.9	84.2
轻质重整生成油	*MON*	68.8	86.3	84.8	81.3	78.8
	RON	72.2	93.7	92.2	89.7	88.2
重质重整生成油	*MON*	93.2		71.2	75.5	76.7
	RON	104.9		85.7	85.4	85.8
烷基化油	*MON*	91.7	74.2	74.7	77.4	77.3
	RON	94.0	87.5	88.0	87.5	86.8

① 催化裂化汽油的净辛烷值：*MON* 为 78.2，*RON* 为 88.0。

6.4.4.3 MTBE 的调和效应

MTBE 是作为一种优良的高辛烷值调和组分，不但 *RON*(研究法辛烷值可达 118)和 MON(马达法辛烷值可达 102)比较高，并且调和效应非常理想，其中尤以直馏汽油最为突出，调和抗爆指数可达 131.5，即使在烷基化油、催化裂化汽油以及重整汽油中也不容小觑，分别达到 111.5、112 和 113，均高于其净抗爆指数 110；表 6-14 为不同组分加入 MTBE 后的调和效果。

在双组分油中(催化裂化-直馏汽油、催化裂化-烷基化油、催化裂化-重整汽油)，MTBE 调和辛烷值接近于其净辛烷值，而低于相应单组分的调和辛烷值，这说明 MTBE 在双组分中的调和辛烷值不具有可加性(见表 6-14)。

表 6-14 MTBE 在双组分基础汽油中的调和辛烷值

基础汽油	MTBE 加入量/%(体)	MTBE 的调和辛烷值		
		MON	*RON*	(*M*+*R*)/2
催化裂化汽油-直馏汽油Ⅰ	10	99	114	107
	15	—	—	—
	20	100	116	108
催化裂化汽油-直馏汽油Ⅱ	10	103	120	112
	15	110	118	114
	20	111	119	115
催化裂化汽油-烷基化油	10	100	122	111
	15	102	115	109
	20	100	116	108
催化裂化汽油-烷基化油	10	95	120	108
	15	97	116	107
	20	110	107	109

在三组分调和中，通过对直馏汽油-催化裂化-重整汽油以及烷基化油-催化裂化-重整汽油的考察发现：MTBE 调和辛烷值在两种试样中大体相当，接近自身的净辛烷值(见表 6-15)。

表 6-15 MTBE 对不同三组分基础汽油辛烷值的影响

基础汽油	MTBE 加入量/%(体)	MTBE 的调和辛烷值		
		MON	*RON*	(*M*+*R*)/2
直馏汽油-催化裂化汽油-重整馏分	0	80.5	89.6	85.1
	10	82.3	92.5	87.4
	15	83.7	93.9	88.6
	20	84.3	95.4	89.9
烷基化油-催化裂化汽油-重整馏分	0	83.4	93.4	88.4
	10	85.0	95.4	90.2
	15	86.0	96.7	91.4
	20	87.0	97.7	92.4

6.4.5 车用柴油调和

1. 产品理化性能

柴油为淡黄色液体，具有良好的燃烧性能，主要由含 12~30 个碳原子的烷烃、环烷烃、芳香烃和烯烃等组成，具有足够的黏度，在发动机内雾化性能良好，燃烧平衡；杂质少，尤其是钒、钠、镍、硅等化合物含量极少，燃烧后在发动机内不易产生结焦和积炭，再加上含硫低、无机酸少，基本不含无机酸或碱，所以对机件及储罐无腐蚀性，车用柴油根据凝点的高低可分为 $0^{\#}$、$-10^{\#}$、$-20^{\#}$、$-35^{\#}$等不同的牌号。

2. 主要质量指标

(1) 凝点。凝点是指柴油在低温下失去流动性的最高温度，我国车用柴油的牌号就是根据凝点来划分的：凝点不但是柴油储存、运输、收发作业的低温界限温度，而且与低温使用性能也有一定的关系。含蜡较少的柴油低温下失去流动性通常是黏度增大造成的，含蜡较多的柴油失去流动性则是在低温下石蜡结晶导致的，因此，柴油的馏分越重或含蜡越高则其凝点也就越高。

(2) 冷滤点。冷滤点是将试样在规定条件下冷却，在 1960Pa 真空压力下抽吸，使试油通过过滤器(363 目/in) 1min 不足 20mL 的最高温度。柴油的冷滤点与柴油的最低使用温度有着良好的对应关系，从某种意义上说，在评价柴油的低温使用性能时，冷滤点比浊点和凝点更为实用。改善柴油的低温流动性能，除了变更调和配方，加入更多低凝点调和组分外，添加降凝剂(即低温流动改进剂)是一种常用方法。柴油添加降凝剂后，在低温下可实石蜡结晶分散，阻碍其成网状发展，进而改善柴油低温下的流动性。

(3) 十六烷值。十六烷值是表征柴油在柴油机中抗爆性能的一项重要指标，是指和柴油的抗爆性能相当的标准燃料(由正十六烷和甲基萘组成)中正十六烷的百分数，十六烷值的高低取决于柴油中烷烃、环烷烃、芳香烃和烯烃等含量的多少。

(4) 闪点。闪点是柴油加热时产生的蒸汽和空气的混合气成为可燃混合气时，由小火花或电火花点燃时的温度，是表征油品蒸发倾向性的一个安全指标。

(5) 馏程。馏程是保证柴油在发动机燃烧室里迅速蒸发气化和燃烧的重要指标，其中初馏点和10%馏出温度决定了柴油机的启动性能，50%馏出温度决定了加速性能，95%馏出温度是能否完全燃烧的重要保证。

(6) 硫含量。硫含量是控制油品中硫化物的重要指标，由于硫化物燃烧产生的二氧化硫或三氧化硫不但会加速润滑油的变质和机车的腐蚀，更重要的是造成了严重的环境污染，所以必须对硫含量有严格的限制。

除了上述指标以外，我国还对车用柴油的残炭、黏度、硫含量、水分等质量指标都有明确的界定。

6.4.5.1 主要调和组分及性质

目前，我国成品柴油组分主要是由直馏柴油和催化裂化、焦化柴油经加氢精制后按照一定比例调和而成，热加工柴油和加氢裂化等柴油所占比例较少。随着柴油质量升级步伐的加快，直馏柴油调入量将逐渐减少，不久的将来柴油组分将主要由加氢精制柴油构成。

国内原油主要为低含硫的石蜡基和中间石蜡基原油，直馏柴油馏分的燃烧性能好，但凝点较高，不适宜于低凝点柴油的生产，并在一定程度上限制了柴油干点的提高和增产柴油的手段。我国进口的中东原油的柴油产率和硫含量都高，需要加氢精制。柴油的燃烧性能以十六烷值表示，但必须在专门的设备上测定，也可用由理化指标计算出的十六烷指数(ASTMD976)来相对地评定柴油的燃烧性能。

我国催化裂化柴油在柴油总产量中约占40%，由于催化裂化以蜡油和重油为原料，加工后芳烃含量也多，多数催化裂化柴油的凝点在-10℃以上，与直馏柴油基本相当，而其安定性和十六烷指数不如直馏柴油(见表6-16)。

表6-16 我国加工的主要原油柴油组分的十六烷指数及凝点

原油	直馏柴油			催化裂化柴油		
	馏分/℃	十六烷指数	凝点/℃	进料	十六烷指数	凝点/℃
大庆	200~320 200~350 230~330	68.5 67.0 67.2	-15 -5 -6	减压蜡油 减压渣油	40~42 27~29	-5~12 -8~-10
胜利	180~350 230~350 240~400	56.2 56.5 57.0	-12 -10 10	减压蜡油	32~36	-2~-8
辽河	180~400 200~350 230~300	53.4 52.0 50.2	-5 -10 -18	减压蜡油	28~32	-2~-8
沙特油	180~365	52.4	-19	减压渣油	27	-5

由表6-16可知，催化裂化柴油的十六烷指数都较低，直馏柴油凝点很低，尤其是沙特中质原油，催化裂化柴油需要与直馏柴油调和才能出厂。

6.4.5.2 流动改进剂的应用

柴油在低温下由于黏度的增加和石蜡的析出，将导致流动性能变差，影响发动机在低温下的正常运行，虽然可以通过增加低凝点组分油的调和量在一定程度上改善其流动性，但由于低凝点组分油的资源是有限的，再加上硫含量、十六烷值等指标的限制，也不可能无限制地加入低凝点组分油，为了增产低凝点柴油，除采取脱蜡工艺外，添加低温流动改进剂不失为一种经济有效的手段。

柴油流动性改进剂有多种，常用的有乙烯/乙酸乙烯酯共聚物、乙烯/烷基丙烯酸酯共聚物、氯乙烯共聚物等。国内开发的柴油流动改进剂 T1804，它为一相对分子质量 1500~2000 的乙烯-乙酸乙烯酯共聚物，在 0.01%~0.1%的加入量下，可不同程度地降低柴油的凝点和冷滤点，其使用效果取决于添加剂本身的结构和基础油的性质。

6.4.6 润滑油的调和

润滑油的调和分为两类：一类是基础油的调和，即将两种或两种以上不同黏度的基础油调和生成新指标要求的基础油，其目的主要是为了调整黏度、黏度指数、颜色等质量指标，调和后的基础油可作为商品出厂供小型润滑油厂作为调和原料使用，例如 HVI100 与 HVI200 调和生产黏度符合 HVI150 的基础油；另一类是润滑油的调和，就是将已脱沥青和脱蜡或加氢精制的不同黏度的一种或多种基础油与添加剂的调和，以改善油品使用性能生产合乎规格的不同档次、不同牌号的各类润滑油成品。

6.4.6.1 润滑油基础油生产工艺及方法

润滑油基础油的生产是将蒸馏装置来的润滑油馏分或残渣油，根据其性质，采用不同的工艺过程，除去原料中非理想成分，生产出符合一定质量要求的润滑油基础油。润滑油加工方法可分为物理法和化学法两大类，其中物理方法是比较传统的一种方法，主要包括溶剂精制、溶剂脱蜡和白土脱蜡等工艺，尽管物理方法相对简单，投资较少，但生产的基础油难以满足调和高档润滑油的要求，因此以老三套为代表的物理方法已逐渐向加氢处理、催化脱蜡、催化异构化等化学方法转变。

炼油厂润滑油基础油的主要生产工艺流程为：切取原料(蒸馏)、脱沥青(对残渣原料)、精制、脱蜡、补充精制和后处理，具体工艺过程在此不再赘述。

6.4.6.2 我国润滑油基础油的性质

早期润滑油基础油是根据原油的性质分为石蜡基润滑油基础油、中间基润滑油基础油以及环烷基润滑油基础油，这种分类标准无法体现基础油黏度指数的变化，而且与国外的标准不具有通用性。自 20 世纪 90 年代起，中国石化按照国际上通用的中性油分类方法，并根据国内原油性质和黏度指数把中性油分为 UHVI(超高黏度指数，黏度指数>140)、VHVI(很高黏度指数，黏度指数>120)、HVI(高黏度指数，黏度指数>80)、MVI(中黏度指数，黏度指数 40~80)、LVI(低黏度指数，黏度指数<40)五大类。另外，根据大跨度多级内燃机油、液力传动油、高性能极压工业齿轮油等高档油品对中性油的性质要求，又订出了 HVIS(高黏度指数深度精制中性油)和 MVIS 两类深度精制的中性油标准，以及 HVIW(高黏度指数、低凝点和低挥发性中性油)和 MVIW 两类深度脱蜡的中性油标准。这些中性油的氧化安定性、抗乳化性、蒸发损失和倾点等指标均较前面几种中性油规定了更高的要求。

润滑油的调和分为两类：一类是基础油的调和，即两种或两种以上不同黏度的基础油调和，例如 HVI100 与 HVI200 调和生产黏度符合 HVI150 的基础油；另一类是基础油与添加剂的调和，以改善油品使用性能生产合乎规格的不同档次、不同牌号的各类润滑油成品。我国不同基原油生产的基础油的牌号及其与调和有关的主要性质见表 6-17。我国几种典型的润滑油基础油的理化性质及组成见表 6-18。使用异构脱蜡生产的基础油理化性质见表 6-19。

表 6-17 基础油与调和有关的主要性质

黏度等级牌号（按赛氏通用黏度划分）		HVI										
		75	100	150	200	350	400	500	650	120BS	150BS	
运动黏度/(mm^2/s)	40℃	13~15	20~22	28~32	38~42	65~72	74~82	95~107	120~135	报告	报告	
	100℃	报告	报告	报告	报告	报告	报告	报告	报告	25~28	30~33	
黏度指数	不小于	100	100	100	98	95	95	95	95	95	95	
倾点/℃不高于		-9	-9	-9	-9	-5	-5	-5	-5	-5	-5	
黏度等级牌号（按赛氏通用黏度划分）		MVI										
		75	100	150	250	350	500	600	750	900	90BS	125/140BS
运动黏度/(mm^2/s)	40℃	13~15	18~21	28~32	42~55	66~75	90~102	110~125	130~150	155~180	报告	报告
	100℃	报告	报告	报告	报告	报告	报告	报告	报告	报告	16~22	26~30
黏度指数	不小于	60	60	60	60	60	60	60	60	60	60	65
倾点/℃	不高于	-9	-9	-9	-9	-5	-5	-5	-5	-5	-5	-5
黏度等级牌号（按赛氏通用黏度划分）		LVI										
		60	75	100	150	300	500	900	1200	90BS	230/250BS	
运动黏度/(mm^2/s)	40℃	9~10	13~15	18~21	28~32	50~55	90~102	160~180	200~230	报告	报告	
	100℃	报告	报告	报告	报告	报告	报告	报告	报告	16~20	≯40	
倾点/℃	不高于	-45	-40	-35	-30	-25	-23	-15	-9	-5	0	

表 6-18 基础油的典型理化性质及组成

油 名	HVI 150	HVI 500	HVI 150BS	MVI 150	MVI 600	LVI 300
运动黏度/(mm^2/s)						
40℃	29.98	99.38	417.8	31.36	123.6	60.35
100℃	5.21	11.08	31.04	4.99	11.14	6.25
黏度指数	104	96	106	75	67	9
闪点/℃	216	255	305	203	235	193
倾点/℃	-12	-9	-9	-12	-6	-31
中和值/(mg KOH/g)	0.003	0.007	0.006	0.030	0.030	0.003
残炭/%	—	0.068	0.42	—	0.018	0.008
密度(20℃)/(kg/m^3)	867.0	881.3	886.6	879.2	889.8	900.8
苯胺点/℃	103.0	110.9	130.2	95.1	107.2	89.5
硫含量/%	0.016	0.041	0.046	0.114	0.070	0.063
氮含量/(μg/g)	3.2	247	434	156	174	125
碱性氮/(μg/g)	0.3	193	104	123	84	121
重芳烃/%	0.39	1.24	2.68	2.92	1.12	0.42
胶质/%	0.62	2.44	4.95	5.96	1.49	1.09

表 6-19 异构脱蜡所产基础油的理化性质

黏度级别	5	10	20	黏度级别	5	10	20
运动黏度/(mm^2/s)				倾点/℃	-27	-15	-15
40℃	26.78	75.49	179.4	酸值/(mg KOH/g)	0.01	0.01	0.02
100℃	4.90	10.84	21.02	总氮量/(μg/g)	0.65	0.76	1.07
黏度指数	106	132	138	碱氮/(μg/g)	0.21	0.42	0.14
色度	0.1	0.1	0.2	氧化安定性(旋转氧弹法，150℃)/min	330	400	435
闪点/℃	202	272	292				

以大庆油为主的石蜡基基础油的特点是：黏度指数高，挥发性低，对添加剂感受性好，但作为天然抗氧剂的含硫化合物不足，对抗氧化性能不利。由于黏度指数高，可调制高档的内燃机油、汽车齿轮油、液压油等一系列高级润滑油。大庆基础油的不足之处是：①氧化安定性稍差；②低温黏度大，流动性差，在调配多级汽油机油时在牌号上受到限制。

我国中间基原油虽普遍含蜡量较高(8%~16%)，但其润滑油基础油的黏度指数并不高(多数为60~70)，且黏度指数呈两头高中间低的马鞍形分布。中间基基础油广泛用于对黏温性能要求不高的普通工业润滑油、锭子油、轴承油、压缩机油、中负荷齿轮油、船用汽缸油、电气用油以及润滑脂基础油，但不能产生黏度指数高的内燃机油。

我国环烷基基础油只有少量生产，其特点为凝点低、氮含量低、高温氧化腐蚀小，但黏度指数低而挥发性高，适于调配寒区用的低凝润滑油、变压器油和冷冻机油。由于其积炭松软并具有一定的热安定性，可调制船用汽缸油、铁路机车内燃机油、工业发动机油以及润滑脂基础油，也可与石蜡基基础油调和生产低温性能好的多级内燃机油和液力传动油。

国内近年引进异构脱蜡工艺技术，生产出的超高黏度指数基础油具有优良的抗氧化性能和低温性能，适于调配大跨度的多级内燃机油、汽车齿轮油和低温液压油等高级润滑油品。

6.4.6.3 润滑油黏度的调和计算

黏度是润滑油最主要的性能之一，也是划分油品牌号的依据。国际通用的黏度调和计算方法是按黏度的对数值与体积呈线性关系进行计算，即：

$$\lg\mu_{混} = \sum V_i \lg\mu_i$$

式中 $\mu_{混}$——调和油品在同温度下的黏度；

μ_i——i 组分油在同温度下的黏度；

V_i——i 组分油在调和油中的体积分数。

国内在应用上式时，将质量分率代替体积分数，亦可得到满意结果，调和油的黏度计算值与实测值误差在±0.1mm2/s 范围以内。另一计算方法称为黏度系数法，为我国某厂提出，是以黏度系数 C 与体积分率呈线性关系来进行计算，即：

$$C_{混} = V_1C_1 + V_2C_2 + \cdots + V_nC_n$$

式中 $C_{混}$——调和油品的黏度系数；

C_1、C_2、…、C_n——各组分油的黏度系数；

V_1、V_2、…、V_n——各组分油在调和油中的体积分数。

方法是通过表 6-20 查出各组分油的黏度系数，按上式计算出调和油的黏度系数，再从表中查出对应的黏度。

黏度系数：

$$C = 10001\lg\lg(\nu + 0.8)$$

其中ν为油品的运动黏度(mm²/s)，0.8为黏度的校正常数。

表 6-20　黏度系数表

黏度/(mm²/s)	黏度系数	黏度/(mm²/s)	黏度系数	黏度/(mm²/s)	黏度系数	黏度/(mm²/s)	黏度系数
1	-593.00	29	168.58	57	245.97	84	285.2
2	-349.54	30	172.76	58	247.82	85	286.34
3	-236.74	31	176.79	59	249.62	86	287.47
4	-166.70	32	180.66	60	251.34	87	288.58
5	-177.23	33	184.39	61	253.09	88	289.68
6	-79.61	34	187.98	62	254.78	89	290.76
7	-49.59	35	191.41	63	250.44	90	291.83
8	-24.81	36	194.75	64	258.06	91	292.89
9	-3.82	37	197.97	65	259.64	92	293.92
10	14.27	38	201.07	66	261.21	93	294.95
11	30.14	39	204.11	67	262.75	94	295.97
12	44.13	40	207	68	264.25	95	296.96
13	56.86	41	209.83	69	265.61	96	297.95
14	68.28	42	212.57	70	267.18	97	298.92
15	78.72	43	215.23	71	268.01	98	299.89
16	87.33	44	217.82	72	270.01	99	300.84
17	97.05	45	220.33	73	271.39	100	301.03
18	105.22	46	222.79	74	272.75	110	309.93
19	112.83	47	225.1	75	274.08	120	317.89
20	119.94	48	227.48	76	275.39	130	325.09
21	126.61	49	229.74	77	276.68	140	331.66
22	132.84	50	231.94	78	277.96	150	337.68
23	138.8	51	234.09	79	279.21	160	343.23
24	144.39	52	236.19	80	280.44	170	348.39
25	149.72	53	238.24	81	281.66	180	353.2
26	154.77	54	240.25	82	282.86	190	357.09
27	159.58	55	242.2	83	284.03	200	361.93
28	164.21	56	244.41				

H值计算法：

$$H \approx 870 \times \lg\lg(\mu + 0.7) + 154$$

可算出混合组分或混合油黏度(mm²/s)相对应的H值，H值与混合比成线性关系。H值也可由表6-21查出μ的相对应数值，但各成分油黏度必须为同一温度。

表 6-21　混合黏度 H 值查出表

黏度/(mm²/s)	0	0.1	0.2	0.3	0.4	0.5	0.6	0.7	0.8	0.9
1	-300	-271	-247	-222	-199	-179	-161	-145	-131	-119
2	-108	-97	-88	-79	-70	-62	-55	-48	-41	-35
3	-29	-23	-17	-12	-7	-2	3	8	12	17
4	21	25	30	34	37	41	45	49	52	56

续表

黏度/(mm²/s)	0	0.1	0.2	0.3	0.4	0.5	0.6	0.7	0.8	0.9
5	59	63	66	69	72	76	79	82	85	88
6	91	93	96	99	102	106	108	110	112	114
7	116	118	120	122	124	126	128	129	131	133
8	135	137	138	140	142	143	145	147	148	150
9	151	153	154	156	157	159	160	162	163	164
10	166	179	191	201	211	220	225	236	243	250
20	256	262	268	273	278	283	288	292	296	300
30	304	307	311	314	317	320	323	326	329	332
40	334	337	339	342	344	346	348	351	353	355
50	357	359	360	362	364	366	368	369	371	372
60	374	376	377	378	380	381	383	384	385	387
70	388	389	391	392	393	394	395	396	398	399
80	400	401	402	403	404	405	406	407	408	409
90	410	411	412	413	413	414	415	416	417	418
100	419	426	433	440	445	450	455	460	464	468
200	472	475	478	481	484	487	490	492	495	497
300	499	501	503	505	507	509	511	513	514	516
400	518	519	521	522	523	525	526	527	529	530
500	531	532	534	535	536	537	538	539	540	541
600	542	543	544	545	546	547	547	548	549	550
700	551	552	552	553	554	555	555	556	557	558
800	558	559	560	560	561	562	562	563	564	564
900	565	565	566	567	567	568	568	569	569	570

【例】 试求用2.5 mm²/s的轻油和500mm²/s的常压残油调成黏度250mm²/s混合油(C重油)的混合比，应用轻油及残油的百分比。

由表查出轻油黏度2.5mm²/s的*H*值为-62，常压残油500mm²/s的*H*值为531，欲调成*C*重油黏度250mm²/s的H值为487。

设轻油混合比为x，则常压残油混合比为$(1-x)$而成下式：

$$x \times (-62) + (1-x) \times 531 = 1.0 \times 487$$

所以 $x=0.07$ 即为7.5%

所需混合比为轻油7.5%，常压残油92.5%。

6.4.7 喷气燃料的调和

1. 调和目的

喷气燃料的电导率很低，为了减少静电危害，提高航空煤油的电导率，需要在燃料中加入少量抗静电剂。

喷气式发动机是靠燃料油本身作泵的润滑剂和冷却剂，为了提高燃料油的润滑性能，通常在燃料中加入少量抗磨剂。

2. 调和组分

目前喷气燃料的调和主要是用合格的加氢航煤组分油、抗磨剂T1602、抗静电剂T1502或Stadis450按照一定的比例混合。

3. 调和方式

将一定量的组分油(也叫空白油)收入调和罐后，按一定比例用加剂泵抽入抗磨剂 T1602 和抗静电剂 T1502 或 Stadis450 到调和罐，然后进行罐自身循环，达到合格。

(1) 泵循环调和：就是用泵从罐底将已经加剂的油品抽出，然后再打进油罐，进行一定时间循环，进罐采用喷嘴以增加动能使油品按一定的规律均匀搅动。进罐喷嘴有两种形式：一种是罐根喷嘴，另一种是中央喷嘴。一般来说，没有调和喷嘴时，循环时间较长，有调和喷嘴时，循环时间较短些。

(2) 管道调和：又分为简单管道调和和在线管道自动调和两种。目前喷气燃料的调和一般采用简单管道调和，即将组分油和添加剂按规定比例同时送入管道混合器，混合均匀后进罐的调和方法。因为添加剂的用量一般都非常小，输送时间大大短于输送组分油的时间，所以，采用该方法调和后，一般仍需采用泵循环继续循环一段时间。

管道调和是油品调和的发展方向，尤其是在线管道自动调和和罐式调和相比，管道调和有以下一些优点：

① 调和比精确，组分合理利用，避免浪费优质原料，避免质量过剩。

② 调和时间短，消耗少，调和一次合格率高，质量达标有可靠保证。

③ 调和过程密闭操作，防止了油品氧化，降低了油品损耗。

管道调和特别适合大批量产品生产。但是管道调和要求有质量可靠的自动化控制仪表为前提，一次性投资较大，技术复杂，维修管理要求严格。

4. 调和方案

调和作业应严格执行油品调和工艺卡片或调和方案。因原料性质改变，生产方案变更，致使调和组分油控制指标与工艺卡片不相符时，如需改变调和方案，必须经有关管理部同意。必要时先做调和小试，产品合格后再进行正式调和生产。

6.4.8 车用乙醇汽油调和

车用乙醇汽油是指在不含 MTBE 含氧添加剂的专用汽油组分油中，按体积比加入一定比例(我国目前暂定为10%)的变性燃料乙醇，由车用乙醇汽油定点调配中心按照国家标准的质量要求，通过特定工艺调配而成的清洁环保型车用燃料。

车用乙醇汽油的调和方式有多种，如罐车调和、管道比例调和以及油罐调和，但由于车用乙醇汽油与普通汽油相比，有较强的吸水性(实验表明，装有车用乙醇汽油的容器如无密闭防水措施，48h 后含水量将增加一倍，导致产品严重分层)，因此，为减少乙醇汽油的周转次数，保证质量，乙醇汽油的调和通常是在油库或调和中心进行，且宜采用管道调和工艺进行调和。调和时变性燃料乙醇和组分汽油通过一组多段式电动流量比值调节阀，经计算机在线控制以及单组分定量功能，实现车用乙醇汽油的在线调和。考虑到车用乙醇汽油的特殊性质，油库或调和中心不宜设置产品储罐，调和后的汽油直接通过鹤管装车外运至加油站，需要说明的是由于乙醇在体积比小于30%时与汽油的互溶性较好，因此管道调和可以不设管道混合器。

管道调和可分为双泵单鹤管流程和双泵多鹤管流程两种工艺，所谓双泵单鹤管工艺就是变性燃料乙醇和调和组分油分别经过乙醇组分泵和组分油调和泵泵入同一个鹤管进行装车，双泵多鹤管就是经过多个鹤管进行装车，两种工艺各有各的特点：采用双泵单鹤管工艺，泵和管路的敷设相对繁琐，投资较高，但操作相对简单，能耗也低，一套出现问题不至于影响整个系统的运转；采用双泵多鹤管工艺，泵和管道的数量较少，能大大节约投资，但由于装车过程的不均衡性，通常需要设置回流装置或通过变频器调整电机的转速，具体采用何种工艺，应根据实际情况决定。

车用乙醇汽油组成和性质：

1. 组成

所谓车用乙醇汽油，就是在普通汽油中添加一定量的变性燃料乙醇(加入变性剂后不能饮用的乙醇)，经过均匀混合的一种含有乙醇的汽油。

燃料乙醇的加入量是根据汽车发动机对燃油指标的要求确定的。巴西车用乙醇汽油规定的乙醇体积含量为22%，美国规定为5.5%~10%，在我国的国家标准中规定为10.0%±2.0%。

2. 主要质量指标

乙醇加入到汽油中会引起汽油的某些性质发生变化，如辛烷值、含氧量、蒸气压、蒸馏特性以及水溶性等，这些特性的改变有可能影响到汽车发动机的正常工作。为此，国家质量技术监督局已发布了国家标准《变性燃料乙醇》(GB 18350—2001)和《车用乙醇汽油》(GB 18351—2001)，对变性燃料乙醇和车用乙醇汽油的质量指标作了明确规定。

3. 乙醇汽油主要性能

除了具有普通燃油具有的属性外，乙醇汽油还有一些自身特有的属性，使用过程中需加以注意。

(1) 自清洗性。车用乙醇汽油中的乙醇是一种性能优良的有机溶剂，具有较强的溶解清洗特性。有经验的驾驶员及维修人员常用乙醇来清洗化油器，用这种方法清洗出来的化油器干净、彻底。同样道理，车用乙醇汽油也可以清洗油路、保持油路畅通。但是车辆在首次使用乙醇汽油时，特别是在使用1~2箱油后，在乙醇汽油的清洗作用下，会将油箱、油路中沉淀、积存的各类杂质(时间越长、杂质积累越多，特别是铁制油箱)，如铁锈、污垢、胶质颗粒等软化溶解下来，混入油中。这些杂质可能会造成油路不畅。

(2) 亲水性。车用乙醇汽油由于混配有一定量的变性燃料乙醇，乙醇是亲水性液体，易与水互溶，不同于汽油，汽油可以和水分离，水分沉积在油箱底部。因此车辆在首次使用车用乙醇汽油时，应对油箱内进行一次检查，以防止乙醇汽油与油箱底部可能存在的沉淀积水互溶，使油中水分超标，影响发动机的正常工作。

6.4.9 油品调和模型及调和优化软件

6.4.9.1 油品调和优化系统的发展

从20世纪70年代起，面对经常变化的原油品质及原油价格，以及不断推出的政府环保法案，国外的一些炼油厂就意识到了优化汽油调和的必要性，并在20世纪80年代初开发了最早的离线调和优化系统，用于指导调和操作。如美国的Texaco炼油厂在20世纪80年代就开发了OMEGA系统，并在20世纪90年代初升级为TarBlend系统。进入20世纪90年代，随着油品性质在线分析技术(主要是近红外分析技术)的日趋成熟，一些控制软件厂商如Honeywell、ABB、SetPoint(后来被AspenTech收购)等，纷纷针对在线管道调和开发了各自的调和优化软件包。这些软件包基本上都采用了分级优化的思想，如采取计划优化、离线优化、在线优化、常规控制的结构。

6.4.9.2 国外调和软件

下面对当前国际上流行的各公司商业调和软件进行简单介绍。

1. Honeywell

Honeywell 的调和解决方案属于 Business FLEX@ 应用和服务的一部分，是炼油厂完成调和计划、调和执行及调和性能监视的详尽解决方案。这一工业化的方案由四个紧密结合的模块构成：调和计划(BlEND)、调和属性控制(BPC-Blend Propelty Control)、调和比率控制(BRC-Blend Ratio Con-trol)、调和管理(Blend Management) Honeywell 还提供 OpenBPC 模块，供非 BRC 调和控制系统的用户使用。

BLEND 模块为计划和调度人员提供最佳的调和配方，将中间组分按时调和为成品，使得质量过剩最小。它是一个多周期多产品的调和计划和调度优化工具，综合考虑组分的生产、产品销售，其目标是使炼油厂的利润最大。

BPC 模块是在线优化调和配方的非线性调和性优化器。BPC 可以在将燃料油有效地调和成符合质量要求的同时进行优化。

BRC 模块通过管理调和开始到结束的顺序控制在线调和过程，确保被调和的产品符合配方各项指标的要求。OpenBPC 模块使用工业标准的 OPC 客户机/服务器结构实现和第三方调和控制系统的连接。

Blend Management 应用结合 UIuformance@ 数据库，是一套决策支持系统。它通过保存所有历史数据、为计划工具提供反馈、提示操作中的变动，在经营层评估主要绩效指标(KPls)，形成一个业务流程的闭环。

2. Aspen

AspenTech 的调和解决方案由以下两部分组成：

(1) Aspen MBO(Multiperiod Blend Optimization)。Aspen MBO 是一个多周期调和优化工具。可以在多个周期的基础上为每次调和任务生成最优调和配方；在调度的层次上进行调和优化；支持线性调和模型；考虑产品罐底；支持自动将最优配方通过调和控制接口(BCI-Blend Control Intelface)导入至调和控制系统；Aspen MBO 属于 Aspen PPIMS(一个多周期线性规划优化工具) 应用中的一个模块。

(2) Aspen Blend。Aspen Blend 将 Aspen PIMS 优化器和 DMCplus 多变量动态矩阵控制器结合到一起，以实现每次调和过程的优化控制。在调和过程中，通过对调度优化产生的配方的在线调整保证产品的质量指标，同时优化组分的使用。

3. ABB

ABB 公司的调和解决方案主要由两部分组成：先进调和控制和常规调和控制。

(1) 先进调和控制(ABC——Advanced Blend Control)。ABC 提供调和指令管理、调和设备组态、调和前优化、在线调和优化控制、调和过程监视及报表等功能。它从一个调和计划优化系统下载电子调和指令，或者用户直接创建调和指令。调和操作人员可以选择一条指令并执行调和任务。ABC 模块在调和过程中，以一定的周期监控产品罐累积性质并及时调整配方使产品质量达标。

(2) 常规调和控制(RBC——Regular Blend Control)。RBC 运行在 ABB 的 Advant Master 或 Advant Open Control 系统上。用以启动/停止一次调和任务，从而调节组分流量以维持给

定的配方。使用标准的接口生成调和指令或从上层系统(如 ABC)下载调和指令，现场设备选择或组态，人工或自动，维持一个目标流量和目标调和总量，控制泵开启顺序，调和总流量自动爬升/降低，显示当前的以及累计的状态和调和结果。

4. Shell

StarBlend 是一个多周期调和优化工具，可以为每次具体的调和任务生成调和配方。其原型是美国 Texco 炼油厂开发的 OMEGA 调和优化软件，后来在其基础上经过重新开发升级为 StarBlend，现在归 Shell 公司所有。

5. Technip

Technip 公司的调和管理和控制技术包括多周期调和调度、调和过程多变量控制。

(1) FORWARD FORWARD 是一个调度优化系统。用以优化未来的调和任务，生成调和指令。

(2) ANAMEL ANAMEL 在线调和多变量控制和优化系统，以减少质量过剩，实现产品质量在线认证/发运。

6. Foxboro

Foxboro 公司的调和优化系统 BOSS(Blend Optimization and Su-ervisory System)是一个在线有约束调和优化器。它和 DBS(Digital Blending System)以及 NMR(核磁共振)分析仪一起使用，根据实时产品质量分析值提供最优调和比例设定值。与绝大多数其他系统不同的是，Foxboro 公司的调和系统采用 NMR 分析仪，而不是近红外(NIR)分析仪。

7. Yokogawa

横河(Yokogawa)公司的调和系统作为 EXA-OMS 油品储运软件(包)系统的一部分，由下面两部分组成：

(1) Exablend 批量管道调和，自动路径选择/组态；

(2) Exabpc 多变量调和质量控制和优化。EXA-OMS 的其他部分包括：Exatim(罐存监控管理)、Exatrans(油品移动监控)、Exaomc(任务监督及与炼油厂调度系统接口)、Exapath(油品移动路径自动选择)。

6.4.9.3 国内调和软件

国内调和软件开发的单位也比较多，并且技术也日臻成熟，其中也不乏成功应用的案例，在此简单介绍几种：

1. 北京汉蒙科技有限公司开发的 TurboBlend

TurboBlend 软件包在上位机上运行，采用三个层次的分级策略进行优化，依次是调和计划优化、离线配方优化、在线优化控制。此外，还有调和任务管理器和调和模型参数回归两个模块。

调和计划优化时将一个单周期静态的生产计划分解为更接近实际的多周期生产计划动态模型，各个周期中可考虑组分油的产量及产品销售情况的不均衡变化，通过各个周期内的库存调整以保证整个周期的生产效益最大化，指导汽油调和调度计划。离线配方优化模块通过采用更准确的非线性调和模型对调和成品油的性质进行预测，寻找最佳调和方案，作为在线调和的初始配方或者直接指导传统的倒灌调和。在线优化控制模块属于控制逻辑的在线优化层，针对汽油管道调和系统开发，根据在线分析仪的测量值实时修正调和配方，并作为设定值交给下层常规控制执行。调和任务管理模块是一个管理调和任务的平台，包括调和任务的定义、调和配方、调和过程、调和结果、产品规范等，每次调和的所有信息都可以在此平台获得。调和模型参数回归模块根据历史调和数据和调和实验数据对汽油质量预测模型进行参数回归，以提高调和模型的精确度。

2. 石科院开发的自动调和系统

石科院开发的汽油在线调和优化与控制软件作为上层控制系统，能与 DCS 实现双向通信，指挥 DCS 完成调和生产任务，在线调和控制优化软件，包括多个功能模块。

(1) 在线配方优化模块。根据给定批次调和任务和生产情况，以及在线调和分析数据，通过优化模型实时计算调和组分配方，在保证质量合格的基础上，减少质量过剩，降低调和成本。

(2) 配方保持控制模块。执行优化计算的配方或者人工输入的配方，控制调和设施的运行，实现调和全过程的自动控制，完成汽油调和生产任务。

(3) 调和资源管理模块。调和资源管理负责所有参与调和的实体资源和信息资源的管理，为其他模块提供数据支持，并具备对数据进行分析、统计和判断能力。

(4) 调和生产管理模块。调和生产管理负责所有与调和生产指令相关的信息管理。

(5) 辅助功能模块。软件内嵌有 OPC 客户端，可与 DCS 实现双向通信，获得工艺数据，在线分析性质数据，接收 DCS 上的操作人员指令，并向 DCS 输出调和控制指令，以及各种显示信息，并提供了可编辑的操作界面。

石科院开发的这套汽油在线调和系统目前在广州石化取得了不错的应用效果。

3. 中科诚毅开发的自动调和系统

中科诚毅开发的在线调和软件包括：优化调和数学模型库、优化调和软件、网络神经自学习软件、控制软件、安全和故障自诊断软件、操作站组态软件。其各软件主要功能如下：

(1) 优化调和数学模型库。此软件是基础软件，包含有针对调和项目的进口基础优化调和数据库软件及国内十几家业主的汽柴油调和积累数据。

(2) 优化调和软件(图 6-59)。主要特点是运用原料价格和库存等生产情况及汽柴油各参数变量调和机理模型实现最优化的管理。其中有二次非线性调和模型和线性调和模型，调和线性修正系数罐底油中和调和模型等。

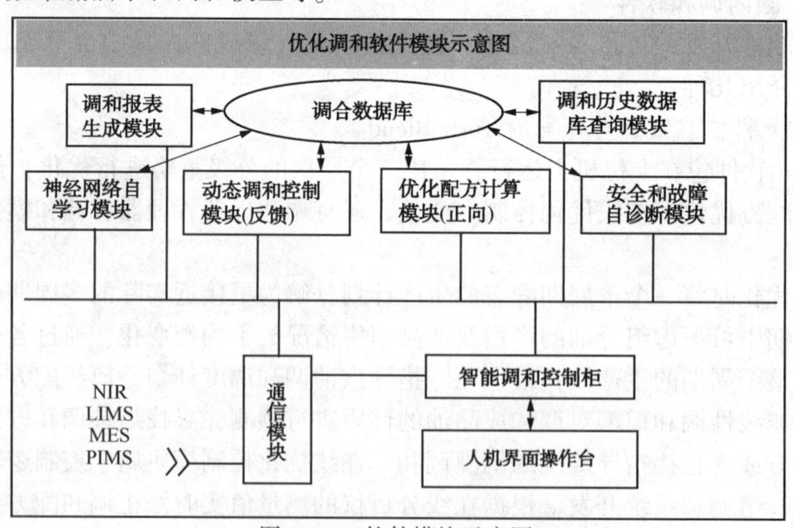

图 6-59 软件模块示意图

(3) 网络神经自学习软件。基于径向基函数的双层神经网络，多输入、多隐层结点、多输出变量神经网络，动态自学习系统，含有与系统相连的汽柴油质量品质(凝点、冷滤点、*RON*、烯烃、芳烃等)及与组分质量配比的数学模型关系。

(4) 控制软件(图6-60)

集成了智能调和控制模块、比例控制模块、动态模糊控制模块、顺序控制模块等，通过内嵌的OPC通信软件，与DCS实现双向通信，向现场仪表输出调和控制指令。

(5) 安全和故障自诊断软件。可对系统的硬件进行自检；对优化调和软件的运行自维护，对调和系统工艺报警连锁。

(6) 操作站组态软件。通过OPC通信软件，与控制软件进行双向通信，实现对现场仪表的控制同时在界面上显示出现场仪表的各运行信息。

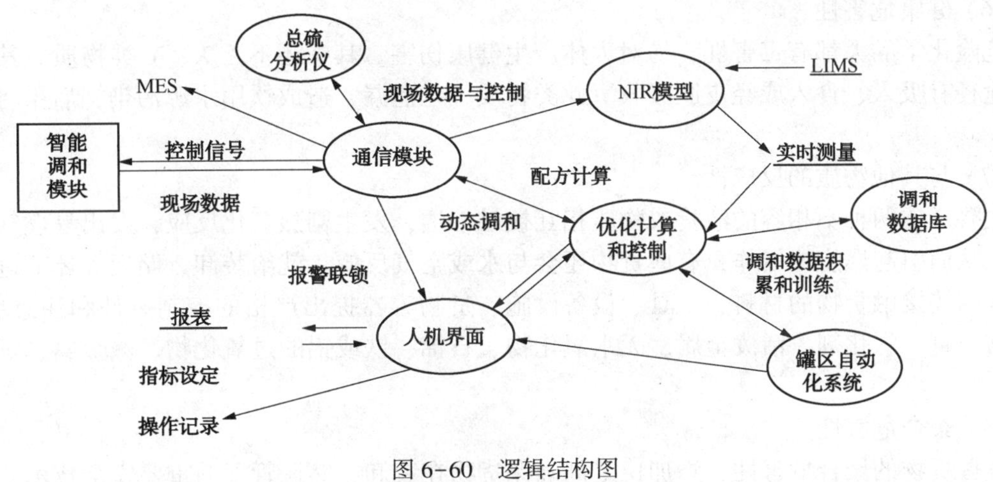

图6-60 逻辑结构图

6.5 危险化学品储存和运输

6.5.1 危险化学品基础知识

6.5.1.1 危险化学品定义

危险化学品，是指具有毒害、腐蚀、爆炸、燃烧、助燃等性质，对人体、设施、环境具有危害的剧毒化学品和其他化学品。

6.5.1.2 危险化学品特性

(1) 易燃、易爆性

其主要技术指标有闪点、爆炸极限等。危险品装卸货物相当一部分为甲类火灾危险品，很多品种闪点低于23℃，爆炸范围大于20%，一旦接触到点燃能量，就会闪光爆炸。

(2)易蒸发性

火灾危险性甲、乙类化学品大都是些蒸汽压较大的液体，易产生能引起燃烧所需要的最低限度的蒸汽量。蒸汽压越大，燃烧爆炸危险性就越大。

(3) 易流动、扩散性

液体化学品的黏度一般较小，具有流动性，泄漏后易流动扩散，黏度低的流动扩散性增强。另一方面，化学品的蒸汽比空气重，易积聚在地表、水沟、下水道及凹坑等低洼处，并且随风扩散到远处，往往在预想不到的地方遇火源而引起火灾爆炸事故。

(4) 热膨胀性

可燃液体的体积具有热胀冷缩的特性。液体化学品受热后，温度升高，体积膨胀，压力增加，严重时会造成容器胀破。另一方面当热液体冷却时，又会造成体积收缩，使容器受压，容易被大气压力压坏。

(5) 易积聚静电荷性

各种可燃液体在纯净状态下，都是电的不良导体，在受到震荡与车、罐壁的冲击及高速管道输送时都会产生静电，尤其是橡胶质的软管，管壁与化学品各带有极性相反的电荷，从而积聚形成的静电电场强度和液面电位，往往能高达20~30kV。

(6) 健康危害性

危险化学品大都有毒害性，易对人体产生健康伤害。其中还不乏X、Y类物质。其主要侵入途径有吸入、食入或经皮肤吸收。此类物质一旦泄漏，造成饮用水源污染，后果将不堪设想。

(7) 与其他物质的反应性

主要考虑两种不相容的液货或物质相互接触渗透，发生剧烈氧化反应，发出易燃气体和热量，从而引起燃烧或爆炸；有些货物还会与水或空气反应。就给装卸、储运等环节过程中直接或间接接触货物的材料、工具、设备设施、货物容器提出严格的控制条件和注意事项。如忌酸、碱、氧化剂、活泼金属、无水氯化物、石棉、铁或铝的过氧化物、碱金属、氢氧化物等。

(8) 聚合危害性

掌握货物的聚合危害性、添加稳定剂确保货物在装卸、储运管理的重要安全技术。因此在接收此类货物时必须提前验证：所加稳定剂的名称与数量；稳定剂加入日期与有效期；确保稳定剂有效期的任何温度界限；运输期超过稳定剂有效期时应采取的措施。

6.5.2 危险化学品储存

危险化学品储存是指生产企业、销售企业和个体工商户等储存爆炸品、压缩气体和液化气体、易燃液体、易燃固体、自燃物品和遇湿易燃物品、氧化剂和有机过氧化物、有毒品和腐蚀品等危险化学品的行为。

按照《危险化学品安全管理条例》的规定，对危险化学品储存实行审批制度。

本节主要介绍在专门的危险化学品仓库中储存危险化学品的行为。对于利用储罐储存危险化学品的行为可参照“第6章储运管理6.1.1储运系统组成及功能”。

6.5.2.1 危险化学品储存要求

(1) 储存危险化学品必须遵照国家法律、法规和其他有关的规定。

(2) 危险化学品必须储存在经公安部门批准设置的专门的危险化学品仓库中，未经批准不得随意设置危险化学品储存仓库。

(3) 危险化学品露天堆放，应符合防火、防爆的安全要求，爆炸物品、一级易燃物品、遇湿燃烧物品、剧毒物品不得露天堆放。

(4) 储存危险化学品的仓库必须配备有专业知识的技术人员，其库房及场所应设专人管理，管理人员必须配备可靠的个人安全防护用品。

(5) 储存的危险化学品应有明显的标志，同一区域储存两种或两种以上不同级别的危险品时，应按最高等级危险物品的性能标志。

(6) 危险化学品储存方式分为三种：

① 隔离储存。即在同一房间或同一区域内，不同的物料之间分开一定的距离，非禁忌物料间用通道保持空间的储存方式。

② 隔开储存。即在同一建筑或同一区域内，用隔板或墙，将其与禁忌物料分离开的储存方式。

③ 分离储存。即在不同的建筑物或远离所有建筑的外部区域内的储存方式。

(7) 根据危险品性能分区、分类、分库储存。各类危险品不得与禁忌物料混合储存，禁忌物料配置按照相应规定执行。

(8) 储存危险化学品的建筑物、区域内严禁吸烟和使用明火。

6.5.2.2 危险化学品储存场所的要求

(1) 储存危险化学品的建筑物不得有地下室或其他地下建筑，其耐火等级、层数、占地面积、安全疏散和防火间距，应符合国家有关规定。

(2) 储存地点及建筑结构的设置，除了应符合国家的有关规定外，还应考虑对周围环境的影响。

(3) 储存场所的电气安装

① 危险化学品储存建筑物、场所消防用电设备应能充分满足消防用电的需要；并符合国家有关规定。

② 危险化学品储存区域或建筑物内输配电线路、灯具、火灾事故照明和疏散指示标志，都应符合安全要求。

③ 储存易燃、易爆危险化学品的建筑，必须安装避雷设备。

(4) 储存场所通风或温度调节

① 储存危险化学品的建筑必须安装通风设备，并注意设备的防护措施。

② 储存危险化学品的建筑通排风系统应设有导除静电的接地装置。

③ 通风管应采用非燃烧材料制作。

④ 通风管道不宜穿过防火墙等防火分隔物，如必须穿过时应用非燃烧材料分隔。

⑤ 储存危险化学品建筑采暖的热媒温度不应过高，热水采暖不应超过80℃，不得使用蒸汽采暖和机械采暖。

⑥ 采暖管道和设备的保温材料，必须采用非燃烧材料。

6.5.2.3 危险化学品储存安排及储存量限制

(1) 危险化学品储存安排取决于危险化学品分类、分项、容器类型、储存方式和消防的要求。

(2) 储存量及储存安排见表6-20。

(3) 遇火、遇热、遇潮能引起燃烧、爆炸或发生化学反应，产生有毒气体的危险化学品不得在露天或在潮湿、积水的建筑物中储存。

(4) 受日光照射能发生化学反应引起燃烧、爆炸、分解、化合或能产生有毒气体的危险化学品应储存在一级建筑物中。其包装应采取避光措施。

(5) 爆炸物品不准和其他类物品同储，必须单独隔离限量储存，仓库不准建在城镇，还应与周围建筑、交通干道、输电线路保持一定安全距离。

(6) 压缩气体和液化气体必须与爆炸物品、氧化剂、易燃物品、自燃物品、腐蚀性物品隔离储存。易燃气体不得与助燃气体、剧毒气体同储；氧气不得与油脂混合储存，盛装液化气体的容器属压力容器的，必须有压力表、安全阀、紧急切断装置，并定期检查，不得超装。

(7) 易燃液体、遇湿易燃物品、易燃固体不得与氧化剂混合储存，具有还原性氧化剂应单独存放。

(8) 有毒物品应储存在阴凉、通风、干燥的场所，不要露天存放，不要接近酸类物质。

(9) 腐蚀性物品，包装必须严密，不允许泄漏，严禁与液化气体和其他物品共存。

表 6-20 危险化学品储存量及要求

储存要求＼储存类别	露天储存	隔离储存	隔开储存	分离储存
平均单位面积储存量/(t/m^2)	1.0~1.5	0.5	0.7	0.7
单一储存区最大储量/t	2000~2400	200~300	200~300	400~600
垛距限制/m	2	0.3~0.5	0.3~0.5	0.3~0.5
通道宽度/m	4~6	1~2	1~2	5
墙距宽度/m	2	0.3~0.5	0.3~0.5	0.3~0.5
与禁忌品距离/m	10	不得同库储存	不得同库储存	7~10

6.5.2.4 危险化学品储存场所出入库管理

(1) 储存危险化学品的仓库，必须建立严格的出入库管理制度。

(2) 危险化学品入库时，应严格检验物品质量、数量、包装情况、有无泄漏。

(3) 危险化学品入库后应采取适当的养护措施，在储存期内，定期检查，发现其品质变化、包装破损、渗漏、稳定剂短缺等，应及时处理。

(4) 危险化学品出入库前均应按合同进行检查验收、登记、验收内容包括：

① 数量；

② 包装；

③ 危险标志。经核对后方可入库、出库，当物品性质未弄清时不得入库。

(5) 进入危险化学品储存区域的人员、机动车辆和作业车辆，必须采取防火措施。

(6) 装卸、搬运危险化学品时应按有关规定进行，做到轻装、轻卸。严禁摔、碰、撞、击、拖拉、倾倒和滚动。

(7) 装卸对人身有毒害及腐蚀性的物品时，操作人员应根据危险性，穿戴相应的防护用品。

(8) 不得用同一车辆运输互为禁忌的物料。

(9) 修补、换装、清扫、装卸易燃、易爆物料时，应使用不产生火花的铜制、合金制或其他工具。

6.5.2.5 危险化学品储存场所消防措施

(1) 根据危险品特性和仓库条件，必须配置相应的消防设备、设施和灭火药剂。并配备经过培训的兼职和专职的消防人员。

(2) 储存危险化学品建筑物内应根据仓库条件安装自动监测和火灾报警系统。

(3) 储存危险化学品的建筑物内，如条件允许，应安装灭火喷淋系统(遇水燃烧危险化学品，不可用水扑救的火灾除外)，其喷淋强度和供水时间如下：喷淋强度 15L/(min · m^2)；持续时间 90min。

6.5.2.6 危险化学品储存场所废弃物处理

(1) 止在危险化学品储存区域内堆积可燃废弃物品。

(2) 泄漏或渗漏危险品的包装容器应迅速移至安全区域。

(3) 按危险化学品特性，用化学的或物理的方法处理废弃物品，不得任意抛弃、污染环境。

6.5.2.7 危险化学品储存场所装卸管理

(1) 进入库区的所有机动车辆，必须安装防火罩。

(2) 汽车、拖拉机不准进入甲、乙、丙类物品库房。

(3) 进入甲、乙类物品库房的电瓶车、铲车必须是防爆型的；进入丙类物品库房的电瓶车、铲车，必须装有防止火花溅出的安全装置。

(4) 各种机动车辆装卸物品后，不准在库区、库房、货场内停放和修理。

(5) 库区内不得搭建临时建筑和构筑物。因装卸作业确需搭建时，必须经单位防火负责人批准，装卸作业结束后立即拆除。

(6) 装卸甲、乙类物品时，操作人员不得穿戴易产生静电的工作服、帽和使用易产生火花的工具，严防震动、撞击、重压、摩擦和倒置。对易产生静电的装卸设备要采取消除静电的措施。

(7) 库房内固定的吊装设备需要维修时，应当采取防火安全措施，经防火负责人批准后，方可进行。

(8) 装卸作业结束后，应当对库区、库房进行检查，确认安全后，方可离人。

6.5.3 危险化学品运输

危险化学品运输是危险化学品流通过程中的重要环节。危险化学品运输相当于将危险源从相对密闭的工厂、车间、仓库带到敞开的、可能与公众密切接触的空间，使事故的危害程度大大增加；同时也由于运输过程中多变的状态和环境而使事故的概率大大增加。

6.5.3.1 危险化学品运输资质要求

(1) 从事危险化学品道路运输、水路运输的企业，应当分别依照有关道路运输、水路运输的法律、行政法规的规定，取得危险货物道路运输许可、危险货物水路运输许可，其他单位和个人不得承运。危险化学品道路运输企业、水路运输企业应当配备专职安全管理人员。

(2) 危险化学品道路运输企业、水路运输企业的驾驶人员、船员、装卸管理人员、押运人员、申报人员、集装箱装箱现场检查员应当经交通部门考核合格，取得从业资格。

(3) 通过内河运输危险化学品的船舶，其所有人或者经营人应当取得船舶污染损害责任保险证书或者财务担保证明。

6.5.3.2 危险化学品托运人要求

(1) 通过道路运输危险化学品的，托运人应当委托依法取得危险货物道路运输许可的企业承运。

(2) 通过道路运输剧毒化学品的，托运人应当向运输始发地或者目的地县级公安机关申请剧毒化学品道路运输通行证。

(3) 托运人应当委托依法取得危险货物水路运输许可的水路运输企业承运，不得委托其他单位和个人承运。

(4) 托运人应当向承运人说明所托运的危险化学品的种类、数量、危险特性以及发生危险情况的应急处置措施，并按照国家有关规定对所托运的危险化学品妥善包装，在外包装上设置相应的标志。

运输危险化学品需要添加抑制剂或者稳定剂的，托运人应当添加，并将有关情况告知承运人。

(5) 托运人不得在托运的普通货物中夹带危险化学品，不得将危险化学品匿报或者谎报为普通货物托运。

6.5.3.3 危险化学品运输通则

(1) 危险化学品的装卸作业应当遵守安全作业标准、规程和制度，并在装卸管理人员的现场指挥或者监控下进行。水路运输危险化学品的集装箱装箱作业应当在集装箱装箱现场检查员的指挥或者监控下进行，并符合积载、隔离的规范和要求；装箱作业完毕后，集装箱装箱现场检查员应当签署装箱证明书。

(2) 运输危险化学品，应当根据危险化学品的危险特性采取相应的安全防护措施，并配备必要的防护用品和应急救援器材。

(3) 用于运输危险化学品的槽罐以及其他容器应当封口严密，能够防止危险化学品在运输过程中因温度、湿度或者压力的变化发生渗漏、洒漏；槽罐以及其他容器的溢流和泄压装置应当设置准确、起闭灵活。

(4) 运输危险化学品的驾驶人员、船员、装卸管理人员、押运人员、申报人员、集装箱装箱现场检查员，应当了解所运输的危险化学品的危险特性及其包装物、容器的使用要求和出现危险情况时的应急处置方法。

6.5.3.4 危险化学品公路运输

(1) 通过道路运输危险化学品的，应当按照运输车辆的核定载质量装载危险化学品，不得超载。

(2) 危险化学品运输车辆应当符合国家标准要求的安全技术条件，并按照国家有关规定定期进行安全技术检验。

危险化学品运输车辆应当悬挂或者喷涂符合国家标准要求的警示标志。

(3) 通过道路运输危险化学品的，应当配备押运人员，并保证所运输的危险化学品处于押运人员的监控之下。

(4) 运输危险化学品途中因住宿或者发生影响正常运输的情况，需要较长时间停车的，驾驶人员、押运人员应当采取相应的安全防范措施；运输剧毒化学品或者易制爆危险化学品的，还应当向当地公安机关报告。

(5) 未经公安机关批准，运输危险化学品的车辆不得进入危险化学品运输车辆限制通行的区域。

(6) 剧毒化学品、易制爆危险化学品在道路运输途中丢失、被盗、被抢或者出现流散、泄漏等情况的，驾驶人员、押运人员应当立即采取相应的警示措施和安全措施，并向当地公安机关报告。

6.5.3.5 危险化学品水路运输

（1）通过水路运输危险化学品的，应当遵守法律、行政法规以及国务院交通部门关于危险货物水路运输安全的规定。

（2）通过内河运输危险化学品，应当使用依法取得危险货物适装证书的运输船舶。

（3）禁止通过内河封闭水域运输剧毒化学品以及国家规定禁止通过内河运输的其他危险化学品。

（4）水路运输单位应当针对所运输的危险化学品的危险特性，制定运输船舶危险化学品事故应急救援预案，并为运输船舶配备充足、有效的应急救援器材和设备。

（5）通过内河运输危险化学品，危险化学品包装物的材质、型式、强度以及包装方法应当符合水路运输危险化学品包装规范的要求。

（6）载运危险化学品的船舶在内河航行、装卸或者停泊，应当悬挂专用的警示标志，按照规定显示专用信号。

6.5.3.6 危险化学品铁路运输

（1）危险化学品棚车运输

① 危险货物应使用专用棚车（包括毒品专用车）装运，危险货物品名表内有特殊规定的除外。

② 危险货物装卸前，应对车辆和仓库进行必要的通风和检查。车内、仓库内必须清扫干净。

③ 装卸危险货物严禁使用明火灯具照明。照明灯具应具有防爆性能，装卸作业使用的机具应能防止产生火花。

④ 在同一车内配装数种危险货物时，应符合危险货物配装表的规定。

⑤ 托运人、收货人有专用铁路、专用线的，整车危险货物的装车和卸车必须在专用铁路、专用线办理。托运人、收货人提出专用铁路、专用线共用时，需由铁路部门批准。

（2）危险化学品罐车运输

① 液体危险化学品可以使用铁路自备罐车装运。液体危险化学品使用自备罐车装运时，应符合危险货物品名表中的规定。

② 托运人申请使用自备罐车装运危险化学品时，须出具下列技术文件：

a. 装运第Ⅱ类危险货物时须出具：产品理化特性说明；压力容器使用登记证；液化气体铁路罐车（罐体）安全运输许可证；罐体检定证书；车辆验收记录；车辆定期检修证明；押运证书；其他有关资料。

b. 装运其他类液体危险货物时须出具：产品理化特性说明；罐体检定证书；车辆验收记录；车辆定期检修证明；其他有关资料。

③ 托运人应与过轨站签订过轨运输合同，报所属的铁路部门批准。

④ 自备罐车罐体的设计、制造、使用、充装、检修及故障处理应符合相关技术规程。

⑤ 自备罐车罐体纵向中部应涂刷一条宽300mm表示货物主要特性的水平环形色带，红色表示易燃性，绿色表示氧化性，黄色表示毒性，黑色表示腐蚀性，蓝色与其他颜色分层涂刷表示液化气体（上层200mm宽涂蓝色，下层100mm宽分别涂红色，表示易燃液体气体，

涂黄色表示有毒液化气体，涂蓝色表示不燃液化气体)。

⑥ 危险货物自备罐车的装卸作业必须在专用铁路或专用线办理。

⑦ 按规定充装液体、液化气体危险货物，严禁超装超载。液化气体罐车卸后应留有不低于 0.05MPa 的余压。

⑧ 装车前，托运人应确认罐车是否良好。罐体有漏裂，阀、盖、垫及仪表等附件、配件不完整或作用不良的罐车禁止使用。

6.5.3.7 危险化学品航空运输

通过航空运输危险化学品的安全管理，依照有关航空运输的法律、行政法规、规章的规定执行。

6.6 储运系统事故分析

和生产装置的高温、高压、生产工艺复杂相比，储运系统的工艺相对简单，操作比较频繁，但是其易燃、易爆、易中毒的特点是一样的。正因为如此，个别职工对油品系统的危险性认识不足，有章不循，违章作业，干活拍脑袋、凭经验，冒险蛮干的情况时有发生；个别职工操作技术不熟练，缺乏处理事故的能力。这些都给安全生产埋下了隐患，有些已经造成了无法挽回的后果。前事不忘，后事之师。为了更好地总结事故经验，吸取事故教训，以达到保证安全生产、保护职工身体安全的目的，需要对已经发生的事故进行查找原因，分析、吸取教训，杜绝类似事故重复发生。

6.6.1 储罐着火事故及处理原则

储罐发生火灾的特点为火焰温度高、辐射热强。由于储罐储量大，一旦发生火灾，燃烧将会延续很长时间，燃烧迅速，温度高。油罐火灾的热辐射与发生火灾的时间成正比，燃烧时间越长，辐射热越强。

1989 年 8 月 12 日，黄岛油库油罐遭受雷击造成重大火灾爆炸事故，死亡 19 人，伤 78 人，烧毁原油 3.8×10^4t，受灾容量 $7.5\times10^4\text{m}^3$，直接经济损失 3540 万元。1993 年 10 月 21 日，南京炼油厂油罐区 310#汽油罐(容积为 10000m^3)因操作失误，罐顶向外大量泄漏汽油，扩散的油蒸汽与空气混合，遇到拖拉机排气管喷出的火星，引起燃烧爆炸，大火持续 17h 才被扑灭。近年来时有发生的油罐火灾事故给人民生命和财产造成巨大的损失，应对油罐着火事故高度重视并迅速处理，最大限度地减少火灾造成的人身伤亡及经济损失。表 6-23 给出了储罐典型火灾类型、火灾原因及过程。

表 6-23 储罐典型火灾类型、火灾原因及过程

火灾类型	火灾原因及过程
起火后被扑灭	可燃气体浓度达到爆炸极限，发现火情及时，并采取了适当的扑救措施
起火后稳定燃烧	起火罐内液位较高，气温较高时，轻质油会从油罐的呼吸阀、量油孔等处挥发出大量油蒸气，液面上空间的油蒸气与空气的混合浓度未达到爆炸极限，遇明火起火后在液面上稳定燃烧

续表

火灾类型	火灾原因及过程
燃烧中爆炸	着火罐在燃烧中爆炸的主要原因是，燃烧中有大量的空气冲入罐内，当罐内油蒸气浓度达到爆炸极限时产生瞬态爆炸，或在高温作用下，急剧增高的油蒸气压力超过了罐体的承压能力而发生罐体爆炸
	相邻罐的爆炸主要是由着火罐的辐射热使得罐内油蒸气增多，并与空气形成爆炸性混合气体，当遇明火或达到一定温度时即发生爆炸。会造成罐顶塌陷，罐体破裂或位移，如果可燃油品流散，还会引发流淌火
爆炸后继续燃烧	一般是发生在储罐爆炸之后，罐内液面较高和过低均易于燃烧
爆炸后不再燃烧	可能有两种情况，一是罐内基本无油，温度低于闪点，油蒸气浓度处于爆炸极限内，明火引爆后不燃烧；二是有油罐的储罐被引爆后，由于空气供应不足会出现爆后即灭情况

1. 油罐火灾的特点

大部分石油产品具有易燃易爆、易蒸发、受热易膨胀、易流动扩散、能在水面上漂浮等特点，火灾爆炸的危险性极大。而储罐发生着火事故时，由于储罐结构不一、储存油品数量、性质不同、起火原因不同而造成扑救难度大，并且大容量储罐易出现沸溢和喷溅，罐体倒塌，大量油品流淌造成火势蔓延；临近油罐受爆炸着火罐的冲击波以及辐射热的影响，有可能引起新的爆炸燃烧；液化烃储罐着火时，还容易发生连锁爆炸反应，对设备、人员造成巨大伤害。

根据国内外储罐的火灾爆炸事故案例分析，油罐典型火灾过程的特点主要有五方面：

(1) 先爆炸后燃烧。油罐火灾大多数是先爆炸后燃烧，对罐体、罐项及固定在罐体上的灭火装置破坏性极大，会造成罐顶脱落，罐体变形，可燃液体流散，从而使燃烧范围扩大。

(2) 先燃烧后爆炸。油罐在火焰和高温的作用下，油蒸气压力急剧增加，罐体由于压力过大而爆炸。着火的油罐使临近油罐温度升高，罐内的油蒸气增加，与空气形成爆炸性气体，达到爆炸极限时，遇到明火即爆炸。油罐发生火灾后，如果罐顶没有被破坏，当采取罐底导流排油时，如排速过快，罐内产生负压，易发生“回火”现象，导致油罐爆炸。

(3) 局部稳定燃烧。轻质油品油罐在气温较高时，挥发出大量油蒸汽，从呼吸阀、采光孔、量油口等处冒出，当遇到明火源时，会形成稳定燃烧，即通常所说的火炬燃烧。

(4) 爆炸后不再燃烧。油罐内油品温度低于闪点，其蒸汽浓度不在爆炸范围内或油罐内只有爆炸性油气混合物而没有可燃性液体再供给燃烧，所以爆炸后不再继续燃烧。

(5) 沸溢式燃烧。储存含水的原油、重油等油罐着火后，随着燃烧的进行，热波将向油面下层传播。当水垫层温度达到该压力下的沸点以上时，水将发生沸腾，体积迅速膨胀，而携带油品溢出罐外，甚至带着火团冲向天空。发生沸溢的表面现象是烟色变白，火焰突然增高、变亮、带有嘶嘶的声音。同时，罐内压力升高使储罐有振动现象。沸溢性燃烧的火灾模式往往使火情更加复杂，给扑救带来极大的困难。

以上五种油罐典型火灾过程所对应的火灾模式中，沸溢性火灾的危险性最大。

沸溢火灾的危害主要有两点：一是沸溢时辐射热量突然增大。原油、重质油品油罐火灾的辐射热虽然比汽油小，但发生沸溢时由于油品燃烧面积急剧增大，燃烧热和火焰形体相应迅速增大，热辐射通量要高于沸溢前的数十倍，这势必会使火灾蔓延并给消防工作带来极大的危险性。二是沸溢时喷溅出的燃烧油品会造成二次灾害。因为原油、重质油罐往往都是成组布置的，最先着火的油罐会因沸溢而波及临近的油罐，从而引起一连串的着火、爆炸事故，造成众多人员伤亡和严重的财产损失。

2. 罐区火灾特点

目前，大部分的油罐都是以罐区为单位成组布置，油罐一旦发生火灾，火焰的中心温度将高达1050~1400℃，油罐壁的温度达到1000℃以上，对相邻油罐的主要影响是热辐射。油罐火灾的热辐射与发生火灾的时间成正比，燃烧时间越长，热辐射越强，强热辐射极易引起相邻油罐及其他可燃物的燃烧。相邻油罐在着火与热辐射的作用下，可能造成着火爆炸、油罐破损、罐体塌陷等严重影响，继而引发系列燃烧爆炸事故。

罐区火灾有以下特点：

（1）易形成大面积流淌性火灾。罐区储存的油品都是可燃、易燃的液体，可燃液体常温下遇点火源容易起火燃烧，且具有流淌性，装盛可燃液体的容器、管道一旦发生泄漏，会扩大危险范围，尤其是蒸气压较高的可燃液体，在流淌过程中液体蒸发速度加快，不断地从液面散发可燃蒸气，具有更大的火灾危险性，易形成大面积流淌性火灾。

（2）易形成火灾爆炸性环境。罐区大量的呼吸阀与通气孔等装置，可向空气中散发大量的可燃性气体，易形成火灾爆炸性环境，当可燃性气体与空气混合的浓度达到爆炸极限时，如遇撞击、摩擦、热源或火花等点火源会发生燃烧甚至爆炸，加大了罐区的火灾危险性。另外，油罐发生火灾爆炸事故后，如果在爆炸的中心区域火源未被及时控制，使临近油罐受热，易形成二次爆炸。

（3）具有瞬时性和复杂性。油品泄漏遇火源可能先爆炸后燃烧，也有可能先燃烧后爆炸，这两种情况都在瞬间完成，使人们措手不及，很难防范和采取措施。另外，着火罐会引起罐区内相邻罐以及其他设备和管道着火，也会造成周围一些建筑物、构筑物的破坏，加快了外围空气补入，加剧了燃烧，改变了气流的方向，造成新的蔓延，这些情况都会使火灾更加复杂，给灭火救援工作带来了更大困难。

3. 油罐火灾主要的原因

油品的理化特性决定了火灾爆炸危险性是油罐最主要也是最重要的危险因素。油罐火灾事故的发生需要三个必不可少的条件，即着火源、可燃物和空气。本节只简单从着火源和可燃物这两个方面进行分析。

（1）着火源：

油罐火灾事故的着火源一般有以下六种：

① 明火引燃、引爆。电焊、火焊、违章动火、吸烟、车辆等产生的明火，极易引燃泄漏在地面的油品或引爆弥漫在空气中的油蒸气。

② 静电火花引起爆炸。多数油品的电阻率大于$10^{12}\Omega\cdot cm$，为带静电物质，很容易产生和聚集静电荷，而且消散慢。静电的产生和积聚量大小，与下列因素有关：输油管道的内壁粗糙度越大，产生静电荷越多；流速越大，距离越长，产生的静电荷越多；温度越高，产生静电荷越多；流经的滤网越密，阀门、弯头等管件越多，产生的静电荷越多。

由于油罐接地电阻过大（大于100Ω），或消除静电的装置失灵，或孤立的导体（如浮顶）与油罐接触不良，很容易聚集静电荷，一旦放电形成火花，足以引燃或引爆弥漫的油蒸气。

③ 雷击引起火灾或爆炸。由于油罐顶量油孔、采光孔关闭不严或未安装阻火器，或者浮盘密封失效油气泄漏，避雷装置设计不合理或发生故障，金属罐接地大于10Ω，静电荷消

除不掉等在雷击时易引起火灾或爆炸。

④ 碰撞和摩擦火花。油罐的量油孔口没用有色金属制作，钢制量油尺放入或拉出时易与量油孔口边缘摩擦而发生火花，引燃油罐内油蒸气；用钢铁造的工具开启油罐孔口或搬运时相互撞击产生火花易引燃泄漏的油蒸气。

⑤ 电气原因引起火灾。油罐的主要电气设备如输电设备、线路、泵房电机、照明设备等，若发生短路、漏电、过负荷等故障时，产生的电弧、电火花、高热极易引燃泄漏的油及油蒸气。

⑥ 自燃引起火灾。常见的情况如油罐中含硫油品的沉积物或硫化亚铁在清罐时发生自燃；近年来由于加工高含硫原油导致储运系统内硫化亚铁增多，油罐自燃现象时有发生。

根据统计资料，石油储运系统发生的火灾，主要原因中明火引燃占67%，静电引燃占13%，雷击引燃占8%，电气故障及其他原因占12%。由此看出，各种明火引燃是油罐火灾最主要的原因。

（2）可燃物：

泄漏的油品或者液化烃暴露在空气中，即构成可燃物。油品泄漏在储运过程中发生较为频繁。导致油品泄漏的原因主要有冒罐跑油，脱水跑油，设备、管线、阀件损坏跑油，腐蚀、设备缺陷、材质选择不当、机械穿孔、密封不良以及人为操作失误，这些都可以造成油气挥发；另外，还存在罐底开焊破裂、基础沉降引起罐体破裂等大型泄漏事故的可能性。

4. 油罐火灾的预防措施

为了防止油罐火灾带来的危害，GB 50160《石油化工企业设计防火规范》规定了油罐布置必须满足的防火间距，见表6-24。

表6-24 罐组内相邻可燃液体地上储罐的防火间距

<table>
<tr><th rowspan="3">类　别</th><th colspan="4">储罐型式</th></tr>
<tr><th colspan="2">固定顶罐</th><th rowspan="2">浮顶、内浮顶罐</th><th rowspan="2">卧罐</th></tr>
<tr><th>≤1000m³</th><th>>1000m³</th></tr>
<tr><td>甲_B、乙类</td><td>0.75D</td><td>0.6D</td><td rowspan="3">0.4D</td><td rowspan="3">0.8m</td></tr>
<tr><td>丙_A类</td><td colspan="2">0.4D</td></tr>
<tr><td>丙_B类</td><td>2m</td><td>5m</td></tr>
</table>

注：（1）表中 D 为相邻较大罐的直径，单罐容积大于1000m³的储罐取直径或高度的较大值；

（2）储存不同类别液体的或不同型式的相邻储罐的防火间距应采用本表规定的较大值；

（3）现有浅盘式内浮顶罐的防火间距同固定顶罐；

（4）可燃液体的低压储罐，其防火间距按固定顶罐考虑；

（5）储存丙B类可燃液体的浮顶、内浮顶罐，其防火间距大于15m时，可取15m。

同时还要做好以下措施：

（1）油罐应设置固定式低倍数泡沫灭火系统，5000m³以上（含5000m³）的固定顶储罐和液化烃储罐还应设置固定式消防水冷却系统，供专职消防人员和岗位操作人员使用。

（2）储罐区必须按规定设置满足GB 50351《储罐区防火堤设计规范》要求的防火堤。

（3）油罐必须按规定设置防雷、防静电接地，以防雷击或者静电引起火灾。罐区应设置可燃气体检测报警仪器。

（4）储罐的透光孔、检尺口盖应封盖严密；储罐呼吸阀、液压安全阀等应加阻火器。

(5) 严格控制罐区火种，机动车进入罐区必须佩带防火帽。控制罐区内其他可能产生火花、火星的作业。轻油、液化烃等设备拆加法兰、盲板等检维修作业必须使用不发火的铜质工具。

(6) 严格控制罐区动火作业，罐区内动火作业必须按规定办理相关作业票证和手续，并将动火设备与其他相关设备进行有效隔离，并进行清洗、置换，取样分析合格后方可动火作业。

(7) 动火作业应有专人监火，动火作业前应清除动火现场及周围的易燃物品，或采取其他有效的安全防火措施，配备足够适用的消防器材。

(8) 科学合理地制定罐区作业操作规程，并严格执行，防止操作失误导致油品溢出、扩散。

(9) 加强储罐、管线、阀门等设备的检查、维护，做好设备防腐工作，防止设备发生泄漏。

(10) 制定油罐火灾事故预案并组织职工进行演练，提高岗位人员的着火事故应急处理能力。

5. 油罐火灾的处理原则和步骤

对于消防设施比较齐全的罐区，当油罐由于某种原因发生燃烧或爆炸时，安装在罐区的火灾报警系统发出火灾报警信号，通过消防控制室自动或罐区工作人员手动启动消防水泵或泡沫泵，对着火油罐和邻近油罐进行冷却，并使用泡沫喷射系统覆盖着火部位，力争在最短时间内将火灾扑灭。明火熄灭后，需继续对罐区进行冷却，防止复燃。另外尚需对着火油罐做进一步处理，排除险情。

当火势较大或罐区消防设施失去作用时，需通过专业消防队进行扑救。灭火的基本目的是，迅速有效地扑灭火灾，最大限度地减少人员伤亡和财产损失。因此，在灭火时，必须运用“先控制，后消灭”“救人重于救火”“先重点，后一般”等基本原则。本节简单介绍油罐初起火灾的处理步骤：

(1) 迅速、及时、准确报警。岗位操作人员应立即向消防队和有关部门报警。报警时讲清着火储罐位号、储存介质、火势情况、有无人员伤亡。

(2) 根据火势情况，利用现有消防器材和设施如灭火器、固定式泡沫灭火系统进行扑救，有消防冷却喷淋系统的打开喷淋，同时打开相邻油罐的喷淋系统进行冷却保护。

(3) 有注水系统的储罐，可以往罐内注水，减少罐内气相空间，也可以降低罐内油品温度，减少油气挥发。对重油或易产生沸溢的油品不能采用此方法。

(4) 当油罐底部发生泄漏时，利用油品比水轻且与水不相溶的性质，从罐底部向罐内注入一定数量的水，以便在罐内底部形成水垫层，使泄漏处外泄的是水而不是油，从而切断泄漏源，用水将油火隔离，火焰自动熄灭，然后采取堵漏措施。

(5) 关闭罐区防火堤的阀门，尽量将火控制在罐池内，勿使着火油品流淌到罐区外面引起火势扩大。

(6) 油罐火灾辐射热量高，在扑救火灾时，操作人员要做好人员的自身安全防护。

(7) 对于液化烃泄漏燃烧，如果不能制止泄漏，应采取措施使其保持稳定燃烧，不能轻易将火扑灭，防止泄漏气体造成爆炸。

(8) 迅速派人到路口接引专业消防人员。

6.6.2 案例分析

1. 液化气脱水跑料引起着火

事故简要经过：1988 年 10 月，某炼油厂球罐区操作工在液化气脱水操作时，未关闭球罐脱水包的上游阀，就打开脱水包的下游阀，边进料边脱水，致使水和液化气一起排出，大量外逸，直到球罐区门卫人员发现跑料后，通知操作工关闭了脱水阀。从开阀到关阀前后约 25min，跑损的液化气约 9.7t。发现泄漏后未采取紧急排险措施。逸出的液化气随风向球罐区围墙外的临时工棚内蔓延，在墙外低洼处积聚，遇到墙外工棚内的火种，引起爆燃，造成 26 人死亡，15 人烧伤。

原因分析：操作工违章操作。边进料边脱水，使水、液化气同时排出。脱水时没有关闭球罐底部的脱水阀，致使罐区液化气带压排放。发现跑气后，既未向上级报告，又未采取任何紧急措施。紧靠球罐西墙外 6m 处一简易仓储用房被改做外来施工人员住房。“三同时”贯彻不力。该罐区是新建罐区，虽然安装了报警器，但未投用，当液态烃逸出时没有发挥作用。

2. 汽油罐收油瘪罐

事故简要经过：1993 年 3 月某日，某炼油厂汽油罐区接调度安排：138#罐收 156#罐的抽余油。当班操作工改好流程后，开泵将 156#罐的抽余油倒往 138#罐。过了不长时间，138#罐发出刺耳的声音，罐顶板和顶层圈板向内瘪了下去。

原因分析：138#罐是拱顶罐，装有液压式和机械式呼吸阀各一只，罐内盛装的是汽油，和 156#罐抽余油的温差比较大，当时 138#罐的液位也很低，已经低于油罐进油管的喷嘴，当大量低温抽余油进入 138#汽油罐后，致使罐内温度骤然降低，气体空间急剧缩小，该罐的呼吸阀来不及呼吸，造成 138#罐被大气压压瘪。事后检查，该机械呼吸阀已经失灵。

3. 5000m^3 内浮顶石脑油罐自燃事故

事故简要经过：1996 年 8 月，我国某炼油厂 1 台 5000m^3 内浮顶石脑油罐，在付油作业完成后，液位还有 1.83m 时，突然从罐的通气孔处冒出浓烟，罐外壁西南油漆变色、爆裂，发生着火，消防队员赶到后，向罐内打入泡沫，用了大约半小时的时间，将火扑灭。该起事故只将内浮盘烧毁，储罐略有变形，没有造成人员伤亡。

原因分析：该罐的高位人孔在西南方向，随着内浮盘的上下移动，在人孔的内壁凹陷部位集聚了一些硫化亚铁，付油结束后，内浮盘低于人孔，人孔凹陷部位集聚的硫化亚铁受空气氧化及夕阳辐射热自燃，引起罐内浮盘密封着火。该罐因为生产条件限制，多年未曾清理，罐壁腐蚀严重，内浮盘上下运行过程中，铁锈在浮盘上及高位人孔内壁集聚。

4. 送凝缩油中毒事故

事故简要原因：1997 年 6 月 23 日傍晚，某炼油厂瓦斯岗位两名操作工巡检时发现酸性凝缩油罐满了，于是一名工人到凝缩油泵房准备开泵送油，另外一名工人则继续巡检。开泵的工人打开 610#泵的放空阀进行放空，被熏倒在泵房内，巡检的工人回来发现后，连忙喊来其他人把伤者抬到泵房外面并报了警，气防车到达后将该同志送到医院，经抢救无效死亡。

原因分析：酸性水中含硫化氢浓度很高，距离泵房很近，放空管排出口位置设在泵房窗外，放空时排出的硫化氢顺窗口飘进泵房，导致该同志硫化氢中毒；泵房位置低于周围地坪，硫化氢气体容易集聚；操作工安全意识和自我防护不强，没有佩戴相应的防毒面具、放空操作不当，车间制度规定，送凝缩油操作必须白天送油，并且必须实行双人操作；监护人没有实行有效的监护。

5. 某化工厂罐区储罐连锁火灾事故

事故简要经过：1997 年 6 月，某化工厂罐区大火。罐区操作工在从火车槽车上卸轻柴油时，误将阀门开错，将轻柴油送到已装满石脑油的油罐内，未能及时发现，致使大量石脑油外溢，在防火堤内石脑油迅速扩散，扩散的油气遇明火燃爆，引发大火，大火又烧爆了罐区内的液化气球罐，致使大火更加猛烈，本次事故火灾烧死 9 人，经济损失数亿元。

原因分析：操作工责任心不强，违章操作，误将轻柴油送到已装满石脑油的油罐内，造成石脑油外溢，油气与空气混合达到爆炸浓度；罐区火种控制不严，拖拉机进入罐区不戴防火帽；罐区内安全设施不完备，液位监控、瓦斯报警仪等设施不完好；岗位没有火灾事故预案。

6. 违章动火崩罐事故

事故简要经过：1998 年 3 月某日，某油品罐区 138#汽油罐检修施工，预定的动火项目结束后，施工人员将该罐的出入口管线盲板全部拆除，将罐封好。一名施工人员发现 138#罐底层圈板上有一小节管线盲肠，便说：我帮你们割了它吧。于是又点起动火焊，当割穿管线盲肠时，138#罐发生爆炸，罐体变形，罐底板也翘了起来。

原因分析：违章动火是事故的主要原因，封罐后如需再次动火应该重新加好盲板，并且重新作爆炸气分析，合格后方可进行。该罐的出入口盲板拆除后，因为有阀门内漏，少量汽油漏进罐内，挥发后与空气形成爆炸性气体，遇到割盲肠的明火后，发生爆炸。施工人员随意动火，监护人员没有尽到责任，也是事故发生的原因之一。

7. 石脑油罐自燃事故

事故简要经过：某炼油厂 G1105#罐为 5000m³ 内浮顶罐，存储介质为石脑油。1999 年 6 月 30 日，该罐停收石脑油，经脱水后液位 10. 855m，于 7 月 1 日 2：00 时，付油至重整装置，7 月 1 日 15：35 时，发现大量白烟夹带黄烟从罐壁气窗冒出，消防支队接报后迅速赶到现场，将消防泡沫打入罐内灭火，大约 16：05 时将火扑灭。

原因分析：事故发生后，对事故现场进行了勘察，发现罐外壁约 7~10m 的地方有两处油漆因受热而脱落，罐体四根接地线齐全完好，罐内浮盘上下有大量沉积物。罐体及人孔内壁腐蚀严重，防腐油漆大片脱落，罐壁大面积有烧灼痕迹。该罐于 1989 年建成投入使用，先后于 1993 年和 1996 年检修两次，1989 年投用后未再对罐壁进行防腐，使用过程中产生的硫化亚铁在浮盘上集聚，本次付油后，液位下降，空气大量被吸入罐内，使硫化亚铁氧化自燃。

8. 吊篮坠落伤人事故

事故简要经过：1999 年 9 月某日，某罐区一台储罐需要外防腐处理。施工人员采用悬挂吊篮的作业方式对罐壁进行除锈刷漆的维修施工。一名施工人员站在吊篮里，将安全带固定在吊篮上，正在作业过程中，拉拽吊篮的绳索突然断裂，该工人连同吊篮一起从 4 米多高的地方掉下，将腿摔伤。

原因分析：拉拽吊篮的绳索没有做好防护，被罐顶的防水檐磨断，造成吊篮坠落；没有设置单独保险绳索；该工人在高空作业时虽然配挂了安全带，但是没有按规定将安全带固定在单独的保险绳上，而是固定在吊篮上，当拉拽吊篮的绳索突然断裂吊篮坠落时，便随着一起落下；现场的监护人员对安全带的使用方法不熟。

9. 蒸汽保护不当引起硫化亚铁自燃

事故简要经过：2000 年 10 月，某石化厂罐区石脑油罐送油过程中，因为氮封系统有故障，为了保持储罐在付油时的压力平衡，在付油时采用了向罐内通入蒸汽的方法，付油结束蒸汽停止后，罐内硫化亚铁自燃而发生大火，罐内石脑油全部烧尽，油罐烧毁。

原因分析：对硫化亚铁的危险性认识不足，操作不当，在送料时未能用氮气保护，而采用蒸汽进行保护。这样，当蒸汽冷却后，空气被吸入罐内，引发硫化亚铁自燃进而引燃油气。

10. 渣油罐罐顶凹陷事故

事故简要经过：2000 年 10 月某日，某油品罐区一台 $3000m^3$ 渣油罐在外付渣油的过程中，突然下雨，付油结束后，操作工到罐顶检尺时，发现罐顶中部塌陷。

原因分析：该罐没有呼吸阀，是通气孔结构，事后检查，该罐的通气孔的阻火网已经基本被油气和灰尘形成的油泥堵塞，造成呼吸不畅；连续的外付抽油，使罐内的压力呈负压状态，该罐当时液位只有 3m 多，突然降落的雨水也使油罐温度骤然下降，导致油罐内压力进一步降低，超过该罐所能承受的负压，致使罐顶凹陷。

11. 罐内打磨引起瓦斯闪爆

事故简要经过：2003 年 4 月某日，某炼油厂大检修期间，厂南区一台容积为 $5m^3$ 的高压瓦斯分液罐需要检修鉴定。在对该罐进行了蒸煮，化验分析三气合格后，车间出具了进容器作业票和用火作业票。2 名承包商工人准备进罐打磨焊道，一名工人先从人孔进去后，用磨光机开始打磨，几分钟后，罐内发生闪爆，工人从人孔中钻出来，头发、眉毛被烧焦，化纤裤子遇火燃烧后紧紧地黏在腿上，将脚腕烧伤。罐内火焰没有持续燃烧。

原因分析：该罐只进行了蒸煮处理，残渣未清，当施工人员进去后，将罐底的残渣搅动起来，残渣中的瓦斯释放出来，遇磨光机打磨出来的火星发生了闪爆；施工程序错误，按照常规是蒸煮后应该先将罐内残渣清理，再打磨焊道，此次因为施工人员觉得工程量比较小，便想先干完了再到别处干，残渣未清理；施工人员劳保穿戴不合格，该名被烧伤人员身着化纤裤子，遇火后黏在腿上。

12. 火炬回火闪爆事故

事故简要经过：某炼油厂南区 1#火炬高 120m，筒体直径 600mm，正常时，瓦斯进入瓦斯气回收系统，火炬只点长明灯。2007 年 9 月 6 日中午，1#火炬突然发生回火闪爆，经过检查，爆炸造成火炬水封罐内的隔板脱落，隔板脱落的拉力又将水封罐罐体径向撕裂一条长约 600mm，最宽处达 35mm 的裂口。

原因分析：水封水溢出的瓦斯和水封水上层的凝缩油中的轻烃挥发到火炬筒体中，因为瓦斯密度较空气大，所以会在火炬筒体中堆积，当天上午，岗位操作员曾经进行火炬筒体脱水，脱水后，没有及时关闭脱水阀，筒体内的积水排净后，空气从脱水线被吸入火炬筒体，与筒体内的瓦斯形成爆炸性混合气；火炬存在设计缺陷，没有分子封或者流体封等阻火、防回火设施；火炬管网没有排放，筒体背压低，混合气在火炬头被长明灯点燃后容易发生回燃。

13. 丙烯管线爆裂事故

事情简要经过：2008 年 3 月 1 日，某炼油厂丙烯罐区一条管线突然在罐区最里面的两罐之间的管排处发生爆裂，1.6MPa 的高压丙烯大量涌出，当班操作人员立即通知罐区班长，班长佩戴好空气呼吸器，到现场从上风处确认，是正在收料的丙烯生产线泄漏，班长立即组织人通知厂调度、气体车间，得到确认回复后，到罐区北侧的界区处关闭了该生产线的界区阀门和收料罐的该线阀门，控制了继续泄漏。

原因分析：该生产线的保温层是珍珠岩棉加铁皮保温，使用多年，破损严重，经常有雨水渗入保温层，造成管线腐蚀严重，承压强度不够。经检查，裂口处长达 7cm，打开管线保温后，又发现多处严重腐蚀的地方；正常液化烃管线放空后，也会因吸热造成空气中的水分凝结在管壁，加剧管线腐蚀。

14. 换阀门造成液化气跑损

事故简要经过：2008 年 6 月 22 日，某液化气罐区一台卧罐换阀门，施工人员在松开阀门内侧的螺栓后，从开口的法兰处泄漏出少量液化气，很快就不再漏，据此判断该罐的其他阀门是严密的，于是便把螺栓彻底松开取出，在准备拆卸阀门外侧的法兰时，已经开口的阀门内侧法兰处突然有大量液化气喷了出来。岗位人员立即到各路口设置警戒；汇报并联系厂调度将罐区的所有生产作业全部停止，关闭了罐区所有其他储罐的罐根阀门后，泄漏停止。

原因分析：该罐的其他阀门在气动状态下关闭不严，当待换阀门内侧的法兰螺栓松开时，部分液化气泄漏吸热，造成相邻阀门密封处结冰，没有立即发生大的泄漏，作业人员误认为相邻阀门严密，拆卸外侧法兰时，管线震动，冰晶融化，造成其他线内的液化气窜至已拆卸阀门泄漏喷出；阀门开关状态及其严密性的检查确认不彻底，检查手段不完善；施工组织安排不周全，没有考虑到生产线互串造成的系统压力增大；监护人距离现场较远；事故预想方案有缺陷等。

15. 采样方式不当引起丙烯着火

事故简要经过：2009 年 12 月 18 日 22 点，某炼油厂丙烯罐区 848#丙烯球罐需要做出厂分析，厂化验室一名化验工到罐区采样。因为白天已经采过该罐，分析结果不合格，所以需要重新采样分析。化验工从 848#罐液面计端点的放空阀处进行排放后，当把采样球胆伸到液面计端点的放空阀时，突然发生着火，并燃烧到该同志身上，该同志冷静地将液面计阀门关闭，然后用扑打和在地上打滚的方式，将身上的火扑灭，立刻被送到医院，后背、大腿局部被烧伤。

原因分析：采样装备不完善，采样方式不合理，为了保证采到的样品能够代表罐内的介质，该化验工打开液面计的端点阀门大量排放丙烯，丙烯汽化与空气混合形成爆炸气体，遇到化验人员身体产生的静电，造成着火。该罐为旋转走梯，采样人员站位正好在液面计端点的下风向，放空的丙烯气体沁入衣服，燃烧时里外都着火，受伤较严重。

16. 轻污油罐闪爆事故

事故简要经过：2012 年 5 月，我国某炼油厂 1 台 5000m^3 内浮顶轻污油罐，在检修作业前，用蒸汽进行了蒸煮，并对罐内注入了大约 5t 的钝化剂，静置了 7 天后，在打开上人孔，准备从内浮盘上部注入钝化剂时，发生着火爆炸，该污油罐罐顶被炸飞，罐壁被炸塌，事故造成 2 人轻伤。

原因分析：该罐倒完油后，尚有约 600mm 厚的油渣无法抽出，在蒸煮过程中使用的一根 *DN*20 的蒸汽胶管进行蒸罐，没有将罐内油气蒸煮干净，罐内含有大量的硫化亚铁和可燃气体，上人孔打开后，罐内吸入空气，引起油渣内的硫化亚铁自燃，造成爆炸；作业方案不完善，对罐内残余油渣认识不足，认为已经注入过钝化剂，没有考虑到残油过多，钝化剂量不足；作业人员安全意识不强，安全管理不到位，上人孔打开后，作业人员发现罐内有大量油气往外溢，没有及时关闭人孔，重新对储罐进行蒸煮，而是继续作业，失去了控制事态发展的最后机会。

第 7 章　炼化公用工程管理

7.1 概述

炼化企业公用工程内容包括新鲜水、循环水、除盐水、蒸汽、工业空气、仪表空气、氮气、电力管网等。公用系统作为企业生产的大动脉，有着至关重要的作用。生产装置出现问题，最多一套装置降量生产或停工，如果公用工程系统出现问题，会引起多套装置同时波动甚至停工，如电力系统波动、蒸汽系统波动、循环水系统浊度升高等。因此，做好公用工程的日常管理，是企业长周期平稳运行的保证，也是炼化企业调度部门的重要职责。

7.2 蒸汽动力系统

蒸汽管道是企业经营中的生命线，蒸汽管道的安全稳定运行对于企业的安全生产、经济运行具有重要意义。

蒸汽作为传热介质，蒸汽的热容量高，和液体传热介质相比，在输送同样的热量时，蒸汽系统的管道较小，这也意味着较低的费用。蒸汽管线重量相对较轻，可以减少管道的支撑费用。在蒸汽管道中，只要有压力降就有流动，因此不需要循环泵的费用。蒸汽系统弹性大，在一定的范围内可以根据需要增加或减小负载。从使用角度看，蒸汽到介质的传热系数通常是从水到介质的 2 倍，因此可以使传热设备更加紧凑。此外，蒸汽传热表面不存在温度梯度，蒸汽充满的空间温度是相同的。

7.2.1 蒸汽有关基本理论常识

1. 蒸汽和焓的概念

蒸汽是水的汽态表现形式。产生蒸汽需要把水加热至沸腾点，如果继续加热则沸腾水变为蒸汽。

2. 液态焓或显热(h_f)

这部分能量是指将水加热至沸腾点所需要的热量，此时加热的热量只改变水的温度，通常用符号 h_f 表示。将 1kg 的水从 0℃加热到沸腾点的热量可从蒸汽表上读取。例如，在大气压下(101.325kPa)，水的沸点为 100℃，则将 1kg 的水从 0℃加热到 100℃所需的热量为 419kJ。

3. 蒸发焓或蒸发潜热(h_{fg})

指将沸腾温度下的水全部转化成蒸汽所需的热量，通常用符号 h_{fg} 表示。当热量加入时，水/蒸汽混合物的温度没有改变，所有的热量用来将液态(水)转变为气态(蒸汽)，发生相变。蒸发 1kg 沸腾温度下的水所需的热量可从蒸汽表上读取。例如，在大气压下(0bar)，需要 2257kJ 的热量将 1kg 100℃的水蒸发成为 1kg 100℃的蒸汽。

4. 过热蒸汽

饱和蒸汽经过温度更高的换热后，温度会高于其蒸发温度，此时蒸汽称为过热蒸汽，高于饱和蒸汽的温度称为过热度。

用过热蒸汽驱动汽轮机，发电机有更高的热效率，可以避免水滴溢出冲击叶轮。虽然过热蒸汽比饱和蒸汽有更高的焓值，但不适用于工程换热，这是因为过热蒸汽在冷凝释放蒸发焓之前必须先冷却到饱和温度，显然，过热蒸汽冷却到饱和温度释放的热量远远小于汽化潜热，如用过热蒸汽作为换热介质，其设计参数和制造费用都较高。

5. 蒸汽干度

在一定压力下的沸腾点温度产生的蒸汽称为干饱和蒸汽，此时干度为1。但实际应用中很难产生100%的干蒸汽，通常都带有一定量的水滴。如果蒸汽中含有10%(质量分数)的水分，则蒸汽为90%的干度，即蒸汽干度为0.9。因此实际的湿蒸汽蒸发焓不是蒸汽表上所显示的h_{fg}，而为干度x和h_{fg}的乘积：实际蒸发焓 = 蒸发焓×干度。

6. 全热能

指蒸汽中所有的能量，是液态焓和蒸发焓的总和，用h_g表示。全热能也可从蒸汽表上读取。例如，在大气压下(101.325kPa)，1kg 0℃的水完全转化为100℃的蒸汽需要的全热能为419+2257=2676kJ。

当蒸汽在工艺过程传递热量时，首先传递的是蒸发焓，这也是能实际应用到的热量。此时蒸汽冷凝成同温度下的水，称为冷凝水。

7. 常用压力单位

标准大气压 atm

工程大气压 kgf/cm^2

1MPa = 10.00kgf/cm^2

换算关系：

1工程大气压=1千克力/厘米^2(kgf/cm^2)

1物理大气压=1标准大气压(atm)

8. 常用能量单位

kJ：热量单位，是指把1kg水升高0.24℃所需要的热量。或者，一个kJ，就是1kg热水冷却0.24℃时释放出来的热量。1kcal=4.1868kJ。

9. 蒸汽等级划分

蒸汽的压力等级分类没有固定的标准，压力等级一般分为：

超高压蒸汽：$P>14$MPa以上；

高压蒸汽：6MPa$<P\leqslant$14MPa；

中压蒸汽：2.5MPa$<P\leqslant$6MPa；

低压蒸汽：$P\leqslant$2.5MPa。

7.2.2 蒸汽系统主要设备

7.2.2.1 锅炉

1. 煤粉锅炉

锅炉设备由锅炉本体和辅助设备两个部分组成。锅炉是由锅和炉两大部件组成，锅炉本体以外的送风机、引风机、烟囱、除灰设备、除尘设备、制粉设备、烟气脱硫设备等都是辅助设备。

锅是指锅炉的水汽系统，由省煤器、汽包、下降管、水冷壁、过热器等组成，其任务是使水吸热蒸发，最后变成一定温度、压力的过热蒸汽。其过程是：锅炉给水由给水泵经给水管路打入省煤器以后，利用锅炉尾部烟道的余热逐渐吸热，温度升高到汽包工作压力下的沸点，成为饱和水，饱和水在蒸发设备中继续吸热，在温度不变的情况下蒸发成饱和蒸汽。蒸发设备由汽包、下降管、水冷壁及其联接管道和联箱组成，它的任务是吸收燃料放出的热量，使水蒸发成饱和蒸汽。水冷壁上升管的汽水混合物进入汽包，汽水混合物的蒸汽进入汽包的汽空间，水进入水空间并与送入汽包的给水一起进入下降管—水冷壁—汽包形成自然循环系统，受热形成饱和蒸汽，从汽包进入过热器以后，逐渐过热到规定的温度，成为合格的蒸汽，送往汽轮机将蒸汽的热能转换成机械能，在发电机中将机械能转换成电能。

炉是指锅炉的燃烧系统。由炉膛、烟道、喷燃器及空气预热器等组成。

其工作过程是：送风机将空气送入空气预热器中吸收烟气中的热量并送入热风道，然后分成两股：一股送给制粉系统作为一次风携带煤粉送入喷燃器，另一股作为二次风直接进入喷燃器。煤粉与一、二次风经喷燃器喷入炉膛进行燃烧放热，并将热量以辐射方式传给炉膛四周的水冷壁等辐射受热面，燃烧产生的高温烟气则沿烟道经过热器、省煤器和空气预热器等设备，将热量主要以对流方式传给它们。在传热过程中，烟气温度不断降低，最后由引风机送入烟囱，排入大气。

2. 循环流化床锅炉(CFB)

循环流化床煤锅炉(也称为 CFB 锅炉)可分为两个部分。第一部分由炉膛(流化床燃烧室)、气固分离设备(旋风分离器)、固体物料再循环设备(返料装置或称返料器)和外置换热器(有些循环流化床锅炉没有该设备)等组成，上述部件形成了一个固体物料循环回路。第二部分为尾部对流烟道，布置有过热器、再热器、省煤器和空气预热器等，与常规燃油锅炉相近。

图 7-1 为典型循环流化床锅炉燃烧系统的示意图。燃料和脱硫剂由炉膛下部进炉膛，燃烧所需的一次风和二次风分别从炉膛的底部和侧墙送入，燃料的燃烧主要在炉膛中完成。炉膛四周布置有水冷壁，用于吸收燃烧所产生的部分热量。由气流带出炉膛的固体物料在分离器内被分离和收集，通过返料装置送回炉膛，烟气则进入尾部烟道。

7.2.2.2　汽轮机

汽轮机是以过热蒸汽作为工质的叶轮式发动机，具有转速高、运行平稳、可靠性高、热经济性能高、单机功率可以根据需要设计制造，又便于与发电机、压缩机等直接连接等优点，所以被普遍采用。汽轮机本体由静止和转动两大部分组成。静止部分称做静子，包括：喷嘴、隔板、气缸和轴承等主要部件；转动部分称做转子，由动叶、叶轮和主轴等组成。主要辅助设备：凝汽器(其真空高低对汽轮机安全经济运行起主导作用)、抽气器、真空泵、润滑油泵、高低压除氧器、高低压加热气、给水泵等。

汽轮机运行时，锅炉产生的高温高压蒸汽通过自动主汽门，再由调速器门进入汽轮机，蒸汽先在其喷嘴内进行膨胀，压力降低而速度增大(静压能装化为动能)，形成高速气流喷射到动叶上，推动转子高速转动(动能转变为机械能)。

7.2.2.3 蒸汽管道设计原则及敷设

设计原则：蒸汽管道设计合理，要求安全、可靠、方便检修、美观，热能损失小，生产成本低，节约资源。采用管架地上敷设。

采用材质：根据输送蒸汽的温度选用不同材质，一般情况 450 ℃以上的应选择铬钼钢，450℃以下选择碳钢。

敷设方式：架空和埋地。

架空管道支架：管道支架采用活动支架，工程中要考虑蒸汽管道的最大跨距。

蒸汽管道热补偿有自热补偿和伸缩器补偿两种。

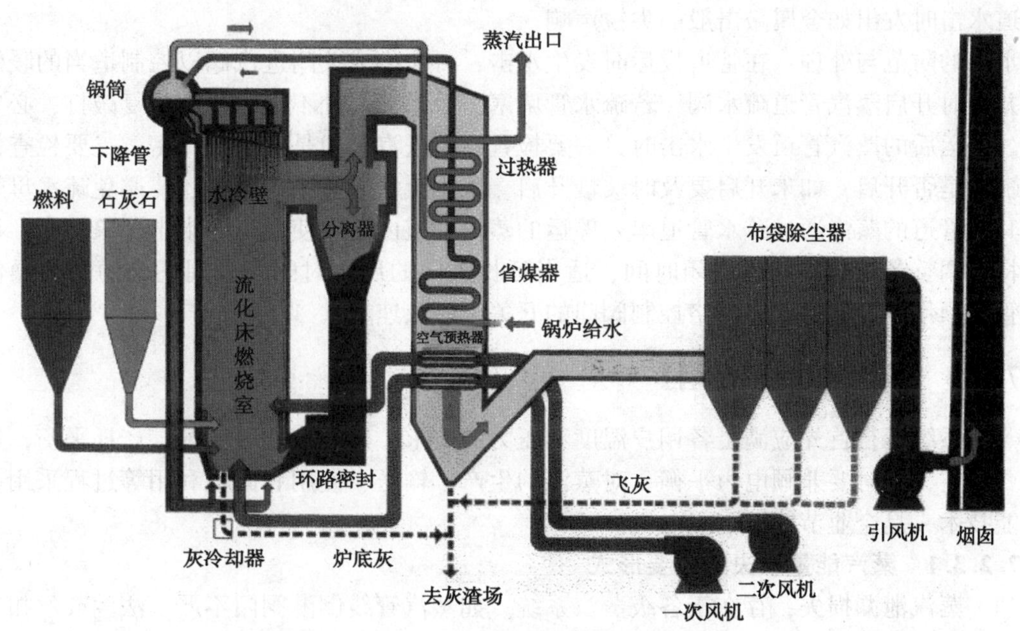

图 7-1 典型循环流化床锅炉燃烧系统的示意

伸缩器种类：方形伸缩器(门型大弯)、套筒式、波纹管式、球形补偿器、旋转式补偿器等。

地埋蒸汽管道补偿有方形补偿器、波纹补偿器、还有套桶补偿器等。

7.2.2.4 蒸汽管道运行中水击(锤)问题

在企业生产中，经常会发生蒸汽管道的水击现象，如处理不当，管道的水击轻者增大了管道的流动阻力，重者损坏管道及设备，甚至危及人身安全，因此对汽水管道水击现象的防范处理对于保证企业的安全运行具有重要意义。

当水或汽等液体在压力管道中流动时，当遇到突然关闭或开启阀门，水泵突然停机或启动时，液体的流动速度会发生突然变化，由于流体的惯性和压缩性，引起管道中流动的液体压力发生反复的、急剧的周期性变化，这种现象称为水击(或水锤)。如果此时管道系统存在缺陷，则有可能对管系或设备造成破坏，导致事故的发生。所以水击不仅增加流体的流动阻力，而且也严重危及管道系统和有关设备的安全运行。特别是大流量、高流速的长管中以及输送水温高、流量大的水泵中更为严重。

水击多发工况及表征：蒸汽管道由冷态备用状态投入运行，因进汽阀门开启过快或过大致使管道暖管不足；管道疏水未开启或疏水管堵塞。汽轮机或锅炉负荷增加速度过快，或是锅炉汽包发生满水、汽水共腾等事故，使蒸汽带水进入管道。运行的蒸汽管道停运后相应疏水没有及时开启或开度不足，在相关联的进汽阀门未关闭严密情况下，漏入停运管道内的蒸汽逐渐冷却为水并积聚在管道中，在一定时间后，管道将发生水击。当高温饱和水管道及相关设备的调节时，因压力骤然下降，管道内饱和水汽化可能引起冲击。

蒸汽管道发生上列水击现象时，主要的征象一是管道系统发生振动，管道本体、支(吊)架及管道穿墙处均有振动；二是管道内发出刺耳的声响，如投运时暖管或疏水不足的管道多阶段性地发出“咚咚”的声响；而蒸汽带水进入管道时出现连续啸叫声；停运后的蒸汽管道水击时发出如金属敲击般的尖锐声响。

水击的防范与处理：在管道投运时发生水击，可关小或关闭进汽阀以控制适当的暖管速度，并及时开启蒸汽管道疏水阀，若疏水管堵塞，手摸裸露处不烫手，则反复敲打，必要时更换。停运后的蒸汽管道发生水击时，一要检查相关进汽阀门是否关闭严密；二要检查停运管道疏水是否开启，如未开启要及时缓慢开启。采用疏水母管系统时，还要避免疏水母管带压，其他管道的蒸汽通过疏水管道串入停运的蒸汽管道内，致使管道的水击现象加剧。根据管道特性调整各类电动阀门启闭时间，适当延长阀门的启闭时间。采用正确的阀门操作方法，管道操作中启停过程应严格控制阀门的开关顺序及速度。

7.2.3 蒸汽系统优化运行

蒸汽系统运行首先应满足各用户温度和压力的需求；其次应能级匹配，产耗平衡，避免不必要放空，同时要兼顾电力平衡。对蒸汽的生产、输送、使用和回收利用等过程采用有效的节能技术，是企业节能的重点之一。

7.2.3.1 蒸汽能量损失的主要形式

(1) 蒸汽泄漏损失，存在于各级蒸汽系统。如蒸汽管线倒淋阀门不严，法兰或丝扣连接泄漏，阀门填料缺失蒸汽泄漏，疏水器漏汽等。

(2) 减压器机械能损失，存在于减温减压器、减压阀。尽可能地停用或不用减温减压器，减压阀。可利用背压式透平替代减温减压器。

(3) 散热损失，存在于各级蒸汽系统。主要是保温性能的变差，如保温层下沉，防雨层破坏，保温材料缺失造成，一般每年进行一次蒸汽管线的保温性能鉴定，对超出保温指标的管段进行保温修复。

(4) 蒸汽排放损失，蒸汽系统的不平衡引起，超压被迫放空，做好分级、串级利用。

(5) 凝结水闪蒸汽损失，凝结水系统。采用密闭凝结水回收系统，利用低温热减少闪蒸汽的产生。

(6) 除氧损失，除氧器系统。采用集中除氧和除氧乏汽利用。

(7) 管线投用、停用损失。备用管线投用停用，减少蒸汽管线的开停；透平蒸汽管线吹扫打靶，建设中做好管线清洁的预处理，把好施工质量关，减少吹扫打靶蒸汽消耗。

7.2.3.2 减少蒸汽损失的措施

(1) 分级供汽，充分利用蒸汽能级。

在工艺用汽参数不高的情况下，把高于用户需要的那部分蒸汽能级利用起来，采用回收功率的方式先作功再供热，做到能级匹配利用。例如：汽轮机进汽为3.5MPa中压蒸汽，做功后排出的1.0MPa蒸汽继续用于工艺用汽或输出到管网中继续为其他装置利用。对装置而言就是一种节能的利用蒸汽方式。

(2) 改善用汽状况，减少蒸汽消耗。

改进工艺过程和优化操作，合理选择蒸汽参数。如常减压蒸馏装置用汽提蒸汽压力由1.0MPa降至0.3MPa，抽空器用蒸汽压力由1.3MPa降至0.6MPa或采用机械抽真空的方式。通过优化操作，减少汽提、雾化、抽空、加热、伴热及吹扫等用汽量，减少生产过程用汽。改进或更换用汽设备。大功率的凝汽汽轮机改为背压汽轮机，以油品的余热替代重沸器加热蒸汽等。充分利用蒸汽发生器回收工艺物流的热量，并充分利用油品的温位发生高参数蒸汽。充分利用余热加热介质。如利用工艺余热预热锅炉上水，余热加热炉空气等方式，节约低等级蒸汽。建立蒸汽管网智能检测系统，优化蒸汽管网运行管理。良好的保温隔热，与流量匹配的管径设计选择，合理的管网设计、布置，必要的温度、压力、流量检测及远程监控仪表的设置和应用计算机集成蒸汽供应调度管理系统软件，可以使蒸汽管网的散热和压降损失大幅度降低。调度通过监控实时掌握管网的运行情况以及热量损失情况，及时调整供汽压力、流量以及供汽方式等。这是蒸汽动力系统优化的重要部分，也是企业节能降耗的有效措施。

(3) 合理使用伴热蒸汽(或热水)，加强凝结水回收。

改造伴热系统，优化伴热线流程和规范操作，根据伴热介质的温度，确定是否需要伴热，根据气温的变化确定停用和投用伴热。在满足伴热温度条件下采用热水代替蒸汽伴热，会大量减少蒸汽的消耗。对蒸汽伴热线和间接加热设备，根据使用和安装的特点正确选择和安装疏水器，并充分回收利用凝结水。

7.3 压缩空气及设备

炼化企业使用的压缩空气分净化空气(仪表风)和非净化空气(工业风)。

空气经空气压缩机压缩到0.6~0.8MPa，中间经气液分离器初步脱水后，进再生干燥装置进一步除去气体中的水分，使干燥后的气体露点达到-20~-40℃以下(根据地区差异)，然后进入仪表风球罐储存及外供。

7.3.1 压缩空气的过滤及净化

空压机装置的产品为非净化风和净化风，均为被压缩的空气，是一种重要的动力源。与其他能源比，它具有下列明显的特点：清晰透明，输送方便，没有特殊的有害性能，没有起火危险，不怕超负荷，能在许多不利环境如易燃易爆区、潮湿等环境下工作，且空气取之不尽。非净化风为其压力下的饱和湿空气，广泛用于吹扫、搅拌、顶压、气力输送等对含水要求不高的场所。净化风是非净化风经干燥吸附后，除去大部分的水分、油分等，用于仪表、风动执行机构等对压缩风质量要求较高的场所。

7.3.1.1 工艺过程

空气经过入口过滤器将空气中2μm以上的杂质过滤后进入压缩机压缩至0.6~0.8MPa，送入压缩热式干燥设备，压缩空气经过干燥除尘后，一部分进入工业风管网，另一部分进入仪表风管网送至各装置。为保证仪表风管网的压力稳定，在工业风总管入口设压力调节阀，正常运行中通过控制工业风送出量来优先保证仪表风的供应。若在特殊情况下调节工业风管网流量仍不能保证仪表风的稳定，则开启往复机对工业风进行补充。

7.3.1.2 压缩风干燥设备简介

干燥机类型随科技的进步而不断更新，最早为鼓风加热干燥机，抽取环境空气，经过加热后去再生干燥剂，使用硅胶作为干燥剂，该工艺噪音大，能耗大；之后为无热再生干燥机，利用变压吸附的原理，使干燥剂在管网压力下吸附，然后再切换到大气压下脱附，并从干燥机出口引回约少量干燥气体对干燥剂进一步净化再生。采用双塔交替工作、再生、净化的过程，一般采用活性氧化铝/分子筛作为干燥剂，无转动机械，工艺过程简单，节能省电。但对控制系统要求高，耗风量大。目前较为先进的是余热再生干燥机，是利用空压机高温排气的热量再生干燥剂，充分利用空压机废热，再生能耗低，且处理风量大，同时降低对管线内壁的氧腐蚀及管网用户的冬季防冻连排损耗。

7.3.2 压缩空气管网优化运行措施

（1）由于装置的连续关联度越来越紧密，一旦停风会带来严重影响，为保证供风的连续性和稳定性，有条件的可设置高压储风罐以应急泄放，保证管网压力稳定。

（2）为更大程度的节能，可对系统风压逐步实行降压运行方式，使压缩机能够在节电、提高供风能力方面发挥更大作用。

（3）在供风事故应急状态下，当供风能力不足时，为保证装置用风，依照关小或停供非净化风系统、保净化风系统的原则。

7.4 氮气系统

7.4.1 空分装置

7.4.1.1 概况

空分装置工艺流程主要包括空气过滤、压缩、增压，空冷、分子筛吸附系统，透平膨胀机系统，冷箱、分馏系统，中压氮压缩系统，液体产品储存、后备系统，给排水、变配电、控制室等公用和辅助工程。

7.4.1.2 生产原理

先将空气压缩、净化后再膨胀降温冷却至液化温度，利用液体空气中氧组分、氮组分和氩组分的沸点，在空气精馏塔、氩塔中把空气分离成最终产品——纯氮气、纯氧气和纯氩气。

7.4.1.3 主要影响因素

1. 原料空气中的杂质

空气是多种气体的混合气体，其中的主要成分是氧、氮和氩。还含有少量氦、氖等惰性气体及二氧化碳、氮氧化物、水蒸气、灰尘、乙炔等各种碳氢化合物。除氧、氮外，其他成分的存在都直接影响空分精馏的效果。特别是CO_2及水蒸气必须在空气进塔前清除掉，以防在低温下冻结堵塞管道和设备，乙炔及碳氢化合物在液氧中积累会发生爆炸。

2. 分子筛工作时间和再生时间

分子筛正常工作时会吸附空气中的水分、CO_2及乙炔等碳氢化合物，工作周期通常为8h，其中4h再生、4h工作，再生是吸附的逆过程，再生过程分为卸压、加热、冷吹、充压、并行五步，一般控制分子筛冷吹峰值温度在100℃以上才能满足正常再生解吸的要求，再生时解吸越彻底，工作时吸附容量越大。

3. 进分子筛的空气温度

进分子筛空气温度越低，空气中饱和水分含量就越少，即通过同样多的空气量，带入的水分总量将减少，分子筛的工作时间会延长，所以，分子筛在比较低的温度下工作是有利的。

4. 精馏回流比和下塔液空纯度

空气精馏塔回流比是指精馏塔内下流液体量与上升蒸汽量之比，精馏产品的纯度，在塔板数一定的条件下，回流比大时所得到的气相氮纯度高，液相氧纯度就低，回流比小时所得到的气相氮纯度低，液相氧纯度就高。精馏工况的调整，实际上主要就是改变塔内各部位的回流比的大小。下塔液空纯度主要取决于液氮节流阀的开度，液氮节流阀开大，送至上塔的液氮量多了，下塔回流液就少了，回流比减小，所以液空的氧纯度提高。在具有污液氮节流阀和纯液氮节流阀的流程中，在操作中，通常用污液氮节流阀控制液空纯度，用纯液氮节流阀控制液氮纯度。

7.4.1.4 工艺流程说明

1. 主要工艺流程

空分生产流程包括了净化系统、压缩系统、冷却系统、纯化系统、膨胀系统和分离系统。净化系统主要是通过自洁式空气过滤器除去灰尘及其他机械杂质。通过纯化器除去水蒸气、二氧化碳和碳氢化合物。压缩系统是将空气压缩到一定压力，为节流和膨胀产生冷量，为空气液化做准备。冷却系统主要是实现空气的等温压缩、保证纯化器的最佳工作状态和降低空气进入换热器温度。分馏系统分为上塔(中压塔)、下塔(低压塔)、粗氩塔、精氩塔，用来实现空气的液化、分离与气体的冷却和复热目的。

2. 产品的获得

(1) 氧产品。从主冷凝蒸发器底部抽取的液氧经液氧泵压缩后，大部分直接进入高压板式换热器，复热后出冷箱得到高压氧产品。另一小部分高压液氧经节流阀节流后进入高压板式换热器，复热出冷箱得到中压氧气产品，在主冷凝器底部抽取液氧，并经过冷器过冷后送入液氧储存系统。

(2) 氮产品。在上塔顶部获得纯液氮，送入液氮储存系统。从上塔顶部引出低压氮气经过冷器和低压板式换热器复热出冷箱，经中压氮压机压缩后，进入用户中压氮气管网。从下塔顶部抽取压力氮气，经低压板式换热器复热出冷箱，进入用户低压氮气管网。

(3) 液氩。在上塔中部抽取一定量的氩馏分送入粗氩塔，氩馏分经粗氩塔精馏后得到粗液氩，并送入精氩塔，经精馏后在塔底部得到$<1\mu g/g$ O_2，$<1\mu g/g$ N_2的精液氩。

7.4.2 氮气系统的运行及管网管理

空分装置的工艺流程按以下顺序对各系统分别加以利用：

(1) 低压氮气系统：低压氮气系统主要向用户提供稳压后的低压氮气，经压力调节后，直接供给生产装置。

(2) 高压氮气系统：将氮气管网来氮气加压至10 ~12MPa 进行储存。

(3) 中压氮气系统：将高压氮气储罐内的高压氮气经减压阀，压力由12MPa 降至2. 8 ~ 4. 0MPa，提供给中压氮气用户。

(4)严格控制运行压力指标，氮气中断或压力降低不能满足氮气系统时，可及时补充释放氮气储罐的氮气。

7. 5 瓦斯系统

7. 5. 1 瓦斯平衡及优化

7. 5. 1.1 瓦斯的来源及组成

瓦斯俗称炼厂气、燃料气、不凝气、干气，是石化企业最重要的二次能源之一，来自于石化企业的各类一次和二次加工装置，同时也是各加工装置加热炉和锅炉的最主要燃料来源。

瓦斯系统是炼化企业公用系统一个重要组成部分，对生产装置的正常运行、能量回收、环境保护具有重要作用。瓦斯系统通常由产瓦斯装置、输送瓦斯单元（包括低、高压瓦斯管网，瓦斯压缩机)、气柜和火炬系统、耗瓦斯装置等组成。

炼油装置产生的瓦斯一般根据压力等级可分为两种：一种是装置正常生产中产生的高压瓦斯，该部分瓦斯直接进入瓦斯系统，作为生产中所需要的气体燃料；另一种是低压瓦斯，主要来源于各装置生产时排放的尾气，以及安全泄压或事故状态下排放的瓦斯气，即通常所说的火炬气。由于该部分瓦斯压力小，排量以及组分不稳定，无法直接进入瓦斯系统利用，因此将该部分瓦斯引入气柜，通过压缩机回收至高压瓦斯系统，重新利用。气柜流程相图见图 7-2 所示。

炼油装置高压瓦斯主要由焦化装置、催化裂化装置、加氢精制装置、加氢裂化装置、重油加氢装置、制氢装置、重整装置生产；低压瓦斯是炼油装置及罐区泄漏、排放的气体。化工装置燃料气主要由裂解装置、汽油加氢装置、聚合装置、丁二烯、苯乙烯、MTBE、罐区等装置产生，一般只有一个压力等级。

7. 5. 1. 2 影响瓦斯平衡的因素及调整措施

7. 5. 1. 2. 1 燃料气管网

燃料气管网的主要任务是为各装置的加热炉提供燃料，可以说管网压力的稳定是装置生产平稳运行的基础。整个燃料气管网除包括高低压瓦斯系统以外，还包括为了确保系统压力的稳定而增设的天然气、气化液化气补管网。某炼油厂气柜流程示意图见图 7-2。

7. 5. 1. 2. 2 瓦斯系统普遍存在问题

(1) 瓦斯管网冗余小。配备适宜容积的气柜及压缩机循环流量，是减少因加工油种、焦化换塔、裂解炉切换操作、废氢排放、装置开停工、气柜压缩机开停时等多种因素影响瓦斯管网的重要因素。

(2) 高压瓦斯管网带液。当高压瓦斯持续使用时，会带走一部分热量，如果被带走的热量不及时补充，就会造成管网温度下降，从而使易于凝结的烃组分凝结为液体，瓦斯带液，

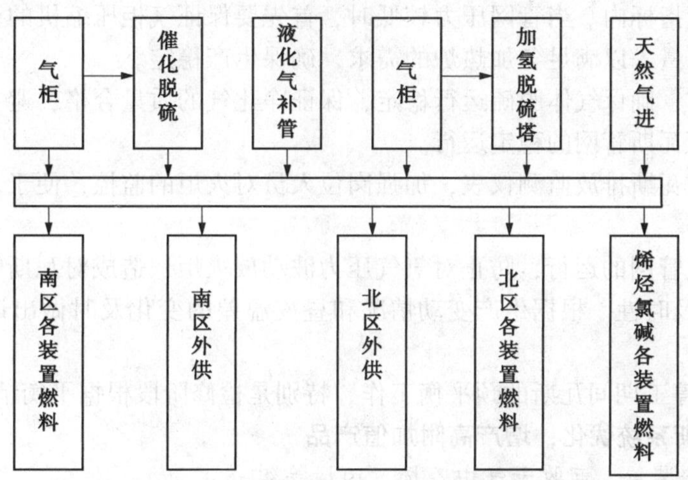

图 7-2 某炼油厂气柜流程框图

易造成加热炉熄火，调整不好造成炉膛爆燃事故，严重威胁安全生产，冬季停用时还造成局部冻凝问题。日常生产时要做好催化、焦化等装置吸收稳定系统的运行控制，降低瓦斯中 C_3 以上组分含量。

(3) 气温变化的影响。气温的变化造成装置瓦斯产量和加热炉耗量的变化，需根据气温的变化及时调整管网平衡。

(4) 焦化换塔、裂解炉切换操作、瓦斯气压缩机切换等造成管网压力、流量波动大。

(5) 氢气系统的波动影响瓦斯系统的平衡。氢气管网压力升高，调整不及时将造成排放，氢气回收到瓦斯系统造成瓦斯管网压力波动。

(6) 天然气来量减少将造成制氢原料不足，为保制氢原料稳定，需要补入瓦斯作制氢原料，造成瓦斯管网压力波动。

(7) 瓦斯产、用量大的装置开停工，造成瓦斯管网的压力波动。

(8) 厂区面积大，管线长，造成不同区域压力差别较大，特别是区域内有燃料大户连续重整装置、制氢装置等使用时，常出现局部压力低的问题。

7.5.1.2.3 优化调整措施

(1) 建立炼油、化工一体化瓦斯管网，实现炼油、化工瓦斯互补互供，提高瓦斯系统冗余，实现资源合理调配，维持产用平衡。

(2) 源头治理、系统化管理。重点在炼油催化、焦化装置开展“干气”治理工作，降低瓦斯中 C_3 组分含量。同时对瓦斯管网进行系统管理，对焦化装置换塔、裂解炉切换、废氢排放与气柜气位、回收压缩机等操作进行错峰操作和一体化统一管理，实现瓦斯管网的平稳运行。

(3) 完善高压和低压管线的串接，防止压力波动。

(4) 建立相适应的气柜容积及压缩机循环流量，以平衡管网压力，合理地调整产用平衡。采用先进的控制技术及点火设施，力争全部回收瓦斯，消灭火炬。

(5) 瓦斯用户处加稳压控制阀、加热器和脱液罐，防止管网发生带液及冻凝现象。

(6) 根据管网压力，调整气柜压缩机运行状态，当柜位上升较快或燃料气管网压力较高时，可以联系用气单位提量，增加瓦斯用量，同时减少或停止天然气、液化气补入量，维持管网压力在稳定的指标内。当管网压力较低时，首先要保证气柜压缩机的正常运行，增加天然气、液化气补入量，以满足各加热炉的需求，确保生产稳定。

(7) 精心操作，确保气体脱硫运行稳定，保证净化气的质量合格，避免制氢原料质量波动排放，进而保证瓦斯管网的稳定运行。

(8) 增上低压瓦斯排放监测仪表，加强岗位人员对火炬的监控，便于及时发现问题、解决问题。

(9) 稳定氢气管网的运行，防止对氢气压力波动放火炬，造成对瓦斯管网的冲击

(10) 调整的及时性。根据生产变动情况和昼夜温差的变化及时做出调整，以免调整滞后造成生产波动。

(11) 做好开停工期间瓦斯的预平衡工作，特别是检修阶段根据平衡情况制定调整方案。

7.5.1.3 瓦斯系统优化，增产高附加值产品

1. 建干气提浓装置，回收干气中乙烯、丙烯等组分

催化、焦化干气中有大量的乙烯、乙烷、丙烯及丙烷等组分，目前干气提浓装置可分为变压吸附法或浅冷油吸收法，浅冷油吸收法采用相似相溶原理，利用炼厂液化气为吸收剂，可以脱除甲烷、氢、氮气等，回收其中的碳二馏分。采用汽油吸收技术回收甲烷、氢、氮气等夹带的液化气吸收剂。炼厂催化干气经过压缩、浅冷油吸收和脱碳后，得到的碳二提浓气，经过脱氧单元除去微量 O_2 和 NO_x 后，作为裂解原料。浅冷油吸收法回收催化干气中碳二馏分的工艺主要包括催化干气压缩、浅冷油吸收和汽油吸收、脱碳部分、脱氧部分。变压吸附法采用吸附剂对不同的吸附质的选择性、吸附特性和吸附能力随压力变化而呈现差异的特性，实现气体混合物的分离和吸附剂的再生。在同一温度下，吸附质在吸附剂上的吸附量随吸附质的分压上升而增加，所以变压吸附法在加压下进行吸附，减压下进行解吸，实现吸附剂的再生，同时回收解吸气。干气回收乙烯流程简图见图 7-3，变压吸附流程图见图7-4。

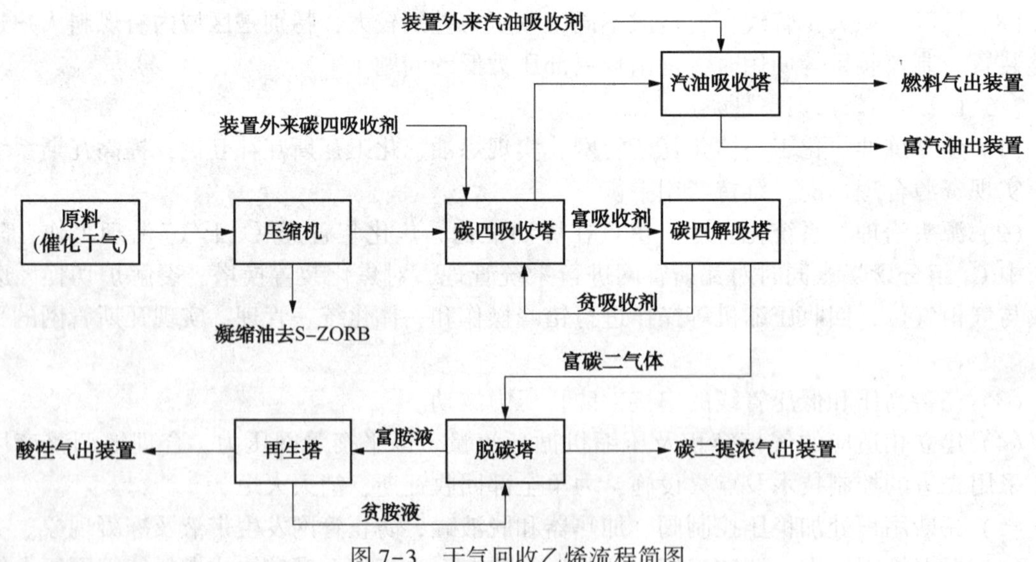

图 7-3 干气回收乙烯流程简图

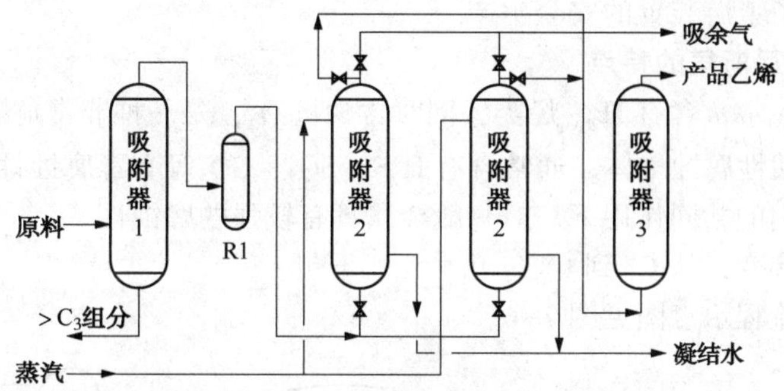

图 7-4 变压吸附流程简图

2. 建膜分离装置，回收富氢瓦斯中的氢气资源

气体分离膜分离机理：气体分离膜是以溶解扩散机理进行分离的。即：气体首先在膜表面进行溶解，溶解在膜表面的气体进一步在膜主体内扩散。气体对膜的溶解能力越强以及气体在膜内的扩散速度越快，都将导致该种气体更加容易的透过膜。一般来说，根据相似相溶性原理，由于膜大多是由有机高分子材料制成的，因此有机气体更易溶解在膜内，也就是有机气体溶解性更强；小分子气体，由于其分子半径小，因此更容易在膜内扩散，也就是小分子气体扩散性更强。膜分离流程图见图 7-5。

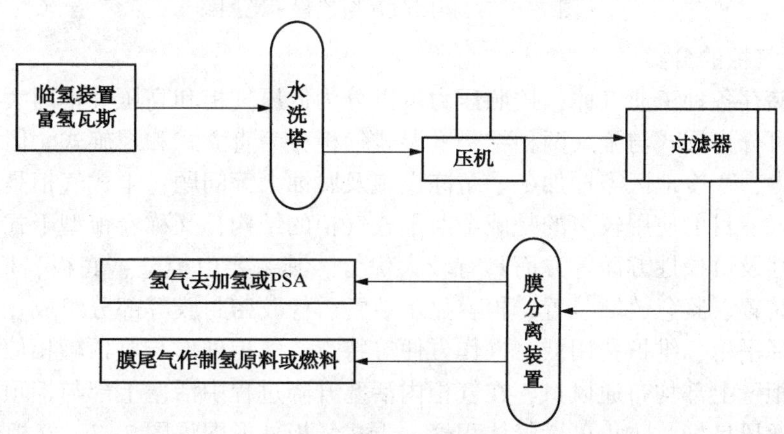

图 7-5 膜分离流程框图

3. 采用轻烃回收技术回收瓦斯中的氢气、乙烯和轻烃资源

增上轻烃回收装置，回收常减压、催化、焦化干气、临氢装置干气及未稳定汽油及其中的 $C_3 \sim C_4$ 组分，经过轻烃回收装置处理后可得到轻烃、异构碳五及石脑油等组分，其中轻烃、石脑油是优质的乙烯原料；异构碳五是优良的汽油调和组分，轻烃回收装置既回收了干气中的“不干”组分，又回收了汽油中的“不稳定”组分；装置产品具有很高的附加值，可以实现炼油厂轻烃资源的综合利用，经济效益可观。

7.5.2 气柜管理

7.5.2.1 概述

低压瓦斯气回收系统是炼油化工企业的节能治污设施之一，气柜是瓦斯气回收系统的重要设备之一，气柜的长周期运行不仅有利于回收能源，而且可以降低加工损失，减少对环境的污染，同时保证了上游装置的安全生产。

7.5.2.2　气柜瓦斯气的特点

(1) 易燃易爆，常常含有 H_2、烃类，同时含少量 O_2，是一种非常危险的爆炸气体。

(2) 有毒，是酸性腐蚀气体，通常含有 H_2S、SO_2、CO_2 等有毒腐蚀性气体，同时还含有水或水蒸气，在它们的共同作用下，对一般金属具有较强的腐蚀性。

(3) 组分复杂多变，从 C_1 到 C_{6+}，几乎无所不包。

气柜回收瓦斯流程示意图见图 7-6。

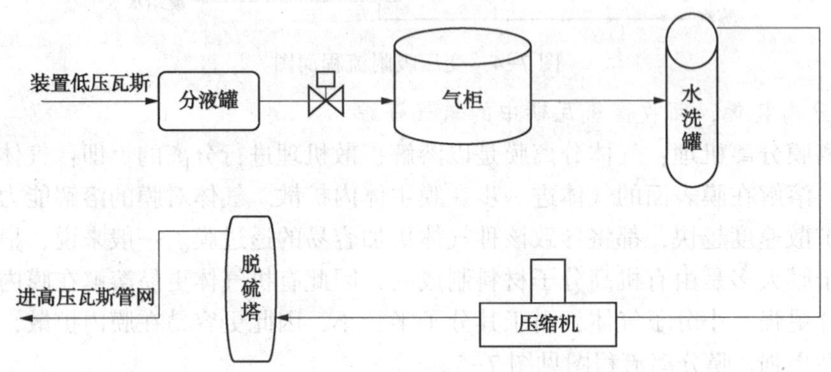

图 7-6　气柜回收瓦斯流程示意图

7.5.2.3　气柜的分类

气柜用于储存各种工业气体，按照压力可以分为低压气柜和高压气柜两大类，低压气柜按照密封方式可分为湿式与干式两种结构。湿式气柜分为直立式和螺旋式，但存在储存压力低、压力波动大，寒冷地区需增加冬季防冻设施及腐蚀大等问题；干式气柜是利用弹性垫片和油封填充方式。目前使用较多的是威金斯干式气柜的结构，又称卷帘型干式气柜，其在运行成本、适用性及可操性方面等方面具有较大优势。其主要由柜壁、底板、柜顶、活塞、T形围栏、调平装置、紧急放散装置、柜容显示装置、橡胶密封膜等部分组成。它具有占地面积小、活塞升降平稳、维护费用低、操作方便等特点。气柜外形与拱顶罐相似，柜顶中央有一个通风帽，柜壁上部均布通风口，在气柜内活塞升降过程中活塞上部与柜顶空间会随之呼吸空气，保持通风良好，防止可燃气体积聚。干式气柜外形图见图 7-7，气柜内部结构图见图 7-8。

图 7-7　干式气柜外形图

图 7-8　气柜内部结构图

7.5.2.4　气柜工作原理

气柜主要靠柜内的活塞和T形围栏的升降来储存、收付瓦斯。气柜的橡胶密封膜由内、外膜组成，外密封膜上端与柜壁连接，下端与T形围栏下部密封环板外边缘连接；内密封膜上端与T形围栏下部密封环板内边缘连接，下端与活塞的外边缘连接。无瓦斯进入气柜时，活塞处于底板上，T形围栏停在T形台架上；瓦斯气由柜壁下部入口进入密闭空间，其内的压力逐步增大至一定值后，活塞升起并带动内密封膜逐渐上升，直至与T形围栏挂靠；当继续收瓦斯时，活塞带动T形围栏同步上升，同时T形围栏带动外密封膜逐渐上升；当瓦斯气体付出时，活塞和T形围栏的行程与上升过程相反。

当气柜持续上升到高高位报警时，气柜入口阀门联锁启动，气柜入口气动阀门自动关闭。一旦发生气柜联锁失效或气动阀门故障，会导致活塞继续上升，当T形围栏顶到柜顶顶杆，就会自动顶开放散阀门，将气体向大气泄放，避免造成对气柜橡胶密封皮膜和气柜本体损坏。

7.5.2.5　气柜运行中常见的问题及解决措施

1. 运行中常见的问题

气柜是一个构造复杂操作条件严格的储气设备，在日常运行中常存在如下问题不利于气柜运行：

(1) 湿式气柜实际运行中存在腐蚀问题：由于瓦斯气中 H_2S 酸性气体含量较高，约占体积3%，酸性气体溶解到水中后产生了电化学腐蚀，在防腐层缺陷或脱落处形成点蚀，在焊缝处形成应力腐蚀，时间久了就会减薄或腐蚀穿孔，导致瓦斯气泄漏，给安全生产带来了很大隐患。

(2) 高压瓦斯系统由于容量小，缺乏弹性，不利于突发事件下气柜的安全操作。

(3) 压机负荷能力低，影响低压瓦斯的回收。气柜容量低，缓冲能力小。

(4) 低瓦及气柜不畅通：系统低瓦管线如果没有按照“步步高、步步低”布局，存在局部低点，经常性的低点积液，造成低瓦进气柜不畅改走火炬。

2. 解决措施

(1) 将压缩机更新扩能，提高回收能力，减少火炬排放。

(2) 加强气柜运行管理，各连锁检查，同时由车间技术人员对装置人员进行操作方面的培训，提高各职工操作水平。

(3) 加强和上游车间及调度的联系，及时调整，及时向调度请示反映情况。

(4) 对仪表问题及时发现及时处理，车间对气柜入口蝶阀这样的关键阀门进行定期试验，并制定新考核办法，责任到人。

(5) 加强压缩机的维护保养，定期检查，消除隐患。

(6) 加强对气柜检修质量的管理，确保气柜防腐层完好无损。

(7) 低压瓦斯气管网的主瓦斯线管径扩能改造，加强低点排液，消除憋压现象。

(8) 按装置操作压力不同，分为高压放火炬系统和低压放火炬系统，解决排放瓦斯回收问题。

7.5.2.6 气柜的事故处理

由于气柜系统发生事故时总会伴随瓦斯、酸性气的泄漏，所以一旦事故发生应做好以下工作。

(1) 当发现硫化氢、氨气、燃料气(瓦斯)泄漏后，立即按规定报警。

(2) 到现场查找事故原因时必须佩带好正压式空气呼吸器，两人一组，一人从上风口，一人从远处保护。

(3) 事故发生后，应立即对有关道路设立警戒线，禁止无关人员和车辆误入有毒区。在毒区处理故事时，应事先规定好信号，切不可摘下防毒面具说话，如感到呼吸困难，应立即撤离现场，到上风口安全区域，方可摘下防毒面具。

(4) 在毒区处理事故时，空气呼吸器压力报警后立即撤离现场，一般压力保留在5.0MPa左右，现场处理必须用防爆工具。

(5) 现场如有人中毒，应立即将受害者撤离现场至安全区域(上风向地面平整处)，进行人工呼吸，直至医护人员到场，在毒区救人必须带好防毒面具。

7.6 氢气系统

7.6.1 概述

氢是人类发现的最轻的一种元素。在自然界中，氢是地壳中丰度最高的元素，按原子组成计，占15.4%，但按质量组成计，则仅占1%。大气中自由态的氢极少，不足百万分之一，氢主要以化合态存在于水和有机物中。石油化工对氢气的需求最为强烈。一方面由于环境保护法规日益严格，对清洁燃料的需求趋旺；另一方面由于原油的重质化和高含硫量，均促使加工过程中对氢气的需求增加。

7.6.2 生产方法

工业应用的制氢方法有多种，不管采用何种工艺，实现上述化学过程，真正的H_2只能源于自然界的水和碳水化合物。包括烃类水蒸气转化法、重油或煤气化法、水电解法、甲醇水蒸气转化法以及氨分解法等。烃类蒸气转化法建设规模灵活，能耗物耗相对较低，是目前最常用的制氢方法。重油或煤气化法制氢，虽然原料廉价，但需要建设大型空分装置以及脱硫等配套装置，投资高。后三种方法适合于小型制氢装置，能耗物耗高。

烃类蒸气转化法在石化工业应用中占据主导地位，据粗略统计，全球炼油、化工厂90%以上的氢气提供工艺为烃类蒸气转化法，通过其他方法制取氢气仅占氢气来源的不到10%。

7.6.2.1　石脑油瓦斯制氢

国内外烃类蒸汽转化制氢的流程核心技术几乎都相同，包括两个过程，即含氢气体制造(造气)及氢气提纯(净化)。烃类水蒸气转化工艺反应是在含镍催化剂作用下进行，烃类与水蒸气反应生成 H_2及 CO_2。所用原料主要是天然气、炼厂气、液化石油气及石脑油。采用镍催化剂，在反应条件为：温度800~900℃，反应压力为1.5~3.0MPa，水蒸汽与原料气摩尔比为2.5~6，得到含氢气70%~80%、甲烷3%~8%(体积分数)、一氧化碳7%~8%、二氧化碳10%~15%左右的转化气，转化气再经变换、脱碳提纯等工序，得到合格的工业氢。提纯工艺使用了变压吸附和化学溶液(苯菲尔溶液脱碳等)吸收两种方法。

苯菲尔溶液脱碳就是以碳酸钾为吸收剂，二乙醇胺为活化剂，五氧化二钒为缓蚀剂，还有碱液消泡剂组成的混合溶液对 CO_2进行化学吸收。苯菲尔溶液吸收法只有 CO_2与吸收剂起化合吸收反应，故没有氢损耗，不但氢收率高，而且再生解吸得到的 CO_2纯度也高，可以直接回收利用。但在进行溶液再生时，要提供一定的热源和水量，经溶液吸收后只能得到粗氢，还残存0.2%以下的CO和 CO_2，必须在下一个工序经甲烷化反应，才能彻底去除，故产品氢中会存在一定量的甲烷，只能达到96%左右的氢纯度。

变压吸附法利用吸附剂对吸附质在不同分压下有不同的吸附容量，并且在一定的吸附压力下，对被分离的气体混合物的各组分有选择吸附的特性来提纯氢气。杂质在高压下被吸附剂吸附，使得吸附容量极小的氢得以提纯，然后杂质在低压下脱附，使吸附剂获得再生。变压吸附工艺为循环操作，用多个吸附器来达到原料、产品和尾气流量的恒定。每个吸附器都要经过吸附、降压、脱附、升压、再吸附的工艺过程。变压吸附的最大优点是操作简单，能够生产高纯度的氢气产品，其生产的氢气纯度一般为99%~99.99%(体积分数)。PSA的吸附压力范围一般为1.0~3.0MPa。随着吸附压力的升高，杂质的吸附量增加、氢收率提高。而吸附压力过高则氢收率反而下降。在合适的条件下，PSA氢收率可高达90%以上。尾气的压力越低，氢收率越高。PSA的尾气作为转化炉燃料使用。PSA装置中唯一的运动部件是程序控制阀，其可靠性要求极高。吸附剂的寿命一般为6~10年。

随着原油价格的日益攀升，炼油企业的加工成本直接影响着企业的生存，而对制氢成本有更苛刻的要求。因此，节能型制氢流程应运而生，其突出特点是“三高一低”，即高入口温度、高空速、高热强度、低水碳比。

(1) 高出入口温度：为了更合理利用能量，大型制氢装置往往设有预转化反应器，因此转化入口温度高达600~650℃，不用担心热裂解。转化炉入口温度的提高，有利于提高转化催化剂的利用率，提高高温烟气热利用率，降低装置的能耗。随着冶金技术的发展，转化炉材质不断改进，使转化炉出口温度高达860℃以上成为可能。转化深度增加，转化气中残余甲烷含量降低，从而提高单位原料的产氢率，降低原料的单耗和制氢成本。

(2) 高空速：与传统制氢技术相比，大型制氢装置的空速大大提高。达 $1400h^{-1}$左右，因而催化剂装填量减少，炉管数减少。

(3) 高热强度：无论是采用顶烧炉还是采用侧烧炉，炉管表面热强度都有很大程度的提高，顶烧炉炉管表面热强度平均在75000kW/(m^2·h)，侧烧炉炉管表面热强度平均在

80000kW/(m^2·h)。高热强度为转化炉管高碳空速提供了保证，同时高热强度可减少转化炉排管数量，缩小转化炉的体积。

(4) 低水碳比：转化炉出口温度每提高10℃，转化气残余甲烷含量降低约0.8%，高的出口温度为降低水碳比提供了可能。制氢的转化由于受到热力学平衡的限制。为了得到较高的原料转化率，降低转化炉出口的残余甲烷含量，通常蒸汽与原料的比例(即水碳比)要大大高于化学计量值。转化反应为吸热反应，温度升高有利于原料的转化，因此当转化炉出口温度升高，可以降低水碳比，维持转化出口需要的残余甲烷含量，可减少转化炉的热负荷，减少转化炉的燃料消耗，同时还会减少下游热回收设备的负担，从而降低氢气生产成本及能耗。

7.6.2.2 电解氢

在氯碱行业，烧碱装置在产出烧碱和氯气的同时，也产出数量可观的氢气，是炼化企业重要的高纯氢气来源。食盐在电解过程中在阴极生成氢气，反应方程式示意如下：

$$2NaCl+2H_2O \xlongequal{} 2NaOH+Cl_2+H_2$$

这种湿氢气温度在95℃左右，压力近似大气压，氢约占40%(摩尔分数)，水约占60%(摩尔分数)。电解湿氢气经过一段洗涤塔两次水洗，其中的水摩尔分数降到约2%；再依次经过二段、三段、四段和五段洗涤塔，分别用15%的硫酸、15%氢氧化钠和6%亚硫酸钠、15%氢氧化钠、蒸汽冷凝液洗涤后，除去湿氢中少量的NH_4Cl、Cl_2、CO_2、SO_2等杂质。

脱除杂质和大部分水分的电解氢气，经压缩机升压，先进入脱氧反应器，在钯催化剂的作用下脱除其中的氧；之后进入氢气干燥塔，用活性硅铝胶脱除其中的微量水分。最后生成的精制氢气纯度在99.8%~99.9%之间，$CO+CO_2$小于10μg/g，含水小于10μg/g，总氯、总硫含量均小于1μg/g，含氧小于5μg/g，完全能够满足炼油和化工用氢要求。

7.6.2.3 煤制氢

随着世界范围内原油逐渐变重和劣质化，导致天然气和石脑油的价格不断上涨，而环保法规日益严格要求使用清洁燃料，炼油行业一直面临制取大量低成本氢气的压力。自20世纪50年代以来，烃类的非催化部分氧化法制氢工艺逐步发展起来，并越来越受到广泛的重视。特别是近十五年来，该工艺得到了长足的发展，工艺采用煤和石油焦等劣质原料，生产高纯氢气和合成气，与烃类催化水蒸气转化制氢相比，具有突出的特点：

(1) 原料范围广泛，而且不需要脱硫预处理；

(2) 产品氢气压力高，可高达2~5MPa，节省下游的压缩费用；

(3) 所需催化剂的种类少，仅需要采用CO变换等一两种催化剂，便于开停工；

(4) 用途十分广泛和灵活，既可以单独发电，又可以提供大量低成本的氢气或合成气，还可以联产蒸汽、氮气、氧气等；

(5) 工艺过程先进而复杂，投资巨大。

气化反应过程属于气流床并流反应，水煤浆和纯氧一起通过喷嘴高速喷出，并流混合雾化，在压力6.5MPa(G)、温度1400℃左右的条件下，在气化炉内进行火焰型非催化部分氧化反应，经历煤浆升温及水分蒸发、煤热解挥发、残碳燃烧气化和气体间的化学反应等过程，最终生成以CO、H_2为主要组分的粗煤气，灰渣采用液态排渣，粗煤气送至下游的变换工序。反应方程式示意如下：

$$C+2H_2O \xlongequal{} CO+2H_2$$

变换工序采用了“预变换+两段中温变换+一段低温变换”的流程，鉴于水煤气中硫含量较高，故所有变换催化剂都采用了耐硫变换催化剂。变换的目的一是通过水蒸气与CO的变换反应，尽可能将CO转化成氢气，二是将水煤气中难以去除的有机硫化物转化为易于脱除的无机硫化物H_2S。

低温甲醇洗脱除酸性气体是一种物理吸收法，利用甲醇在低温高压下对酸性气溶解度极大的优良特性，脱除原料气中的H_2S、CO_2、COS等酸性气体，然后低温甲醇再经减压闪蒸、气提后循环利用。该工艺气体净化度高，选择性好，气体的脱硫和脱碳可在同一工序中进行。

甲烷化催化剂用于促进低浓度碳氧化物(如CO、CO_2)与过量的氢气反应生成惰性气体CH_4和易被除去的H_2O，达到净化粗氢气，保护下游用氢装置催化剂的目的。最后外送的氢气纯度在97.5%以上，几乎不含硫，含微量的$CO+CO_2$。

7.6.2.4 裂解氢

裂解装置作为乙烯行业的龙头装置，在产出乙烯等烯烃的同时，副产部分高纯氢气。裂解装置以石脑油、常压柴油、减压柴油、乙烷、轻烃、加氢裂化尾油等为原料，原料油经过裂解炉的高温裂解后，经过废热锅炉取热和急冷、油冷后裂解产物进行气液相分离，裂解气再经水冷后进入裂解气压缩机，压缩过程中经过碱洗除去其中的酸性气。压缩后的裂解气经冷箱系统的深冷，使烃类液化，依次经过脱甲烷塔、脱乙烷塔、脱丙烷塔、脱丁烷塔将各组分分开。在冷箱中，裂解气相经过三次深冷三次分离，最低冷却至约-167℃，分离出纯度约95%的氢气，即为裂解氢气。裂解氢气中$CO+CO_2$小于10μg/g，含水小于5μg/g，总氯、总硫含量均小于1μg/g，含氧小于5μg/g，完全能够满足炼油和化工用氢要求。

7.6.2.5 重整装置产氢

催化重整装置，以精制石脑油为原料，在含铂催化剂的作用下，进行重整反应，生成富含芳烃的重整生成油，并副产含氢气体。在催化重整催化剂上发生的反应主要包括直链烷烃异构化反应、烷烃的脱氢环化反应、烷烃的加氢裂化反应、六元环烷的脱氢反应、五元环烷的异构脱氢反应，其中烷烃的脱氢环化反应、六元环烷的脱氢反应、五元环烷的异构脱氢反应等均会生成氢气。含氢气体经过在接触或深冷提浓后，再经过脱氯，纯度在92%或95%左右，即为重整氢。重整氢气可以直接作为中压加氢装置的补充氢，也可以进入PSA装置进行提纯，产出高纯氢气。

7.6.2.6 膜分离氢

气体膜分离技术是近年来发展起来的一门新技术，由于该技术工艺简单、投资少、能耗低，因而获得广泛应用。膜分离过程以选择性透过膜为分离介质，当膜两侧存在某种推动力(如压力差)时，原料侧组分选择性的透过膜，以达到分离提纯的目的。其基本原理是根据混合气体中各组分在压力的推动下透过膜的传递速率不同，从而达到分离的目的。

一般的，氢气回收膜分离装置分为预处理和膜分离两部分。预处理部分包括旋风分离器、高效过滤器及加热器，原料气经旋风分离器初步除去较大的水滴和油滴，再由高效过滤器有效地除去气体中夹带的细小的固体颗粒和油雾、水雾及气溶胶，滤除精度可达0.01μm，通过加热器，将原料气温度提高到45~55℃，使原料气和非渗透气远离露点，即可进入膜分离系统进行分离；预处理合格的原料气进入膜分离装置，在渗透侧可得到纯度较高的氢气。

7.6.3 氢气管网优化运行措施

(1) 做好氢气阶梯利用，依据产用氢情况，划分氢气管网等级，其中煤制氢等高压氢气供给渣油加氢加氢裂化等高压用户，化工氢等中压氢供给蜡油加氢等装置，重整、膜分离等低压氢供给加氢精制、硫黄等装置，减少因产用不匹配，频繁提降压操作造成的能源损失。

(2) 优化运行 PSA 装置，提高氢气纯度和回收率；

(3) 开好膜分离装置，提高氢气纯度和回收率；

(4) 提高化工氢气纯度；

(5) 改造硫黄装置，使用低纯氢气；

(6) 坚持瓦斯和氢气系统管理，考虑氢气纯度和平衡同时，考虑废氢排放操作，减少瓦斯系统波动；

(7) 开发使用氢气系统管理软件，对产氢、耗氢装置进行成本核算，摸清各装置产氢、耗氢的成本及其变化规律，合理调动和配置氢气资源；

(8) 保证制氢原料稳定。制氢原料相当部分来自炼油制氢干气、焦化干气及常减压瓦斯等，如果气体中含有大量的烯烃、有机硫等，极易造成制氢装置加氢反应器超温、硫穿透等生产事故，因此必须严格监控制氢原料的质量。

7.7 工业水系统

7.7.1 循环水系统运行管理

7.7.1.1 循环水系统工艺

1. 循环水系统流程

敞开式循环冷却水系统流程见图 7-9。

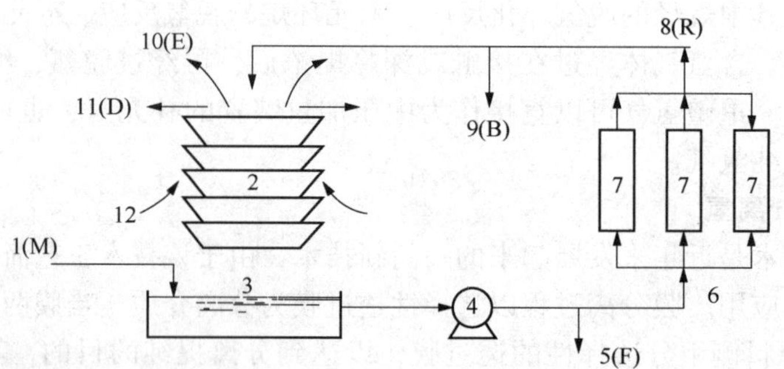

图 7-9 敞开式循环冷却水系统

1—补充水(M)；2—冷却塔；3—冷水池；4—循环水泵；5—渗漏水(F)；6—冷却水；7—冷却用换热器；8—热水(R)；9—排污水(B)；10—蒸发损失(E)；11—风吹损失(D)；12—空气

2. 冷却塔的工作原理

循环水在冷却塔中是通过辐射、对流和蒸发三种方式进行传热的。分别用 t 表示循环水温度，θ 表示空气干球温度，τ 表示空气湿球温度。

(1) $t>\theta$，水温大于气温。两种热量都散向空气，$q=q_a+q_\beta$，水温降低，水产生蒸发损失；

(2) $t=\theta$，水温和气温相等，接触散热停止，只进行蒸发散热，$q=q_{\beta}$，水温降低，水产生蒸发损失；

(3) $\tau<t<\theta$，空气向水中产生接触传热，蒸发散热照常进行，$q=q_{a}-q_{\beta}>0$，水温降低，水产生蒸发损失；

(4) $t=\tau<\theta$，同(3)，但 $q_{a}=q_{\beta}$，$q=0$，水温不再降低，$t=\tau$ 是水冷却的极限。

3. 几个关键参数

(1) 旁滤水量：一般是循环量的2%~5%。

(2) 浓缩倍数(N)：$N=C_{R}/C_{M}$。

C_{R}——循环水盐类含量；C_{M}—补充水盐类含量。盐类一般常选 K^{+}、Na^{+}、SiO_2、Cl^{-}(系统不加氯)。

(3) 蒸发水量(E)：$E=\alpha R\Delta t/100$。

α 为季节修正系数，见表7-1。

表7-1 季节修正系数

季 节	夏	秋	冬
修正系数	90%~100%	70%~80%	50%~60%

(4) 风吹损失率(W)见表7-2。

表7-2 风吹损失率

冷却塔名称	风吹损失率/%	
	无除水器	有除水器
机械通风	0.2~0.5	0.05~0.1
风筒式	0.5~1.0	

(5) 强制排污(B)。包括旁滤器反洗排水量。

(6) 补充水(M)。补充系统因蒸发和泄漏导致的水量损失，保持系统水量平衡。

(7) 停留时间。阻垢缓蚀药剂在循环水中的停留时间不宜过长，水解一失效，形成正磷会出现磷酸钙垢。

(8) 系统容积(V)。包括管道、换热器、旁滤系统和冷却塔水池容积，不宜过大。主要影响水质调整、停留时间和一次性用药剂量(杀菌剂、预膜剂等)。国家设计规范要求是循环量的1/5~1/3。

(9) 浓缩倍数与补充水量、排污水量关系：

$$N = M/(B + W) = E/(B + W) + 1$$

$$B + W = E/(N - 1)$$

$$M = E + B + W = NE/(N - 1)$$

7.7.1.2 循环水系统运行常见故障

1. 结垢

$$Ca(HCO_3)_2 = CaCO_3\downarrow + H_2O + CO_2$$

$$Ca(HCO_3)_2+2OH^- = CaCO_3\downarrow+2H_2O+CO_3^{2-}$$

$$2PO_4^{2-}+3Ca^{2+} = Ca_3(PO_4)_2\downarrow$$

其他：磷酸锌、硅酸钙等。

2. 腐蚀

(1) 溶解氧电化学腐蚀。

阳极：$Fe = Fe^{2+}+2e$

阴极：$O_2+2H_2O+4e = 4OH^-$

水中：$Fe^{2+}+2OH^- = Fe(OH)_2\downarrow$

$$2Fe(OH)_2+1/2O_2+2H_2O = 2Fe(OH)_3\downarrow 或 Fe_2O_3\cdot 3H_2O$$

(2) 微生物腐蚀。

$SO_4^{2-}+8H^++8e = S_2^-+4H_2O+$能量(细菌生存所需)

$$Fe_2^++S^{2-} = FeS\downarrow$$

$Fe^{2+} = Fe^{3+}+$能量(细菌生存所需)

3. 微生物危害

循环水系统的环境具备阳光、空气和水三要素，有利于微生物的生长。水温30~40℃，适合中温型微生物生长，水中溶解氧适合好气微生物，沉积的污泥又适合厌气微生物。水中丰富的无机盐(氮、磷、钾)和泄漏物(碳)都会促进微生物的生长和繁殖。腐蚀、结垢和微生物三种危害比较起来微生物危害甚至是首要的。微生物既能促进污垢沉积，又能促进腐蚀。微生物生长代谢过程中形成的黏液，与空气中尘埃和水中悬浮物黏附在一起形成污泥，促进污垢沉积，隔绝缓蚀剂的保护作用，降低换热器冷却效果。更为严重的是黏泥之下的产酸菌直接造成金属腐蚀，造成金属设备垢下腐蚀。要处理好腐蚀和结垢问题，必须解决好微生物问题。

7.7.1.3 循环水系统的基本操作

1. 化学清洗及预膜

(1) 水冲洗：回水不上塔，有条件的系统，浊度较高的回水可通过旁路排出系统。

(2) 氯气杀菌和剥离：除新系统外，检修期间地下管线中存积的水中会含有大量的厌氧污泥，应进行杀菌和剥离。

(3) 除油：新系统或漏油的系统进行除油处理，除油剂一般为表面活性剂，除油过程中会有泡沫，可投加消泡剂。

(4) 酸洗：必须加清洗缓蚀剂。根据设备材质、清洗缓蚀剂类型和清洗目的选择化学清洗用酸。一般有无机酸、有机酸。pH值根据清洗缓蚀剂性能确定，一般控制在4.5~5.5。清洗时间以钙离子或铁离子对时间变化曲线趋于平缓时停止。清洗时间一般小于48h。

(5) 排污置换：快速排污置换，降低浊度。

(6) 预膜。在很短时间内在金属表面形成一层保护膜，提高缓蚀效果。实践证明，在同样一个循环水系统中预膜处理和不预膜处理，腐蚀率相差几倍至几十倍，当清洗之后转入预膜阶段或预膜之后转入正常运行时，均要求尽快将水置换。目的是预膜后由于有热负荷，要避免预膜药剂在热设备表面沉积。

2. 正常生产条件下水质管理

(1) 浊度：对换热设备的污垢热阻和腐蚀速度影响很大，越低越好。

(2) 电导率：一般来说含盐量和电导率增加即可能增加腐蚀性能，也可能增大结垢性，要根据具体离子而定。

(3) 碱度：指水中与 H^+ 发生中和作用的物质。组成：通常为强碱类、弱碱类和强碱弱酸盐。

(4) 钙硬：成膜需要，也是结垢影响源。全有机配方，一般要求碱度 > 100mg/L（以 $CaCO_3$ 计），Ca^{2+} > 150mg/L（以 $CaCO_3$ 计）。

(5) 总硬度：水中的钙、镁离子。钙离子是结垢性离子，受热后能与碱度和磷酸根生成水垢。镁离子一般含量低于钙离子，不宜形成氢氧化镁水垢。但循环水中二氧化硅含量价高时氢氧化镁吸附二氧化硅共沉淀生成蛇纹石（$3MgO \cdot 2SiO_2 \cdot 2H_2O$）。

(6) 钙硬+碱度：与药剂配方的控制条件有关，受装置运行条件的限制。一般小于 1000mg/L（以 $CaCO_3$ 计），最高不超过 1600mg/L（以 $CaCO_3$ 计）。

(7) 总铁：包括胶态铁（氢氧化铁或铁氧化物）和溶解性铁离子（亚铁离子），胶态铁会沉积在水冷器表面，形成黏着性强、难消除的污垢，导致垢下局部腐蚀。溶解性铁离子能促进碳酸钙结晶并沉积，与磷系水稳剂生成黏性极强的磷酸亚铁污垢。还是铁细菌生长的营养源。有资料介绍循环水中总铁 2mg/L 时，碳钢腐蚀率会增加 6~7 倍。不断上升，说明腐蚀加重。

(8) 氯离子：Cl^- 半径小、穿透性强，会使金属表面的保护膜保护性能降低，加速腐蚀速度，也是引起缝隙腐蚀和点蚀的主要原因。由于设备本身存在一些缺陷，氯离子在缺陷部位富集，导致设备损坏。

(9) 硫酸根离子：腐蚀性离子。硫酸根离子与氯离子之和不宜大于 2500mg/L。硫酸根离子也是硫酸盐还原菌的营养源，应当控制。

(10) 有机物：微生物的营养物，循环水中有机物含量的增高往往伴随着微生物加速繁殖。同时微生物的大量繁殖也使有机物含量增加。消耗氧化性杀菌剂。

(11) 铜离子：腐蚀的铜离子会沉寂在电位更低的金属设备表面，造成电偶腐蚀，最终形成点腐蚀。铜离子不宜大于 0.1mg/L。

(12) 细菌：异养菌 $<1\times10^5$ 个/mL；铁细菌 <100 个/mL；硫酸盐还原菌 <50 个/mL。

(13) 微生物黏泥量：能够反映微生物及黏泥的增长情况。

7.7.1.4 工艺泄漏物的危害

泄漏物质种类很多，涉及无机物和有机物。泄漏物会直接或间接产生一些危害。一般连续泄漏会使微生物数量增加，黏泥量增长，腐蚀率和黏附速度增加。

1. 硫化物

H_2S 和 SO_2 泄漏均会使水产生异味，消耗氯，并使 pH 降低。

$$H_2S+O_2 = H_2O+S$$

$$2S+3O_2+2H_2O = 2H_2SO_4$$

2. 含氮化合物

微生物的营养源。

$$NH_4^+ + 3/2O_2 \xrightarrow{\text{亚硝酸菌}} NO_2^- + H_2O + 2H^+ + \text{能量}$$

$$NO_2^- + HClO = NO_3^- + HCl$$

3. 石油类碳氢化合物

多不溶于水，乳化作用使水呈乳白色，微生物碳源。

7.7.2 化学水(除盐水)系统运行管理

原水中富含悬浮物、胶体物以及溶解水中的各种离子，会给热力设备造成结垢、腐蚀及积盐等危害，严重时会发生安全生产事故，危害职工生命安全。因此石化生产必须要对原水进行处理，通常会采用物理软化及化学脱盐两种方式。

7.7.2.1 物理软化水过程

原水经过石英砂过滤，活性炭器，除去原水中的固体颗粒和悬浮杂质后称为澄清水，澄清水再经过软化床或反渗透装置清除其中产生硬度的 Ca^{2+} 、Mg^{2+} 等离子，称为软化水。

7.7.2.2 化学除盐过程

软化水经过除碳器、除去水中的二氧化碳（HCO_3^-）再经过混床，除去水中残存的钙、镁、钠、硅酸根等有害离子，成为除盐水，最后经除氧器脱氧以后供给锅炉汽包。

7.7.2.3 离子交换的化学反应

1. 离子交换树脂

离子交换树脂是本身带有活性基团的有机合成物质，由于其外形与松树分泌的树脂相像而得名。树脂在水中其本身带有的活性基团中的离子与水中同符号的离子进行交换反应。根据他们的电离度不同又可将阳离子交换树脂分为强酸性树脂和弱酸性树脂；可将阴离子交换树脂分为强碱性树脂和弱碱性树脂(见表 7-3)。

表 7-3 离子交换树脂的类别

树脂名称	交换基团		酸碱性
	化学式	名称	
阳离子交换树脂	$—SO_3^-H^+$	磺酸基	强酸性
	$—COO^-H^+$	羧酸基	弱酸性
强碱性	$—N^+OH^-$	季铵盐	
阴离子交换树脂 弱碱性	$\equiv NH^+OH^-$	叔胺盐	
	$=NH_2^+OH^-$	仲胺盐	
	$—NH_3^+OH^-$	伯胺盐	

此外，还可以根据交换基团中反离子的不同，将离子交换树脂冠以相应的名称，例如：氢型树脂—SO_3H、钠型树脂—SO_3Na、钙型树脂—$(SO_3)_2Ca$、氢氧型树脂—NOH、氯型树脂—NOCl。

2. 离子交换反应

离子交换就是带有 H^+ 的酸性交换基团和带有 OH^- 的碱性阴离子交换基团的离子交换剂，置换水中的阴、阳离子以及去除水中盐类的过程。

(1) 阳离子交换反应：

$$2RH+Ca(Mg,\ Na_2)\begin{cases}(HCO_3)_2\\Cl_2\\SO_4\end{cases}\longrightarrow\begin{cases}2H_2CO_3\\R_2Ca(Mg,\ Na_2)+2HCl\\H_2SO_4\end{cases}$$

(2) 阴离子交换反应:

$$2ROH+\left\{\begin{array}{l}H_2SO_4\\H_2Cl_2\\H_2CO_3\\H_2SiO_3\end{array}\right.\longrightarrow\left\{\begin{array}{l}SO_4\\Cl_2\\R_2(HCO_3)_2+2H_2O\\(HSiO_3)_2\end{array}\right.$$

3. 离子交换器的再生

离子交换树脂运行一段时间后，失去继续交换水中欲除去离子的能力时称为失效。在实际生产中，通常运行到欲去离子开始泄漏或者超过某一指标时，即认为失效。失效的树脂必须经过再生才能恢复其交换能力。恢复树脂交换能力的过程称为再生。

通常，再生过程是用一定浓度的盐酸或者硫酸溶液通过失效的树脂，使树脂恢复交换能力。用盐酸再生时，阳树脂的再生反应如下:

$$R_2Ca+2HCl \rightleftharpoons 2RH+CaCl_2$$

$$R_2Mg+2HCl \rightleftharpoons 2RH+MgCl_2$$

$$RNa+HCl \rightleftharpoons RH+NaCl$$

7.7.2.4 除碳器

1. 工作原理

除二氧化碳器简称除碳器。它是除去水中游离 CO_2 的设备，水中游离的 CO_2 可以看作是溶解在水中的气体，根据气体分压定律和亨利定律可知，只要降低水面上 CO_2 分压力就可除去水中溶解的 CO_2 气体。在离子交换水处理系统中，阳床出水若先用除碳器除去水中的 CO_2，再流经阴床，则可以减轻阴床的负担，延长阴床的工作时间，同时为阴离子树脂吸附硅酸根创造有利条件。

$$H^++HCO_3^- \rightleftharpoons H_2CO_3 \rightleftharpoons CO_2+H_2O$$

2. 影响除 CO_2 效果的工艺因素

当处理水量、原水中碳酸化合物和出水中 CO_2 含量要求一定时，影响除 CO_2 效果的工艺因素如下:

(1) 水温: 除 CO_2 效果与水温有关，水温越高，CO_2 在水中的溶解度越小，因此除碳效果越好。

(2) 水和空气的流动工况和接触面积: 水和空气的逆向流动以及比表面积大的填料能有效地将水分为线状、膜状或水滴状，从而增大水和空气的接触面积，也缩短了 CO_2 从水中析出的路程和降低了阻力。

(3) 风量和风压: 风机的风量和风压是根据处理水量、填料类型等因素决定的。通常，用 ϕ50mm 的塑料多面孔心球做填料，填料层阻力为 120~140Pa/m。理论上，每处理 $1m^3$ 水需要 $15\sim30m^3$ 风量。

7.8 电力系统简介

7.8.1 电厂简介

7.8.1.1 火力发电厂

利用煤、石油、天然气等石化燃料发电。由锅炉、汽轮机、发电机及相应辅助设备组成燃烧系统、汽水系统和电气系统。由于其开、停机时间长，经常开停会影响设备安全可靠性，而且不适宜在低负荷下运行，一般用以稳定发电，供基本负荷。

7.8.1.2 水力发电厂

利用水流的流量和落差发电。由于其开、停机便捷，适宜于各种负荷下运行，能够调峰、调频、调相和紧急备用。一般当水量丰富时(如：丰水期)，则应用以承担基本负荷发电，以满足电力系统安全经济运行的需要。

7.8.1.3 核电厂

利用受控核裂变反应所释放的能量发电。由于技术上只能稳定发电，只能带基本负荷。国内核电站建设情况：已建6座，在建10座，拟建28座。

7.8.1.4 新能源电站

利用风力、太阳能等清洁、可再生能源发电的电站。

7.8.2 电力系统及电气管理

7.8.2.1 电压等级(voltage Class)

额定电压是电力系统及电力设备规定的正常电压，即与电力系统及电力设备某些运行特性有关的标称电压。电力系统各点的实际运行电压允许在一定程度上偏离其额定电压，在这一允许偏离范围内，各种电力设备及电力系统本身仍能正常运行。我国最高交流电压等级是750kV(兰州—官亭线)，在建输电线路(向家坝—上海，锦屏—苏南特高压直流800kV)，其下有500kV、330kV、220kV、110kV、60kV、35kV、10kV，380V/220V，国家电网公司正在实验1000kV特高压交流输电。目前我国常用的电压等级：220V、380V、6kV、10kV、35kV、110kV、220kV、330kV、500kV。

7.8.2.2 电力系统的组成

电力系统一般是由发电厂、输电线路、变电所、配电线路及用电设备构成。通常将35kV及35kV以上的电压线路称为送电线路。

10kV及其以下的电压线路称为配电线路。将额定1kV以上电压称为“高电压”，额定电压在1kV以下电压称为“低电压”。

我国规定安全电压为36V、24V和12V三种。

7.8.2.3 电气管理“三三二五制”内容

三图：一次系统图、二次原理图、电缆走向图；

三票：工作票、操作票、临时用电票；

三定：定期检修、定期清扫、定期试验(最难做到的事情)；

五规程：检修规程、试验规程、运行规程、安全规程、事故处理规程；

五记录：检修记录、试验记录、运行记录、设备缺陷记录、事故记录。

7.8.3 炼化企业电气系统简介

炼化企业作为电力一级重要负荷单位，要求供电的可靠性极高。地方电网一般经220kV或110kV的两个以上独立的变电站或同一变电站不在同一母线的两条电源回路，分别供电至企业的枢纽变电站(总变电站)的两段母线，再经过110/6kV或110/35/6kV主变压器降压后，供给6kV中心变电所或装置变电所，为高压设备提供动力，同时经6kV/0.4kV降压变供0.4kV变电所，为低压设备、照明、施工、办公提供动力。

7.8.3.1 企业枢纽变电所(总变电所)

企业总变电站的220kV或110kV部分现一般采用GIS组合电器，主结线一般为双母线或单母线分段，母联(分段)开关装设快切装置或备用电源自投装置，实现外部电源故障时的自动切换。

总变电站主变降压后变为6kV(35kV)，6kV(35kV)主接线方式一般采用单母线分段，分段开关装设快切装置或备用电源自动投入装置，实现一台变压器故障时的自动切换。

总变电站6(35)kV配出一般为中心变电所或装置变电所的电源，个别大容量的电动机也可由总变电站直接配出。

总变电站的进线、主变及配出回路装有先进的继电保护和自动装置及通讯监控，用于实时监控和事故情况下快速自动的切除故障。

炼化企业的电站一般通过总变电站上网。

7.8.3.2 中心(装置)变电站

6kV装置变电站主结线方式一般为单母线分段，装设分段快切装置或备自投，低压母线主结线一般也为单母线分段，设备自投装置。

装置变电所用电设备主要有电动机、电容器、变频器、UPS、照明、办公电源等。在炼化企业，对DCS、仪表等特别重要的负荷采用纯净的、不间断电源供电(UPS)。

电力是企业生产的动力，电气事故是炼化生产的灾难。所以，如何应用新技术，不断提高企业电网的供电可靠性，成为企业供电的首要任务。

第 8 章　职业健康安全管理

8.1　职业健康管理体系

8.1.1　职业健康管理体系概述

8.1.1.1　职业健康安全管理体系标准的由来

国际标准化组织质量管理和质量保证标准化技术委员会(ISO/TC 176)制定的所有国际标准称为ISO9000标准。ISO/TC 207是国际标准化组织关于环境管理标准化问题的技术委员会。ISO/TC 176和ISO/TC 207在制定各自标准的过程中，都涉及了职业健康安全问题，由于种种原因，在ISO 9000和ISO 14000标准中均没有包含职业健康安全的内容。但在ISO 9000和ISO 14000标准颁布和成功实施后，许多国家更加关注职业健康安全管理体系标准化进程，认识到职业健康安全管理体系标准化是一种必然的发展趋势，并着手本国或本地区的职业健康安全管理体系标准化工作。

1996年1月，ISO/TC67的SC6分委会发布ISO/CD14690《石油和天然气工业健康、安全与环境管理体系》，成为HSE管理体系在国际石油业普遍推行的里程碑，HSE管理体系在全球范围内进入了一个蓬勃发展时期。

国际劳工组织(ILO)也在开展职业健康安全管理体系标准化工作，在1999年4月第15届世界职业健康安全大会上，ILO一位负责人提出：ILO将像贯彻ISO 9000和ISO 14000进行认证那样，研究进行企业职业健康安全管理的评价。2001年6月ILO理事会审议、批准印发职业健康安全管理体系导则。

近几年来，随着国际上对职业健康问题的关注，有些国家向国际标准化组织提出了制订职业健康安全管理体系国际标准的立项计划，并建议编号为ISO 18000，因此，我国就有了ISO 18000的提法。职业安全卫生管理系统标准，在其历史发展过程中，曾被非正式称为ISO 15000或ISO 18000系列标准。这些称谓，表达了它和ISO 9000及ISO 14000系列从指导思想到实施方法上的联系。

8.1.1.2　职业健康安全管理体系标准在国内开展情况

我国作为ISO的正式成员国，在职业健康安全管理体系标准化问题刚提出之时就十分重视。1995年4月，我国政府派代表参加了ISO的特别工作组，并分别派员参加了1995年6月15日和1996年1月19日ISO组织召开的两次特别工作组会议，随后开展了一系列工作。

1997年6月中国石油天然气总公司参照ISO/CD14690制定了三个企业标准：SY/T 6276—1997《石油天然气工业健康、安全与环境管理体系》、SY/T 6280—1997《石油地震队健康、安全与环境管理规范》、SY/T 6283—1997《石油天然气钻井健康、安全与环境管理指南》。

1999年10月原国家经贸委颁布了职业健康安全管理体系试行标准，并在国内试点实施。2001年11月我国正式颁布了国家标准GB/T 28001—2001《职业健康安全管理体系规范》，我国职业健康安全管理体系标准的实施工作全面、正规化地展开。2011年12月30日国家发布了《职业健康安全管理体系 要求》(GB/T 28001-2011/OHSAS 18001：2007代替GB/T28001-2001)。

2001年4月4日中国石化发布了HSE体系文件(包括一个体系、四个规范和五个指南)。

在我国实施职业健康安全管理体系的作用和意义在于：

(1) 为企业持续提高职业健康安全绩效提供了一个科学的、有效的管理手段。

(2) 有助于推动职业健康安全法规和制度的贯彻执行。

(3) 使组织的职业健康安全管理由被动强制行为转变为主动自愿行为，提高职业健康管理水平。

(4) 有助于组织对潜在事故或紧急情况作出响应。

(5) 有助于组织满足市场要求。

(6) 有助于组织在社会上树立良好的品质和形象。

从当前的发展状况来看，未来的HSE管理体系有如下几方面的发展趋向：

(1) 世界各国石油石化公司对HSE管理的重视程度普遍提高，HSE管理成为世界性的潮流与主题，建立和持续改进HSE管理体系将成为国际石油石化公司HSE管理的大趋势。

(2) 作为管理核心的以人为本的思想得到充分的体现。

(3) HSE管理体系的审核向标准化迈进。

(4) 世界各国的环境立法更加系统，环境标准更加严格。

8.1.2 中国石化HSE体系建立及运行

8.1.2.1 中国石化HSE体系及其建立的背景

20世纪80年代后期，国际上的几次重大事故对安全工作的深化发展与完善起了巨大的推动作用，石油石化的高风险要求必须进一步采取更有效更完善的HSE管理系统以避免重大事故的发生。1991年，在荷兰海牙召开了第一届油气勘探、开发的健康、安全、环保国际会议，HSE这一概念逐步为大家所接受。许多大石油公司相继提出了自己的HSE管理体系。壳牌公司在1990年制定出自己的安全管理体系(SMS)，1991年颁布了健康、安全与环境(HSE)方针指南，1992年正式出版安全管理体系标准EP92-01100，1994年正式颁布健康、安全与环境管理体系导则。

2001年中国石化对外发布了中国石油化工集团公司HSE管理体系(Q/SHS 0001.3—2001)，从2001年3月1日起开始实施。

HSE管理体系的发布是中国石化积极推进安全、环境与健康管理科学化、规范化的一项重要举措，不仅标志着中国石化在安全、环境与健康管理进入了新阶段，同时也表明中国石化在安全、环境与健康管理上与国际石油石化公司通行的现代安全、环境与健康管理模式接轨。用科学化、系统化的方式，全面规范和改进企业安全、环境与健康的管理现状。

推行HSE管理体系也是中国石化贯彻可持续发展战略要求的重要举措，是真正落实“安全第一，预防为主”安全生产方针的必由之路。全面实施HSE一体化管理意义重大，不仅有利于企业节约能源和资源，减少各类事故发生，促进企业提高安全、环境与健康管理水平，而且有助于企业提高经济效益，并使企业的经济效益、社会效益和环境效益有机地结合，在国际市场树立良好形象。

中国石化的HSE管理体系由一个体系、四个规范和五个指南构成。一个体系即HSE管理体系，该体系明确了中国石化HSE管理的十大要素：①领导承诺、方针目标和责任；②组织机构、职责、资源和文件控制；③风险评价和隐患治理；④承包商和供应商管理；⑤装置(设施)设计与建设；⑥运行与维护；⑦变更管理和应急管理；⑧检查、考核和监督；⑨事故处理和预防；⑩审核、评审和持续改进。四个规范即油田、炼化、销售和施工企业HSE管理规范，它是在中国石化已经颁发的各种制度、标准、规范的基础上，对完成十大要素的具体要求。五个指南即油田、炼化、销售、施工企业HSE实施程序编制指南和职能部门HSE实施计划编制指南，是各作业实体根据HSE管理体系的要求编写的自身实施程序。

新的HSE管理体系，不是抛弃中国石化已有的安全、环境和健康管理制度，而是对现有制度的系统化、标准化，使其更加完善，更符合现代企业的管理模式。

中国石化的HSE方针是：安全第一，预防为主；全员动手，综合治理；改善环境，保护健康；科学管理，持续发展。

中国石化的HSE目标是：追求最大限度地不发生事故、不损害人身健康、不破坏环境，创国际一流的HSE业绩。

中国石化的HSE承诺是：中国石化在世界任何地方，遵守所在国家和地区的法律、法规，尊重他们的风俗习惯，在所有的业务领域我们对HSE的态度始终如一。中国石化的各级最高管理者，是HSE的第一责任人，每位员工对公司的HSE事务负有义不容辞的责任，HSE表现是公司奖励和聘用雇员和承包商的重要依据。保护生态环境，建设清洁生产企业，实现可持续发展。向社会公开我们的HSE表现，广泛征求社会各界的意见，不断提高公司的HSE管理水平。为保证目标的实现，提供必要的人力、物力和财力资源支持。

8.1.2.2 中国石化HSE体系要素构成及PDCA运行模式

中国石化HSE管理体系标准明确了十大要素：

(1) 领导承诺、方针目标和责任。

(2) 组织机构、职责、资源和文件控制。

(3) 风险评价和隐患治理。

(4) 承包商和供应商管理。

(5) 装置(设施)设计与建设。

(6) 运用与维护。

(7) 变更管理和应急管理。

(8) 检查、考核和监督。

(9) 事故处理和预防。

(10) 审核、评审和持续改进。

HSE管理体系运行模式见图8-1。

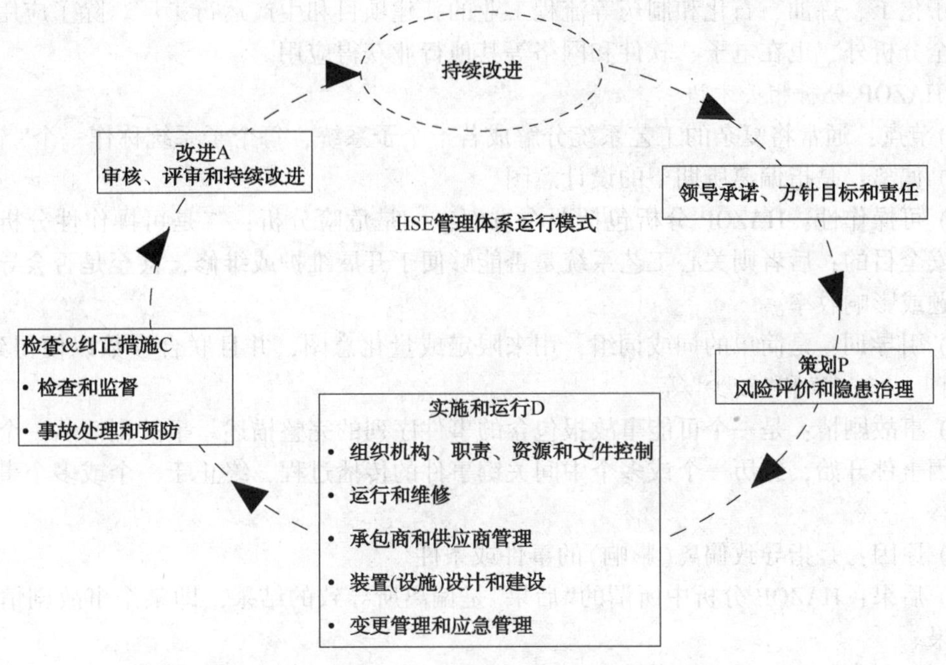

图 8-1 HSE 管理体系运行模式

8.1.2.3 中国石化 HSE 管理体系风险评价

HSE 管理体系最主要的一个理念就是：所有的事故都是可以预防的。其核心部分是风险评价。风险评价就是要求对生产作业活动进行风险分析，确定其自身活动可能发生的危害和后果，从而采取有效的防范手段和控制措施防止其发生，以便减少可能引起的人员伤害、财产损失和环境污染。它强调预防和持续改进，具有高度自我约束、自我完善、自我激励机制，是一种现代化的管理模式。中国石化 HSE 管理体系要求主管领导应直接负责并制定风险评价管理程序，每隔一定时间或发生重大变更时，应重新进行风险评价。

常用的风险评价方法有：工作危害分析(JHA)、安全检查表(SCL)、故障假设分析(WI)、预先危险性分析(PHA)、失效模式与影响分析(FMEA)、危险与可操作性研究(HAZOP)、事件树分析(ETA)、故障树分析(FTA)等。

1. 危险与可操作性研究(HAZOP)

危险与可操作性研究(Hazard and Operability Study，HAZOP)是对工艺过程进行危险(害)分析的一种方法，是英国帝国化学工业公司(ICI)于 1974 年对化工装置开发的一种危险性评价方法。HAZOP 是一种定性的安全评价方法，其基本过程是以关键词为引导，找出系统中工艺过程或状态的变化，即偏差，然后再继续分析造成偏差的原因、后果及可采取的对策。国家安监总局于 2013 年 6 月 8 日发布了《危险与可操作性分析(HAZOP)分析应用导则》(AQ/T 3.49—2013)，石化企业可在该标准指引下开展 HAZOP 分析工作。

2. HAZOP 方法的三个突出特点

(1) 发挥集体智慧；

(2) 采用引导词激发创新思维；

(3) 系统化与结构化的分析方法。

HAZOP 方法的三大特点带来了该方法的独特优势和广泛适用性。目前，HAZOP 方法广泛应用于化工、炼油、石化和制药等流程工业的新建项目和生产运行工厂。除了应用于工艺流程安全分析外，也在电子、软件和网络等其他行业获得应用。

3. HAZOP 分析相关术语

(1) 节点：通常将复杂的工艺系统分解成若干个子系统，每个子系统称作一个“节点”。

(2) 偏离：是指偏离所期望的设计意图。

(3) 可操作性：HAZOP 分析包括两个方面，一是危险分析；二是可操作性分析。前者是为了安全目的；后者则关心工艺系统是否能够便于开展维护或维修，甚至是否会导致产品质量问题或影响收率。

(4) 引导词：是简单的词或词组，用来限定或量化意图，并且联合参数以便得到偏离。如“没有”、“较多”和“较少”等。

(5) 事故剧情：是一个可能事故报包含的事件序列的完整描述。事故剧情从一个或多个初始原因事件开始，经历一个或多个中间关键事件的传播过程，终止于一个或多个事故后果事件。

(6) 原因：是指导致偏离(影响)的事件或条件。

(7) 后果：HAZOP 分析中所谓的“后果”是偏离所导致的结果，即某个事故剧情对应的不利后果。

(8) 现有安全措施：是指当前设计已经考虑到的安全措施(新建项目 HAZOP 分析时)或运行工厂中已经安装的设施，或管理实践中已经存在的安全措施。

(9) 建议措施：是指所提议的消除或控制危险的措施。

(10) HAZOP 分析团队：HAZOP 分析不是一个人的工作，需要由一个包含 HAZOP 分析主席、记录员和各相关专业的成员所组成的团队通过会议方式集体完成，称为“分析团队”。

4. HAZOP 分析的基本步骤

HAZOP 分析方法是一种系统的、结构性的分析方法。在进行 HAZOP 分析时，分析团队应用一系列引导词来识别偏离设计意图时可能出现的事故剧情。采用 HAZOP 分析方法开展工艺危险分析时，通常包括以下主要步骤：

(1) 发起阶段：明确工作范围、报告的编制要求、各参与方的职责，并组建分析团队。

(2) 准备阶段：开展分析工作所需时间估计及工作日程安排、准备必要的过程安全信息(图纸文件等)、召集会议及行政准备(会议室等)。

(3) 会议阶段：分析团队组织一系列会议，通过团队的讨论来识别和评估工艺系统潜在的危险和现有安全措施。根据需要提出建议的安全措施。准确记录会议中讨论的内容。

(4) 报告编制与分发：在分析会议之后，编制工作报告，分发给相关方征求意见，然后定稿形成正式报告。

(5) 建议措施的跟踪与完成：编制行动计划，跟踪落实 HAZOP 分析提出的建议措施(这是一个很重要的环节，但从严格意义上讲，它不属于工艺危险分析本身的工作范畴，应属于后续工作，由项目团队或工厂管理层负责，不是工艺危险分析团队的职责)。

8.1.2.4 中国石化 HSE 管理体系的原则

第一责任人原则：健康、安全、环境在现代企业管理中的位置越来越突出，体系特别强调最高管理者的责任。要有形成文件的承诺；将承诺转变成人、财、物的支持。各级最高管理者也有相应的第一责任。

全员参与的原则：体系立足于全员参与、以人为本的思想。各级组织、所有人员都有HSE职责，无论延伸到何处，都有做好HSE工作的责任。不同的级别有不同的责任，并不存在谁的责任更大或谁的责任小，任何职责的不落实都有可能造成大的安全、环境或健康方面的损失。

重在预防的原则：风险评价和隐患治理、承包商和供应商的管理、装置设计和建设、运行和维修、变更管理和应急管理五个要素都是着重强调预防事故的发生。

持续改进原则：要素形成计划—实施—检查—改进PDCA循环，持续改进。不断完善HSE管理体系，实现动态循环，保证体系的持续适用性和有效性。

以人为本的原则：强调人的行为对HSE的业绩影响至关重要，建立培训系统对人的技能、能力进行评价，人是第一位的，首先要保证人的安全、健康，提高员工的内在素质，最大限度地调动人的主观能动性，以保证HSE水平的不断提高。

独立审核原则：审核分为内部审核和外部审核，外部审核又分为第二方审核和第三方审核，审核尤其要强调独立审核的原则。

8.2　职业健康安全管理及指标

8.2.1　GB/T 28001《职业健康安全管理体系规范》要求及理解

8.2.1.1　GB/ T 28001标准概述

职业健康安全管理体系的系统化模式，是基于自然科学和社会科学的系统理论。系统理论通常包含4个方面的要素：输入、过程、输出、反馈。

职业健康安全管理体系的核心理论基础是系统安全的思想。职业健康安全风险是管理体系所关注的核心问题，通过辨识、风险评价、风险控制实现事故控制，改进职业健康安全业绩。

组织的职业健康安全方针体现了组织开展职业健康安全管理的基本原则，它为组织实现风险控制的总体职业健康安全目标提供了基本框架。

危险源辨识、风险评价和风险控制策划，是组织通过职业健康安全管理体系的运行，进行事故控制的开端。组织应遵守职业健康安全法规和其他要求。职业健康安全目标是旨在实现其管理方案，是组织降低其职业健康安全风险、实现职业健康安全绩效持续改进的途径和保证。

明确组织内部管理机构和成员的职业健康安全职责，是组织成功运行职业健康安全管理体系的根本保证。搞好职业健康安全工作，需要组织内部全体人员具备充分的意识和能力，而这种意识和能力需要适当的教育、培训和经历来获得及判定。组织保持与内部员工和相关方的职业健康安全信息的相互交流，以及让员工参与和协商职业健康安全管理，是确保职业健康安全管理体系有效性和实效性的重要方面。对职业健康安全管理体系实行必要的文件化及对文件进行控制，也是保证体系有效运行的必要条件。对组织存在的危险源所带来的风险，除通过目标、管理方案进行持续改进外，还要通过运行控制程序或应急准备与响应程序来进行控制，以保证组织全面的风险控制和取得良好的职业健康安全绩效。

对组织的职业健康安全行为要保持经常化的监测，这其中包括组织遵守法规情况的监测，以及职业健康安全绩效方面的监测。对于所产生的事故、事件、不符合，组织要及时纠正，并采取预防措施。良好的职业健康安全记录和记录管理，也是组织职业健康安全管理体系有效运行的必要条件。

职业健康安全管理体系审核的目的是，检查职业健康安全管理体系是否得到了正确的实施和保持，它为进一步改进职业健康安全管理体系提供了依据。管理评审是组织的最高管理者，对职业健康安全管理体系所做的定期评审，目的是确保体系的持续性、适用性、充分性和有效性，最终达到持续改进的目的。

8.2.1.2 职业健康安全管理体系的特点

(1) 采用建立管理体系的方式对职业健康安全绩效进行控制。

(2) 采用 PDCA 循环运行模式。

(3) 强调预防为主、持续改进以及动态管理。

(4) 遵守法规的要求贯穿在体系的始终。

(5) 要求全员参与。

(6) 适用于各行各业，并作为认证的依据。

(7) 职业健康安全管理体系具体工作的方法。

8.2.2 职业健康安全指标及 OSHA 统计

8.2.2.1 制定目标

实施职业健康安全管理体系的组织应针对其内部各有关职能和层次，建立并保持形成文件的职业健康安全目标。如可行，目标宜予以量化。组织在建立和评审职业健康安全目标时，应考虑：法规和其他要求；职业健康安全危险源和风险；可选择的技术方案；财务、运行和经营要求；相关方的意见。目标应符合职业健康安全方针，包括对持续改进的承诺。

8.2.2.2 确定管理方案

组织应制定并保持职业健康安全管理方案，以实现其目标。方案应包含形成文件的：为实现目标所赋予组织有关职能和层次的职责和权限；实现目标的方法和时间表。应定期并且在计划的时间内对职业健康安全管理方案进行评审，必要时应针对组织的活动、产品、服务或运行条件的变化对职业健康安全管理方案进行修订。

8.2.2.3 OSHA 的统计指标

为实现炼油板块率先达到世界一流目标，进一步提升职业健康安全管理理念，提高管理水平，炼油板块自 2012 年 1 月 1 日起实行 OSHA 统计方法。

OSHA 主要统计内容如下：

1. 可记录事件。

可记录事件是指与工作有关的，或因工作环境影响导致的一定程度的人身伤害、职业病。按照后果严重程度分为：死亡、损失工作日、工作受限、医疗处理、失去知觉事件。经医院或专业医疗机构确认的与工作有关的其他重大职业伤害和职业病也应进行记录。

(1) 工时：员工或承包商的工作小时数。包括在岗位工作、工作岗位间交通、设备停工等。不包括虽然付薪但没有上岗的情况，如带薪休假、病假、休息日及节假日等。

(2) 总工时：所有员工或承包商在统计时间段内(月/年)工时数。

(3) 损失工作日(无法工作)：任何与工作有关的、致使员工在事故第二天无法上班的人身伤害或职业相关疾病。损失工作日应包括休息日、周末、法定节假日。

(4) 工作受限(或转换工作)：与工作有关的人身伤害或职业相关疾病，导致受伤者不能完全承担其原先工作安排，或不能工作一个完整工作日。但其能够从事的工作必须是有意义的、事先就有的或是一份常规工作的实质性的一部分。

(5) 医疗处理(超过简单医疗处理)：需要专业医生或有资质的护理人员处理，但不需要住院治疗的人身伤害或职业相关疾病。与工作有关的轻微伤害，可以通过急救或类似措施处理，不需要专业医生处方或治疗的按照简单医疗处理，不作为可记录事件，如：按照规定的药量使用非处方药；打破伤风免疫针；在皮肤表面清理、冲洗或浸泡清洗伤口；使用如绷带、创口贴、纱布垫等覆盖伤口；使用热敷或冷敷；使用软性固定方式，如塑料绷带、绑裹、非固定式背带等；运送受伤者时使用临时固定的设备(夹板、吊索、颈部固定领套、或背板)；在手指甲或脚指甲上钻孔以释放压力，或从水泡中去液；使用眼罩；使用仅冲洗或棉签清除眼体的异物；使用冲洗、镊钳、棉签或其他的简单方法清除眼睛外的部位的碎片或异物；使用指套；使用按摩；喝饮料以减轻中暑。

2. 评价指标

(1) 总可记录事件：包括死亡、损失工作日、工作受限、医疗处理、失去知觉的人身伤害和职业病事件数。

(2) 总可记录事件率：表示某时期内，每 100 万工时造成的可记录伤害或疾病数。

计算公式：可记录事件率=可记录伤害或疾病数/总工时×1000000。

(3) 损失工作日事故率：表示某时期内，每 100 万工时所发生损失工作日伤害或疾病数。

计算公式：损失工作日事故率=损失工作日伤害或疾病数/总工时×1000000。

8.2.3 职业健康安全管理主要内容

8.2.3.1 安全生产责任制

中华人民共和国安全生产法(中华人民共和国主席令第十三号，2014 年 12 月 1 日起施行)(以下简称《安全生产法》)第四条明确规定“生产经营单位必须遵守本法和其他有关安全生产的法律、法规，加强安全生产管理，建立、健全安全生产责任制和安全生产规章制度，改善安全生产条件，推进安全生产标准化建设，提高安全生产水平，确保安全生产。”第十八条规定“生产经营单位的主要负责人对本单位安全生产工作负有下列职责：(一)建立、健全本单位安全生产责任制；(二)……”

安全生产责任制是以制度的形式明确规定各级负责人、部门和员工，在生产经营活动中应负的安全责任。落实好安全生产责任制是做好安全工作的关键。安全生产责任制是企业各项安全生产规章制度的核心，是生产经营单位行政岗位责任制和经济责任制度的重要组成部分，也是最基本的职业安全健康管理制度。

实践表明，凡是建立健全安全生产责任制的企业，各级领导重视安全生产、劳动保护工作，切实贯彻执行安全生产、劳动保护方针、政策和国家的安全生产、劳动保护法规，在认真负责地组织生产的同时，积极采取措施，改善劳动条件，工伤事故和职业性疾病就会减少。反之，就会职责不清，相互推诿，而使安全生产、劳动保护工作无人负责，无法进行，工伤事故与职业病就会不断发生。企业安全管理贯穿于各个方面，是企业顺利从事生产活动和实现企业最终目标的保障。企业安全管理的具体工作内容包括：安全工作的计划、检查、监督、督促、培训、教育、建议、咨询和考核。

《中国石化安全生产责任制》(中国石化安〔2012〕53 号)4.3 规定的生产调度部门安全职责：

(1) 及时传达、贯彻、执行上级有关安全生产的指示，坚持生产与安全的"五同时"。

(2) 在保证安全的前提下组织指挥生产，制止违反安全生产制度、规定和安全技术规程的做法，并向领导报告，及时通知安全监督管理部门共同处理，严禁违章指挥、违章作业。

(3) 在生产过程中出现不安全因素、险情及事故时，应果断正确处理，立即报告主管领导并通知有关职能部门，防止事态扩大。

(4) 参加安全生产大检查，随时掌握安全生产动态，及时在调度会上通报各单位的安全生产情况。

(5) 负责贯彻操作纪律管理规定杜绝或防止发生非计划停工和跑、冒、串等事故，实现安、稳、长、满、优生产。

(6) 负责生产事故(非计划停工和跑、冒、串事故等)的调查处理和统计上报工作。发生上报事故时，及时向总部有关部门报告，参加其他上报总部事故的调查处理。

(7) 参与关键装置、要害(重点)部位的界定分级和定点联系检查。

8.2.3.2 安全组织保障

8.2.3.2.1 企业安全管理组织机构

《安全生产法》第二十一条规定：矿山、金属冶炼、建筑施工、道路运输单位和危险物品的生产、经营、储存单位，应当设置安全生产管理机构或者配备专职安全生产管理人员。前款规定以外的其他生产经营单位，从业人员超过一百人的，应当设置安全生产管理机构或者配备专职安全生产管理人员；从业人员在一百人以下的，应当配备专职或者兼职的安全生产管理人员。

企业安全管理组织机构的设置与企业自身组织结构是相吻合的，其结构、责任、权限分配对安全管理的实施效果具有重大影响。因此安全管理的组织应涉及企业的各部门(单位)每一管理层，做到横向到边，纵向到底，建立全覆盖管理网络，在组织上保证安全管理工作的有效性。

一般来讲，从企业法人到操作职工，安全生产管理组织一般包括三个层次：企业级的领导决策层(如安全生产委员会)、安全生产管理职能部门(管理层)和车间班组专职或兼职安全员组成的群众性安全管理网络(执行层)。通常企业安全生产管理组织结构如图 8-2 所示。

企业安全生产委员会定期或不定期举行会议，讨论决策企业安全生产重要事项。组织管理体系还可以按业务划分为若干个安全管理系统，按照"谁主管、谁负责"原则，生产、经营、技术、人事、动力、设备等各业务系统的主管领导对业务系统的安全生产负直接领导责任。

8.2.3.2.2 企业安全管理组织机构职责

(1) 各单位安全生产委员会(HSE 委员会，以下简称安委会)安全职责：

① 认真学习贯彻国家安全生产方针、政策、法律、法规、标准、规范和中国石化规章制度，并通过各职能部门组织落实和实施。

② 研究和决定本单位安全工作重大事项，决定年度安全工作部署，对安全生产做出突

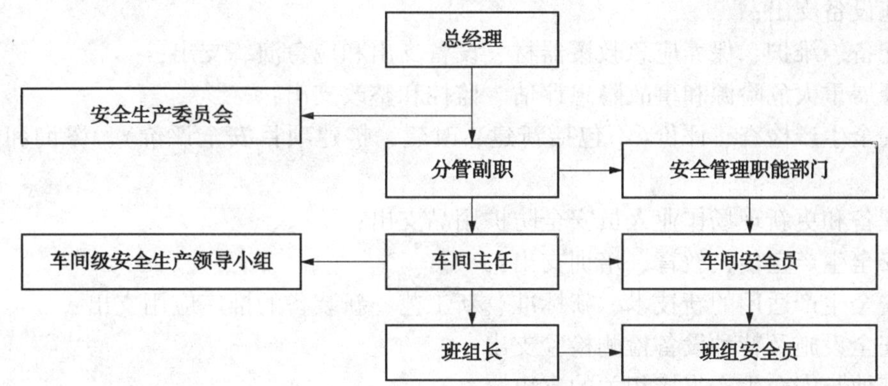

图 8-2 企业安全生产管理组织机构图

出贡献的人员进行奖励，对事故责任者进行处罚。

③ 定期召开安委会会议听取各职能部门安全生产情况汇报，检查年度安全工作部署完成情况。

(2) 企业安全生产管理专职部门职责和车间、班组的安全员职责(略)。

8.2.3.3 安全投入

《安全生产法》第二十条规定：生产经营单位应当具备的安全生产条件所必需的资金投入，由生产经营单位的决策机构、主要负责人或者个人经营的投资人予以保证，并对由于安全生产所必需的资金投入不足导致的后果承担责任。

《国务院关于坚持科学发展安全发展促进安全生产形势持续稳定好转的意见》(国发〔2011〕40 号)明确要求持续加大安全生产投入。探索建立中央、地方、企业和社会共同承担的安全生产长效投入机制，加大对贫困地区和高危行业领域倾斜。完善有利于安全生产的财政、税收、信贷政策，强化政府投资对安全生产投入的引导和带动作用。企业在年度财务预算中必须确定必要的安全投入，提足用好安全生产费用。完善落实工伤保险制度，积极稳妥推行安全生产责任保险制度，发挥保险机制的预防和促进作用。财政部和安全生产监管总局印发了《高危行业企业安全生产费用财务管理暂行办法》(财企〔2006〕478 号文)，这是目前企业安全投入比例依据的法律性文件。

8.2.3.3.1 安全投入的基本概念

广义上来讲，安全活动的一切人力、物力和财力的总和。人员、技术、设施等的投入、安全教育及培训、劳动防护及保健费用、事故救援及预防、事故伤亡人员的救治等费用。

狭义上来讲，安全投入意味着生产经营单位必须安排适当的资金，用于改善安全设施，更新安全技术装备、器材、仪器、仪表以及其他安全生产投入，以保证生产经营单位达到法律、法规、标准规定的安全生产条件，并对由于安全生产所必需的资金投入不足导致的后果承担责任。

8.2.3.3.2 危险化学品行业安全投入的使用方向

危险品生产与储存企业安全费用应当按照以下范围使用：

(1) 完善、改造和维护安全防护设施设备支出(不含“三同时”要求初期投入的安全设施)，包括车间、库房、罐区等作业场所的监控、监测、通风、防晒、调温、防火、灭火、防爆、泄压、防毒、消毒、中和、防潮、防雷、防静电、防腐、防渗漏、防护围堤或者隔离操作等设施设备支出；

（2）配备、维护、保养应急救援器材、设备支出和应急演练支出；

（3）开展重大危险源和事故隐患评估、监控和整改支出；

（4）安全生产检查、评价(不包括新建、改建、扩建项目安全评价)、咨询和标准化建设支出；

（5）配备和更新现场作业人员安全防护用品支出；

（6）安全生产宣传、教育、培训支出；

（7）安全生产适用的新技术、新标准、新工艺、新装备的推广应用支出；

（8）安全设施及特种设备检测检验支出；

（9）其他与安全生产直接相关的支出。

8.2.3.4 安全生产教育培训

安全生产教育培训是基础性和先导性工作，企业通过完善安全教育培训机制，组织开展多种形式的安全生产教育培训工作，使管理者及其员工提高做好安全工作的责任感和自觉性，具备相应的安全意识、安全知识与技能，切实减少“三违”行为，预防事故发生，保障员工安全健康。

企业是从业人员安全教育培训的责任主体，应将安全教育培训纳入企业发展规划。安全教育培训是企业安全管理的重要内容，与消除事故隐患、创造良好劳动条件相辅相成，二者缺一不可，是贯彻经营单位的方针、目标，实现安全生产、文明生产，提高员工安全意识和安全素质，防止产生不安全行为、减少人为失误的重要途径。

8.2.3.4.1 开展安全教育的相关规定

《安全生产法》第二十四条规定：生产经营单位的主要负责人和安全生产管理人员必须具备与本单位所从事的生产经营活动相应的安全生产知识和管理能力。”第二十五条“生产经营单位应当对从业人员进行安全生产教育和培训，保证从业人员具备必要的安全生产知识，熟悉有关的安全生产规章制度和安全操作规程，掌握本岗位的安全操作技能，了解事故应急处理措施，知悉自身在安全生产方面的权利和义务。未经安全生产教育和培训合格的从业人员，不得上岗作业。

《生产经营单位安全培训规定》(国家安全生产监督管理总局令第63号，2013年8月29日起施行)：第六条：生产经营单位主要负责人和安全生产管理人员应当接受安全培训，具备与所从事的生产经营活动相适应的安全生产知识和管理能力。第九条：煤矿、非煤矿山、危险化学品、烟花爆竹等生产经营单位主要负责人和安全生产管理人员初次安全培训时间不得少于32学时；每年再培训时间不得少于12学时。第十二条：加工、制造业等生产单位的其他从业人员，在上岗前必须经过厂(矿)、车间(工段、区、队)、班组三级安全培训教育。第十三条：生产经营单位新上岗的从业人员，岗前培训时间不得少于24学时。煤矿、非煤矿山、危险化学品、烟花爆竹等生产经营单位新上岗的从业人员安全培训时间不得少于72学时，每年接受再培训的时间不得少于20学时。

8.2.3.4.2 安全生产教育培训的形式和方法

安全教育的形式有：每天的班前班后会上说明安全注意事项；安全活动日；安全生产会议；各类安全生产业务培训班；事故现场会；张贴安全生产招贴画、宣传标语、标志；安全文化知识竞赛等。

安全教育培训的一般方法有：

讲授法。这是常用的方法，具有科学性、思想性、严密的计划性、系统性和逻辑性。

谈话法。指通过对话的方式传授知识的方法，一般分为启发式谈话和问答式谈话。

读书指导法。是通过指定教科书或阅读资料的学习来获取知识的方法，这是一种自学方式，需要学习者具有一定的自学能力。

访问法。是对当事人的访问，现身说法，获得知识和见闻。

练习与复习法。涉及操作技能方面的知识往往需要通过练习来加以掌握，复习是防止遗忘的主要手段。

研讨法。通过研讨的方式，相互启发、取长补短，达到深入消化、理解和增长新知识的目的。

宣传娱乐法。通过宣传媒体，寓教于乐，使安全的知识和信息通过潜移默化的方式深入职工之中。

8.2.3.4.3　企业安全教育的对象和内容

企业安全教育内容、方式应以对象的不同而不同，这是由于不同的对象掌握的知识和内容有区别。企业安全教育培训的对象主要包括企业的决策层（法人代表和各级党政领导）、生产的管理者、员工、安全专业管理人员以及职工的家属五种对象。

1. 企业决策层的安全教育

企业决策层是企业的最高领导层，其中第一负责人就是企业的法人代表。企业法人代表及决策者是企业生产和经营的主要决策人，是企业利益分配和资源的主要控制者，同时也是企业安全生产的第一指挥者和责任人。对决策层的安全教育重点在方针政策、安全法规、标准的教育。

2. 企业管理层的安全教育

企业管理层主要是指企业中的中层和基层管理部门的领导及其干部。他们既要服从企业决策层的管理，又要管理基层的生产和经营人员，起到承上启下的作用，是企业生产经营决策的贯彻者和执行者。

(1) 企业中层管理干部的安全教育知识体系。

企业中层管理干部除必须具备生产知识外，在安全方面还必须具备一定的知识、技能。

① 国家的安全生产法规及规章制度体系。

② 多学科的安全技术知识。作为一个生产企业单位，直接与机、电、仪器打交道，作为一位中层领导还涉及企业管理、劳动者的管理，所以他们应该具有企业安全管理、劳动保护、机械安全、电气安全、防火防爆、工业卫生、环境保护等知识。根据各企业、各行业不同，还应该有所侧重。

③ 推动安全工作前进的方法。如何不断提高安全工作的管理水平，是中层领导干部工作的一个重点。中层干部必须不断学习推动安全工作前进的方法，如利益驱动法、需求拉动法、科技推动法、精神鼓动法、检查促动法、奖罚激励法等。

④ 安全系统理论、现代安全管理、安全决策技术、安全生产规律、安全生产基本理论和安全规程。

(2) 班组长的安全教育知识体系。

企业的基层管理者，特别是班组长，也应具有较高的安全文化素质。因为企业的各项制度、生产指令和经营管理活动都要通过班组来落实，因而班组安全工作的好坏，直接影响着企业的安全生产和经济效益。这就需要抓好班组里的带头人——班组长的安全文化素质，主要有两个方面。

① 针对性的安全技术技能。不同行业、不同工种、不同岗位要求不一样。总体来讲，必须掌握与自己工作有关的安全技术知识，了解有关事故案例。

② 熟练的安全操作技能。掌握与自己工作有关的操作技能，不仅自己操作可靠，还要帮助班内同志避免失误。

3. 企业专职安全管理人员的安全教育

安全专职管理人员是企业安全生产管理和技术实现的具体实施者，是企业安全生产的“正规军”，应具有一定的专业学历，掌握安全的专业知识科学技术，懂生产技术，有生产经验。企业专职安全管理人员的安全知识体系包括：安全科学(即安全学)、安全工程学、安全工程技术、行业专业安全知识、计算机方面的知识等。

4. 企业普通员工的安全教育

企业普通员工的安全文化是企业安全生产水平和保障程度的最基础元素，提高职工的安全文化素质是预防事故的最根本措施。一方面安全工作的重要目的之一是保护现场的员工，另一方面安全生产的落实最终要依靠现场的员工。

实践表明，发生的工伤事故和生产事故近80%是由于职工自身的“三违”原因造成的。从构成事故的三因素，即人员—机—环境的关系分析，“机”、“环境”相对比较稳定，唯有“人”是最活跃的因素，而人又是操作机器设备、改变环境的主体，所以必须紧紧抓住“人”这个活的因素。

8.2.3.5 建设项目“三同时”

建设项目“三同时”制度是总结我国安全、职业健康、环境管理的实践经验，由我国首创，并为国家法律法规所确认。它和安全评价、职业健康评价、环境影响评价制度结合起来，成为贯彻“预防为主”方针危机处理重要的法律制度。

8.2.3.5.1 建设项目“三同时”制度

“三同时”制度是指，凡是我国境内新建、改建、扩建的基本建设项目(工程)、技术改建项目(工程)和引进的建设项目，其职业健康安全设施必须符合国家规定的标准，必须与主体工程同时设计、同时施工、同时投入生产和使用。对此，《安全生产法》第二十八条规定：生产经营单位新改扩建工程项目的安全设施，必须与主体工程同时设计、同时施工、同时投入生产和使用。安全设施投资应当纳入建设项目概算。

“三同时”制度具体包括以下内容：

(1) 建设项目在进行可行性研究论证时，必须进行职业健康安全方面的论证，明确项目可能对职工造成危害的防范措施，并将论证结果载入可行性论证文件；

(2) 设计单位在编制建设项目的初步设计文件时，应当同时编制《劳动安全卫生专篇》，职业健康安全设施的设计，必须符合国家标准、行业标准；

(3) 施工单位必须按照审查批准的设计文件进行施工，不得擅自更改职业健康安全设施的设计，并对施工质量负责；

(4) 建设项目的竣工验收必须按照国家有关建设项目职业健康安全验收规定进行。不符合职业健康安全标准的，不得验收和投产使用；

(5) 建设项目验收合格正式投入运行后，不得将职业健康安全设施闲置不用，生产设施和职业健康安全设施必须同时使用。

8.2.3.5.2 建设项目安全设施"三同时"的意义

建设项目安全设施"三同时"是一项基础工作，是有效消除和控制建设项目危险、有害因素的预防性和根本性措施。它与生产经营单位安全分级管理、企业安全生产标准化、安全生产日常监管检查等共同构筑了消除安全隐患、预防生产安全事故发生的护堤，对贯彻落实"安全第一、预防为主、综合治理"方针，改善劳动条件，防止发生生产安全事故，促进社会经济发展具有重要意义。

8.2.3.6 安全检查

8.2.3.6.1 安全检查的含义及法律规定

安全检查的主要任务是进行危害识别，查找不安全因素和不安全行为，提出消除或控制不安全因素的方法和纠正不安全行为的措施。

实践证明，安全检查是企业安全生产的重要措施，是安全管理的重要内容。在生产过程中，必然会产生机械设备的消耗、磨损、腐蚀和性能改变。生产环境也会随着生产过程的进行而发生改变，如尘、毒、噪声的产生、逸散、滴漏。随着生产的延续，职工的疲劳强度加大，安全意识有所减弱，可能产生不安全行为。随着生产的发展，新技术、新工艺、新设备的应用，从而产生新的不可预知的安全问题。上述问题如果不及时发现，将会对安全生产产生威胁。为此，开展经常性的、突击性的、专业性的安全检查，不断地、及时地发现生产中的不安全因素，及时予以消除，才能预防事故和职业病的发生。

《安全生产法》第四十三条规定：生产经营单位的安全生产管理人员应当根据本单位的生产经营特点，对安全生产状况进行经常性检查；对检查中发现的安全问题，应当立即处理；不能处理的，应当及时报告本单位有关负责人，有关负责人应当及时处理。检查及处理情况应当如实记录在案。

8.2.3.6.2 安全检查的内容

安全检查主要包括安全管理检查和现场安全检查两部分。

中国石化规定的安全管理检查主要内容：

(1) 检查各级领导对安全工作的认识，各级领导班子研究安全工作情况的记录、安委会工作会议纪要(记录)等。

(2) 安全生产责任制、安全管理制度等修订完善情况，各项管理制度落实情况，职业健康安全管理体系的建立和符合情况等。

(3) 检查各级领导和管理人员安全法规教育与安全生产管理资格教育是否达到要求；检查员工的安全意识、安全知识教育，以及特殊作业安全技术知识教育是否符合要求或规定。

现场安全检查主要内容：

(1) 按照工艺、设备、电气、仪表、安全、消防、职业卫生、储运、检维修和新改扩建工程项目施工等方面的标准、规范和制度，检查生产、施工现场是否落实，是否存在安全问题。

(2) 检查各企业事业单位、股份公司各分(子)公司(以下统称各单位)各级机构和员工的安全生产责任制是否落实，检查员工是否认真执行各项安全生产规章制度和操作规程。

(3) 检查生产、检维修和新改扩建工程项目施工等直接作业环节的各项安全保证措施是否落实。

8.2.3.6.3 安全检查的类型

安全检查分为外部检查和内部检查。外部检查是指按照国家安全、卫生法规要求进行的法定监督、检测检查，以及政府部门组织的安全督查。内部检查是总部、各单位内部根据生产情况开展计划性和临时性的自查活动。内部检查主要有综合性检查、日常检查和专项检查(包括季节性检查、节日前检查和专业性安全检查)等形式。

8.2.3.6.4 安全检查的方法

(1)常规检查。(2)安全检查表。(3)仪器检查。

8.2.3.7 特种设备安全管理

8.2.3.7.1 特种设备安全管理的法律依据

《中华人民共和国特种设备安全法》(中华人民共和国主席令第四号)已由中华人民共和国第十二届全国人民代表大会常务委员会第三次会议于2013年6月29日通过，自2014年1月1日起施行。

特种设备安全工作坚持安全第一、预防为主、节能环保、综合治理的原则。国家对特种设备的生产、经营、使用，实施分类的、全过程的安全监督管理。特种设备生产、经营、使用、检验、检测应当遵守有关特种设备安全技术规范及相关标准。

8.2.3.7.2 特种设备安全管理的范围

《特种设备安全法》所称特种设备，是指对人身和财产安全有较大危险性的锅炉、压力容器(含气瓶)、压力管道、电梯、起重机械、客运索道、大型游乐设施、场(厂)内专用机动车辆，以及法律、行政法规规定适用本法的其他特种设备。

(1) 锅炉，是指利用各种燃料、电或者其他能源，将所盛装的液体加热到一定的参数，并对外输出热能的设备，其范围规定为容积大于或者等于30L的承压蒸汽锅炉；出口水压大于或者等于0.1MPa(G)，且额定功率大于或者等于0.1MW的承压热水锅炉；有机热载体锅炉。

(2) 压力容器，是指盛装气体或者液体，承载一定压力的密闭设备，其范围规定为最高工作压力大于或者等于0.1MPa(G)，且压力与容积的乘积大于或者等于2.5MPa·L的气体、液化气体和最高工作温度高于或者等于标准沸点的液体的固定式容器和移动式容器；盛装公称工作压力大于或者等于0.2MPa(G)，且压力与容积的乘积大于或者等于1.0MPa·L的气体、液化气体和标准沸点等于或者低于60℃液体的气瓶；氧舱等。

(3) 压力管道，是指利用一定的压力，用于输送气体或者液体的管状设备，其范围规定为最高工作压力大于或者等于0.1MPa(G)的气体、液化气体、蒸汽介质或者可燃、易爆、有毒、有腐蚀性、最高工作温度高于或者等于标准沸点的液体介质，且公称直径大于25mm的管道。

(4) 电梯，是指动力驱动，利用沿刚性导轨运行的箱体或者沿固定线路运行的梯级(踏步)，进行升降或者平行运送人、货物的机电设备，包括载人(货)电梯、自动扶梯、自动人行道等。

(5) 起重机械，是指用于垂直升降或者垂直升降并水平移动重物的机电设备，其范围规定为额定起重量大于或者等于0.5t的升降机；额定起重量大于或者等于1t，且提升高度大于或者等于 2m 的起重机和承重形式固定的电动葫芦等。

(6) 客运索道，是指动力驱动，利用柔性绳索牵引箱体等运载工具运送人员的机电设备，包括客运架空索道、客运缆车、客运拖牵索道等。

(7) 大型游乐设施，是指用于经营目的，承载乘客游乐的设施，其范围规定为设计最大运行线速度大于或者等于 2m/s，或者运行高度距地面高于或者等于 2m 的载人大型游乐设施。

(8) 场(厂)内专用机动车辆，是指除道路交通、农用车辆以外仅在工厂厂区、旅游景区、游乐场所等特定区域使用的专用机动车辆。

特种设备包括其所用的材料、附属的安全附件、安全保护装置和与安全保护装置相关的设施。

8.2.3.7.3 特种设备使用单位的安全要求

特种设备使用单位应当使用取得许可生产并经检验合格的特种设备。禁止使用国家明令淘汰和已经报废的特种设备。

特种设备使用单位应当在特种设备投入使用前或者投入使用后三十日内，向负责特种设备安全监督管理的部门办理使用登记，取得使用登记证书。登记标志应当置于该特种设备的显著位置。

特种设备使用单位应当建立岗位责任、隐患治理、应急救援等安全管理制度，制定操作规程，保证特种设备安全运行。

8.2.3.7.4 特种设备使用单位应当建立特种设备安全技术档案。

安全技术档案应当包括以下内容：

(1) 特种设备的设计文件、产品质量合格证明、安装及使用维护保养说明、监督检验证明等相关技术资料和文件；

(2) 特种设备的定期检验和定期自行检查记录；

(3) 特种设备的日常使用状况记录；

(4) 特种设备及其附属仪器仪表的维护保养记录；

(5) 特种设备的运行故障和事故记录。

8.2.3.8 安全生产奖惩制度

安全生产的奖惩制度的制定主要根据国家颁布的法律法规以及管理制度，同时结合本单位的安全生产责任制，目的是将安全生产责任制贯彻落实到每个岗位。

8.2.3.8.1 安全生产奖惩制度的法律依据

我国规定奖惩制度的主要法规是 1982 年 4 月 10 日国务院发布的《企业职工奖惩条例》。该条例在当时计划经济的体制下，对我国全民所有制企业以及集体所有制企业的用工带来了深刻的影响，这种影响一直延续到今天几乎所有的国有企业或与国有企业相关的其他行业。国家《劳动合同法》出台后，该《条例》于 2008 年 1 月 15 日废止。因此，企业在管理理念与管理方式上也必须作出相应的调整。

按照国家劳动法律法规，企业根据需要自行招聘员工，员工到企业工作需要遵守企业相应的规章制度并完成企业规定的岗位职责，若员工违反了相应的规章制度，或没有完成相应的岗位职责，企业可以依据内部的规章制度与其解除劳动合同。但是由于受原国有企业体制的约束，部门企业尤其是企业的管理者还处在依靠行政手段对员工进行管理的阶段，即对员工的管理不是依据企业依法制订的内部规章制度来管理，而是依据领导人的个人意志来管理，依据行政手段来管理，管理方式带有很浓的行政色彩。

奖惩办法，属于企业用工自主权的体现，应当由企业根据自身情形自行制订合适的奖惩办法。

8.2.3.8.2 安全生产奖惩制度制订的原则

(1) 追究不履行或不严格履行安全生产职责者责任的原则。安全生产责任制是安全生产的核心制度。安全生产奖惩制度就是通过奖励先进惩罚落后的方法来落实安全生产责任。

(2) 追究"三违"者责任的原则。

(3) 安全生产奖惩制度坚持教育与惩罚相结合的原则。

(4) 安全生产奖惩制度要做到奖励与惩罚相结合的原则。

(5) 安全生产奖惩制度应该是精神激励与物质奖励相结合的原则。

(6) 安全生产奖惩制度要坚持惩罚适度的原则，即过错严重的重罚、过错较轻的轻罚、处罚与过错相称。

(7) 安全生产奖惩制度要遵守"可得之奖，可避之罚"的原则。目的就是所有劳动者只要通过自身的努力就可以获得安全生产的奖励。另外，只要通过认真细致的工作就可以避免事故的发生，从而避免了受到处罚，持续提升安全业绩。

8.3 危险化学品安全管理

8.3.1 危险化学品定义及分类

8.3.1.1 危险化学品定义

《危险化学品安全管理条例》(中华人民共和国国务院令第591号)第三条指出：危险化学品，是指具有毒害、腐蚀、爆炸、燃烧、助燃等性质，对人体、设施、环境具有危害的剧毒化学品和其他化学品。

8.3.1.2 危险化学品的分类

按我国目前已公布的法规、标准，涉及到危险化学品分类的国家标准有三个：《危险货物分类和品名编号》(GB 6944—2012)、《危险货物品名表》(GB 12268—2012)、《化学品分类和危险性公示通则》(GB 13690—2009)，将危险化学品分为若干类，每一类又分为若干项。《危险货物分类和品名编号》(GB 6944—2012)将危险化学品分为九大类。

第1类：爆炸品

第2类：气体

第3类：易燃液体

第4类：易燃固体、易于自燃的物质、遇水放出易燃气体的物质

第5类：氧化性物质和有机过氧化物

第6类：毒性物质和感染性物质

第7类：放射性物质

第8类：腐蚀性物质

第9类：杂项危险物质和物品，包括危害环境物质

8.3.2 危险化学品的主要特性

8.3.2.1 危险化学品固有危险性

1. 物理化学危险性

爆炸危险性指危险化学品在明火影响下或是对震动或摩擦比二硝基苯更敏感会产生爆炸。该定义取自危险物品运输的国际标准，用二硝基苯作为标准参考基础。迅速而又缺乏控制的能量释放会产生爆炸。释放能量的形式一般是热、光、声和机械振动等。化工爆炸的能源最常见的是化学反应，但是机械能或原子核能的释放也会引起爆炸。

任何易燃的粉尘、蒸气或气体与空气或其他助燃剂混合，在适当条件下点火都会产生爆炸。能引起爆炸的可燃物质有可燃固体、易燃液体的蒸气、易燃气体。可燃物质爆炸的三个要素是可燃物质、空气或任何其他助燃剂、火源或高于着火点的温度。

易燃危险性可以细分为极度易燃性、高度易燃性和易燃性三个危险类别。

2. 生物危险性

毒性危险可造成急性或慢性中毒甚至致死，应用试验动物的半数致死剂量表征。

腐蚀性和刺激性：危险腐蚀性物质是能够严重损伤活性细胞组织的一类危险物质。一般腐蚀性物质除具有生物危险性外，还能损伤金属、木材等其他物质。刺激性是指危险物，或制剂与皮肤或黏膜直接、长期或重复接触会引起炎症。

刺激性的作用对象不包括无生物。虽然腐蚀性作用常引起深层损伤结果，但刺激性一般只有浅表特征，且两者之间并没有明确的界线。

致癌危险性：致癌性是指一些化学危险物质或制剂，通过呼吸、饮食或皮肤注射进人人体会诱发癌症或增加癌变危险。

致变危险性：致变性是指一些化学危险物质或制剂可以诱发生物活性。

3. 环境污染危险性

化工有关的环境污染危险主要是水质污染和空气污染，是指化学危险物质或制剂在水和空气中的浓度超过正常量，进而危害人或动物的健康以及植物的生长。环境污染危险往往是物理化学危险和生物危险的聚结，并通过生物和非生物降解达到平衡。

8.3.3 危险化学品的安全监督管理

危险化学品管理的目的是通过登记注册、分类管理、使用安全标签和安全技术说明书等手段对化学品实行全过程管理，以杜绝或减少事故的发生。

8.3.3.1 登记注册

登记注册是化学品安全管理最重要的一个环节。其范围是列入国家标准《危险货物品名表》(GB 12268—2012)中的危险化学品及由国家安全生产监督管理局会同国务院公安、环境保护、卫生、质检、交通部门确定并公布的未列入《危险货物品名表》(GB 12268—2012)的其他危险化学品。

国家安全生产监督管理总局负责全国危险化学品登记注册的监督管理工作。各省、自治区、直辖市安全生产监督管理部门负责本辖区内危险化学品登记注册的监督管理工作。

国家化学品登记注册中心承担危险化学品登记注册方面的技术管理工作，包括危险化学品的鉴别与分类，公布登记注册目录，建立信息网络，技术咨询服务，指导各省、自治区、直辖市安全生产监督管理部门委托的危险化学品登记注册管理机构的业务工作。

危险化学品登记注册的主要内容包括：产品标识、理化特性、燃爆特性、消防措施、稳定性、反应活性、健康危害、急救措施、操作处置、防护措施、泄漏应急处理等以及企业基本情况。

申请登记注册的单位应当根据国家有关法规、《化学品安全技术说明书编写规定》(GB 16483—2000)和《化学品安全标签编写规定》(GB 15258—1999〉(简称“一书一签”)，填写《危险化学品登记注册申请表》，向地区危险化学品登记注册管理机构办理注册登记手续。

生产危险化学品的单位按规定登记注册，在领取《危险化学品登记注册证书》后，方可从事危险化学品的生产经营活动。没有取得《危险化学品登记注册证书》和没有提供“一书一签”的产品，生产单位不得销售。

8.3.3.2 分类管理

分类管理实际上就是根据某一化学品的理化、燃爆、毒性、环境影响数据确定其是否是危险化学品，并进行危险性分类。主要依据《危险货物分类和品名编号》(GB 6944—2012)、《危险货物品名表》(GB 12268—2012)、《化学品分类和危险性公示通则》(GB 13690—2009)三个国家标准。

8.3.3.3 安全标签

危险化学品安全标签是针对危险化学品而设计、用于提示接触危险化学品的人员的一种标识。它用简单、明了、易于理解的文字、图形符号和编码的组合形式表示该危险化学品所具有的危险性、安全使用的注意事项和防护的基本要求。安全标签用文字、图形符号和编码的组合形式表示化学品所具有的危险性和安全注意事项。

8.3.3.4 安全技术说明书

化学品安全技术说明书(safety data sheet for chemical products, SDS)，提供了化学品(物质或混合物)在安全、健康和环境保护等方面的信息，推荐了防护措施和紧急情况下的应对措施。在一些国家，化学品安全技术说明书又被称为物质安全技术说明书(material safety data sheet, MSDS)，但在《化学品安全技术说明书内容和项目顺序》(GB/T 16483—2008)中统一使用化学品安全技术说明书(SDS)称谓。

SDS是化学品的供应商向下游用户传递化学品基本危害信息(包括运输、操作处置、储存和应急行动信息)的一种载体。同时化学品安全技术说明书还可以向公共机构、服务机构和其他涉及到该化学品的相关方传递这些信息。安全技术说明书详细描述了化学品的燃爆、毒性和环境危害，给出了安全防护、急救措施、安全储运、泄漏应急处理、法规等方面信息，是了解化学品安全卫生信息的综合性资料。主要用途是在化学品的生产企业与经营单位和用户之间建立一套信息网络。

1. 安全技术说明书的主要作用

安全技术说明书作为最基础的技术文件，主要用途是传递安全信息，其主要作用体现在：一是化学品安全生产、安全流通、安全使用的指导性文件；二是应急作业人员进行应急作业时的技术指南；三是为危险化学品生产、处置、储存和使用各环节制订安全操作规程提供技术信息；四是化学品登记注册的主要基础文件；五是企业安全教育的主要内容。

安全技术说明书仅提供化学商品基本的安全信息，并非产品质量的担保。

2. 企业责任

(1) 生产企业的责任。生产企业既是化学品的生产商，又是化学品使用的主要用户，对安全技术说明书的编写和供给负有最基本的责任。作为对用户的一种服务，生产企业必须按照国家法规填写符合标准要求的安全技术说明书，全面详实地向用户提供有关化学品的安全卫生信息。确保接触化学品的作业人员能方便地查阅相关物质的安全技术说明书。确保接触化学品的作业人员已接受过专业培训教育，能正确掌握安全使用、储存和处理的操作程序和方法。有责任在紧急事态下，向医生和护士提供有关医疗信息。负责更新本企业产品的安全技术说明书。

(2) 使用单位的责任。向供应商索取最新版本的化学品安全技术说明书。评审从供应商处索取的安全技术说明书，针对本企业的应用情况和掌握的信息，补充新的内容，如实填写日期。对生产企业修订后的安全技术说明书，应用部门应及时索取，根据生产实际所需，务必向生产企业提供增补安全技术说明书内容的详细资料，并据此提供修改本企业危险化学品生产的安全技术操作规程。

(3) 经营、销售企业的责任。经营和销售化学品的企业所经营的化学品必须附有安全技术说明书，作为对用户的一种服务，提供给用户。经营进口化学品的企业，应负责向供应商、进口商索取最新版本的中文安全技术说明书，随商品提供给用户。

3. 安全技术说明书的内容和项目设置

GB/T 16483—2008《化学品安全技术说明书内容和项目顺序》，规定 SDS 要有十六部分的内容。

(1) 化学品及企业标识。主要标明化学品名称、生产企业名称、地址、邮编、电话、应急电话、传真和电子邮件地址等信息。

(2) 成分/组成信息。标明该化学品是纯化学品还是混合物。纯化学品，应给出其化学品名称或商品名和通用名。混合物，应给出危害性组分的浓度或浓度范围。无论是纯化学品还是混合物，如果其中包含有害性组分，则应给出化学文摘索引登记号(CAS 号)。

(3) 危险性概述。简要概述本化学品最重要的危害和效应，主要包括：危害类别、侵入途径、健康危害、环境危害、燃爆危险等信息。

(4) 急救措施。指作业人员意外的受到伤害时，所需采取的现场自救或互救的简要处理方法，包括：眼睛接触、皮肤接触、吸入、食入的急救措施。

(5) 消防措施。主要表示化学品的物理和化学特殊危险性，适合灭火介质，不合适的灭火介质以及消防人员个体防护等方面的信息，包括：危险特性、灭火介质和方法，灭火注意事项等。

(6) 泄漏应急处理。指化学品泄漏后现场可采用的简单有效的应急措施、注意事项和消除方法，包括：应急行动、应急人员防护、环保措施、消除方法等内容。

(7) 操作处置与储存。主要是指化学品操作处置和安全储存方面的信息资料，包括：操作处置作业中的安全注意事项、安全储存条件和注意事项。

(8) 接触控制/个体防护。在生产、操作处置、搬运和使用化学品的作业过程中，为保护作业人员免受化学品危害而采取的防护方法和手段。包括：最高容许浓度、工程控制、呼吸系统防护、眼睛防护、身体防护、手防护、其他防护要求。

(9) 理化特性。主要描述化学品的外观及理化性质等方面的信息，包括：外观与性状、

pH 值、沸点、熔点、相对密度(水=1)、相对蒸气密度(空气=1)、饱和蒸气压、燃烧热、临界温度、临界压力、辛醇/水分配系数、闪点、引燃温度、爆炸极限、溶解性、主要用途和其他一些特殊理化性质。

(10)稳定性和反应性。主要叙述化学品的稳定性和反应活性方面的信息，包括：稳定性、禁配物、应避免接触的条件、聚合危害、分解产物。

(11)毒理学资料。提供化学品的毒理学信息，包括：不同接触方式的急性毒性、刺激性、致敏性、亚急性和慢性毒性，致突变性、致畸性、致癌性等。

(12)生态学资料。主要陈述化学品的环境生态效应、行为和转归，包括：生物效应、生物降解性、生物富集、环境迁移及其他有害的环境影响等。

(13)废弃处置。是指对被化学品污染的包装和无使用价值的化学品的安全处理方法，包括废弃处置方法和注意事项。

(14)运输信息。主要是指国内、国际化学品包装、运输的要求及运输规定的分类和编号，包括：危险货物编号、包装类别、包装标志、包装方法、UN 编号及运输注意事项等。

(15)法规信息。主要是化学品管理方面的法律条款和标准。

(16)其他信息。主要提供其他对安全有重要意义的信息，包括：参考文献、填表时间、填表部门、数据审核单位等。

8.4 职业健康管理

8.4.1 职业病危害及防治

8.4.1.1 职业病的定义

《中华人民共和国职业病防治法》规定，职业病是指企业、事业单位和个体经济组织等用人单位的劳动者在职业活动中，因接触粉尘、放射性物质和其他有毒、有害因素而引起的疾病。

8.4.1.2 职业病的分类和目录

2013 年 12 月 23 日，根据《中华人民共和国职业病防治法》有关规定，国家卫生计生委、安全监管总局、人力资源社会保障部和全国总工会联合组织对职业病的分类和目录进行了调整。调整后的《职业病分类和目录》(国卫疾控发〔2013〕48 号)将职业病分为 10 类 132 种：职业性尘肺病及其他呼吸系统疾病 19 种、职业性皮肤病 9 种、职业性眼病 3 种、职业性耳鼻喉口腔疾病 4 种、职业性化学中毒 60 种、物理因素所致职业病 7 种、职业性放射性疾病 11 种、职业性传染病 5 种、职业性肿瘤 11 种、其他职业病 3 种。

《职业病诊断与鉴定管理办法》规定，劳动者可以选择用人单位所在地、本人户籍所在地或者经常居住地的职业病诊断机构进行职业病诊断。职业病诊断需要以下资料：劳动者职业史和职业病危害接触史(包括在岗时间、工种、岗位、接触的职业病危害因素名称等)；劳动者职业健康检查结果；工作场所职业病危害因素检测结果；职业性放射性疾病诊断还需要个人剂量监测档案等资料；与诊断有关的其他资料。

用人单位应当保障职业病病人依法享受国家规定的职业病待遇。

8.4.1.3 职业病的构成及其危害

8.4.1.3.1 职业病的构成

构成《中华人民共和国职业病防治法》中所称的职业病，必须具备四个条件：

(1) 患病主体是企业、事业单位或个体经济组织的劳动者。

(2) 必须是在从事职业活动的过程中产生的。

(3) 必须是因接触粉尘、放射性物质和其他有毒、有害物质等职业病危害因素引起的。

(4) 必须是国家公布的职业病分类和目录所列的职业病。

8.4.1.3.2 职业病的危害

职业病的起因是由于劳动者在职业性活动过程中长期受到来自化学的、物理的、生物的职业性危害因素的侵蚀，或长期受不良的作业方法、恶劣的作业条件的影响。这些因素及影响可能直接或间接地、个别或共同地发生着作用。职业病不同于突发的事故或疾病，其病症要经过一个较长的逐渐形成期或潜伏期后才能显现，属于缓发性伤残。

由于职业病多表现为体内生理器官或生理功能的损伤，因而是只见“疾病”，不见“外伤”。

职业病属于不可逆性损伤，很少有痊愈的可能。换言之，除了促使患者远离致病源自然痊愈之外没有更为积极的治疗方法，因而对职业病预防问题的研究尤为重要，可以通过作业者的注意、作业环境条件的改善和作业方法的改进等管理手段减少患病率。

职业病虽然被列入因工伤残的范围，但它同工伤伤残又是有区别的。

一般来说，与生产安全事故造成的突发性、直接性伤亡相比，职业性危害因素有三个特点：

(1) 慢性危害，危害一般是慢性的、渐进式的，积累到一定程度才表现出来。

(2) 群体危害，危害可以涉及生产现场的所有作业人员。

(3) 遗传危害，不仅危害劳动者本人，还可能危及下一代，如畸形、基因变异等。因此，重视职业卫生，是对劳动者从业健康的基本保障。

8.4.1.4 职业病的防治

在职业病中，有不少病种特别是职业中毒与化工危害因素有关，因此职业病预防对于石油化工行业的从业人员来说尤其重要。

8.4.1.4.1 职业病预防原则

职业病的发生，取决于职业性危害因素、职业性接触作用、劳动者个体因素等“疾病”，即与危害因素的理化性质、浓度(强度)大小；人和危害因素的接触机会、时间、强度；个体因素差异(年龄、性别、遗传因素、身体素质、卫生习惯等)有关。因此，采取综合措施杜绝职业性危害因素，创造良好劳动条件，提高个人防护意识和能力，是职业病预防的关键。

8.4.1.4.2 职业病三级预防

一级预防，通过采用有效的控制措施，如改革工艺、改进生产过程、配置完善的防护设施，消除职业性有害因素或将其减少到最低限度，使生产过程达到安全卫生标准。在一级预防中，做好职业性有害因素的监测至关重要。

二级预防，开展健康监护，早期发现健康损害，及时处理，防止进一步发展。

三级预防，对已患职业病者及时诊断治疗，促进康复或防止病情发展。

一级预防是最主动最理想的预防，应积极促其实现，但由于难度高，难以完全达到安全卫生的标准。二级预防也是较主动的预防，容易实现，可弥补一级预防的不足。三级预防虽属被动，但对促进已患职业病者恢复健康有其现实意义。

8.4.1.4.3 职业病预防措施

1. 作业环境监测

化学毒物监测。空气采样——可分为岗位采样和个体采样两种方式，定点定时对空气质量进行监控，测定有害物质浓度，掌握空气质量准确数据。皮肤污染测定——对有机磷农药、苯胺、四乙铅这类能通过皮肤吸收的化学品的接触人员，测定其皮肤、衣服、手套等的污染量。

生物学监测。采集人的生物样品如尿液、血液、头发、指甲、唾液等，进行化学毒物化验检查，包括反映毒物吸收(如血铅、尿酚等)、毒作用、毒物所致病损三项指标，以判断毒物对人体组织器官是否产生了损害以及损害的程度。

物理因素监测。物理因素的监测大多采用仪器测定，如评价作业地点的噪声强度和噪声分布情况等。物理因素对人体的作用强度，主要取决于发生源的特性、数量、分布和距离等，监测时应确定监测点、监测时间和次数，并做好监测记录。

生产性粉尘监测。生产性粉尘监测的项目主要有粉尘浓度、粉尘分散度、粉尘中游离二氧化硅含量等。通过对作业场所空气中粉尘的分析检测，了解粉尘含量及其变化情况，以便及时采取相应的控制措施。

2. 职业健康监护

职业健康监护主要是通过预防性健康检查，早期发现职业性危害，以便及时采取措施减少或消除致害因素，同时对接触过致害因素的人员及早进行观察或治疗。

上岗前职业健康检查。这是对拟上岗人员进行的健康检查。一般检查其体质和健康状况是否适合从事某职业，是否有职业禁忌证和危及他人的疾病，如血液病、传染病、心脏病、精神病等；同时取得基础健康状况第一手资料，供日后定期检查或进行动态观察时用作对比分析。

在岗期间职业健康检查。主要是针对作业人员接触职业危害因素按规定检查项目和时间间隔进行的健康检查。目的是及早发现和诊治职业病患者或其他疾病患者，并对高危易感人群作重点监护；发现有早期可疑症状者，进行职业病筛查，对检查发现的职业禁忌人员应及时调离岗位。

离岗时职业健康检查。这是对即将调离或退职离开存在职业病危害因素的岗位人员进行的健康检查。通过检查确认其在岗工作期间是否受到职业性危害，以消除离岗人员的心理担忧；若有危害，则应根据病情助其诊治。退休人员也应定期进行体检，以利于对某些潜伏期较长的职业病(如晚发型矽肺)能及时进行发现和治疗。

《职业病防治法》规定，用人单位应当为劳动者建立职业健康监护档案，并按照规定的期限妥善保存。职业健康监护档案应当包括劳动者的职业史、职业病危害接触史、职业健康检查结果和职业病诊疗等有关个人健康资料。劳动者离开用人单位时，有权索取本人职业健康监护档案复印件，用人单位应当如实、无偿提供，并在所提供的复印件上签章。

对接触过职业危害因素的人员或疑似职业病病人，应进行健康跟踪监护，并对其健康监护资料进行积累、统计和分析，寻找防止其病情发展和恶化的对策。

3. 职业病预防技术措施

预防职业病，除了要思想重视、制度落实外，也要从设备和技术方面来考虑。如改革工艺、隔离密闭、通风排气等，有一点必须强调指出，防尘、防毒和有关防护设备安装后，我们大家要注意维护和检修，以保证它起到应有的防护效果。

4. 职业病的治疗

（1）职业病病人依法享受国家规定的职业病待遇。用人单位应当按照国家有关规定，安排职业病病人进行治疗、康复和定期检查。用人单位对不适宜继续从事原工作的职业病病人，应当调离原岗位，并妥善安置。

（2）职业病病人的诊疗、康复费用，伤残以及丧失劳动能力的职业病病人的社会保障，按照国家有关工伤社会保险的规定执行。职业病病人除依法享有工伤社会保险外，依照有关民事法律，尚有获得赔偿的权利的，有权向用人单位提出赔偿要求。

（3）用人单位和医疗卫生机构发现职业病病人或者疑似职业病病人时，应当及时向所在地卫生行政部门和安全生产监督管理部门报告。确诊为职业病的，用人单位还应当向所在地劳动保障行政部门报告。接到报告的部门应当依法作出处理。

（4）劳动者被诊断患有职业病，但用人单位没有依法参加工伤社会保险的，其医疗和生活保障由最后的用人单位承担；最后的用人单位有证据证明该职业病是先前用人单位的职业病危害造成的，由先前的用人单位承担。

（5）医疗卫生机构发现疑似职业病病人时，应当告知劳动者本人并及时通知用人单位。用人单位应当及时安排对疑似职业病病人进行诊断；在疑似职业病病人诊断或者医学观察期间，不得解除或者终止与其订立的劳动合同。疑似职业病病人在诊断、医学观察期间的费用，由用人单位承担。

（6）职业病病人变动工作单位，其依法享有的待遇不变。用人单位发生分立、合并、解散、破产等情形的，应当对从事接触职业病危害的作业的劳动者进行健康检查，并按照国家有关规定妥善安置职业病病人。

（7）用人单位已经不存在或者无法确认劳动关系的职业病病人，可以向地方人民政府民政部门申请医疗救助和生活等方面的救助。地方各级人民政府应当根据本地区的实际情况，采取其他措施，使前款规定的职业病病人获得医疗救治。

8.4.2 石油化工主要职业病危害因素

石油炼制是指把原油或石油馏分加工(或精制)成各种石油产品的过程。通过石油炼制，原油加工成为各种石油产品，主要包括汽油、煤油、柴油和润滑油等油类产品，以及石油馏分通过烃类裂解制取的乙烯、丙烯、丁二烯等烯烃和苯、甲苯、二甲苯等芳烃，石油轻馏分经蒸汽转化、重油经部分氧化制取合成气，进而生产的合成氨、合成甲醇等化工产品。

8.4.2.1 化学因素

炼油生产中可存在种类繁多的化合物，包括烃类、硫化物、四乙铅、酮类、酚类、醚类及一氧化碳、氮氧化物、酸、碱、氨等。

原料中存在的职业危害因素主要有苯、甲苯，二甲苯、正己烷、甲烷、汽油等。正常生产条件下，这些有毒物质主要来自罐、塔、器、槽车、阀门、法兰及管道等处由于密闭不良而造成的外泄。在异常情况时如罐、塔、器、槽车、阀门、管道损坏及检修或清洗罐、塔、器、槽车以及发生其他意外事故时，上述有毒、有害物质浓度增高。

常减压蒸馏、加氢精制、加氢裂化、延迟焦化等过程中，可产生硫化氢，发生眼炎和急性中毒。

四乙铅中加入二氯乙烷、二溴乙烷或氯萘等配成乙基液，用作燃料汽油抗震添加剂。此外燃烧含硫燃料的加热炉、锅炉的烟气中可含有二氧化硫、一氧化碳和氮氧化物。在催化裂化、延迟焦化过程中可产生气体烃。

此外检修过程中进行电焊作业时产生锰、电焊尘等职业病危害因素。

8.4.2.2 粉尘

石油炼制生产过程中粉尘类职业病危害因素较少，主要是催化剂类、电焊作业时产生的电焊尘、石油焦尘等，接触机会也相对较少。

8.4.2.3 物理因素

石油炼制各装置多在高温、高压状况下运行，且大多数露天布置。绝大多数物料经管道输送存在噪声、振动、高温等。

8.4.3 职业病危害工程技术控制

防尘、防毒治本的对策是使生产过程不产生危害因素，根本的途径是生产过程的机械化、密闭化、自动化，职业危害预防与控制对策应遵循替代、变更工艺、隔离、通风和个体防护的顺序。

8.4.3.1 改革工艺

对落后的生产设备、工艺、原材料等进行技术改造和技术革新，要优先选用在生产过程中不产生尘、毒的原辅料或将尘、毒的防护措施与主体工程实行“三同时”，从根本上消除和减少尘毒的危害，如将生产有毒粉剂产品，改为生产颗粒或片剂产品，以消除粉尘的危害。

8.4.3.2 以无毒或低毒原料代替有毒或高毒原料

在生产过程中，采用无毒或低毒原料代替有毒或高毒原料，是解决尘毒危害的又一根本技术措施。如合成氨生产过程中，原料气的脱硫、脱碳，过去用毒性很大的三氧化二砷(砒霜)，现改用本菲尔特法脱碳，彻底消除了砷的危害。

8.4.3.3 采用新材料新设备

针对生产中的产生尘毒的设备，分析其逸散粉尘或扩散毒物的原因，研究开发新的设备产品，融防尘毒设施与生产设备于一体，逐渐取代那些产生尘毒的老设备，并根据用途将其标准化、系列化。这种新开发的设备技术性能应优于老设备，确保其逸散的粉尘量或扩散的毒物量符合卫生标准。在转动设备的密封上要使用新材料，目前已有聚四氟乙烯等多种新型材料得到广泛应用，机械密封代替填料函密封，使得石油化工装置的“跑、冒、滴、漏”现象得到明显改善。

8.4.3.4 生产设备密闭化和操作自动化

在石油化工生产中，防止尘毒物质的散发，关键在于设备的密闭程度。应彻底淘汰对作业环境污染严重的敞口操作工序，采取密闭输送，实现机械化操作和自动化控制。如橡胶生产过程中，将炭黑、陶土和碳酸钙三种粉料在密闭设备和管道中进行负压气流输送，从运料到称量、加料均实现机械化、自动化，解决了尘毒危害的难题。

8.4.3.5 隔离操作和远程控制

隔离操作就是把操作人员与生产设备隔离开来，使生产工人不会被尘毒危害。隔离的方法，可以将全部或个别毒害严重的生产设备放置在隔离室内，室内保持负压状态使尘毒不能外逸；也可以把操作仪表、开关以及自动控制系统放在隔离室内，室内保持正压状态使尘毒不能进入。现在的操作室既具有隔离作用，而且具有程控功能，实现了计算机远程自动控制，不仅提高了劳动生产率，同时也使操作人员免受尘毒及其他物理因素的危害。

8.4.3.6 通风净化和排毒除尘

生产过程中有毒物或粉尘逸入空气中，当尘毒物质浓度超过国家卫生标准时，采用通风净化方法使尘毒物质尽快排出，是降低作业场所空气中毒物和粉尘浓度的一项重要技术措施。通风措施可分为自然通风和机械通风，全面通风和局部通风。在石化企业中，多采用机械通风方式，以降低作业场所空气中毒物和粉尘浓度。

通过通风措施的治理后，若毒物浓度仍高于排放标准，还应采用毒物净化措施进行处理。净化措施主要有脱硫、焚烧、吸附和吸收等方法。对于生产过程中的粉尘，还采用除尘设备从空气中除去粉尘。除尘设备按其工作原理主要有机械除尘、湿式除尘、过滤除尘、电除尘等四类。

我国石油化工行业多年来治理尘毒的实践证明，在大多数情况下，靠单一的方法防尘治毒是行不通的，必须采取综合治理措施。即首先改革工艺设备和工艺操作方法，从根本上杜绝和减少有害物质的产生，在此基础上采取合理的通风措施，建立严格的管理制度，加强尘毒监测和健康监护等，这样才能有效防止石油化工行业尘毒危害。

8.4.4 劳动防护用品

《安全生产法》第四十二条规定：生产经营单位必须为从业人员提供符合国家标准或者行业标准的劳动防护用品，并监督、教育从业人员按照使用规则佩戴、使用。劳动防护用品，是指由用人单位为劳动者配备的，使其在劳动过程中免遭或者减轻事故伤害及职业病危害的个体防护装备。劳动防护用品分为特种劳动防护用品和一般劳动防护用品，特种劳动防护用品由国家安全生产监督管理总局确定目录并公布，共有6类22种护品；未列入目录的护品为一般劳动防护用品，亦称普通劳动防护用品。

8.4.4.1 个体防护用品的作用

个体防护用品在生产劳动过程中，是必不可少的生产性装备。劳动者在生产作业场所，应根据生产环境和作业特点，穿(佩)戴能保护自己生命安全和健康的护品。如果贪图一时的喜好和方便，忽视防护用品的作用，从某种意义上讲也就是忽视自己的生命。由于没有使用防护用品(或使用失误)造成的事故，已有不少血的教训。

在生产劳动过程中，由于作业环境条件异常，或安全装置缺乏和有缺陷，或操作失误，或突发其他意外情况，往往会引发工伤事故或职业危害。为了防止工伤事故和职业危害，劳动者必须使用劳动防护用品，一旦遭遇意外事故或发生职业危害，所穿(佩)戴的护品就会起到至关重要的作用，能保护全身或局部免受体外危险因素的侵害。

劳动防护用品主要体现以下作用：

(1) 隔离和屏蔽作用。使用一定的隔离或屏蔽物，将人体全部或局部与外界隔开或减少接触，能有效防御职业性损伤。譬如防护服装，穿戴齐全工作服、帽、鞋、手套等，能隔绝和减少生产性粉尘和酸雾气体的刺激，预防职业性皮肤病，避免直接性灼伤等；对于糜烂性毒剂使用隔绝式防毒服，对于放射性物质使用防辐射服，都能起到很好的防护作用。

(2) 过滤和吸附作用。利用活性炭或某些化学吸附剂对毒物的吸附作用，将有毒气体(或蒸气)经过滤装置净化为无毒空气，就能避免呼吸中毒。如在有毒环境中作业时，作业人员必须根据作业状况、个体差异正确佩戴防毒面具，即有很好的防毒作用。

(3) 保险和分散作用。在登高、井下或悬空作业时，利用绳、带、网等器械或佩戴安全帽，能对作业人员起到安全保护的作用。如戴安全帽、系安全带或挂安全网等，在受到高空坠物冲击或失足坠落时，就是比较保险的安全措施，特别是安全帽能分散冲击力度。

但是，一般劳动防护用品只是劳动保护的辅助性措施，它区别于劳动保护的根本性措施——改善生产劳动条件、实施卫生技术措施等，而且防护用品对人的保护作用是有限度的，当伤害超过允许的防护范围时，护品就会失去作用。尽管如此，劳动防护用品仍是劳动保护必不可少的装备，是劳动者安全作业的最后一道防线。一般情况下都把对人体的危害因素包含在防护用品的安全限度内，各种护品已具有消除或减轻事故伤害和职业危害的作用。特别在劳动条件差、危害程度高或突发意外事故时，如抢修设备、露天作业、现场急救或排查隐患等，个体防护用品尤其是特种防护用品会成为劳动保护的主要措施，能在很大程度上对人体起到保护作用。

8.4.4.2　个体防护用品的特点

(1) 特殊性。个体防护用品不同于一般的商品，它是保障劳动者安全与健康的特殊用品，使用在特定的生产作业场所。比如，从业人员未按规定正确穿(佩)戴和使用劳动防护用品的，不得上岗作业；特种劳动防护用品实行生产许可证和安全标志管理，即生产企业必须取得特种劳动防护用品生产资质，经营单位不得经销无安全标志的特种劳动防护用品，使用单位对购买的特种劳动防护用品须经本单位的安全生产技术部门或管理人员检查验收等。

(2) 适用性。个体防护用品的适用性，包括防护用品选择的适用性和使用的适用性。选择的适用性是指必须根据不同的工种、作业环境以及使用者自身特点，选择适合的护品，如防护鞋(靴)，就须根据生产场合防静电、防高温、防酸碱等不同特殊需求分类选择，并按使用者尺寸配发。使用的适用性是指护品不仅防护性能可靠，而且使用性能要好，且方便、灵活，作业者乐于使用，如防噪声耳塞有大小型号之分，若使用的型号不合适，既有可能起不到很好的防护作用，又可能让人戴上很不舒服。

(3) 时效性。劳动防护用品要求有一定的使用寿命，其本身的质量以及维护和保养十分重要。如橡胶、塑料制作的护品，长时间受紫外线或冷热温度影响会逐渐老化而易折损；有些护目镜和面罩，受光线照射和擦拭影响，或酸碱蒸气腐蚀，镜片的透光率会逐渐下降而失效；绝缘、防静电和导电鞋(靴)，会随着鞋底的磨损改变其性能；一般的防护用品受保存条件如温度、湿度影响，也会缩短其使用年限等。在使用或保存期内遭到损坏或超过有效使用期的防护用品，应实行报废。

8.4.4.3　个体防护用品的分类

个体防护用品的分类方法较多，有按原材料分类的，也有按使用性质或防护功能分类的，而从劳动卫生学的角度，通常按人体防护部位分类。劳动防护用品分为以下十大类：

(1) 防御物理、化学和生物危险、有害因素对头部伤害的头部防护用品。

(2) 防御缺氧空气和空气污染物进入呼吸道的呼吸防护用品。

(3) 防御物理和化学危险、有害因素对眼面部伤害的眼面部防护用品。

(4) 防噪声危害及防水、防寒等的听力防护用品。

(5) 防御物理、化学和生物危险、有害因素对手部伤害的手部防护用品。

(6) 防御物理和化学危险、有害因素对足部伤害的足部防护用品。

(7) 防御物理、化学和生物危险、有害因素对躯干伤害的躯干防护用品。

(8) 防御物理、化学和生物危险、有害因素损伤皮肤或引起皮肤疾病的护肤用品。

(9) 防止高处作业劳动者坠落或者高处落物伤害的坠落防护用品。

(10) 其他防御危险、有害因素的劳动防护用品。

8.4.4.4 个体防护用品的选用

8.4.4.4.1 个体防护用品的选择

(1) 防护用品选择的正确与否，关系到以下两方面的问题。一是防护功能能否发挥。选择的护品必须具备必要的防护功能，才能起到保护人体(或某部位)的作用。二是是否影响工作效率。穿(佩)戴上护品后，不应妨碍操作的正常进行，其防护性能与操作的灵活度、使用的舒适度三者之间要合适、协调。如气密性防化服具有较好的防护功能，但在穿脱时都很不方便，还会产生热效应，若穿上大小不合适，更会给人带来不适感，并影响作业效率。所以，正确选用劳动防护用品的原则是，首先保证劳动者安全与健康，同时又不影响正常操作。防护用品若选用不当，有可能导致伤亡事故的发生。

(2) 用人单位应按照识别、评价、选择的程序，结合劳动者作业方式和工作条件，并考虑其个人特点及劳动强度，选择防护功能和效果适用的劳动防护用品。

① 接触粉尘、有毒、有害物质的劳动者应当根据不同粉尘种类、粉尘浓度及游离二氧化硅含量和毒物的种类及浓度配备相应的呼吸器(见附件2)、防护服、防护手套和防护鞋等。具体可参照《呼吸防护用品自吸过滤式防颗粒物呼吸器》(GB 2626)、《呼吸防护用品的选择、使用及维护》(GB/T 18664)、《防护服装化学防护服的选择、使用和维护》(GB/T 24536)、《手部防护防护手套的选择、使用和维护指南》(GB/T 29512)和《个体防护装备足部防护鞋(靴)的选择、使用和维护指南》(GB/T 28409)等标准。

工作场所存在高毒物品目录中的确定人类致癌物质(见附件3)，当浓度达到其1/2职业接触限值(PC-TWA或MAC)时，用人单位应为劳动者配备相应的劳动防护用品，并指导劳动者正确佩戴和使用。

② 接触噪声的劳动者，当暴露于$80dB \leqslant L_{EX,8h} < 85dB$的工作场所时，用人单位应当根据劳动者需求为其配备适用的护听器；当暴露于$L_{EX,8h} \geqslant 85dB$的工作场所时，用人单位必须为劳动者配备适用的护听器，并指导劳动者正确佩戴和使用。具体可参照《护听器的选择指南》(GB/T 23466)。

③ 工作场所中存在电离辐射危害的，经危害评价确认劳动者需佩戴劳动防护用品的，用人单位可参照电离辐射的相关标准及《个体防护装备配备基本要求》(GB/T 29510)为劳动者配备劳动防护用品，并指导劳动者正确佩戴和使用。

(3) 从事存在物体坠落、碎屑飞溅、转动机械和锋利器具等作业的劳动者，用人单位还可参照《个体防护装备选用规范》(GB/T 11651)、《头部防护安全帽选用规范》(GB/T 30041)和《坠落防护装备安全使用规范》(GB/T 23468)等标准，为劳动者配备适用的劳动防护用品。

同一工作地点存在不同种类的危险、有害因素的，应当为劳动者同时提供防御各类危害的劳动防护用品。需要同时配备的劳动防护用品，还应考虑其可兼容性。劳动者在不同地点工作，并接触不同的危险、有害因素，或接触不同的危害程度的有害因素的，为其选配的劳动防护用品应满足不同工作地点的防护需求。

劳动防护用品的选择还应当考虑其佩戴的合适性和基本舒适性，根据个人特点和需求选择适合号型、式样。

8.4.4.4.2　个体防护用品的使用

生产劳动现场的管理者和作业者，都应重视劳动防护用品的正确使用，做到在使用防护用品前，必须认真检查其防护性能及外观质量是否合格；使用的护品与防御的有害因素是否匹配；必须正确穿(佩)戴个人防护用品；严禁使用过期或失效的护品；对防护用品要有专人保管，并定期检查与维护等，以确保安全和卫生。

8.5　事故处理管理程序

8.5.1　伤亡事故预防与工伤保险

8.5.1.1　事件定义

GB/T 28001—2011《职业健康安全管理体系要求》对事件的定义：发生或可能发生与工作相关的健康损害或人身伤害(无论严重程度)，或者死亡的情况(注 1：事故是一种发生人身伤害、健康损害或死亡的事件。注 2：未发生人身伤害、健康损害或死亡的事件通常称为“未遂事件”)。

8.5.1.2　事故预防 3E 原则

工程技术原则：运用工程技术手段消除不安全因素，实现生产工艺、机械设备等生产条件的安全。

教育原则：利用各种形式的教育培训，使员工树立“安全第一”的意识，掌握安全生产所必须的知识和技能。

强制管理原则：用法律法规和规章制度等行政及法律手段约束人们的行为，以消除人的不安全行为来避免事故发生。

8.5.1.3　工伤保险

《安全生产法》第四十八条规定：生产经营单位必须依法参加工伤保险，为从业人员缴纳保险费用。工伤保险是社会保险制度中的重要组成部分，是指国家和社会为在生产、工作中遭受事故伤害和患职业性疾病的劳动者及亲属提供医疗救治、生活保障、经济补偿、医疗和职业康复等物质帮助的一种社会保障制度。

8.5.1.4　工伤保险的基本原则

(1) 强制实施的原则。

(2) 无责任赔偿原则。

(3) 劳动者个人不缴费原则。

(4) 损失补偿与事故预防及职业康复相结合的原则。

8.5.1.5　工伤认定

《工伤保险条例》对工伤认定的规定：职工有下列情形之一的，应当认定为工伤。

（1）在工作时间和工作场所，因工作原因受到事故伤害的；

（2）工作时间前后在工作场所内，从事与工作有关的预备性或者收尾性工作受到事故伤害的；

（3）在工作时间和工作场所内，因履行工作职责受到暴力等意外伤害的；

（4）患职业病的；

（5）因工外出期间，由于工作原因受到伤害或者发生事故下落不明的；

（6）在上下班途中，受到非本人主要责任的交通事故或者城市轨道交通、客运轮渡、火车事故伤害的；

（7）法律、行政法规规定应当认定为工伤的其他情形。

同时，《工伤保险条例》还对视同工伤和不得认定工伤作出了规定。

8.5.2 事故分类与管理

（1）《企业职工伤亡事故分类标准》（GB 6441）将企业职工伤亡事故按照事故致伤原因分为物体打击、车辆伤害、机械伤害、起重伤害、触电、淹溺、灼烫、火灾、高处坠落、坍塌、冒顶片帮、透水、放炮、火药爆炸、瓦斯爆炸、锅炉爆炸、容器爆炸、其他爆炸、中毒和窒息、其他伤害等20类。

（2）《中国石化安全事故管理规定》（中国石化安〔2011〕789号）将事故分为七类：

① 火灾事故。在生产经营过程中，由于各种原因引起的火灾，并造成人员伤亡或财产损失的事故。

② 爆炸事故。生产经营过程中，由于各种原因引起的爆炸，并造成人员伤亡或财产损失的事故。

③ 人身事故。员工在劳动过程中发生与工作有关的人身伤亡和急性中毒事故。

④ 生产事故。由于"三违（违章指挥、违章作业、违反劳动纪律）或其他原因造成停产、减产以及井喷、跑油、跑料、串料、油气泄漏、油品变质、混油等事故。

⑤ 设备事故。由于设计、制造、安装、施工、使用、检维修、管理等原因造成机械、动力、电气、电信、仪器（表）、容器、运输设备、管道等设备及建（构）筑物等损坏，造成损失或影响生产的事故。

⑥ 交通事故。车辆、船舶在行驶、航运过程中，由于违反交通、航运规则或因机械故障等造成车辆、船舶损坏、财产损失或人身伤亡的事故。

⑦ 放射事故。放射源丢失、失控、保管不善等，造成人员伤害、环境污染以及重大社会影响的事故。

（3）国务院令第493号《生产安全事故报告和调查处理条例》第三条：根据生产安全事故（以下简称事故）造成的人员伤亡或者直接经济损失，事故一般分为以下等级：

① 特别重大事故，是指造成30人以上死亡，或者100人以上重伤（包括急性工业中毒，下同），或者1亿元以上直接经济损失的事故；

② 重大事故，是指造成10人以上30人以下死亡，或者50人以上100人以下重伤，或者5000万元以上1亿元以下直接经济损失的事故；

③ 较大事故，是指造成3人以上10人以下死亡，或者10人以上50人以下重伤，或者1000万元以上5000万元以下直接经济损失的事故；

④ 一般事故，是指造成 3 人以下死亡，或者 10 人以下重伤，或者 1000 万元以下直接经济损失的事故。

(4) 事故管理是指企业发生安全事故后的处理与预防措施，这既是政策性、法律性很强的工作，也是专业性、技术性很强的工作。事故管理的基本任务是对事故的调查、分析、研究、报告、处理、统计和档案管理等一系列工作的总称。事故管理是企业安全管理的一项重要工作，这项工作具有严谨的技术性和严格的政策性。搞好事故管理，对掌握事故信息，认识潜在危险隐患，提高企业安全管理水平，采取有效的防范措施，防止事故重复发生，具有非常重要的作用。

事故管理有两层含义，一是按照事故性质、原因分级分类进行事故管理；二是按照事故本身的发生发展规律进行管理，包括事故报告、事故调查、事故处理、事故汇报、事故统计、事故档案管理等。

8.5.3 事故调查处理

8.5.3.1 生产安全事故调查

目前，我国对伤亡事故调查的基本原则：逐级上报、分级调查处理。事故调查的主要步骤为事故的现场处理、物证收集、事故事实材料的收集、证人材料收集、现场摄影、事故图绘制。

在开展事故调查过程中，国家相关法律法规规定：事故调查组有权向发生事故的企业和有关单位、有关人员了解有关情况和索取相关资料，任何单位和个人不得拒绝；任何单位和个人都不得阻挠、干涉事故调查组的依法调查处理；从业人员要及时、如实地反映情况，不得隐瞒、谎报或拖延时间，不得故意破坏事故现场、毁灭有关证据。

8.5.3.2 生产安全事故处理

(1) 事故处理原则。事故处理要坚持“四不放过”的原则，即：事故原因分析不清不放过；事故责任者和群众没有受到教育不放过；没有落实防范措施不放过；事故责任者没有受到严肃处理不放过。

要在对事故的真实经过进行全面调查的基础上，认真分析事故的原因(包括事故的直接原因和间接原因)；制定和落实好相应的防范措施，确保不再重复发生类似的事故；有针对性地开展安全教育，使全体员工举一反三地汲取事故教训，避免各类事故发生；分清事故责任，对相关责任人员视其情节提出处理意见。

(2) 对责任人员的处理。因忽视安全生产、违章指挥、违章作业、违反纪律、玩忽职守或者发现事故隐患、危险情况不采取有效措施、不积极处理以致造成事故的，应按照国家有关规定，对事故单位负责人和责任者给予行政处分；构成犯罪的，由司法机关依法追究刑事责任。在事故发生后隐瞒不报、谎报、故意拖延不报、故意破坏事故现场，或者无正当理由，拒绝接受调查以及拒绝提供有关情况和资料的，应按照有关规定，对有关单位负责人和直接责任人员给予从重行政处分；构成犯罪的，由司法机关依法追究刑事责任。在调查、处理伤亡事故中玩忽职守、徇私舞弊或者打击报复的，由其所在单位按照国家有关规定给予行政处分；构成犯罪的，由司法机关依法追究刑事责任。

中国石化各企业近年来相继完善了安全生产事故责任追究制，明确了对责任人员的行政处理和处罚规定。事故调查组提出的事故处理意见，由发生事故的企业及其主管部门负责落实。

(3) 处理建议的提出和审批权限：

一般事故由事故调查组提出处理建议，经各单位审批后，报安全监管局备案；由总部组织的一般事故调查，其处理意见通报各单位。

较大、重大事故由事故调查组提出处理建议，报总部审批。

特别重大事故的处理，按照国家有关规定执行。

地方政府组织调查的事故，事故单位应当根据事故调查结果，对本单位负有事故责任的人员进行处理。

(4) 伤亡事故结案时限。应当在90天内结束，特殊情况不得超过180天。伤亡事故处理结案后，应当公开宣布处理结果。

8.6 消防与应急管理

石油化工企业内有大量易燃易爆、有毒、腐蚀性物质，生产过程中存在高温、高压、操作连续化、化学发应复杂等特点，电源、火源容易发生火灾爆炸事故，而且容易蔓延扩大造成严重的后果，如果不严格消防管理，就容易导致火灾爆炸事故的发生，造成巨大的经济损失和恶劣的社会影响，加强石油化工企业的消防与应急管理具有极为重要的意义。

8.6.1 石油化工消防管理

8.6.1.1 消防安全职责

《消防法》要求企业必须落实企业消防安全的主体责任。贯彻“预防为主，防消结合”的消防方针，必须坚持“谁主管、谁负责”的原则，实行消防安全责任制，保障消防安全。消防安全责任制及其落实是消防安全管理的核心。

消防安全职责包括岗位消防安全职责和单位消防安全职责。石油化工企业的单位消防安全职责包括：

(1) 落实消防安全责任制，制定本单位消防安全制度、消防安全操作规程，以及消防档案、消防应急预案和消防员训练方案等。

(2) 按照国家、行业标准配置消防设施、器材，设置消防安全标志，并定期组织检验、维修，确保完好有效。

(3) 对建筑消防设施每年至少进行1次全面检测，确保完好有效。检测记录应当完整准确，存档备查。

(4) 保障疏散通道、安全出口、消防道路畅通，保证防火防烟分区、防火间距符合消防技术标准。

(5) 组织防火检查，及时消除消防隐患。

(6) 组织进行有针对性的消防演练。

(7) 国家、地方政府法律、法规规定的其他消防安全职责。

8.6.1.2 消防安全制度

石油化工企业应当按照国家有关规定，结合单位特点，建立健全消防安全制度，并公布执行。消防安全制度主要包括：消防安全宣传与培训教育；防火巡查、检查；安全疏散、设施管理；消防(控制室)值班；消防设施、器材维护管理；消防隐患整晚用火、用电安全管理；易燃易爆危险物品和场所防火防爆；专职和志愿消防队的组织管理；消防应急预案演练；燃气和电气设备的检查和管理(包括防雷、防静电)；消防安全工作考评和奖惩；其他必要的消防安全内容等。

8.6.1.3　火灾预防

(1) 石油化工企业应将包括消防安全布局、消防站、消防供水、消防通信、消防通道、消防装备等内容的消防规划纳入本单位总体规划，落实消防经费，专款专用。消防设施、消防装备不足或者不适应实际需要的，应当增建、改建、配置或者进行技术改造。

(2) 生产、储存和装卸易燃易爆危险物品的装置、井队、罐区、站场、栈台、码头、仓库和泵房，以及易燃易爆气体和液体的充装站、供应站、调压站等设置应当符合国家工程建设消防技术标准和管理规定。

(3) 新建、改建、扩建、装修等工程，必须严格执行消防“三同时”制度，符合国家工程建设消防技术标准，并依法办理建设工程消防设计审核、消防验收、备案等手续。对手续不齐全的，禁止施工或投入使用。

(4) 对消防设施、消防产品等装备器材和消防药剂的采购招标和验收，单位消防安全管理部门参加，严把技术质量关。

(5) 公众聚集场所在投入使用、营业前，建设单位或者使用单位应当向场所所在地公安机关消防机构申请消防安全检查，并取得许可。

(6) 举办大型群众性活动，承办单位应当依法向公安机关申请安全许可，制定灭火和应急疏散预案并组织演练，明确消防安全责任分工，确定消防安全管理人员，保持消防设施和消防器材配置齐全、完好有效，保证疏散通道、安全出口、疏散指示标志、应急照明和消防车通道符合消防技术标准和管理规定。

(7) 生产、储存、运输、销售或者使用易燃易爆危险物品的单位，应执行国家有关消防安全的规定。

(8) 禁止在具有火灾、爆炸危险的场所进行用火作业；因特殊情况确需用火作业的，应严格执行石油化工企业《用火作业安全管理规定》要求。

(9) 消防产品必须符合国家标准；没有国家标准的，必须符合行业标准。禁止采购和使用不合格的消防产品以及国家明令淘汰的消防产品。

(10) 任何单位、个人不得损坏、挪用或者擅自拆除、停用消防设施、器材，不得埋压、圈占、遮挡消火栓或者占用防火间距，不得占用、堵塞、封闭疏散通道、安全出口、消防通道。人员密集场所的门窗不得设置影响逃生和灭火救援的障碍物。

(11) 负责公共消防设施维护管理的单位，应当保持消防供水、消防通信、消防通道等公共消防设施的完好有效。在修建道路以及停电、停水、截断通信线路时有可能影响消防灭火救援的，必须报经单位主管领导同意后，到消防安全管理部门备案。

(12) 石油化工企业每半年、其下属单位每季度至少进行1次消防安全检查。消防安全检查应当填写检查记录，发现消防隐患应当及时填发《消防隐患整改通知书》。消防安全检查的主要内容包括：消防安全宣传教育及培训情况。消防安全规定及责任制落实情况。消防安全工作档案建立健全情况。单位防火检查落实及记录情况。消防隐患和隐患整改及防范措施落实情况。消防设施、器材配置及完好有效情况。消防应急预案的制定和消防演练情况。

其他需要检查的内容。

(13) 基层单位每月至少进行1次消防安全检查，并填写检查记录。检查的主要内容包括：消防隐患和隐患整改情况以及防范措施的落实情况。疏散通道、疏散指示标志、应急照明和安全出口情况。消防通道、消防水源情况。消防设施、器材配置及有效情况。消防安全标志设置及其完好有效情况。用火、用电有无违章情况。重点工种人员以及其他员工消防知识掌握情况。消防安全重点单位(部位)管理情况。易燃易爆危险物品和场所防火防爆措施落实情况以及其他重要物资防火安全情况。消防(控制室)值班情况和设施、设备运行、记录情况。防火巡查落实及记录情况。其他需要检查的内容。

(14) 消防安全重点单位每日应当进行防火巡查，确定巡查的人员、内容、部位和频次，并填写巡查记录。其他单位可以根据需要组织防火巡查。巡查的主要内容包括：用火、用电有无违章情况。安全出口、疏散通道是否畅通，安全疏散指示标志、应急照明是否完好。消防设施、器材和消防安全标志是否在位、完好。常闭式防火门是否处于关闭状态；防火卷帘下是否堆放物品，其使用影响情况。消防安全重点部位的人员在岗情况。其他消防安全情况。

(15) 防火巡查、检查人员应当及时纠正消防违章行为，妥善处置消防隐患，无法当场处置的，应当立即报告。

(16) 对下列违反消防安全规定的行为，检查、巡查人员应当责成有关人员改正并督促落实：消防设施、器材和消防安全标志的配置、设置不符合国家、行业标准，或者未保持完好有效的。损坏、挪用或者擅自拆除、停用消防设施、器材的。占用、堵塞、封闭消防通道、安全出口的。埋压、圈占、遮挡消火栓或者占用防火间距的。人员密集场所在门窗上设置影响逃生和灭火救援障碍物的。常闭式防火门处于开启状态，防火卷帘下堆放物品影响使用的。违章进入易燃易爆危险物品生产、储存等场所的。违章使用明火作业或者在具有火灾、爆炸危险的场所吸烟、使用明火等违反禁令的。消防设施管理、值班人员和防火巡查人员脱岗的。未按照经消防安全管理部门通知要求及时采取措施消除消防隐患的。违反消防安全管理规定的其他行为。

(17) 对查出的各类消防隐患，应当及时予以消除或制定安全应急措施限期整改。

(18) 消防隐患整改完毕，应当将整改情况记录报送消防安全责任人或者消防安全主管领导签字确认后存档备查。

8.6.1.4　消防组织

石油化工企业应当按照国家有关规定及企业性质成立专职消防队，实行专业化管理，配备相应的专业技术人员和装备。

8.6.1.5　宣传与培训教育

石油化工企业应当根据本单位的特点，建立健全消防宣传与培训教育制度，明确机构和人员，保障经费投入，定期开展形式多样的消防安全宣传教育工作，定期组织消防演练。

消防设备操作人员应经过消防专项培训，学习掌握相应的操作技能，经考试合格持证上岗。对进入生产区的各类人员，在进行安全教育时，应有相适应的消防安全知识内容。石油化工企业人力资源、培训教育机构应当将消防知识纳入教学、培训内容。新闻、广播、电视等单位应针对性地开展消防宣传教育工作。

8.6.1.6 消防设施与消防装备

石油化工企业应当按照国家和石油化工企业有关标准和规定和实际出发，配置消防设施和器材，按规定配置必要的抢险救援、照明、举高等特种应急消防救援车和重型消防车；通信、灭火、防护、训练器材和检测仪器等，满足战备和防火灭火的需要。

石油化工企业应确保消防资金的投入。在教育、科研、技术改造、新产品开发、设备更新和基本建设等专项费用中，应安排消防费用。消防泵房、消防控制室等实行24h值班制，设专职或兼职值班人员负责，严格交接班制度，出现故障应立即处理并排除，时刻保持战备状态。做好冬季消防设施防冻保温工作。

加强对各类固定、半固定和移动式消防设施，包括消防泵房、泡沫站、消防车、灭火器材的管理，建立健全并落实各级管理责任制和维护保养责任制，确保消防设施、装备和器材的完好。

8.6.1.7 灭火救援

任何员工发现火灾，都应立即报警。任何单位和个人不得阻拦报警。严禁谎报火警。发生火灾的单位必须立即组织力量控制和扑救火灾。专职消防队接到报警后，必须立即赶赴现场，救助遇险人员，排除险情，扑灭火灾。并及时向上级主管部门报告。

在组织和指挥火灾现场扑救时，消防总指挥有权根据扑灭火灾的需要，决定使用各种水源；截断电源、可燃气体和液体的输送，限制用火用电；划定警戒区，实行局部交通管制；为防止火灾蔓延，拆除或破损毗邻火场的建筑物、构筑物；调动单位内供水、供电、医疗救护、交通运输等有关单位协助灭火救助；向公安机关消防部门或总部以及石油化工企业区域灭火联防单位请求增援。

8.6.2 事故应急救援

8.6.2.1 基本任务

突发事件是指在生产经营过程中突然发生，造成或者可能造成人员伤亡、财产损失、环境破坏和社会影响的，需要采取应急处置措施予以应对的自然灾害、事故灾难、公共卫生事件和社会安全事件。

突发事故应急救援的基本任务包括组织营救受害人员，组织撤离或者采取其他措施保护危害区域内的其他人员；迅速控制事态，并对事故造成的危害进行检测、监测，测定事故的危害区域、危害性质及危害程度；消除危害后果，做好现场恢复；查清事故原因，评估危害程度。

8.6.2.2 应急管理工作原则

(1) 坚持“以人为本，减少危害”的原则。牢固树立安全第一的思想，把保障员工、公众的生命和健康放在首位，落实到应急准备、抢险救援、恢复重建等各环节。

(2) 坚持“预防与应急并重、常态与非常态结合”的原则。落实各项防范措施，做好人员、技术、物资和设备的应急准备工作，加强监测监控，切实做到准备在先、防患未然，确保突发事件一旦发生，能够及时有效处置。

(3) 坚持“统一领导，分级负责”的原则。在企业应急指挥中心的统一领导下，建立健全应急组织体系，落实应急职责，实行应急分级管理。

(4) 坚持“依法规范，加强管理”的原则。加强应急管理制度的建设，逐步形成规范各类突发事件预防和处置工作的制度体系，使应急管理工作规范化、制度化和法制化。

(5) 坚持“整合资源，协同应对”的原则。在总部统一协调下，整合邻近石化企业应急资源，充分利用社会资源，建立和完善区域应急网络，实行区域联防制度。

(6) 坚持“依靠科技，提高素质”的原则。利用先进适用的监测、预测、预警、预防、应急处置技术装备以及信息化建设，提高应对突发事件的科技水平和指挥能力。

8.6.2.3　突发事故的应急管理

尽管事故的发生具有突发性和偶然性，但突发事故的应急管理不仅限于事故发生后的应急救援行动。应急管理主要包括：预防与应急准备、监测监控、预测预警与应急值班、应急响应、应急终止与后期处置。

应急管理是对突发事故发生前、中、后的全过程管理，充分体现了“预防为主，常备不懈”的应急思想。应急管理是一个动态的过程，包括预防、准备、响应和恢复四个阶段。

8.6.2.4　媒体应对与信息发布

在应急状态下，要做好媒体应对与信息发布工作，由企业指定负责媒体接待工作。

信息发布要准确、及时、客观，必须经过严格审核和批准，保证发布信息的统一性。要做好当地主流媒体的舆情监控工作，根据舆情监控情况，确定信息发布的目的、内容与重点、时机及方式。要做好新闻媒体的采访接待工作，主动向媒体提供审议通过的新闻稿，必要时通过信息发布人向新闻单位说明发稿要求，掌握报道主动，引导社会舆论，创造有利的舆论环境。

附录　危险化学品典型事故案例

一、BP德州炼油厂火灾爆炸事故

1. 事故经过简述

2005年3月23日下午1：20左右，英国石油公司(BP)美国德克萨斯州炼油厂的碳氢化合物车间发生了火灾和一系列爆炸事故，15名工人被当场炸死，170余人受伤，在周围工作和居住的许多人成为爆炸产生的浓烟的受害者，同时，这起事故还导致了严重的经济损失，这是过去20年间美国作业场所最严重的灾难之一(注：BP德克萨斯炼油厂隶属于BP北美产品公司，是BP公司最大的综合性炼油厂，每天可处理46×10^4bbl原油，日产1100×10^4gal汽油)。爆炸发生后，美国化工安全与危害调查局(CSB)随即于3月26日成立了专门调查小组，并于4月1日正式进驻BP在德州的炼油厂。CSB于2005年8月17日发布了新闻公报，公布了对BP公司德州炼油厂系列爆炸事故的初步调查结果。

2. 事故原因分析

该爆炸着火事故的直接原因是操作工在异构化装置ISOM开车前误操作，造成烃分馏液面高出控制温度25℉。操作工对阀门和液面检查粗心大意，没有及时发现液面超标，结果液面过高导致分馏塔超压，大量物料进入放空系统，气相组分从放空烟囱溢出后发生爆炸。异构化装置的主管没有通过检查确保操作人员正确的操作程序，而且在事故发生的关键时刻离岗，设备操作人员没有及时拉响疏散警报，这都大大加剧了事故的严重程度。总之，异构化装置主管的失职和值班工人没有遵循书面程序的规定是事故发生的根本原因。

德克萨斯城炼油厂的爆炸，还具有五个主要的间接原因：首先，历经多年的工作环境已被侵蚀到排斥变化的地步，而且缺乏信任、动力和目标。监督和管理行为不清晰。对条例的执行不彻底。员工个人感觉没有提建议和进行改进的权力。第二，管理者没有建立或强制实行流程安全、操作执行程序、系统的降低风险优先权等。没有从 BP 其他事故中吸取教训。第三，复杂组织内的众多变化，包括组织结构和人员的调整，导致了责任不明和沟通不畅。结果造成员工对角色、职责和优先顺序迷惑不清。第四，要归咎于对危险辨识不足，对站点流程安全的理解知之甚少——这些导致了人们承受了更大的风险。最后，低水平的操作管理和炼油厂内由上至下缺乏沟通，意味着对于问题没有及时的早期警报系统。而且缺乏独立的渠道，无法通过组织彻底的核查来了解这个工厂的水准下滑。

3. 事故预防措施

(1) 组建了一个新的管理团队进入德克萨斯城炼油厂，精简机构，促进沟通。明晰岗位角色和职责，并采取措施验证了遵守操作规程。

(2) 创建了项目组，以协调并跟踪最终事故调查报告中的建议以及 BP 公司与 OSHA 协商相关措施的执行。

(3) 在公司层面建立新的安全运行机构，这个机构的主要职能之一就是促进交流与协作，共享相关经验教训。

(4) 强化了独立的检查程序，当前的重点是确定系统与程序都被安排在适当的位置，并有效地工作。建立新的标准，以促进更严格、更有连续性地掌握 BP 集团的工作和完整性管理。

(5) 在未来的 5 年投入 10 亿美元，对德克萨斯城炼油厂进行升级维修。此外，将在关键装置上安装先进的过程控制系统，取消在轻度维修中使用放空烟囱，同时加强员工培训。

(6) 推行了新的工程技术实务规范，以管理炼油厂和其他加工厂内临时建筑物的使用。

二、印度博帕尔农药厂毒气泄漏

1. 事故情况

1984 年 12 月 3 月，印度中央邦首府博帕尔联碳公司农药厂异氰酸甲酯泄漏，致使 4000 名居民中毒死亡，20 万人深受其害。有资料报导，死亡 1 万多人。这起事故是世界工业史上绝无仅有的大惨案。这起事故的发生，引起世界的震动，也带来反思。由此，世界各国和国际社会加强了对危险化学品的管理和立法工作。

2. 事故原因

美国方面说，可能是误开水管引起的。美国联碳公司发表了印度博帕尔农药厂毒气泄漏(MIC)事故原因的调查报告。调查表明，该事故是由于 120~240gal 水进入甲基异氰酸甲脂(MIC)储罐引起放热反应，致使压力升高，防爆膜破裂而造成的。另外还查明，由于储罐内含有大量氯仿(氯仿是 MIC 制造初期作为反应抑制剂加入的)，氯仿分解产生氯离子，使储罐(材质为 304 不锈钢)发生腐蚀，而产生游离铁离子，在铁离子催化作用下又加速了反应的进行。由于放热反应持续进行，储罐内温度急剧升高，致使压力很快达 $40lbf/in^2$ 以上，防爆膜破裂，安全阀打开，漏出大量甲基异氰酸甲脂(MIC)。漏出的 MIC 喷向氢氧化钠洗涤器，因该洗涤器能力太小，不可能将 MIC 全部中和。最后的安全防线是燃烧塔，但结果燃烧塔也未发挥作用。

该甲基异氰酸甲脂(MIC)储罐有一套冷却系统，以便储罐内MIC始终保持在0.5℃左右，但该冷却系统从1984年6月起就已停止运转，没有有效的冷却系统，不可能控制急剧产生的大量MIC气体。

关于水进入储罐问题还未彻底查清，可能是由于操作人员为了用氮气使储罐压力保持正常，而在开启氮气时误开了水管而造成的。

印度方面说，联碳公司缺乏预防措施。印度对博帕尔事故进行了调查，调查认为联碳公司在预防有害气体泄漏的措施上存在严重问题：

(1) 1984年12月2日，为进行维修，关闭了设在排气管出口处的火炬装置。

(2) 排气洗涤器和通水软管没有及时投入运行。

(3) 缺乏预防事故的计划，对应付紧急事态毫无训练。

(4) 未向居民发出警报。

(5) 警报与操作采用手动方式，而不是通过计算机进行控制。

(6) 安全装置的能力与紧急状态所预计的气体流量不相适应，在设计上存在着缺点和矛盾。

(7) 冷冻系统呈闭止状态，不能满足低温贮存条件，使MIC汽化后不能液化。

(8) 对储罐内储存的具有潜在危险物质的相关特性不十分了解，而且所得到的信息不可靠。

(9) 未装备在任何场合都能正确工作的气体泄漏早期预防系统等。

3. 事故调查

灾后，纽约时报社组成了调查小组，对事故原因进行了长达7个星期的调查，调查结果认为：这次灾难是由于操作失误、设计欠缺、维修失灵和忽视培训而导致的。

调查指出，至少有10处违反了总公司和印度公司的生产操作规程。

(1) 生产装置存在严重的事故隐患。

1982年，美国总公司对博帕尔工厂的安全问题曾进行一次检查，并提交了一份批评报告。指出“此工厂具有发生严重事故的隐患，如一旦发生问题，后果将不堪设想”，并劝告厂方为防止泄漏应安装1台强力喷水装置以代替现在的装置，可这一建议未被采纳。

另一安全装置——气体洗涤塔(中和塔)，其最大设计处理能力仅为这次泄漏量的四分之一，根本不足以处理这次事故。

第三个安全装置——点火塔(用以燃烧泄漏的气体)，即使没有压力存在，也只能处理这次泄漏气体量的四分之一。点火塔在事故发生时，根本没有起作用。

(2) 违反操作埋下事故隐患。

据调查，存在下列问题：

① 12月2日23点30分，一工人发现异氰酸甲酯开始泄漏，一位工头认为是水漏，过了几分钟才决定处理它，几小时后储罐内发生强烈反应。

② 事故前几个月，由于工厂电源紧张，为了解决这一矛盾，总管和美国联碳总部商议后(但总部发言人指出没有和他们商议)关闭了设计用来冷却异氰酸甲酯以防止化学反应的冷却装置，其中冷却剂氟里昂被抽出，用到工厂其他地方。规章规定：“为保持储罐正常循环，冷却装置不断处于‘运转’状态。”

③ 事故前2小时；一位受过训练，但不了解工厂操作规程的工人，奉一新工头命令，

冲洗一根和储罐连接、但没有完全和罐内密封的管道，这是规章所禁止的。

④ 三台主要安全装置(喷水装置、点火装置、洗涤塔)，其中1台在几天前失灵，另2台已几周没有维修。

⑤ 异氰酸甲酯工段值班工头Qureshi说，工厂中的仪器是靠不住的，由于这一原因，他疏忽了开始的警告。在3只储罐中，其中有一只在1小时内压力上升了五倍。

⑥ 博帕尔工厂没有先进的计算机系统来监测储罐，并迅速警告泄漏发生。厂里主要依赖于工人的眼睛是否流泪来觉察是否泄漏。另外这几乎没有自动化设备的工厂，异氰酸甲酯已从1983年缩减了12名操作工，只剩下6人。

⑦ 没有火灾警告装置。事故发生那天晚上的警报，类似平时训练时的警笛声，这类噪声每周有20次。

(3) 掉以轻心酿成大祸。

12月2日晚上，工人没有去了解系统中压力变化情况。23时，一值班者老操作工在操作房看到罐内压力是10blf/in^2，为正常的5倍，但没有引起他的重视。23时30分，甲基异氰酸甲酯工段的工人，在离控制室的100ft(30.5m)处，感受到泄漏，眼睛开始流泪。23时45分，一操作工发现50ft处有液滴，并有淡黄色气体；他去控制室告诉工头Qureshi异氰酸甲酯泄漏之事，过了一会儿，Qureshi才发现泄漏。但至0时40分也没有人调查泄漏原因或采取措施。严重的失职酿成了一场大祸。

对罐中MIC是应有限制，泄漏的储罐中MIC的量为13000gal，占储罐容量的87%，超过了正常工作最大允许容量(11000gal，占储罐总量73%)，即使是11000gal也超过了工厂规定的极限量(60%)。这一限制主要是在罐中有强烈反应时，压力上升缓慢。

(4) 引起灾难的原因推测。

罐中有13000gal化学品，如要和水反应需1.8t(420gal)，罐中不可能进入这么多水。因此调查人员认为可能存在其他反应：水和光气反应。水和光气反应生成强腐蚀性氯离子，此氯离子和不锈钢罐反应释放出铁离子和大量热，导致氯离子和异氰酸甲酯作用，放出更多热，加上金属反应释放出氯化物离子，导致罐中剧烈反应开始。

剧烈反应使异氰酸甲酯聚合，形成一种塑性物质，并放出大量热，使罐内液体温度升高，异氰酸甲酯气化，最后使罐壁破裂。

当时由于冷却装置关闭，无法使储罐冷却。

调查组认为少量的水就可导致链锁反应的发生(据报道可能进入500g水)。

灾难的原因存在其他可能性：不但水和罐中液态MIC反应，而且洗涤塔中的碱也能和封闭体系中的毒物反应。除水和碱外，挥发性的MIC能和杂质如酸、铁反应。

(5) 杂质的来源。

联碳总公司和印度公司用核磁共振光谱分析表明，泄漏储罐中至少有5种杂质，其中有水、铁金属离子和碱液。

事故发生前两小时，一工人冲洗过一根和储罐相连，但未和罐内完全密封的管道，水可能在此时流入罐中；为防止失水，用氮气代替罐中空气，也有可能氮气中含有水分。同一时间，工人加碱液到洗涤塔中，洗涤塔和储罐是由一根复杂的管道和阀门相连的，正常状态下阀门是封闭的，但有时会打开或造成泄漏。

金属离子是MIC储罐的腐蚀产物。

(6) 忽视工人培训。

由于工厂资金缺乏，管理人员认为赚钱比安全重要，对工人的培训逐渐减少，1982 年发生销售赤字以来，失去了许多熟练工人。事故发生时，仅有 20 名操作工熟悉整个 MIC 工厂。工人素质太低，MIC 操作工应具有大学文凭，而这里都是高中毕业生。

三、墨西哥液化石油气爆炸事故

1. 事故情况

1984 年 11 月 19 日 5 时 40 分左右，墨西哥首都墨西哥城近郊，国家石油公司所属的液化石油气供应中心站发生一连串剧烈爆炸，站内的 54 座液化石油气储罐几乎全部爆炸起火，附近居民受到严重损害。事故中有 49 人死亡，4000 多人受伤，另有 900 多人失踪。供应站内所有设施毁损殆尽，民房倒塌和部分损坏者达 1400 余所，致使 31000 人无家可回。

供应站内原有 6 座球形储罐，火灾发生后，其中 4 座随着巨响相继爆炸，所剩两座也发生倾斜，球罐顶部喷出烈焰。紧接着，临近的筒形油罐也一座一座地接连爆炸，有些筒形油罐似火箭般腾空而起，将建筑物撞得粉碎。

爆炸至少发生 10 响，供应站数百米上空形成巨大火球，爆炸冲击波将 10km 外的住宅玻璃震碎，油罐碎片在方圆 3km 内四处飞散，供应站南侧住宅大部分被毁，这主要是由于筒形油罐为南北向安放之故。

起火后，墨西哥城消防局立即派出 100 余辆消防车，并动用直升飞机，全力以赴进行灭火，但由于火势过于凶猛，消防队除向油罐喷水冷却外，已另无良策。

14 小时后，筒形油罐火灾被扑灭，球形储罐虽依然燃烧，但火势大减。此时，供应站储存的 12000m^3 液化石油气已所剩无几，大火燃烧了 6h 后，终于熄灭。

墨西哥城消防局为了防止意外，将周围 2.5km 范围内封锁，50 万居民为此避难，其中许多人经由地下铁路撤离。

2. 事故原因

据墨西哥联邦检察厅调查报告认为：此次事故系液化石油气管道出现裂纹，造成液化气泄漏，遇供应站内煤气炉明火，导致爆炸。

另据报道，对事故原因的推断还有：

(1) 先是邻近的联合煤气公司(民办煤气公司)内煤气配管发生泄漏，引起爆炸燃烧，继而引燃了供应站的液化石油气储罐。

(2) 液化气运载槽车发生爆炸，引燃了供应站液化石油气储罐。

(3) 供应站内液化气泄漏，遇某一引火源(一说为槽车发动机火花)而爆炸起火。

(4) 供应站内员工对设备有意破坏。

四、美国德州菲利浦公司休斯顿化工总厂爆炸及火灾事故

1. 事故情况

1989 年 10 月 23 日下午，美国菲利浦公司休斯顿化工总厂发生特大恶性爆炸及火灾事故，在现场工作的 23 人死亡，130 余人受伤。爆炸波及了总厂内所有设施，造成约 7.55 亿美元的损失。离爆炸中心最近的两套聚乙烯装置全部毁坏，约 1.5mile 以外的总厂办公楼玻璃窗震碎、砖脱落。最初的爆炸相当于 2.4t TNT 爆炸当量，相当于里氏 3.5 级地震。

2. 事故原因

10月22日，该总厂开始清理被聚乙烯堵塞的反应器沉降管，据目击者称反应器与沉降管之间的控制阀处于关闭状态，用来转动该阀的驱动器压缩空气软管已被拆开。10月23日下午，在对一根沉降管清除聚乙烯堵塞物时，易燃气体从拆开的沉降管中突然泻出，遇火源发生爆炸。

事故调查表明，反应器与沉降管之间的控制阀是开着的，提供空气压力的软管被错误的接反，即使当阀门驱动器开关处于关闭状态，关着的阀门也会被打开。据目击者报告，检修人员在23日下午检修前，曾在控制室请操作工帮忙。

菲利浦公司的通用安全规程要求：无论何时，当打开一条有烃类的工艺或化学管道，要采用双阀或加盲板来保证安全。但菲利浦公司在当地的管理人员为这种维修采取了专门做法，不采取规范要求的安全措施。结果，10月23日，什么安全措施也未用。

此外，有以下不安全因素：

(1) 阀门的驱动机构的锁住设施不在位。

(2) 虽然菲利浦公司安全规程规定，在维修时不得连接软管，但阀门驱动机构的空气软管却可能一直是接着的。

(3) 阀门的“开”和“关”侧的空气软管接头是相同的，这样就会使软管接错，当操作人员想关阀门时，阀门却被打开。

(4) 驱动机构的空气软管的供气阀开着，因此空气能够进入，当接上软管时，驱动器就会转动阀门。

五、青岛黄岛油库爆炸事故

1. 事故情况

1989年8月12日9时55分，位于青岛胶州湾的黄岛油库老罐区5号半地下石壁油罐因雷击爆炸起火，继而引发老罐区发生特大爆炸火灾事故，致使多人伤亡，造成巨大的经济损失。

8月12日9时55分，老罐区5号油罐因雷击爆炸起火。消防部门接到警报，立即火速赶赴现场，组织力量控制5号油罐火势，并冷却与之相邻的4号半地下石壁油罐，对1、2、3号地上金属油罐进行保护。虽经多方努力，但因受到5号油罐大火的辐射热，4号罐内的温度逐渐升高。当天14时35分，5号油罐经过4个多小时的灼烧，部分地段的原油沸溢，喷溅到罐外，飞溅的油花点燃了4号油罐顶部的油气层，引起爆炸。随即，喷溅的油花又先后点燃了1、2、3号油罐油气，随着爆炸声形成一片火海。这场大火前后燃烧了104h，烧掉原油3.6kt，烧毁油罐5座，老罐区付之一炬，已无修复价值，事故造成的直接经济损失3500多万元。600t原油流入大海，使附近海域和沿岸受到一定的污染。在救火中，有14名消防官兵牺牲，66人受伤；5名油库员工牺牲，12人受伤。据不完全统计，在抢险灭火中，共出动干警2200多人，消防车147辆，各种船只10艘。投入的泡沫灭火剂及干粉153t，还动用了水上飞机、直升飞机参与灭火，抢救伤员。

2. 事故原因

经事故调查分析，5号油罐在爆炸起火前较长时间里处于收油状态，其灌顶透气孔未加覆盖，不符合石油部《石油天然气钻井、开发、储运防火防爆安全管理规定》中“雷雨天尽可能避免使用非金属油罐，防止雷击”和“雷雨天使用草席或石棉布盖上所有透气孔”的规定。

黄岛油库1、2、3号金属油罐原设计储量为5000m³，施工时改为10000m³，致使油罐防火间距不符合有关规定。对这些有关的问题，有关部门下达过4次火险隐患通知书，要求停用2号油罐，但一直未得到彻底解决。

油库对员工安全教育不够，要求不严。8月12日上午雷雨时，值班人员无人在岗位巡查，而在值班室内打扑克、看电视，对室外爆炸声多数人毫无察觉。同时油库的消防力量严重不足。

该油库4号油罐曾于1985年遭受雷击起火，因发现及时被扑灭。由于油库领导思想上未能引起高度重视和警觉，在管理上仍存在一些突出的薄弱环节。事故发生后未能提供急需的图纸资料，给灭火工作造成一定的困难。

六、某石化总厂硫化氢中毒事故案例分析警示

2004年11月29日某石化总厂发生硫化氢中毒事故，死亡1人。

1. 事故经过

2004年11月29日凌晨，某石化安装维修公司仪表工王××和直柴加氢装置班长一起，处理加氢汽提塔顶回流罐浮筒液位计，在打开液位计底部排凝阀时，含有硫化氢的介质从排凝阀排出，王××当即中毒晕倒，抢救无效于次日死亡。

事故原因分析：

经调查，该石化总厂制定了硫化氢安全防护管理规定和防硫化氢泄漏的应急措施，装备了防护用具和便携式硫化氢监测仪，现场有警示牌和固定式硫化氢监测仪。

(1) 死亡直接原因是硫化氢中毒。事后分析，当时现场硫化氢的浓度为30%~50%，而硫化氢在1000 mg/m³以上时可在数秒钟内致人突然昏迷，呼吸和心跳骤停，发生闪电型死亡。王××在高浓度硫化氢的现场昏迷大约5min才被救出。

(2) 事故发生的主要原因是作业者违章作业，安全意识差，对硫化氢的危害认识不足，未按规定佩带隔离式呼吸防护用具，未佩戴便携式硫化氢监测仪。王××和当班操作班长到现场维修仪表时都没有采取任何防范措施。乃至当班操作班长发现王××中毒后不能及时抢救，只好跑回控制室求救，延误了抢救时机。

(3) 未按规定办理作业票，没有明确监护人，未按集团公司《硫化氢防护安全管理规定》的有关条款要求，落实安全措施，是造成事故的重要原因。

(4) 浮筒正压和副压引压阀没有关严，是造成硫化氢泄漏的又一重要原因。王××以为正压和副压引压阀关闭，所以打开排凝阀。事后投用液位表时，发现副压引压阀虽然关闭，但仍有内漏。

2. 事故教训

(1) 要将HSE管理体系的建立和实际实施相结合，确保制定的制度得到严格执行。在进行危险作业时，不仅要按规定开作业票，更重要的是要进行危险识别和风险评价，落实安全防护措施，确保作业安全进行。

(2) 加强作业人员的安全培训，提高其安全意识，深入了解硫化氢等危险化学品的危险特性，掌握硫化氢中毒的预防和急救措施。

(3) 加强设备维护与管理，确保设备、管道、仪表、阀门等处于完好状态，充分认识阀

门内漏的危害。

七、山东省青岛市“11·22”中国石化东黄输油管道泄漏爆炸特别重大事故

2013 年 11 月 22 日 10 时 25 分，位于山东省青岛经济技术开发区的中国石油化工股份有限公司管道储运分公司东黄输油管道泄漏原油进入市政排水暗渠，在形成密闭空间的暗渠内油气积聚遇火花发生爆炸，造成 62 人死亡、136 人受伤，直接经济损失 75172 万元。

一、基本情况

（一）事故单位情况

（1）中国石油化工集团公司(以下简称中国石化集团公司)，是经国务院批准于 1998 年 7 月在原中国石油化工总公司基础上重组成立的特大型石油石化企业集团，是国家独资设立的国有公司，注册资本 2316 亿元。

（2）中国石油化工股份有限公司(以下简称中国石化股份公司)，是中国石化集团公司以独家发起方式于 2000 年 2 月设立的股份制企业，主要从事油气勘探与生产、油品炼制与销售、化工生产与销售等业务。

（3）中国石化股份公司管道储运分公司(以下简称中国石化管道分公司)，是中国石化股份公司下属的从事原油储运的专业化公司，位于江苏省徐州市，下设 13 个输油生产单位，管辖途经 14 个省(区、市)的 37 条、6505km 输油管道和 101 个输油站(库)。

（4）中国石化管道分公司潍坊输油处(以下简称潍坊输油处)，是中国石化管道分公司下属的输油生产单位，位于山东省潍坊市，负责管理东黄输油管道等 5 条、872km 管道。

（5）中国石化管道分公司黄岛油库(以下简称黄岛油库)，是中国石化管道分公司下属的输油生产单位，位于山东省青岛经济技术开发区，负责港口原油接收及转输业务。黄岛油库油罐总容量 $210\times10^4m^3$(其中，$5\times10^4m^3$ 油罐 34 座，$10\times10^4m^3$ 油罐 4 座)。

（6）潍坊输油处青岛输油站(以下简称青岛站)，是潍坊输油处下属的管道运行维护单位，位于山东省青岛市胶州市，负责管理东黄输油管道胶州、高密界至黄岛油库的 94km 管道。

（二）青岛经济技术开发区情况

青岛经济技术开发区(以下简称开发区)是经国务院批准于 1984 年 10 月成立的。目前管理区域总面积 $478km^2$，有黄岛、薛家岛等 7 个街道办事处和 1 个镇，322 个村(居)，常住人口近 80 万人。2012 年，完成地区生产总值 1365 亿元。

（三）东黄输油管道相关情况

东黄输油管道于 1985 年建设，1986 年 7 月投入运行，起自山东省东营市东营首站，止于开发区黄岛油库。设计输油能力 20Mt/a，设计压力 6.27MPa。管道全长 248.5km，管径 711mm，材料为 API5LX-60 直缝焊接钢管。管道外壁采用石油沥青布防腐，外加电流阴极保护。1998 年 10 月改由黄岛油库至东营首站反向输送，输油能力 10Mt/a。

事故发生段管道沿开发区秦皇岛路东西走向，采用地埋方式敷设。北侧为青岛丽东化工有限公司厂区，南侧有青岛益和电器集团公司、青岛信泰物流有限公司等企业。

事故发生时，东黄输油管道输送埃斯坡、罕戈 1∶1 混合原油，密度 $0.86t/m^3$，饱和蒸汽压 13.1kPa，蒸汽爆炸极限 1.76%～8.55%，闭杯闪点 -16℃。油品属轻质原油。原油出

站温度27.8℃，满负荷运行出站压力4.67MPa。

（四）排水暗渠相关情况

事故主要涉及刘公岛路(秦皇岛路以南并与秦皇岛路平行)至入海口的排水暗渠，全长约1945m，南北走向，通过桥涵穿过秦皇岛路。秦皇岛路以南排水暗渠(上游)沿斋堂岛街西侧修建，最南端位于斋堂岛街与刘公岛路交汇的十字路口西北侧，长度约为557m；秦皇岛路以北排水暗渠(下游)穿过青岛丽东化工有限公司厂区，并向北延伸至入海口，长度约为1388m。斋堂岛街东侧建有青岛益和电器设备有限公司、开发区第二中学等单位；斋堂岛街西侧建有青岛信泰物流有限公司、华欧北海花园、华欧水湾花园等企业及居民小区。

排水暗渠分段、分期建设。1995年、1997年先后建成秦皇岛路桥涵南、北半幅(南半幅长30m、宽18m、高3.29m，北半幅长25m、宽18m、高2.87m)。秦皇岛路桥涵以南沿斋堂岛街的排水明渠于1996年建设完成；1998年、2002年、2008年经过3次加设盖板改造，成为排水暗渠(暗渠宽8m、高2.5m)。秦皇岛路桥涵以北的排水暗渠于2004年、2009年分两期建设完成(暗渠宽13m、高2.0~2.5m不等)。排水暗渠底板为钢筋混凝土，墙体为浆砌石，顶部为预制钢筋混凝土盖板。

（五）东黄输油管道与排水暗渠交叉情况

输油管道在秦皇岛路桥涵南半幅顶板下架空穿过，与排水暗渠交叉。桥涵内设3座支墩，管道通过支墩洞孔穿越暗渠，顶部距桥涵顶板110cm，底部距渠底148cm，管道穿过桥涵两侧壁部位采用细石混凝土进行封堵。管道泄漏点位于秦皇岛路桥涵东侧墙体外15cm，处于管道正下部位置。

二、事故发生经过及应急处置情况

（一）原油泄漏处置情况

1. 企业处置情况

11月22日2时12分，潍坊输油处调度中心通过数据采集与监视控制系统发现东黄输油管道黄岛油库出站压力从4.56MPa降至4.52MPa，两次电话确认黄岛油库无操作因素后，判断管道泄漏；2时25分，东黄输油管道紧急停泵停输。

2时35分，潍坊输油处调度中心通知青岛站关闭洋河阀室截断阀(洋河阀室距黄岛油库24.5km，为下游距泄漏点最近的阀室)；3时20分左右，截断阀关闭。

2时50分，潍坊输油处调度中心向处运销科报告东黄输油管道发生泄漏；2时57分，通知处抢维修中心安排人员赴现场抢修。

3时40分左右，青岛站人员到达泄漏事故现场，确认管道泄漏位置距黄岛油库出站口约1.5km，位于秦皇岛路与斋堂岛街交叉口处。组织人员清理路面泄漏原油，并请求潍坊输油处调用抢险救灾物资。

4时左右，青岛站组织开挖泄漏点、抢修管道，安排人员拉运物资清理海上溢油。

4时47分，运销科向潍坊输油处处长报告泄漏事故现场情况。

5时07分，运销科向中国石化管道分公司调度中心报告原油泄漏事故总体情况。

5时30分左右，潍坊输油处处长安排副处长赴现场指挥原油泄漏处置和入海原油围控。

6时左右，潍坊输油处、黄岛油库等现场人员开展海上溢油清理。

7时左右，潍坊输油处组织泄漏现场抢修，使用挖掘机实施开挖作业；7时40分，在管道泄漏处路面挖出 2m×2m×1.5m 作业坑，管道露出；8 时 20 分左右，找到管道泄漏点，并向中国石化管道分公司报告。

9 时 15 分，中国石化管道分公司通知现场人员按照预案成立现场指挥部，做好抢修工作；9 时 30 分左右，潍坊输油处副处长报告中国石化管道分公司，潍坊输油处无法独立完成管道抢修工作，请求中国石化管道分公司抢维修中心支援。

10 时 25 分，现场作业时发生爆炸，排水暗渠和海上泄漏原油燃烧，现场人员向中国石化管道分公司报告事故现场发生爆炸燃烧。

2. 政府及相关部门处置情况

11 月 22 日 2 时 31 分，开发区公安分局 110 指挥中心接警，称青岛丽东化工有限公司南门附近有泄漏原油，黄岛派出所出警。

3 时 10 分，110 指挥中心向开发区总值班室报告现场情况。至 4 时 17 分，开发区应急办、市政局、安全监管局、环保分局、黄岛街道办事处等单位人员分别收到事故报告。4 时 51 分、7 时 46 分、7 时 48 分，开发区管委会副主任、主任、党工委书记分别收到事故报告。

4 时 10 分至 5 时左右，开发区应急办、安全监管局、环保分局、市政局及开发区安全监管局石化区分局、黄岛街道办事处有关人员先后到达原油泄漏事故现场，开展海上溢油清理。

7 时 49 分，开发区应急办副主任将泄漏事故现场及处置情况报告青岛市政府总值班室。

8 时 18 分至 27 分，青岛市政府总值班室电话调度青岛市环保局、青岛海事局、青岛市安全监管局，要求进一步核实信息。

8 时 34 分至 40 分，青岛市政府总值班室将泄漏事故基本情况通过短信报告市政府秘书长、副秘书长、应急办副主任。

8 时 53 分，青岛市政府副秘书长将泄漏事故基本情况短信转发市经济和信息化委员会副主任，并电话通知其立即赶赴事故现场。

9 时 01 分至 06 分，青岛市政府副秘书长、市政府总值班室将泄漏事故基本情况分别通过短信报告市长及 4 位副市长。

9 时 55 分，青岛市经济和信息化委员会副主任等到达泄漏事故现场；10 时 21 分，向市政府副秘书长报告海面污染情况；10 时 27 分，向市政府副秘书长报告事故现场发生爆炸燃烧。

（二）爆炸情况

为处理泄漏的管道，现场决定打开暗渠盖板。现场动用挖掘机，采用液压破碎锤进行打孔破碎作业，作业期间发生爆炸。爆炸时间为 2013 年 11 月 22 日 10 时 25 分。

爆炸造成秦皇岛路桥涵以北至入海口、以南沿斋堂岛街至刘公岛路排水暗渠的预制混凝土盖板大部分被炸开，与刘公岛路排水暗渠西南端相连接的长兴岛街、唐岛路、舟山岛街排水暗渠的现浇混凝土盖板拱起、开裂和局部炸开，全长波及 5000m 有余。爆炸产生的冲击波及飞溅物造成现场抢修人员、过往行人、周边单位和社区人员，以及青岛丽东化工有限公司厂区内排水暗渠上方临时工棚及附近作业人员，共 62 人死亡、136 人受伤。爆炸还造成周边多处建筑物不同程度损坏，多台车辆及设备损毁，供水、供电、供暖、供气多条管线受损。泄漏原油通过排水暗渠进入附近海域，造成胶州湾局部污染。

（三）爆炸后应急处置及善后情况

爆炸发生后，山东省委书记姜异康、省长郭树清迅速率领有关部门负责同志赶赴事故现场，指导事故现场处置工作。青岛市委、市政府主要领导同志立即赶赴现场，成立应急指挥部，组织抢险救援。中国石化集团公司董事长傅成玉立即率工作组赶赴现场，中国石化管道分公司调集专业力量、中国石化集团公司调集山东省境内石化企业抢险救援力量赶赴现场。王勇国务委员在事故现场听取山东省、青岛市主要领导同志的工作汇报后，指示成立了以省政府主要领导同志为总指挥的现场指挥部，下设8个工作组，开展人员搜救、抢险救援、医疗救治及善后处理等工作。当地驻军也投入力量积极参与抢险救援。

现场指挥部组织2000余名武警及消防官兵、专业救援人员，调集100余台(套)大型设备和生命探测仪及搜救犬，紧急开展人员搜救等工作。截至12月2日，62名遇难人员身份全部确认并向社会公布。遇难者善后工作基本结束。136名受伤人员得到妥善救治。

青岛市对事故区域受灾居民进行妥善安置，调集有关力量，全力修复市政公共设施，恢复供水、供电、供暖、供气，清理陆上和海上油污。当地社会秩序稳定。

三、事故原因和性质

（一）直接原因

输油管道与排水暗渠交汇处管道腐蚀减薄、管道破裂、原油泄漏，流入排水暗渠及反冲到路面。原油泄漏后，现场处置人员采用液压破碎锤在暗渠盖板上打孔破碎，产生撞击火花，引发暗渠内油气爆炸。

原因分析：

通过现场勘验、物证检测、调查询问、查阅资料，并经综合分析认定：由于与排水暗渠交叉段的输油管道所处区域土壤盐碱和地下水氯化物含量高，同时排水暗渠内随着潮汐变化海水倒灌，输油管道长期处于干湿交替的海水及盐雾腐蚀环境，加之管道受到道路承重和振动等因素影响，导致管道加速腐蚀减薄、破裂，造成原油泄漏。泄漏点位于秦皇岛路桥涵东侧墙体外15cm，处于管道正下部位置。经计算、认定，原油泄漏量约2000t。

泄漏原油部分反冲出路面，大部分从穿越处直接进入排水暗渠。泄漏原油挥发的油气与排水暗渠空间内的空气形成易燃易爆的混合气体，并在相对密闭的排水暗渠内积聚。由于原油泄漏到发生爆炸达8个多小时，受海水倒灌影响，泄漏原油及其混合气体在排水暗渠内蔓延、扩散、积聚，最终造成大范围连续爆炸。

（二）间接原因

（1）中国石化集团公司及下属企业安全生产主体责任不落实，隐患排查治理不彻底，现场应急处置措施不当。

① 中国石化集团公司和中国石化股份公司安全生产责任落实不到位。安全生产责任体系不健全，相关部门的管道保护和安全生产职责划分不清、责任不明；对下属企业隐患排查治理和应急预案执行工作督促指导不力，对管道安全运行跟踪分析不到位；安全生产大检查存在死角、盲区，特别是在全国集中开展的安全生产大检查中，隐患排查工作不深入、不细致，未发现事故段管道安全隐患，也未对事故段管道采取任何保护措施。

② 中国石化管道分公司对潍坊输油处、青岛站安全生产工作疏于管理。组织东黄输油管道隐患排查治理不到位，未对事故段管道防腐层大修等问题及时跟进，也未采取其他措施

及时消除安全隐患；对一线员工安全和应急教育不够，培训针对性不强；对应急救援处置工作重视不够，未督促指导潍坊输油处、青岛站按照预案要求开展应急处置工作。

③ 潍坊输油处对管道隐患排查整治不彻底，未能及时消除重大安全隐患。2009 年、2011 年、2013 年先后 3 次对东黄输油管道外防腐层及局部管体进行检测，均未能发现事故段管道严重腐蚀等重大隐患，导致隐患得不到及时、彻底整改；从 2011 年起安排实施东黄输油管道外防腐层大修，截至 2013 年 10 月仍未对包括事故泄漏点所在的 15km 管道进行大修；对管道泄漏突发事件的应急预案缺乏演练，应急救援人员对自己的职责和应对措施不熟悉。

④ 青岛站对管道疏于管理，管道保护工作不力。制定的管道抢维修制度、安全操作规程针对性、操作性不强，部分员工缺乏安全操作技能培训；管道巡护制度不健全，巡线人员专业知识不够；没有对开发区在事故段管道先后进行排水明渠和桥涵、明渠加盖板、道路拓宽和翻修等建设工程提出管道保护的要求，没有根据管道所处环境变化提出保护措施。

⑤ 事故应急救援不力，现场处置措施不当。青岛站、潍坊输油处、中国石化管道分公司对泄漏原油数量未按应急预案要求进行研判，对事故风险评估出现严重错误，没有及时下达启动应急预案的指令；未按要求及时全面报告泄漏量、泄漏油品等信息，存在漏报问题；现场处置人员没有对泄漏区域实施有效警戒和围挡；抢修现场未进行可燃气体检测，盲目动用非防爆设备进行作业，严重违规违章。

（2）青岛市人民政府及开发区管委会贯彻落实国家安全生产法律法规不力。

① 督促指导青岛市、开发区两级管道保护工作主管部门和安全监管部门履行管道保护职责和安全生产监管职责不到位，对长期存在的重大安全隐患排查整改不力。

② 组织开展安全生产大检查不彻底，没有把输油管道作为监督检查的重点，没有按照“全覆盖、零容忍、严执法、重实效”的要求，对事故涉及企业深入检查。

③ 黄岛街道办事处对青岛丽东化工有限公司长期在厂区内排水暗渠上违章搭建临时工棚问题失察，导致事故伤亡扩大。

（3）管道保护工作主管部门履行职责不力，安全隐患排查治理不深入。

① 山东省油区工作办公室已经认识到东黄输油管道存在安全隐患，但督促企业治理不力，督促落实应急预案不到位；组织安全生产大检查不到位，督促青岛市油区工作办公室开展监督检查工作不力。

② 青岛市经济和信息化委员会、油区工作办公室对管道保护的监督检查不彻底、有盲区，2013 年开展了 6 次管道保护的专项整治检查，但都没有发现秦皇岛路道路施工对管道安全的影响；对管道改建计划跟踪督促不力，督促企业落实应急预案不到位。

③ 开发区安全监管局作为管道保护工作的牵头部门，组织有关部门开展管道保护工作不力，督促企业整治东黄输油管道安全隐患不力；安全生产大检查走过场，未发现秦皇岛路道路施工对管道安全的影响。

（4）开发区规划、市政部门履行职责不到位，事故发生地段规划建设混乱。

① 开发区控制性规划不合理，规划审批工作把关不严。开发区规划分局对青岛信泰物流有限公司项目规划方案审批把关不严，未对市政排水设施纳入该项目规划建设及明渠改为暗渠等问题进行认真核实，导致市政排水设施继续划入厂区规划，明渠改暗渠工程未能作为单独市政工程进行报批。事故发生区域危险化学品企业、油气管道与居民区、学校等近距离

或交叉布置，造成严重安全隐患。

② 管道与排水暗渠交叉工程设计不合理。管道在排水暗渠内悬空架设，存在原油泄漏进入排水暗渠的风险，且不利于日常维护和抢维修；管道处于海水倒灌能够到达的区域，腐蚀加剧。

③ 开发区行政执法局(市政公用局)对青岛信泰物流有限公司厂区明渠改暗渠审批把关不严，以“绿化方案审批”形式违规同意设置盖板，将明渠改为暗渠；实施的秦皇岛路综合整治工程，未与管道企业沟通协商，未按要求计算对管道安全的影响，未对管道采取保护措施，加剧管体腐蚀、损坏；未发现青岛丽东化工有限公司长期在厂区内排水暗渠上违章搭建临时工棚的问题。

(5) 青岛市及开发区管委会相关部门对事故风险研判失误，导致应急响应不力。

① 青岛市经济和信息化委员会、油区工作办公室对原油泄漏事故发展趋势研判不足，指挥协调现场应急救援不力。

② 开发区管委会未能充分认识原油泄漏的严重程度，根据企业报告情况将事故级别定为一般突发事件，导致现场指挥协调和应急救援不力，对原油泄漏的发展趋势研判不足；未及时提升应急预案响应级别，未及时采取警戒和封路措施，未及时通知和疏散群众，也未能发现和制止企业现场应急处置人员违规违章操作等问题。

③ 开发区应急办未严格执行生产安全事故报告制度，压制、拖延事故信息报告，谎报开发区分管领导参与事故现场救援指挥等信息。

④ 开发区安全监管局未及时将青岛丽东化工有限公司报告的厂区内明渠发现原油等情况向政府和有关部门通报，也未采取有效措施。

(三) 事故性质

经调查认定，山东省青岛市“11・22”中国石化东黄输油管道泄漏爆炸特别重大事故是一起生产安全责任事故。

第 9 章　环境保护管理

9.1　环境保护

9.1.1　环境保护法律体系

9.1.1.1　环境保护标准

根据《环境保护标准管理办法》，环境保护标准是指为了保护人群健康、社会物质财富，维持生态平衡，对大气、水、土壤等环境质量，对污染、监测方法以及其他需要所制订的标准的总称，简称环保标准，亦称环境标准。

1. 环境保护基础标准

以保护环境为目的而制定的标准是环境保护标准。环境标准按标准性质划分为强制性标准和推荐性环境保护标准。

(1) 环境质量标准，是指国家为保护人群健康和生存环境，对污染物(或有害因素)允许含量(或要求)所作的规定。环境质量标准体现国家的环境保护政策和要求，是衡量环境是否受到污染的尺度，是环境规划、环境管理和制订污染物排放标准的依据。

(2) 污染物排放标准，是为了实现环境标准的要求，对污染源排入环境的污染物质或各种有害因素所作的限制性规定。污染物排放标准可分为大气污染物排放标准、水污染物排放标准和固体废弃物等污染控制标准。

(3) 环境监测方法标准，是为了监测环境质量和污染物排放，规范采样、分析测试、数据处理等技术所制定的试验方法标准。

(4) 国家环境标准样品，是为了保证环境监测数据的准确、可靠，对用于量值传递或质量控制的材料、实物样品所制定的标准样品。

(5) 环境基础标准，是为了对环境保护工作中需要统一的技术术语、符号、代号(代码)、图形、指南、导则及信息编码等所制定的标准。

2. 环境质量标准

环境质量标准包括水质量标准、大气质量标准、土壤质量标准、生物质量标准以及噪声、辐射、振动、放射性物质等的质量标准，其中水质量标准又可分为地下水水质标准、海水水质标准、生活饮用水水质标准、工业用水水质标准以及渔业水质标准等。

3. 污染物排放标准

染物排放标准按污染物形态分为气态、液态、固态以及物理性污染物(如噪声)排放标准。

气态污染物排放标准，规定二氧化硫、氮氧化物、一氧化碳、硫化氢、氯、氟以及颗粒物等的容许排放量。

液态污染物排放标准，规定废水(废液)中所含的油类、需氧有机物、有毒金属化合物、放射性物质和病原体等的容许排放量。

固态污染物排放标准，规定填埋、堆存和进入农田等处的固体废物中的有害物质的容许含量。此外，还有物理性污染物排放标准如噪声标准等。

污染物排放标准按适用范围分为通用排放标准和行业排放标准。通用的污染物排放标准规定一定范围(全国或一个区域)内普遍存在或危害较大的各种污染物的容许排放量，适用于各个行业。有的通用排放标准按不同排向(如水污染物按排入下水道、河流、湖泊、海域)分别规定容许排放量。行业的污染物排放标准规定某一行业所排放的各种污染物的容许排放量，只对该行业有约束力。因此，同一污染物在不同行业中的容许排放量可能不同。行业的污染物排放标准还可以按不同生产工序规定污染物容许排放量，如钢铁工业的废水排放标准可按炼焦、烧结、炼铁、炼钢、酸洗等工序分别规定废水中 pH 值、悬浮物总量和油等的污染物容许排放量。

9.1.1.2 环境保护法律制度

环境保护法律制度按其性质，可以分为事前预防、行为管制和事后救济三大类：

一是事前预防类，主要是指为避免经济发展产生环境危害而设置的制度，是预防原则在环境保护立法中的具体体现和适用，主要有环境规划制度、环境标准制度、环境影响评价制度、“三同时”制度等。

二是行为管制类，主要是指监督排污单位和个人环境行为的制度，其目的在于为环境监管提供可操作的执法手段和依据，包括排污申报登记制度、排污收费制度、排污许可制度、总量控制制度等。

三是事后救济类，主要是指对污染行为及其后果进行处理处置的制度，其目的是防止损害扩大、分清责任和迅速救济被害方，包括限期治理制度、污染事故应急制度、违法企业挂牌督办制度、法律救济制度等。同时，在生态保护方面，还建立了生态功能区划制度、自然保护区评审与监管制度、自然资源有偿使用制度、自然资源许可制度等。

9.1.2 环境保护的概念和任务

环境保护是指人类为解决现实的或潜在的环境问题，协调人类与环境的关系，保障经济社会的持续发展而采取的各种行动的总称。人类社会在不同历史阶段和不同国家和地区，有各种不同的环境问题。因此，环境保护工作的目标、内容、任务和重点，不同时期和不同国家是有区别的。当前环境保护的任务是调控社会发展和环境之间的关系。即在促使经济稳步发展的同时，运用各种(包括行政的、法律的、经济的、教育的、科学技术的)措施保护自然环境和自然资源，防治环境污染和生态破坏，提高环境质量，创造生态健全的工作和生活环境。

9.1.3 环境保护的方法和内容

环境保护的方法和手段有工程技术的、行政管理的，也有法律的、经济的、宣传教育的等。其内容主要有：

(1) 防治由生产和生活活动引起的环境污染，包括防治工业生产排放的“三废”(废水、废气、废渣)、粉尘、放射性物质以及产生的噪声、振动、恶臭和电磁微波辐射，交通运输活动产生的有害气体、废液、噪声，海上船舶运输排出的污染物，工农业生产和人民生活使用的有毒有害化学品，城镇生活排放的烟尘、污水和垃圾等造成的污染。

(2) 防治由建设和开发活动引起的环境破坏，包括防治由大型水利工程、铁路、公路干线、大型港口码头、机场和大型工业项目等工程建设对环境造成的污染和破坏，农垦和围湖造田活动、海上油田、海岸带和沼泽地的开发、森林和矿产资源的开发对环境的破坏和影响，新工业区、新城镇的设置和建设等对环境的破坏、污染和影响。

(3) 保护有特殊价值的自然环境，包括对珍稀物种及其生活环境、特殊的自然发展史遗迹、地质现象、地貌景观等提供有效的保护。

另外，城乡规划、控制水土流失和沙漠化、植树造林、控制人口的增长和分布、合理配置生产力等，也都属于环境保护的内容。环境保护已成为当今世界各国政府和人民的共同行动和主要任务之一。我国则把环境保护宣布为一项基本国策，并制定和颁布了一系列环境保护的法律、法规，以保证这一基本国策的贯彻执行。

9.2 石化行业的环境污染与治理

9.2.1 炼油厂排放污染物的种类和数量

炼油厂所排放污染物的数量与其加工原油规模的大小直接相关。从集中排放的污染物总量来说，加工能力大的炼油厂污染物其排放总量大。但是从“加工每吨原油”指标考察，国内大型炼油企业由于工艺先进、流程集约化、能量和物流利用清洁化、装置配套合理等原因，其相应指标比加工能力小的炼油厂要优越得多。例如炼油厂加工单位原油污水排放量(t/t)，大型炼油厂约为0.2~1.0，而中小型炼油厂基本上都在1.4以上。又如，大型炼油厂加工吨原油二氧化硫的排放量平均是中小型炼油厂加工吨原油二氧化硫排放量的70%~80%，可见炼油厂的规模效益在环境保护方面的体现是很显著的。

生产管理模式影响炼油厂的环境保护的水平。粗放型的管理直接导致物料的流失、外排污染物的增加。例如装置的“跑、冒、滴、漏”等无组织排放将直接造成环境空气污染；用新鲜水冲洗地面及设备等非规范操作，直接造成用水量及污水量的增加等。

环境保护的效果取决于“三分技术、七分管理”。只有先进的设备，没有先进的管理理念、行之有效的管理制度、强有力的管理力度，也难以提高企业的环保水平。

9.2.2 炼油厂水污染源及其控制

9.2.2.1 用水和排水

在炼油生产过程中，直接或间接使用大量的水及水的产品，同时也产生了不同性质的废水。为了进行水的管理，要求炼油厂依据国家或行业颁布的规范，定期进行水平衡测试，进行水污染源控制。

9.2.2.2 废水分类及特征污染物

炼油厂的废水按其可处理性能和可回用性能，通常分为含油废水、含硫废水、含盐废水、生活污水及其他废水等四大类。

(1) 含油废水。这是炼油厂排水量最大的一种废水，约占全厂废水量的80%以上。厂区内生产装置、储运系统、公用工程系统都排出一定量的含油污水。其主要来自装置的油水分离器排水、油品水洗水、机泵轴封冷却水、地面冲洗水、油罐的切水及清洗水、含油雨水、循环水场排污、化验室排水等。还有装置检修时设备的排空、吹扫、清洗时的排水。

含油废水中的特征污染物有石油类、硫化物、酚类化合物以及综合性指标 COD 等。与油品相接触的含油废水，如油水分离器排水、机泵轴封冷却水、油罐切水等，一般为全厂含油污水量的 20% 左右，其主要污染物的浓度较高，如石油类为 500~1000mg/L、COD 为 1000mg/L 左右；另外一部分含油污水，如地面冲洗水、含油雨水、循环水排污等，其主要污染物的浓度较低，如石油类约为 100~200mg/L、COD 为 500mg/L 以下，但这部分废水水量较大，一般约占全厂含油污水量的 70%~80%。

(2) 含硫污水。主要来自加工装置的轻质油油水分离罐、富气水洗罐、液态烃水洗罐等。这部分废水排水量较小，一般约占全厂污水的 10%~20%。其特征污染物主要是硫化物、氨氮、氰化物、酚类化合物等，浓度较高，一般约占全厂污水中硫化物、氨氮总量的 90%以上。

含硫污水又可细分为加氢型和非加氢型两种。一般炼油厂中催化裂化、延迟焦化等装置排出的含硫污水为非加氢型含硫污水；加氢裂化、加氢精制、催化重整等装置排出的含硫污水为加氢型含硫污水。

(3) 含盐污水。电脱盐排水、部分炼油厂碱渣综合利用时的中和水、来自柴油、LPG 碱洗后的水洗水、催化剂再生烟气处理时的水洗水等。这部分废水水量相对较少，一般约占全厂污水总量的 5%以下，但是污染物的浓度并不低，而且变动很大，常常造成对污水处理厂的冲击，其特征污染物为 pH 值、无机盐类、游离碱、石油类、硫化物和酚类化合物等。

(4) 其他生产废水及生活污水。主要来自制造纯水时的排放水、锅炉排污、低污染的循环水排水及油罐喷淋冷却水等，由于管网设置上的困难，往往也包括了无污染的后期雨水。这部分废水受污染的程度较轻，正常时其含油量少于 10mg/L、COD 值小于 60mg/L，符合排放标准的要求，可直接排放。炼油石化行业通常称其为假定净水(清净废水)，但其废水量和污染物量均需纳入总量管理指标。生活污水主要来自炼油厂内生活辅助设施的排水，如办公楼卫生间、食堂等，这部分水量很少，其特征污染物主要是 BOD、COD 及悬浮物。

9.2.2.3 水污染分析

为了全面、系统了解炼油厂的水污染性质，以某炼油厂为例分析。在该大型炼油厂的主要生产装置中，从污染物的排序来看，硫化物、挥发酚和氨氮列前三位；从生产装置来看，列前七位的分别依次为加氢裂化装置、加氢脱芳装置、汽油柴油加氢装置、催化裂化装置、常减压蒸馏装置、储运系统和延迟焦化装置。加氢裂化装置位列第一，是因为它的冷高、低压分离器和脱丁烷塔顶回流罐排放的含硫污水排放量比较大，是该炼油厂中最大的一股含硫污水。

9.2.2.4 水污染的控制

9.2.2.4.1 实行清洁生产节约用水

(1) 根据不同的用水要求可采用分质供水，减少新鲜水的用量。

(2) 用间接加热代替直接蒸汽汽提或用其他物料代替汽提蒸汽。若用蒸汽汽提，应选择耗用蒸汽量少的汽提工艺技术。

(3) 减少冷却水的总用量，优化换热流程。对冷凝、冷却过程，首先选择将需要冷却的热物流与低温位物流换热，然后选择空冷代替水冷，最后对必须用水冷却的工序采用循环水冷却。这样可以充分利用热源，减少冷却水用量。

(4) 目前主要有两大问题制约循环水浓缩倍数的提高。第一，工艺介质泄漏，造成需用大量新鲜水置换；第二，系统泄漏，造成循环水本身的流失，外排水量已超过了维持一定浓缩倍数所应当排放的污水总量。因此，提高管理水平、加强水质稳定管理，降低循环水的补充水量，是减少循环水排污的主要措施。

另外，可根据需要冷却部位对循环水水质要求的不同进行小循环，如冷却机泵的水与冷却高温物料的循环水，从要求上并不需要加许多药剂和复杂的处理工序，这样可减少设备容量及能耗。具体方案是否有利可以进行技术经济比较。

9.2.2.4.2　实行清污分流、污污分治，合理划分排水系统

炼油厂一般都严格实行清污分流、污污分流、污污分治、合理利用。

排水系统应根据废水的水质特征和处理方法以及净化水回用的水质要求进行划分。科学合理地划分系统，才有利于分级控制；分别进行局部预处理和集中处理，确保废水达标排放，也有利于水资源的利用。

如将高含盐量的电脱盐污水、碱渣污水等与低含盐量的其他废水分流，形成两个序列的污水系统。既便于选择适宜的处理方案，也有利于分质回用。如高含盐污水适当处理后可单独作为电站冲灰水、氧化沥青池补充水等，不必进入循环水系统而引起盐类的累积问题。

要严格控制雨水和含油废水的分流，如将罐区地面和罐顶雨水分离，罐顶雨水和油罐切水排入含油废水系统；用污染雨水与非污染雨水排入地漏高度不同的方法，限制流入含油废水系统的雨水流量；用人工或机械的方法，将后期雨水切换分流入含油废水系统及排水沟；进行非雨水型排水沟的治理，加高沟壁，尽可能加设盖板等。还应注意防止地下排水管道的渗漏，采用压力流输送或改变管道连接方式，使用整体型检查井等，消除漏水情况。

9.2.2.4.3　加强分级控制、预处理和综合利用

1. 高含油废水的预处理

为解决轻污油罐及汽油罐脱水冲击污水处理厂，利用连通管原理在罐区附近安装地下油水分离器，可使油罐脱水的油含量下降90%以上。电脱盐排水的COD、油含量浓度较高，约为1000mg/L。这种水经破乳、除油预处理后，可将油含量降到100mg/L以下。对可能排放高含油污水的生产装置都应设预除油设施，有效减少污染物量。

2. 严格生产装置无组织排放的控制。

无组织排放的污水对污水处理厂的冲击很大，如各凝液罐排水、气氨输送脱液罐排水、酸性气带脱硫剂至脱液罐排水、汽提装置生产不正常不合格净化水带原料水直接排放的废水，水质、水量变化大，必要时需加分级控制监测措施或加强管理，收集并进行预处理，减少对这类废水处理场的冲击。

9.2.2.4.4　废水或其净化水的回用

(1) 含硫污水按加氢型和非加氢型分别收集、汽提处理和回用。目前此项技术已经相当成熟，应用广泛。有的炼油厂含硫污水回用率已达到85%以上。

含硫污水直接串级使用到如下部位：将催化分馏塔顶含硫污水串级使用于富气洗涤；常减压三顶污水循环使用于焦化富气洗涤用水，可以节约含硫污水净化的费用。

(2) 延迟焦化装置的冷焦水、切焦水经隔油、沉淀、过滤后闭路循环使用；氧化沥青装置冷沥青水的闭路循环使用。

(3) 对不同来源的蒸汽冷凝水应按水质及用途进行分类回收、分别处理，使油含量、铁含量分别达到锅炉给水或工艺软化水水质标准，达到回用的目的。目前国内炼油厂蒸汽冷凝水的回收率平均不到10%，远低于国外(55%)的先进水平。

(4) 污水处理厂二级处理后的达标水，是非常有使用前途的再生水源。经适度或深度处理后可作为循环水场的补充水，已经取得成功。

另外，动力蒸汽锅炉制备软化水过程中每天排放的反渗透废水，其水量大，无有机物污染，适当处理后用作循环水补充水也取得了成功。

9.2.3 大气污染源及其控制

9.2.3.1 废气分类及特征污染物

炼油厂排放废气按排放形式分为两类：有组织排放源和无组织排放源。

有组织排放源包括燃烧烟气和工艺尾气，主要是经常性的、固定的排放源，如：加热炉烟气、锅炉烟气、焚烧炉烟气、催化剂再生烟气、焦化放空气、氧化沥青尾气、硫回收尾气等；无组织排放源主要是间断性的、较难控制的排放源，如：油品在装卸油操作、储存过程中的挥发、设备管道、阀门的泄漏、敞口储存设施恶臭物质的散发、炼油过程(如装卸催化剂时)物料的损失等。

炼油厂主要大气污染物为二氧化硫、氮氧化物、总悬浮颗粒物(TSP)、一氧化碳(CO)、二氧化碳(CO_2)、VOC、非甲烷烃和恶臭物质。

9.2.3.1.1 二氧化硫排放源

炼油厂排放废气中的二氧化硫全都来自原油和燃料所携带的硫。硫在整个生产过程中及产出物中的分布因原油中硫化物的类别不同而有区别，但总的流向规律是相似的。

炼油厂废气中硫污染物的形成有三条主要途径，其中催化裂化再生烟气中二氧化硫的排放量最大，已占到全厂二氧化硫排放总量的三分之二。三条主要途径为：①燃料燃烧产生的含二氧化硫的烟气；②催化裂化装置催化剂烧焦再生将焦炭里的硫带入再生烟气中；③硫黄回收装置制硫后排放的尾气。

还有操作不正常或事故状态时，含硫气体通过安全阀放空进火炬系统焚烧后含二氧化硫的烟气排放。

9.2.3.1.2 氮氧化物排放源

炼油厂氮氧化物主要产生于燃料燃烧过程，通过燃烧烟气排出。加热炉烟气中氮氧化物的量占全厂氮氧化物总量的大部分。

催化再生烟气中的氮氧化物则几乎完全来自催化剂上焦炭中的氮，其氮氧化物量与烧焦量成正比。

9.2.3.1.3 总悬浮颗粒物(TSP)排放源

炼油厂加热炉常以燃料油或燃料气为燃料，在燃烧充分的工况下，排放的总悬浮颗粒物很少。

炼油厂总悬浮颗粒物主要来自催化裂化再生烟气，它是由催化剂再生过程中未能回收的催化剂细粉(粒径小于10μm)组成。在通过二级旋风分离器后，烟气中的催化剂浓度一般约为1000～1500mg/m³，操作不正常时也可达3000～5000mg/m³，加设三级高效旋风分离器，其浓度可低于120 mg/m³。

炼油厂用煤或焦炭取代燃料油作为热工锅炉或自备电站锅炉的燃料，这样锅炉排放的烟气也将成为总悬浮颗粒物的另一主要排放源。

9.2.3.1.4　烃类气体排放源

烃类是炼油厂排放的另一种主要气体污染物，其排放特征是点多、分布广，以无组织方式排放。烃类产生于油品的输送、储存过程的挥发损失。其排放源有原油、轻质油储罐、汽油装车(火车、汽车)台以及容易发生油品泄漏的工艺设备、管道连接法兰处、阀门等。排放量的多少一般与储运工艺的方式、油品储运量和转运频次等有关，也与设备的优劣有关。

9.2.3.1.5　恶臭污染源

恶臭污染是炼油厂普遍存在的问题，对加工含硫原油的企业尤为突出。炼油生产过程中的高温、高压将原油中所含的少量硫、氮、氧等转化成具有臭味的硫化氢、有机硫、氨、胺、有机酸等，随挥发性烃类气体排出，造成恶臭污染。

恶臭气体以无组织方式排放为主，一般集中在以下几类部位：各种工艺气体排放口、临时放空口、设备吹扫口、储罐呼吸口、采样口、敞口池挥发、污水喷溅口、脱水排凝口以及设备"跑、冒、滴、漏"等等。其中以临时放空口最多，占41.7%，连续的工艺气体排放口较少，仅占4.4%。

恶臭污染源相对集中于油品精制回收装置、碱渣处理装置、酸性水汽提装置、延迟焦化装置、污水处理厂等部分装置。

9.2.3.2　废气污染源分析

采用等标污染负荷及等标污染负荷比的模式对废气中的主要污染源及主要污染物进行评估，评价标准为《环境空气质量标准》(GB 3095—2012)。

按常规项目的等标污染负荷比进行排序，前五位装置依次为：公用锅炉、常减压蒸馏装置、加氢裂化装置、催化裂化装置和制氢及汽电联产装置。而主要污染物为氮氧化物、二氧化硫，占比达到94%以上。这是按常规项目得到的评估结果，如果评估的项目有所变化，即增加一些炼油企业的特征污染物，那么整个结论将会随着发生明显的变化。

另外还需要说明，在评估废气排放情况时，直接用排气量进行评估比用装置要来得准确和直观，因而整个结论也将有所不同。

9.2.3.3　废气污染控制

9.2.3.3.1　燃烧烟气

(1) 优化换热流程，做好余热回收和蒸汽平衡，实行多个装置甚至全厂装置的热联合，最大限度地减少燃料的消耗量，从而减少燃烧烟气的排放量。

(2) 使用清洁的燃料，即低硫燃料油(硫含量0～5%)或脱硫燃料气(硫含量<50mg/m³)。

(3) 采用先进的燃烧技术和设备，提高热效率。如低过剩空气操作、烟气循环、采用低氮氧化物燃烧器等，可降低氮氧化物约15%～70%的排放量。

(4) 提高生产装置的控制和操作水平，减少气体放空的频次；并加设火炬气回收设施，减少火炬燃烧烟气。

（5）如不能保证清洁燃料供应，特别是热工锅炉或自备电站，如用煤或焦炭为燃料，应设烟气处理设施；如处理加热炉烟气，应考虑集中烟囱排放并加设烟气处理设施。有条件时，可考虑采用沥青或焦炭部分氧化工艺，一并解决蒸汽、发电、制氢和废气排放控制的问题。

9.2.3.3.2　酸性气

有效地处理含硫气体，对炼油厂控制二氧化硫及恶臭排放有决定性的意义。应保证所有的含硫气体均经过脱硫，脱出的硫化氢气体均进入硫黄回收装置。应保证上述含硫气体处理装置正常运行周期与生产装置生产周期一致，确保含硫气体无组织排放。

9.2.3.3.3　催化再生烟气

（1）采用先进工艺，减少烧焦量，进而减少再生烟气量；

（2）控制催化进料的硫含量，应<0.3%；

（3）进料的硫含量较大时，可考虑使用硫转移剂或考虑使用烟气处理技术。

9.2.3.3.4　烃类气体

（1）工艺装置的所有放空气均予以回收，不得直排大气；

（2）采用先进的设备及密封技术，减少烃类气体泄漏；采用挥发损失小的油品储存和装运设备，减少储运过程的油气挥发量；采用油气回收技术，回收挥发的油气，减少排放。

9.2.3.3.5　恶臭污染

炼油厂各类恶臭源的治理对策：

（1）把全部安全阀泄压口和临时放空口引入低压瓦斯系统，利用低压瓦斯气柜的缓冲作用，对低压瓦斯进行增压脱硫后回收；消除由于安全阀泄压、非正常生产临时性排放等引起的恶臭污染。

（2）改进生产过程中的原料、生产控制和中间产品的采样方法，按工艺要求设立分片集中的密闭采样箱，减少由于分析采样过程带来的恶臭污染。

（3）发展装置化、密闭化的污水处理设施。对目前存在的敞开式设施，先进行密闭、收集，对收集的恶臭气体再用焚烧或吸收的办法去除其中恶臭物。密闭收集结合生物、微生物脱臭也是污水处理厂恶臭治理的有效办法。

9.2.4　炼油厂固体废物的控制

炼油生产中产生多种固体废物，大多数属于危险废物，部分具有可燃、有毒、易反应的特性，其形态有固态、浆液状、液态等不同类型。

固态废物主要产生于生产装置排出的废催化剂；浆液状废物主要有污水处理厂三泥（生化污泥、池底污泥、浮渣）、储罐底泥等；液态废物主要有废碱液、废酸液、废溶剂等。

应首先从减量入手，选择先进的工艺技术，减少废物的产生量；其次是回收或再生循环使用可利用的固体废物；最后是安全填埋的方式，处理不可回收利用的固体废物，避免产生污染。

9.2.4.1　减少碱渣产生量的方法

（1）在未完全用加氢精制取代电化学精制工艺的情况下，加工含硫较高的胜利混合油，平均加工每吨原油产生的碱渣量为5.47kg，而加工大庆油、任丘油、大港油等低硫原油，平均加工每吨原油产生的碱渣量为0.94kg。

用加氢精制取代电化学精制工艺，不但能提高产品质量，且可以减少60%~80%碱渣产生量。

(2) 合理注氨，取消碱洗。这种方法在加工大庆油的炼油厂常压、催化分馏塔顶已采用，并取得了明显的效果。

(3) 加氢生成油原来使用碱洗，现可改为用加氢的办法，可使每吨原料油节省碱0.28kg，而且回收了硫资源。

9.2.4.2 污水处理厂"三泥"

炼油厂各生产工艺产生的废渣、废水进入污水处理厂处理，对大量污水净化的同时，有害物质被浓缩到了"三泥"中。污水处理厂在运转过程中会产生大量的含油污泥。国外炼油厂的数据统计显示：污泥的产生量为0.4~0.5kg/t原油。我国炼油厂污水处理厂的"三泥"产生量差别较大，加工原油7Mt/a的炼油厂，控制较好的厂可将污泥的产生量降到约0.71kg/t；当加工原油能力扩大到13.5Mt/a时，污泥的产生量可减少至0.56kg/t，与国外的水平大致相同。

控制"三泥"的排放，一般先进行浓缩、脱水，使其含水率由97%~99%降到80%~85%左右，再进行填埋、焚烧等方法处理。

9.2.4.3 废溶剂

炼油厂废溶剂大部分可以回收重复利用，如乙二醇、糠醛，甲醇等。最终不能回收的废溶剂，如废环丁砜等可焚烧处理。

9.2.5 生产装置与环保要求

9.2.5.1 蒸馏装置

9.2.5.1.1 工艺简介

蒸馏装置是炼油厂最重要的加工装置。这类装置包括电脱盐、初馏、常压蒸馏、减压蒸馏四个部分。装置的工艺原理简述如下：

(1) 电脱盐过程是在高压电场的作用下，除去原油中的无机盐类及悬浮固体的工艺，以减少对设备和管线的腐蚀与堵塞，还可以防止后序工艺的催化剂中毒。

(2) 常压蒸馏和减压蒸馏，是用常压蒸馏和减压蒸馏的方法对原油按沸点不同进行分离而得到各种石油馏分的过程。如原油中重整料及汽油馏分多时，在常减压蒸馏之前都设有初馏塔。此外，汽、柴油产品需要精制而又无加氢精制手段时，装置还设有碱洗、水洗等设施。

9.2.5.1.2 水污染源分析及控制

1. 电脱盐排水

电脱盐过程所排的废水，来自原油进装置时的自身携带水和溶解原油中的无机盐所注入的水。此外，加入破乳剂使原油在电场的作用下将其中的油和含盐废水分离。由于这部分水与油品直接接触，溶入的污染物较多，特别是电脱盐罐油水分离效率不高时，这部分排水中石油类和COD均较高。排水量与注水量有关，一般注入量为原油的5%~8%。

筛选好的破乳剂，确定合适用量，提高电脱盐效率都对提高油水分离效果有利；用含硫污水汽提后的净化水回注电脱盐可减少新鲜水用量，同时减少净化水排放的挥发酚含量；增加油水分离时间，严格控制油水界面(必要时设二次收油设施)可减少排水中油含量。

2. 塔顶油水分离器排水

蒸馏装置的初馏塔顶、常压塔顶、减压塔顶产物经冷凝后均分别进入各自的油水分离器，进行油水分离并排水。这部分水是由原油加工过程中的加热炉注水、常压塔和减压塔底注入蒸汽及产品汽提塔所用蒸汽冷凝水、抽空器冷凝水、塔顶注水、注缓蚀剂所含水分等组成。由于这部分水也是与油品直接接触，所以溶入污染物质较多，排水中硫化物、氨、COD均较高。排水中带油情况与油水分离器中油水分离时间、界面控制是否稳定有关。在正常生产情况下，严格控制塔顶油水分离器油水界面是防止排水严重带油的关键。

3. 机泵冷却水

机泵冷却水由两部分构成：一部分是冷却泵体用水，使用循环水冷却后进循环水圆水管网循环使用。另一部分是泵端面密封冷却用水，使用后排入含油废水系统。一般热油泵需冷却水较多。如端面密封漏油较多，则冷却水带油严重。如将泵端面密封改为波纹管式端面密封，可以减少漏油污染。

4. 含油雨水

含油雨水主要指下雨时，装置受污染汇水区域内的初期雨水。其受污染程度取决于汇水区域内设备泄漏状况。蒸馏装置污染严重的汇水区域为炉区和换热区，还有管带下排凝区，初期雨水油含量约为50mg/L。随着设备静密封泄漏率的降低，初期雨水的油含量也相应降低。为防止过多雨水进入含油污水系统，要求下大雨15min后，用事先准备好的沙袋将通往含油污水系统的地漏堵住。有的炼油厂采用对地漏加限流孔板方式，防止雨水对污水厂的冲击。

5. 装置其他排水

(1) 油品采样。蒸馏装置有汽油、煤油、柴油等油品采样口，用于采集油品进行质量检测。一般油品采样都要将开始采出的油放掉，这部分油品会污染排水。采用自动分析仪或密闭采样法，也可以将油放入地下污油罐回收，以减少污染。

(2) 设备。如拆卸油泵、换热器等，需将设备内的存油排空进入污水系统。如果能在设备上设专线将油抽至污油回收系统(或地下罐)，可以减少污染。

(3) 停工扫线。装置停工需将设备、管线中的存油用蒸汽吹扫干净。此阶段排放污染物最为严重。应制定停工方案并严格执行，尽量将存油送至污油罐区，严禁各低点放空乱排乱放。或者采用密闭吹扫措施，回收装置系统存油。

(4) 地面冲洗。原油泵、热油泵、控制阀等部位所在地面最易遭受污染。一般不允许用水冲洗地面，通常用蘸有少量煤油的棉纱擦去油污。

(5) 装置废水排放计量。各种废水排放出装置进入全厂含油废水系统之前，要设置计量井，并制订排水定额。对控制排放废水的污染较为有效。

9.2.5.1.3 大气污染源分析及控制

(1) 加热炉烟气。烟气中的二氧化硫与燃料中硫含量有关，使用低硫燃料气及低硫燃料油能有效降低二氧化硫的排放量。氮氧化物的排放量与燃料中的氮含量及燃烧火嘴结构有关。

(2) 停工排放废气。装置在停工时，需对塔、容器、管线进行蒸汽吹扫，大部分存油随蒸汽冷凝水排出，还有部分未被冷凝的油气随塔顶蒸汽放空进入大气；检修时，需将塔、容器等设备的人孔打开，将残存的油气排入大气；要制定停工方案并严格执行，严格控制污染。或者采用密闭吹扫措施，回收装置系统轻油。

(3) 无组织排放废气。一般情况下含硫废水中硫化氢及氨的气味较大，输送这种含硫污水必须密闭，如有泄漏，其毒害严重。硫化氢废气经常泄漏的部位是在三顶回流罐脱水部位。

减少排放措施是控制好塔顶注氨。输送轻质油品及碱渣管线、阀门泄漏会造成大气污染，蒸馏装置设计有常压塔顶减压阀为紧急放空所用，放空气体进入紧急放空罐。管线阀门的泄漏率应小于2‰。

另外，蒸馏装置通常设三顶瓦斯回收系统，将初馏塔顶、常压塔顶、减压塔顶不凝气引入加热炉作为燃料烧掉，这样对节能、安全、环保均有利。

9.2.5.1.4　固体废物污染源及控制

(1) 碱渣。汽、柴油碱洗过程产生碱渣并呈强碱性，有很高的COD，必须进行预处理。操作中应控制排碱的指标，以充分利用碱。蒸馏装置如没有产品直接出厂，可不设碱洗，无碱渣排放；若有产品出厂，根据产品的硫含量，可采用碱洗工艺，也可以采用加氢工艺精制产品。部分炼油厂已将脱臭以后的汽油碱渣作为柴油碱洗补充碱，可减少全厂汽油碱渣的排放量。

(2) 检修时在塔、容器及罐等底部有少量的固体废弃物排出，主要为设备腐蚀产生的铁的氧化物与油的混合物，可送化工废料堆埋场或委托有资质单位处置。做好设备防腐，可以减少这种固体废物的排放。

9.2.5.1.5　噪声污染源分析及控制

装置主要的噪声源是机泵、空冷器、加热炉的噪声。常用的消声技术有阻性消声、抗性消声、损耗型消声、扩散消声等，以及采用隔声降噪措施。

9.2.5.2　催化裂化装置

9.2.5.2.1　工艺简介

催化裂化装置是炼油厂最重要的二次加工装置。按处理的原料分类有蜡油催化裂化、重油催化裂化、催化裂解等类型。这里介绍的是重油催化裂化装置。装置由反应—再生系统、分馏系统、稳定系统、脱硫系统、三机系统及热工系统六部分组成。其原理简述如下：

(1) 反应-再生系统。将常减压馏分油、减压渣油、回炼油浆等在高温催化剂作用下在提升管反应器内进行催化裂化反应，由重质油品转化为轻质油品。反应生成的油气送分馏系统。

反应后的含碳催化剂经旋风分离器回收后进入再生器烧焦。再生后的催化剂返回提升管反应器循环使用。

(2) 分馏系统。在分馏塔内利用反应油气沸点的不同分离成塔顶油气、轻柴油、回炼油和油浆。

(3) 稳定系统。将气压机来的压缩富气和分馏来的粗汽油经过吸收、解吸、精馏后分离出瓦斯气(干气)和液态烃。稳定汽油经碱洗后送脱硫醇装置处理。

(4) 脱硫系统。利用乙醇胺溶剂在低温下吸收酸性气的性质，脱除干气和液态烃中的硫化物、二氧化碳。为保证产品质量，后部一般要进行碱洗。

(5) 三机系统。包括主风机、气压机和增压机。主风机供给再生器提供烧焦所需主风，增压机提供催化剂流化提升所需增压风，气压机将分馏系统来的富气压缩升压。

(6) 热工系统。包括再生器外取热器、高温取热器、蒸汽过热器、再生烟气余热锅炉及其配套设施，主要是回收高温烟气、再生器过剩热能。产生中压蒸汽自用或外送。

9.2.5.2.2 水污染源分析及控制

1. 粗汽油罐排水

这部分水为催化裂化装置主要工艺废水，由来自反应器、分馏塔、汽提塔所给的提升蒸汽、汽提蒸汽、烧焦蒸汽等凝结而成，其水量与加工量及掺炼渣油的比例成正比。这部分水与油气充分接触，吸收了反应中产生的硫化氢、氨、酚等物质，也称含硫污水。其污染物含量主要与加工原料种类有关。由于污染负荷大，不能直接送污水厂处理，必须送含硫污水汽提装置进行脱硫、脱氨处理。处理后的净化污水可供蒸馏装置电脱盐注水和本装置压缩富气注水，达到节约除盐水、并进一步脱除净化水中的挥发酚等污染物的目的，效果较好。

也有的装置将粗汽油罐排水直接用于富气注水。

为减少该罐排水带油，可适当加大油水分离器的容量或采用二次分离，以增加污水的停留时间，提高分离效果。

2. 凝缩油罐排水

这部分水来自压缩富气注水和少量油气中凝结水，注水量多少直接影响这股水的水量和水质。注水目的是将压缩富气中含硫化氢、氨等物质溶解在水中除去，否则会影响后部碱洗脱硫的负荷及产品质量。由于这股水压力高，一般将这股水与粗汽油罐的含硫污水混合后再送含硫污水汽提装置。不能用减少注水量方法来减少这部分水量。可利用含硫废水汽提后的净化水回注来减少除盐水消耗，以减少外排废水量和全厂污染物排放总量。

3. 机泵冷却水

催化裂化装置机泵较多，许多热油泵操作温度高，很难采用无泄漏的磁力泵、屏蔽泵。除泵密封漏油外，机泵检修也会排出一些油进入下水，如原料泵、油浆泵、回流泵端面冷却水中带油较多，它们构成装置含油废水的主体。为减少废水带油，可考虑在装置内设专线，将检修中的废水集中到地下罐回收污油后再排放。

4. 其他含油废水

催化裂化装置还经常因处理设备管线、油品采样、排凝、冲洗地面等产生含油废水，有时含较多的油类。这些废水排至装置出口隔油池回收污油后送入污水场处理。

5. 余热锅炉汽包排污

催化裂化装置回收能量消耗大量除氧水，为防止结垢，需在水中加入药剂，在汽包进行排污。由于工艺要求汽包中水为pH值为8.5~9.5，因此这部分连续排废水主要是pH值超标。

可将这股水改做循环水的补充水，进行综合利用。

6. 含油雨水

催化裂化装置的围堰，主要有塔区、冷换区、炉区围堰，一般设置有雨、污水切换阀。当下暴雨时，汇集雨水形成对地面的冲洗并灌入了含油废水地下管网。控制的措施是下雨15min前的含油雨水进入污水管网；15min后将各围堰排污阀关闭，打开雨水阀。防止大量后期雨水灌入污水系统，造成对污水处理场的冲击。

7. 装置开停工的废水排放

催化裂化装置开停工前，车间应制定详细的环保方案，送上级环保部门审批。开停工时，应严格按照环保方案操作，环保部门应加强现场的巡回检查。特别在装置停工检修时，因塔、容器、机泵、换热器要排空、吹扫，吹扫蒸汽凝结形成含油废水，主要污染物为石油类，排水的COD较高。为减少这些污染，应设低位油水收集罐将停工中的油收集起来，减少排入含油废水系统中的油含量。停工中还有较多含碱、含硫废水，主要来自催化装置干气、液态烃脱硫和汽油碱洗等系统吹扫处理的蒸汽的凝结废水，硫化物一般为20~200mg/L，挥发酚可达200~2000mg/L，碱度也较高。这部分水应进行清污分流排放至含硫或含碱废水下水系统送污水处理厂处理。装置开停工期间要加强环境监测，主要监测排放废水的COD，发现问题及时处理。

9.2.5.2.3 大气污染源分析及控制

1. 再生烟气

主要由再生器燃烧待生催化剂上积炭所产生。这部分烟气经三级旋风分离器回收催化剂颗粒后送烟气轮机发电，再送余热锅炉回收能量后经烟囱排入大气。烟气排放量取决于为再生器提供的主风量；烟尘主要来源于催化剂细粉和未燃烧净的颗粒；二氧化硫、氮氧化物、一氧化碳含量取决于再生器工作状况和催化原料中硫含量。如果催化裂化装置掺渣油比例提高，催化剂上积炭和硫增多，再生器热负荷增大，再生温度升高，导致烟气中二氧化硫、氮氧化物、一氧化碳含量增加。为抑制一氧化碳生成，再生器中加入一氧化碳助燃剂，可大大降低烟气中一氧化碳含量至0.5mg/m^3以下，以防止再生器发生尾燃现象，保护再生器。为降低烟尘含量，普遍采用了三级高效旋风分离器，最大限度回收催化剂。为降低再生烟气的排烟温度，综合利用其压力能和热能，催化装置利用能量回收装置回收烟气的热能，采用烟机发电回收压力能。

为减少烟气二氧化硫的排放量，国内外已开发投用了硫转移催化剂，将工艺过程产生的硫化物转移到产品后部脱除，以减少烟气中二氧化硫的含量。

2. 无组织排放废气

催化裂化装置含硫废水、碱渣等必须采用密闭输送，防止其泄漏，污染环境。

装置主要塔、器顶部均有泄压线，当系统压力过高时，可将油气送入全厂低压瓦斯放空线，送火炬燃烧以保证装置安全生产。为了回收这部分资源，降低损失，减少污染，采取了低压瓦斯集中进气柜，利用压缩机将这部分低压瓦斯压缩后送全厂高压瓦斯系统，为全厂加热炉、锅炉提供燃料。这种方式只要设备正常运行可回收99%以上瓦斯气。

3. 粉尘

催化裂化装置在开停工及正常生产中要装入或卸出催化剂，会产生一些粉尘污染。为降低污染，需做好密闭及抽负压等措施。当装置再生系统异常时，会出现大量催化剂粉尘被再生烟气携带从烟囱排出，造成污染和损失，应立即采取措施调整操作，恢复正常生产。

9.2.5.2.4 固体废物污染源分析及控制

(1) 碱渣。催化汽油需要碱洗精制，当碱使用一段时间后，失去吸收硫化氢等物质的能力，需更换新碱，排出液态的碱渣。这种碱渣是强碱性，含有较高的酚和硫化物，其COD可达数十万mg/L。目前，减少碱渣的措施是提高碱洗效果，延长换碱时间，也采用氨洗部分代替碱洗。催化汽油碱渣，应送碱渣处理装置进行预处理，处理后的废液送污水处理厂处理。有的用氨洗代替碱洗以消除碱渣。

过去催化裂化装置普遍采用碱洗脱除液态烃中的硫化物，产生了液态烃碱渣。现在工艺上已用溶剂脱硫技术代替碱洗工艺，故这种污染物已基本消除。有的炼油厂仅将碱洗作为补充手段。

(2) 平衡催化剂。正常生产情况下，催化裂化装置有少量催化剂被再生烟气和油浆带走。但是如果跑损太少，导致催化剂活性太低，会影响正常生产，需要将部分平衡催化剂卸出来，这样就产生了废催化剂。此外，当装置更换催化剂时也需要人为卸出部分平衡催化剂。这部分催化剂应集中回收，待装置跑损催化剂时使用。若无再利用价值，应委托有资质单位处置。

(3) 停工检修中的废渣。催化裂化装置在停工检修时，要清理出一些固体废弃物。主要有：脱硫醇的废活性炭，由制造厂家回收或送化工废料垃圾场填埋；废保温材料、废催化剂、泥脚等均送化工废料垃圾场填埋或委托有资质单位处置。

9.2.5.2.5　噪声污染源分析及控制

催化裂化装置主要噪声源是主风机、气压机、烟气轮机、空冷器、机泵等。常用的消声技术有阻性消声、抗性消声、损耗型消声、扩散消声等，以及采用隔声降噪措施。当装置开停工时，因蒸汽放空或主风机放空造成的噪声可达100dB以上，需加装消声器。

9.2.5.3　催化重整装置

9.2.5.3.1　工艺简介

目前，我国炼油厂催化重整装置主要有固定床半再生重整、连续重整两种类型，装置的目的是生产高辛烷值汽油和芳烃。

这里以某炼油厂连续重整装置为例进行介绍，该装置由原料预处理、催化重整、芳烃抽提和分离、催化剂再生四部分组成。装置的工艺原理如下。

(1) 原料预处理将原料切割成适合重整要求的馏分，脱出对催化剂有害的金属和非金属杂质，如铅、砷、铜、硫、氮和氯等。

(2) 催化重整在催化剂的作用下，将石脑油中的环烷烃、烷烃脱氢、异构化生成芳烃(常用含铂的催化剂)。

(3) 芳烃抽提。利用化学溶剂(二乙二醇醚、三乙二醇醚、环丁砜等)对芳烃及其饱烃类溶解性能的不同，将芳烃抽提出来，使芳烃和非芳烃分离降低重整汽油的芳烃含量。芳烃的分离通常采用精馏的方法。

(4) 催化剂再生在再生器内催化剂再生自上而下依次进行，经烧焦、氯化、干燥，再用氢气进行还原。

9.2.5.3.2　水污染源分析及控制

1. 含硫污水

在原料预处理单元，原料中的硫、氮等杂质经预加氢后，生成易堵塞设备的铵盐。为防止铵盐结晶堵塞设备造成系统压降增大影响生产，在预加氢进出换热器前增加了注水点。注入的水在油气分离器进行分离，水中含有氯化物、硫化物等污染物，该水排往含硫污水系统。预加氢系统注水可利用抽提系统的冷凝水，以达到节水的目的。

2. 抽真空冷凝水

抽真空系统回收塔负压操作，抽真空所用蒸汽与塔顶抽出物一起抽出，经冷却后在油水分离器进行油水分离。水中含有大量的苯、甲苯等苯系物，抽真空水排往含硫污水系统。降低塔顶温度，控制好回流罐界位，可减少苯系物带出量。

3. 机泵冷却水

输送高温介质的机泵，轴套用循环水冷却；轴封用新鲜水冷却。由于轴封冷却水与渗漏的介质接触使水质受到污染，这部分废水排往含油废水系统，该废水是装置含油废水的主要来源。影响该废水水量的机泵有二甲苯回流泵、邻二甲苯回流泵、苯及甲苯回流泵等。

4. 含碱废水

重整催化剂再生烧焦过程中产生含氯酸性气体，在气体中注入水及10%的氢氧化钠(NaOH)溶液，使之与酸性气发生中和反应，保证再生气循环使用而不致对再生器产生腐蚀。该股废水排入含碱废水系统。

5. 雨水

装置的设备区设置围堰并采取清污分流措施，正常时隔断与含油污水系统的联系，雨水排入明沟。如有泄漏发生，将泄漏物料和清洗水改入含油废水系统。

6. 其他污染物排放

(1) 油品采样装置设立采样废油回收系统，每个采样口下设有一条管线通往地下污油罐，包括涮洗采样瓶的废油必须全部回收。

(2) 导凝滴漏预加氢、重整等系统由于高温、高压各导凝容易产生泄漏。为杜绝泄漏的发生，在各导凝增加堵头。

(3) 机泵检维修运行中机泵的检维修，特别是输送苯类机泵的修理，若将残液直排将使外排污水COD浓度上升，增加污水处理的难度。为此对芳烃分离单元苯类机泵增设至装置地下罐的回油线，便于检维修机泵的排空，以降低污水的COD。

(4) 停工检修装置停工期间，各设备、管线内的物料需尽可能回收，各塔、罐底部的物料、废水可根据现场情况排入装置地下罐或含油废水系统。各吹扫口排放的废水在围堰内的排往含油废水系统，围堰外的废水在装置明沟总排口可进行临时隔断改排含油废水系统。

9.2.5.3.3 大气污染源分析及控制

1. 加热炉烟气

重整装置有若干台加热炉，燃料主要为脱硫干气和少量自产未脱硫干气。热载体炉有辅助燃油火嘴，加热炉烟气经联合烟道进入高烟囱排放。根据烟气排放标准，需要进行相应治理，确保达标排放。

2. 催化剂再生烟气

装置催化剂再生采用连续烧焦，气体闭路循环。在催化剂进行烧焦时需补充空气，气体闭路循环，产生含氯酸性气，采用碱液循环系统洗涤催化剂再生烟气进行中和后排大气。

3. 无组织排放废气

(1) 装置内溶剂罐和中间产品罐均采用内浮顶罐，同时设氮气密封，以减少无组织排放。

(2) 装置安全阀事故放空油气均排至火炬系统，进入系统气柜进行回收。

(3) 为防止油罐采样口对大气的污染，可将油罐上采样口改成带盖密闭式采样口。

9.2.5.3.4 固体废弃物污染源分析

(1) 脱氯剂因原料含有机氯化物，经预加氢后生成无机氯。为防止对设备腐蚀，在预加氢反应后增加脱氯罐吸附其中的氯。此外，在氢气出装置前设脱氯罐。当脱氯剂吸附饱和后必须更换脱氯剂。废脱氯剂送出安全填埋或委托有资质单位处置。

(2) 废干燥剂催化剂再生单元的再生循环气碱洗后须经干燥才能循环使用，使用的干燥剂硅胶经多次活化后效果下降，大约4~6个月更换一次，每次6t，可送砖瓦厂综合利用或委托有资质单位处置。

(3) 废白土抽提精馏单元的原料在工艺中经白土脱色处理，吸附其中的烯烃使产品合格。使用约2~3月后，白土塔需更换白土，更换量为30t/次。排出的废白土含烃类和石油胶质，由厂家回收填埋处理。

选择合适的重整原料、水氯平衡控制和反应苛刻度，可减少烯烃的生成，也可减少废白土的排放量。

(4) 废溶剂抽提系统的环丁砜使用中接触氧产生降解反应，使之老化失去作用且腐蚀设备，必须定期排出老化溶剂，大约2个月一次，排出量2t/次。老化溶剂送专业厂家焚烧处理。减少真空系统的泄漏，控制好溶剂罐的氮封，减少氧的进入，可减少老化溶剂的产生。

(5) 废催化剂预加氢、重整部分的催化剂活性下降，需定期更换。废催化剂由厂家回收处理。

9.2.5.3.5 噪声污染源分析及控制

装置的主要噪声源为大功率机泵和空冷器。常用的消声技术有阻性消声、抗性消声、损耗型消声、扩散消声等，以及采用隔声降噪措施。

9.3 企业环保管理

9.3.1 企业环保管理的基本原则

有权就有责。企业的生产经营管理者、各职能部门和其下属生产建设基层单位、车间分别对其管理范围内的环保工作负责。企业的最高管理者对本企业的环境行为负责。

工业企业环境管理的基本原则是：领导参与的原则；全过程管理的原则；各负其责的原则。

企业环境管理中要注意处理好四种关系：

(1) 发展生产和环境保护的关系企业必须做到环境保护和生产建设同步发展。

(2) 提高经济效益和环境效益的关系在符合国家和地方规定要求、实现环境稳定达标的基础上，努力提高经济效益，使企业持续、健康发展。

(3) 环境管理和其他专业管理的关系企业环境管理内容多包含在其他专业管理之中，因此，企业要统一协调各专业管理的环境管理内容和职责。

(4) 企业环境管理和区域环境管理的关系企业环境管理是区域环境管理的基础和组成部分。区域环境管理的开发，将会推动企业环境管理。搞好企业环境管理，又将促进区域环境质量的改善。

9.3.2 企业环保的主要工作

(1) 计划管理对企业建设项目“三同时”质量负责。计划管理中环境管理的主要内容是将环境保护目标同企业的发展目标统一起来，将清洁生产的绿色产品计划和环境管理工作纳入企业的长期发展规划和年度计划中去，将环境保护计划指标纳入企业指标体系中。

(2) 生产管理对生产过程的环境质量负责。生产管理是防治环境污染的主要环节之一，其环境保护管理的主要内容是搞好生产过程的环保“三同时”管理，即生产与环保同时安排和调度、同时检查、同时总结和考核。重点搞好生产装置污染源头管理，控制和减少其污染物的排放量，做好环保综合利用装置及污染治理设施的安全、稳定、高效率、长周期运行。

(3) 技术管理对工艺技术的环保技术负责。技术管理是企业持久地生产出优质产品的技术保证，也是从生产工艺和技术路线等方面控制、减少或消除废弃物或污染物产生的重要手段。其环境保护管理的主要内容是积极推行清洁生产，优选原、辅助材料和工艺路线，优化工艺过程，提高资源利用率，搞好资源综合利用和废弃物的回收利用及循环使用，减少废弃物特别是有害污染物的产生和排放。

(4) 基建管理对建设过程中的环境和建设的污染防治设施质量负责。基建管理主要负责企业基建项目的完成，同时还要减少施工过程中对环境的影响，确保与建设项目相配套环保设施的竣工投用。严格执行国家和地方管关于建设项目环保“三同时”(建设项目中防治污染的设施，应当与主体工程同时设计、同时施工、同时投产使用)的有关规定。

(5) 设备管理对因设备质量和设备运行状态的环保问题负责。设备管理应纳入环保设备管理的内容，包括选购无污染、低污染和运行可靠性高的先进设备，提高生产装置和环境保护装置、设备的运行周期，提高设备的完好率，降低泄漏率，减少或杜绝设备维修时污染物的外排。

(6) 质量管理对产品和原料的环保质量负责。企业质量管理中的环境管理的主要内容：一是严格管理清洁产品或有环境标志产品的质量指标；二是防止因工作质量和产品质量问题导致废品再处理，或处置过程中对企业污染防治系统的冲击或对环境产生不良影响。

(7) 物质能源和水资源管理对节能、节水负责。企业的生产过程同时也是物质能源和水资源的消耗过程，而环境污染的本质是资源、能源和水资源的浪费，因此与其环境管理之间有着非常密切的关系。

(8) 安全和职业卫生管理对企业的安全、职工健康负责。安全和职业卫生管理与环保管理相关的主要内容是搞好安全和职业卫生管理，杜绝因火灾、爆炸和跑料等恶性事故所带来的环境污染事故；防止因有毒、有害气体泄漏或紧急放空所带来的人身中毒和环境污染事故；监督、检查和落实作业场所尘毒防治措施和劳动保护措施，防止职业病的发生。

(9) 财务管理对环境治理资金的负责。财务管理中环保管理内容主要有筹集和落实建设项目中环保设施的投资和生产过程环保装置运行费用及其他环保费用，核算企业污染防治成本及各环保装置的运行费用，并纳入成本体系中进行考核，申报享受资源综合利用项目减免税等国家环保优惠政策，专项管理污染治理补充资金。

(10) 企业文化管理对提高全体员工的环境意识、创造企业文明负责。企业文化管理中环保管理内容主要是做好环保宣传、培训和教育工作，提倡和引导全体员工树立高度的环保意识。

(11) 环保管理对企业整体的环境质量负责。除督促和协同已包含和渗透在企业各项职能管理中的环保管理工作以外，专业环保管理的主要内容是污染物排放和环境质量管理，包括环保规划和计划管理、建设项目的环保管理、生产过程中污染控制全过程管理、环保技术经济管理、环保监测及统计管理、污染事故和厂群纠纷管理等。

9.3.3 生产调度的环保工作

9.3.3.1 日常生产组织中的环保工作

生产工艺的综合防治设计：生产工艺的综合防治设计要体现清洁生产和产品生命周期分析的思路，在生产过程的最前端，就将环境因素和预防污染的环境保护措施纳入到产品设计准则之中，使环境保护准则成为产品设计固有的一部分，并且置于优先考虑的地位。其内容主要包括：

(1) 合理利用资源和能源。生产工艺设计应尽量选用能充分合理地利用资源和能源的综合生产工艺，避免因单一性地利用资源而造成副产资源和有用资源的流失和浪费。

(2) 选用先进的工艺技术和设备。工艺设计和设备设计应尽可能选用高效率、少排污的先进工艺和设备，采用无毒无害或低害的原料路线和产品路线，以尽量减少生产过程中污染物的排放。

(3) 节约能源，提高用水循环率。应尽量选用低能耗的工艺路线和设备，节约能源，降低消耗，尽量减少消耗能源时排放烟尘和烟气量，充分利用余热和可燃气体。轻质油品储罐要采用内浮顶技术。企业给排水设计要从分类供水、局部循环、串级使用及提高监测管理水平，提高用水循环率。提高污水井和污水管线设计标准，防止造成地下水污染。减少新鲜水补给量和废水排放量。

污染源及污染物排放监督管理：根据制定的环境保护指标体系和分解落实指标及与各单位签订的环保责任制，环保部门应组织监测力量及巡回检查队伍，采用定期、定点巡检与随机抽查相结合的方法，加强对污染源及污染物排放监督管理。另外，可根据环境质量监测数据与环保处理设施的异常及时追查造成异常排污的原因，做到监测信息反馈及时、将污染消灭在萌芽状态。

各生产单位要对污染物排放实行总量控制，严格执行经济责任制中规定的环保指标。凡达不到进污水厂指标要求的废水，要设置必要的预处理设施，使高浓度污水经预处理后达到进污水厂控制指标；岗位、设备、管线的巡检要确定环保检查内容，要加强对设备“跑、冒、滴、漏”的管理，做到及时发现，妥善管理；各岗位要明确环保应知应会的内容，明确岗位责任制；严禁污染事故的发生。生产装置进入检修、汛期等一般易造成污染源异常排污，因此抓好生产装置异常情况排污是控制污染的关键。

各企业应对污染物产生单位准确计量(占污染物排放总量85%都应实行计量收费)。通过实施企业内部排污计费，深化对污染源头的有效控制，建立污染物减量化的约束激励机制，调动污染物产生单位减少排污的积极性和自觉性。

9.3.3.2 设备检维修和开停车阶段的环保工作

9.3.3.2.1 停工阶段环保管理

(1) 生产装置停工检修方案中，必须要有切实可行的控制排污的环保措施。

(2) 设备中液体物料倒空时，能返回储罐的一律返回原储罐；不能返回的要放入地下罐、事故槽或其他密闭容器中，以便回收利用。不得把有害液体排入地沟或地面，造成环境污染或冲击污水处理厂。

(3) 管线、机泵、阀门中残存的少量物料必须全部用小容器承接回收，不得直接排至地面或污水系统。

(4) 物料倒完后，所有冲洗设备、管线产生的含有物料或其他有害物质的一次废水，有条件储存的尽量储存，待预处理设施开车后处理排放；没有条件储存的一律送污水厂进行处理。

(5) 可燃性气体、设备及管线进行氮气或蒸汽吹扫时产生的尾气，要分别采取冷凝、吸附、洗涤吸收回收利用，送锅炉、焚烧炉、火炬燃烧或高空排放等方法加以处理，不得随便排入大气中，造成大气污染。

(6) 设备中的废渣要及时送出检修现场。能够回收利用或焚烧的，要进行妥善处理；不能回收利用或焚烧的，要进行安全填埋。严禁乱排乱放或转移污染。

(7) 管线、设备洗涤要尽可能按照工艺路线循环用水，减少污染物排放量。

(8) 重点排污装置要加强停工阶段的环境监测，并指定熟悉生产工艺和环保的人员专门负责这一阶段的环保监督和管理。

(9) 环保治理设施要在装置吹扫、倒空后再停车。

(10) 集中排放高浓度污水时要提前联系，避免造成对污水厂的冲击。

(11) 污水厂要根据生产单位检修安排，做好处理高浓度污水的准备，提高调储和处理能力，最大限度处理好异常排污。

9.3.3.2.2　检修阶段环保管理

(1) 加强检修期间的巡回检查工作，特别对存有物料的储罐要作为巡检重点，按时记录各物料储罐的液位，防止发生“跑、冒、窜”料现象。

(2) 酸洗换热器及其他设备时产生的各种废液要妥善处理，不得随便排入天然河道。废酸水、碱水必须经中和处理后才能排入污水厂。

(3) 设备及管线中清理出的有机固体废物(如聚合物、油泥、罐底泥等)要进行回收利用或无害化处理。

(4) 环保预处理设施要提前按质完成检修，以便为生产装置检修后开车创造条件。

(5) 消音、减震、除尘等环保设施要在开车前完成检修，恢复正常工作状态。

(6) 全部装置和管线在检修完成后，要试压消漏合格。要求静密封点泄漏率2‰以下，力争达到无泄漏标准0.5‰以下；机泵、物料压缩机等转动设备的轴封要保证不漏物料，确保开车进料时不发生跑料事故。

9.3.3.2.3　开工阶段环保管理

(1) 各生产单位在开工方案中要有具体的环保规定和环保治理设施开车方案，并由环保部门与车间进行条件确认。

(2) 各单位(装置)环保预处理设施必须根据实际需要，合理安排开工时间，保证主体装置开工后产生的污染物得到及时处理。

(3) 装置在进料前必须检查有关设备管线的出料阀、倒淋阀、取样口等是否关闭，防止发生跑料事故。

(4) 用有机物料置换氮气时，要将废气排入火炬燃烧后排放，或用冷冻、吸附、洗涤等办法进行无害处理，防止污染大气。

(5) 各单位监测部门在开工时必须及时监测装置区大气、污水质量，发现问题及时向有关部门汇报并处理。

(6) 各污水厂要提前完成检修，根据生产单位开工安排，做好接纳开工期间高浓度污水的准备，确保不造成污水处理的冲击。

9.3.3.2.4 雨季中的环保管理

雨季是污染事故的多发季节，因为大量的雨水从装置地漏、罐区地漏排入含油污水管网。因管径限制，不能把所有的污水送入污水厂，就会出现两种结果：一是从中间下水井冒出，因油轻，所以污油先冒出，流入河道造成严重污染；二是造成污水厂超负荷运转，只好直接排入河道，也会造成严重的污染。所以一定要加强雨季的环保管理。

（1）环保管理部门在雨季要加强值班，深入现场检查、落实各项制度。生产调度也要积极配合督促各生产车间认真对待。

（2）各生产车间的领导及当班班长，同样要认真检查，发现问题及时处理，并上报环保部门。

（3）要采取防范措施，主要有两个方面：一是各有污染作业区、罐、装卸油品站台均要设置围堰，其地漏要设置控制阀或雨污自动分流设施，使初期雨水能进入下水管网，后期雨水排入河道。二是所有油罐的下水井要高出地面，以防止地面大量雨水进入下水道，引起污染事故。

9.3.3.3 异常工况（事故状态）的环保工作

事故处理和预防：建立事故处理和预防管理程序，及时调查、确认事故或未遂事件发生的根本原因，制定相应的纠正和预防措施，确保事故不会再次发生。

9.3.3.3.1 事故状态下的环保管理

在一个企业环境污染事故主要有两类：一是大气污染事故；二是水污染事故。不管哪种事故发生，都会给该地区环境质量造成极大的危害，严重者会造成人员伤亡，后果不堪设想。所以对这类事故的发生要有各种准备，才能及时发现、果断处理，把事故的危害减少到最低。

（1）企业的环保管理部门要把本企业易出现此类事故的车间、装置或区域全部列出，制定相应防止污染事故处理预案。认真检查，及时发现易出现大气污染事故的有机气体泄漏事故、有毒气体泄漏事故和酸性气事故等。如硫黄回收尾气处理设施故障、含硫化氢酸性气的管线、阀门破损或泄漏等；跑油、跑料事故一般是在下雨、油罐切水、油罐或物料储罐冒顶、油罐或物料储罐损坏等时候发生。

（2）要建立一个事故应急系统，配备相应的救援处理、处置物资，把环保事故纳入全企业的抢险救灾系统，统一指挥、统一调度。

（3）污染事故发生后，应采取以下处理程序：

① 立即采取措施，切断污染源，防止事故的进一步扩大，并立即报告企业环保主管部门和生产调度部门。对于重大污染事故必须按事故报告制度迅速上报上级安全与环保管理部门和当地环保局。

② 采取物料回收、清理现场等措施。尤其对跑油、跑料等事故要认真进行处理、回收，妥善处理已造成的污染，将污染损失降低到最小。

③ 及时组织监测人员和准备必要的监测工具。如便携式有害有毒气体监测仪进行现场采样、根据污染现场情况进行大气和水体污染监测。

④ 组织调查污染事故发生原因及事故损失情况。

⑤ 完善防止同类事故再次发生的隐患治理措施。

⑥ 按事故管理办法要求填写“事故报告书”报企业环保部门。对于重大污染事故则要上报集团公司能源管理与环境保护部和当地政府环保部门。

⑦ 对于重大污染事故要协同上级主管部门、地区政府以及环保、公安、法院等部门，按照环保法和国家有关政策、法律，妥善处理因环境污染而引起的纠纷事故，并按照有关规定，做好被污染者的慰问、经济赔偿和其他工作。

⑧ 做好污染事故、纠纷事件的存档立案管理工作。

9.3.3.3.2 环境风险管理

石油、石化企业存在较大的环境风险，国内外重大环境污染事件已经是屡见不鲜，做好环境风险管理十分必要。

1. 摸清家底，开展重大环境灾害的风险评估

石油、石化行业可能发生的环境风险存在于原油、成品油罐的泄漏；海底(水下)输油管线的破损和泄漏；码头、水上(海上)运油船只的沉没、泄漏；有毒有害气体泄漏等。各企业都应开展重大环境风险的评估。

2. 制定防范措施，防患于未然

在风险评估的基础上，要制定有效的防范措施，定期开展监督、检查、评估，采取措施降低风险和危害。如海底长输管线安装紧急切断阀等。

3. 制定预案，开展演练，把灾害降至最低

在前两项工作的基础上，各企业要制定周密的预案，从预警、救援并建立与政府相关部门联动机制，利用一切可以利用的力量把灾害降至最低。

9.4 安全、环境与健康(HSE)体系、环境管理体系和清洁生产

9.4.1 环境管理体系

ISO14001系列标准是由国际标准化组制定的，是规范全球工业、商业、政府、非盈利组织和其他用户的环境行为，改善人类环境，促进世界贸易和经济的持续发展。ISO14001系统主要包括环境管理体系及环境审核、环境标志、生命周期评价三大部分。ISO14001系列标准的提出和实施，为环境管理体系的认证提供了合适的规范，使企业环境管理更加规范有序，同时也为企业国际交往提供了共同语言。

9.4.2 安全、环境与健康(HSE)体系

9.4.2.1 实施HSE管理体系的意义

1. 建立HSE管理体系是贯彻国家可持续发展战略的要求

石油石化企业的风险较大，环境影响较广。建立和实施HSE管理体系，以满足我国法律、法规和有关安全、劳动卫生、环保标准的要求，有效地进行生产活动，实现安全生产、环境保护和人员健康的需要，是石油石化企业的社会责任，也是对实现国民经济可持续发展的贡献。

2. 实施HSE管理体系对石油石化企业进入国际市场将起到良好的促进作用

自从国际上一些大的石油石化公司实施HSE管理以来，国际石油石化行业对石油石化

企业提出了HSE管理方面的要求，不实行HSE管理的企业将在对外合作中受到限制。实施HSE管理，可以促进我们的管理与国际接轨，树立良好的企业形象，为顺利进入国际市场提供支撑。

3. 实施HSE管理可减少企业的成本，节约能源和资源

管理体系采取积极的预防措施，将安全、环境与健康管理体系纳入企业总的管理体系之中。通过实施HSE管理，对企业的生产实行全面的整体控制，降低事故发生率，减少环境污染；降低能耗，减少事故处理、环境治理、废物处理和预防职业病发生的费用，提高企业的经济效益。

4. 实施HSE管理可减少各类事故的发生

一切事故都是可以预防和避免的。石油石化企业许多事故都是由于管理不严、操作人员疏忽引起的。实施HSE管理，将规范操作程序、提高管理水平、增强预防事故的能力，尽最大努力避免事故的发生。在事故发生时，通过有组织、有系统的控制和处理，将事故影响和损失降低到最低限度。

5. 实施HSE管理可提高企业安全、环境与健康管理水平

推行HSE管理体系标准，加强安全、环境与健康的教育培训。通过引进新的监测、规划、评价等管理技术，加强审核和评审，使企业在满足环境法规要求、健全管理机制、改进管理质量、提高运行效益等方面建立一体化管理体系。

6. 实施HSE管理可改善企业形象、提高经济效益

随着人们生活水平的提高，安全、环境与健康意识的不断增强，对清洁生产、优美环境、人身及财产安全的要求日益增高。如果企业连续发生事故，既造成企业的巨大经济损失，又会造成环境污染，给人们留下技术落后、生产与管理水平低劣的印象，以致恶化与当地居民之间的关系，给企业的活动造成许多困难。企业实施HSE管理，通过提高安全、环境与健康的管理质量，减少和预防事故的发生，可以大大减少用于处理事故的开支，减少事故造成的减产、停产、营业中断的损失，提高经济效益。从而既能满足职工、社会对健康、安全与环境的要求，又能改善企业形象，取得商业利益和增强市场竞争优势。这样就使企业的经济效益、社会效益和环境效益有机地结合在一起。

9.4.2.2 HSE管理体系十大要素

1. 领导承诺、方针目标和责任

中国石化集团公司HSE方针是："安全第一、预防为主、全员动手、综合治理，改善环境、保护健康，科学管理、持续发展"。HSE目标是："努力实现无事故、无污染、无人身伤害，创国际一流的HSE业绩"。HSE承诺是："在世界任何地方，遵守所在国家和地区的法律、法规，尊重他们的风俗习惯和宗教信仰，在所有的业务领域对HSE的态度始终如一"。最终目的就是追求最大限度地不发生事故、不损害员工健康、不破坏自然环境。

2. 组织机构、职责、资源和文件控制

要求企业为了保证体系的有效运行，必须合理配置人力、物力和财力资源，明确各部门、人员的HSE管理职责，定期开展培训以提高全体员工的素质，遵章守纪、规范行为，确保员工履行自己的HSE职责。

3. 风险评价和隐患治理

实行风险评价是建立和实施HSE管理体系的核心。要求企业经常对危害、影响和隐患

进行评价和分析，以便采取有效或适当的控制和防范措施，把风险降到最低限度。

4. 承包商和供应商管理

要求从承包商和供应商的资格预审、承包商和供应商的选择、开工前的准备、作业过程监督、承包商和供应商表现评价等方面对承包商和供应商进行管理。

5. 装置(设施)设计与建设

要求新建改建扩建装置(设施)时，要按照“三同时”的原则，按照有关标准、规范进行设计、设备采购、安装和试车，以确保装置(设施)保持良好的运行状态。

6. 运行与维护

要求对生产装置、设施、设备、危险物料、特殊工艺过程和危险作业环境进行有效控制，提高设施设备运行的安全性和可靠性，结合现有的、行之有效的管理方法和制度，对生产的各个环节进行管理。

7. 变更管理和应急管理

变更管理是指对人员、工作过程、工作程序、技术、设施等永久性或暂时性的变化进行有计划的控制，以避免或减轻对安全、环境与健康方面的危害和影响。应急管理是指对生产系统进行全面、系统、细致地分析和研究，确定可能发生的突发性事故，制定防范措施和应急计划。

8. 检查、考核和监督

要求定期对已建立的 HSE 管理体系的运行情况进行检查与监督，建立定期检查和监督制度，以保证 HSE 管理方针目标的实现。

9. 事故处理和预防

建立事故处理和预防管理程序，及时调查、确认事故或未遂事件发生的根本原因，制定相应的纠正和预防措施，确保事故不会再次发生。

10. 审核、评审和持续改进

要求企业定期对 HSE 管理体系进行审核、评审，以确保体系的适应性和有效性，使其不断完善，达到持续改进的目的。

9.4.3 清洁生产审核

清洁生产是将综合预防的环境战略持续地应用于生产全过程及产品应用和服务中，以提高效率、降低对人类和环境的危害。对生产过程来说，清洁生产是指通过节约能源和资源，淘汰有害原料，减少污染物和其他有害物质的生产和排放；对产品来说，清洁生产是指降低产品全生命周期，即从原材料开采到寿命终结的处置之间的整个过程对人类和环境的影响；对服务来说，清洁生产是指将预防性的环境战略结合到服务的设计和提供服务的活动中。

9.4.3.1 必要性

实行清洁生产是实现我国可持续发展战略的要求。中国经济发展面临的突出问题是经济增长的质量和效益不高、结构不合理、技术装备落后、资源的利用率低。要最大限度地提高资源利用率和减少污染物产生。要实现这一目标，企业就必须加强调整结构，科学管理，革新生产工艺，优化生产过程，推进技术进步。清洁生产包含了企业深化改革、转变经济增长方式的丰富内涵，是实现粗放型经济向集约型发展模式转变的具体体现。

实行清洁生产是控制环境污染的有效手段。清洁生产彻底改变了过去被动的、滞后的污染控制手段。强调在污染物产生排出之前就予以削减，即在产品、生产过程并在服务中减少污染物的产生和对环境的不利影响。从源头削减，大大减少了需要末端治理的污染物总量和处理设施的建设规模，因而投资及运转费用的节约、处理效果的提高，可以促进经济和环境的可持续发展。

清洁生产可提高企业的生产经营管理水平和市场竞争力。实施清洁生产是可持续发展战略指导下的工业文明的表现，是创立企业良好形象的内在要求。对内提高经营管理水平，对外树立企业形象，会提高公众对其产品的支持和信任。

9.4.3.2　途径

(1) 合理布局，调整和优化经济结构和产业产品结构，以解决影响环境的“结构型”污染和资源能源的浪费。同时，在科学区划和地区合理布局方面，进行生产力的科学配置，组织合理的工业生态链，建立优化的产业结构体系，以实现资源、能源和物料的闭合循环，并在区域内削减和消除废物。

(2) 在产品设计和原料选择时，优先选择无毒、低毒、少污染的原辅材料替代原有毒性较大的原辅材料，以防止原料及产品对人类和环境的危害。

(3) 改革生产工艺，开发新的工艺技术，采用和更新生产设备，淘汰陈旧设备。采用能够使资源和能源利用率高、原材料转化率高、污染物产生量少的新工艺和设备，代替那些资源浪费大、污染严重的落后工艺设备。优化生产程序，减少生产过程中资源浪费和污染物的产生，尽最大努力实现少废或无废生产。

(4) 节约能源和原材料，提高资源利用水平，做到物尽其用。通过资源、原材料的节约和合理利用，使原材料中的所有组分通过生产过程尽可能地转化为产品。消除废物的产生，实现清洁生产。

(5) 开展资源综合利用，尽可能多地采用物料循环利用系统。如水的循环利用及重复利用，以达到节约资源，减少排污的目的。使废弃物资源化、减量化和无害化，减少污染物排放。

(6) 依靠科技进步，提高企业技术创新能力。开发、示范和推广无废、少废的清洁生产技术装备。加快企业技术改造步伐，提高工艺技术装备和水平，通过重点技术进步项目(工程)，实施清洁生产方案。

(7) 强化科学管理，改进操作。国内外的实践表明，工业污染有相当一部分是由于生产过程管理不善造成的。只要改进操作，改善管理，不需花费很大的经济代价，便可获得明显的削减废物和减少污染的效果。主要方法是：落实岗位和目标责任制，杜绝“跑、冒、滴、漏”，防止生产事故，使人为的资源浪费和污染排放减至最小；加强设备管理，提高设备完好率和运行率；开展物料、能量流程审核；科学安排生产进度，改进操作程序；组织安全文明生产，把绿色文明渗透到企业文化之中等。推行清洁生产的过程也是加强生产管理的过程，它在很大程度上丰富和完善了工业生产管理的内涵。

(8) 开发、生产对环境无害、低害的清洁产品。从产品抓起，将环保因素预防性地注入到产品设计之中，并考虑其整个生命周期对环境的影响。

9.4.3.3 审核的步骤和方法

清洁生产的审核目的，是将整体预防的战略持续应用于生产过程、产品和服务中，彻底改变了过去被动的、滞后的污染控制手段。强调在污染产生之前就予以削减，即在产品及其生产过程并在服务中减少污染物的产生和对环境的不利影响。这是一种主动的环境保护方法，可大大降低末端治理的负担，提高企业的管理水平，提高管理人员的管理素质和能力，提高企业生产产品的市场竞争力。因此，清洁生产审核的过程是企业整个生产过程与质量、环境管理体系的有机融合，从而为全面建立完善的管理体系和管理模式打下基础。所以审核的内容也比较广，其审核方法与过程包括以下几个阶段。

第一阶段：筹划和组织

筹划和组织是进行清洁生产审核的策划和启动过程。清洁生产审核是一项系统工程，涉及企业的各个部门、综合性很强的工作，包含观念、资金、技术、信息等诸多因素。清洁生产审核的开展关键在于领导的重视和广大员工的积极参与。如何争取企业领导和员工的支持和积极参与，是清洁生产工作顺利进行和取得更大成效的根本保证。加强领导是清洁生产审核的关键。在开展清洁生产审核过程中，首先在公司内组建了清洁生产审核领导小组和清洁生产审核小组，策划清洁生产审核启动方案。针对清洁生产审核的不同阶段，采取了各种措施来保证清洁生产工作的顺利进行。制定了清洁生产工作计划和实施计划，严格按计划实施清洁生产审核。

第二阶段：预评估

预评估是清洁生产审核的初始阶段，是发现问题和解决问题的起点。主要工作是从清洁生产审核的8个方面出发，对生产全过程和现状进行调研和考察。掌握污染现状、企业产生污染重点部位以及资源消耗情况，通过定性或定量分析确定审核重点并设置清洁生产目标，及时实施一些明显的、简单易行的废物削减和节能降耗等清洁生产措施。

第三阶段：评估

评估阶段是对审核重点的原材料、生产过程以及废物产生进行评估。通过建立审核重点的物料平衡，分析物料流失的环节，找出污染物产生的原因，查找原辅料、产品储存、生产运行与管理和过程控制等方面的问题，为研制清洁生产方案提供依据。

第四阶段：方案的产生与筛选

本阶段的目的是通过方案的产生、筛选、研制，为下一阶段的可行性分析提供足够的中/高费清洁生产方案。工作重点是根据评估阶段的结果，制定审核重点的清洁生产方案。在分类汇总基础上(包括已产生的非审核重点的清洁生产方案，主要是无/低费方案)，经过筛选确定出两个以上中/高费方案，供下一阶段进行可行性分析。同时，对已实施的无/低费方案进行实施效果核定与汇总，最后编写清洁生产中期审核报告。

第五阶段：可行性分析

本阶段的目的是对筛选出来的中/高费清洁生产方案进行分析评估，以选择最佳的、可实施的清洁生产方案。审核重点是在结合市场调查和收集一定资料的基础上，进行方案的技术、环境、经济的可行性分析和比较，从中选择和推荐最佳的实施方案。最佳的可行方案指该方案是在技术上先进、在经济上合理有利、又能保护环境的最优方案。

第六阶段：方案实施

该阶段的主要目的是通过推荐方案（经过评估分析可行的中/高费方案的最佳方案）的实施，使企业实现技术进步，获得显著的经济和环境效益。通过评估已实施的清洁生产方案成果，激励企业推行清洁生产。本阶段的工作重点是总结前几个审核阶段的已经实施的清洁生产方案成果，统筹规划推荐方案的实施。

第七阶段：持续清洁生产

推行清洁生产是一个不断持续前进的过程。企业预防污染、保护环境是一项长期的任务。因此，进行持续清洁生产是公司必须长期坚持的一项重要任务。本阶段工作重点是建立推行和管理清洁生产工作的组织机构、建立和促进实施清洁生产的管理制度、制定持续清洁生产计划。

第10章 质量管理

10.1 质量发展趋势

产品质量的好坏，关系到每个人的切身利益，关系到整个社会的发展。质量问题已经成为越来越重大的战略问题。党和国家历来高度重视质量工作，早在中国共产党第八次全国代表大会上的政治报告中，就指出："无论轻工业或重工业，无论地方国营企业或者中央国营企业，都必须努力提高产品的质量。同样，为了完成国家的建设计划，工业、运输业以及其他一切部门的基本建设单位，都必须努力提高工程质量。这是我国社会主义建设事业中最迫切的问题之一"。同时还指出"社会主义的优越性，不但要表现在我们的经济成就的数量和进度上面，还必须表现在它的质量上面"。在中国共产党第十八次代表大会提出的"以技术、品牌、质量、服务为核心的出口竞争新优势"，"把推动发展的立足点转到提高质量和效益上来"。这都说明质量工作的重要性。现在质量问题越来越受到各国的重视，质量发展趋势由企业转向国家层面。从历史上看，强国均是科技进步，质量领先。质量发展已成为兴国之道、强国之策。随着国际经济竞争日趋激烈，质量已成为国家和企业生存与发展的一个关键因素。

质量反映了一个国家的综合实力，是企业和产业核心竞争力的体现。在21世纪，质量更成为新的国际商业语言，质量领先者将在全世界取得竞争优势，在市场中立于不败的地位。在质量管理方面，企业必须具备现代质量管理技能，才有实力参与全球竞争。

10.1.1 生产企业是质量主体

实现"中国梦"必须重视实体经济，因为一个国家的经济实力如何，不光看资本增值数量，还要看资产实际质量，其关键和基础还在于实体经济，要有国际知名品牌和核心竞争力的优势企业。

我国的国有企业在国民经济和国际竞争中起到支柱和主力军作用，中国石化作为国有企业的一员，涉及领域比较多，必须严格企业质量主体责任，发挥企业引领作用，提高质量管理水平，加快质量技术创新和社会责任履行。

企业主体作用的含义，包括企业应当承担的责任和企业可以发挥的作用。企业法定代表人或主要负责人对质量安全负首要责任；企业质量主管人员对质量安全负直接责任；实行质量安全"一票否决"；推动企业履行社会责任，建立健全履行社会责任的机制，将履行社会责任融入企业经营管理决策。企业要积极承担对员工、消费者、投资者、合作方、社区和环境等利益相关方的社会责任。

企业可以发挥的作用主要表现在：大力推广先进技术手段和现代质量管理理念方法，广泛开展质量改进、质量攻关、质量对比、质量风险分析、质量成本控制；把技术创新作为企业提高质量的抓手，加大技术创新投入，加快科技成果转化，积极应用新技术、新工艺、新材料，改善品种质量，提升产品档次和服务水平；发挥企业引领作用，引领新产品开发和品牌创建，带动中小企业实施技术改造升级和管理创新，增强质量竞争力。

例1：2010年3月中下旬，河南省安阳市多家4S店突然接到大批送修车辆。这些故障车辆都有着同样的“病征”：轻则出现加油不顺、冒黑烟、尾气刺鼻的情况；重则排气管不断喷出红色或黑色液体、无法启动；更严重的出现一些零件损坏情况。此事件发生的主要原因是安阳石油分公司油库外购的93号乙醇汽油入库质检环节把关不严，操作失误，使这批外购的93号乙醇汽油入库并供应市场，在部分客户投诉后，未及时采取措施进行有效处置，给部分车辆造成不同程度的损坏。经专家组对发生故障车辆油样和加油站罐底油抽样检验，确定该批次油品溶剂洗胶质和锰含量超过国家规定标准，判定为不合格产品。

该事件影响比较大，导致中国石化股价遭受重挫，对整个中国石化的品牌形象负面影响巨大。不合格产品不管是由进厂的原材料、添加剂造成，还是生产过程工艺、设备、检验等原因造成，企业作为质量主体必须承担责任。不仅对消费者承担责任，对投资、合作等利益相关方都有责任。

中国石化对此事高度重视，为警钟长鸣，把此次事故的4月7日确定为中国石化质量日，并确立“每一滴油都是承诺”的社会责任。

例2：中国石化通过技术进步，大力推进汽、柴油产品质量升级。对北京、上海和江苏提前供应国Ⅴ汽油，国Ⅳ汽油供应也比国家标准要求提前三个月。

这说明企业可以发挥引领作用。因为企业是技术开发和发明的主体，是技术进步的主要推进者，尤其实力雄厚的跨国企业是高新技术产业的主要领导力量，也是一个国家经济力量的重要标志。

石油化工企业生产调度作为指挥中心同样肩负质量责任。随着经济快速发展，对石油资源需求也快速增长，原油资源出现劣质化、多样化趋势。在生产指挥中如何减少有害物质排放，优化资源配置，减少设备腐蚀，生产高品质的产品方面生产调度担当着重要的作用。

10.1.2 生产企业应遵守的质量法律、法规和标准

石油化工企业是流程型的大工业企业，生产调度是生产企业全过程的指挥、平衡、协调的权威机构部门，生产调度在组织和指挥生产过程中，应从石油化工生产过程和产品特点出发，认真贯彻执行国家、地方的质量法律法规和标准，遵守中国石化质量管理制度，履行生产调度质量职责，在保证产品质量的前提下，完成生产任务，增加企业效益。

10.1.2.1 国家的质量法律、法规

国家关于质量方面的法律、法规比较多。具体相关到石油化工方面的质量法律主要有：《中华人民共和国产品质量法》《中华人民共和国标准化法》《中华人民共和国计量法》《中华人民共和国进出口商品检验法》《中华人民共和国消费者权益保护法》《中华人民共和国反不正当竞争法》，还有《民法通则》《合同法》《侵权责任法》《刑法》等部分章节。行政法规有《工业产品质量责任条例》《中华人民共和国工业产品生产许可证管理条例》《产品质量监督试行办法》《中华人民共和国认证认可条例》《危险化学品安全管理条例》《中华人民共和国标准化法实施条例》《中华人民共和国计量法实施细则》《中华人民共和国进口计量器具监督管理办法》《中华人民共和国强制检定的工作计量器具检定管理办法》等。部门规章多达50多个，如《产品质量监督抽检管理办法》《中国名牌产品管理办法》等。

法律、法规是有适用范围的。如《中华人民共和国产品质量法》对在中华人民共和国境内从事产品生产、销售活动，必须遵守本法。该法对产品也进行了定义，产品是指经过加工、制作，用于销售的产品。未经过加工制作的天然物品，如农民生产的粮食、蔬菜、瓜果等初级农产品，原煤、原油、建筑工地用的沙子等原始矿产品就是不属于《产品质量法》调整的产品。建筑工程和军工产品不属于《产品质量法》所称的产品范围之内，但是建筑材料、建筑构配件和设备、军工企业生产的民用产品适用《产品质量法》的规定，即所称的产品。

非用于销售的产品，即不作为商品的产品，如自己制作、自己使用或馈赠他人的产品，不属于《产品质量法》调整的范围。

产品质量是指产品满足需要的适用性、安全性、可靠性、耐用性、可维修性、经济性等特征和特性的总和。按照国际标准化组织制定的国际标准《质量管理和质量保证—术语》中的定义，产品质量是指产品“反映实体满足明确和隐含需要的能力和特性的总和”。不同质量水平或质量等级的产品，反映了该产品在满足适用性、安全性、可靠性等方面的不同程度。质量低劣的产品，基本不能甚至完全不能满足使用者对该产品在适用性、安全性和可靠性等方面的合理需求。

有缺陷的产品是指产品存在危及人身、财产安全的不合理的危险。如汽油产品胶质一项不符合标准就有可能造成车辆的损坏。用于航空的油品不符合标准就有可能造成航空器故障危及人身、财产安全。

《产品质量法》对生产者实行无过错责任，也就是只要产品有缺陷，不论生产者主观上是否有故意或过失，都要承担赔偿责任。但是，有下列情形之一的除外：一是未将产品投入流通的；二是产品投入流通时引起损害的缺陷尚不存在的；三是将产品投入流通时的科学技术水平尚不能发现缺陷存在的。

产品质量责任是指产品的生产者、销售者违反《产品质量法》规定的义务应承担的法律后果。产品质量法律责任的构成要件为：一是违反默示或明示担保义务。违反默示担保义务即法律、法规对产品质量有强制性要求的；违反明示担保义务即违反生产者、销售者与产品的用户、消费者约定的义务；不符合其在产品或者其包装上注明采用的产品标准、产品说明、实物样品等方式表明的质量状况。例：标注汽油研究法辛烷值≥93，但实测值为90；标注纯羊绒，但检出兔绒；产品明示执行某推荐性标准，但经检测不符合该标准等；二是产品存在缺陷造成人身、缺陷产品以外的其他财产损害的，并与损害后果之间有因果关系。

在《中华人民共和国刑法》第三章第一节第一百四十条对违反法律生产、销售伪劣商品罪的生产者和销售者均明确了相应的法则。

《产品质量法》第五章规定了14种行政处罚。产品质量行政处罚即质量技术监督部门对违反产品质量法律，尚未构成犯罪的行政相对人依法给予的一种法律制裁。例如：警告、责令停止生产、责令停止销售、责令停业整顿、责令停止使用、吊销营业执照、取消或撤销检验资格或认证资格等。

《产品质量法》第二十九条规定生产者不得生产国家明令淘汰的产品。国家明令淘汰的产品是指国务院有关行政部门依据其行政职能，对消耗能源、污染环境、疗效不确、毒副作用大、技术明显落后的产品，按照一定的程序，采用行政的措施，通过发布行政文件的形式，向社会发布自某日起禁止生产、销售的产品。例如：有铅汽油、一次性发泡塑料餐具、毒鼠强等。

在石油化工产品生产中，违反产品标准备注说明的就可能造成违法行为。例如车用汽油《GB 17930—2011》中要求车用汽油中，不得人为加入甲醇以及含铅或含铁的添加剂。车用汽油中所使用的添加剂应无公知的有害作用，并按推荐的适宜用量使用。车用汽油中不应含有任何可导致汽车无法正常运行的添加物或污染物。

为牟取利益，生产者、销售者在产品中掺入杂质或者造假，导致产品品质下降，致使产品中有关物质的成分或者含量不符合国家有关法律、法规、标准或者合同要求，是进行质量欺诈的违法行为。

2009年国务院下发了三定方案，各省市也明确了质量技术监督局、工商行政管理局各自的产品质量监管范围。质量技术监督局负责生产领域的产品质量监管，市工商行政管理局负责流通领域的商品质量监管。生产领域产品质量监管是指对生产环节产品质量依法履行监督的职责。如主要工业产品的抽检、危化品抽检等。

10.1.2.2 地方的法律、法规

为保证本地质量管理，一些地方也相继出台了一些法规和规章。如北京市出台的《北京市产品质量监督管理条例》《北京市计量监督管理规定》等，这些也是本地方企业所要遵守的。

例：北京市地方标准 DB 11/447—2007。规定自用燃料中硫含量不大于230mg/m^3；燃料油硫含量不大于0.3%。在北京地区炼油厂调和渣油燃料硫含量高于0.3%就不能用于加热炉燃料。

10.1.2.3 中国石化质量管理制度

为落实“质量永远领先一步”的质量方针和“质优量足，客户满意”的质量目标，不断提高中国石化的产品质量、工程质量、服务质量，中国石化科技开发部主办下发了中国石化科〔2010〕763号文《中国石化质量管理办法》。新的《中国石化质量管理办法》对中国石化的质量管理总体提出要求：要认真执行国家其他有关质量的法律、法规，采用现代科学方法，控制影响质量的各种因素，努力生产品质优良、适销对路、用户满意、在国内外市场有竞争力的产品。中国石化质量管理工作实行统一领导、分级管理、分工负责的管理体制。

科技开发部是质量管理工作的归口管理部门，主要负责质量工作的监督与协调。

油田勘探开发事业部、石油工程管理部、炼油事业部、化工事业部、油品销售事业部、资本运营部(资产公司)、工程部、工程企业管理部、物资装备部[以下简称各事业部(管理部)]是质量管理工作的专业管理部门，负责各自业务范围内的质量管理工作。

各企业是质量管理的责任主体。企业的主要负责人为本企业质量管理工作的第一责任人。各企业应设置独立的质量管理机构。

10.1.2.4 产品标准

石油化工正式销售出厂的产品必须有技术标准，标准可分为国家标准、行业标准、地方标准和企业标准。国家标准的特点：制定机关最高；效力层次最高；适用范围最广；涉及的内容最重要。行业标准的特点：反映了本行业的技术特色；效力仅次于国家标准；由国务院有关行政主管部门制定；适用范围限于本行业。

地方标准的特点：国家标准和行业标准的补充；对象范围较小，并不得与强制性的国家标准和行业标准重复或抵触；效力范围限于本省、自治区、直辖市；由省、自治区、直辖市标准化行政主管部门制定，并报国务院标准化行政主管部门备案。

企业标准的特点：制定前提是没有国家标准、行业标准和地方标准；只在本企业范围内有效；是最低一级的标准，不得与国家标准、行业标准中的强制性标准和地方标准相冲突。

产品标准可分为强制性标准和推荐性标准。保障人体健康，人身财产安全的标准和法律、行政法规规定强制执行的标准是强制性标准，其他标准是推荐性标准。强制性标准，必须执行。不符合强制性标准的产品，禁止生产、销售和进口。推荐性标准，国家鼓励企业自愿采用。我国现有国家标准约1.8万个，其中约10%为强制性标准。强制性标准对于维护经济秩序、保护国家利益和公民的生命财产安全具有十分重要的意义。

在石油化工产品中，强制性的标准比较多。如：3#喷气燃料、车用汽油、普通柴油、车用柴油、液化石油气等均执行强制性标准。

随着人民生活质量日益提高，产品质量标准也在发生变化，对产品质量要求也在不断的上升。鉴于石油化工行业的特点和环境保护的要求，各国相继对大气中各种排放污染源的排放物提出相应控制要求，制定了强制性的排放标准，以控制汽车污染物的排放量，其中提高燃油品质成为了汽车工业和炼油工业发展的动力。机动车排放法规的不断严格，带动了汽车设计的革新和燃油品质的升级，尤其是汽柴油产品标准不断升级。

在汽油方面，自2000年我国开始限制含铅汽油的生产以后，一直把降低汽油中的硫含量作为我国汽油质量升级的主要目标。在降低汽油的硫含量方面，我国的步伐还是比较快的。2000年开始国内汽油中的硫含量要求是不大于1000mg/kg，2003年降低到800mg/kg，2005年降至500mg/kg，2010年降至150mg/kg，2014年降至50mg/kg。在降低汽油的烯烃方面，满足国家第二阶段的汽油中的烯烃含量的体积分数为不大于35%，第三阶段为不大于30%。2009年，我国开始执行国三阶段汽油标准GB 17930—2006。2011年出台了国四阶段汽油标准GB 17930—2011，2013年出台了国五阶段汽油标准GB 17930—2013。2016年出台了国六阶段汽油标准GB 17930—2016。国六阶段车用汽油的技术要求依烯烃含量的不同分为ⅥA阶段和ⅥB阶段。

北京市分别于1999年、2002年、2005年、2008年、2012年在全国率先实施了国Ⅰ、Ⅱ、Ⅲ、Ⅳ、Ⅴ排放标准和相应的地方燃油标准，极大地推动了汽车技术的进步和燃油质量的提高。2012年6月以后北京市使用的车用汽油硫含量为不大于10mg/kg，已达到国际标准。2017年1月1日起，北京市全面实施京标Ⅵ汽油标准，改善了北京的大气环境。

在柴油方面，我国长期以来没有专门的车用柴油品质标准，一直沿用轻柴油的品质标准。2002年起实施的国家轻柴油标准GB 252—2000，其中硫含量质量分数要求不大于0.2%。2003年国家制定车用柴油标准GB/T 19147—2003，该标准将车用柴油，特别是城市车用柴油和轻柴油进行了区分，设定了比一般轻柴油更高的品质要求，目标是适应我国第二阶段汽车排放标准(相当于欧Ⅱ排放水平)。2009年我国根据欧盟标准EN590：1999重新起草了车用柴油标准GB 19147-2009(相当于欧Ⅲ排放水平)，该标准代替了车用柴油标准GB/T 19147—2003变为强制标准，增加了多环芳烃和生物柴油含量限制。2011年对轻柴油标准进行了修改，改为普通柴油代替了轻柴油标准，2013年7月1日以后该标准硫含量质量分数要求不大于0.035%。2016年出台了国六阶段柴油标准GB 19147—2016，增加了对柴油总污染物含量限制。

北京市地方车用柴油标准要求从2004年10月15日开始执行过渡性车用柴油标准，要求柴油硫含量小于500mg/kg、十六烷值大于49。2005年7月1日开始施行满足国Ⅲ排放的柴油标准，柴油的主要指标硫含量小于350mg/kg、十六烷值大于51。2008年进一步达到国Ⅳ标准，即柴油硫含量要求小于50mg/kg。2012年6月北京市开始施行满足国Ⅴ排放的柴油标准，即柴油硫含量要求小于10mg/kg。2017年1月1日北京市全面实施京标Ⅵ柴油标准，柴油多环芳烃的指标由不高于11%降至不高于7%，柴油密度的指标范围也更加收窄。

汽柴油产品标准升级后，北京的有害物质排放量大大降低。如实施第四阶段燃油标准后，北京2008年当年的CO、HC、NO_x和PM排放削减量分别为48kt、5.3kt、4.1kt和330t；而从2008～2010年的CO、HC、NO_x和PM排放总削减量分别为155kt、18.2kt、17.1kt和1.05kt。

10.2　质量管理体系

质量管理体系即在质量方面指挥和控制组织的管理体系。管理体系是指建立方针和目标并实现这些目标的体系。质量管理体系是把影响质量的技术、管理、人员和资源等因素都综合在一起，并在质量方针的引导下，为达到质量目标而相互配合、相互促进、协调运转。

10.2.1　质量管理体系的由来和发展

质量的内涵和质量管理理论，伴随着人类社会、经济、技术和文化不断发展的历程始终处在不断演化的过程中。这种演化的根本原因是质量管理必须与变化中的环境相协调、相适应。

从远古时代就有人类社会的质量活动，现代意义的质量管理活动是从20世纪初开始的。第一阶段为质量检验管理阶段。20世纪以前，市场经济为低级阶段，生产分工粗糙，质量管理由工人自己完成。20世纪初，资本主义生产组织日臻完善，分工细化，计划与生产分工、检验与生产分工，建立终端专职检验，实现了从技术到管理的革命。

质量管理发展的第二个阶段为统计质量控制阶段，是从第二次大战开始到20世纪50年代。统计质量管理阶段是把质量管理的重点由生产线的“终端”移至生产过程的“工序”，用控制图对工序进行加工质量监控，杜绝生产过程中大量不合格品的产生。

全面质量管理为质量管理的第三阶段，是从20世纪60年代开始。随着市场经济的发展，市场经济的公平竞争，要求设计出适销对路的产品，因此质量管理要前移至产品的设计过程，进而再前移至市场研究阶段，产品出厂后还要跟踪市场，积极为顾客服务。质量管理是全过程的，它涉及设计、工艺、设备、生产、计划、教育、销售等部门，非检验部门一家所能承担。全面质量管理的特点为“四全、一科学”，即：全过程、全企业、全员参与、全指标；以数理统计方法为中心的一套科学管理方法。

20世纪80年代末，为规范世界各国质量管理活动，促进国际经济贸易的发展，1987年国际标准化组织发布了ISO9000系列国际标准。1990年对ISO9000进行了修订，于1994年发布。2000年又进行了修订并于当年发布。2008年国际标准化组织对ISO9000族标准又进行了修订发布，并于2009年3月1日实施。目前全世界已有一百多个国家采用了该标准。质量管理发展也进入了标准质量管理阶段。

管理有了标准，可减少频繁的检查评比，进而减少企业的负担。可以使市场经济健康发展。ISO9000族标准的主要特点，能适用于各种组织的管理和运作，能够满足各个行业对标准的要求，具有通用性和原则性。

20 世纪 80 年代后期，美国创建了一种世界级企业成功的管理模式即卓越绩效模式。该模式源自美国波多里奇奖评审标准，是当前国际上广泛认同的一种组织综合绩效管理的有效方法工具。其核心是强化组织的顾客满意意识和创新活动，追求卓越的经营绩效。卓越绩效模式共有 6 个特征：一是强调质量对组织绩效的增值和贡献；二是强调以顾客为中心的理念；三是强调系统思考和系统整合；四是强调重视组织文化的作用；五是强调坚持可持续发展的原则；六是强调组织的社会责任。

质量管理体系与卓越绩效模式之间既有共同点，也有不同点。共同点为：管理体系方法均依据相同的管理原则，均能使组织识别它的强项和弱项，均包含通用模式进行评价的规定，均为持续改进提供基础，均包含外部承认的规定。不同点：卓越绩效模式，关注结果。是在相通的模式下对不同组织比较，更加关注组织的全面发展，为组织提升整体绩效提供方案，通过与绩效卓越组织的比较找出差距，寻找自己追赶的目标。质量管理体系，既关注过程，又关注结果。强调满足基本要求后的持续改进，注重实现所确定的质量目标。通过实施质量管理体系，可使组织具有稳定提供满足顾客和法规要求产品能力的信任。

中国自 2001 年引进卓越绩效模式，并设立质量奖。2004 年 8 月 30 日，中国国家质监总局和国家标准化管理委员会发布了 GB/T 19580《卓越绩效评价准则》国家标准和 GB/Z 19579《卓越绩效评价准则实施指南》标准化指导技术文件，并于 2005 年 1 月 1 日起在全国实施。2012 年我国对《卓越绩效评价准则》和《卓越绩效评价准则实施指南》国家标准又进行修订并发布。现全国多个省市已开展多级质量奖评选。

进入 21 世纪质量管理将向质量管理创新和国际化方向发展。21 世纪是质量世纪，要使顾客满意就要树立全新的质量思想："以人的品质保工作质量，以工作质量保产品质量，以产品质量保生活质量，以生活质量促人的品质提高"。提高产品质量不仅要懂得管理技术，如 PPM 管理、零质量控制、看板管理、精益管理和 TPM 管理等，还要懂专门技术。在生产调度指挥中，一些管理技术经常用到，如装置开工网络图，精益生产中追求零故障、零事故、零浪费等属于看板管理和精益管理。

10. 2. 2　质量管理体系的基础知识

质量管理体系的基础知识包含十二个方面：体系的基础理论；体系要求与产品要求的区别；建立和实施体系的基本步骤；过程方法；质量方针和目标；最高管理者在体系中的作用；文件；体系评价；持续改进；统计技术的应用；质量体系与其他管理体系的关注点；质量管理体系与优秀模式之间的关系。

质量管理体系能够帮助组织增加顾客满意。质量管理体系方法鼓励组织分析顾客要求，规定相关过程，并使其持续受控，以便生产出或提供顾客能接受的产品。质量管理体系能提供持续改进的框架和持续满足要求的产品能力。

质量管理体系过程模式图见图 10-1。该模式图把顾客和相关方要求作为产品实现过程的输入，通过产品实现过程，将产品输出提交给顾客，以取得顾客满意。圆圈中的四大过程"管理职责"、"资源管理"、"产品实现"和"测量、分析和改进"分别代表 ISO9000 标准中重要的 4 个章节，而圆圈中的四个箭头分别代表了四大过程的内在逻辑顺序。四大过程通过四个箭头形成闭环，表明质量管理体系是不断循环上升的。图中上面一个虚线箭头表明管理应以顾客为中心，下面一个虚线箭头表明对顾客满意的监控是通过“测量、分析和改进”这个大过程来完成。图中大箭头表明正是“测量、分析和改进”这个大过程才使质量管理体系得到持续改进。

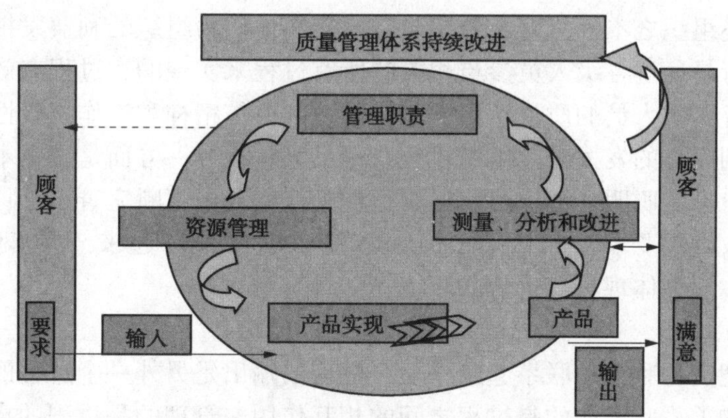

图 10-1 质量管理体系过程模式图

八项质量管理原则是 ISO/TC176 用高度概括、易于理解的语言所表述的质量管理的最基本、最通用的一般性规律，是组织的领导者有效实施质量管理工作必须遵循的原则，是 ISO9000 族标准的理论基础。其主要原则要点为：

1. 以顾客为关注焦点

以顾客为关注焦点源于现代的质量理念，即判断产品质量的唯一标准就是让顾客满意。因为市场竞争所遵循的基本规律是：只有充分识别顾客的需求和期望并通过有效的运作使其得到满足，甚至是超值的满足，才能最终赢得顾客，从而赢得市场。

“以顾客为关注焦点”放在质量管理原则的首位，最根本、最浅显的原因就是“组织依存与顾客”，它是 21 世纪的质量观，是 ISO9000 的出发点和归宿。从根本上来说，“以顾客为关注焦点”是社会发展的一种动力，也是物质文明和精神文明的一种标志。对于一个组织来说，顾客是组织存在的基础，不论是制造业、服务业、事业单位、政府机关，还是学校，都需要有顾客接受其产品或服务，否则就会关闭或撤销。因此，一个组织必须把顾客作为日常生产、活动、工作中时刻关注的焦点，理解、识别和确定顾客当前和未来的需求。

例：某企业 2011 年 5 月生产的聚丙烯产品，客户反映产品出现破泡现象，不好使用。而生产企业质量意识不够，服务意识不强，认为产品质量符合标准要求，没有把顾客的关注作为焦点。2011 年 8 月客户投诉该企业聚丙烯产品晶点多，加工中经常破膜，提出了退货并连带经济赔偿。经查企业产品在使用中确实存在问题，客户不再使用该企业产品，改用进口产品。

2. 领导作用

领导者应确保组织的目的与方向一致，为员工提供一个充分参与以实现组织目标的内部氛围和环境。领导作用很关键：把握组织前进的方向，建设健全组织，划分部门，确立其职，配备人才，选拔任用人才，建立行为标准，管理目标，完善绩效方案，制定计划，指挥，执行计划并检查执行情况，控制协调，纠偏，培训培养人才。

例：普通柴油质量升级后，由于硫含量的降低，柴油的润滑性发生变化。普通柴油国家标准中没有磨痕直径要求。炼油事业部领导根据客户使用情况，及时在全系统内建立了普通柴油磨痕直径内控指标，使下属企业有了行为标准和管理目标，保证了客户满意。

3. 全员参与

各级人员都是组织之本，只有充分参与，才能使他们为组织的利益发挥其才干。组织治理管理体系的运行是通过各级人员参与相关的所有过程来实现的，过程有效性以及体系运行的有效性取决于各层次人员的质量意识、工作能力、协作精神和工作积极性。只有当每个人的能力、才干得到充分的发挥时，组织才会获得最大收益。一方面是员工本身应具有强烈的参与意识，发挥自己的聪明才智，尽职尽责，在工作实践中不断完善自己；另一方面，也需要组织识别其个人发展要求，将个人的愿望和组织的愿望统一起来，为其创造参与的机会，给予其充分的自主权和体现自身价值的环境。

4. 过程方法

过程方法是把资源和活动联系起来，一个过程的输出是另外一个过程的输入，关注的是过程与过程之间的关系，关注的是过程之间的相互作用，管理的是过程的接口。比如说采购的备件已经到公司好长时间了，质检部门没有时间验收，仓储部门没有办法办理入库，一直在仓库闲置了几周却无法体现在仓库的库存报表上，而生产车间在苦苦等待这件备件，造成整体工作的延迟，这个问题出现在过程方法上，采购过程、验收过程、入库过程、库存信息传递过程、生产过程之间的相互关系没有得到好的管理，出现管理效率低下，影响企业业绩，这是过程方法的问题。

5. 管理的系统方法

在质量管理中采用系统方法，就是要把质量管理体系作为一个大系统，对组成质量管理体系的各个过程加以识别、理解和管理，以达到实现质量方针和质量目标。

系统方法和过程方法关系非常密切。它们都以过程为基础，都要求对各个过程之间的相互作用进行识别和管理。但前者着眼于整个系统和实现总目标，使得组织所策划的过程之间相互协调和相容。后者着眼于具体过程，对其输入、输出和相互关联、相互作用的活动进行连续的控制，以实现每个过程的预期结果。

例：石油化工运行装置紧密程度较高，日常的生产装置操作中必须对质量、流量等平稳控制，如生产装置馏出口质量控制不严格，就会对下游生产和产品调和产生不利因素，影响总目标生产任务的完成。作为生产调度指挥必须着眼于整个系统和总目标的实现，对每个装置的异常操作要充分考虑上下游生产装置关系，才能避免对整个系统造成较大影响。

6. 持续改进

持续改进是组织的一个永恒的目标。事物是不断发展的，每一事物都会经历一个由不完善到完善、直至更新的过程，人们对过程结果的质量要求也在不断提高，例如生产调度最早仅负责生产任务的完成和物料平衡工作，随着生产要求的不断提高，生产调度不但是生产中心、信息中心，也是应急指挥中心，生产调度的职责也在不断增加和完善。

7. 基于事实的决策方法

有效决策是建立在数据和信息分析的基础上。在生产调度管理中以事实为依据做决策，可以避免盲目决策以防止决策的失误。通过对信息和数据进行分析，确定产品、过程的变异性，为持续改进的决策提供依据。基于事实的决策方法的优点在于：决策是理智的，增强了依据事实证实过去决策的有效性的能力，也增强了评估、挑战和改变判断和决策的能力。如果凭感觉、靠经验、“拍脑袋”盲目决策或决策失误，“乱下药”、“药不对症”，就会浪费资源，延误生产问题的处理，造成成本的额外增加，管理效率自然就相对低下。

例：某厂有一柴油储罐存有少量国Ⅱ标准的柴油，由于市场急需国Ⅲ标准柴油，该厂向存有少量国Ⅱ标准柴油的储罐输送大量国Ⅲ标准的柴油准备出厂。凭感觉和经验计算该罐应符合国Ⅲ柴油的标准。实际情况该罐混合不均匀分层，没有完全符合国Ⅲ柴油的标准，致使出厂分析不合格。

8. 与供方的互利关系

随着生产社会化的不断发展，组织的生产活动分工越来越细，专业化程度越来越强，某一产品从最初的原材料直至形成最终产品，往往是通过多个组织分工协作来完成。因此，绝大多数组织都有供方。组织和供方的合作交流是非常重要的，它将最终促使组织与供方都增强了创造价值的能力，优化成本和资源，对市场和顾客需求联合起来做出快速的反应，从而使双方都可获得更多的效益，形成双赢的局面。

企业要和谐发展，不仅和顾客、供方合作交流，还要全面接受社会监督，让公众走进企业，看到实情，增进了解。

例：长期以来，炼化企业低调神秘，公众了解甚少，而来自媒体的负面报道，更让炼化企业贴上了“有毒”、“定时炸弹”等标签，以至于很多人谈“化”色变，患上了“炼化恐惧症”。中国石化某企业举办公众开放日活动，通过参观，媒体和观众发出了“没想到，炼化企业竟然是这样的，没什么异味，而且像花园一样”的感触。增强了公众对炼化企业的了解。

10.2.3 质量管理体系(QMS)与ISO9000族标准

质量管理体系(QMS)是质量方面指挥和控制组织的管理体系。QMS的有效运行是质量管理的主要任务，而质量管理工作又是通过QMS的运行来实现的。

ISO9000族标准是由国际标准化组织(ISO)颁布的有关质量管理体系的系列标准，用于统一国际上对QMS的要求、评价、标准，适用于各类组织，更加灵活、更趋完善、通用性更强。QMS存在于所有企业，ISO9000族标准只是提供了一个规范和统一的标准化的QMS模式。全面质量管理和六西格玛管理，都是QMS模式之一。

10.3 原(辅)料质量管理

加强对原(辅)材料的质量监控，规范原(辅)材料的使用管理，从源头保证装置运行和产品质量的稳定，对企业来说十分重要，它关系到企业的成本、利润和产品质量的安全。一些企业发生质量问题往往和进厂原料质量有关。在生产调度指挥中也经常会遇到原料不合格情况，这就要求调度人员掌握和了解原材料管理制度、不合格原材料的处理。

10.3.1 原(辅)料质量管理制度

2011年中国石化炼油事业部和化工事业部分别下发了《中国石化炼油企业质量管理办法》和《中国石化化工企业质量管理办法》，这两个办法对原(辅)料质量管理都提出了具体要求。

在对原(辅)料供方的选择方面，炼油企业应有效选择和评价原(辅)材料供方，选择能满足企业产品质量要求、稳定供货的合格供方。化工企业要求企业质量管理部门要负责或参与原辅材料供应方的评价和选用，对初次使用主要原辅材料的生产商组织开展第二方审核。属于中国石化集中采购的物资，按照总部集中采购实施办法的规定执行；在同等条件下，优先选用通过 ISO9001 质量体系、ISO14001 环境体系认证的供应商。

原材料验收标准中，炼油企业和化工企业均要求按照相关标准和验收计划进行采购、检验、验证，并向供方索取原(辅)材料质量合格凭证并妥善保存。在入库方面按类别、品种、批次分区存放和保管，做好标识和建立台帐。原(辅)材料在储存期内应定期进行质量检查，必要时按规定进行质量抽查，以防变质误用。原辅材料出库遵循“先进先出”的原则，出入库应附有质量合格凭证。使用单位做好原辅材料的投用记录，保持其可追溯性。

对不合格及储存变质原(辅)材料禁止使用，并要与合格原(辅)材料隔离并标识。特殊情况(在让步接收时)，需经试验和采取措施，确保对产品质量没有影响，按规定程序经批准后方可使用，同时做好记录，以保持其可追溯性。

对生产急需、不能及时进行检验的原(辅)材料，应按照规定程序经报批后予以紧急放行，但应记录和标识。紧急放行的原辅材料，一旦检验不合格或生产使用发生问题，应进行追溯处置。

10.3.2 生产调度在原(辅)料质量管理关注要点

原油是中国石化企业中最重要的原料，由于各企业组织进厂的原油产地、种类不同，原油的性质有较大差异。炼油生产调度首先要关注原油性质和评价情况，做好不同性质的原油分罐储存、调配工作，以防止原油性质复杂化给后续加工带来一连串影响。

例：原油的氯化物在加工过程中具有很大的危害性，原油氯化物腐蚀已由常减压装置扩展到二次加工装置。原油中的氯主要为无机氯化物和有机氯化物，其危害体现在设备腐蚀、铵盐堵塞以及催化剂中毒等。近几年中国石化发生多起因氯化物腐蚀造成的事故，尤其是有机氯。针对原油氯化物，在生产调度安排上，除优化操作工艺，协调开好电脱盐减少无机氯化物外，还必须控制进装置原油有机氯上限。协调做好二次加工装置原料调和工作，控制二次加工装置原料氯离子含量不超标，减轻加工过程氯腐蚀。

2011 年为加强原油质量监控，保障装置稳定运行，中国石化下发了《中国石化原油质量监控管理办法(试行)》，建立了原油采购、运输、加工全过程质量监测和预警机制。设立了四级原油质量监控体系：一级监控点设置在原油出矿或装港处，监控企业采购原油质量；二级监控点设置在原油到港处，监控以船运方式到港的进口原油和海洋原油质量；三级监控点设置在管道储运分公司管道沿线的临邑、仪征等站，监控管道来油和管道外输原油质量；四级监控点设置在炼油企业进厂处，监控到厂原油质量。监控的项目包括：硫含量、酸值、盐含量、水含量、密度、API、凝点等。

例 1：某甲原油 20℃密度为 931.7kg/m^3，硫含量 1.51%，50℃及 80℃的运动黏度分别为 78.94mm^2/s、23.62mm^2/s；酸值 0.37mgKOH/g；金属 Ni、V 含量 34.784μg/g 及 170.58μg/g，残炭 10.46%，其特性因数为 11.6。

综合以上分析该原油属重质原油；硫含量较高，黏度较高，金属 Ni、V 含量较高，可使催化剂中毒，归属含硫中间基原油。通过评价该原油沥青质含量很高，为 12.30%，在生产指挥中要关注焦化装置生产工艺。

某乙原油密度高，为910.3kg/m^3，属重质原油；黏度大，50℃黏度为35.07mm^2/s，80℃黏度为13.32mm^2/s；硫含量较高，为1.46%；酸值较低，为0.147mgKOH/g；盐含量偏高，为68.4mgNaCl/L；镍及钒含量高，镍为83.133μg/g，钒为176.794μg/g；残炭高达9.82%；沥青质含量高，C_7不溶物高达39129μg/g。原油特性因数为11.75，归属为含硫中间基原油。

原油评价分析该原油大于350℃馏分20℃密度为944.2kg/m^3；100℃黏度为304.8mm^2/s。原油大于350℃馏分及大于520℃馏分质量收率分别为61.25%、38.46%；残炭高；金属镍、钒含量很高；芳烃、胶沥青质含量较高。

综合性质来看，大于350℃馏分与大于520℃馏分不是理想的催化原料掺炼组分，适宜作为焦化原料或生产道路沥青的原料。同时在生产指挥中要注意焦化弹丸焦的产生。

生产调度在生产指挥中，对生产特种油品的原油除特殊要求外，不应混有二次加工油和污油，以防止影响特种油品的产品质量。

在原(辅)料质量管理中，生产调度关注的另一个要点是不合格原(辅)料。石油化工原料是原油经过炼制后所得到的各种石油馏分，即中间品或半成品，它是上一装置的产品，但又是后续装置的原料。这些馏分应符合相应的国家标准、行业标准、企业标准或后续加工装置的使用要求。当馏分出现不合格时，该馏分是否转入污油、改作其他用途，这不仅关系到最终产品质量，也关系到生产任务的完成。生产调度人员应对本企业生产装置所需原料和目的产品指标有所掌握，尤其是一些关键质量指标，这对系统物料平衡很重要。

例2：某厂用催化汽油调和产品，而催化汽油腐蚀不合格达到3C，汽油腐蚀是关键质量控制指标，此时催化汽油应尽快转入污油，以免影响最终产品质量。

某厂柴油调和某一组分馏出口凝点出现不合格时，生产调度可考虑其他组分量和质量情况，进行判断是否进行相应的调整，避免组分流失影响生产。

由于石油化工生产连续化、管道化的生产特点，未经检验或验证的化工原材料不允许投入使用和紧急放行。对“例外放行”的生产调度应加以关注，并做好标识、跟踪和记录。

10.4 中间品质量管理

石油化工企业绝大部分是长流程、各个生产单元联系紧密。部分装置原料存在互供关系，为节能减排还存在相互换热等。生产调度作为生产的指挥单位，不仅对生产流程要掌握，还要掌握各装置的主要工艺指标、原料质量要求及产成品的质量标准和内控指标。中间品质量管理在《中国石化炼油企业质量管理办法》和《中国石化化工企业质量管理办法》中都有具体的规定。生产调度部门在指挥、协调的过程中应起到监督的作用。

生产调度在中间品质量管理要关注的要点(正常生产、开停工、异常情况)：

在生产过程中影响产品质量的主要因素可从“人，机、料、法、环”五个大的方面去考虑。在正常的生产情况下，生产调度要重点关注原料性质和操作工艺参数。当原料性质、催化剂种类不变时，工艺参数就成为影响产品质量的主要因素。

例如：蒸馏装置首先关注原油的性质，工艺参数重点关注常压炉和减压炉温度。催化裂化装置在原料性质中关注残炭、硫含量；操作参数关注反应温度、反应压力、催化剂活性、剂油比等。

生产调度要参与工艺卡片的制定，在制定工艺卡片时首先考虑确保产品质量，因工艺参数直接影响产品质量。装置操作人员和生产指挥人员应严格按照工艺卡片的规定组织生产。

生产调度在指挥物料改变用途时，提前提醒装置操作人员调节关键质量指标，以免影响下一道工序的产品质量。

例如：蒸馏装置的常一线在生产3#喷气燃料时，闪点控制为不小于38℃，而成品柴油闪点控制均要求不小于55℃，如果该常一线改做柴油调和组分，生产调度在安排转料前，就需提前要求生产装置调高闪点控制指标，否则就可能造成成品柴油产品质量不合格。

生产装置出现波动或发生事故时，造成中间产品不合格，应及时把不合格物料改为相应用途或切换至不合格产品罐。待事故消除、生产平稳，馏出口质量检验合格后，才能切换回产品罐。

对生产特种油品的装置出现波动时要按照相应的规定执行。如喷气燃料生产要按照喷气燃料生产管理细则执行。

生产装置在开停工期间，应严格遵守装置开停车方案。装置开工初期和停工末期对影响后续装置生产的不合格产品应及时进行切换。

10.5 成品质量管理

石油化工的成品质量管理在遵守国家法律法规要求的同时，还应严格执行《中国石化质量管理办法》、《中国石化炼油企业质量管理办法》和《中国石化化工企业质量管理办法》。

企业的成品出厂必须执行国家标准、地方标准、行业标准、企业标准或暂行技术条件；新产品、试产品必须按设计指标或经批准的暂行技术条件执行。

各企业的成品出厂应制定高于现行标准的“内控质量指标”作为组织生产的依据，以确保出厂产品质量。2010年中国石化炼油事业部下发了《炼油产品内控指标管理要求》及产品建议内控指标的通知，进一步明确了产品内控指标要求，制定的范围、依据和内控指标的管理。

企业的质检部门应按标准检验成品，经质管部门确认合格后，签发产品质量合格证。合格证的格式、签发要求等按有关规定执行。各企业的成品出厂必须严格执行“六不许出厂”规定，即：产品质量不符合标准要求不许出厂；分析项目不全不许出厂；没有质量合格证或化验单不许出厂；包装容器不符合标准规定要求不许出厂；未按规定要求留样不许出厂；成品质量不符合内控指标不许出厂。

产品出厂的包装、储运、防护和交货验收必须严格执行有关标准技术要求。

产品外观应符合技术规定，无外来杂物，重量符合允许公差，包装完整、清洁、坚固并符合《产品质量法》规定的明显标识，具有名称、规格、等级、批号和生产日期等内容齐全的检验合格证方可入库。液体产品入库应储存于事先指定合格储罐，在灌装前按规定处理(清洗、顶线、扫线等)输转管线，经检查合格后方可灌装，以保证成品不被污染。小包装和固体产品(桶装、袋装、箱装等)应存放于指定库房或指定位置，分品种(规格)按批次分区存放，并进行标识。成品在储存过程中，应按规定控制储存温度，防止超温变质。对超过规定储存期限的炼油产品要重新检验，发现产品变质或不合格，应立即进行标识和处置。

企业销售部门应加强产品合格证的管理。成品装船或装火车，销售部门应将产品质量合格证随同提货单一并交予提货单位。对汽车装运，若用户需要可提供产品合格证。

各企业在不合格产品的控制中，应制定本企业《不合格品控制程序》。对不合格品进行评审处置。

企业应以适当方式对产品生产、检验、储存、交付的各阶段，进行标识产品和检验、试验状态。每个或每批产品的标识应具有唯一性，具备产品的可追溯性。

储存产品保留样品的库房应整洁干净，不得乱堆杂物，保留样品要按样品的品种、批号时间整齐排列，不得随意乱放，防止样品混乱，以便于查找和追溯。

产品的保留项目的建立必须有充分的依据。对需建立保留项目的产品，必须有连续统计大于保留时间间隔且经过计算均值和标准偏差，确认其统计值与指标值有较大余度时，方可作为保留项目，如原料和生产工艺等有较大变动时，应立即取消相应的保留项目。炼油企业保留项目须向中国石化炼油事业部备案。

产品保留项目的确定必须同时满足下列条件：原料不发生变化；生产过程工艺定型，工艺条件稳定；该分析项目有较长时间的数据积累，所有数据变化较小；该项目的分析数据优于产品规格标准对该项的质量要求，并离该项质量指标有较大余地。以上四条有一条不能满足时，不能确定为保留项目。

例1：某企业用于产品车用柴油调和的柴油组分由于受全厂氢气资源不足的影响，柴油组分安定性不稳定。该企业没有因工艺条件变化，取消车用柴油氧化安定性保留项目，造成车用柴油产品抽检不合格。

炼油企业的成品油合格后，对超过规定储存期限的炼油产品要重新检验，发现产品变质或不合格，应立即进行标识和处置。

例如：航空汽油是由轻质组分调和而成，对初馏点、蒸汽压都有控制指标。储存一段时期后，轻组分可能挥发，对初馏点和蒸汽压会产生影响。

在保证液体产品质量上，企业应根据液体产品类别，制定中间产品及成品罐的清洗周期，定期清洗。被污染的油罐和管线要及时清洗。清洗验收要有标准并做好记录。装运成品油的车船要有检验标准、检查记录和验收合格证，确认合格后方可装车、船。牌号切换后的首车、首船油品要进行验证分析，确保出厂产品合格。

对军工配套产品的质量管理，按《中国石化军工配套石油化工产品管理办法(试行)》执行。

在出口产品的质量管理中，企业要严格按照通过的定型工艺及合同规定的质量标准组织生产。质检部门应严格按质量标准和试验方法进行检验。产品的包装和标识应符合合同规定的要求。

出口销售合同中必须明确质量约定，阐明对出口产品的技术要求。合同约定产品的技术要求执行现行标准时，销售部门直接签约组织出口；合同约定对产品的技术要求不执行现行标准时，必须对外商的技术要求组织生产、质量等相关部门进行合同评审，评审结果作为与外商谈判、签订供货合同的技术依据之一。

各企业负责出口产品生产、包装、储存、运输的部门和单位，必须建立严密有效的质量保证体系。产品入库、出库、承运、交货时，要严格履行交货验收手续，并做好交货验收记录。应在合同内规定出口产品质量责任交接界限。

出口产品应积极采用国际标准及国际通用的试验仪器和方法。炼油企业执行合同标准应报中国石化炼油事业部备份。出口产品应编写中外文对照的产品说明书。

海运出口危险货物的包装必须符合《海运出口危险货物包装检验管理办法》、《国际海上危险货物运输规则》，非危险品的包装必须符合《中华人民共和国进出口商品检验法实施条例》和合同约定。

10.5.1 石化产品质量事故管理

质量事故是指由于责任过失而使产品、工程和服务质量不合格或产生本质缺陷，造成经济损失和不良影响的事件，以及在国家、省(自治区、市)或中国石化组织的监督抽查中发现的不合格事件。

质量事故分为四级：①特大质量事故，直接经济损失在1000万元及以上；②重大质量事故，直接经济损失在500万元以上，1000万元以下；在国家组织的质量监督检查中发现的产品质量不合格；中国石化组织的质量监督抽查中同一单位同种产品连续两次质量不合格；造成不可挽救的永久性质量缺陷或隐患，影响工程的使用性能，或造成整个工程停工6天以上；③一般质量事故，直接经济损失在100万元以上，500万元以下；在省(自治区、市)、中国石化组织的质量监督抽查中发现的产品质量不合格；造成整个工程停工3~5天；④轻微质量事故，直接经济损失在20万元及以上，100万元以下；造成整个工程停工2天以下。

质量事故的管理按照事故的报告、调查、处理、分析、改进程序进行。企业发生重大、特大质量事故应在24h内向主管事业部和科技开发部报告。境外发生质量事故还应同时向集团公司办公厅上报。

质量事故处理坚持“四不放过原则”即事故原因分析不清不放过；事故责任者和群众没有受到教育不放过；防范改进措施没有落实不放过；事故责任者没有严肃处理不放过。发生质量事故的单位应召开质量事故分析会，深入查找存在的问题，认真总结经验教训。

中国石化实行质量事故定期报告制度，即每年7月15日和次年1月15日前，将上半年和下半年质量事故统计表和事故分析报告上报各事业部和科技开发部。没有发生事故也要进行零报告。

10.5.2 生产调度在产品质量管理的误区

产品质量是否合格有明示的要求，即标准的规定和法律法规的要求，还有一些隐含的要求。生产调度在产品质量管理中，关注产品指标的比较多，而对客户的隐含要求关注的确不多。明示的要求是最基本的要求，隐含的要求不满足也是不合格的。例如：润滑油基础油无机械杂质指标，牛奶没有三聚氰胺指标。

生产出来的产品不仅要符合标准要求，还要使客户满意。合格不好用的产品应为不合格品，应进行质量改进满足客户要求。用户在使用产品中不仅考虑价格，而且会考虑产品的使用。合格不好用就会促使客户考虑用其他企业产品进行替代，从而丢掉市场。

例1：江苏一家公司使用某企业的聚乙烯作塑料涂膜，产品各项指标均合格，但客户在使用中存在凝胶、不熔物、缩幅大等问题，导致产品加工时容易出现熔体破裂，导致客户的投诉和抱怨。客户为保证其自身产品质量而改用日本和韩国的聚乙烯产品。

例2：山东某公司于2011年使用某企业的聚丙烯时，出现了晶点偏多、小分子析出物较多、镀铝衰减较快等状况，致使该公司产品质量受到一定影响。于是，山东某公司便改用了新加坡进口产品，而该企业也因此损失了一个大用户。

合格不好用的产品一般是内在质量发生了变化，生产调度在生产指挥中应严肃对待生产装置的工艺指标，避免因追求产量最大化、能耗最低化目标而调整工艺指标，为产品内在质量降低埋下隐患。

10.6 对客户售后服务质量管理

产品的售出不是服务的终结，生产经营者还应当向消费者提供产品或者服务的真实信息如质量、性能、用途和有效期等。对售出的产品发现存在严重缺陷时，应及时向有关行政部门报告，并采取防止危害发生的措施。

企业应严格落实"三包"制度，妥善处理消费者的投诉和建议，对产品存在质量问题的，及时采取修理、更换、退货、损害赔偿、召回等措施，保障消费者的合法权益。

为保障顾客合法权益，应及时有效处理质量投诉或抱怨，持续改进产品质量，提高顾客满意度，中国石化炼油事业部和化工事业部在产品售后服务的管理中分别下发了《中国石化炼油产品顾客服务管理办法》和《中国石油化工股份有限公司化工产品用户服务管理办法》。由于炼油产品和化工产品销售的差别，其售后服务管理也有一些不同。在《中国石化炼油产品顾客服务管理办法》中第3.1.1条款中，要求"炼油企业应与油品销售企业、燃料油销售有限公司、炼油销售有限公司签订质量交接协议，明确质量交接点、双方质量责任、保留样品的采集和保存，以及质量免责申明等条款。炼油企业、炼油销售有限公司与其他顾客的质量交接应在销售合同或协议中明确相关质量责任"。化工产品没有明确要求签订质量交接协议，但对化工销售分公司统销的化工产品和自销的化工产品，在《中国石油化工股份有限公司化工产品用户服务管理办法》中，均规定了固体和液体的质量责任界定，并设立了统销产品用户投诉流程。

在对客户的售后服务中，定期或不定期对用户走访，对提高产品质量，获得用户认可，也非常关键。在上述例2中，2012年生产聚丙烯企业到山东某公司进行走访推销产品的时候，正好赶上某国外一家公司的人员也正在那里推销他们的产品。面对两家公司的竞争，山东公司老板坦言："你们两家谁的产品质量好，我就用谁的！"

该企业详细介绍了一年来，在生产上所做的技术改进和工艺优化，以及在稳定产品质量方面所做的努力。但山东公司对这些"空口无凭"的说道并不感兴趣，要求用事实说话。

两家产品经过数小时的试验，结果显示，该企业产品的光学性能、热封强度、拉伸性能、润湿张力均比较好，部分性能在很大程度上优于进口产品。山东公司当场决定购买该企业的产品，并与企业建立了长期的合作机制。这次用户走访不但"捡"回了"丢掉"的客户，还在外国厂家面前证实了该企业的实力。

10.6.1 中国石化质量方针、质量目标和社会承诺

在2010年中国石化质量工作会议上，提出了中国石化质量方针、质量目标和社会承诺。中国石化的质量方针为："质量永远领先一步"。该质量方针体现了中国石化在质量管理方面的远景规划和发展蓝图，是中国石化追求和努力的方向。企业要靠质量领先赢得优势、引领市场、支撑发展。要始终把质量工作放在首位，通过不懈的努力，持续改进，才能做到质量永远领先一步。质量领先就是要在产量、速度、效益中将质量放在第一位，不能以牺牲质量为代价谋求发展。

中国石化的质量目标为："质优量足，客户满意"。该质量目标是建立在质量方针的基础上，能够量化和可测量的。满足质量标准的产品不一定是用户满意的产品，只有用户满意的产品才是质量最好的产品。企业的效益来自销售的产品，关键在于用户的需求量和满意度。产品质量的标准要随着用户的需求不断改进，这就需要科学推进和技术改造，才能保证质优量足，满足用户的使用。

"每一滴油都是承诺"是石化人恪守的准则，即中国石化的社会承诺。由于石油资源不断减少且不可再生，重视每一滴油的产品质量，让每一滴油发挥出它最大的效应。这就要求我们每位员工要有过硬的技术本领和良好的工作热情。在生产过程中追求平稳，减少波动才会使质量得到保证。当今的低碳经济，就是要我们节约资源，减少浪费。只有我们充分利用好每一滴石油，生产出完全合格产品，才不会出现重复加工，浪费资源，才不会因为质量问题而使用油者受到任何损失。

如果说水是万物生命的源泉，那么质量就是企业生命的根，企业应该以质量谋生存，求发展。优秀企业，都对质量问题极为严苛。高质量的产品，可使企业和顾客之间建立良好的信赖关系，这样的信赖一旦形成，企业的运作就会进入良性循环。企业要树立"大质量"观念，不能把质量局限于"产品实物质量"，"产品实物质量"只是一个载体，这个载体体现的是我们的工作质量、管理质量和服务质量。

质量工作，不仅是质量部门的责任，更是石化员工的共同责任。原油从开采、采购，到加工、提炼，再到运输、储存与销售，这一滴滴化做动力的炼化产品，包含着所有中国石化人最庄严的承诺。

10.6.2 售后服务管理信息化

随着网络日趋完善，生产厂商和客户之间网络联系也越来越密切。近几年来，CRM系统在不少国内企业开始建立。CRM系统即客户关系管理系统(Customer Relationship Management)，其功能主要有三个方面：一是对销售、营销和客户服务三部分业务流程的信息化，包括销售管理、服务管理、客户抱怨管理等。二是与客户进行沟通所需要的手段(如电话、传真、网络、Email等)的集成和自动化处理，如市场调查、客户忠诚管理等。三是对营销、客户等信息进行综合处理和深度分析，得出客户的全面视图，获取相关的客户智能，为企业的战略战术的决策作支持，使企业更好地围绕客户需求运作业务。CRM分析业务包括客户档案分析、客户分类等。

中国石化部分企业也建立了CRM系统，该系统为客户提供产品计划提报、产品咨询、竞价销售、小样申请、质检单查询、客户投诉、客户走访等功能。企业员工根据权限也可方

便地查询了解公司产品的销售和服务、投诉情况等信息。

CRM 的优势体现在：一是增加客户保持率、提高客户忠诚度；二是提升客户的利润回报；三是为客户创造更高的价值；四是个性化的产品和服务；五是更快捷和方便的客户流程等方面。

CRM 的发展趋势：一是基于云的 CRM 服务将是主要发展方向，云的应用程序非常适合收集来自公司外和社交网络等一些外部来源的信息，并且能够将它们转化为有用的情报；二是移动 CRM 的界面。友好的界面，在传统和移动平台上均具有可访问性和易用性；三是 CRM 将成为汇聚所有信息的地方；四是 CRM 将与其他关键业务系统整合在一起；五是 CRM 将向社交化发展，赋予员工和客户更多权力和灵活性。客户服务的信息管理可为客户提供综合的"一条龙"优质服务，实现企业与客户的双赢。

第11章　生产优化

11.1　生产优化的作用、方法和途径

石化企业生产优化主要是针对安全生产及指标效益短板，立足“短平快”，开展系统运行优化，达到提升技术经济指标、提高产品质量和产量、节能降耗、降本增效、清洁生产的目的。

11.1.1　生产优化的目标

生产优化的目标一般有以下6个方面：

1. 技术性指标

功能、安全、寿命、工艺参数等。

2. 经济性指标(收益指标)

产量、品种、质量、利润指标。

3. 耗费指标

(1) 产品成本指标：为生产和销售产品所支付的各项费用之和；

(2) 投资指标：是指实现方案所需一次性支出的资金；

(3) 时间指标：实现方案耗费的时间。

4. 反映收益和劳动耗量的综合指标

经济性指标与劳动耗费之比为技术经济效果，主要有劳动生产率、资金利用率、投资回收期、追加投资回收期等。

5. 安全环保综合指标

6. 社会性指标

如职业卫生、人民健康水平指标等。

11.1.2　生产优化的范围

生产优化范围为原料选择、工艺优化、设备改进、能源配置、动力优化、质量提升、新产品开发、物流调度等。

11.1.3　生产优化的方法与途径

11.1.3.1　生产优化方法

(1) 系统分析方法。以系统论的思想，从总系统效果最优的角度来评价和优化各子系统。

（2）方案比较方法。提出多种方案，按照可比性原则，在计算、分析和评价的基础上，选择最优方案。

（3）定量分析与定性分析相结合的方法。

（4）动态分析与静态分析相结合的方法。

深化以资金、时间及价值为基础的动态评价方法，实现持续改进。

11.1.3.2　生产优化途径

生产优化途径(见图11-1)，归纳起来可分为单元优化及系统优化，单元优化主要由生产单元内组织完成，系统优化主要从全厂、全局的高度及角度进行综合优化。

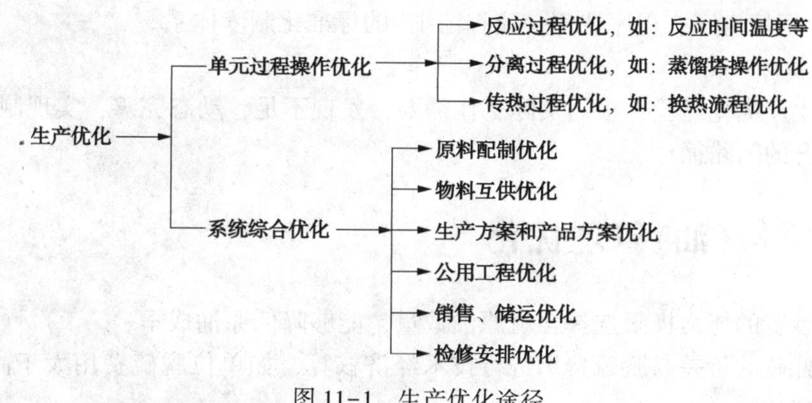

图11-1　生产优化途径

1. 单元优化内容

（1）切割温度；

（2）加氢装置负荷和原料配比；

（3）油品调和；

（4）操作苛刻度；

（5）二次加工原料配比及负荷调整；

（6）产品牌号；

（7）裂解投炉结构与原料性价比匹配；

（8）乙烯、丙烯下游装置负荷；

（9）产品牌号。

2. 系统优化内容

（1）装置流程优化到最短；

（2）各种消耗优化到最省；

（3）产品结构优化到最好；

（4）成本费用优化到最少；

（5）装置操作优化到最精；

（6）加工损失优化到最低；

（7）检修效率最高；

（8）系统平衡最优。

11.1.4 生产优化的规范化与制度化建设

以制度的形式规范生产优化工作内容、程序、方法，做到管理制度化、制度流程化、流程信息化。

1. 优化管理制度化

生产优化要将“以整体效益最大化为目标，以全面优化为主径”的管理文化融入制度建设，在制度和流程上规范企业的所有管理行为。

2. 制度建设标准化

生产优化制度要按照“职责明确、制度管人、流程管事、管理高效”目标进行建设，建立“覆盖全面、衔接有序、程序严密、流程清晰”的标准化制度体系。

3. 制度完善动态化

及时汲取生产优化经验，根据实际工作需要，发现不足，动态完善，实现制度制定、检查、修订、提升的闭路循环。

11.2 原料(油)管理优化

(1) 接近装置的能力极限选择含硫原油数量，能够降低原油成本；

(2) 对高低硫的价差与脱硫费用进行技术经济核算，如单位脱硫费用大于高低硫价差，不应再加工高硫油；

(3) 对装置耐酸及脱酸能力及成本进行技术经济核算，接近极限能力选择含酸油数量；

(4) 选择原油的 API 度受到二次加工装置能力限制；

(5) 测算不同原油走不同加工路线的实际效益，优选性价比高的原油结构；

(6) 考虑蜡渣油走不同加工路线的实际效益；

(7) 考虑石脑油(化工原料)二次加工的创效能力。

案例：卡斯蒂利亚原油加工优化。

在原油的选购中，始终坚持以增加效益为导向的资源采购落实策略，要结合整体装置优化方案，采购物美价廉的原油。在长期合同的基础上，首先利用 PIMS 软件选取原油品种及数量；在原油采购交易期开始后，跟踪测算出替代油种；再通过 RSIM 软件对采购方案进行优化，从而得到最优原油采购方案，并积极与外贸公司沟通争取资源。

根据原油市场高低硫价差的变化，利用 PIMS 软件和 RSIM 软件综合测算卡斯蒂利亚原油性价比较好，在原油采购中，提高了高硫、重质卡斯蒂利亚原油的采购数量。

11.3 生产运行优化

生产运行优化从单元优化及系统优化入手，着重研究重油转化，提高轻油收率；清洁汽油/柴油的市场准入；燃料生产与化工轻油平衡问题；技术开发，规模化的替代能源和新能源生产等问题。

(1) 采取新的高效电脱盐设计、提高操作温度、筛选破乳剂、润湿剂等方式，提高电脱盐合格率。

(2) 优化原料供应、生产及检修节奏，提高资源与用能水平，缓解装置结构性矛盾，满足氢气平衡、硫平衡、蜡渣油平衡等制约。

(3) 提高炼油二次加工原料优化分配水平。一是提高炼油常减压装置各个侧线物流精细分配能力，解决二次加工装置设防值超标及部分装置的适炼性问题。二是根据装置的原料价值排序，确保原料价值高的装置优先安排原料，按最大负荷生产。

(4) 注意热联合对上下游装置的影响，对二次加工的馏分油和渣油进行优化调配，保护好二次加工装置催化剂运行周期。

(5) 与"三废"装置匹配优化。根据原油结构及"三废"处理装置情况，做好一次加工生产安排；"三废"处理装置检修统筹及二次加工物料优化配置，确保环保排放。

(6) 完善原油混输配炼设施，适应原油劣质化趋势，满足装置设防值要求。

(7) 提高脱硫、酸性水汽提、硫黄回收装置等运行水平。

(8) 炼油加氢干气综合利用。

(9) 提高炼油二次加工原料生产平衡水平。

(10) 逐步提高系统、装置能力及结构水平：

① 提高加氢、加氢裂化比例。

② 重油深加工能力。

③ 储输系统能力。

④ 硫黄回收能力。

⑤ 设备升级。

(11) 有效利用一体化资源优势，实现资源优化配置、互利互供。

(12) 组合工艺优化。研究制定焦化-蜡油加氢-催化裂化、渣油加氢-催化裂化、焦化-循环硫化床(CFB)等多种蜡油加工组合工艺的最优线路。

(13) 深化热电联产。利用炼油 CFB 炉产出的低成本蒸汽、调整蒸汽、燃料(石油焦、燃料油、瓦斯等)及电力分布及结构。

(14) 循环经济、低碳方式。如上海石化高硫火炬气回收等新技术。

11.4 储运优化

生产调度是储运优化的主体，确保企业实现产供销平衡，保证企业实现最大效益。

1. 库存优化

库存优化是储运优化的核心，要实现以生产为中心的储运管理模式转变为以经营为中心的管理模式，实施"大系统"库存统筹管理。

(1) 从内挖潜，实施原料库存控制及优化，库存随油价变动；

(2) 向外延伸，延伸社会库存优化及控制，库存随生产变动；

(3) 相互调配，实施时空换效益的系统优化，库存随效益变动；

(4) 优化物流，实施产供销系统协调，物流随平衡变动。

案例：2#加氢裂化装置检修期间，石脑油资源优化。

某加氢裂化装置停工期间，以裂解石脑油3400t/d供应量为主要目标，倒推原油加工总量，安排一蒸馏装置加工负荷5700t/d，二蒸馏装置加工负荷8500t/d，四蒸馏装置加工负荷18000t/d，装置调整以提高初常顶收率、减少蜡油产量为主要调节方向。蜡油资源平衡方面，充分利用好加氢裂化罐区、联合罐区中压加氢原料储罐和润滑油加氢原料罐区空间，做好蜡油存储工作。氢气资源优化，高压加氢装置停工期间，二制氢装置停产，受加氢重石脑油资源影响，连续重整装置改以四蒸馏初、常顶为主要原料来源。氢气平衡上，依据各临氢装置耗氢情况，做好连续重整装置、中压加氢装置和2. 6Mt/a柴油加氢装置负荷安排，减少氢气排放。汽油调和资源优化，控制汽油调和组分入厂节奏，保证汽油调和资源充足。

2. 提高产供销环节效率

(1) 提高储运管理信息化水平。

集成仓储操作、运销计划、调和、车辆及计量等信息，增强储运物料各个环节的衔接速度，提高储运整体运营效率。

(2) 提高物流效率。

优化货物配载，解决货物与运输车辆之间的相互搭配问题。优化车辆调度。一是通过积极匹配货源，杜绝空车行驶现象；二是合理地调配车辆，最大限度减少空驶里程。

(3) 增加储运系统的基础投入。

采用在线调和、在线分析、自动控制批量装车等手段能有效提高物料速度。另外，系统管线建设及改造时应充分考虑灵活性，为储输系统优化创造条件。

11.5 公用工程优化

(1) 热联合。实施区域装置热联合优化及装置换热网络优化，突破区域用能。

(2) 资源与用能联合。如氢资源与用能联合。

(3) 设计与实际匹配优化，用电匹配优化。突破设计观念，技术关键：变频、效率。

(4) 低品质能源利用。如低温热利用、低质水利用。

(5) 公用工程介质优化。

11.6 炼化一体化生产优化

11.6.1 系统优化原油及化工原料供应

1. 优化原油供应

首先是优化原油入厂及一次加工衔接方案。其次是优化原油混输混炼。从炼化一体化效益最大化出发、按照“烯、芳、油、润”各相宜的原则，接近安全和效益的临界点实施原油混输混炼，满足设防值、S平衡、加工负荷及化工投料等要求。

2. 系统优化化工原料供应

化工原料在多元化基础上力争实现轻质化和优质化，同时原料计划要与炉型结构匹配。如某企业积极拓宽系统内外轻烃资源，其次是灵活调整化工原料结构，最后从生产、储输到裂解实施原料分子管理。

案例：优化原油及化工原料供应(见图11-2)

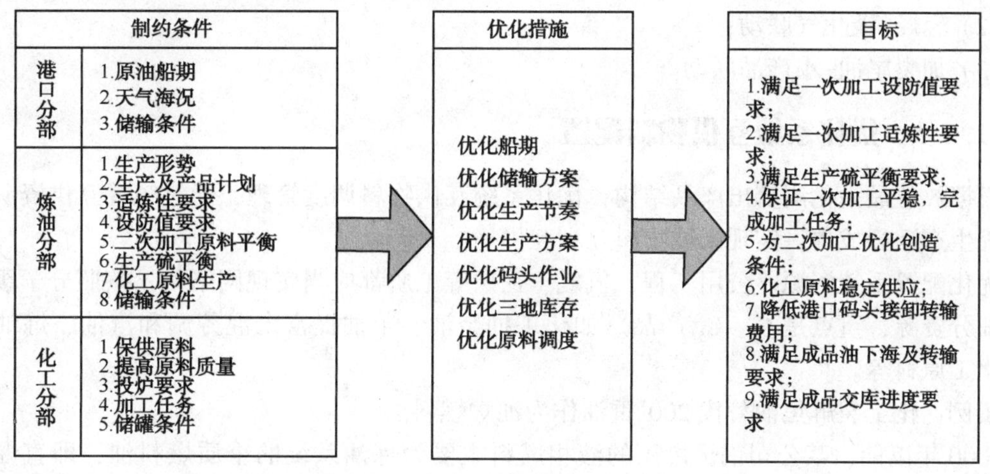

图11-2 优化原油及化工原料供应

11.6.2 系统优化生产及产品结构

1. 开展全过程生产分析测算及优化

企业的生产优化应从原油采购开始，通过原油性质、原油采购成本、装置结构、加工成本、产品分布、产品价格体系的分析以及对加工保本点测算、效益测算、物流分配、整体流程优化、投资分析、瓶颈因素探讨、原料和产品库存管理、检修等因素开展生产优化。

案例：MTBE合成装置大检修方案优化，大幅缩短检修工期。

某MTBE合成装置到期常规检修，计划停车时间为35d。MTBE合成装置停工期间，合成料由营销中心进行销售，造成富含异丁烯碳四组分大量流失，同时，为满足京标汽油调和需要，公司需以高昂价格增加MTBE外购量，因此，缩短MTBE合成装置停工时间，争取多产MTBE，将带来巨大的经济效益。MTBE合成装置，本次大检修需更换腐蚀严重的第二甲醇萃取塔(C-104塔)，由于涉及塔的基础施工养护等原因，塔更换施工时间需35d，为尽可能缩短MTBE合成装置停工时间，经详细分析论证，决定检修开始后对C-104塔进行隔离流程改造与施工，将C-104塔甩开生产流程之外。除C-104塔检修项目以外其他检修项目完成后，MTBE合成装置进入开车。C-104塔的进料直接转产液化气去往储运一厂液化气储罐储存，洗水自甲醇塔跨接管线直接进入C-106塔。MTBE合成装置切出C-104塔隔离运行期间，醚后碳四中甲醇含量将有所上升，烷基化装置原料改由炼油二厂气分装置自产供应。

通过MTBE合成装置第二甲醇萃取塔(C-104塔)切出隔离等关键工序的优化，MTBE合成装置按计划停车时间控制在16d(原计划35d)，最大限度减少富含异丁烯碳四组分流失，增产MTBE产品7000t，创造经济效益近2359万元。MTBE价格按9200元计算，MTBE成本按2012年1月生产成本为5830元/t计算。

2. 实施灵活型产品方案

生产结构方案必须结合生产任务及市场需求，以市场为导向安排生产，炼化一体化企业尤其要注意做好 3 个联动，实现企业系统产品结构最优。

(1) 化工石脑油-重整料-汽油联动；

(2) 轻烃-液化气联动；

(3) 加裂尾油-小产品联动。

11.6.3 优化系统互供物料配置

根据效益最大化测算出产品结构，优化系统互供物料调度管理，通过统筹互供资源，降低系统生产运行成本，实现区域物料互利互供。

优化配置系统资源。公用工程、氢气、瓦斯等工质都应当实现网络化，按照分子级炼油要求细分资源，重点是 C_1 ~C_5 产品。如化工抽余油、苯抽提富余混芳调和汽油、炼油干气作为化工原料等。

案例：化工裂解焦油替代 200#重油作为油炉燃料。

2000 年以前，某公司锅炉燃用的液相燃料主要为炼油系统的重质燃料油，即直馏渣油或调和渣油。然而，一方面炼油系统的重质燃料油具有进一步深加工提高附加值的潜力，同时，其组分中含一定的催化剂粉末，作为锅炉燃料使用时，在油枪结焦、过滤器堵塞等方面产生一定不良影响；另一方面，乙烯焦油外售价格低于调和渣油，同时受市场波动影响，出厂节奏不确定因素较多，时有堵库情况。综上，化工的乙烯焦油更适宜替代炼油系统的调和渣油用作锅炉燃料。为此，公司于 2000 年着手在乙烯装置开工锅炉上进行燃料系统改造，包括渣油储罐、油泵、加热器、燃烧器和控制系统等，改造完成后实现了炼油渣油和乙烯焦油能够同时在锅炉燃用的条件，在改造后的一段时间内为优化燃料结构、平衡渣油库存发挥了较大作用，2012 年以后，随着炼油系统渣油深加工的逐步完善，动力锅炉已经完全停用炼油系统渣油。

11.6.4 优化系统库存及流程

将仓储资源、物流调度与炼化核心业务作为大系统进行统筹协调，拓展系统优化的外延及深化系统优化的内涵。

案例：高油价、低库存。

因原油加工安排在三个月前已经决定，炼油中间环节，通过库存空间的合理优化，以达到增效目标。如当期原油呈下跌趋势时，可合理控制蜡油资源涨库，减少中间油品消耗，待原油价格回升时，保证高压加氢和催化裂化装置原料充足，降低蜡油等半成品资源库存，以达到提高炼油产品产量的目标。

11.7 节能减排管理

11.7.1 节能的定义

《中华人民共和国节约能源法》中明确指出，节能是指加强用能管理，采取技术上可行、经济上合理以及环境和社会可以承受的措施，减少从能源生产到消费各个环节中的损失和浪费，更加有效、合理地利用能源。

11.7.2 节能的内容

11.7.2.1 节能的领域

包括工业节能、交通节能、建筑节能、农业节能及日常生活节能，而每一个领域又可以细分为多个领域。

11.7.2.2 节约能源的形式

包括节煤、节油、节气、节电，当然，节油也可以细分为节约柴油、节油汽油、节约煤油等。

11.7.2.3 广义节能

几乎包含任何所有的物质，如节约用水、节约粮食、重复利用资源等。

11.7.2.4 节能的方法措施领域

包括管理节能、技术节能、结构调整节能、EMC 节能、循环经济节能、重点工程节能。

11.7.2.5 能源转换过程

节能的内容包括能源开采过程节能、能源加工、转换和储运过程节能及能源终端利用过程节能。

11.7.2.6 节能的时空位置

可以说是时时可节能、处处可节能。

11.7.3 节能减排工作的意义与重要性

11.7.3.1 节能工作的必要性

1. 不可再生性

能源总有枯竭，再过200年，地球上可开采的矿石资源将消耗殆尽，是一个关乎全人类生存的严峻问题。

2. 利用效率低

目前能源利用率低，节能潜力巨大，目前，我国的能源整体利用率约为30%，节能的潜力非常巨大。

3. 战略安全性

涉及国家战略安全问题，能源消费增加，石油对外依存度提高，因能源问题引发的各种冲突日益增多。

4. 可持续发展

降低生产成本，减少废气污染，实现可持续发展。

11.7.3.2 节能工作的积极意义

(1) 节能是解决能源供需矛盾的重要途径；

(2) 节能是从源头治理环境污染的有力措施；

(3) 节能降耗是经济可持续发展的重要保证。

11.7.4　节能减排工作分类与方法

11.7.4.1　节能减排工作分类

按节能工作的深度及广度分，节能方法可分为：

1. 管理节能方法

通过对能源消耗进行准确监测和科学分析，从而采取相应的管理措施和技术措施。

2. 技术节能方法

技术节能是指采取先进的技术手段来实现节约能源的目的。

3. 产业结构调整节能方法

主要通过调整产业结构、产品结构和社会的能源消费结构，淘汰落后技术和设备，用高新技术和先进适用技术改造传统产业。

4. 需求侧方节能管理方法

通过对用户用电负荷的合理分配、协调管理从而减小了最大负荷的电力。

5. 合同能源管理节能方法

EMC 是合同能源管理，节能投资服务管理，客户见到节能效益后，EMC 公司才与客户一起共同分享节能成果。

11.7.4.2　节能减排工作指标

节能统计指标体系由能源经济效益综合能耗指标、技术经济能耗指标构成。

1. 能源经济效益指标

(1) 万元工业总产值综合能耗指标定义：

① 工业总产值：在报告期内，以上一个 5 年最后一年的产品不变价格计算的，工业企业生产的最终产品或提供工业性劳务活动的价值总量。

② 工业综合能源消费量：在报告期内，工业企业在工业生产活动中实际消费的各种能源的总和。

③ 万元工业总产值综合能耗：在报告期内，企业的生产经营活动，每产生一万元的产值所消耗能源数量。计量单位统一使用“吨标煤/万元”。

(2) 企业总节能量的计算方法：

企业产值能耗节能量的计算方法是以基期的万元工业总产值综合能耗减报告期万元工业总产值综合能耗的差额乘以报告期产值。

企业单位产品能耗节能量的计算方法是以基期的单位产品综合能耗减报告期单位产品综合能耗的差额乘以报告期产品或加工量。

2. 技术经济能耗指标

(1) 炼油综合技术经济指标：

① 炼油综合损失率(%)：指炼油综合损失量占原油及原料油(气)购入量百分比。炼油综合损失量为原油储运损失量、原油加工损失量、石油产品损失量、其他损失量之和。

a. 原油储运损失率(%)：指原油储运损失量占原油购入量百分比。

b. 原油加工损失率(%)：指原油加工损失量占原油及外购原料加工量百分比。

c. 石油产品损失率(%)：指石油产品损失量占石油产品产量百分比。

d. 石油其他损失率(%)：指其他损失占原油及外购原料加工量的百分比。其他损失一般指自然灾害、事故跑损、清罐等造成的损失。

② 轻油收率(%)：指轻质油产品占原油及外购原料加工量的百分比；

③ 综合商品率(%)：指石油产品商品量占原油及外购原料加工量的百分比；

④ 可比综合商品率(%)：指板块内加工过程中可比综合商品量占原油及外购原料加工量的百分比；

⑤ 高附加值产品收率(%)：指高附加值产品产量占原油及外购原料油加工量的百分比；

(2) 炼油能源指标：

① 加工一吨原油综合能耗：指炼油装置在统计报告期内，每加工一吨原油及外购原料所消耗各种燃动能源能量总和的平均水平。计量单位：千克标油/吨。

② 单位能量因数耗能：指以炼油能量因数作为校正系数计算的炼油综合能耗指标。计量单位：千克标油/吨·因数。

③ 加工一吨原油耗燃料油(气)：指加工一吨原油所消耗的燃料油(气)量。计量单位：千克标油/吨。

④ 加工一吨原油耗蒸汽：指加工一吨原油所消耗的蒸汽。计量单位：吨/吨。

⑤ 加工一吨原油耗电：指加工一吨原油所消耗的电量。计量单位：千瓦时/吨。

⑥ 柴汽比，指柴油产量与汽油产量的比例，计算公式为：柴汽比=柴油产量/汽油产量。

⑦ 吨油取水量：加工每吨原料油的新鲜水用量。

⑧ 吨油排水量：加工每吨原料油的排水量。

(3) 化工指标：

① 单位产品燃动能耗指标(化工装置在统计报告期内)，单位产品的燃料、动力消耗量，计量单位统一使用“千克标油/吨”；

② 单位产品综合能耗指标(化工企业在统计报告期内)，指单位产品原材料、燃料、动力消耗量，计量单位统一使用“千克标油/吨”；

③ 单位产品综合物耗指标(化工装置在统计报告期内)；

④ 双烯收率：乙烯、丙烯收率和；

⑤ 高附加值产品收率：是指乙烯、丙烯、丁二烯、氢气、苯收率之和；

⑥ 单位产品取水量：新鲜水取水总量/总产量；

⑦ 单位产品排水量：排水总量/总产量；

⑧ 高附加值能耗：乙烯装置所有燃动能耗/高附产品产量；

⑨ 乙烯燃动能耗：乙烯装置所有燃动能耗/乙烯产品产量。

(4) 公用工程指标：

① 供热标煤耗：指电厂或锅炉装置在统计报告期内，对外提供每单位蒸汽或热水的热量所耗用的标准煤量水平。计量单位：千克标煤/吉焦；

② 供电标煤耗：指电厂或发电装置在统计报告期内，对外提供每度电的耗能平均水平。计量单位：克标煤/千瓦时”；

③ 供电线路损失率：指供电企业在变压、输送电力过程中所损失的电量与供电量的比率；

④ 供热管道热损失率：指外供热量与售热量的差额与外供热量的比率；

⑤ 供水电耗：指不包括水厂(车间)自用水量在内的综合性电耗指标；

⑥ 供氮(氧)电耗：指在一定时期内空分装置产供氮、氧所消耗的电量。空分装置供氮、氧电耗(千瓦时/千标立方米)；

⑦ 循环水单位电耗：循环水供水总量/耗电总量(千瓦时/千立方米)。

11.7.4.3 节能减排工作方法

节能管理主要工作内容包括：能源管理体系、产品耗能定额、计量仪表、管理制度、节能措施等，管理节能方法包括：

1. 建立能源管理体系

能源管理体系建设，是运用现代管理思想，建立覆盖企业能源利用全过程的管理体系，强化结构节能与技术节能，促进万家企业构建长效节能机制。

2. 开展能源审计

能源审计是根据国家有关节能法规和标准，对能源使用的物理过程和财务过程进行检测、核查、分析和评价的活动。

3. 开展达标对标工作

企业主要工业产品单耗应达到国家强制性限额标准，要学习同行业能效水平先进单位，积极开展能效对标活动，制定详细的能效对标方案。

4. 建立能源管控中心

开展两化融合，通过信息化手段，建立能源管控中心，实现能流管理“看得见、说得清、可优化”。

11.7.4.4 技术节能方法

1. 工艺节能

(1) 催化剂和化学反应工程。高效催化剂可以形成更有效的工艺过程，或者可以缓和反应条件，使反应在较低的温度和压力条件下进行。例如，ICI公司铜基催化剂代替锌-铬催化剂合成甲醇。

(2) 分离工程。炼油中分离方法很多，如精馏、吸收、萃取、吸附、结晶、膜分离等，每一类方法中还包括许多种方法，各种方法的能耗是不同的，需要加以选择。例如目前世界上用于大型煤气化装置的脱硫脱碳技术方法，根据操作过程的特点，基本上分为两大类：化学吸收法和物理吸收法。工业中常用的脱硫脱碳工艺按照吸收温度的不同，一般分为热法和冷法。热法中以Selexol和MDEA工艺最为著称，冷法则以低温甲醇洗法为代表。能耗以低温甲醇洗法最低，Selexol次之，MDEA工艺最高。

(3) 改进工艺方法和设备。将精馏塔由板式塔改为规整填料塔，降低塔的压降，减少塔底与塔顶的温差，提高生产能力，减少回流比，减少动力消耗。采用液力透平泵代替减压阀，利用工艺介质的压力降做功。

2. 单元操作设备节能

(1) 流体输送机械。设计时要选择合适的机械，避免“大马拉小车”的情况，造成能量浪费。在调节负荷变化时，采用转速控制等。比如：采用变频控制技术、切削叶轮，采用无级调速技术。

(2) 换热设备。加强设备保温，防止结垢，合理减少传热温差，强化传热；对锅炉和加热炉控制过量空气，提高燃烧特性，预热空气，回收烟气余热；以及采用高效率设备，如热管换热器等。比如"无低温腐蚀水热媒空气及给水预热"技术。

(3) 蒸发设备。节能措施有：预热原料，多效蒸发，热泵蒸发，冷凝水热量的利用等。比如吸收式热泵的应用。

(4) 塔设备。塔设备的节能途径有：减少回流比，预热进料，塔顶热的利用，使用串联塔，采用热泵，采用中间再沸器和中间冷凝器等。比如设置解吸塔中间再沸器。

3. 控制节能

节能需要操作控制，生产运行中的节能，必须加强操作控制。比如采用控制排水阀以代替疏水器排水在蒸汽加热介质的控制节能，催化富气压缩机机 301/1、301/2 控制系统优化节能改造。

4. 过程系统节能

过程系统节能是按照过程系统三环节能量综合优化方法，通过单元过程与设备、局部子系统及系统全局的分解协调优化，以先进的模拟及系统优化设计软件为辅助，依次对装置的工艺利用环节、能量回收环节及能量转换环节分别进行优化，重点考虑工艺装置用能改进、大范围热联合以及低温位热量的有效利用和蒸汽动力系统优化，从装置节能走向全局能量系统优化。

(1) 装置间热出料是新一轮全局能量优化的切入点。热出料适宜温度的选择和优化，要以顶替燃料为目标，从节能原理来看，热出料温度越高效益越大。但在工程上，受到安全、工艺、操作、控制等的限制。如典型热出料目标，减压渣油、脱沥青油热出料供焦化温度由150~180℃提高到200~230℃；减压、焦化蜡油热出料供催化温度由150~165℃提高到180~195℃；直馏、催化、焦化的汽、柴油热出料供加氢温度由40~50℃升高到100~120℃；加氢裂化、加氢改质热进料温度，由60~120℃提高到130~170℃。

(2) 热出料推动装置深入优化用能和热联合。热出料温度提高促使上游装置换热网络重新匹配和深入节能。热进料温度提高改变下游装置热利用格局，促使装置能量优化进一步深入。

(3) 储运系统深入节能的方向和潜力。储运节能的基本原则：一是储量最小化，以减少维温、伴热、泵送能耗、设备折旧和流动资金利息支出。以某中等规模炼油厂原油罐区为例。二是储运参数最优化——最小维温热负荷。三是选择适宜的加热方式。

(4) 低温热利用的新格局和系统优化策略。全局优化中，在热出料、装置深入节能和热联合极大地改变低温热资源的分布和参数的基础上，再充分利用大系统范围内的低温热。常见的以水为热媒的炼油厂低温热利用系统的优化设计，可考虑以下4种热阱，实现低温热在大系统中的"温度对口、梯级利用"。

① 轻烃分离、溶剂再生、污水汽提等低温装置的再沸器供热；

② 蒸汽动力系统的给水预热；

③ 参数优化后的储运系统的油品维温伴热；

④ 季节性采暖空调。

(5) 炼油企业蒸汽动力系统的适应性改造和优化。以热出料为切入点的系统全局能量优化，将使各级蒸汽供需格局发生较大变化。目前系统都是按照给定的工况设计的，缺乏柔性。蒸汽动力系统的适应性改造：

① 在低温热利用方案初步成型，蒸汽供、需变化格局初见端倪后，画出新、老蒸汽逐级利用平衡图；

② 以背压蒸汽透平驱动的泵、压缩机动力需求为主线，规划新的动力能源配置方案；

③ 邻近循环经济园区可能条件下，规划与外部的汽、电集成关系；

④ 在现实能源/设备比价下，规划本企业一次能源构成；

⑤ 制订锅炉、汽轮机、燃气轮机配置改造方案；

⑥ 充分利用低温热，制订给水预热流程方案。

案例：S Zorb 装置低温热回收利用优化。

S Zorb 装置稳定塔底产品 140℃左右，需要利用空冷器和水冷器冷却降温至小于 40℃后出装置，不仅没将这部分热能利用，还会浪费电能和大量的循环水，影响装置的能耗。

在 S Zorb 装置增上一套 ORC 膨胀发电机组(见图 11-3)，能将这部分低温热能转换为电能，该机组采用有机朗肯循环原理(Organic Rankine Cycle)(见图 11-4)，以低沸点有机物(R245fa)作为工作介质，经预热器、蒸发器加热，吸收了热源的能量，由液体变为高温气体。进入膨胀机，在转子腔内，气体膨胀对外做功，驱动发电机旋转发电。工质变为低压、低温的气体，再经冷凝器冷凝为液体，通过储液器进入工质泵，经过工质泵加压后，重新回到预热器和蒸发器，如此往复循环。

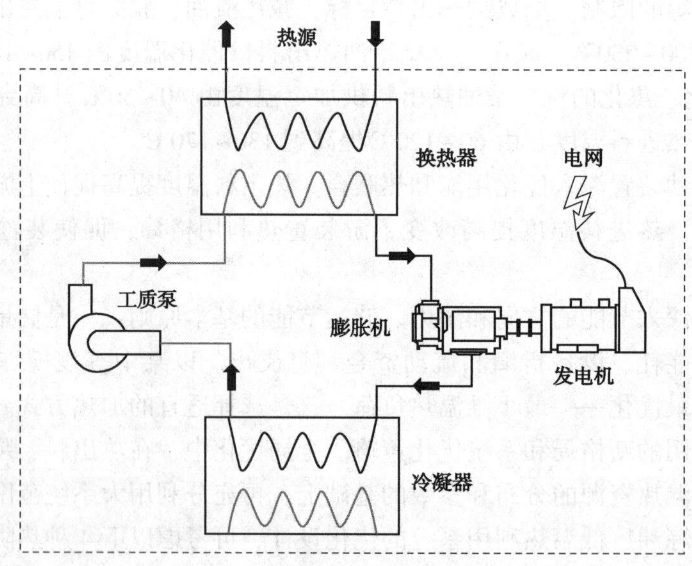

图 11-3 ORC 膨胀发电机组示意图

该发电机设计额定功率 900kW，净发电每小时 540 度，年发电量约 450 万度。

11.7.5 节能减排工作管理制度

在节能减排工作管理制度方面，主要是积极贯彻落实国家、地方政府、中国石油化化集团公司的能源管理制度和政策，制定从能源采购、计量、统计、生产等过程管理和定额考核一系列的能源管理制度，并以此为基础，建立能源管理体系，完成与QMHSE体系整合工作。

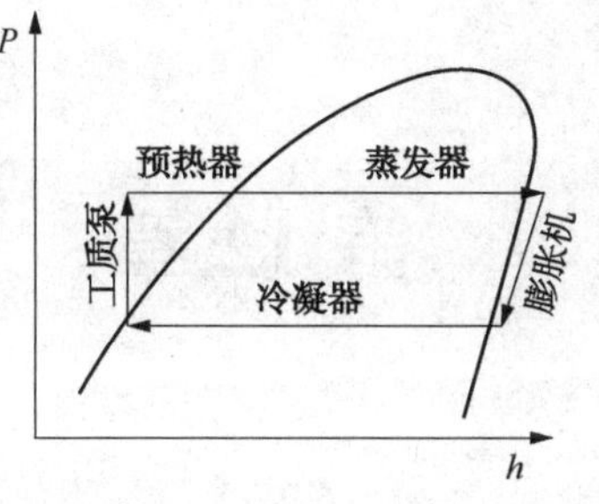

图11-4 热力循环压焓图

11.7.6 节能减排工作考核与激励

国家要求企业要建立和完善节能奖惩制度，将节能任务完成情况与干部职工工作绩效相挂钩，并作为企业内部评先评优的重要指标。有条件的万家企业要安排一定的节能奖励资金，对在节能管理、节能发明创造、节能挖潜降耗等工作中取得优秀成绩的集体和个人给予奖励，对浪费能源或完不成节能目标的集体和个人给予惩罚。

第 12 章　信息化建设及信息系统应用

12.1　企业信息化现状及发展趋势

12.1.1　企业信息化概述

信息技术和网络技术的飞速发展，为我国制造企业提高自身核心竞争力带来了发展机遇。国家在大力推动工业化与信息化融合的同时，企业也不断地运用现代信息技术“武装”自己。在这一过程中，无论是信息技术领域还是企业管理领域，不同机构的学者、专家对企业信息化开展了广泛的研究和实践，对于信息化的定义有多种理解和解释，站在企业信息化的角度，有学者从技术层面进行了概括，指出企业信息化是“企业利用信息技术，包括通信技术、自动化技术、计算机及网络技术等，改善企业的经营、管理、生产的各个环节，以提高效率、质量、降低消耗，提高企业的创新能力”。从企业管理角度将企业信息化定义为“企业管理者利用现代信息技术，开发企业信息资源，调动人、财、物等资源的信息潜能，并建立与之相适应的组织模式，推动企业现代化进程，提高企业的经济效益和竞争力的过程”。

在国家政策推动和政府的积极引导下，我国以企业为主体的信息化建设已经从单一的局部应用发展到整体集成、协同的应用层面。企业信息化有效地支撑企业的发展战略和业务协同，它所带来的企业管理水平及综合竞争力的提升的效果也越发显著，具体可以归纳为以下两个方面：

1. 企业信息化全面提高了企业市场竞争力

企业信息化可以提高产品设计和生产的自动化水平，实现产品设计与生产的智能化、敏捷化、柔性化和精益化，成为生产高附加值产品的平台，能为企业创造良好的经济效益。

2. 企业信息化全面提高了企业管理水平

企业信息化促进企业管理与组织模式的变革，带来企业管理水平和经济效益的大幅度提高；促进了企业组织结构的扁平化，有利于把市场信息、技术信息和生产活动结合起来，使企业管理者能够迅速地对市场做出反应，制定出正确、科学的决策，使企业的人力、物力、财力资源得到更加有效的配置。

对企业信息化的内涵的理解应该包含战略、管理、技术等多个层面，从信息技术角度来看，企业信息化是指综合利用计算机、网络、软件、硬件、通信技术以及自动化技术等对企业管理、生产过程等进行改善和提升以提高企业的生产效率的过程。由此可以看出，借助信息化，实现了信息技术对企业管理、生产过程的改变，主要体现在管理方式的变化以及生产方式的变化两个方面：

1. 管理方式的改变

通过将信息技术引入企业管理过程，改变了传统的企业管理方式，特别是管理信息系统的应用，进一步促进了企业管理模式的变革。管理信息系统的主要应用领域有：办公自动化、人力资源、财务、成本、供应、生产、销售、设备、客户关系、项目管理等。主要软件系统有ERP(企业资源计划)、CRM(客户管理管理)、SCM(供应链管理)、CPC(产品协同商务)、PLM(产品生命周期管理)、BI(商务智能)等。

2. 生产方式的改变

通过在产品开发、生产制造等过程中引入信息技术，提升了产品设计效率、生产效率、产品质量，改进了生产过程。产品设计、开发以及生产制造方面应用的信息系统主要有：CAD(计算机辅助设计)、CAPP(计算机辅助工艺设计)、CAM(计算机辅助制造)、MES(生产执行系统)、APC(先进过程控制和优化)、LIMS(实验室信息管理系统)、RTDB(实时数据库系统)、PDM(产品数据管理)、VMS(虚拟制造系统)、RPM(快速成型制造)、FMS(柔性制造系统)、流程模拟、RTO(在线优化系统)等。

12.1.2 企业信息化发展历程与现状

企业信息化是一个不断发展的动态演进过程，总有其孕育期和成长期。不同行业的信息化发展历程有较大差异，我国石油石化企业的信息化发展进程大致经历这样四个阶段。

第一个阶段大体在1983年以前。从技术角度讲，是微型计算机大量面世之前的大型主机时期。这一时期的计算机主要由少数科研机构用于科学计算，油田通常用于地震资料处理和油藏数值模拟等计算分析，炼油化工企业主要用于生产过程控制，设计部门则主要是CAD(计算机辅助设计)和流程模拟技术的应用。在这个时期，计算机基本上还没有用于企业的经营管理。

第二个阶段为1983年至20世纪90年代初。这一阶段的主要特征是，一些企业开始采用中小型计算机用于企业经营管理，开展全厂性的管理信息系统(MIS)建设。同时，微机也日益普及并大量应用于管理，主要用来处理一些统计报表，并建设了一些以单项业务为主的独立的小型管理信息系统。从总体上讲，这个时期是信息化建设的一个蓬勃发展期。在这一时期，各级领导对信息化建设人都比较重视，技术人员的建设热情也很高，各企业差不多都建立了“信息中心”这样的专门机构，计算机应用的深度和广度较以前有了明显扩展。

第三阶段为20世纪90年代初至90年代末。这一阶段为信息化初级发展阶段。这一时期的主要技术特征是网络化，局域网、因特网大量使用。从应用角度看，在上层管理者的大力推动下，一些企业从集团总部到下属各企业的自上而下垂直型业务管理系统逐步形成“气候”，如财务、物资、销售系统等。这些系统在业务管理工作中一般都发挥了很好的作用，大幅提高企业工作效率。但在此阶段逐渐形成并存在着“信息孤岛”现象，企业部门之间信息不能共享。

第四阶段为2000年之后。此阶段为石油石化企业信息化快速发展阶段。

中国石化在集团公司党组的领导下，紧紧围绕公司发展战略，坚持“六统一”原则和“建用结合，以用为主”的工作方针，大力开展以ERP为核心的经营管理平台、以MES为核心的生产营运平台和信息基础设施与运维平台的建设，积极推进信息化与工业化的深度融合，基本建成了与公司改革发展相适应的信息化“三大平台”和“十大系统”。信息化已成为集团公司发展战略的重要组成部分，在塑造中国石化管理模式、建设具有较强国际竞争力的跨国能源化工公司中发挥了重要作用。ERP(企业资源计划)、生产营运指挥、电子商务等系统被评为央企信息化示范工程。

经过几十年几个阶段的发展，中国石化的整体信息化能力和应用水平有了一个根本性提升，与国际同类大型企业之间的差距大为缩小，并且在许多方面展露出了自己的特色。

12.1.3 炼化企业信息化发展及新技术

12.1.3.1 炼化企业信息化发展

经过“十五”至“十二五”快速发展，中国石化信息化已具有了一定的能力和水平。主要表现为：“三大平台”基本建成，信息化已贯通中国石化上中下游整个产业链；信息化体系基本健全，建立了信息化的组织体系、考评体系、运维支持体系和标准化体系，形成了一支5000余人的信息化专业队伍；信息化良好氛围已经形成，开展了ERP、MES等系统应用监控和达标、典型企业培养、技能竞赛等信息化“比学赶帮超”活动，扎实推进了系统深化应用、创新应用，“两化融合”取得了明显成效。

根据信息技术新的发展趋势和中国石化实际，中国石化提出了十三五信息化发展思路，建设经营管理、生产营运、客户服务、基础技术四大平台，构建标准化和信息安全两个体系，建立一套信息化管控机制，显著提升公司信息化能力和水平；在炼化企业实现灵活、高效、安全、绿色、节能、协同、优化的智能化生产运营，实现生产管控优化协同，供应链管理灵活敏捷，能源管理精细优化，HSE管理全面可控，资产管理高效可靠等发展目标。

12.1.3.2 新技术应用

信息化的发展同时推动了信息新技术的兴起，各国政府纷纷出台相关政策鼓励新兴技术在重点行业的应用探索。物联网、云计算、移动应用等新兴技术逐渐从概念模型转向实际应用。

1. 物联网技术

物联网的概念源于1998年麻省理工学院Auto-ID实验室提出的EPC系统，是在互联网的基础上，借助传感技术、通信技术实现物物互联、智能管理的网络体系。依靠射频识别、功能感应、全球定位、激光扫描、网络通信，物联网实现了全面感知、可靠传递及智能处理。作为信息网络未来的发展方向，物联网引起了各国政府的高度重视，“智慧的地球”、《欧盟物联网行动计划》、“物联网战略研究路线图”、“感知中国”等计划描绘了物联网技术的美好应用前景，也加速了物联网技术在能源、医疗、物流、农业等重点领域的实施进程。据研究机构iDate估计，截至2012年底，全球有1.9亿的机器设备通过物联网进行连接和信息共享；美国独立市场研究机构Forrester预测，2020年，世界上“物物互联”的业务，跟“人与人通信”的业务相比，将达到30：1。

物联网技术可应用于石化领域的物流管理、生产管理、油田管理等环节，提升企业生产管理水平、节能降耗。

(1) 物流管理。物联网应用于石化行业原材料及产品的采购、库存、销售、配送等领域，将完善、优化石化行业物流管理体系，提高效率，降低成本。危化品管理是传感技术应用的重点领域，借助传感技术和RFID技术实时采集危化品状态数据，能够及时发现安全隐患，为危化品物流提供安全保障；RFID技术与GPS技术可以实现产品实时监控，获取产品最新位置信息，便于统一调度，提高资源利用率，提高物流管理水平；利用RFID技术追踪和管理油气资源设施间的输送环节，能够提高油气运输安全性并实现输送阀门的远程控制；

RFID技术的推广还将提高物流管理的精细化及自动化水平，将颗粒度细化到托盘，实现自动货位管理、自动识别与引导、快速出入库、快速盘点，实现实物的自动化管理。

（2）生产管理。物联网与环保设备的融合可以实现对化工生产过程中产生的各种污染源的实时监控。在化工安全生产管理方面，可以利用传感设备感知设备、油气管道的状态信息，保证安全生产。利用RFID技术还可以实现工作人员的考勤管理、工作区域的定位管理及智能控制，进而实现智能化管理。在油气开发方面，利用RFID能够远程遥控油气管道的阀门开关，平衡石油流动。

（3）油田管理。数字油田是油田管理的发展方向，是以物联网为基础，全面实现油田信息化、数字化、可视化、智能化的管理系统。物联网在数字油田的核心应用是油井生产远程监控系统，通过采集、处理、分析生产数据，企业能够及时掌握油田生产情况，实施远程控制和诊断；实现资源和信息共享，提高工作效率和管理水平。

目前BP等国际主要石油厂商正着手建立与企业的发展战略相符的数字油田体系，以实现团队整合、资源优化、油田勘探持续优化。中国石化也积极探索物联网技术在行业内的应用。化工销售公司LIS(物流信息系统)中，借助物联网技术实现了载运工具检测、智能仓储试点、产品流向监控等功能，有效提高了物流运作和管理效率，保证物流作业的安全、及时、可控。

2. 云计算技术

信息系统的广泛实施带来了数据呈几何级增长，推动了计算模式的演进，掀起了第三次IT浪潮，云计算技术应运而生。云计算突破了传统数据处理模式，通过计算资源的虚拟化组织、分配和使用模式，便捷、按需、易扩展的提供计算资源，实现资源的合理配置。

美国、日本、欧盟等国家和地区率先制定了云计算发展战略，部署云计算基础设施，为云计算项目提供资金支持和政策扶植；微软、IBM、Google、AT&T等服务商也纷纷推出商用云服务，抢占云计算市场。我国政府也极其重视云计算的发展。国家发改委、工信部在2010年提出了云计算创新试点的工作部署，明确了试点建设的总体思路："加强统筹规划、突出安全保障、创造良好环境、推进产业发展、着力试点示范、实现重点突破"；明确要求抓紧制定云计算创新发展实施方案。

在石化领域，化工过程模拟和仿真、分子模拟设计等过程需要大量复杂的计算；石化企业的信息系统也需要对越来越多的数据进行分析和处理。云技术的出现为日益增加的数据处理需求提供了解决方案。借助云计算提供的计算资源共享平台，企业能够统一建设、管理计算资源，从而避免计算过程的重复和资源的浪费。

目前，石油石化及自动化领域的领军企业已经开始了云计算技术在流程领域的应用探索。SAP面向石化企业开展了特定软件的云服务，企业只需付费购买软件的使用权便可获得相应的软件服务，节省了开发成本及硬件设施成本；斯伦贝谢科技服务公司借助全球五大数据中心解决大计算量的地震资料处理，实现全球数据应用、监控等生命周期管理，实现全球用户管理、项目协同管理；中国石油东方地球物理公司通过全球14个数据处理中心，初步实现资源集中管理、远程共享。

3. 移动应用技术

移动应用技术是通过对复杂的移动通信协议和移动信息化应用处理技术进行封装，为企业、政府的移动信息化建设提供一套标准化、简单的开发环境和应用平台。移动应用技术可实现与原有的PC应用系统的无缝整合与快速部署，完成对原有应用系统的移动化；也可为重新开发全新移动应用提供开发及应用平台支撑。

移动应用技术实际上隐藏了多种复杂性：在移动环境下工作的复杂性，允许设备对设备的流畅交互的复杂性，移动与计算机集成的复杂性和移动应用开发的复杂性。随着多样化的平台和设备进入到移动空间，移动中间件技术将变得越来越重要。移动应用技术为开发和部署跨平台的应用提供统一接口，实现对相应异构移动设备的连接；为所有主要设备平台抽象化了可访问本地数据存储的通用数据持久化API，可以连接任意异构数据源；建立了开发、应用平台，通过使用面向对象的技术和概念，提供一个对象层以简化移动应用程序开发，为移动设备上的应用程序开发还提供了复合构件库，通过Eclipse开发环境中可便利地创建新的移动应用，同时支持设备和软件管理功能。

移动办公是通过在移动终端上安装客户端程序，使得移动终端也具备了和电脑一样的办公功能，而且它还摆脱了必须在固定场所固定设备上进行办公的限制，它不仅使得办公变得随心、轻松，而且借助移动终端通信的便利性，使得使用者无论身处何种紧急情况下，都能高效迅捷地开展工作，对于突发性事件的处理、应急性事件的部署有极为重要的意义，是移动通信、计算机与互联网三者融合实现的应用解决方案。

新一代的移动办公系统，也就是第三代移动办公系统融合了3G移动技术、智能移动终端、VPN、数据库同步、身份认证及Webservice等多种移动通信、信息处理和计算机网络的最新的前沿技术，以专网和无线通信技术为依托，使得系统的安全性和交互能力有了极大的提高，为企业管理人员提供了一种安全、快速的现代化移动执法机制。

由于国外3G网络及各种智能终端发展较早，如基于黑莓的Push Mail得到了企业用户的广泛应用，随着苹果iPhone、iPad，Android、Symbian、Windows mobile、Palm等智能终端的普及，基于移动终端的移动办公应用普及率越来越高。

在能源化工行业，针对着高技术要求、高安全要求，地域分布广泛的特点，最先实现的移动应用为利用3G网络，与现有专网进行混合组网，以完成数据报送的功能。随着对于移动网络应用的熟悉和移动应用能力的提高，利用3G提供移动办公应用的议题也都提到了日程上来。中国石油基于苹果iOS操作系统开发了一套介绍信息化成果展示的移动办公系统，主要包括信息化发展历程、“十一五”信息化规划、天然气管网运行实时监控、信息化成果报告以及生产报表信息等功能，充分体现了中国石油在“十一五”期间信息化工作成果。

在中国石化物资部门也对移动办公进行了相关尝试，开发了一套物资供应管理综合信息平台手机版，该系统实现随时随地查阅信息、填写出差记录、审批业务，查看行业新闻信息等功能，保证了物资供应相关工作的顺利进行，规范了业务流程、提高了管理水平。

12.2 炼化企业管理信息化应用

12.2.1 生产运营层面信息系统

12.2.1.1 概述

中国石化基本建成了以MES为核心的生产营运平台。经历了从分散建设到整体集成、从板块应用到业务协同的发展历程，取得了重大进展。平台覆盖了集团公司上中下游生产营运核心业务，基本实现了各板块产供销营运实时监控、预测预警、集中调度、统一协调和生产营运绩效评价与分析，有力促进了公司产业链资源的整体优化配置和公司生产管理方式的变革，成为总部、企业生产管理不可或缺的工作平台。总部生产营运指挥系统的建设应用，实现了总部对整个产业链的生产运行动态跟踪、实时监控和生产过程的综合指挥，打造了集中调度、统一指挥的“一体化运营”新模式。计划优化(PIMS)、调度优化(ORION)等供应链与物流管理等系统改善了资源配置方式、增强了资源配置能力、提高了资源配置效益。生产执行系统(MES)的全面推广有效支撑了企业精细化管理和规范化管理，先进控制系统(APC)的投用使企业生产装置控制水平大幅提升，实验室信息管理系统(LIMS)的建设与应用，规范了分析检验业务流程，提高了企业产品质量管理水平。HSE 管理系统的应用，实现了总部与直属企业、基层单位 HSE 运行管理的业务贯通，等等。

12.2.1.2 主要生产管理信息系统介绍

12.2.1.2.1 计划优化系统

1. 概述

(1) 生产计划优化。炼化生产企业的生产计划，需要综合考虑生产装置或是辅助生产装置加工能力和检修计划、库存、原料品种与供应量、产品品种与需求量、技术经济指标达标等多种因素，在一定时间范围内，安排原料加工、产品生产工艺流程、装置生产方案、产品产量的计划。

制定生产计划为什么需要计划优化模型呢？这是因为手工 Excel 编排计划只能做到“可行”，不能做到“最好”，只能实现厂内的物料平衡，并没有优化的功能。而计划优化模型是用于计划的优化工具，可以帮助企业根据计划期内的各种情况制定效益最好的计划，创造最大经济效益。企业生产原料的价格和可用数量变化较大，而每种原料如何加工、加工所带来的效益是不同的。手工计算无法短时间内测算出各种原料的保本价和加工效益，也就无法及时决定是否购买此种原料，容易贻误商机，而计划优化模型在这方面的优势十分明显。企业生产产品的市场需求和价格不断变化，只有通过计划优化模型，才能够根据市场需求和价格的变化，及时调整生产方案和产品结构，从而形成以获得最大经济效益为目标的生产计划。而这些依靠手工计算则无法做到。生产计划至少需要每月做一次，每次都必须考虑到全部原料、产品、中间产品和副产品的品种、数量和性质，所有装置的状态和加工能力，装置的公用工程消耗，手工计划不可能考虑如此全面。生产装置的多变性、生产配方的多样化也需要计划优化模型进行测算。

生产计划有两个方面的优化层次。在单个企业层面，主要是根据企业自身的生产工艺流程、装置基础数据、产品质量要求、原料和产品价格等约束条件，制定出效益最大化的生产计划。在总部层面，主要是根据下属各企业的实际生产特色，根据市场需求合理分配原油资源和产品计划，有效利用各企业装置产能，实现总体优化。所以，生产计划在企业和总部层面所覆盖的业务范围也是不相同的。企业层面覆盖从原料购买到产品出厂之间的各个业务环节，而总部层面除覆盖企业的之外，还需覆盖总部层面整体资源平衡、原料配送、产品配送、互供安排、库存安排的业务环节。

(2) 计划优化软件。炼化企业需要借助软件来实现制定经济效益最大的生产计划。而现在生产计划优化系统常用的软件有 4 种。第一种是 PIMS 软件，它是 Aspen 公司的产品。Aspen 公司 1997 年并购了 Bechtel 工程公司的 PIMS 部门，研究开发了 PIMS 软件。在国外，

PIMS 的市场份额占据了美国 70%的炼油厂，美洲 60%的炼油厂，全球炼油总量的 40%的炼油厂。在国内，中国石化采用 PIMS 软件。第二种是 RPMS 软件，它是 Honeywell 公司的产品。Honeywell 公司 1999 年并购 Bonner & Moore，得到 RPMS 软件。在国外，有 100 多家石化企业使用 RPMS。在国内，中国石油选用 RPMS。第三种是 GRTMPS 软件，它由 Haverly 公司开发，主要在欧州应用，中国大陆到目前为止还没有企业使用该产品。第四种是 GIOPIMS 软件，这是由清华大学开发的图形化建模系统，该软件目前为止只在兰州石化试用过。

PIMS 软件是一个功能强大且用户界面友好的用于过程工业经济规划的系列工具软件。PIMS 软件采用线性规划技术来优化过程工业各装置的操作和设计，包括自动将物料性质传递到下游装置、非线性回归建模和数据辅助功能及先进的分布式回归，适用范围广，可用于短周期、多周期或长期战略性的计划及规划。它可以应用于原油选择、油品调和优化、生产计划、库存优化、生产方案测算、产品结构优化、辅助检修方案测算等方面。它有一系列产品，主要包括：PIMS——单厂单周期小模型系统；PPIMS——多周期模型系统；MPIMS——多厂模型系统；XPIMS——多厂多周期模型系统；PIMSEE——PIMS 企业版。

中国石化自从 2000 年引进 PIMS 软件以来，即在旗下的各个炼化企业开始实施和推广工作。到目前为止，已经经历了三个较大的发展阶段，见图 12-1。

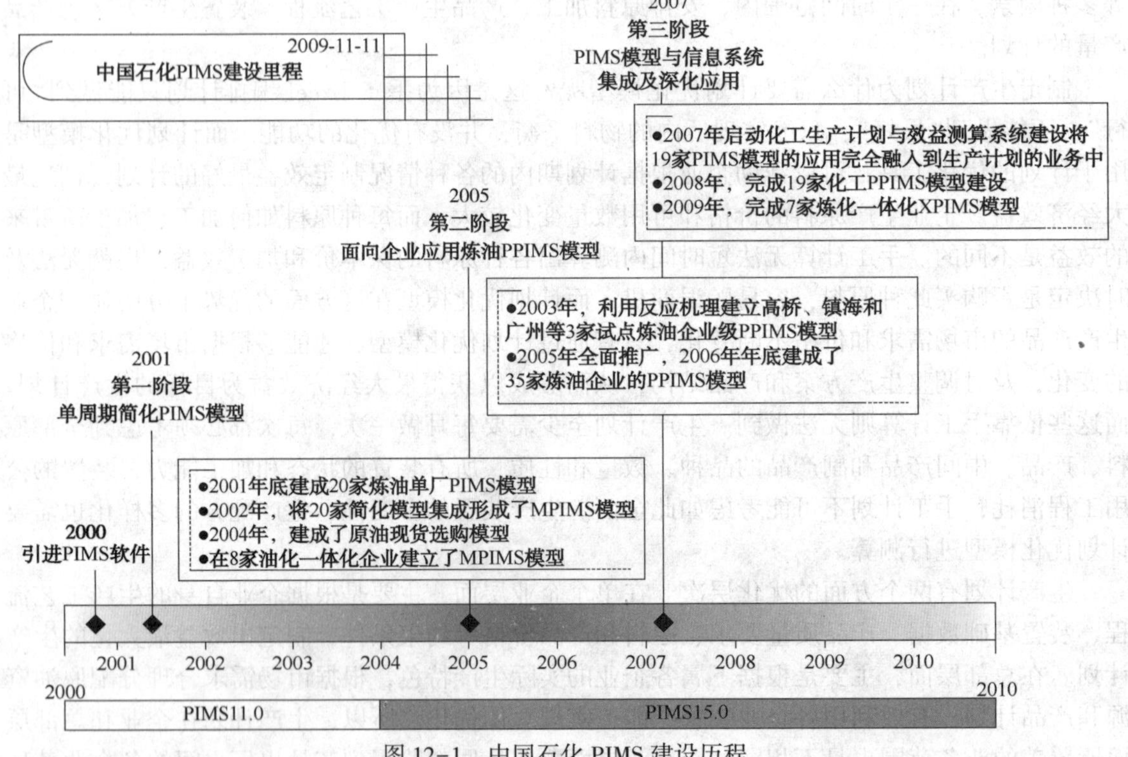

图 12-1 中国石化 PIMS 建设历程

第一个阶段到 2004 年为止，在各个企业建立起单周期简单 PIMS 模型。第二阶段到 2006 年为止，在各个企业建立起精确的企业级 PPIMS 模型，该模型和简单 PIMS 模型相比，增加了多周期、Delta-Base、反应油品调和的非线性结构等应用结构，使 PIMS 模型更能够精确地描述生产实际，提高了模型的精度。第三阶段到 2010 年为止，在这一阶段，PIMS 模型与信息系统集成，进一步推动了模型的深化应用。这一阶段主要完成的工作有：完成化工

PPIMS 模型的建设；建设中国石化化工生产与效益测算系统，将化工企业模型应用完全融入到生产计划的业务中；完成 7 家炼化一体化 XPIMS 模型的建设。现有中国石化所属 35 家炼油企业和 18 家化工企业已建成 PIMS 模型，PIMS 模型已成为炼油和化工企业生产计划排产、优化测算不可缺少的工具。

PIMS 软件在中国石化所使用的版本也发生了较大的转变，见图 12-2。

目前正在各炼化企业 PIMS 模型的版本为 PIMS V7 版本，该版本在模型数据精确度(与 KBC 数据的结合)、使用功能等方面有较大提升。

为加强板块、区域、企业之间的资源优化整合，实现规模化、集群化发展，提高产业集中度，构建了炼油生产区域优化模型系统，以华北、沿江等区域优化模型为核心，优化华北、仪长管输进口原油品种、数量、船期和库存，保证企业安全生产，降低原油采购成本，提高炼油板块综合效益。

PIMS 15.0
PIMS 16.0
PIMS 17.0
ASPENONE -V7
PIMS软件版本

图 12-2　PIMS 软件版本变化情况

2. 模块功能介绍

PIMS 软件功能模块包括：原料购买、生产过程(含性质递归结构)、产品销售、公用工程、库存。PIMS 功能结构见图 12-3。

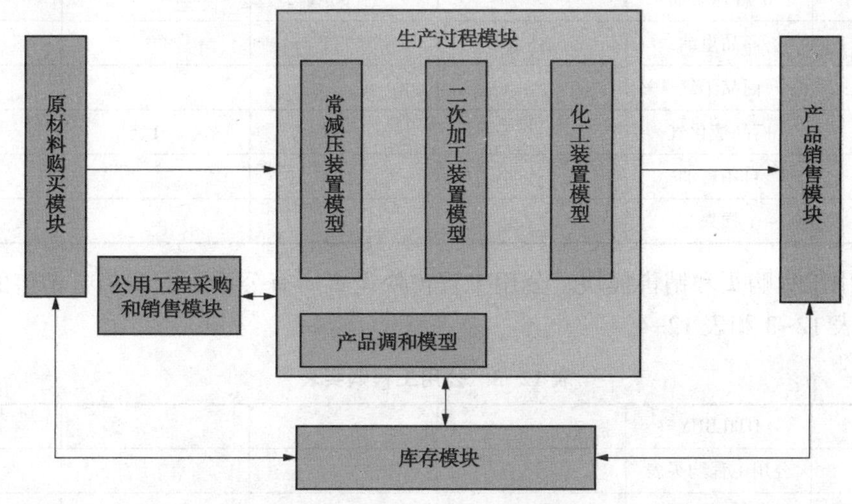

图 12-3　PIMS 模型功能结构图

(1) 原材料购买模块。原材料购买模块设置所有原油和原料的价格和购买量限制，见表 12-1。

表 12-1　原料购买表

*TABLE	BUY				
*	原料买入表				
	TEXT	MIN	MAX	FIX	COST
XIJ	西江	0	50		3700.00

续表

* TABLE	BUY				
LFN	陆丰	0			2938.58
WCH	文昌	5			3164.35
MNS	米纳斯	0			3052.79
WDR	苇杜里	0	100		2984.95
CPN	钱皮恩	10			3134.48
OMN	阿曼			5	2806.07

（2）产品销售模块。产品销售模块设置所有最终出厂产品的价格和销售量限制，见表12-2。

表 12-2　产品销售表

* TABLE	SELL				
*	产品销售表				
	TEXT	MIN	MAX	FIX	PRICE
G90	90#清洁汽油	1			3267
JET	喷气燃料				3356
D00	0#普通柴油		5		3176
F25	商品重油				1786
PGS	商品干气				1166
LPG	商品液化气			1	3398
UFL	自用燃油				0
LOS	损失				0

（3）公用工程购买和销售模块。公用工程模块设置所有公用工程购买、销售的价格和量的限制，见表 12-3 和表 12-4。

表 12-3　公用工程购买表

* TABLE	UTILBUY				
*	公用工程购买表				
	TEXT	MIN	MAX	FIX	COST
CAT	催化剂				1.00
CCC	辅助材料				1.00
KWH	电				0.45
AIR	风				0.00
HTM	高压蒸汽				100.00
MTM	中压蒸汽				85.00
LTM	低压蒸汽				75.00

表 12-4 公用工程销售表

*TABLE	UTILSELL				
*	公用工程销售表				
	TEXT	MIN	MAX	FIX	PRICE
KWH	电				0.45
MTM	中压蒸汽				80
LTM	低压蒸汽				70

（4）库存模块。设置原料、中间产品、产品的期初库存、期末库存、库存限制、库存价值、持仓成本等参数，由周期表和库存表组成。见表 12-5 和表 12-6。

表 12-5 周 期 表

*TABLE	PERIODS		
*			
*	定义时间周期		
*			
	TEXT	LEN	* * *
*			
1	周期 1	1	

表 12-6 库 存 表

*TABLE	PINV			
*	库存表			
	TEXT	OPEN	MIN	MAX
ETO	环氧乙烷	0.00	0.00	0.00
EC4	抽余碳四	0.00	0.00	0.00

（5）生产过程模块。这个模块包含四个部分：一是常减压装置模型，用于配置常减压装置加工的原油，每个加工方案对应的侧线收率、装置能耗以及加工能力限制等参数；二是二次加工装置模型，用于配置二次加工装置每个加工方案对应的原料、产品收率、能耗以及加工能力限制、操作限制等参数；三是化工装置模型，用于配置化工装置每个生产配方对应的物耗、能耗、化学剂消耗以及加工能力限制等参数；四是产品调和模型，用于定义每个牌号产品的调和组分、调和组分物性以及产品规格等参数，通过计算可以得到符合产品指标要求的最优调和方案。

其中，常减压装置模型包含以下表格：

表格名称	表格作用
原油方案表	定义原油蒸馏方案，便于用户查看，非 PIMS 模型使用表格
ASSAYS	定义原油切割收率和切割数据
ASSAYLIB	定义模型中包含几个原油数据工作表
CRDDISTL	定义原油蒸馏子模块的结构

续表

表格名称	表格作用
CRDCUTS	定义模型中原油蒸馏的切割方式
CRDPOOLS	用于汇流不同蒸馏装置的直馏组分
SWING	用于原油蒸馏馏分的配置

二次加工装置和化工装置模型包含以下表格：

表格名称	表格作用
SUBMODS 表	装置定义表
CAPS 表	定义装置的生产能力
装置子模型表	描述装置进料的组成、性质、控制
Sxxx	描述装置进料、产品分布、能力控制、公用工程消耗
Delta-Base 结构	描述产品分布随进料、操作条件的变化

产品调和模型包含以下表格：

表格名称	表格作用
Blends	定义质量调和或比例调和
Blnmix	定义调和产品的组成，比例调和给出组分间的比例关系
Blnspec	定义质量调和的规格
Blnprop	组份性质表
BLNxxxx	提供调和物料的性质
Index	提供性质和它们的线性指数之间的关系
Wspecs	定义哪个性质是按重量调和
Interact	提供交互系数

3. 应用情况

炼油企业级 PIMS 模型全面用于年度、季度的计划排产与案例优化测算，是总部与企业处理问题的首要工具。部分典型应用案例见表 12-7。

表 12-7 炼油典型应用案例表

PIMS 模型典型应用案例汇总明细

序号	发布日期	企业	案例名称	应用类别
1	2011.07	胜利	增产高标号国Ⅲ汽油方案的效益分析	生产方案优化
2	2011.07	塔河	在当前原油价格和产品价格体系下，测算采取不同措施增产汽油经济效益对比	生产方案优化
3	2011.07	武汉	溶剂油流向优化测算	生产方案优化
4	2011.07	高桥	2 号催化 FCC 与 ARGG 生产方案效益测算	生产方案优化
5	2011.07	湛江东兴	催化装置按液化气和汽油方案生产对效益的影响	生产方案优化
6	2011.07	石家庄	催化装置增产成品油效益测算	产品结构调整

续表

PIMS 模型典型应用案例汇总明细				
序号	发布日期	企业	案 例 名 称	应用类别
7	2011.07	沧州	增产汽油生产方案	产品结构调整
8	2011.07	湛江东兴	液相柴油加氢装置开工后氢气的平衡测算	其他
9	2011.08	青岛炼化	汽油调和加 MMT 与开改质提高汽油辛烷值效益对比测算	其他
10	2011.09	青岛炼化	青岛炼化与某分公司上半年原油结构对比分析	原油原料优化
11	2011.08	齐鲁	11 月份进口原油采购优化测算	原油原料优化
12	2011.08	上海石化	2012 年原油资源结构测算	原油原料优化
13	2011.08	金陵	单品种原油加工效益排序	原油原料优化
14	2011.08	上海石化	四季度检修条件下的生产方案选择	生产方案优化
15	2011.08	高桥	润滑油基础油与燃料油生产方向选择与优化	生产方案优化
16	2011.08	武汉	催化装置使用丙烯助剂对效益的影响测算	生产方案优化
17	2011.08	湛江东兴	不同增产汽油方案对效益的影响测算	生产方案优化
18	2011.08	镇海	催化干气和饱和液化气优化方向测算	生产方案优化
19	2011.08	石家庄	焦化回炼油浆效益测算	生产方案优化
20	2011.08	海南	测算汽油增产方案及效益	产品结构调整
21	2011.08	石家庄	一催化装置增产汽油效益测算	产品结构调整
22	2011.08	海南	测算催化汽油装置开车对粤国Ⅳ汽油产能及效益的贡献	油品质量升级
23	2011.08	青岛炼化	参数分析工具(PIMS-AO 新功能)应用——液化气价格变化催化装置负荷及公司效益的影响	其他
24	2011.08	青岛炼化	多目标函数功能(PIMS-AO 新功能)应用——增产汽油潜力测算	其他

下面以某炼化公司为例，讲述 PIMS 的应用案例。

某炼化公司案例 1：开展原油保本价测算，优化选择原油品种。

对炼油企业，原油成本占炼油加工成本的 95% 以上，为优化原油采购，某炼化公司公司坚持每月依据最新价格体系，利用 PIMS 模型对不同原油保本价进行测算，与当期到岸价进行对比，把握公司当期加工原油的适应性和原油品种选择的方向。

表 12-8 是某炼化公司利用 PIMS 模型对某月原油保本价及效益情况的测算结果。由表 12-8 可见，按照当期进厂原油价格测算(高低硫差价 3.1 \$/bbl，轻重质差价 2.75 \$/bbl)，高硫重质原油的效益优势明显，以迪拜阿曼计价的索鲁士、伊重、卡夫基、沙重等原油均位居前列。以此作为当期采购原油品种选择的指导依据之一。

表 12-8　某炼化公司公司某月原油保本价测算对比表

项　目	沙轻	沙中	沙重	伊轻	伊重	索鲁士	虎特	科威特	卡夫基
保本 CIF/(\$/bbl)	77.29	76.59	75.47	77.99	77.19	75.01	76.91	76.27	75.82
CIF/(\$/bbl)	74.02	72.47	71.27	74.37	72.67	68.37	73.22	72.32	71.37
桶油利润/(\$/bbl)	3.27	4.12	4.20	3.62	4.52	6.64	3.69	3.95	4.45
排序	13	8	7	11	4	1	10	9	5

续表

项　目	巴士拉轻	阿曼	威特亚兹	乌拉尔	阿扎瑞	锡尔提加	阿卡珀	卡斯提利亚	阿布扎库姆
保本 CIF/($/bbl)	76.81	77.83	77.65	78.96	80.16	78.45	78.38	75.53	77.12
CIF/($/bbl)	71.72	73.42	75.17	77.72	78.32	78.22	79.32	69.96	73.62
桶油利润/($/bbl)	5.09	4.41	2.49	1.24	1.84	0.23	-0.94	5.57	3.50
排序	3	6	14	16	15	17	18	2	12

某炼化公司案例 2：不同负荷下轻重原油搭配选择测算与研究

2010 年，国际原油价格在振荡中不断攀升，轻重质及高低硫价差逐渐拉大，为及时响应国际原油及国内产品市场变化，优化装置运行，某炼化公司利用 PIMS 模型对不同处理量下原油的轻重选择情况进行月测算，作为在不同的外界条件下原油采购优化的参考依据之一。表 12-9 和图 12-4 是以沙特轻油(沙轻)、沙特重油(沙重)为代表，某月测算的加工负荷与原油轻重搭配(API 度)关系的结果。

表 12-9　不同负荷下轻重原油搭配选择测算结果

常减压	100%负荷	98%负荷	96%负荷	94%负荷	92%负荷	90%负荷	85%负荷
加工量	88.57	86.80	85.03	83.26	81.49	79.71	75.29
沙重	47.95	50.65	53.32	52.60	51.89	51.17	49.37
沙轻	40.62	36.15	31.71	30.66	29.60	28.55	25.92

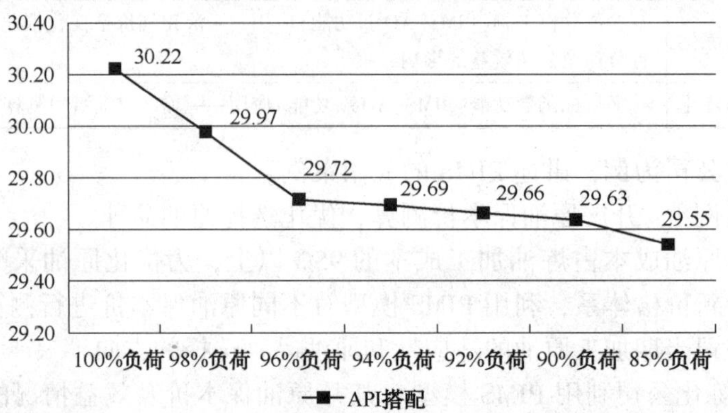

图 12-4a　不同负荷下轻重原油搭配 API 度变化趋势图

由表 12-9 及图 12-4a 可以看出，随着加工负荷降低，优化选择的沙重原油比例逐渐加大，沙轻原油的比例逐渐在降低。优化选择的原油 API 度逐步降低。说明在目前国际原油价格体系下(沙轻原油贴水-0.1 $/bbl、沙重原油贴水-2.9 $/bbl)，重质原油的效益优势要好于轻质原油。

轻重原油搭配测算说明，在常减压蒸馏装置不同负荷下，轻、重质原油只有合理搭配才能创造更好的效益。

2010 年 1~9 月某炼化公司 10.0Mt/a 常减压蒸馏装置负荷与实际加工原油 API 度的关系见图 12-4b。在负荷较高时，加工原油 API 度同步提高；在负荷较低时，加工原油 API 度适当降低，符合上述测算结果的合理搭配关系。

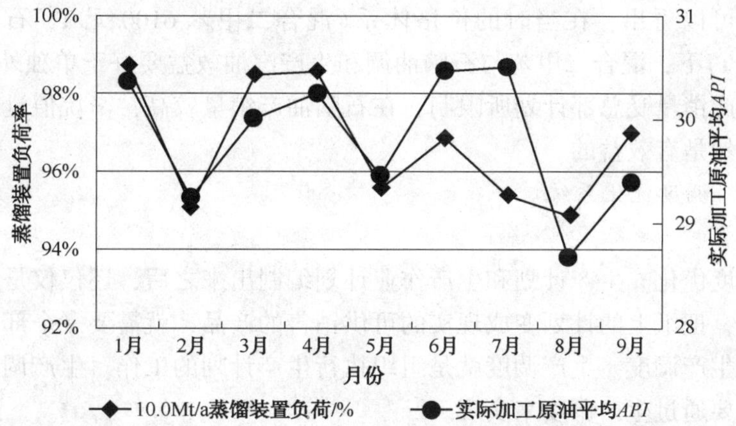

图 12-4b　不同负荷下轻重原油搭配 API 度变化趋势图

某炼化公司案例 3：混合二甲苯、石脑油调和生产汽油效益测算研究。

2010 年 8 月芳烃市场低迷，混合二甲苯销售价格处于低点，但销售净价仍然高于 93#汽油(97#汽油受配置计划限制)，石脑油销售净价则低于汽油，为把握石脑油与混合二甲苯调和生产汽油的效益情况，某炼化公司利用 PIMS 模型研究混合二甲苯的销售价格与石脑油销售的保本价关系，见图 12-5 和图 12-6，作为月度生产计划安排的依据。

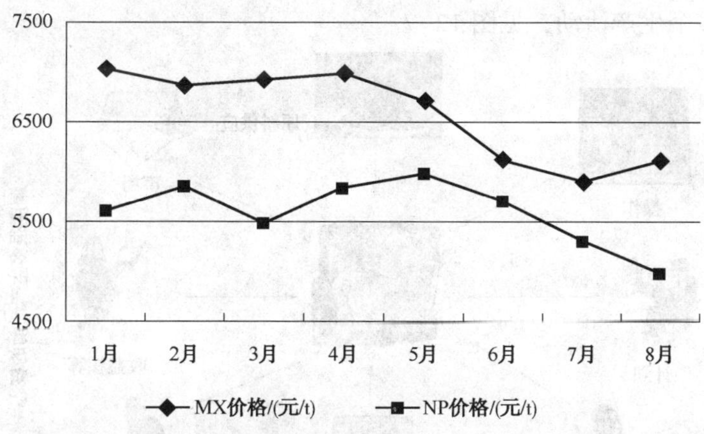

图 12-5　2010 年 1~8 月混合二甲苯、石脑油价格变化趋势图

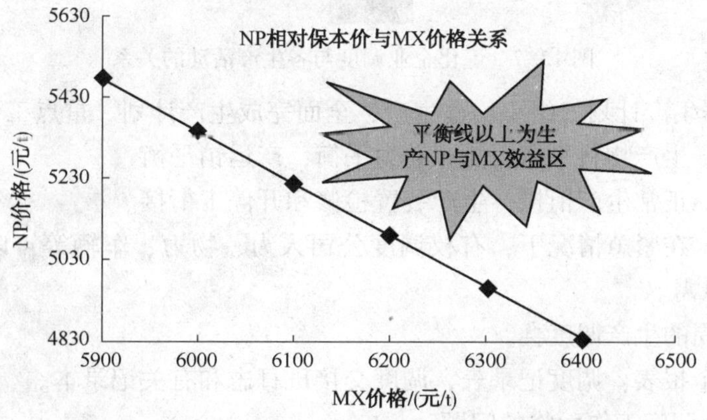

图 12-6　石脑油相对保本线与混合二甲苯价格关系

由测算结果可以看出，在当时的价格体系(混合二甲苯 6100 元/t、石脑油 5010 元/t，90#汽油 7090 元/t)下，混合二甲苯与石脑油调和生产汽油效益要好于单独外销效益。

由于石脑油产销量受总部计划所限制，在石脑油产销量较高，辛烷值过剩的前提下，生产混苯二甲苯仍然是有效益的。

12.2.1.2.2　调度优化系统

1. 概述

(1) 生产调度优化。生产计划和生产作业计划编制出来之后，还仅仅是纸上的东西，要组织计划的实施，把纸上的计划变成现实的可供销售的产品，就需要一个部门去组织实现这项任务，这就是生产调度。生产调度就是组织执行生产计划的工作。生产调度以生产计划为依据，生产计划要通过生产调度来实现。

炼化企业生产调度的必要性是由企业生产活动的性质决定的。炼化企业，生产环节多，协作关系复杂，生产连续性强，情况变化快，某一局部装置或设备发生故障，造成停工等，往往会波及整个生产系统的运行。因此，加强生产调度工作，对于及时了解、掌握生产进度，研究分析影响生产的各种因素，根据不同情况采取相应对策，使差距缩小或恢复正常是非常重要的。

炼化生产调度工作要涉及包括计划、原料供应、装置操作、化验、油品移动、市场、收益核算、维修等多个生产活动，见图 12-7。

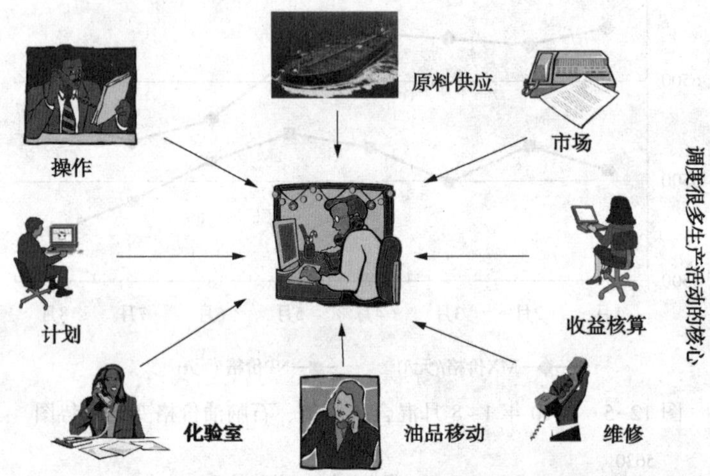

图 12-7　炼化企业调度与各生产活动的关系

生产调度根据生产计划，组织均衡生产，全面完成生产计划。重点工作内容：

① 三个平衡：生产物料平衡，能源动力平衡，产运销平衡。

② 两个衔接：正常生产衔接，生产装置检修和开停工衔接。

③ 一个急需：在紧急情况下，有权调度公司人力、物力、车辆等，以解决生产关键时刻和事故状态的急需。

④ 组织好每周的生产调度会。

⑤ 填写好几个报表：调度记录表，调度交接班日志和有关记录本。

目前炼化企业调度工作面临的问题：

① 国内炼油厂在原有基础上生产规模不断扩大，生产规模的扩大导致加工流程的复杂度提高；

② 原料结构的复杂化，进口油种多样化，给原油混炼调度带来新困难；

③ 原油和产品的市场价格波动较大；

④ 生产管理由粗放管理到精细化管理的转变。

这些因素都给炼油企业生产调度计划工作增加了困难。无信息系统支撑的企业主要以人工调度和经验调度为主。

人工调度：以人工计算为主，调度人员工作量大。需要及时、实时了解生产、储运现状，做出较为精确的调度安排困难大。

经验调度：以调度人员的经验为主，经验丰富的调度人员可以根据炼油厂的生产及储运状况很好地安排生产和储运调度，但很难做到对生产预期的判断。

因此，做好调度工作，要以预测、预防为主，调度排产计划的编制就非常重要。采用先进的生产调度优化建模技术，建立炼化企业的生产调度优化模型，利用模型帮助企业编制准确可行的生产调度作业计划，提高生产能力，降低质量损失和库存，评估特殊工况并且对非计划事件做出快速反应，减少生产计划和调度的差异，保障平稳生产。

(2) 调度优化软件。Production Scheduler 是霍尼韦尔的调度优化产品，是一个可用于连续和间歇过程工业以帮助决定生产调度的具有创新的工具。具有自动生成物料流动-产量-质量等优化的调和调度方案，是具有优化功能的调度软件，采用双层优化方法来求解调度优化问题，但该软件建模方法不能够准确反映各加工装置优化模型，指导性较差。它具有基于 Visio 的生产模型建模器；统一基于 Web 的界面；通过 Crystal Reports，Excel，XML 等输出结果的特点。

Orion 调度系统是美国 Houston Consulting Group 公司开发的产品，被 Aspen 公司收购，自 V7 版本后更名为 Aspen Petroleum Scheduler(简称 APS)。近年来，Orion 被世界上 230 多家炼油厂使用，如美国的 Citgo 炼油厂、法国的 Provence 炼油厂、法国 Totalfina 公司、美国的 ExxonMobil 公司等，得到了用户很高的评价。2001 年 Orion 系统被引进到国内，很快得到了中国石化和中国石油领导的较高评价，而且国内很多炼油厂都对其表示出了浓厚的兴趣和应用意向。2002 年，中国石化天津分公司在炼油厂开始了国内第一套 Orion 系统的实施，截至 2012 年中国石化共有 18 家企业实施 Orion 系统。

Aspen Orion 是一个支持复杂调度过程的集成系统，用于优化炼油厂的各工作环节包括：原油接收进厂，过程操作，产品调和和产品外运。Aspen Orion 能帮助企业获得更准确的、预测性的、更主动的调度安排，实现计划、操作、市场与调度之间更好的配合，是 aspenONE 炼油厂和市场计划与调度应用软件的核心元素之一。ORION 软件是模拟辅助决策系统，主要为人工排产方案提供模拟验证，使生产调度操作更快捷、更精确和更具有合作性的产品，便于生产计划和调度过程的集成。

目前各家企业使用的基本是 V2006 及以前的版本，见图 12-8，新建设的系统采用 V7 新版本，新版本根据大型用户群的反馈进行了功能提升，方便了用户的操作。

2. 模块功能介绍

(1) Orion 系统特点。Orion 系统功能特点见图 12-9。

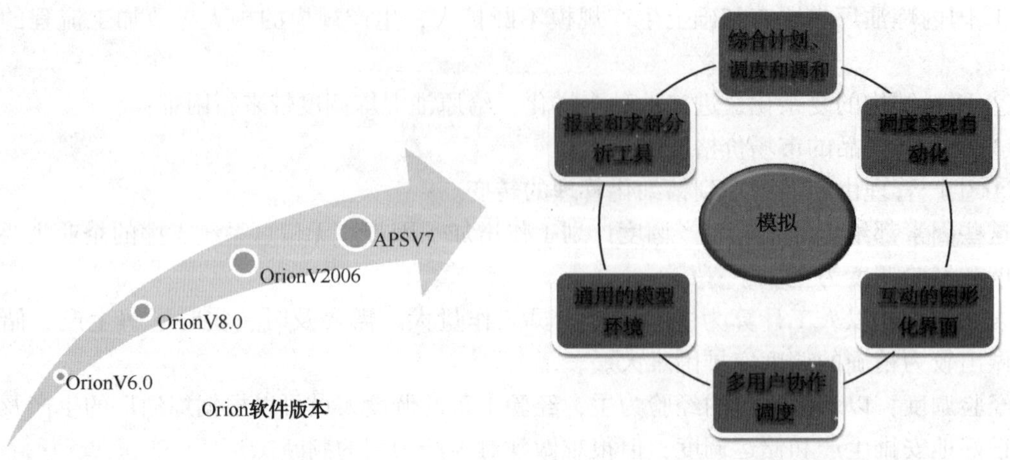

图 12-8 Orion 软件版本　　　　图 12-9 Orion 系统特点

综合计划、调度和调和：可通过一个对于原油和进料调度，单元操作，产品调和和产品外运的单个解进行更加精确的调度。整合了 PIMS 和 MBO 更进一步的计划优化，调度和调和优化，为调度业务人员提供相同的图形化用户界面。

调度实现自动化：结合三种典型方法来进行调度：模拟，线性规划和专家系统。提供以内部逻辑功能或微软的工具进行的逻辑计算功能。

互动的图形化用户界面：提供操作简易的界面，炼油厂基础模型的图形化便于建模和模型维护。图形化界面如模型树、流程图模拟、事件界面等，使用简单，而且可对操作指令进行修改。

多用户协作调度：多用户可在同一模型上同时进行操作。用户可共享整个对炼厂的调度，可改进调度员和其他部门的合作。在所有用户的模型中，对调度进行的修改将被管理和更新。

通用的模型环境：与 PIMS 共享模型。使评价、过程单元描述和调和过程都可进行合作，使得工作更加迅速和高效。

报表和求解分析：提供自带的报表，微软数据库标准报表和需求，客户化的报表以及微软 Excel 格式的报表来帮助创建和比较多个方案，以体现炼油不同的操作过程。

(2) Orion 系统的优势。内置功能包含基于原油评价数据的原油蒸馏、原油混炼优化、原油管线间歇的跟踪等。

基于事件的调度。ORION 是以一系列的事件来计算炼油厂的调度而不是以一天一天的活动来计算。这样的计算能够完全反映出调度事件发生的结果。更重要的是提供了长期调度(30~60 天)与短期调度(1~7 天)的兼容性。

使用 EXCEL 作为指定的用户计算。它带有 Microsoft's OLE 的全部强大功能以至于用户能用 EXCEL 定义工艺产率关系，定义自己的性质调和方程式以及定义炼油厂特有的调度逻辑。

流程模拟器。对于工程师，流程模拟方法容易理解、易于修改和创建模型，更重要的是提供对炼油厂运行性能的精确预测。

用户的图形界面。交互性的“GANTT”(甘特)图界面使之在最短的时间内建立出一个更详细的调度方案，提高效率。交互性的流程图界面更易修改和确认炼油厂模型。

协调调度。帮助企业提高生产能力，降低质量损失，库存和逾期费用，简短停车和开车的循环。调度能更好的评价特殊的机遇并且对非计划事件做出快速反应。减少生产计划和调度中的时间空隙。

多用户协作。使炼油厂内部和炼油厂间的工作过程简化。提供对于问题和机遇的快速的反应。实现了调度经验的知识共享。

工作过程的改进。通过对调度员所面对的常规或复杂的以天为基础的决策任务进行自动化或半自动化来提高生产产量。“What-if”分析手段帮助调度人员在考虑操作参数和价格的潜在变化的基础上作出最优的调度决策。

（3）ORION 系统功能。主要功能见图 12-10。

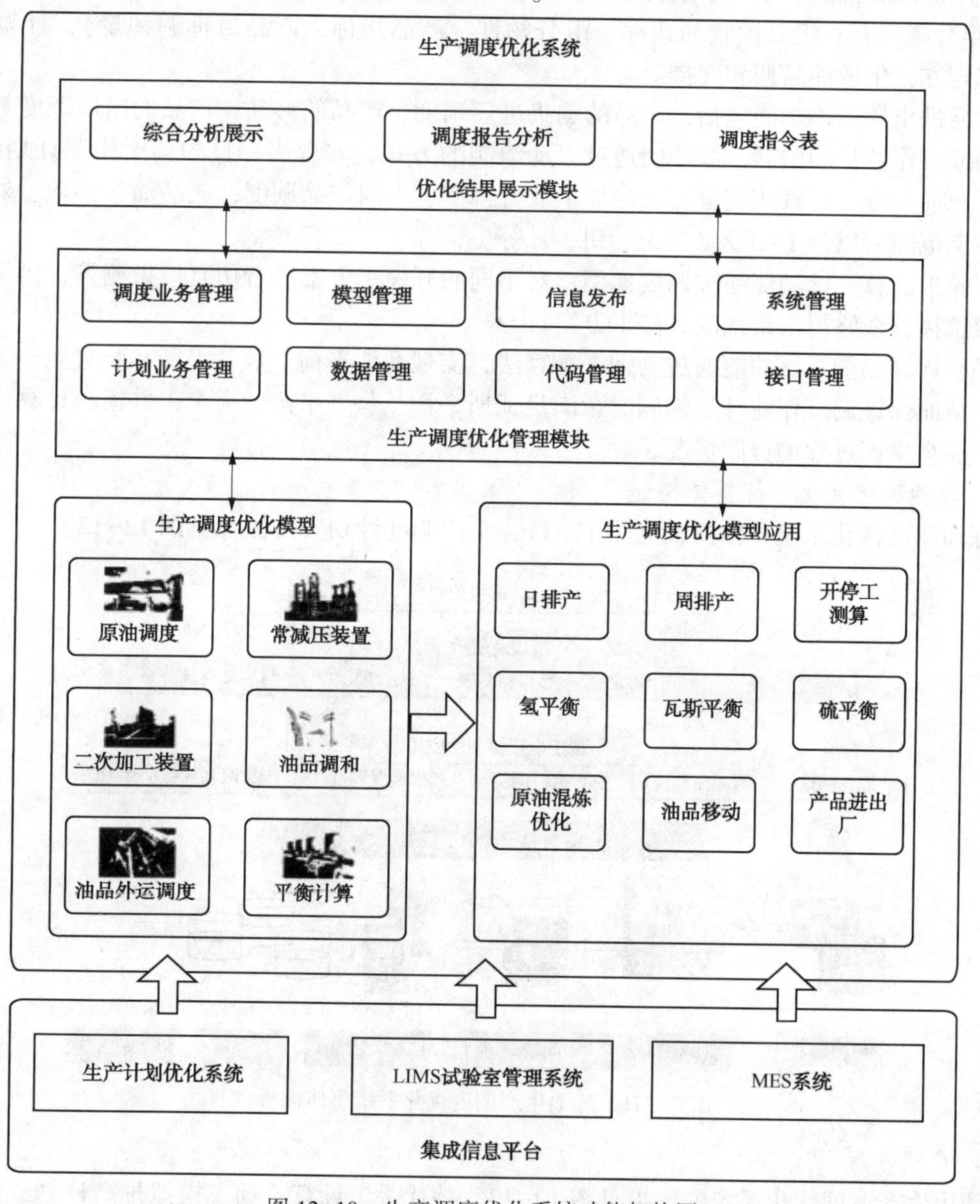

图 12-10　生产调度优化系统功能架构图

原油调度。该功能主要包括：原油接收、原油长输管线输送安排等功能，根据原油品种、原油加工计划、装置约束条件及产品质量的要求，进行原油进厂的调度；系统计算原油输送和进罐区的操作及原油进装置的次序；根据常减压进料计划及质量的要求，进行原油混炼计算。

原油混炼优化。根据原油资源、常减压进料约束、装置侧线产品收率及物性指标，优化计算合理的原油混炼比例。

生产装置排产。该功能主要包括：常减压装置及二次装置的生产方案的切换、侧线产品收率及物性计算、侧线产品流向安排等。

油品调和。该功能依据设定批次，依次实现当前批次内的调和配方优化计算功能，即：按照设定的调和批次、按次序进行油品调和模拟计算；每批次计算时，依据当前批次的约束条件(组分罐库存、组分罐收油速率、组分物性、产品指标、产品目标调和量)，计算该批次调和配方，生成油品调和安排。

产品进出厂。该功能包括，产品的购买进厂调度、产品的移动、产品的出厂调度等。

周或日作业计划编制。该功能通过滚动编制的方式，实现周、日的调度作业计划编制。包括：原油调度、常减压装置、二次加工装置排产、中间产品调度；成品油的移动、外运安排。日期范围可以为1~3天、7天、旬、月等。

开停工测算。该功能通过调度模型，对不同的开停工方案进行仿真模拟测算，供调度人员比较选择，最终得出最优的开停工方案。

平衡计算功能。该功能通过管理平衡算法，实现瓦斯平衡、氢气平衡和装置生产方案的绑定，从而保证调度作业计划编制时，满足瓦斯平衡、氢气平衡的需求，并模拟计算硫从原油到产品全生产过程的分布情况。

3. 炼油调度优化系统整体描述

炼油调度优化系统整体流程见图12-11，生产调度计划安排流程见图12-12。

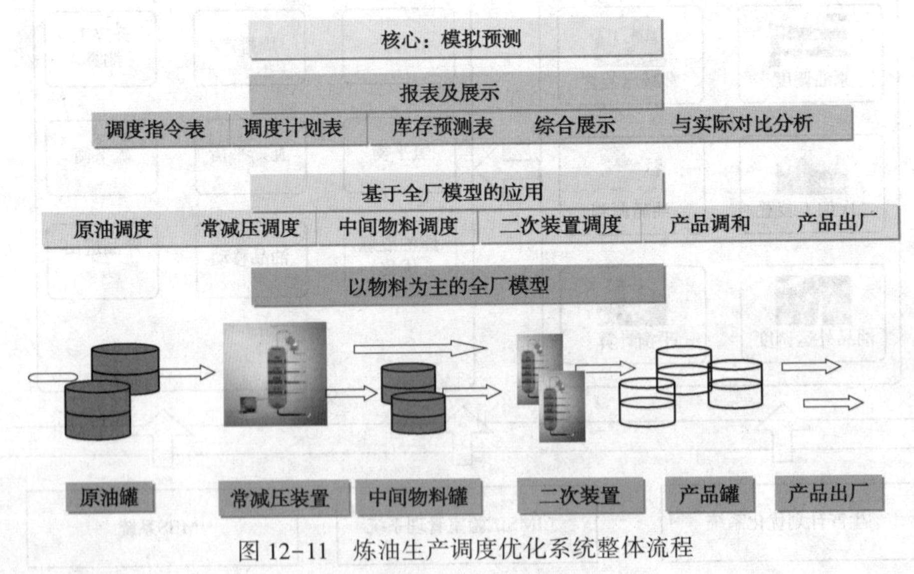

图12-11 炼油生产调度优化系统整体流程

4. 应用情况

使用生产调度优化系统的效果见图12-13。替代手工计算；动态模拟排产计划，图形化

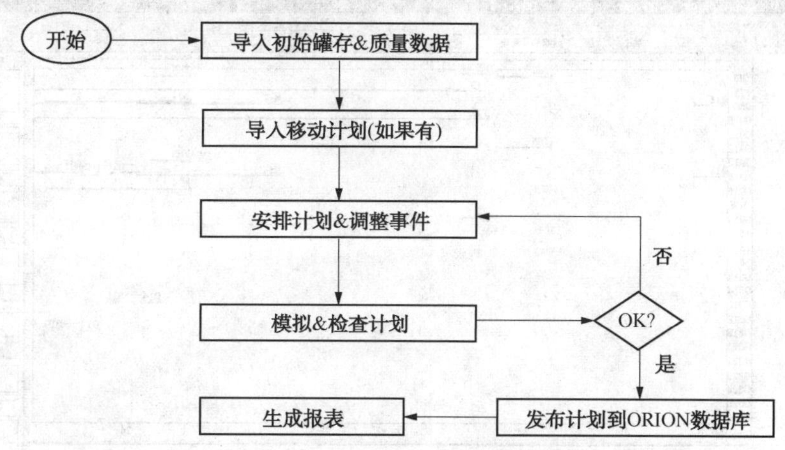

图 12-12 生产调度计划安排流程

展示排产计划的运行结果；对不合理的安排报警。

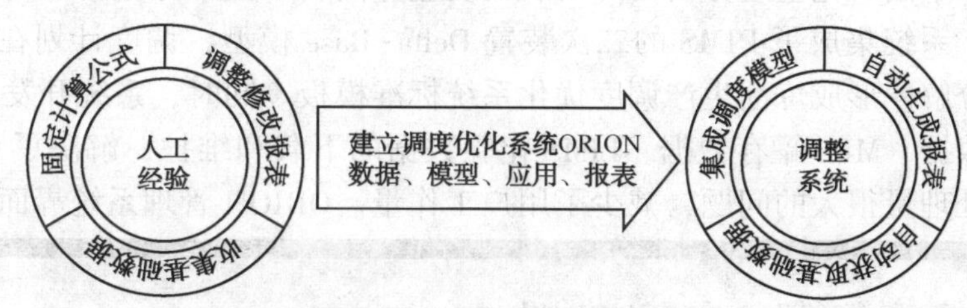

图 12-13 使用生产调度优化系统的效果

(1) 使用案例一。某炼化企业于2010年10月建成炼油生产调度优化系统。系统业务范围涉及200余种原油、48套生产装置、275个储罐、962条物料流，实现了与PIMS、MES、LIMS和原油评价数据库等系统的数据共享；该项目采用先进的调度建模技术，通过多方案对比快速地制定日、周、旬等中短期调度作业计划，实现了从原油进厂、装置生产、油品移动到产品出厂等业务环节的调度安排和趋势预测，提高了生产调度管理的精细化程度。具体效果如下：

① 替代了手工排产，利用系统实现生产计划调度的精确安排。替代了手工编制计划模式，规范了调度作业计划的编制流程，避免了不合理的调度安排。特别是对于复杂的原油调度业务，可在系统界面上直观的展示出安排结果。利用该系统可预排一周的生产计划，包括安排原油进厂、原油输转、常减压装置的倒罐加工及后续二次装置的安排和产品出厂，提高了工作效率一次计划排产由2h降到40min，排产对比见图12-14，排产界面见图12-15。

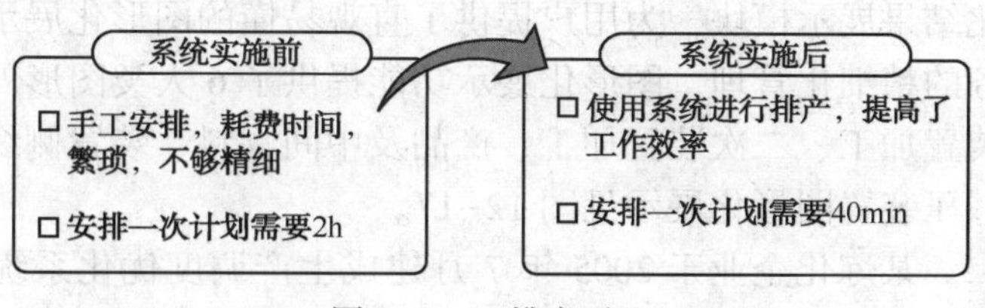

图 12-14 排产对比

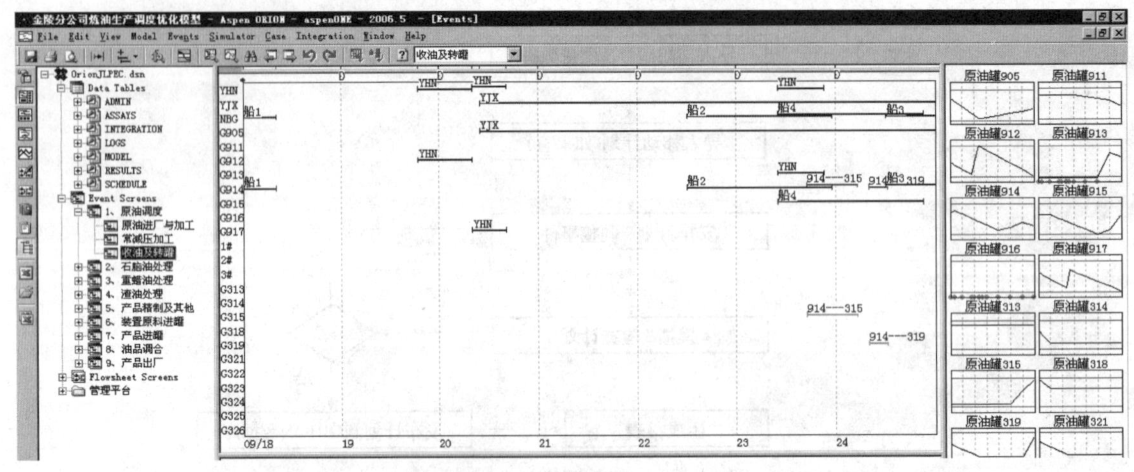

图 12-15　排产界面

② 实现了与 PIMS、MES、LIMS 和原油评价数据库等系统的数据共享，形成标准化生产调度优化模板。中国石化金陵分公司计划和调度业务同属于生产计划处管理，在业务上易于集成，基于此，系统集成了 PIMS 的二次装置 Delta-Base 模型，调度计划在 PIMS 月度计划的基础上进行分解，形成炼油生产调度优化系统标准模板。同时，系统开发了数据接口，实现了原油评价数据、MES 罐存数据、LIMS 化验数据的下载和维护，解决了系统在使用和维护过程中数据处理量很大的问题，减少了用户工作量。ORION 管理系统界面见图 12-16。

装置代码	装置名称	侧线代码	侧线名称	当日量收率	累积量收率	计划量收率
SHC1	I 加氢裂化	G1J	航煤	0.2621	0.2554	0.2345
SHC1	I 加氢裂化	G1G	干气去管网	0	0	0.0618
SHC1	I 加氢裂化	G1L	液态烃	0.0186	0.0225	0.04
SHC1	I 加氢裂化	G1O	未转化油	0.4150	0.3412	0.3109
SHC1	I 加氢裂化	LOS	损失	0.0347	-0.0062	0.0018
SHC1	I 加氢裂化	G1H	重石脑油	0.0980	0.1330	0.14
SHC1	I 加氢裂化	G1N	轻石脑油	0.0580	0.0812	0.0709
SHC1	I 加氢裂化	G1D	柴油	0.1128	0.1764	0.16
SHC1	I 加氢裂化	SG1	酸性气	0	0	0.0345
SHC1	I 加氢裂化	G1W	轻污油	0	0	0.0018
SHDF	I 汽油加氢	LOS	损失	0.0224	0.0164	0.0021
SHDF	I 汽油加氢	HKN	精制汽油	0.9776	0.9836	0.9813
SHDF	I 汽油加氢	HKG	气体	0	0	0.0249

图 12-16　ORION 管理系统界面

③ 利用开发的排产工具提高计划排产准确性，实现了结果的图形化展示。

系统实现了二次装置模型收率校正，通过提取 MES 中二次装置的实际收率数据，可采用单日收率、累计收率及计划收率校正二次装置模型的收率；系统开发的排产工具自动提取上次保存的装置计划参数，不需要过多干预就可以完成排产，提高了排产效率和准确性。

系统开发的优化结果展示模块，为用户提供了直观易懂的图形化展示和报表生成展示界面，促进了调度业务的精细化管理。图形化展示功能提供了 6 大类图形展示，包括：原油库存及进厂、常减压装置加工、二次装置加工、产品及中间物料、装置侧线对比、单罐罐存对比。某炼化公司常减压装置图形化展示见图 12-17。

（2）使用案例二。某炼化企业于 2005 年 7 月建成生产调度优化系统，用于日常调度排产工作。主要应用效果如下：

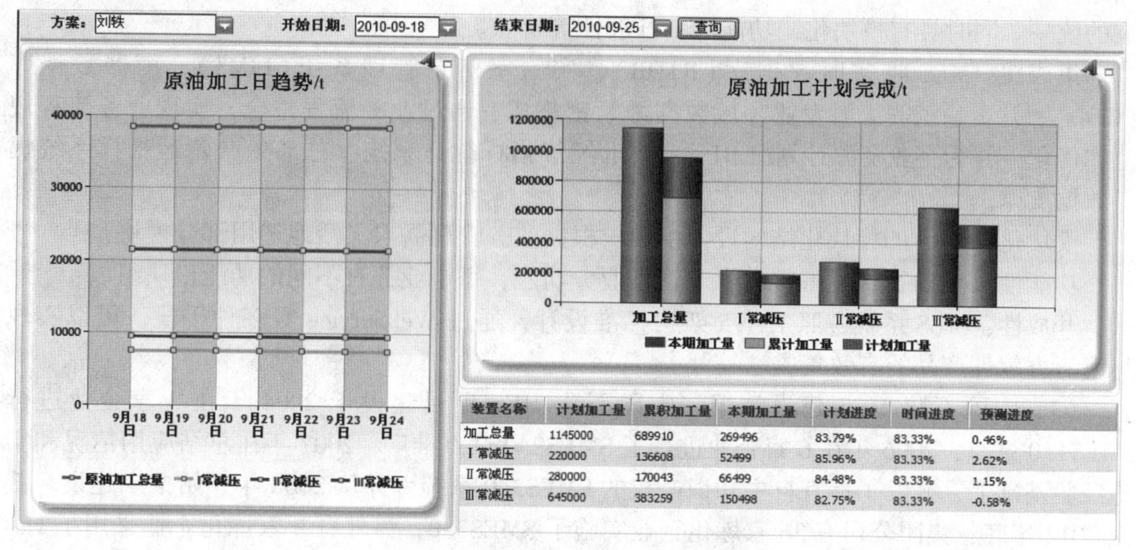

装置名称	计划加工量	累积加工量	本期加工量	计划进度	时间进度	预测进度
加工总量	1145000	689910	269496	83.79%	83.33%	0.46%
Ⅰ常减压	220000	136608	52499	85.96%	83.33%	2.62%
Ⅱ常减压	280000	170043	66499	84.48%	83.33%	1.15%
Ⅲ常减压	645000	383259	150498	82.75%	83.33%	-0.58%

图 12-17　常减压装置加工图形化展示

借助 ORION 调度系统，可以优化安排从一两天的确定性调度计划到三五天的指导性调度计划，直至一周到一个月的预测性调度。

通过优化模拟预安排，可以根据生产情况和库存现状找出原油混炼的最佳配比，满足常减压装置进料要求和侧线产率。

为避免油罐冒罐和抽空，装置一般运行于一个保守的负荷，使罐存量处于一个保守范围。通过排产计算，能较为精确地告诉我们稍高或稍低一点负荷将会发生什么，从而提高装置处理量。

通过提前预测油罐储量的变化趋势，提前安排最佳的切罐时间，及时调整生产各环节，减少库存。利用油品调和优化技术来找到充分利用中间组分调和出满足质量指标的油品调和方案，避免因质量过剩带来的损失。

每一个调度指令都可以在计算机上模拟出它对生产各环节的影响，避免误调度。模拟分析各方面扰动和变化带来的影响，快速确定应变方案，减少紧急状况的发生。

当切换原油或市场发生变化时，及时调整相关装置生产方案，优化生产安排。选购原油时，可以模拟出所选原油对生产各环节带来的影响，提高我们评估特殊机会的能力。

12.2.1.2.3　生产执行系统

1. 概述

（1）MES 定义。MES（Manufacturing Execution System，生产执行系统），是指运用及时、准确的生产过程信息，指导、启动、响应并记录工厂活动，从生产原料的进厂到产成品的出厂整个生产过程进行物流管理和跟踪，通过物料统计管理与分析，对生产相关条件的变化做出迅速的响应，优化产品结构，促进及时交货，加快库存周转，提高企业生产效率，进而提高企业的经济效益。中国石化 MES（Sinopec MES）对生产指令下达到产品完成的整个生产过程进行监控与优化管理，并实时将生产过程信息反馈给企业 ERP 系统、技术经济指标统计系统和总部生产营运指挥系统等，从而将生产执行与经营管理活动信息有效集成起来，在企业的信息架构中起到了承上启下的作用。

（2）MES 系统的主要特点。MES 系统的主要特点是集成性、实现企业内部物流和信息流的统一。同时具有模块化、功能性、开放性等特点。

集成性：MES将实时数据库(RTDB)、实验室信息管理系统(LIMS)、衡器数据库(GDB)、计量系统等上游专业领域数据源紧密集成，通过业务流程整合，实现业务流程规范和优化，并为企业资源计划(ERP)、技术经济指标统计系统、总部生产营运指挥系统提供数据支撑；

模块化：MES的模块化结构设计使用户根据业务管理需求灵活地选用部分模块；

功能性：MES提供了一整套生产管理业务功能，每个业务有不同的功能模块组成；

开放性：MES系统遵照ISA95架构标准设计，通过WebService等多种手段，可以实现与第三方软件产品的有效集成。

(3) 中国石化MES建设情况。中国石化MES项目建设于2004年在3家企业进行SMES1.0试点，2006年在6家企业进行了SMES2.0试点推广，2007年在总结应用情况和实施经验基础上，开发了拥有自主知识产权的SMES3.0系统，并从2008年开始推广建设。截至2012年底，集团公司有36家炼化企业实施了SMES3.0，另外有3家炼化企业采用了Honeywell和Aspen等MES软件产品。

2. MES主要功能模块介绍

SMES3.0软件主要功能包括可扩展的MES集成平台、物料移动、生产调度、生产统计、能源管理、操作管理及综合展示等内容，其中，物料移动包括装置投入产出(含炼油装置和化工装置)、罐区管理、进出厂管理、仓储管理等子模块，能源管理包括公用工程数据采集、公用工程介质统计等业务功能子模块。

(1) 系统业务功能架构。参考S95标准，基于SOA技术，在.NET平台上实现基于构件和服务总线的技术架构，并且使用Web Service技术，采用可预制和重构的软件框架结构，通过高度复用、快速应用、动态成长的技术特点，确保石化MES在控制系统软件复杂性和快速适应变化方面具有明显优势。

系统技术架构基于SMES软件技术平台，依据应用蓝图，今后可扩展数据平台的炼化企业数据集成，增加数据管理和应用服务的内容。基于平台提供的主要业务功能包括物料移动、生产调度、生产统计、能源管理部分的公用工程介质统计、操作管理以及基于现有信息的综合展示，SMES3.0系统架构见图12-18。

(2) 与其他系统的关系。在生产过程控制层(主要包括：DCS/PLC控制及其实时数据采集系统)、生产执行层(MES系统)、经营管理层(ERP系统)三个层次中，MES系统起到承上启下作用，在实际建设中主要与如下系统存在着关联，与其他系统集成关系见图12-19。

MES系统作为企业的生产执行集成平台，要为ERP系统PP模块提供装置收发货数据。

MES系统要为总部生产营运指挥系统提供企业生产执行数据，主要包括炼油事业部、化工事业部需要的每日生产调度日报数据，生产经营管理部原油资源调运业务需要的企业原油进出、原油库存、原油加工方面的数据。

MES系统负责统计物料平衡包括实物平衡和所有权平衡，要为TBM系统和技术经济指标系统提供物料平衡数据，MES不能提供的数据由TBM系统和技术经济指标统计系统(主要包括技术经济指标参数等数据)本身解决，主要为TBM系统提供物料日平衡数据。

实时数据库系统(RTDB)作为MES系统的基础数据系统，要为MES系统提供：装置侧线物料计量原始仪表量及温度、压力等过程参数；储罐液位计量数据及温度、压力等过程参数；公用工程计量原始仪表量，含水电汽氮风及燃料油、燃料气等公用工程计量数据。

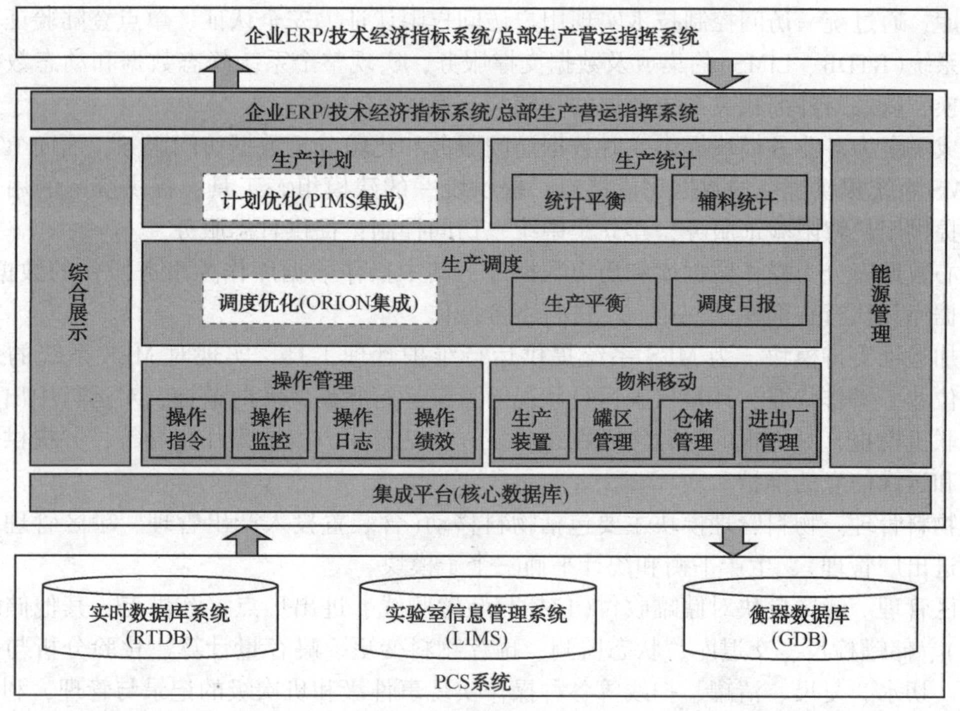

图 12-18 SMES3.0 系统架构

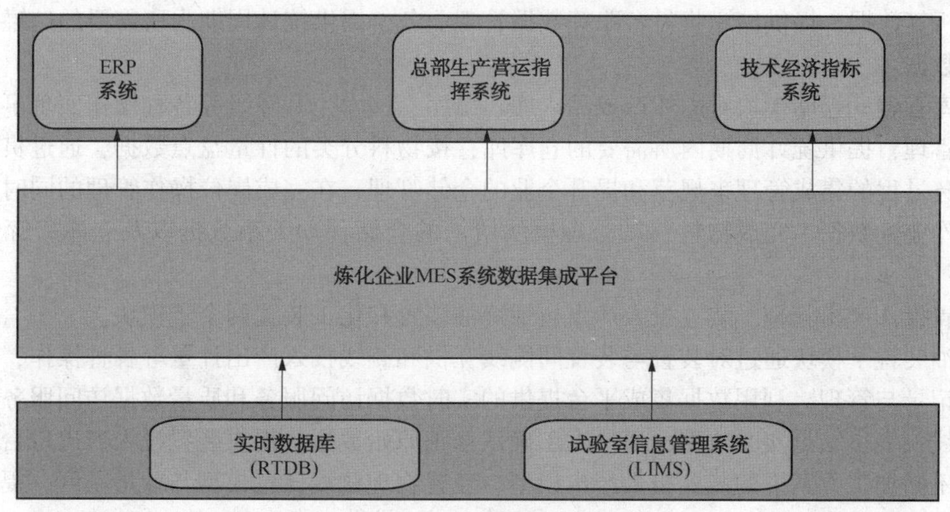

图 12-19 与其他系统集成关系

实验室管理信息系统(LIMS)作为MES系统的基础数据系统，要为MES系统提供装置侧线和储罐油品的质量数据及化验分析数据，主要包括油品(组分)的密度、水分等质量信息。

企业原有生产系统如果与MES存在功能重叠，将主要采取替代或集成的方式实现。

(3) 业务功能模块。现有SMES3.0软件主要核心功能包括集成平台、物料管理和能源管理，扩展功能包括综合展示及操作管理，本期实施不包括操作管理功能。物料管理包括：物料移动、生产平衡、统计平衡等模块，能源管理包括公用工程数据采集、公用工程介质统计等。

① 集成平台。集成平台基于核心数据库，提供统一工厂模型库、业务模型库、规则库和算法库，通过统一访问控制技术实现用户访问权限认证、安全认证、单点登陆验证，实现与外部系统(RTDB、LIMS)的集成及数据支撑服务，实现整个系统静态数据和动态数据的存储与交换，以及与外部相关系统数据的存储与交换。

集成平台为各业务模块提供实时数据访问服务和化验分析数据访问服务，面向RTDB系统、LIMS系统提供统一的数据集成接口；提供统一的建模组态工具；提供统一的用户权限信息；提供用户权限验证服务，建立集中统一访问控制；提供日志服务。

核心数据库分为操作数据库和历史数据库，其中操作数据库作为事务操作的数据存储，历史数据库只执行查询操作使用，不进行事务操作。

增加运维支持模块，为MES系统提供运行维护管理工具，实现对MES系统的运行性能、岗位业务操作状况、计量仪表运行状况等系统运行状态的实时监控，对运行中出现的问题实现联机提报，对提报的问题实现在线答复，包括解决方案或操作指导等，并提供企业运维组织和运维信息的维护。

②物料管理。物料管理模块主要包括物料移动(含装置投入产出管理、罐区管理、仓库管理、进出厂管理)、生产平衡和统计平衡三个子模块。

罐区管理。罐区模块对储罐收付(包括与装置侧线、进出厂点、互供点、其他储罐等收付关系)、储罐检尺、交退库、状态监测、罐存物料变更、罐存量计算、化验分析与质量信息采集、切水、复尺、清罐、扫线等各种操作实现事件级和班次级的记录与管理，利用数据集成平台提供的实时数据访问服务和化验分析数据访问服务，按需集成储罐实时检尺数据和化验分析等数据，提供储罐收付台账等数据管理业务，提供统计周期内所需要的储罐库存计量盘点数据。

仓库管理。仓储模块对固体产成品入库、出库、移库、升降级等各种操作实现事件级的记录与管理，提供统计周期内所需要的仓库库存按物料分类的计量盘点数据，通过贯穿仓储操作业务过程的集成管理来规范和提升企业的仓储管理，在完成岗位操作管理的同时，通过解析操作业务数据，完成物料移动管理模块所需的仓储移动关系数据以及仓库库存数据的解析。

装置投入产出管理。装置投入产出包括炼油装置和化工装置两个子模块。

炼油装置子模块通过对装置与装置间侧线互供和侧线投入产出计量等各种操作，实现班次级的记录与管理，利用数据集成平台提供的实时数据访问服务和质量数据访问服务，集成装置侧线仪表班结点实时数据，通过人工确认修正原始数据；提供装置投入产出班台账，提供基于不同加工方案下的装置投入产出模型、装置物理侧线计量模型与计量精度，提供基于多种收率模型的装置物料自动校正平衡计算，通过适当人工修正增加计算结果的合理性，提供装置校正过程实现误差侦破及超差报警功能，提供装置投入产出各种收率指标和其他指标的定义与运算。

化工装置子模块通过对装置与装置间侧线互供、中间料仓计量、缓存罐计量、侧线投入产出计量等各种操作，实现班次级的记录与管理，利用数据集成平台提供的实时数据访问服务和质量数据访问服务，集成装置侧线仪表班结点实时数据，通过人工确认修正原始数据；提供装置投入产出班台账，提供基于不同加工方案下的装置投入产出模型、装置物理侧线计量模型与计量精度，通过适当人工修正增加计算结果的合理性，提供装置校正过程实现误差侦破及超差报警功能，提供装置投入产出各种收率指标、物耗指标和其他指标的定义与运算。

进出厂管理(包括部际互供)。进出厂模块对液体原料进厂和液体成品出厂操作实现按事件的记录与管理；实现以班为单位采集各 MES 工厂间物料互供计量原始数据，提供互供数据仲裁功能；提供统计周期内所需要的装卸台库存，提供按物料分类的计量盘点。

进出厂管理模块以计量单管理为核心，进出厂操作岗位根据销售部门下达给进出厂操作岗位的发货单(在已经实施 ERP 的企业为“发货凭证”)，在系统中建立和维护计量单，在详细记录进出厂物料计量明细数据并经必要的审核后关闭计量单。

进出厂管理基于装置侧线、储罐、装卸台、互供点之间的收付操作记录，在完成岗位操作管理的同时，完成物料移动管理模块所需的进出厂和部际互供移动关系数据的解析。

生产平衡。生产平衡模块主要包括物料移动解析和生产平衡两个功能。

物料移动解析模块利用物理拓扑模型，通过复杂的运算将每班装置、储罐、进出厂、部际互供等操作记录转换为动态的移动拓扑模型，来描述节点间移动关系、移动类型、源节点、目的节点、源物料、目的物料，审核操作记录的完整性，检验操作记录的合理性，为生产调度推量提供动态移动拓扑模型数据。

生产平衡功能基于物料移动模块解析后的物理节点量和物理移动关系，利用集成平台提供的统一规则库、算法库、工厂模型及模型求解器，自动完成节点拓扑模型动态生成和节点量平衡计算，达到炼化企业的调度级平衡，为生产调度提供数据支撑；提供平衡工具，实现生产平衡前节点间移动关系和节点量的检查，实现生产平衡过程的人机交互，提高平衡效率，降低平衡周期。

统计平衡。物料统计平衡功能依据生产平衡推量后的生产数据进行归并汇总，按照逻辑节点量和逻辑移动关系与物理节点量和物理移动关系之间的对应关系，实现统计层逻辑节点拓扑模型的动态生成，达到炼化企业的车间、MES 工厂、公司三级物料统计原始日平衡。基于实物罐存、实物库存和进出厂计量单实现 MES 工厂和公司物料统计实物“日平衡、旬确认、月结算”。基于销售结算数据实现物料所有权转换，实现物料统计所有权“日平衡、旬确认、月结算”。实现基于装置的物料投入产出平衡，基于统计物料的原油、原料、成品、半成品的收、发、存平衡及产、销、存平衡，为基础统计报表、技术经济指标统计和 ERP 系统提供数据支撑。

③ 能源管理。能源管理目前提供公用工程介质统计业务支撑。以公用工程介质为基本对象，通过建立各种介质的管网和节点，构建企业拓扑模型，建立以介质管网为平衡中心的平衡体系，通过核算单元体系进行消耗核算，为能耗统计和 ERP 完工确认提供有效数据支撑。

公用工程介质统计模块主要包括企业公用工程数据采集、节点计算、管网产耗平衡、可视化展示、介质统计和 ERP 支撑等功能。

在现有功能的基础上，强化装置公用工程介质的数据采集，改进公用工程介质的平衡计算模型，实现介质平衡的分摊计算，为今后能耗的评价和优化提供统计数据支持。

④ 扩展功能模块。系统扩展功能模块包括综合展示和操作管理。

综合展示主要为企业领导层展现实时生产动态。主要功能包括生产总览、生产展示、进出厂展示、炼油原(料)油库存、炼油成品库存、炼油半成品库存等内容。

操作管理模块的主要功能是完成生产过程中的创建、维护、下达指令，通过计算装置平稳率、产品质量合格率、工艺卡片监控等生产控制操作，并以图表，台账等直观的方式展示出来，以提高装置平稳率、保证产品质量、降低装置能耗、提高工艺水平，追求企业生产过程的总体优化操作，努力实现“安、稳、长、优、满”的生产操作模式。主要功能包括操作指令、操作监控、操作日志、操作绩效、工艺月报、操作任务等内容。

3. 应用实践或应用案例

(1) 促进了企业部门职能的转变，支撑企业扁平化管理和专业化重组。MES 集企业的计划层、执行层、控制层的三层于一体，在同一平台上实现生产调度、生产统计、生产计量等业务的管理。这使得石化企业的调度业务、统计业务、计量业务的扁平管理成为可能，调度业务实现扁平管理，实现公司生产调度一级管理，直接管到生产装置；统计业务和计量业务由三级管理变为一级管理，实现统计、计量的业务的专业化重组或扁平化管理。中国石化 MES 的应用不仅提高了企业生产管理的精细化水平，而且使统计做到了“日平衡、旬确认、月结算”，使统计工作更加深入、完善，为企业经营管理提供了有效的生产物流数据和决策依据。某炼化企业通过 MES 支撑企业扁平化垂直管理、集中管理，公司进行了三次重组，实现了储运专业化管理、统计和计量业务的一体化管理及能源产供销集中管控；某炼化企业通过 MES 实现统计专业和计量专业的一级管理，成立统计调查中心，实现统计和计量的扁平化化管理。

(2) 规范了业务流程，实现业务协同，提高了生产管理效率。通过 MES 的实施，建立企业统一的生产营运管理平台，规范企业生产装置、仓储罐区、进出厂、部际互供、生产调度、生产统计、能源管理等业务，进一步规范和优化了 54 个炼化生产管理业务流程，形成了 26 个标准业务流程，做到了业务过程表单化、生产操作有记录、问题发生可追溯，不但保障了各项业务处理结果的一致性，更加强了业务部门之间的协同工作能力，使工作流程集约精简，工作效率大为提高，实现了“数出一门，量出一家”。某炼化企业基于 MES 丰富的生产数据，利用 MES 系统在线召开数字化调度例会，调度指挥用数据说话。一些企业基于 MES 平台开发了领导驾驶舱，支持领导决策，对生产进度、设备运行、安环、工艺、能源、进出厂等业务进行统一监控，从协同管理的角度发现问题、解决问题。

(3) 可视化物流跟踪，变事后分析为事中控制，提高精细化管理水平。通过对物流数据可视化跟踪分析，更加直观了解装置运行动态，及时发现操作错误、装置波动、仪表故障、生产异常等问题，并提示报警，防控生产异常及生产波动产生的生产事故，及时采取有效手段来处理异常，为生产调控处置和生产决策提供支持，增强了企业风险防控能力。通过对生产装置加工量、产量、产品交库量、互供量、法定进出厂量等量值的分析，变“事后分析为事中控制”，及时了解产品结构和生产动态，并分析其对效益和指标的影响，进一步优化产品结构，有效地防止效益流失，实现降本增效。

(4) 实现能源“日跟踪、旬平衡、月结算”，支持企业节能降耗。MES 系统能源管理模块通过定期对全厂、装置能源消耗数据的采集和平衡，实现能源消耗的“日跟踪、旬平衡、月结算”。MES 系统通过对能耗数据的自动数采和人工抄表录入，为节能管理部门提供了及时的能耗数据。相比于与原先的月度人工平衡、能耗统计工作，能够为节能降耗提供更准确、及时的数据支持，能够跟踪企业能耗指标完成情况，通过分析变化原因及时作出调整。从而满足了公司对于生产过程中能源消耗的采集与能耗分析的要求，大大地降低了能源统计平衡的时间，为企业节能降耗提供了基础。

(5) 通过加强应用管理，促进MES规范应用，引导MES创新应用。通过监控评价，督促和引导企业MES规范应用，业务模块操作规范性、业务处理及时性、数据准确性显著提高。企业之间相互交流和学习，扬长补短，形成了比学赶超氛围，既宣传了好的典型，又推动了不规范业务的改进完善。发现应用中存在的问题并帮助企业解决应用过程中实际问题，满足企业MES应用新需求。不断提升MES评价指标的标准，扩展和提升监控平台功能，提升了MES应用管理水平和综合服务能力。通过加强管理，各企业逐步规范MES应用，业务数据及时性和准确性显著提高。罐区班检尺时间缩减至20~30min，罐移动误差减小到0.5%以下；1600余套装置平均报量时间缩减到30min以内，报量偏差小于1%；生产平衡时间由3h缩减到1.5h，平衡偏差率小于1%；统计平衡由48h缩减到24h，一些企业能够在17h内完成统计平衡，统计平衡过程中罐数据、进出厂数据、仓储库存数据的使用率达99.9%以上，统计平衡的偏差率达到0.5%以下；能源管理由原来的月平衡、旬平衡提升为周平衡、日平衡，例如某炼化企业能源实现日平衡日封帐，一些企业能源实现周平衡。

12.2.1.2.4 实时数据库系统

1. 概述

实时数据库是随着20世纪80年代工业信息化的发展而产生的，主要服务于流程企业的生产领域，目前已延伸应用于非流程工业。实时数据库作为一种新兴的数据库技术，有效解决了关系数据库无法满足工业生产领域数据的实时采集、存储的不足。实时数据库的重要特点是对大量不断更新、快速变化的实时数据有很强的处理能力，能够从工业生产领域的自动化设备上采集、存储生产的全面数据，最终形成一个数据平台，以便为工业企业对数据进行分析和优化提供支持。传统的数据库系统旨在处理永久、稳定的数据，强调维护数据的完整性、一致性，其性能目标是高系统吞吐量和低代价，而根本不考虑有关数据及其处理的定时限制，所以，传统的数据库管理系统不能满足这种实时应用的需要。而传统的实时系统虽然支持任务的定时限制，但它针对的是结构与关系很简单、稳定不变和可预报的数据，不涉及维护大量共享数据及它们的完整性和一致性，尤其是时间一致性。因此，只有将两者的概念、技术、方法与机制"无缝集成"的实时数据库才能同时支持定时和一致性。

实时数据库具有两方面的特性。一个是实时性，即其数据是实时的，其数据来源是自动从工业现场采集实时数据，每一个数据都有时间标签；另一个是数据库技术，该系统中管理了大量的数据，同时提供数据的存储、检索、修改、加工等多方面的数据管理手段。

2. 模块功能介绍

实时数据库技术作为管理企业生产过程和生产设施的动态实时信息的关键基础信息技术，在企业生产过程和生产设施的运行动态管理、监控、优化运行，以及企业的整体信息化中发挥着重要基础性作用，并且随着企业管理的精细化进程的不断深化和加速，实时数据库技术不但在企业信息化中发挥基础作用，而且其应用也逐渐上升到面向企业各级管理层乃至企业高管层，实时数据库技术成为企业信息化必不可少重要基础核心技术，实时数据库系统也成为企业最为重要的基础核心系统之一。

实时数据库系统的主要功能包括实时数据库模型管理、实时事务调度、容错性与错误恢复、内存组织与管理、访问准入控制、I/O与磁盘调度、主内存数据库系统管理、实时SQL和数据分析等，这些是实时数据库的重要功能，根据用户的不同需要，提供不同的功能模块。实时数据库还可以为第三方应用软件开发者提供各种接口，可以定时地把数据写入到关系数据库中，用户也可以通过API或控件接口获得实时数据库的各类数据(包括实时数据、历史数据和在线分析数据)，这样，用户可以根据自己的需要开发各类系统，并实现与其他系统的无缝连接。

3. 应用情况

实时数据库RTDB(Real-Time Data Base)是数据和事务都有定时特性或显示的定时限制的数据库。当今国外领先的实时数据库主要有三个产品：美国OSI公司的PI(Plant Information System)、美国Honeywell公司的PHD(Process History Database)和美国AspenTech公司的IP21(InfoPlus. 21)。国内产品的主要代表：浙江中控的ESP-iSYS、三维力控的pSpaceTM和紫金桥实时数据库。

中国石化已经在各生产企业推广建设实时数据库系统，目前基本已经完成建设。中国石化各企业采用的实时数据库主要包括三种：ASPEN IP. 21、Honeywell PHD及OSI PI，各企业使用的实时数据库情况见表12-10。

表12-10 各企业实时数据库一览表

企业名称	实时数据库建设情况	企业名称	实时数据库建设情况
燕山	Aspen InfoPlus. 21	高桥	Honeywell PHD
天津	Aspen InfoPlus. 21	上海石化	Honeywell PHD
石家庄	Aspen InfoPlus. 21	镇海	OSI PI
沧州	OSI PI	广州	Honeywell PHD
洛阳	Aspen InfoPlus. 21	茂名	Aspen InfoPlus. 21
河南	未建设	海南	Honeywell PHD
齐鲁	Aspen InfoPlus. 21	西安	Aspen InfoPlus. 21
济南	OSI PI	塔河	OSI PI
中原	未建设	扬州	浙江中控
安庆	Aspen InfoPlus. 21	泰州	浙江中控
九江	Aspen InfoPlus. 21	清江	Aspen InfoPlus. 21
武汉	Aspen InfoPlus. 21	湛江	Aspen InfoPlus. 21
长岭	Aspen InfoPlus. 21	杭州	未建设
荆门	Honeywell PHD	青岛炼化	Aspen InfoPlus. 21
金陵	Honeywell PHD	青岛石化	Aspen InfoPlus. 21

12.2.1.2.5 先进控制系统

1. 概述

现代工业生产装置的大型化、复杂化，对产品质量、产率、安全以及对环境影响的要求越来越严格，许多大滞后、非线性、时变的关键变量的控制，常规PID控制已经不能胜任，因此，先进过程控制(Advanced Process Control，简称APC)技术，受到了控制界的广泛关注，并得到了迅速的推广应用。

所谓先进控制技术，是对那些不同于常规单回路控制，并比常规PID控制有更好控制效果的控制策略的统称，主要包括基于模型的控制策略(包括内模控制、模型预测控制和预测函数控制）以及智能控制策略（包括模糊控制、神经网络控制和专家控制）。

在众多先进控制策略中，模型预测控制是最具代表性的先进控制策略，其设计思想是以多变量模型预估为核心，采用过程模型预测未来时刻的输出，用对象的实际输出与模型预测输出的差值修正过程模型，从而把若干个要控制的变量控制在一个希望的范围之内，在此基础上实现卡边操作，把装置整体推向最优状态；其对数学模型要求不高，能直接处理大滞后过程，具有良好的跟踪性能和较强的抗扰动能力，对模型误差具有较强的鲁棒性等，这些优点使其在流程工业过程控制领域中的应用最广泛、最成功。目前在国内石化行业大力推广的美国AspenTech公司DMCplus控制技术、Honeywell公司的Profit Controller控制技术均属于模型预测控制的范畴。因此，本文所介绍的先进控制就是指模型预测控制。

2. 功能介绍

先进控制系统功能架构见图12-20，系统主要由软仪表（工艺计算）和模型预测控制器组成。功能分别介绍如下：

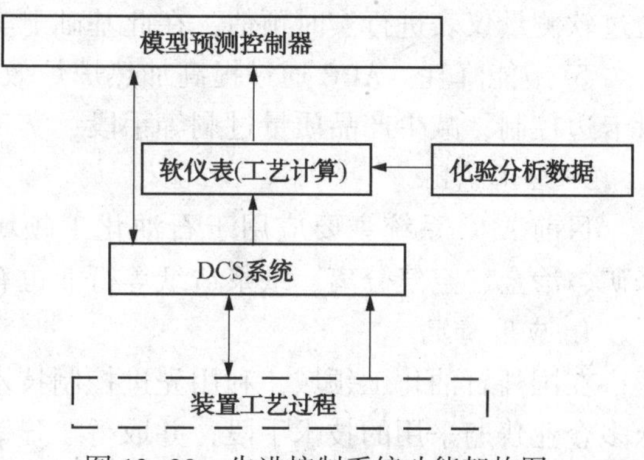

图12-20　先进控制系统功能架构图

（1）软仪表。在过程控制中，有一些重要的产品质量指标（如聚合物的熔融指数、汽油的干点和柴油的倾点），因限于目前的技术条件，或因设备昂贵，无法满足在线测量之要求，只能依靠离线的实验室分析去指导生产。但是，由于实验室分析一般周期较长，对生产的指导不及时，因而不能满足生产的要求。为了提高产品的质量，就需要寻求通过建立预测模型来建立质量指标同操作参数之间的关系，称之为软测量仪表（简称“软仪表”），以便依据过去和现时刻的操作参数对未来的质量指标进行估计；为了提高软仪表预测的准确性，需要采用实验室化验分析结果进行及时校正。

校正后的软仪表结果可以直接送到模型预测控制器中，作为APC系统的控制目标。

（2）模型预测控制器。模型预测控制器安装在上位机服务器上；服务器通过相应DCS接口与DCS进行通信，完成读写功能，实现闭环控制。

与常规控制相比，模型预测控制集前馈、反馈与优化原理于一体，能在苛刻的装置多重约束下，使生产能在最优约束的边界上可靠的运行。因此，通过实施先进控制，可以取得较好的效果。

① 改善控制性能，提高装置生产平稳性与安全性。APC通过动态实测模型，不仅可以提前预知被控变量未来一段时间的运行轨迹，而且可以综合考虑多种调节手段，利用计算机强大的计算能力进行多变量协调控制，以降低装置生产波动，改善控制性能，使装置操作更加平稳、安全；具体投用效果见图12-21。

② 卡边操作提高装置加工能力。APC能在满足装置各种约束（包括单元处理能力、设备冷却能力等）条件下，卡边操作，使装置进料最大化，从而最大限度的挖掘装置潜力，取得经济效益；具体投用效果见图12-21。

③ 提高高价值产品回收率。APC通过线性规划功能，可以根据产品市场价格或者生产方案自动调整装置的运行，多产高附加值产品，以提高装置运行效益。

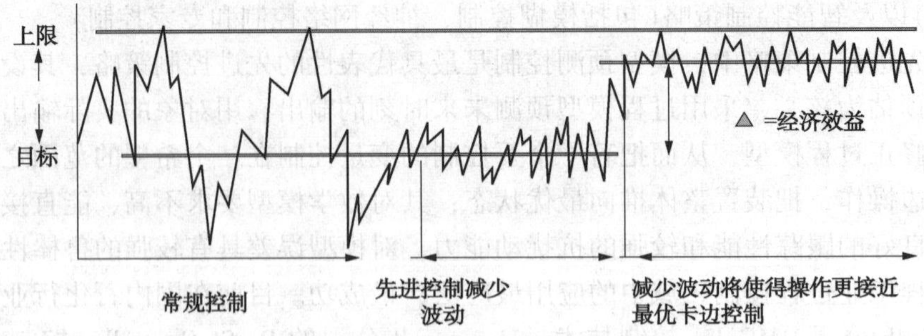

图 12-21 先进控制实施效果图

④ 实现产品质量闭环控制。对生产过程中无法或难以在线实时测量的关键质量指标，通过软测量仪表进行实时预估，在此基础上实现产品质量的闭环控制，提高产品质量。

⑤ 节能降耗。APC 通过提高加热炉炉效率、原料换热终温、高温取热以及通过产品质量卡边控制，减少产品质量过剩等手段，实现装置节能降耗的目的。

3. 应用范围

目前 APC 系统主要应用于石油化工领域，此外在化工、天然气、食品、烟草、电力、采矿、冶金、空气分离、纸浆造纸等行业也有大量的 APC 应用案例不断涌现出来。

4. 应用情况

在国外石油化工领域，利用先进控制技术提高装置加工能力和高附加值产品收率已成为众多企业普遍采用的技术手段，并取得了显著的经济效益。根据 Aspen 和 Honeywell 的统计资料，采用 APC 技术后，一套 7.5Mt/a 常减压装置每年可增效 270 万~700 万美元，2.5Mt/a 催化裂化装置每年可增效 240 万~540 万美元，0.5Mt/a 乙烯装置每年可增效 100 万~500 万美元，0.9Mt/a 乙烯装置上每年可增效 200 万~1000 万美元；在聚烯烃装置上应用 APC 技术，可以使装置处理量增加 5%、产品不合格率减少 50%。

在国内石油化工领域，APC 的应用已开展了 20 多年。作为国内 APC 推广应用起步最早、目前应用最广泛的企业，中国石化自“九五”以来，通过购买国外公司先进控制软件与自行组织开发相结合，已在常减压、催化裂化、延迟焦化、重整、聚丙烯、聚乙烯等 100 多套装置上应用。先进控制在这些装置投用后，装置的控制水平、平稳程度得到了很大提高，保证了产品质量，降低了操作人员的劳动强度；而且先进控制通过提高装置轻收，降低能耗，提高装置处理量等挖潜增效手段，提高了装置效益。

下面按装置类型分别介绍几种先进控制的应用效果。

(1) 常减压装置 APC 应用效果。提高装置操作的平稳性；平稳加热炉炉出口温度、减少各支路温度偏差，提高加热炉热效率；降低常压塔、减压塔各关键质量指标的波动，提高常压塔的拔出率；提高装置处理量。

以某炼化企业常减压装置为例，先进控制系统投用后，提高了加热炉热效率以及装置轻收，实现了产品质量和能耗的卡边控制，产生了较大的经济效益；减轻了操作人员的工作负荷，成为操作工不可或缺的助手。先进控制投用后，各被控指标 CV 的波动有明显减小，其中初馏塔塔底液位波动方差降低 85%、常压炉炉膛负压波动方差降低 53%、减压炉炉膛负压波动方差降低 60%，减压炉烟气氧含量波动方差降低 56%、常压炉烟气氧含量波动方差降低 28%、常压炉四路出口与混合后温差波动方差降低 54%，每年可创经济效益 927.9 万元。

（2）催化裂化装置APC应用效果。提高装置操作的平稳性；实现产品质量的闭环控制，降低干气、液化气、轻柴油、稳定汽油等产品的质量波动；通过卡边操作，降低装置能耗，提高目标产品的收率。

以某炼化企业重油催化装置为例，先进控制系统投用后，掺渣比提高2.2个百分点，液化气收率增加0.2个百分点，汽油收率增加0.27个百分点，干气和焦炭收率合计降低了0.25个百分点，每年可增加经济效益1292万元。

（3）延迟焦化装置APC应用效果。平稳操作，缓解焦炭塔切换带来的干扰；平稳加热炉的操作，控制支路平衡，提高加热炉热效率；实现产品质量的闭环控制，降低干气、液化气、汽油、柴油等产品的质量波动。

以某炼化企业2#延迟焦化装置为例，先进控制器投用后，新鲜进料量增加了10t/h，炉效率也较以前提高，平均值由原来的89.17%升为89.83%，提高了0.66%。同时还提高了高附加值产品收率。汽油增产0.43%，柴油增产1.1%，每年可为企业创经济效益约450万元以上；

（4）重整装置APC应用效果。提高装置操作的平稳性；优化重整反应条件，卡设备能力上限，提高装置加工量和反应苛刻度；降低产品质量波动，提高目标产品收率。

以某炼化企业4#连续重整装置为例，先进控制系统投用后，在装置生产中发挥了良好的作用。预加氢反应炉烟气氧含量和分馏塔底液位稳定性大大提高，减少了装置的操作波动性；重整进料初馏点波动范围明显减少，重整料质量稳定可以提高进料中$C_6 \sim C_8$组分的含量，从而提高重整汽油产品中芳烃产量。装置全面投用先控后，重整反应“四合一”炉燃料气单耗明显下降，在满足重整反应苛刻度前提下，控制器根据原料性质变化，及时调整风门控制加热炉烟气氧含量，提高加热炉热效率，减少燃料气消耗9.32%以上，每年可创经济效益1148万元。

（5）聚丙烯、聚乙烯装置APC应用效果。提高装置操作的平稳性；卡设备能力（下料阀开度、泵功率、反应器撤热能力等）上限，提高装置处理量；实现产品质量的闭环控制，降低产品质量如熔融指数等的波动；节能降耗。

以某炼化企业聚丙烯装置为例，先进控制系统投用后，在稳定操作、提高产品质量及提高处理量方面都发挥了预期的作用，装置处理量提高2.55%，能耗下降超过1个百分点，年增效益275万元以上。通过稳定操作、抑制扰动，降低了操作人员的劳动强度，确保装置的长周期安、稳、长、满、优运行，可提高设备的使用寿命，降低设备的维修费用，其经济效益和潜在社会效益是相当可观的。

12.2.1.2.6 实验室管理信息系统

1. 概述

LIMS（Laboratory Information Management System）即实验室信息管理系统，它是采用计算机技术，结合现代实验室综合管理技术、方法、产品的整体解决方案。是分析检测技术、仪器仪表技术、网络通信技术、计算机技术、信息技术以及现代综合管理技术的集成与应用。LIMS是一个专门为分析化验室设计的信息管理系统，它以实验室样品分析数据的采集、录入、处理、检查、判定、存储、传输、共享、报告、统计、数据发布以及业务工作流程管理为核心，同时实现实验室的人员、材料、设备、技术、方法、资料档案等资源的规范管理。

LIMS应用面向企业的分析、生产人员和企业质量管理人员。主要实现四方面功能：一是实现分析业务流程规范化、标准化；二是实现分析数据采集自动化，杜绝人为错误信息的干扰；三是实现实验室内部管理信息化，包括标准文件、仪器设备、计量器具、样品留样、人员管理、交接班日志等；四是实现与其他管理系统的信息集成，如 MES 等。LIMS 利用角色定义、操作权限、多级审核、电子签名等方式，保证数据的安全。不同岗位的人员分配不同的权限，享有不同的分析数据，系统提供的多种分析工具为企业质量管理提供技术支撑，从而全面提升企业的质量管理和控制水平。

2. LIMS 系统架构

炼化企业分析业务流程有其自身的特点，主要是工作时间要求相对集中，分析样品的基础数据量大，数据精度要求高。如系统需要和仪器工作站进行数据交互，需要通过 RS232/485 等接口方式同仪器之间进行数据通讯。这就需要 LIMS 处理的数据量很大，涉及实验室内外部的众多管理部门，响应时间要求高。对管理层而言，它不要求进行大量的数据处理，只是查询相关数据，分析相关数据，为企业正常生产提供技术指导。

目前国内外的 LIMS 产品大多采用三种部署架构，即 C/S(Client/Server)结构或 B/S(Browser/Server)结构或混合架构。将实验室内部的数据采集、处理、分析以及报告发布应用 C/S 架构；对实验室外部的任务下达，样品登记，数据查询多采用 B/S 架构。LIMS 系统架构见图 12-22。

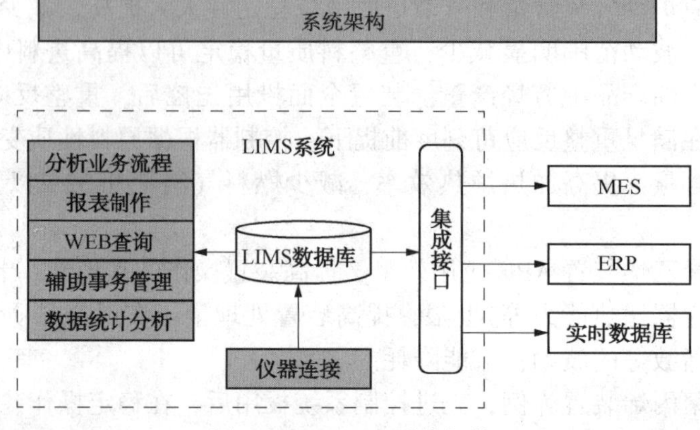

图 12-22　LIMS 系统架构

3. LIMS 系统主要功能

LIMS 系统主要功能见图 12-23。

(1) 分析业务。实验室分析工作流程包括任务下达、采样、留样、分样、预处理、样品登录、分析项目分配、结果输入(自动采集与手工录入)、自动计算、报警提示、结果签署(多级审核)、报告生成、数据传送与发布。工作流程可实现灵活定制，可以随时在多个不同的终端查看分析检验结果，查询和检索。

(2) 任务管理。分析任务分为固定分析任务和临时分析任务(包括外委分析)两类。固定分析任务通过设置分析频次，自动产生样品到指定班组或岗位。临时分析任务由生产、质管或其他部门下达临时分析任务单到化验中心指定部门，化验中心指定部门分配分析项目给相应的班组或岗位。外委分析任务单由实验室指定的部门生成，并把相关的分析项目下发到指定班组。

(3) 样品登录。样品的来源包括原料、成品、半成品等。每个样品包含若干数量的分析

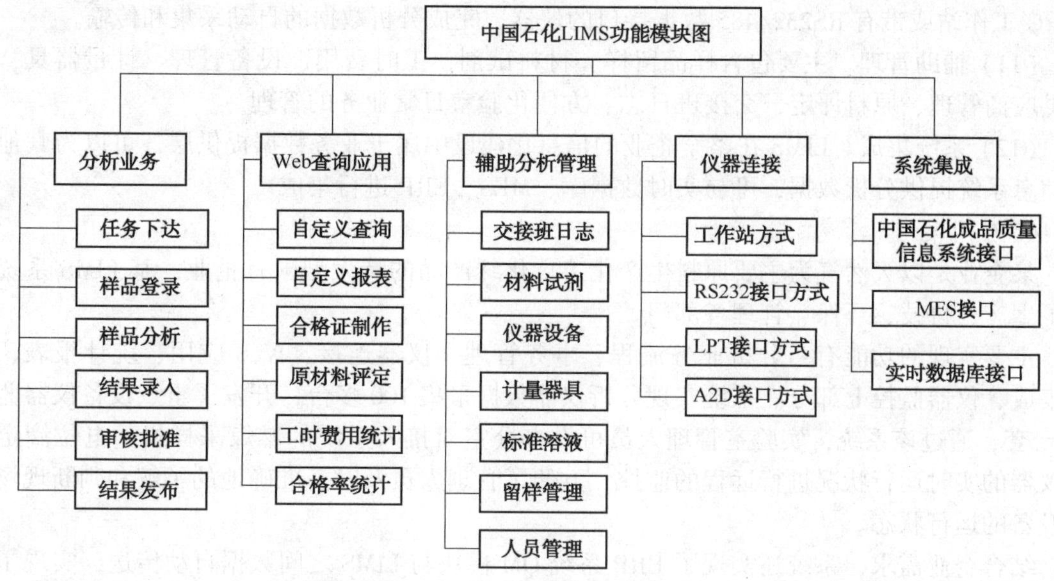

图 12-23 LIMS 系统主要功能模块图

项目，每个分析项目包含若干参数，如样品编号、项目名称、数据单位、质量指标、分析频次、原始记录格式等。登录方式分为人工单个样品登录和按采样计划自动样品登录，所有登录都依据事先定制好的样品模板来产生样品的信息。

（4）数据输入。数据输入分为仪器的自动采集和手工录入。对仪器数据的自动采集不限于最终结果，可以采集最原始的记录。对于实验室大量的手工分析，化学分析，以及无任何接口的老仪器，手工录入是必不可少的。系统同时支持自动化计算工具、方便的批次数据录入。计算公式可自定义，对于不达标的分析项目，系统可以预警提示录入员。系统提供灵活的指标修改和查询功能，授权人员可根据方法或客户要求对指标进行修改，修改内容应有记录；指标的修改只对以后数据有效，不会影响以前的数据。

（5）数据审核。数据审核是实验室质量控制的重要环节。在这里审核人需要对实验过程是否规范，记录的质量依据是否完整等进行审核，以决定是否放行或退回。通常化验数据须经过三级审核后才对外发布。

（6）产品判等。LIMS 实现对产品质量指标进行自动和手动判等，依据产品标准设定的质量控制参数进行单项目或组合项目的等级判定，也可对单一样品数据的质量趋势进行分析和批量样品的统计质量控制分析。

（7）权限和安全。LIMS 实现不同角色的人员，拥有不同的权限，享有不同的数据，处理不同的事务，保证了分析数据的安全性。在系统内部，采用组来定义用户所能看到的数据范围，采用角色来定义用户对所看到的数据所能进行的操作。

（8）报表报告。LIMS 提供数据报告/报表的用户自行定制功能；数据报告/报表包括单一样品的数据分析报告单和统计形式的质量日报、月报、季报和年报。统计报表可以根据需要分别按时间、装置、单位、产品来进行汇总；提供产品合格证的生成和查询功能。

（9）WEB 查询。LIMS 提供多种方式对分析数据进行查询，包括原始记录、报告单、样品台帐及各种统计分析报表，系统提供自定义查询功能。系统提供对所有分析数据的追溯。

（10）仪器连接。LIMS 将所有满足连接条件的仪器连接到系统中，主要包括色谱仪和具有 PC 工作站或带有 RS232/485 数据接口的仪器，完成分析数据的自动采集和传输。

(11) 辅助管理。主要包含样品留样、材料试剂、工时费用、设备管理、计量器具、客户供应商管理、原料评定，交接班日志、方便化验室日常业务的管理。

(12) 系统集成。LIMS 在整个企业的信息化建设中属于业务数据提供层，可以为其他相关信息系统提供分析数据，可与实时数据库、MES、ERP 进行集成。

4. 应用案例

某企业是以天然气为主要原料生产化工、化纤产品的特大型国有企业，其 LIMS 系统覆盖了生产、科技、环保、管理各部门。

主要实现的功能有：分析业务流程、事务管理、仪器连接、Web 应用、统计报表、系统集成、仪器监控七部分。系统实现分析仪器数据采集 100 多台，开发了重点设备仪器监控 40 台套，通过该系统，实验室管理人员可在办公室对接入系统的燃煤采样机、电位滴定仪等仪器的实时运行状况进行远程的监控，方便了管理人员及时、准确地的了解和判断现场仪器设备的运行状态。

结合企业需求，系统还实现了 ERP 系统 QM 模块与 LIMS 之间数据自动传送，实现了与 ERP 系统的集成。管理人员使用 IE 浏览器，选择多种查询方式可查看分析报告单、合格证、分析趋势图、统计数据。全厂实现了原始记录、报告单、合格证无纸化；分析数据查询简便、快捷、实际实用效果显著。

5. 应用效果

LIMS 已在中国石化所有炼化企业普及应用，成为生产运行中不可或缺的信息化工具和优化助手。

(1) LIMS 在中国石化管理层构建了一个统一的质量信息集成平台。各家炼化企业重要的原材料、原辅料、关键馏出口数据、半成品、互供料、成品等质量分析数据可集成到总部。利用此平台，炼油事业部可以对同一企业不同生产装置相关产品质量指标进行关联分析，以及对同一指标进行不同时间的纵向比较分析；对不同企业相同质量指标进行横向比较分析，能够穿透查询企业质量检测原始记录。化工事业部能够实时监督成品及原料质量状况，对产品质量过剩、质量卡边情况以及质量稳定性进行分析，也可以图表和数据的形式分析同一批次产品与相关指标的质量波动情况，从而为提高质量监管水平奠定坚实的技术基础。

(2) 提高了化验室自动化管理水平。中国石化炼化企业 LIMS 投入运行后，涵盖了企业 100 多个实验室，实现仪器连接 1800 多台，代替了以前所使用的色谱积分仪和手工抄写数据。如某炼化企业的色谱仪器采集率达到 95%以上。

(3) 提高了数据的准确性及时性。LIMS 系统投用后，大量的手工计算被计算机所代替，数据的计算更为准确，数据结果的发布更加快捷，数据的更改也被控制和审计。

(4) 提高了工作效率。LIMS 系统投用后节省了大量人力、时间成本，大部分的数据计算、汇总以及审核由 LIMS 系统模块来完成。其中在手工计算、重复抄写、手工统计以及数据审核上节省的成本最大，例如中国石化九江分公司开发的按装置日报审核，不但能够实现数据的纵向横向比较，及时发现异常数据，而且能够提高审核速度，一个分析班次的 300 个样品从原先的 30~60min 缩减为 5min 左右，同时，很多企业实验室无纸化传递率达到 95%以上，工作效率得到很大提高。

(5) 提高实验室信息化管理水平。LIMS 提供了实验室内部的综合管理模块，包含人员、仪器、计量器具、标准溶液、方法、材料、工时等，这为争创国家优良实验室奠定了坚实基础,。

(6) 综合效益显著。LIMS 系统在企业投用后，规范了分析业务流程，实现了仪器数据的自动采集与传递，分析过程全程可控，分析数据网上实时发布，为质量问题早发现、早预警、早采取措施提供了有效手段，提升了产品质量管控能力。在生产分析数据监控、质量追溯、分析统计和指导生产等方面发挥了重要作用。

12.2.1.2.7 流程模拟

1. 概述

流程模拟技术是近几十年来发展起来的一门综合学科，是过程系统工程中一门重要的技术。不论过程系统的分析和优化，还是过程系统的综合，都是以流程模拟为基础的。流程模拟采用数学方法来描述过程的静态/动态特性，通过计算机进行物料平衡、热平衡、化学平衡、压力平衡等计算，对生产过程进行模拟的过程。可以将流程模拟系统定义为应用过程工程理论、系统工程理论、计算数学理论同计算机系统软件相结合而建立起来的一种计算机综合软件系统，专用于模拟流程工业的过程和设备以及整个流程系统。

1958 年，美国 Kellogg 公司成功开发出第一个流程模拟系统 Flexible Flowsheet，在当时的化学工程界产生了很大的影响，之后，人们对该领域的兴趣越来越高。为满足过程设计、控制、优化的需要，各类模拟系统相继问世。迄今为止，流程模拟系统已经经历一、二、三、四代发展，成为设计研究部门和生产部门最强有力的辅助工具。第一代为 20 世纪 60 年代，模拟对象以烃加工过程为主，但工业上未广泛应用；第二代为 20 世纪 70 年代，模拟对象扩大到汽-液两相的过程，成为化工与石油化工公司使用的开发与设计手段，典型的代表有 Monsanto 公司的 FLOWTRAN 软件及 Simulation Science 公司的 PROCESS 软件；第三代为 20 世纪 80 年代，模拟对象涉及气、液、固三相过程，在系统分解的技术方面有所改进，典型的代表如 Aspen Plus、PRO/Ⅱ等；第四代为 20 世纪 90 年代以来，将稳态和动态集成在一起，典型的代表有 HYSYS、PROVision、AspenONE 等。

中国石化自 20 世纪 90 年代开始从国外引入流程模拟软件，2000 年开始在下属单位大面积推广，目前已经推广到 5 家工程设计单位、5 家科研单位、2 家油田设计单位和 30 多家炼化生产企业，已成为石油化工科研、设计和生产部门开发新技术、开展工程设计、优化生产运行极为重要的辅助工具。

2. 流程模拟功能介绍

流程模拟技术可以在项目规划阶段对工艺过程进行可行性分析，评价各种方案；在研究阶段进行概念设计，弄清研究的重点；在进行实验室研究同时开展数学模型的研究、进行模拟实验，使两者互相补充，提高研究质量、加快研究进度；在工程设计阶段对初步设计进行方案比较、寻求最优设计；在生产阶段通过对过程性能进行监控，克服“瓶颈”，实现操作优化，离线指导生产来实现企业节能降耗、挖潜增效、提高经济效益的目的。具体功能见图 12-24。

通过大量流程模拟应用的实践证明，流程模拟技术是一项非常切合实际的、约束因素较少的、具有较高的投入/产出比的一项技术，是非常值得中国石化在其下属炼化企业进行推广应用的技术。

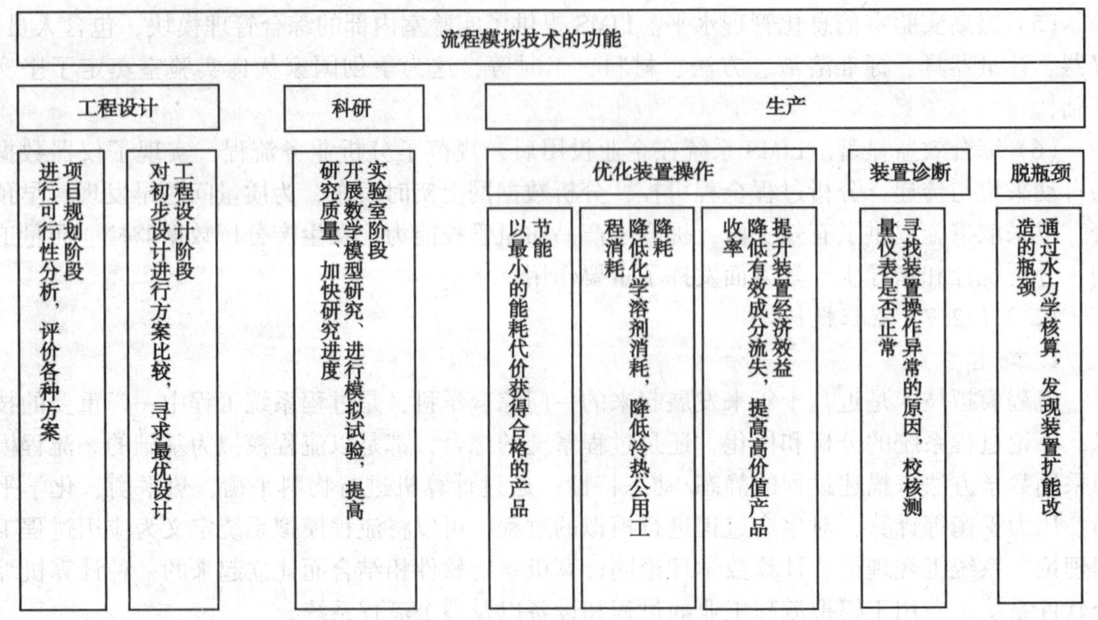

图 12-24　流程模拟技术功能

（1）优化生产装置操作。应用流程模拟技术，可以寻找装置最优操作参数，以最小代价获得合格产品，使效益达到最大化。如常减压装置的各种方案，如何合理切割各产品，使最终的效益目标达到最优化，需要利用流程模拟计算各关键温度和各路侧线采出量。催化装置的三个主要产品：轻柴油、汽油、液化气，其价格和利润空间都存在波动，有时需要多产汽油，有时需要多产柴油，而液化气因为其附带丙烯，利润空间更大，三者又相互影响。合理调整操作，使目的产品最大化，或产值最大化，或利润最大化，通过流程模拟，可以找到最优操作条件。

（2）降低装置能耗。能耗是炼化企业的主要成本，节能降耗是炼化企业提高经济效益的重要途径。流程模拟技术在降低装置能耗方面发挥了重要作用。如通过模拟催化、焦化主分馏塔，优化取热分布，多取高温位热量，多产中低压蒸汽，降低装置能耗。

（3）有助于新产品开发。新的油品品种开发，在制定标准后，如何通过摸索操作条件生产出合格的产品，需要流程模拟快速计算，降低摸索时间。对于聚合物，为适应市场需求，经常要生产新的牌号，不借助于流程模拟来摸索新牌号的操作条件，需要一个漫长的过程，在摸索操作条件的同时，生产出了大量的过渡料，这些过渡料价格要大打折扣，因此要付出非常大的经济损失。而事先通过流程模拟寻找合理操作条件，不但计算的操作条件合理，而且大量减少过渡料，挽回了不必要的经济损失。

（4）流程模拟寻找装置生产瓶颈。一些装置正常生产后，处理量达不到设计值，需要寻找原因，找出达不到设计值的关键点在哪里。一些装置在原料充足甚至过剩，并且产品市场好的情况下需要超负荷运行，这时需要寻找超负荷运行的瓶颈所在。

（5）产品质量控制。产品质量的控制，是操作员最关心的工作。而寻找控制质量的操作方法，有时非常难，比如苯塔，需要寻找灵敏板的位置，有时需要在开工后寻找几个月，有时即使找到了灵敏板的位置，但进料组成一变，灵敏板的位置也跟着变，造成灵敏板位置的不确定，而利用流程模拟，可以快速查找到灵敏板的位置，进料组变化后，可以将新的进料组成输入，重新快速地找到。

(6) 诊断装置问题。生产中经常会出现各种问题，比如，有时某台换热器漏了需要处理，这时换热就不够了，如何在新情况下调整操作，维持正常生产；或者装置停蒸汽、停水、停风，如何应对装置变化后的生产；装置停机泵，停局部的塔，如何改变操作。在设备出现故障，生产工艺出现波动或异常后，利用模型来进行各个因素的排除性分析，对装置问题诊断起到了很好的辅助作用。

(7) 辅助技术改造和装置扩建。企业的技改技措，在立项前和实施前后，利用流程模拟计算，可以更好把握技术改造方向，并能使技术改造实施得更好，发挥更大的效益。利用流程模拟，一方面可以协助考察技改技措项目本身的可行性，另一方面，可以考察技改技措项目对装置其他操作单元的影响。任何装置改扩建项目，企业可以在没有设计单位帮助的情况下，首先利用流程模拟软件计算和分析，获得有效的结果，可以帮助领导层选择正确的决策方向。

(8) 新工艺研究。一种新的工艺，比如研究了一种新的催化剂，使某产品的生产流程简化。首先，在实验室，就可以利用流程模拟核算，减少实验次数，提高实验效果；其次，在中式放大以及工业应用中，可以利用流程模拟设计合理的工艺路线。即使在工业应用后，也可以利用流程模拟不断改进工艺路线，优化操作条件，目前北京化工研究院应用流程模拟的重点就是新工艺研究。

3. 应用范围

流程模拟是流程行业科研、设计和生产部门开发新技术、开展工程设计、优化生产运行极为重要的辅助工具。可以模拟整个生产厂从包括管道、阀门到复杂的反应与分离过程在内的几乎所有的装置和流程，广泛用于油气加工、炼油、化学、化工、聚合物、精细化工/制药等多种工程领域的工艺流程模拟、工厂性能监控、优化等贯穿于整个工厂生命周期的过程行为。

4. 应用情况

中国石化自2000年与美国 Aspen Tech 公司结成战略联盟，统一引进 Aspen Tech 公司流程模拟软件，并广泛进行技术人员的培训，在中国石化系统内主要的科研、工程设计和生产企业组织流程模拟技术推广应用工作。2004年组建了石化盈科流程模拟项目团队，建立了中国石化总部层面的流程模拟技术支持队伍，中国石化流程模拟技术开始走上由石化盈科培训和指导建模，企业进行模型应用的规模化发展道路。通过多年的努力，流程模拟技术已经推广应用到中国石化下属33家炼化生产企业和10家工程设计、科研单位，覆盖炼油、化工、塑料、化纤、橡胶、化肥等主要领域，完成400余套装置的建模和优化，实现为企业降本增效累计超9亿元/年，累计培训技术人员5000余人。

下面分不同工艺类型分别列举几个流程模拟实际应用案例：

(1) 某炼化企业常减压装置利用流程模拟在围绕提高柴油收率，降低装置能耗方面进行优化。调整后常一线汽提蒸汽由4.0t/h下降到了3.8t/h，而产品闪点满足要求。在保证常三线质量合格的条件下，常三线馏出量由100t/h提高到了102t/h。合理调配减压塔底吹扫汽量和抽真空用汽量，使蒸汽用量由21t/h下降到了19t/h。调整后，增收柴油约2t/h，节约蒸汽用量2.2t/h，实现增效665万元/年。

(2) 某炼化企业2#催化裂化装置应用流程模拟诊断主分馏塔塔板问题，修复后，主分馏塔塔顶冷回流量由50t/h降到15t/h，顶循环流量由400t/h降到300t/h，气压机少用3.5MPa过热蒸汽5t/h，实现节能效益为120万元/年。根据模型优化主分馏塔各段取热分布，调整后，油浆系统取热比例由54.54%提高到60.69%，分馏塔底温度由353℃下降到345℃，有利于油浆系统长周期运行，提高了高温位热的利用率，多产3.5MPa蒸汽2.6t/h，实现节能效益304万元/年。

(3) 某炼化企业催化重整装置建立了汽提塔、石脑油分馏塔、脱异戊烷塔、脱戊烷塔、脱丁烷塔、脱 C_6 塔、脱甲苯塔、二甲苯塔八塔流程模拟模型，以节能和经济效益最大化为目标，优化各个塔的操作参数，优化措施实施后，节约燃料气300Nm³/h、氮气88Nm³/h、1.0MPa蒸汽4t/h，创造节能效益780.36万元/年；同时，脱 C_6 塔底油中苯含量由1.2%下降为0.2%，多回收苯1t/h，二甲苯收率由19.01%提高至19.85%，二甲苯产量增加1.5t/h，按照苯和二甲苯与汽油差价折算，提升装置经济效益3360万元/年，效益非常显著。

(4) 某炼化企业气分装置利用流程模拟模型指导脱丙烷塔的降压操作，大幅降低蒸汽消耗。2009年6月，逐步把脱丙烷塔塔顶压力从1.85MPa降到了1.4MPa，把塔底温度由105℃降到95℃，塔顶温度由50.4℃降到40.3℃，蒸汽流量平均下降了5t/h左右，使蒸汽单耗下降了0.1左右，实现节能效益630万元/年。

12.2.1.2.8 实时优化控制系统

1. 概述

在典型的炼化装置生产操作过程中，存在着动态响应时间滞后、变量未能在线测量、动态响应非线性、干扰相互偶合、约束、大的外部干扰等特性，从而导致传统的PID控制效果不佳。20世纪70年代初，学术界提出以多变量预估控制为核心的先进控制(Advanced Process Control，APC)理论，通过实施APC，可以改善过程动态控制的性能，减少过程变量的波动幅度，使生产装置在接近其约束边界的条件下运行(卡边操作)。

先进过程控制可以保证该控制环节稳定运行在给定工况，但先进控制不能确定装置的最优工况及对应的生产参数。针对该问题，在先进控制的基础上，进一步研发出针对整个装置的在线、闭环实时优化(Real-Time Optimization，RTO)技术。实时优化是模拟和控制紧密结合的集成技术，在装置稳态模型的基础上，通过数据校正和更新模型参数，根据经济数据和约束条件进行模拟和优化，并将优化结果传送到先进控制系统。

目前实时优化软件主要有美国Invensys公司(2014年被施耐德公司收购)推出的实时优化软件商品为ROMeo(Rigorous On line Modeling with equation-based optimization)，该产品结合了Invensys在热力学和单元过程等方面的优势，以及壳牌公司在数学建模和优化算法方面的领先技术，并成功地克服了在线优化技术在项目实施、与企业工作流程和信息系统集成以及系统维护方面所面临的挑战，从而使其成为一个能为石油石化企业带来效益的稳态在线优化系统；Aspen Tech公司的RT-OPT(Real Time Optimization)，其特点为基于方程的模型组集，图形界面与其稳态模拟软件ASPEN PLUS兼容；除此之外，还有美国Honeywell公司的TPS ProfitMax实时优化软件。

2. ROMeo实时优化技术

(1) ROMeo实时优化的主要功能。ROMeo实时优化主要用于解决装置的过程优化问题，通常这些都是大型、非线性过程的优化，其主要功能为：

① 以物理化学平衡机理模型作为建模的基础，采用基于方程的开放式求解算法，高度

集成了离线分析、在线优化、数据调理、在线性能监控等多种功能。

② 建模、模拟、数据调理、优化、性能监控功能集中于同一个人机交互界面环境中，并使用同一模型，功能模块之间可自动切换，只需要建立一个流程图，就可以进行模拟、数据调理和优化，大大方便了工程师(工艺工程师、控制工程师)的使用，降低了软件和人力成本，且计算速度更快、更精准、更易维护。

③ 提供数据筛选与有效性检验功能，以判断仪表测量结果的细微漂移，在必要的时候快速校准测量漂移，尽量避免事故(如意外停车)的发生，确保优化器接收的现场数据安全、可靠。

④ 不仅可以进行在线实时优化，而且可以进行离线案例分析与优化，两者共用同一个模型和界面。离线案例分析可用于判断优化输出的影响，为排产和工况评价提供信息支持。

⑤ 具有友好易用的人机界面，简单易用，并提供与各种第三方组件(如炼油、乙烯反应器模型，以及用户自定义模型)的接口，为您的各类过程优化工作提供强有力的支持。ROMeo 还提供一整套的外部数据接口，如 ODBC、SQL、@ aGlance、CORBA 和 OLE 等，它有面向对象的数据库系统，能直接与 InSQL、PI、PHD、InfoPlus. 21 等数据库相连接。

⑥ 允许多个用户共享一个单机 ROMeo 用户添加的模型或由其他用户开发的应用模型。基于方程的优化引擎，极大地提高 ROMeo 优化求解的性能以及对大型案例的解算能力。集成的代数建模语言，则允许用户灵活地进行模型的自定义和模型库的扩展。

(2) ROMeo 实时优化的应用情况。在众多能源公司中得到了成功应用：

① 2010 年英维思与亚洲的泰国炼油公司，签署合同，交付综合的整个炼油厂优化解决方案。在此协议下，Invensys 将实施 ROMeo 优化软件，提高泰国炼油厂的实时性能。作为模拟、数据整定和操作决策的集成的软件解决方案，ROMeo 软件解决方案将是泰国炼油厂 5 年计划的一个重要部分，优化全部主要的精馏和转化单元以及整厂能量和氢气系统，支持它成为一个高度集成的高性能的炼油厂。

② ExxonMobil 与 Ivensys 就 ROMeo 的使用签订战略合作协议，主要为 ExxonMobil 提供优化、业绩评估与监测、原料选择和方案分析与决策等服务，实施 ROMeo 后，给 ExxonMobil 已增加利润 5 亿美元/年。

3. 艾斯本公司实时在线优化技术

艾斯本在线闭环实时优化技术是在先进控制的基础之上，将流程模拟优化技术和在线技术相结合，实现装置生产效益最大化的装置生产优化解决方案。艾斯本全厂优化解决方案见图 12-25。

(1) 艾斯本在线闭环实时优化技术解决方案见图 12-26。

(2) 艾斯本在线闭环实时优化技术的软件架构见图 12-27。

(3) 艾斯本在线实时优化技术的特点如下：

① 始终保持工艺装置操作在最优点。实时地感知工艺装置原料和操作条件的变化；实时地识别工艺装置的最优操作点，在满足各项约束的情况下使装置运行在最优位置；随着外部条件的变化，相应的约束也随之变化；通过持续不断地把工艺装置推向最优(满足约束下)来实现效益最大化。

② 成功的 RTO 需要 APC 支持。通过 AspenPlus 优化器识别工艺最优操作点；通过 DMCplus 向装置最优操作点推进；通过 DMCplus 保持装置运行在最优操作点；DMCplus 设计用来在满足众多约束下保持装置正常运行。

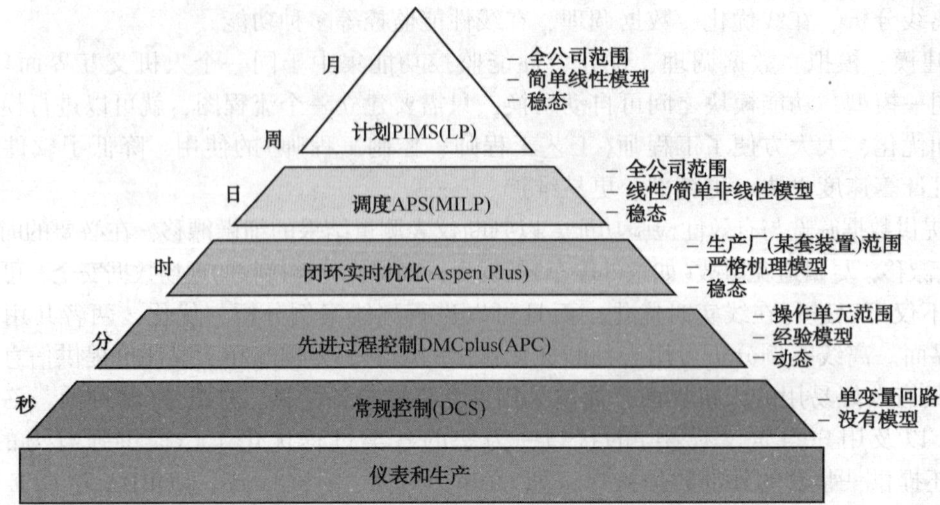

图 12-25　艾斯本全厂优化解决方案图

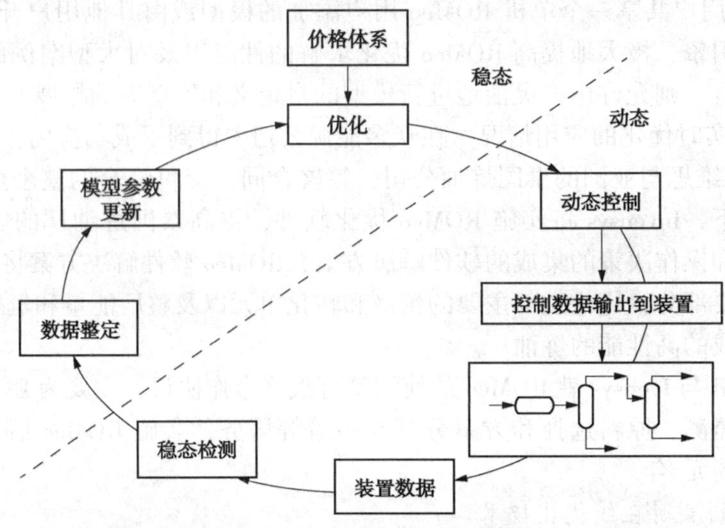

图 12-26　艾斯本在线闭环实时优化技术解决方案图

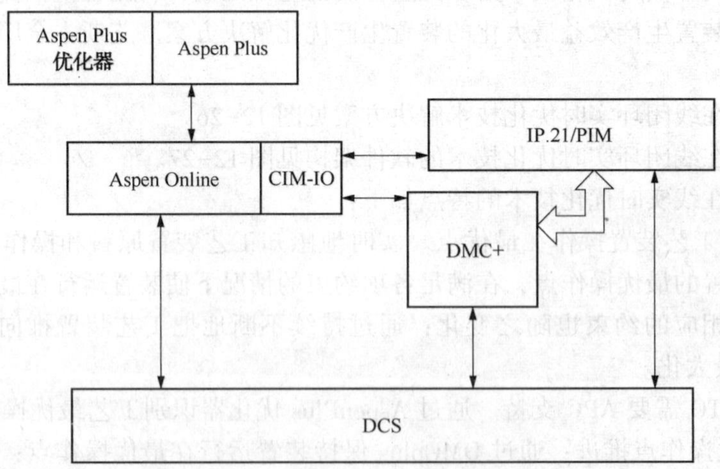

图 12-27　艾斯本在线闭环实时优化技术的软件架构图

（4）艾斯本在线实时优化技术的优势包括：

① 世界先进的流程模拟建模技术。Aspen Plus 是功能最强大的流程严格模拟工具，艾斯本催化裂化严格集总反应动力学模型是世界级的催化反应器模拟工具，可以建立严格准确的催化反应器及工艺装置模型。

② 世界先进流程模拟优化技术：Aspen Plus 的 Optimizer 是功能强大的流程模拟优化器，其实时优化的目标方程是实现装置生产经济效益最大化。

$$Profit = \sum product_i C_{p,\,i} - \sum feed_j C_{f,\,j} - \sum utility_k C_{i,\,k}$$

③ 国际领先的快速模拟优化求解算法：Aspen Plus 的强大的稳态 EO 求解算法，可以快速进行求解计算，约在 0.5h 即可完成一次优化计算，实现实时优化。

④ 国际领先的在线优化技术：Aspen Online 是先进的在线技术工具，实现数据的快速稳定的在线交互。

（5）艾斯本在线实时优化技术的作用包括三个方面：

① 离线。设定效益最大化的操作策略和满足新产品规格；评估可选进料；评价新的工艺设置等；评估新设备或改造的效果等；保持计划 LP 的准确度。

② 在线。快速诊断工艺操作的异常；性能趋势指示器；为换热器清理、催化剂周期提供决策支持；提供当前操作与最优或标杆的对照比较等。

③ 闭环(实时优化)。根据季节、白天/黑夜或天气周期持续调整操作；持续地优化效益；快速响应原料/产品的价格变化。

（6）艾斯本在线实时优化技术的实施。从 20 世纪 80 年代开始，AspenTech 开始提供实时优化的商业解决方案，目前 AspenTech 已经完成了 130 多个实时优化项目，所涉及领域包括炼油常减压、催化裂化、加氢裂化、催化重整及乙烯等其他大型化工装置，包括 DowChemical、Chevon、Eni 等。AspenTech 在中国石化某炼化企业成功实施了乙烯装置在线闭环实时优化项目，取得了非常好的效益，并于 2013 年 5 月通过了中国石化的项目验收，这是目前国内唯一正在运行的在线优化装置。国外催化裂化装置在线实时优化技术的应用更为广泛一些，AspenTech 已经成功实施了 10 多套催化裂化闭环实时优化项目，积累了丰富的在线优化工程实施经验，取得了很好的经济效益。

12.2.1.2.9　油品调和系统

1. 概述

经过几十年发展，我国石油炼制工业呈现规模大型化、技术现代化和品种多样化的特点，生产能力、产品质量和品种不断增多。出于经济技术综合考虑，加上炼油装置加工工艺的局限性，很多装置侧线生产的半成品一般不能直接满足产品质量要求，如汽油、柴油、润滑油类产品的质量要求。为节约能源、降低成本、提高效率，通常采用多组分调和并加入添加剂，充分利用不同工艺生产的组分理化性质不同，发挥各自性质优势，以达到产品质量要求。随着产品质量升级，满足新的质量要求将付出高昂的代价。为此，应寻求现代化手段，在满足汽油、柴油、润滑油类产品的质量要求的条件下，按成本最低的方案进行产品调和，最大限度地提高产品价值。

为满足油品调和降本增效需要，国内外很多厂商开发了油品调和优化技术，油品调和优化可以给炼油企业带来显著的经济效益，通过合理安排，最后调和成油品性质基本稳定且满足产品质量要求的产品。

2. 模块功能介绍

油品调和优化由油品调和调度优化、油品在线调和两部分组成。油品调和调度优化自动产生优化的调度方案，油品在线调和动态优化调和配方并实时控制各调和支路流量。

(1) 常用的油品调和分为两种方式：油罐调和与管道调和。

① 油罐调和。油罐调和是把待调和的组分油、添加剂等按需要的量分别送入调和罐，再用泵循环、机械搅拌等方式将其均匀混合成产品。这种调和方法操作简单，不受装置馏出口组分油性质波动影响，很多炼油厂仍在应用；缺点是需要较多的组分罐，调和时间长，油品损耗大，能源消耗多。

② 管道调和。管道调和是自动控制各组分流量，将各组分与添加剂按调和配方比例送入调和总管，经过静态混合器，使组分油在其中混合均匀，调和成满足质量要求的产品；还可以采用在线质量分析仪表与在线调和优化控制系统，随组分油质量变化动态优化调和配方，稳定调和油的质量，更好满足产品质量要求。

(2) 油品调和规则。涉及油品性质指标的项目有几十项，实际调和过程中经常计算的是辛烷值、烯烃含量、硫含量、苯含量、饱和蒸气压、十六烷值、凝点、冷滤点、馏程、黏度等，两种以上的组分油调和成所需的油品时，部分性质可以用加权平均计算，一些性质指标不能用加权平均计算，不能用加权平均计算性质的，可以用满足要求的公开发表的或用户经验公式计算。不能用加权平均计算性质，一般是偏向于性质较低组分油的性质的情况较多。

(3) 油品调和调度优化主要包括以下几个方面：

传统油品调和方案一般都是利用电子表格和仿真工具，手工制定油品调度方案。用户一般会制订一些短期(一般为 1~7 天)可行的调度方案，满足进料流量、库存约束和质量目标。

① 油品优化调和及调度。油品调度优化的目标是利用先进的计算机技术、规划技术和求解技术，变手工决策为自动决策，用户定义好所需油品的质量要求，系统则能自动根据油品的品种、质量和数量、油品库存的数量及质量、油品罐区的存储情况，自动产生优化的调度方案。自动决策可以用更少的时间，产生更好的调度方案。

油品调和优化软件是用于油品调和和生产调度的工具，可用于为炼油厂全面调度建立模型，尤其适合为油品的调和优化建立模型，涉及许多细节问题，包括油品的库存数量及质量、油品罐的储存使用等各种情况。

油品的调和优化模型包括：油品的输转、油品库存、油罐的检修、油罐的储存安排(油罐是否存放特殊性质的油品)、油品调和后的质量要求等各种情况。在建立油品调和优化模型时，考虑的因素包括油品、多少油罐、油罐的大小、油品输转速率等因素。在将所有的模型参数输入到模型后，通过求解模型，得到优化的油品调和方案。

② 在线调和。油品在线调和模块对调和配方进行管理，同时对调和过程的状态进行监测(如温度、压力、流量、阀开度等)，采用比例控制器根据调和任务对控制系统进行控制，并可通过在线分析仪数据对调和结果进行微调，实现调和油品的物性稳定。

在线调和系统主要包括在线优化和控制系统、在线分析系统和分析模型、调和工艺和仪表控制系统几个部分，控制原理见图 12-28。

油品在线调和模块的主要功能：

调和配方管理：提供存放所有的配方信息的工具；配方信息可以从油品优化调度模块下载或手动输入。

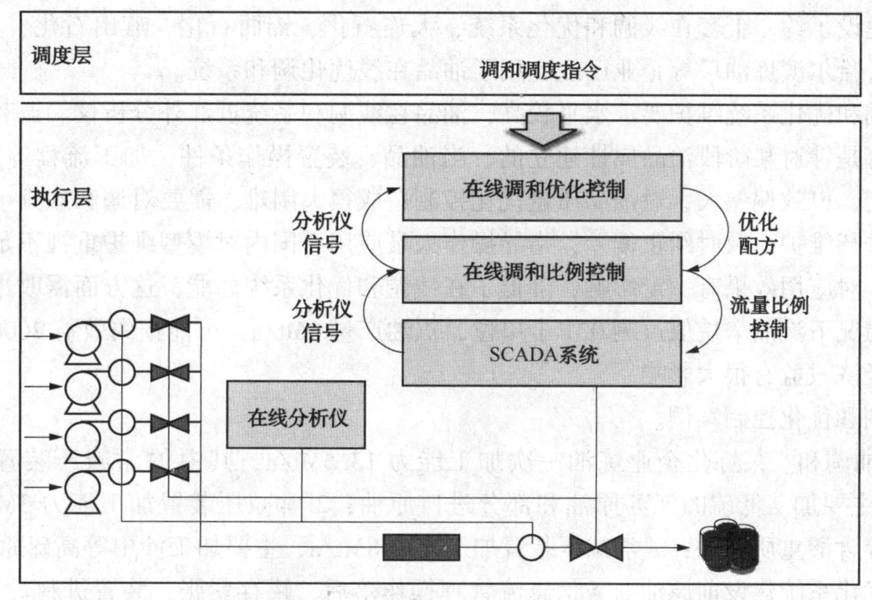

图 12-28 在线调和控制原理图

二级优化的调和控制：首先保证调和目标的实现，在此基础上进行一级目标优化(减少质量裕度)和二级目标优化(组分成本节约)。

属性微调控制：通过调节组分油的流量，使调和油品属性尽量接近实际值；可以对3种不同的属性同时进行调整控制。根据该属性的瞬时值或调和全程的累积值，决定是否选择调整模式进行控制。调整控制可以用一次调整完成(一元或比率调整)，或者用一个调整组分和一个补偿组分完成(即二元调整)。在二元调整中，可以调整两种组分油，从而使调和总流量保持稳定。在调和开始或在调和过程中，都可以选择是否采用属性微调控制。

在线分析：实时检测调和后的油品性质并将数据送在线控制系统实时调整调和比例。

(4) 油品调和的应用情况

20世纪80年代开始美国的炼油厂开始尝试把分析仪用在柴油管道调和中，监测成品油中的指标值变化，通过手动调节的方式来控制各个中间组分油的比例。为了做到质量“卡边”，提高经济效益，以及调和后能直接装船，提高生产效率和减少成品油储罐的数量，在近红外分析仪日益完善时，国外的炼油企业与自动化技术公司共同开发了油品在线优化调和技术，并在炼油厂投入使用取得了良好的效果。其优化软件主要来自霍尼韦尔公司、艾斯本公司、英维思公司和横河公司等企业，一些大的石油公司如英国石油公司(BP Amoco)、美孚石油公司(Mobil)、壳牌石油公司(Shell)、沙特阿拉莫科(Saudi Aramco)、法国道达尔公司(Total)、韩国釜山的SK石化公司等下属的炼油厂均采用油品在线优化调和技术。据不完全统计，到目前为止，已有美国、英国、法国、德国、西班牙、日本、新加坡、韩国、埃及、南非、巴西和阿根廷等国的采用油品在线调和技术来调和汽油、柴油或煤油，均取得了良好的效果，产生了较好的经济效益。

中国石化和中国石油两大集团下属的大中型炼油厂有40多个，普遍都有开发调和优化系统的愿望，且从20世纪90年代中期以来一直进行这方面的探索。

2000年左右开始应用这项技术，霍尼韦尔公司、英维思、艾斯本公司、横河公司和国内供应商建设了约二十套在线调和优化系统，大连石化、锦西石化、燕山石化、上海石化、大庆石化、哈尔滨炼油厂等企业已经应用了油品在线优化调和系统。

在线调和优化系统维护要求水平较高，油品在线调和系统近红外分析仪、调和规则两大核心模型都是针对某阶段油品属性建立的，当油品、装置操作条件、加工流程等发生变化，模型会失配，以致偏差大，对油品质量优化控制造成很大困难，需要对调和规则、近红外分析仪模型进行维护，及时纠正偏差，指导操作人员应用。国内对模型维护重视不足，维护能力也有限，对应用效果有一定影响，降低了在线调和优化系统性能，这方面需改进。

一般情况下汽油辛烷值过剩 0.1 个单位，汽油产量 2Mt/a，可能损失效益 2000 万~3000 万元，对经济效益有很大影响。

(5) 调和优化控制案例。

① 原油调和。某炼化企业炼油一次加工能力 13.5Mt/a，其中 1[#]常减压装置加工能力 2.5Mt/a，主要加工低硫的江苏原油和部分进口原油；2[#]常减压装置加工能力 3Mt/a，主要加工胜利等含酸重质原油；3[#]常减压装置加工能力 8Mt/a，主要加工沙中等高硫原油。

调和优化系统建设前原油业务信息流管理操作落后、罐存紧张、装置进料性质波动大，为解决这些问题，引进了国外的在线调和控制系统，对调和过程的状态进行监控，控制指标(硫含量、石脑油收率)2 个，监测指标(密度、硫含量、水含量)3 个，并用原油快评技术及时对进厂的每一种原油、参加调和的原油组分、调和后要送入常减压装置的原油进行评价，得到相关评价数据，依据评价数据，及时调整调和比例，减少装置进料性质的波动。某炼化企业原油在线调和控制示意图见图 12-29。

原油调和优化系统主要有以下效果：

a. 增加效益。综合考虑从原油购买决策、原油到港安排、原油接卸输送到原油加工各个环节的多种因素，扩大原油品种的选择范围，优化原油调和品种与配方，达到降低原油采购和运输成本，维持合理库存的目的。

b. 提高操作稳定性。原油进料性质波动较大，给二次装置的生产组织平衡带来诸多困难。通过本项目的实施，要使常减压装置的原油进料性质保持稳定，最大程度地消除常减压装置的操作不稳定性，同时优化原油馏分分布，合理安排二次加工装置生产负荷，提高炼油厂效益。

c. 提高原油管理水平。将原油罐区的各类管理和实时数据全部纳入原油罐区信息系统进行管理，实现罐区的状态监控和操作监控，可有效保证罐区信息的完整性和准确性，也为其他应用系统提供可靠的数据。

② 成品油调和。某炼化企业在大炼油工程扩能时，为提高汽油调和系统处理能力，建设了汽油在线调和系统。汽油调和组分共有 6 种：ARGG 精制汽油、重整重芳汽油、加氢汽油、MTBE、重整非芳和 C_5。

汽油在线调和系统设立两个调和头，其中一个用于 93[#]汽油调和，另一个用于 90[#]、97[#]汽油调和，调和头之间管线连通。流量保持稳定的精制汽油作为直调组分进入调和头进行调和，加氢催化汽油与精制汽油过剩部分进入组分汽油组分罐，再用泵抽出后作为一组组分连续参与精制汽油调和，其他组分进组分罐后再泵抽出进入调和头进行调和。

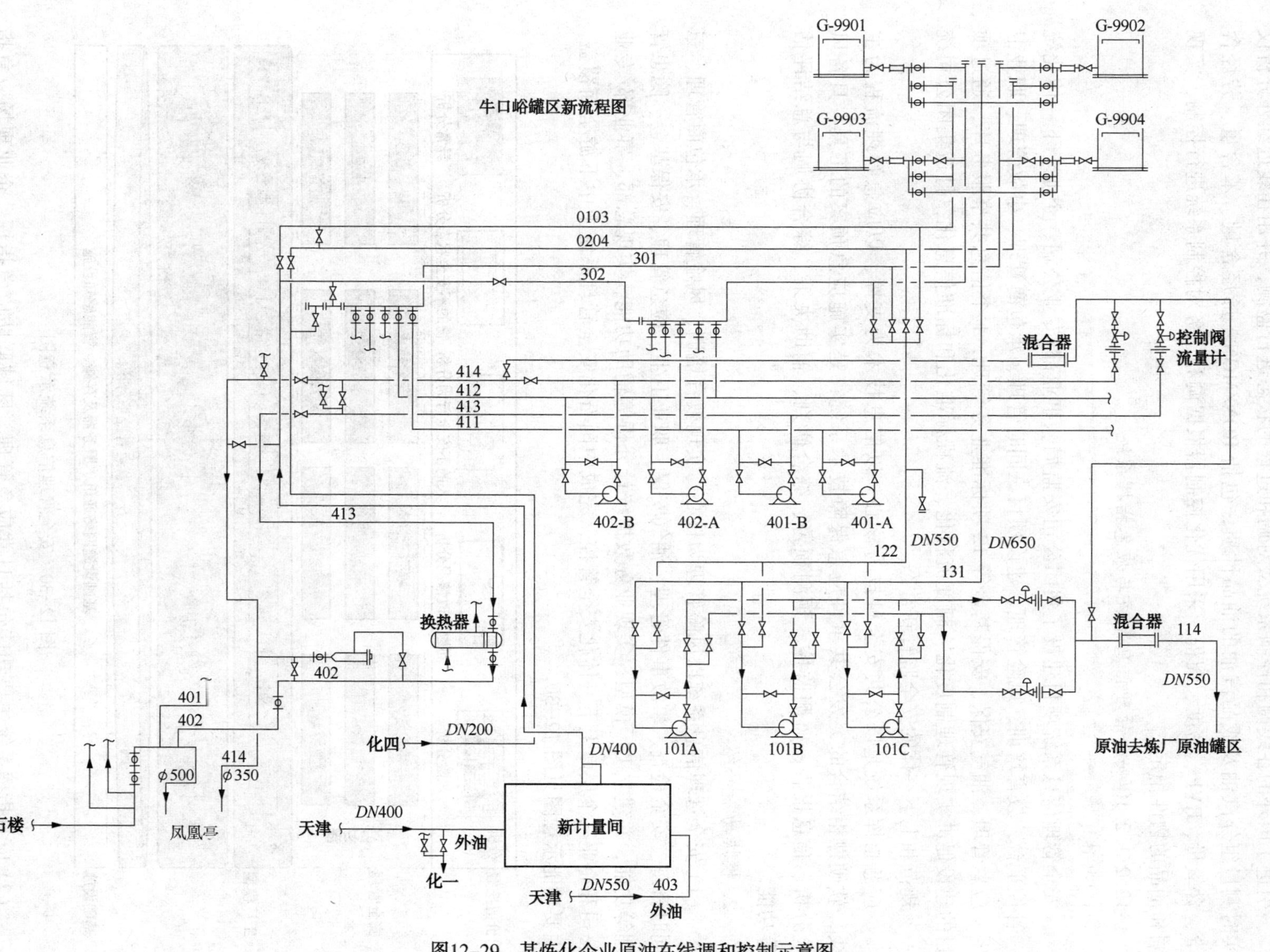

图12-29 某炼化企业原油在线调和控制示意图

引进了国外的在线调和控制系统，对调和过程的状态进行监测，并用在线近红外分析仪实时测量组分汽油及成品汽油的油品性质，包括 RON/MON、烯烃含量、苯含量、芳烃含量、含氧量、RVP、密度、馏程，采用优化控制器根据调和任务对控制系统进行控制，实现调和油品的物性稳定。

12.2.1.2.10 安全管理信息系统与应急指挥系统

1. 概述

安全管理信息系统项目建设了集团公司安监局、事业部/专业公司、企业上下一体化统一管控平台，教育培训、风险管理、建设项目三同时管理、承包商管理、事故管理、职业卫生、应急管理、油气安保、安保基金等 12 项标准业务管理，1 个信息共享服务库，通过项目的建设促进实现管理制度化、制度流程化、流程标准化和标准信息化，打造集团公司统一、规范和上下一体的安全监管新常态。

应急指挥系统是以公共安全科技为核心，以信息技术为支撑，以应急管理流程为主线，软硬件相结合的突发公共事件应急保障技术系统，是实施应急预案的工具；具备风险分析、信息报告、监测监控、预测预警、综合研判、辅助决策、综合协调与总结评估等功能。

2. 模块功能介绍

(1) 安全管理信息系统以风险管理为核心，实现教育培训、风险管理、承包商管理、三同时管理、安全检查、事故事件管理、油气安保、职业卫生、应急管理、安保基金、隐患管理等功能，并建立工厂模型，实现业务数据统计分析等辅助功能，实现总部、事业部/专业公司和企业三个层面上下一体化安全管控，完成中国石化安全管理系统上中下游全面覆盖。主要功能示意图见图 12-30。

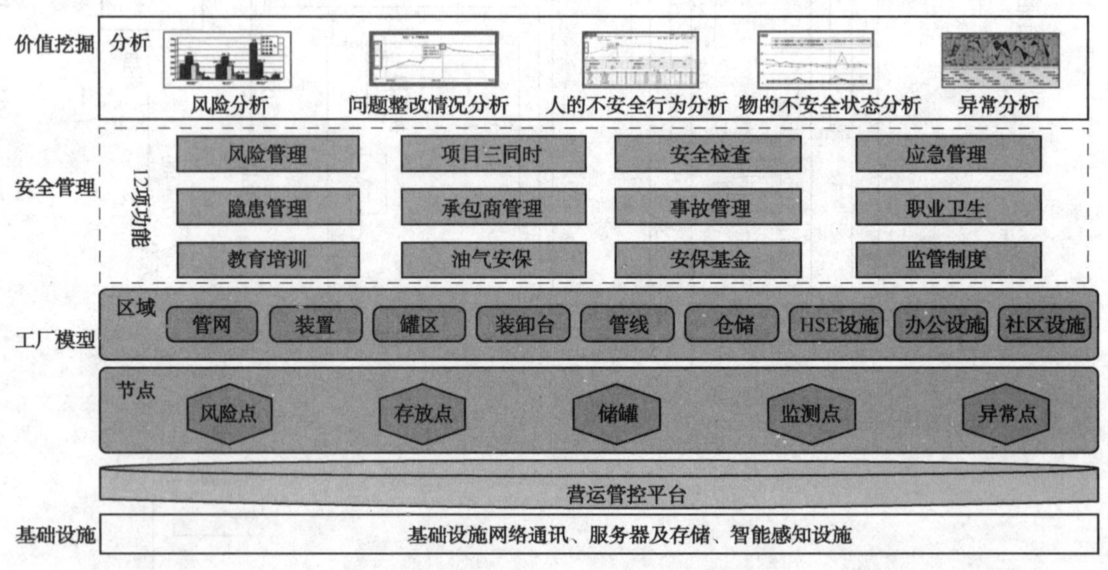

图 12-30 安全管理信息系统示意图

(2) 应急指挥系统主要功能包括日常应急管理、区域联防应急指挥、企业现场应急指挥、应急保障等，主要功能示意图见图 12-31。

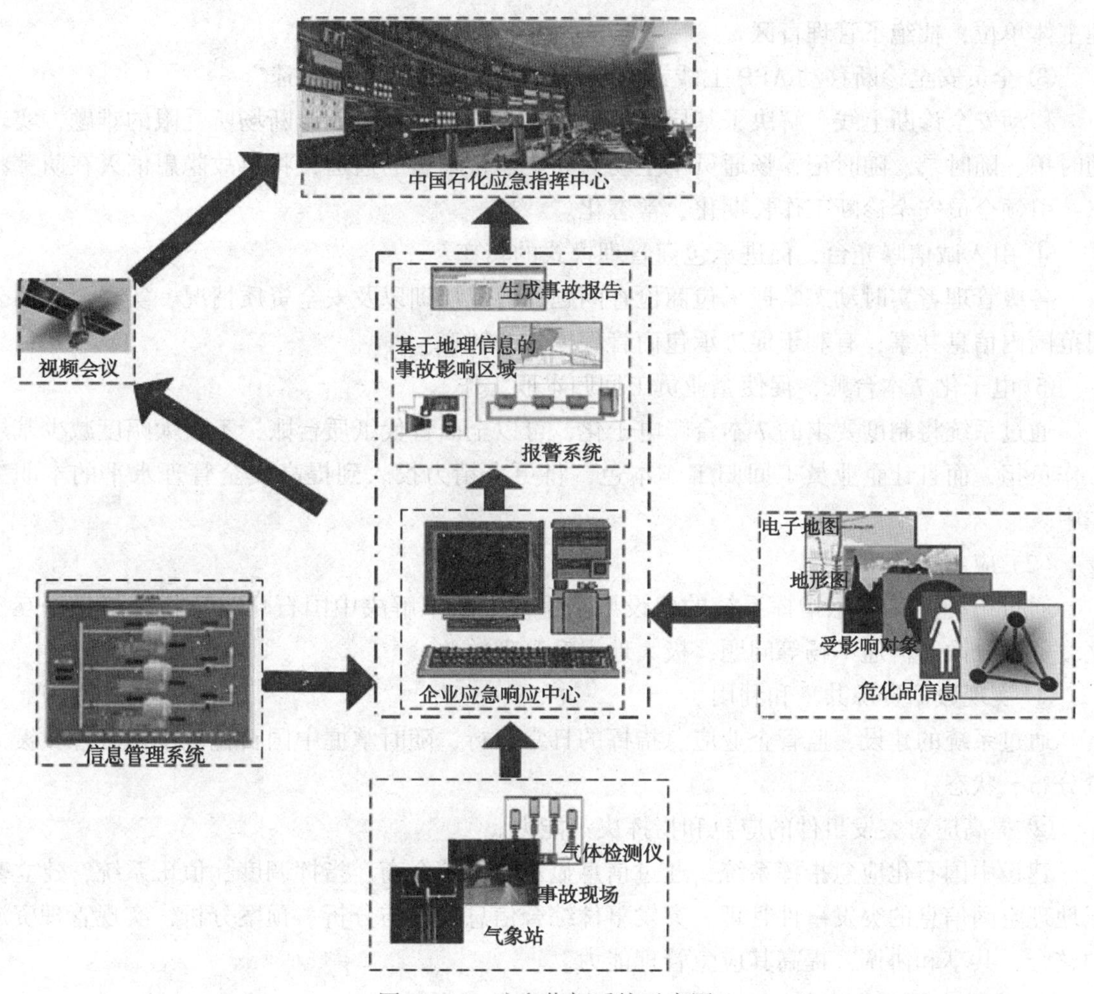

图 12-31　应急指挥系统示意图

3. 应用情况

（1）安全管理信息系统：

搭建了中国石化总部、板块及企业上下一体安全管理工作平台，该系统在 106 家企业 1750 个二级单位，采油队、联合站、加油站、油库、项目部等 38038 个基层单位同时投用，实现了上下一体化、统一化管理，助力安全预防措施落地生根，实现中国石化安全管理标准化、规范化、透明化。

① 促进安全管理制度的落地生根，有利于安全生产责任落实。

系统与《中国石油化工集团公司安全管理手册》《中国石化承包商安全管理规定》《生产安全事故应急预案管理办法》等 40 余个制度深入结合，帮助总部、企业在教育培训、风险管理、安全检查、承包商管理等方面掌握量化实际运行情况，促进了“谁主管、谁负责”、“管生产必须管安全”、“管业务必须管安全”的管理理念的落实。

② 创新风险对象模型化，助推企业风险管控能力的稳步提升。

系统创造模型化的风险管理对象，对所有风险区域、风险点进行模型化，设置油田井场、集输站、生产装置、罐区、加油站等70余万条风险区域，每个风险区域明确了安全管理主体单位，杜绝了管理盲区。

③ 全员安全诊断移动APP上线，有利于营造全员安全生产氛围。

移动安全诊断上线，解决了基层硬件设备不完善、工程企业诊断场所受限的难题，实现随时拍、随时录、随时记，畅通员工主动为安全建言献策的通道，将事故隐患消灭在萌芽状态，引领全员安全诊断工作长期化、常态化。

④ 引入诚信曝光台，促进承包商管理模式的转变。

各级管理者实时动态掌握承包商检查问题、教育培训以及安全资质情况，实现全集团公司范围内信息共享，有利于促进承包商管理模式的转变。

⑤ 电子化7本台账，促使企业员工回归本职工作。

通过系统将制度要求的7本台账电子化，可以全面替代纸质台账，不仅大幅度减少基层工作负担，而且让企业员工回归工作本色，将更多精力投入到提高安全管理水平的本职工作中。

（2）应急指挥系统：

通过中国石化应急指挥系统的建设可从手段上根本解决中国石化应急指挥信息相互独立，资源分散、沟通不畅等问题，极大地提升管理效益。

① 实现数据资源共享和利用。

通过系统的建设，监管企业应急指挥的日常运行，随时掌握中国石化范围内各种救援力量分布、状态。

② 提高应对突发事件的应急和指挥决策能力。

建设中国石化应急指挥系统，通过信息显示、决策会商、指挥调度、值班系统，建立基于地理空间信息的突发事件管理、突发事件综合信息检索与分析、预案分析，实现管理资源的整合、共享和协调，提高其应急管理能力。

③ 推动中国石化应急指挥从被动反应转变为主动前瞻。

通过系统的高效、协同、综合运行，可以随时了解中国石化应急指挥系统的运行状态，做到防患于未然；在突发事件的应急过程中，做到所需决策信息就在指尖，快速有效采取应对措施。

12.2.2 经营管理层面信息系统

12.2.2.1 概述

“十五”、“十一五”期间，中国石化紧紧围绕自身的发展战略和主营业务，建设了ERP、业务公开、资金集中管理、数据仓库、电子商务、客户关系管理、全面预算管理、审计集成、综合办公等主要信息系统，基本建成了以ERP为核心的经营管理平台。经营管理平台的建设与应用，促进了体制改革和结构调整，推动了管理创新，提升了企业管理水平，支撑了中国石化经营管理和决策支持，增强了企业核心竞争力。通过ERP系统的建设，中国石化搭建起了企业统一的经营管理平台，实现了对关键业务流程的集成化管理。ERP系统的全面应用促进了公司经营方式、管理模式加快转变。

12.2.2.2 ERP 系统

1. ERP 基本概况

ERP 是企业资源计划(Enterprise Resources Planning)的简称，蕴含着现代企业管理理念，主要宗旨是将企业的各方面资源(人力、资金、信息、物料、设备、时间、方法等方面)进行科学地计划、管理和控制。对于企业来说，ERP 首先应该是管理思想，其次是管理手段与信息系统，ERP 软件是体现 ERP 思想和方法的计算机软件系统，仅仅是一个工具。ERP 系统是采用现代信息技术，集成 ERP 管理理念与企业业务实践，借助于 ERP 应用软件，为企业的采购、生产、库存、销售、财务等业务人员提供一个统一的操作平台，并为预算管理、资金运作、成本控制、供应商管理、客户管理等提供必要手段，在此基础上为企业决策、优化生产、绩效管理等提供信息支撑。

2. ERP 系统的主要特点

ERP 系统主要特点是集成性、模块化、功能性、开放性、适应性等，其中集成性是 ERP 系统的最主要特点。

集成性：ERP 把逻辑上相关联的业务紧密连接在一起，重复工作和多余数据被完全取消，规程被优化；

模块化：ERP 的模块结构使用户根据业务管理需求灵活地选用部分模块；

功能性：ERP 提供了一整套经营管理业务功能，每个业务由不同的功能模块组成；

开放性：ERP 软件的体系结构符合国际公认的标准，使客户得以突破专用硬件平台及专用系统技术的局限，可以方便地与第三方软件产品有效集成；

适应性：系统中方便的裁剪方法使之具有灵活的适应性，从而能满足各种用户的需要和特定行业的要求，能满足应企业机构重组、业务兼并等需求。

3. ERP 主要功能模块

国际上知名的 ERP 软件厂商和产品主要有 SAP 公司的 mySAP. com Business Suite、Oracle 公司的 Oracle E-Business Suite、Infor 公司的 ERP 产品、SAGE 公司的 X3 等。中国石化采用 SAP 公司 ECC 6.0 版本，主要包含的模块：财务会计 FI(Financial Accounting)；管理会计 CO(Controlling)；资金管理 TR(Treasury)；销售与分销 SD(Sales and Distribution)；物资管理 MRO(Material/Maintenance Repair Operation)；物料管理 MM(Material Management)；设备管理 EM(Equipment Management)；项目管理 PS(Project System)；生产计划 PP(Production Planning)。ERP 功能模块见图 12-32。

4. 中国石化 ERP 建设应用历程

从 2000 年起，中国石化开始建设应用 ERP 系统，2011 年底实现了股份公司境内外企业全覆盖。2014 年试点推广 ERP 大集中，截至 2016 年底实现了股份公司 ERP 大集中系统全覆盖应用。

中国石化 ERP 建设和应用过程可以分为规划试点、全面推广、深化应用三个阶段。

2000~2003 年规划试点阶段。借鉴国外石油石化公司经验，结合中国石化实际，制定了 ERP 总体规划，编写实施模板、选择企业试点，启动 ERP 建设和应用工作。经过认真论证和可行性研究，明确了“国际水准、中国国情、石化特色”的 ERP 建设目标，提出

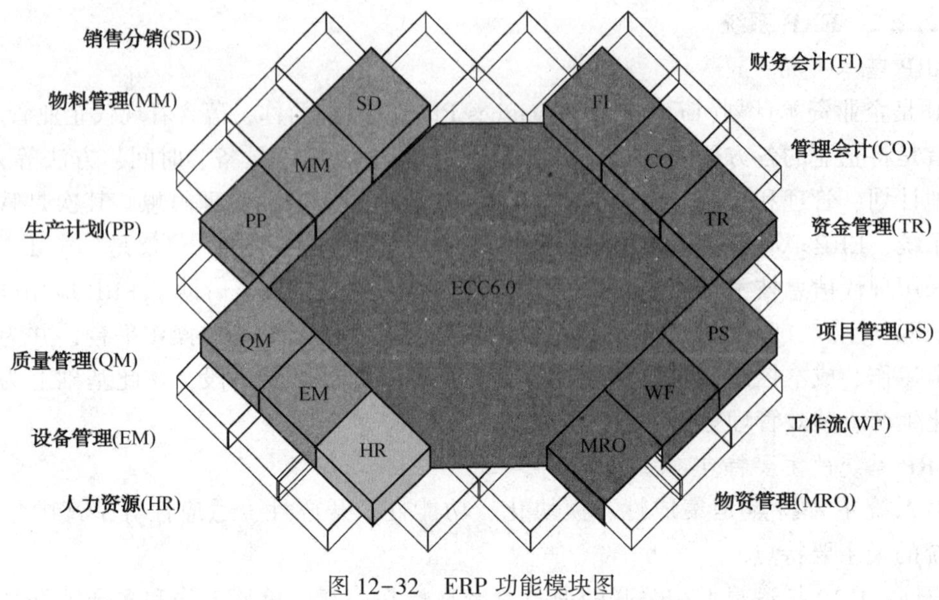

图 12-32　ERP 功能模块图

了“统一规划、统一标准、统一设计、统一投资、统一建设、统一管理”的建设原则，制订了“整体规划、先试点，再推广，稳步推进”的建设策略，并选择镇海炼化、仪征化纤、江苏石油、天津石油四家企业试点建设、应用 ERP 系统，取得了初步成效，锻炼了队伍、积累了经验。

2004~2007 年全面推广阶段。在深入总结试点经验的基础上，中国石化明确了总部和企业二级业务部门、信息部门，以及承担系统建设任务的咨询公司在 ERP 建设与应用中的工作职责，明确工作协调机制，制订推广策略和推广流程，完善实施模板，对模板进行标准化管理，有序、有效、快速地开展 ERP 系统建设，ERP 系统覆盖企业的范围逐年迅速扩大，纳入系统进行管理的核心业务的比例逐年迅速提高。特别是胜利油田、中原油田、燕山石化、茂名石化、扬子石化、齐鲁石化、广东石油、浙江石油等一批特大型企业的 ERP 系统成功上线运行，标志着中国石化 ERP 建设工作取得了实质性突破，到 2007 年底系统建设工作基本完成。

2008 年至今深化应用阶段。在 ERP 建设工作基本结束后，中国石化及时将 ERP 工作重点由“边建边用、以建为主”调整为“建用结合、以用为主”，把开展深化应用、提升应用效果摆到了突出位置，党组主要领导亲自动员，对 ERP 深化应用工作提目标、提要求，分管领导定期主持会议研究工作思路、安排布置工作、检查落实情况，总部各部门按职责分工积极组织开展 ERP 应用达标、典型企业培养、应用技能竞赛、“比学赶帮超”扛红旗活动，大大提高了系统操作的及时性、规范性和数据质量，提升了业务人员应用水平，促进了业务绩效改进，整体应用水平有了明显提高。

（1）PP 模块：

① 主要功能。分为连续型生产、重复型生产、基于库存的生产、基于订单的装配、基于订单的设计制造等不同的生产类型。包括编制生产计划、生成物料需求计划（MRP）、市场预测、生产资源计划、能力计划、生产活动控制、工厂数据采集等。

中国石化目前采用的是面向库存生产类型，并集成PIMS、MES等系统，主要实现生产的计划与实际及不同生产方式的成本分析等。通过不同物料清单确定不同装置、不同加工方式的投入与产出计划；通过工艺路线确定不同的加工方案需要的公用工程、人工费用等；通过生产版本确定不同的加工方式需要的物料清单和工艺路线。生产订单归集各生产投入(物料、公用工程、人工等费用)、产品产出、装置数据、生产日期等计划，以及其他投入、产出，结合成本结算规则，月末成本结算后得到所有产品与副产品的实际成本。

② 可提供的主要信息。根据需要出具装置产量完成情况、装置物料消耗完成情况、装置公用工程消耗完成情况。实现计划与实际数据的对比，为装置的的计划与统计管理提供支撑。

③ 上线后管理工作主要变化和提升。统一了业务要求，明确了业务操作方式，流程更规范。主数据维护员根据实际生产计划统一维护工作中心、物料清单、工艺路线和生产版本，相关数据及时与MM及CO模块人员联系；实际产出数据由MES等生产执行系统平衡后进入ERP系统。

统一下达计划，监控实际生产，控制更有效。计划人员下达生产计划，统计人员录入生产过程的料、工、费消耗信息，各装置消耗发生情况在线共享，横向和纵向对比同类装置的各种消耗，可以发现生产过程中的不足。

业务人员确认并集中录入数据，数据更准确。业务人员实时确认业务数据，投入、产出数据在财务管理与成本管理模块直接生成集成凭证，统一了数据源。

产出消耗细分，过程控制贴近实际，分析更有据。通过按牌号的生产订单管理各装置的投入、产出，实际生产过程清晰，每个装置的投入、产出一目了然，变过去按产品的消耗统计和计算方式为装置过程法，通过生产版本可以分析不同加工方案的消耗和成本。

流程发生变化，业务信息交叉共享，明晰了职责。ERP生产主数据及生产业务流程改变了人员职责，系统业务信息的实时共享改变了数据传递的方式，业务人员的精力可以转移到数据的分析和监控上。

系统集成加强，岗位之间密切协作，提高了效率。通过PIMS等计划系统将生产计划录入ERP系统；通过MES等生产执行系统或数据平衡优化系统进行数据平衡后录入系统，减轻了手工劳动，提高了PP模块数据录入频率和准确性；计划与统计等业务基于一个平台相互协作、相互支撑。

④ 与其他模块的关系。PP模块与MRO、MM、CO模块密切相关，同时相互影响。

PP模块新产品计划时要及时维护MM模块物料主数据；生产订单未清项清理的及时性，以及投入、产出操作是否规范将影响财务月结的正常进行。

MRO模块采购的原辅料收货、MM模块生产订单所需原料油的收、发以及仓库对产成品的接收操作的及时性，均会影响PP模块消耗的及时性和准确性。

CO模块要及时维护联产品系数和产品估价等，避免影响生产订单及时建立的与正确性。

MM与PP模块投入、产出数据的规范性、及时性是财务月末成本核算的保障。

⑤ 应用中的主要关注点。关注物料、动力平衡表是否经本部门负责人审核签字，系统库存是否与实际库存、统计报表数据一致。

关注 BOM、工艺路线、生产版本等主数据的编制及单据的传递、审批。确保工作中心中成本中心、作业类型正确，原辅料、燃料油、气等进入 BOM，工艺路线中工作中心、作业类型正确，生产版本中工艺路线、BOM 正确。

关注生产订单“N+1”方案处理业务，事业部间物料互供要符合规范。

关注物料负库存情况，销售工厂不允许启用负库存，生产工厂产月末不允许存在负库存。

关注生产订单技术完成与关闭是否规范、及时，月结是否符合规定；生产订单投入产出、公用工程冲销要规范，控制冲销率。

关注新装置数据在 MES 等系统的维护，满足 ERP 系统的应用要求，保证接口正常，数据导入正确、及时。

（2）MM 模块：

① 主要功能。MM(物料管理)模块由物料主数据管理、供应商管理、采购计划管理、采购管理、库存管理、仓储管理等功能组成。

目前中国石化 MM 模块启用了采购及库存管理等核心功能，在库存管理的范畴依据企业特点主要是生产原料、半成品、产成品等。

② 可提供的主要信息。

炼化企业：原料价格、采购计划、采购合同准确率；产品收发存日、月报及原料收支存日、月报；库存量、库存金额、库存周转率；产品批次和库位发货流向跟踪分析、各生产装置原料加工消耗量等。

油田企业：各油气生产单位油、气、烃等产品的商品量、库存量信息、自用量和损耗量信息；自有炼油厂的加工量信息；油气生产用成品油的量、价信息等。

销售企业：采购配置计划的完成率；成品油的进、销、存数据；库存量、库存金额、库存周转率；各业务环节成品油的损溢率，库存成本的准确率等。

③ 上线后物料管理工作主要变化和提升。物料主数据由分散变集中维护管理，数据源唯一，信息充分共享。

业务部门由各自手工记账变系统集成，业务实时录入，工作效率大幅提高。

通过单据衔接掌握进货各环节状态，由过去被动接受转为线上全过程主动监控，内控力度加强。

库存管理由繁杂的手工作业改为系统操作，管理更精细化，库存信息更准确、及时。

④ 与其他模块的关系。MM 模块与 SD、FI/CO、PP、QM 等模块有很强的集成关系，所以任一模块的业务处理结果都将影响集成模块之间数据。

MM 模块物料主数据需及时维护，否则影响 PP 模块创建生产订单、SD 模块创建销售订单；MM 模块采购的原料需要及时在 ERP 系统收货，以满足 PP 模块的消耗需求；MM 模块对生产订单原料发货过账直接产生 PP 模块生产订单成本。

MM 模块交货单发货过账业务完成后，SD 模块才能对销售订单进行开具发票、收款业务流程；MM 模块的产品库存信息影响 SD 模块制定合理的销售计划以及销售订单可用库存量检查。

开启批次管理功能以及QM模块，QM模块人员创建检验批的时候维护MM模块产成品收货批次，MM模块人员才能根据生产订单对产成品按批次收货。

MM模块物料在ERP系统中任何移动记账都会自动产生FI/CO模块所需要的会计、成本凭证；MM模块采购收货过账业务完成后，FI模块人员才能对采购合同进行发票校验、付款业务流程；MM模块的过账动作受到FI/CO模块物料期间、财务期间、CO期间的制约，只能在FI/CO模块开启期间的范围之内过账。

⑤ 应用中的主要关注点。

油田企业：生产收货人员须在系统中录入当日数据，按时编制生产日报表；关注采购订单、转储订单、发货单的创建、收发货及关闭；按照交接计量单同步在系统中作库存转移。按时组织库存盘点，并在系统中处理盘点结果。

炼化企业：企业新增物料、供应商、采购信息记录等主数据，要求在规定时间内完成维护工作；按照实际到货情况同步在系统中对原料采购订单及时收货；按照要求及时关闭原料订单；按总部要求的频度和精度，对生产订单录入原辅材料的消耗、主副产品和半成品的产出等数据；月结结束，实际库存、系统库存与统计报表要保持一致。销售工厂杜绝启用负库存，月结后生产工厂不允许存在负库存。

油品销售企业：企业新增油罐、油品缺省值等主数据，要求在规定时间内完成维护工作；销售事业部配置计划内的供应商、轻油物料必须建立采购信息记录，油品要在总部下达配置采购价当日更新系统采购价格；企业月结前要检查未清而不再执行的采购订单，以及已完成收货和预制发票的采购订单，严格控制跨月冲销业务；轻油负库存的开启须由油品销售事业部审批及确认，开启负库存的油品恢复正常库存的当日必须关闭负库存。不能因内向交货单未及时生成或溢余未及时处理等原因开启负库存，要求月末无负库存；按月核销油品损溢，并在相关部门线下审批和确认的当日进行系统账务处理。

(3) EM模块：

① 主要功能。SAP PM标准功能专门用于生产设备、厂房、固定资产的维修保养及管理，它与CO、MRO模块集成协作，共同完成设备的使用与运行纪录、大中小修的计划与实施、维修技工的工时确认、设备的维修成本控制等业务。

目前中国石化EM是在利用ERP系统功能的基础上，根据设备全生命周期管理及专业管理需求，分别在ERP系统进行二次开发以及在SAP NetWeaver平台下开发而成，并利用SAP企业门户进行封装实现，包含设备基础资料管理、运行管理、维修管理、专业管理及综合管理等各项业务内容。除了ERP PM模块及文档管理模块标准功能外，在ERP中增强的主要功能包括设备专业台帐、设备档案查询、润滑管理、密封管理、检验管理、电气管理、仪表管理、修理费预算、合同台帐管理和承包商考核等，在NetWeaver端实现的功能有故障缺陷登记、设备开停机记录、分析监测管理、状态监测管理、设备检查考核、设备更新零购管理、设备调拨管理、组织机构人员管理等。

② 可提供的主要信息。从多个纬度考察分析维修费用，通过信息系统统计分析，利用标准化报表及定制化开发，实现按照发生地点和日期、设备类型、费用类型、检修类型等多方面对维修项目进行汇总统计，可以追溯、查询历史维修情况，深查有关信息。

③ 上线后设备管理工作主要变化和提升。规范检修计划审批流程。在ERP系统中制定统一的维修计划审批流程，在线维护并逐级审批，减少了整理汇总、上报多部门签字工作；通过在线监控，大幅提高了维修项目审批效率。

模块集成简化了部门间工作。维修工单中物资需求计划自动集成到物资供应部门，简化了供需手续；修理费按照不同的科目根据物资供应部门的发货、外委施工合同的终审值入账，系统自动生成凭证集成至财务。

强化了修理费控制。ERP上线后材料费与人工费整合在同一张PM维修工单中，修理费掌握更便捷准确；通过与TR模块集成和系统开发功能，能有效地实现对修理费用的预算控制。

物资信息共享，需求计划更准确。计划员可在线查询所需物资相关库存信息，参考系统中实时更新的价格数据进行费用估算；供应部门根据线上审批后的需求进行发货，确保了需求与计划的一致。

统计分析更便捷。管理人员可以按需查看维修费用、设备故障分析、运行状况等相关报表，报表的数据来源及时可靠且可通过多纬度、多重条件进行筛选统计。

④ 与其他模块的关系。EM模块与MRO模块紧密集成，主要体现在物资编码的集成，包括对物料单价、库存水平等数据信息实现共享。

EM模块与CO模块的集成主要体现在成本中心的集成上，从资金流的角度出发，每一张工单所发生的维护费用，在工单关闭之前都要结转到一个特定的成本中心，以便于工厂内部的成本费用考核与跟踪。

⑤ 应用中的主要关注点。

关注修理费使用情况，要求通过EM模块结算的修理费用额度与财务数据一致，避免成本中心直接记账。

关注物资计划变更业务，维修计划人员不能随意对下达的物资需求进行变更操作，若需要变更，需跟设备管理部门和物资供应部门沟通后进行。

关注工单关闭情况，维修任务完成之后，应及时对系统中的维修计划进行完成结束操作。

(4) SD模块：

① 主要功能。能够实现产品销售与分销全过程管理，对企业内部、外部销售相关的资源(包括客户、产品、市场、销售渠道等)进行组织和规划，对销售活动各业务环节产生的信息进行处理，对销售信息进行分析。

目前应用的主要功能有：主数据管理(客户、价格、信用)、价格管理、信用管理、销售订单管理、销售发货管理、销售发票管理、销售信息结构分析和销售业务集成(XI)管理。

② 提供的主要信息。客户、产品、销售量、销售价格、销售收入、销售方式、销售区域、客户的信贷额度及信用情况、应收账款、销售计划或配置计划完成率、销售合同和订单执行率、产销率等。

③ 对管理工作的提升。

规范了业务流程。利用统一的业务平台进行销售业务管理，通过业务流程设计，将标准的业务流程配置在系统中，规范了销售业务的各个环节。

客户管理工作得到加强。通过系统实现客户资源共享，利用客户主数据、销售信息结构分析客户的行业分布、区域分布，统计客户的销量，实现客户的分级管理，提高客户满意度。

有效控制经营风险。通过信用主数据，实现了客户信贷管理信息的共享。通过系统配置使企业的信用控制策略固化在系统中，同一个企业不同单位信用控制策略通过系统实现统一和规范。客户的信用状况可通过系统来判断，信用控制完全由系统来实现，避免人为因素带来的影响，规避了经营风险。

价格控制更加严谨有效。通过价格主数据和价格控制功能，有选择地锁定销售范围和订单类型的价格，避免价格波动时的低价放量销售行为，防止企业效益的流失。通过权限管理，实现价格维护与价格应用互相分离，实现事前控制。

销售计划执行更加到位。利用销售合同维护流程，销售订单维护流程，配置计划维护流程，产品分配计划维护流程等，实现对销售计划的维护、跟踪、控制，从而保证销售计划的执行更加到位。

提高了工作效率。订单制作过程中，产品、客户、价格等信息均可从相关主数据自动复制，由系统完成单据的生成，单据流的自动传递及信息更新，单据的打印等功能，取消了手工作业；特别是 XI 集成技术使得销售集成业务的单据可以瞬间传递并触发产生对方 ERP 系统单据，有效避免了信息重复录入与差错，提高销售开单速度和业务流转效率。

④ 与其他模块的关系。SD 模块与 MM、FI/CO 等模块有很强的集成关系，相关模块的业务处理结果都将可能对集成模块造成不同程度的影响。

SD 模块在开具销售订单和外向交货单的同时，MM 模块自动检查、更新或者控制库存可用量，避免无库存开单；在发货过账环节，MM 模块自动更新库存状态，减少自有库存，同时 FI 模块自动产生一个记录销售成本的会计凭证。

SD 模块对启用信用控制的业务，系统会在开具销售订单时，对于客户信用检查没通过或超信用，系统自动冻结或者不能生成订单，需要 FI 模块的财务人员及时在 ERP 系统处理客户收款业务。

SD 模块在出具或冲销销售发票时，系统会实时更新客户货款余额和信贷限额，同时自动产生相应的会计凭证，记录销售收入。

⑤ 应用中的主要关注点。关注客户、信用、价格等主数据的维护，加强复核；关注系统的信用控制、价格管理是否有效。

业务发生时，数据是否及时录入 ERP 系统，避免事后补单。

对于集成销售业务，以集成订单为基础开展销售业务，避免手工订单，集成业务双方加强沟通协调。

对于寄售、代保管、借贷项、退货等特殊业务须经审批，操作要规范，并保持系统信息完整，以便查看相关连续的业务流。

启用 ERP 与金税发票接口进行数据交换传输，并在 ERP 系统建立系统发票与增值税发票的对照关系。对于错误发票，要分别按本月或跨月错误发票流程规范操作。

及时清理系统中的过期未清单据；日常业务数据录入要按照实际销售业务进行“日清日结”。月末最后一天的24：00之前处理完成当期销售业务，并对已经发货的单据开具销售发票。

（5）MRO模块：

① 主要功能。根据中国石化物资管理的特点和需求，综合SAP系统物料管理(MM)和销售分销(SD)两个模块的功能定制而成。主要功能如下：

计划管理。实现对生产原辅料、项目、检维修、低值易耗、关联交易和对外销售等物资需求计划的管理；提供MRP综合平衡功能，可以根据平衡结果自动生成，或手工创建采购计划。

采购管理。提供询比价、招投标、工业品超市、框架协议、寄售、委外加工等多种采购方式；实现采购渠道、采购价格控制和供应商动态考评；实现电子商务、易派客平台与ERP系统的集成应用；按照集团化采购目录实现总部直接集中采购、总部组织集中采购、企业自行采购等模式采购。

库存管理。实现物资的收支存、盘点、报废等管理。

销售管理。运用部分SD功能，实现关联交易和对外销售业务。

提供多方式、多角度的统计查询和分析功能。采购价值分析、库存价值分析、呆滞库存分析、主力供应商供货情况、物资收支存报表，物资采购月度报表等；到期采购计划完成率、到期采购合同完成率、到期需求计划发货完成率、紧急需求计划率、网上采购率、库存周转率等。

② 上线后物资供应工作主要变化和提升。

理顺物资管理体制、规范采购流程。按照统一的物资供应管理标准模板，所有实施ERP的企业都理顺了物资供应管理体制，规范了物资供应业务流程；通过计划、采购岗位分设形成分段管理、相互监督、相互约束的制衡机制，避免了暗箱操作；通过对电子商务升级、易派客平台和招标平台建设，规范网上采购要求，实现“阳光采购”，降低了采购风险。物料编码、供应商等主数据总部统一集中管理，规范和提高了数据质量、方便了各企业之间信息和资源共享。

实现物资供应与物资需求及财务的业务集成。通过各模块的集成应用，实现了物资供应与物资需求及财务的业务集成和信息共享，各种数据单点录入，全程共享，避免了重复劳动；通过与信息化标准管理系统、电子商务等外部系统的集成，减少了工作量、保证了基础数据和业务数据来源的一致性。

强化了采购过程控制。实现对采购渠道和采购价格的控制，实现了采购预算的事前、事中控制。

建立供应商淘汰和业绩引导订货机制。从产品质量、价格、交货期、服务四方面对供应商进行动态评估，实现对供应商绩效的动态评估，建立起供应商淘汰和业绩引导订货机制。

丰富了业务分析和监控的手段。物资计划、采购、库存信息的获取比以前方便、快捷，业务分析和监控的手段更加灵活、丰富。

③ 与其他模块的关系。MRO模块接收PS、EM、MM等模块提出的物资需求；EM模块

维修工单、PS 模块的网络批准下达后才能发料，关闭以后就不能再进行发料；EM、PS、MM 等相关模块的无效需求计划如果没有及时核销，会影响 MRP 平衡的结果；MRO 模块的过账动作受到 FI/CO 模块物料期间、财务期间、CO 期间的制约，只能在 FI/CO 模块开启期间的范围之内过账；MRO 模块的采购和发货行为受到 TR 模块的预算控制。当预算不足的时候，相关业务均不能发生。

MRO 模块的物料主数据是各个业务模块集成的基础，一物多码、多物一码、物料描述不规范等会影响相关模块的使用，影响系统集成的效果；MRO 模块收货后产生应付暂估款项，收货完成的合同才能进行发票校验和付款业务；MRO 模块发货后，维修工单或者网络上就会产生相应的材料成本；MRO 模块在操作过程中产生的数量、价格错误会影响相关模块的价格、成本计算。

④ 应用中的主要关注点。

系统组织架构和权限设计。要保证系统中只配置一个物资供应采购组织、一个物资供应销售组织；要按物资类别不交叉重复的原则设置采购组；计划员、采购员、保管员以及相应审批人员等操作权限应遵从内部牵制及不相容原则。

需求计划的创建和核销。项目需求计划、检维修需求计划由投资计划模块、设备管理模块自动产生，其余需求计划由相应需用单位在 ERP 中的需求计划平台提报。无需求计划的紧急领料，必须在 3 个工作日内补充完成系统中需求计划的提报下达。超过需求日期 3 个月未执行完毕而又不再执行的需求计划要及时核销，批量导入或手工创建的由物资供应部门核销，系统自动创建的由相关模块核销。

关键业务功能的使用。启用 MRP 功能，由系统自动完成物资综合平衡和采购申请创建工作，可根据需要对采购申请进行手工编辑；启用供应商产品目录增强功能对采购渠道进行控制从信息化标准管理系统下载物料、供应商、客户主数据；从电子商务网站下载询比价信息、总部直采调拨单到 ERP 系统。

采购单据的审核和核销。按照内控要求设置相应的权限对采购申请、采购订单进行审批，除总部直采调拨单和超市化采购订单外，要求采购订单在系统中进行审批；要参考采购计划创建采购订单。超过交货日期 3 个月未执行完毕而又不再执行的采购申请、采购订单要及时核销。

系统操作应与实际业务同步进行，要根据采购订单收货，根据需求计划发货，做到日清月结。物资管理业务人员要精心操作，减少由于失误而引起的凭证冲销操作。

（6）PS 模块：

① 主要功能。用来管理企业的投资项目和项目实施过程中的任务，对项目预算、成本、进度等进行控制、管理和分析，主要由项目结构管理、预算管理、物资采购库存管理、项目实施过程管理、验收和决算管理以及统计分析等功能组成。

目前中国石化的使用情况：主要用于管理投资项目，通过对项目结构、项目预算、项目进度、项目实际成本、项目变更、项目文档以及项目统计分析的管理，对企业的所有投资业务进行全面管理。

② 提供的主要信息。项目结构信息、项目预算、项目实际成本及其明细、服务采购订

单、投资计划完成率、项目结转率等数据。

③ 上线后项目管理工作主要变化和提升。

管理职能变化。计划部门改变了过去的单一事务性管理和大量的事务性工作，不仅对项目预算进行控制，还对整个项目的进度、资金使用情况及时掌握和分析，利用WBS层次结构有效控制项目成本，加强项目的管理职能；工程管理部门按实物工程量和形象进度及时确认项目成本，实现项目进度、投资的综合管控，规避审计风险，为投资计划控制、项目精细化管理、绩效衡量等提供科学、有效的依据。

有效控制项目预算。按项目概算分解CBS预算，开按内部控制指标(建筑、安装等)进行概算管控。从而控制项目实际发生成本，杜绝超预算操作。

加强了业务规范性。项目必须按前期工作程序报批，没有列入计划的项目在PS系统无法创建，有效地避免了计划外项目的发生，强化了前期工作的管理力度。

实现项目设备资产联动。将在建工程项目建设和设备、资产管理有机结合起来，使得项目建设、设备、资产管理全过程统一协作，一体化管理，实现工程项目建设期不运营期设备资产移交的无缝衔接。

实用的投资信息查询。可以通过对项目各种信息的追踪查询实现对投资的分析，通过系统标准报表可以方便查询投资项目的计划、实际发生成本及其明细、计划与实际成本差异等内容。

实现三流合一和信息共享。PS模块是以投资项目的计划控制为核心的，通过成本与预算管理、项目物料管理、服务采购管理等，实现了与物装(MRO)模块和财务(FI/CO)模块的集成应用，做到了信息流、物流、资金流的“三流合一”；在同一平台上实时查询项目信息，实现信息共享，做到了计划、统计、财务数据的一致性。从投资、进度、合同、物资、核算等项目管理领域多角度提升投资与项目管理水平，实现投资与项目投资控制、迪度控制、合同控制目标。

④ 与其他模块的关系。PS模块与MRO、FI/CO等模块均有一定的关系，具体关系如下：

与MRO模块集成：项目网络作业中物料采购申请、甲供料的领退实现了集成，其中物料需求计划提报的准确性直接影响物资的采购计划流程。

与FI/CO模块集成：项目服务采购的确认、物料收货、二三类费用过账、项目结算集成实现项目款项支付、成本归集、项目结转等功能。

⑤ 应用中的主要关注点。

项目定义和WBS元素。严格按照项目定义编码规范制定项目定义，对项目进行分解编制WBS元素。

项目预算。按照下达批复预算在系统中维护项目预算，并按照WBS分层维护预算，激活项目预算控制。

服务采购订单。项目采购订单金额要与实际签订的项目合同金额一致。

项目结算。财务部门维护WBS元素结算规则，月末进行项目结算。项目结算完成后，项目发生数与结算转出数一致，项目成本余额为零。

项目关闭。项目竣工转资完成后，计划主管部门对项目成本进行核实并关闭项目和网络，确保财务与物资数据不能继续记入对应的WBS元素或者网络中。

(7) FI/CO模块：

① 主要功能。FI(财务会计)模块依据国家会计制度和中国石化内部会计制度进行会计账务核算，定期向企业外部提供符合法律规定的各种报表信息，主要由总分类账、应收账款和应付账款、固定资产、合并报表、特殊用途分类账等功能组成。

CO(管理会计)模块在财务会计的基础上对费用、成本、损益等进行细化核算和分析控制，向企业提供满足内部管理需要的报表信息，主要由一般费用成本核算、成本中心会计、利润中心会计、内部订单会计、生产成本核算和获利能力分析等功能组成。

目前中国石化已启用FI模块中总分类账、应收账款和应付账款、固定资产、特殊用途分类账等和CO模块的一般费用成本核算、成本中心会计、利润中心会计、内部订单会计、生产成本核算和获利能力分析等功能。

② 提供的主要信息。资产负债表数据及指标，实时查询资产、负债、权益变化状况等；损益表数据及指标，包括收入、成本、费用、利润完成进度等；预算控制指标，包括预算控制的范围、预算与实际对比等；其他业务数据及指标，主要包括信用额度维护、库存损溢处理、价格管理、库存结构分析、资产管理指标等。

③ 上线后财务工作主要变化和提升。上线后，由孤立的财务管理系统转为以财务系统为核心、各个子系统相互集成的整体系统。从管理手段上，通过集成，财务系统为公司所有部门的管理提供支持。从决策基础上，可提供实时准确的经营数据，实现对企业整体经营的计划、控制和分析。

财务人员的日常职责由原来的凭证录入工作更多的转为对凭证的审核和监督，加强了财务工作对经济活动的预测、分析职能。工作核心由“核算型”会计向“管理型”会计转移，可对整个业务流程进行监督管理——更好地支持预算管理和财务分析。

大多数财务凭证由系统后勤模块集成产生，可及时获取准确的生产经营信息，减少重复劳动。业务数据的录入前移到业务部门，集成生成财务凭证，实现数据入口的唯一性和实时性；与业务部门协同完成月结工作，加强了月结管理，提高了月结效率。

④ 其他模块的关系。FI/CO模块与MRO、SD、MM、PS、TR等模块均有一定的关系，主要关系如下：

其他模块对本模块的影响。一是数据的影响，由于MRO、SD、MM、PS、HR等模块涉及金额变动业务集成形成会计凭证，对本模块相关数据及指标形成影响，最终影响财务报表及分析的质量；二是业务的影响，本模块受TR模块预算结构及预算额度维护状况影响，超出资金预算额度的财务凭证无法正常过账，在进行增加预算维护后才能继续凭证制作。

本模块对其他模块的影响。一是本模块期间设置对MRO、SD、MM、PS等模块涉及物料过账的业务有控制作用，这些模块只能在财务模块开启期间的范围之内过账；二是本模块客户清账数据及客户余额状态直接影响SD模块销售开票业务，如已收款而未及时清账(预收)时营业室无法正常开票销售；三是本模块对于客户信用主数据的维护情况影响SD模块的销售业务。预收账款余额不足的客户，只有通过财务人员对于客户信用主数据的维护，业务部门才能够开具销售订单；四是本模块对于物料价格的手工调整会影响到 MM 模块的物料库存成本。

⑤ 应用中的主要关注点。关注财务主数据维护工作，总部层面通过 MDM 系统对会计科目、次级成本要素、利润中心、成本中心等财务主数据进行统一管理，企业层面应重点关注本企业信用主数据、资产主数据等自行维护主数据管理。

关注财务日清日结工作，及时核对、清账，检查集成业务日常处理的准确性、及时性。

关注月结、年结流程控制点，为系统正常月结年结、报表出具、财务分析等提供保障。

关注集成模块数据对整个财务核算数据质量的影响。尤其关注那些采取线外模板数据整理后导入 ERP 系统的批量数据，如零售数据等。

关注发票校验流程中的三单匹配工作，严格审核相关实际到货情况、订单价格、发票金额等内容。

关注集成业务冲销工作。需要财务手工更正或冲销凭证的应履行审批手续。

（8）TR 模块：

① 主要功能。包括现金预算管理(CBM)、现金管理(CM)、交易管理(TM)、市场风险管理(MRM)和贷款(Loans)五个子模块。主要功能有：资金计划管理、现金及银行头寸、中长期现金流量预测、市场风险管理等。

目前中国石化启用的功能主要包括：头寸及流量预测、电子收付、精确对账、动态现金流量表、预算实际对比。

② 提供的主要信息。基于现金起息日和客户与供应商账期的现金头寸和中长期流量预测数据、基于支付/承诺的动态现金流量表、基于资金支付的预算与实际耗用对比分析表等。

③ 上线后资金管理工作主要变化和提升。

资金交易信息集成化。通过银企(财企)直联的平台的建立，ERP 系统与银行系统、资金集中系统实时集成交互电子收付信息、电子对账单、账户余额等。

实现集成收付、精确对账。与银行系统直接交互电子信息，自动集成资金收付凭证，精确对账和出具银行余额调节表。

预算管理和预算控制启用对成本费用进行在线控制。实时提供预算与实际耗用对比分析，强化了企业预算执行刚性，全面提升预算管理水平。

资金支付管理更加有效。通过便捷的电子支付，减化了交易流程，提高现金交易的时效性、准确性和安全性。

现金头寸预测更为准确。通过起息日和账期预计未来现金头寸提高了企业未来现金流量预测准确程度，降低资金使用机会成本。

动态提供现金流量报表。为企业管理者实时提供基于支付/承诺的动态现金流量表提升企业现金流分析能力。

④ 与其他模块的关系。TR 模块根据收付实现制进行头寸预测、流量预测和预算控制，对涉及现金收付的计划或预算项目的业务流程都会产生影响，并对在线预算项目的业务开展进行预警和控制。与其他模块的主要关系有：

现金管理(CM)与财务(FI)和后勤模块(SD \ MM 等)的数据有高度的集成，现金管理

(CM)的现金头寸和流动性预测是随着后勤模块相关承诺的数据变化而更新。

现金流量预测(CBM)通过收入和支出承诺项目与支付流程和收款流程实现链接，跟踪业务进展实时的更新不同现金流的不同财务事务状态，提供了一套动态的现金流量表，支持全面的企业资金运营分析。

FM里的实际数据由财务(FI、CO)和后勤等模块的集成而来，会对系统内财务(FI、CO)和后勤模块的业务操作进行实时的预算可用性控制，在终端用户的操作过程中若遇到预算超支的情形该业务将无法进行，必须取得预算追加后方可继续。

⑤ 应用中的主要关注点。根据资金业务流程合理配备人员，制定职责明晰的岗位职责、操作规范和工作流程。

重视系统现金及银行科目起息日和客户及供应商账期的管理，利用系统资金头寸和流量预测功能合理筹措、调度资金、制定支付计划。

启用并利用银企(财企)直联平台自动归集和定向支付功能合理调度和上划资金。

启用集成收付款功能，并利用业务信息和资金信息的实现线上核对和集成处理。

使用精确对账和自动出具银行余额调节表功能，按日进行未达账项处理、分析和监控，跨月未达账项要进行书面分析和确认。

启用预算控制功能，要合理设置预算结构和预算额度，并按照预算安排，落实生产经营和投资活动所需的资金。

参 考 文 献

[1] 中国石油和石化工程研究会编著．炼油设备工程师手册(第二版)[M]．北京：中国石化出版社，2009.

[2] 胡可明，袁俊明，郭启文．中华人民共和国产品质量法实务全书[M]．北京：台海出版社，2000.

[3] 刘建成．21世纪的质量管理[J]．东方锅炉，2008，3：42-43.

[4] 朱佳．CRM系统发展趋势初探[J]．现代企业教育，2012，18.

[5] 李德芳．企业信息化组织与管理[M]．北京：化学工业出版社，2007.

[6] 李德芳．企业信息化管理实践[M]．北京：中国石化出版社，2014

[7] 周宏仁．信息化概论[M]．北京：电子工业出版社，2009

[8] 韩方煜，郑世倩，荣本光．过程系统稳态模拟技术[M]．北京：中国石化出版社，1999.

[9] 杨友麒，项曙光主编．化工过程模拟与优化[M]．北京：化学工业出版社，2006.

[10] 余冰．炼油企业全厂调度优化系统的设计与开发[J]．化工进展，2013，(32)2：475-480.

[illegible]

[illegible]

[illegible]

参考文献

[illegible]